文艺报70周年精选文丛

文艺报

70 周年

精选文丛（7卷，12册）

《时代之思》（理论卷）（上、下）

《文学天际线》（文学评论卷）（上、下）

《艺术经纬》（艺术评论卷）（上、下）

《世界的涛声》（外国文学卷）（上、下）

《彩练当空》（作品卷）（上、下）

《未来永恒》（儿童文学评论卷）

《文学之思》（对话卷）

文艺报 70 周年精选文丛

WENXUE ZHI SI
DUIHUA JUAN

文学之思
对话卷

文艺报社 ◎ 选编
梁鸿鹰 ◎ 主编

时代出版传媒股份有限公司
安徽文艺出版社

图书在版编目（CIP）数据

文学之思：对话卷/文艺报社选编；梁鸿鹰主编. —合肥：安徽文艺出版社，2020.12

（《文艺报》70周年精选文丛）

ISBN 978-7-5396-6846-8

Ⅰ．①文… Ⅱ．①文… ②梁… Ⅲ．①文艺工作者－访问记－中国－现代 Ⅳ．①K825.7

中国版本图书馆 CIP 数据核字（2020）第 013661 号

出 版 人：段晓静
出版统筹：刘姗姗　宋潇婧　周　康
责任编辑：周　康
特约编辑：刘　颋　宋　晗
装帧设计：张诚鑫　吴　臣

出版发行：时代出版传媒股份有限公司　www.press-mart.com
　　　　　安徽文艺出版社　www.awpub.com
地　　址：合肥市翡翠路 1118 号　邮政编码：230071
营 销 部：(0551)63533889
印　　制：安徽新华印刷股份有限公司　(0551)65859551

开本：710×1010　1/16　印张：35.5　字数：680 千字
版次：2020 年 12 月第 1 版
印次：2020 年 12 月第 1 次印刷
定价：98.00 元

（如发现印装质量问题，影响阅读，请与出版社联系调换）
版权所有，侵权必究

回望如歌岁月　开创全新境界
——《〈文艺报〉70周年精选文丛》总序
梁鸿鹰

《文艺报》诞生于中华人民共和国成立的前夜,在第一次文代会筹备和召开期间曾经作为这次盛会的公报面世。1949年9月25日,《文艺报》正式创刊,这是新中国第一个以文学艺术理论评论为鲜明特色的文化园地。从此,文学艺术界有了一方自己的精神家园;从此,文艺报人有了一块忘我耕耘的花圃。

《文艺报》自诞生之日起,就得到毛泽东、邓小平等党和国家领导人的重视与关怀,茅盾、丁玲、冯雪峰、张光年、冯牧以及邵荃麟、侯金镜、陈涌等一批文坛大家曾领军《文艺报》。《文艺报》与作家、艺术家和理论评论家一道,共同见证了当代文学艺术发展,记录了新中国文艺理论评论走过的那些不平凡的历程。收在《〈文艺报〉70周年精选文丛》里的这些文字,无不凝聚着一代代作家、艺术家和学者朋友们对当代文艺的真知灼见,体现着《文艺报》70年来的独特追求。

这是一个有坚守、有卓见的文艺阵地。70年来,《文艺报》在党的领导下,坚持"二为"方向,贯彻"双百"方针,团结广大作家、艺术家,凝聚理论评论工作者,及时传递文坛资讯,热情评介最新佳作,积极活跃理论探讨,坚持多角度、多层面展现中外文艺态势,在对民族传统的深刻体认及与世界文学的活跃对话中,推动了当代文学艺术空间的不断拓展。

这是一个发先声、鼓干劲的园地。《文艺报》始终坚持正确导向,紧跟时代步伐,积极参与文学现场,活跃探讨学术风气,善于提出新的文学命题,设置新的美学议题,活跃理论争鸣与艺术探索,鼓励艺术探索与艺术创新,为文学发展注入思想与艺术引领,在学术讨论中推动文艺界思想解放,在社会进步中不断开拓学术境界,将新中国日新月异的发展进步,将当代文艺事业不断进步的新风貌展现出来,为出优秀人才、出优秀作品、促进社会主义文学的繁荣发展竭尽心力。

这是一个有立场、有情怀的精神家园。《文艺报》始终坚持党性和人民性的统一,不断探索社会主义文学艺术规律,积极将党的文艺方针政策转化为文艺界的自觉追求,团结带领广大作家深入生活、扎根人民,为建设新时代民族的大众的科学的文艺"鼓"与"呼",引领作家、艺术家为人民抒写、抒情、抒怀,满足人民群众不断增长的精神文化需求,激励人们追求美好生活。

《文艺报》始终把团结和服务文学艺术界作为自己的宗旨,积极扶持培育文学新人,培养评论人才,团结引领广大作家遵循艺术规律,点燃文学之灯,照亮作家心灵,激扬文字,共同绘制一幅幅时代文艺发展的难忘景象。我们坚持专业品格,坚守中华美学自觉,推动创新性发展与创造性转化,推动时代精神与中国风格、中国气派有机融合,以时代精品讲述丰富多彩的中国故事,弘扬中华传统文化。

《文艺报》始终坚持兼收并蓄,以兼容并包的艺术敏感关注新现象、新经验、新问题,在坚持中国文学艺术主体性的同时,广泛介绍其他国家文学艺术创作现状和蕴含的新经验,促进作家、艺术家汲取各方面营养并予以中国化表达,拓展中国文学艺术的表现形式与艺术空间,推动中国文学走向世界,把当代中外文艺创造的崭新气象传得更广、更远。收在我们这套文丛里的文字,就鲜明地反映了文艺报人的追求,体现了当代文艺的多彩风貌。

文艺是国民精神所发的火光,同时也是引导国民精神前进的灯火。70载栉风沐雨,初心不变;70载春华秋实,砥砺前行。回首过往,我们充满自豪;展望未来,我们信心倍增。我们将以前辈报人筚路蓝缕的开创精神,我们愿与当代文艺发展一道,继续做好中国文艺代代相传、辛勤执着的持灯火者,呵护美善,勘探未知,指引心灵,用自己的绵薄之力,努力照亮民族和文艺的未来。

目 录

梁鸿鹰　回望如歌岁月　开创全新境界——《〈文艺报〉70周年精选文丛》总序／1

1980年
孙　犁　文学和生活的路——同《文艺报》记者谈话／1

1982年
林钟美　耕耘不懈的人——访老作家蹇先艾／12
高洪波　童心在他胸间跳动——记老作家严文井／15
兴潮　珊人　"我虽老而残，伏枥想千里"——记萧三同志／18
包立民　根深叶更茂——访马烽／21
芦凌　唐华　"写自己熟悉的生活！"——访吴强／25

1983年
许世杰　沧桑历尽大道直——访从维熙／28
刘士杰　记诗人冯至／32
李基凯　"我们的文艺要走自己的道路"——访林默涵／35
游焜炳　专访病中的萧殷／42

1984年
高洪波　他瞩望着时代——访老诗人艾青／45
刘士杰　作家，最好也是学者——记蒋和森／48
陈喜儒　"我愿把心里的一切秘密告诉巴金"——访日本翻译家石上韶／51

1987年
李泽厚　中国现在更需要理性——李泽厚1986年11月25日答本报记者问／54

陈　薇　温金海　与莫言一席谈(上)／56
陈　薇　温金海　与莫言一席谈(下)／60
吴福辉　文化的积累和争鸣——访吴组缃教授(上)／63
吴福辉　文化的积累和争鸣——访吴组缃教授(下)／65
林平兰　他仍然是一位高产作家——访艾芜／68
沙　林　"《林海雪原》不是为某人立的传"——访曲波／70
建　国　一位老诗人的心曲——访冯至／72
孟晓云　于烈　深深的井　淡淡的水——不愿"快乐的死亡"的陆文夫／75
邵　璞　"长征是我心中的诗!"——访魏巍／78
建　国　一位有争议的人——访导演艺术家林兆华／80
应　红　力作出自改革阵痛的体味——访作家达理夫妇／82
石一宁　"艺术家要有鲜明的个性和风格"——访油画家靳尚谊／85
沙　林　滇云之旅——访著名评论家冯牧／87
邵　璞　"那问题可能就出于你自身"——访作家周克芹／89

1989 年

米兰·昆德拉(捷)　孟湄 译　小说家是存在的勘探者——关于小说艺术的对话／91
蔡体良　他眼中的中国戏剧——舒马赫教授访问记／95
建　国　她来自这片土地——访美籍华裔作家包柏漪／97
张　宇　写作是一种生命的燃烧——访巴西著名作家若热·亚马多／99
柯文辉　"五四"老翁谈做学问——访陈子展先生／102
喻季欣　章俊弟　宋延平　张耀智　自由的灵魂　潇洒的人生——舟山访三毛／104
毕冰宾　诗行葳蕤——访北京大学赵萝蕤教授／107
吴江 译　让人民清楚地了解过去——米·沙特罗夫与记者对话录／109
包立民　欧美归来写"红楼"——吴冠中采闻录／112
刘福如　万曼先生,一位国际主义艺术家／115
余一中　否定我们的错误,但不应否定苏联文学的成就——访苏联作家谢·米哈尔科夫／117
关　偰　"我为阿尔及利亚人民而写"——同阿·哈·本·赫杜格的对话／120

1992 年

马昌仪　钟敬文与民俗文化学——钟敬文访谈录／124

1995 年

严家炎　金庸答问录／129

1996 年

李战吉　永远高翔的海燕——高尔基研究学者陈寿朋访谈记／133

1997 年

阎　荷　诗人牛汉／137

1999 年

赵遐秋　曾庆瑞　张爱琪　步履未倦夸轻翩——与作家陈映真对话／139
江　湖　一个"浪子"的精神家园——近访聂华苓／151
江　湖　蒋弘江　为民族、为文学尽自己的心力——国庆走访台湾作家陈映真／154

2000 年

应　红　最心疼张大民的人是我——刘恒答本报记者问／157
胡殷红　我就是要"戏说"——电视剧《康熙微服私访记》编剧邹静之访谈／160
胡殷红　永远在"抄书"——访张炜／166
唐朝晖　心中的阿坝　尘埃依旧——访阿来／172

2001 年

颜　慧　呼唤艺术的阳光和健康——王仲谈俄罗斯美术的再认识／175
高小立　让精神出场——访陆天明／180
赵振江　我"在诗中从不撒谎"——艾莱娜·马丁·碧瓦尔蒂访谈录／184
胡殷红　我想丢掉作家的帽子——与金庸漫谈／187
刘　颋　每一个人都有认知世界的权利——王宏甲访谈录／190
童庆炳　全球化时代的文学和文学批评会消失吗？——与米勒先生探讨／195
王新新　大江健三郎　大江健三郎心中的鲁迅／201
刘　颋　作家必须是有使命感和责任心的人——访作家周梅森／205
朱　徽　加拿大华裔英语文学的发展与现状：打破百年沉默　重塑华人形象
　　　　——赵廉博士访谈录／209
周玉宁　批评应有一种虔诚的态度——批评家李洁非访谈／214

2002 年

张子清　雷祖威　二十年的族裔争论，成为当代美国文学的显著景观
　　　　　　　——对谈华裔美国文学中的族裔性／216
刘颋　刘屏　常态的王安忆　非常态的写作——访王安忆／221
赵晓真　共生互动　促进创作与评论的良性循环——王先霈教授访谈／228
白草　写作更近于一种秘密——访石舒清／232
李秀珍　文坛再攀"绝顶"——访张海迪／235
胡殷红　徐忠志　于烈　为我国多民族的社会主义文学增光添彩——访全国第七届少数民族文
　　　　学骏马奖评委会副主任吉狄马加／237

2006 年

胡殷红　访中国作协主席铁凝／239

2007 年

吕先富　致敬和传承——访《收获》主编李小林／244

2008 年

明江　为了少数民族文学的第二次"上书"——访蒙古族作家玛拉沁夫／246
刘颋　30 年：一个作家的成长和一个文体的成熟——访何建明／251

2010 年

明江　"挖掘人性的作品都会让人产生共鸣"——访藏族作家次仁罗布／260

2011 年

明江　追寻香格里拉的前世今生——沈卫荣谈西藏文化历史／265
李晓晨　坚持正确的历史观和世界观——访剧作家欧阳黔森／271

2012 年

明江　史诗与口头传统的当代困境与机遇——访中国社科院民族文学研究所所长
　　　朝戈金／274
明江　刘亮程：我的文字充满了新疆的气息／281
李晓晨　马原：这 20 年，我没有一刻不想回来／287
刘颋　雷达：天真又较真的批评家／291

韩少功　刘亮程　阎晶明　植根于大地的写作 / 300
格非　张柠　当代文学的精神裂变 / 309
刘颋　"三人行，必有我舅"——刘震云畅谈小说之道 / 319
刘颋　莫言的小说故乡——莫言访谈录 / 328

2013 年

高小立　电视剧《全家福》：用记忆酿出的美酒——访原著作者、作家叶广岑 / 341
徐健　埋藏在人性深处的文学之光——作家迟子建访谈 / 345
徐健　王安忆：我是一个比较严格的写实主义者 / 350
刘颋　行超　王蒙：《这边风景》就是我的"中段" / 355
李云雷　关于当代文学史的答问——文学史家洪子诚访谈 / 366
高小立　康洪雷：一次特殊的"推拿"体验 / 373
明江　少数民族文学研究的瓶颈与突破——与民族文学青年学者刘大先、李晓峰、陈珏一席谈 / 377

2014 年

明江　中国神话学的文化意义——访中国神话学会会长、《神话学文库》主编叶舒宪 / 383
黄尚恩　欧阳江河：诗歌应对时代做更复杂的观照 / 389
张莉　"我和当代作家相伴成长"——关于电影与文学的对谈 / 394
娄烨　张莉　在看见和看不见中间的那个世界 / 401

2015 年

刘秀娟　冯骥才：守护传统文化之根 / 408
李晓晨　张炜：做脚踏大地的写作者 / 413
李云雷　贺敬之：延安精神铸就"中流砥柱" / 416
刘慈欣　吴岩　《三体》与中国科幻的世界旅程 / 424
高小立　饶曙光　对话饶曙光：加快推进电影市场体系结构性调整 / 430
王觅　作家要不断向生活学习——访作家刘庆邦 / 438

2016 年

行超　曹文轩：站在水边的人无法不干净 / 441
顾超　张抗抗：在阅读中被塑造和修复 / 450
王杨　麦家：真正有才华的作家，每次出发都走一条新路 / 453

王　杨　肖复兴：儿童文学是成人世界最醒目的对应物 / 456
行　超　葛亮：我喜欢历史中的意外 / 461

2017 年
徐　健　优秀的剧作家一定是对文学无限崇尚的人——访全国政协委员、编剧高满堂 / 468
丛子钰　开阔文化视野　推进批评创新——文学理论家张炯访谈 / 472
丛子钰　继承传统　回归本心——访诗人郑敏 / 477

2018 年
张　芬　乐黛云：建立属于我们的文化自信 / 480
徐　健　普通人的视角才是创作者最需要关注的——访全国政协委员、剧作家王丽萍 / 483
丛子钰　在文艺批评道路上不断跋涉——访批评家李希凡 / 489
徐　健　田沁鑫：创造属于中国国家舞台艺术形象的作品 / 492
白先勇　陈志明　红楼一觉梦中人 / 499
徐　健　"孩子的心，更需要清泉般的滋润和抚慰"——访剧作家冯俐 / 504
王　杨　刘以鬯：让香港现代主义开花结果——访香港文学研究学者赵稀方 / 509
徐健　姬小琴　何冀平：我是被人艺"惯着"长大的 / 514
王　杨　"这一代人的命运和祖国发展同步"——访作家叶文玲 / 521
徐健　姬小琴　童道明：契诃夫成为我的研究对象，是我一生的幸运 / 523

2019 年
丛子钰　梁晓声：现实主义亦应寄托对人的理想 / 530
丛子钰　徐怀中：小说应该是生机盎然的 / 534
徐　健　胡可：剧作家活在自己塑造的人物身上 / 539
李晓晨　叶弥：每一个时代都闪烁着人性的光辉 / 545
宋　晗　裘小龙：在人生长长的因果链中 553 /

编者的话 / 558

1980年

文学和生活的路
——同《文艺报》记者谈话
孙 犁

孙犁同志是一位在创作上很有成就和特色的老作家。最近,应本刊之约,他畅谈了自己创作中的深切感受。现整理发表如下。

——编者

《文艺报》编辑部希望我谈谈"如何艺术地反映生活",谈谈有关艺术规律方面的一些问题。我没有资格谈这个问题。我在创作上成就很小,写的东西很少。这些年,在理论问题上,思考得也很少。但是,《文艺报》编辑部的热情难却。另外,我想到,不管怎么样,我从十几岁就学习文学,可以说一直没有间断,现在已经快七十岁了,总还有些经验。这些经验也有成功的,也有失败的,失败的比较多,对青年同志们可能有些用处。所以我还是不自量力地来谈谈这个问题。

我感觉《文艺报》这个题目:"如何艺术地反映生活",是指文学作品的艺术性。一部作品艺术的成就,不是一个技巧问题。假如是一个技巧问题,开传习所,就可以解决了。根据历史上的情况,艺术这个东西,父不能传其子,夫不能传其妻,甚至师不能传其徒。当然,也不是很绝对的,也有父子相承的,也有兄弟都是作家的。这里面不一定是个传授问题,可能有个共同环境的问题。文学和表演艺术不同,表演艺术究竟有个程式,程式是可以模拟的。文学这个东西不能模拟,模拟程式,那就是抄袭,不能成为创作。我的想法,艺术性问题,至少包括三个方面:一是生活的阅历和积累,生活的经历是最主要的;第二是思想修养;第三是文艺修养。我下面就这三个问题漫谈,没有什么系统,谈到哪儿算哪儿。

生活的阅历和积累,不是专凭主观愿望就可以有的。人的遭遇不是他自身可以决定的。拿我个人来说,我就没有想到我一生的经历,会是这个样子。在青年的时候,我的想法和现在不一样。所以过去有人说:青年的时候是信书的,到老年信命。我有时就信命运。命运可以说是客观的规律,不是什么唯心的东西。我们生活在这个世界上,是受这个客观世界、受时代推动的。学生时代我想考邮政局,结果愿望没达到,我就去教书。后来赶上抗日战争,我才从事文学工作,一直到现在。就是说生活经历不是凭个人愿望,我要什么经历就有什么经历,不是那样的。从事文学,也不完全是写你自己的生活。生活不足,可以去调查研究,可以去体验。

说到思想修养,这对创作、对艺术性来说,就很重要。什么叫艺术性,既然不是技巧问题,那就有个思想问题。你作品中的思想,究竟达到什么高度?究竟达到什么境界?是不是高的境界?这都可以去比较,什么东西一比较就可以看出来。文学艺术,需要比较崇高的思想、比较崇高的境界,没有这个,谈艺术很困难。很多伟大的作家、作品,它的思想境界都是很高的,它的思想,就包含在它所表现的生活境界里面。思想不是架空的,不是说你想亮一个什么思想,你想在作品里表现一个什么思想,它是通过艺术、通过生活表现出来的,那才是真正的作品的思想高度和思想境界。

第三是文艺修养。我感觉现在有一些青年人,在艺术修养这方面,功夫还是比较差,有的可以说差很多。我曾经这样想过,五四以来,中国的大作家,他们读书的情况,是我们不能比的。我们这一代,比起鲁迅、郭沫若、茅盾、巴金、郁达夫,比起他们读书,非常惭愧。他们在幼年就读过好多书,而且精通外文,不止一种。后来又一直读书,古今中外,无所不通,渊博得很。他们这种读书的习惯,可以说启自童年,迄于白发。我们可以看看《鲁迅日记》。我逐字逐句地看过两遍,我觉得是很有兴趣的一部书。我曾经按着日记后面的书账,自己也买了些书。鲁迅读书非常多。《鲁迅日记》所记的这些书,是鲁迅在北京做官时买的。他幼年读书的情况,见于周作人的日记,那也是非常渊博的。又如郁达夫,在日本时读了一千多种小说,这是我们不可想象的。现在我们读书非常少,读书很少,要求自己的作品艺术性高,相当困难。借鉴的东西非常少,眼界通常不开阔;没有见过很好的东西,不能取法乎上。只是读一些报纸、刊物上的作品,本来那个艺术性就不高,自己的作品就等而下之。最近各个地方办了读书班,我觉得是非常好、非常及时的一种措施。把一些能写东西的青年集中起来让他们读书。我们现在经验还不足,还要慢慢积累一些经验。前几天,石家庄办了个读书班,里面有个学生,来信问我读书的方法。我告诉他,你要利用这个时间,多读一些外国作品,外国作品里面的古典作品。你发现你对哪个作家有兴趣,哪个作家合你的脾胃,和你气质相当,可以读他全部的作品。大作家,多大的作家也是一样,他不能网罗所有的读者,不能使所有的读者,都拜倒在他的名下。有的人就是不喜欢他。比如短篇小说,莫泊桑、都德,我也知道他们的短篇小说好,我也读过些,特别是莫泊桑,他那短篇小说,是高规格的短篇小说,无懈可击的。但是我不那么爱好莫泊桑的短篇小说,我喜欢普希金、契诃夫、梅里美、高尔基的短篇小说。我感觉到普希金的短篇小说和契诃夫的短篇小说合乎我的气质,合乎我的脾胃。在这些小说里面,可以看到更多的热烈的感情、境界。

屠格涅夫的长篇小说,我都读过,非常喜爱。他的长篇小说,是真正的长篇小说,高规格的,无懈可击的。它的写法,它的开头和结尾、故事的进行,我非常爱好。但我不大喜欢他的短篇小说《猎人笔记》,虽然那么有名。这不是说,你不喜欢,它就不好。每个读者,他的气质、爱好不是都一样。你喜欢的,你就多读一些;不喜欢的,就少读一点。中国的当然也应该读。中国短篇小说很多,但是我想,中国旧的短篇小说,读一本《唐宋传奇》,好好读一本《今古奇观》,读一本《宋人平话》,读一本《聊斋志异》,就可以了。平话有好几部,有《五代史平话》《三藏取经诗话》《宋人平话》《三国志平话》。我觉得《宋人平话》最好。我劝青年同志多读一点外国作品,我们不能闭关自守。五四新文学之所以能发展那么快,声势那么大,就是因为那时候,介绍进来的外国作品多。不然就不会有五四运动,不会有新的文学。我们现在也是这样。我主张多读一些外国古典作品。我觉得书(中国书也是这样),越古的越有价值,这倒不是信而好古,泥古不化。一部作品,经过几百年、几千年的考验,能够流传到现在,当然是好作品。现在的作品还没有经过时间的考验和淘汰,好坏很难说。所以我主张多读外国的古典作品,当然近代好的也要读。

我们在青年的时候,学习文艺,主张文艺是为人生的,鲁迅当时也是这样主张的。在青年,甚至在幼年的时候,我就感到文艺这个东西,应该是为人生的,应该是使生活美好、进步、幸福的。为了达到这个目的,你的作品要为人生服务,必须做艺术方面的努力。那时有一个对立的口号:为艺术而艺术。大家当时反对为艺术而艺术。但是,为人生的艺术,不能完全排斥为艺术而艺术。你不为艺术而艺术,也就没有艺术,达不到为人生的目的。你想要为人生,你那个作品就必须有艺术,你同时也得为艺术而努力。

现在,大家都在谈文艺和政治的关系。我在高中的时候,读了《政治经济学批判序言》,也读过《唯物论与经验批判论》和《费尔巴哈论纲》。华汉著的《社会科学概论》,是作为一门正式课程,在课堂上讲的。我们的老师好列表,为了帮助学生们理解,关于辩证法他是这样画的:正—反—合。合,就是否定的否定。经济基础,一条直线上去,是政治、法律;又一条直线上去,是文学艺术,也叫意识形态。直到现在我还是这个印象。文艺和政治不是拉在一条平行线上的。鲁迅于1926至1927年在广州看到了当时的政治和文艺情况,写了好几篇谈文艺与政治的文章,我觉得应该好好读。他在文章里谈到,"政治先行,文艺后变"。意思是说,政治可以决定文艺,不是说文艺可以决定政治。我有个通俗的想法,什么是文艺和政治的关系?我这么想,既然是政治,国家的大法和功令,它必然作用于人民的现实生活,非常广泛、深远。文艺不是要反映现实生活吗?自然也就要反映政治在现实生活里面的作用、所收到的效果。这样,文艺就反映了政治。政治已经在生活中起了作用,使生活发生了变化,你去反映现实生活,自然就反映出政治。政治已经到生活里面去了,你才能有艺术的表现。不是说那个政治还在文件上,甚至还在会议上,你那里已经出来作品了,你已经反映政治了。你反映的那是什么政治?我同韩映山他们讲,我写作品离政治远一点,也是这个意思,不是说脱离政治。政治作为一个概念的时候,不能做艺术上的表现,等它渗入群众的生活,再根据这个生活写出作品。当然作家的思想立场,也反映在作品里,这个就是它的政治倾向。一部作品有了艺术性,才有思想性,思想融化在艺术的感染力量之中。那种所谓紧跟政治、赶浪头的写法,是写不出好作品的。

写"大跃进"的时候,你写那么大的红薯,稻谷那么大的产量,钢铁那么大的数目,登在报上,你的作品就是谎言。文艺和政治的关系,表现在哪里?

中国古代好多学者,他们的坚毅精神、求实精神,对人民、对时代、对后代负责的精神,很值得我们学习。这里我想谈一些学术家的情况。司马迁、班固、王充,他们的工作条件都是很困难的,当时的处境也不是很好的,但都写出了富有科学性的、对人民负责的作品。还有一个叫刘知几,他有一部《史通》。我很爱读这部书,文字非常锋利。他不怕权威。多么大的权威,他都可以批判,司马迁、班固,他都可以指责。他不是无理取闹。他对史学很有修养,他不能成为国家正式的修史人员,他把自己的学术,作为一家之言来写,文字非常漂亮,说理透彻。司马光的《资治通鉴》,是非常令人佩服的,当时没有读者,给谁看,谁都不爱看。他把这么长的历史事实,用干支联系起来,多么大的科学!李时珍的《本草纲目》,就不用说这部著作大的方面的学术价值,我举两个小例子,就可以说明这个人非常实事求是,非常尊重科学。对于人参的功能,历代说法不一,李时珍把两种说法并列在这一个条目之下,使人对人参有全面的知识。又如灵芝,人们以为这是一种了不起的药,一种非常名贵的药。但李时珍贬低这种药,说它一钱不值,长在粪土之上,怎么能医治疾病?他经过多年观察、多年实践,觉得灵芝不像人们所吹嘘的那样,我就非常佩服他。王夫之写了那么多著作,如《读通鉴论》,从秦一直写到宋,每个皇帝都写了好多,那么多道理,那么多事实,事实和道理结合起来,写得那么透彻,发人深省。他的工作条件更坏,住在深山里,有人捉他。他写了《船山遗书》。在古人面前,我们是非常惭愧的。我们没有这种坚忍不拔的精神,我们缺乏这种科学的态度,我们缺乏对人民、对后代负责的精神。中国的文学艺术和中国的历史著作是分不开的。历史著作,给中国文学开辟了道路。《左传》《史记》《汉书》,它们不完全是历史,还为文学开辟了道路。司马迁的《史记》在人物的刻画上,有性格,有语言,有情节。他写了刘邦、项羽,那样大的人物,里面没有一句空洞的话,没有把他们作为神来描写,完全当作一个平凡的人,从他们起事到当皇帝,实事求是。这对中国的文学创作有很大的影响,究竟一个人物怎么写,司马迁的方法,是科学的方法。我主张青年同志,多读一些历史书,不要光读文学书。

我最近给《散文》月刊写《耕堂读书记》,下面本来想写《汉书·苏武传》。《苏武传》写得非常好,他写苏武,写李陵,都非常入情入理。李陵对苏武的话及苏武的回答,经过很高的艺术提炼。李陵对苏武说的,都是最能打动苏武的话,但是苏武不为他的话所诱惑,这已经是写得非常好了。现在我们讲解这篇作品,讲完了以后,总得说班固写这个《苏武传》,或者苏武对李陵的态度,是受时代的局限,要我们批判地去看。我觉得这都是多余的话。每个人都受时代的局限,我们现在也有时代的局限性,这样讲就是一种时代的局限性。假如班固不按他那个"局限性",而按我们的"局限性"去写《苏武传》,我敢说,《苏武传》就一点价值都没有了,也不会流传到现在。我们不要这样去要求古人,我们的读者难道不知那是汉朝的故事?

我们应该总结我们在文学创作上的反面经验。这比正面的经验,起的作用恐怕还要大些。多年以来,在创作上,有很多反面的经验教训。我们总结反面经验教训是为了什么?就是教我们青年人,更忠实于现实,求得我们的艺术有生命力,不要投机取巧,不要赶浪头,要下一番苦功夫。蒲松龄说,"书痴"的文章必"工","艺痴"的工艺必"良"。这是经验之谈。蒲松龄为写《聊斋》,做了很多的准备工作。《蒲松龄文集》可以说是写《聊斋》的准备,他下了多大的苦功!我们要养成认真思考、认真读书、认真修改稿件的习惯。我觉得我别的长处没有,在修改稿件上,可以说是下了苦功的。一篇短稿改来改去,我是能够背出来的。哪个地方改了个标点,改了个字,我是能记得的。长篇小说每一章,当时我是能背下来的。在发表以前,我是看若干遍的;在发表之后,我还要看,这也许有点孤芳自赏的味道。搞文字工作,不这样不行。我曾经把这个意思给一些青年同志讲过,有的青年有兴趣,有的没有兴趣。

我们的生活,所谓人生,很复杂,充满了矛盾和斗争。现在我们经常说真美善和假的、邪恶的东西的斗争。我们搞创作,应该从生活里面看到这种斗争,体会到这种斗争。我现在已经快七十岁,我经历了我们国家、民族的重大变革,经历了战争、离乱、灾难、忧患。善良的东西、美好的东西,能达到一种极致,在一定的时代,在一定的环境,可以达到顶点。我经历了美好的极致,那就是抗日战争。我看到农民的爱国热情、参战的英勇,这深深地感动了我。我的文学创作,就是从这个时候开始的。我的作品,表现了这种善良的东西和美好的东西。我也遇到邪恶的极致,这就是最近的动乱的十年。我觉得这是我的不幸。在那个动乱的时期,我一出门,就看见街上敲锣打鼓,前面走着一些妇女,嘴里叼着破鞋,还有戴白帽子的,穿白袍的,带锁链的。我看了心里非常难过,觉得那种做法是一种变态心理。

看到真美善的极致,我写了一些作品。看到邪恶的极致,我不愿意写。这些东西,我体验很深,可以说是铭心刻骨的。可是我不愿意去写这些东西,我也不愿意回忆它。

我们幼年学习文学,爱好真的东西,追求美的东西,追求善的东西。那时上海有家书店叫真美善书店,是曾孟朴、曾虚白父子俩开的,出了不少的好书。幼年时,我们认为文学是追求真美善的,宣扬真美善的。我们参加革命,不是也为的这些东西吗?我们愿意看到令人充满希望的东西,春天的花朵、春天的鸟叫;不愿意去接近悲惨的东西。新中国刚成立时有个电影,里面有句歌:"但愿人间有欢笑,不愿人间有哭声。"我很欣赏那两句歌。但这是不可能的。我们的生活里面,总是有喜剧,也有悲剧吧。我们看过了人间的"天女散花",也看过了"目连救母"。但是我始终坚信,我们所追求的文学,它是给我们人民以前途、以希望的,它是要使我们的民族繁荣兴旺的、充满光明的。我们的民族是很伟大的。这一点,在这几十年的斗争生活中看到了。

凡是伟大的作家,都是伟大的人道主义者,毫无例外的。他们是富于人情的,富于理想的。他们的作品,反映了他们对于现实生活的态度。把人道主义从文学中拉出去,那文学就没有什么东西了。我们的作家,要忠诚于我们的时代,忠诚于我们的人民,这样求得作品的艺术性,反过来作用于时代。作家不能同时是很有成就的政治家。我看有很多作家,在历史上,有时候也想去当政治家,结果当不成,还是回来搞文学。因为作家只能是纸上谈兵,他对于现实的看法可以影响人,但是不能够去解决人民生活的实际问题。但是一个时代的政治,可以决定一个时代作家的命运。

我认为,要想使我们的作品有艺术性,就是说真正想成为一个艺术家,必须保持一种单纯的心,所谓"赤子之心"。有这种心就是诗人,把这种心丢了,就是妄人,说谎话的人。保持这种心地,可以听到天籁地籁。《红楼梦》上说,人的心像明镜一样。文章是寂寞之道,你既然搞这个,你就得甘于寂寞,你要感觉名利老是在那里诱惑你,就写不出艺术品。所以说,文坛最好不要变成官场。现在我们有的编辑部,甚至于协会,都有官场的现象,这是很不好的。

一定的政治措施可以促进文艺的繁荣,也可以限制文艺的发展,总体来说政治是决定性的。文学的职责是反映现实,主要是反映现实中真的美的善的,古今中外的文学作品,都是这样。它也暴露阴暗面。写阴暗面,是为了更突出光明面。我们有很多年,实际上是不准写阴暗面的,没有暗的一面,光明面也就没有力量,给人感觉是虚伪的。文学作品,凡是忠实于现实的,忠实于人民的,它就有生命力。公式化、概念化和艺术性是对立的。但是,对公式化、概念化我们也要做具体分析。不是说一切公式化、概念化的东西,都不起作用。公式化、概念化,古已有之。不是说从左联以后,从革命文学以后才有。蒋光慈、殷夫的作品,不能不说是有些公式化、概念化的,但是他们的作品,当时起到了一定的政治宣传作用,推动了革命。"大跃进"时有很多公式化、概念化的作品。假如作者是发自真情,发自真正的革命热情,是可以起到一些作用的;假如是投机,在那里说谎话,那就任何作用也不起,就像"四人帮"后来搞的公式化、概念化。这些年来,我读外国作品很少,我是想读一些中国的旧书。去年我从《儿童文学》上又看了一遍《丑小鸭》,我有好几天被它感动,这才是艺术品,很高的艺术品。在童话里面,充满了人生哲理,安徒生把他的思想感情灌输进作品,充满七情六欲。安徒生很多作品用旁敲侧击的写法,有很多弦外之音,这是很高的艺术。有弦外之音的作品不是很多的。前几天我读了《诗刊》上重新发表的《茨冈》,我见到好几个青年同志,叫他们好好读读,这也就是小说,或者说是剧本,不只是诗。你读一遍这个作品,你才知道什么是现实主义,什么是浪漫主义。这才是真正的样本。

在理论方面,我们应该学点美学。多年来我们不注意这个问题了,这方面的基础很差。不能只学一家的美学,古典美学,托尔斯泰的、普列汉诺夫的、卢那察尔斯基的,甚至日本那个厨川白村,还有弗洛伊德的,都可以学习。弗洛伊德完全没有道理?不见得。都要参考,还有中国的钟嵘、刘勰。

现在还有很多青年羡慕文学这一行,我想经过前些年的"动乱",可能有些青年不愿干这行了,现在看起来还有很多青年羡慕这一行。但对于这一行,认识不是那么清楚。不知道这一行的苦处,也看不见先人的努力。一个青年建筑工人,他给我写信,说他不能把一生的精力、青春,浪费在一砖一瓦的体力劳动上,想写剧本、写小说。这样的想法不好。你不能一砖一瓦地在那里劳动,你能够一句一字地从事文学工作吗?你很好地当瓦工,积累了很多瓦工的生活、体验,你就可以从事业余的文学创作。各行各业的青年人,在本职的工作以外,业余学一点文学创作,反映他们的生活,我们的文学题材不就很广泛了吗?不是很大的收获吗?我希望青年同志们,不急忙搞文学这个东西,先去积累本身职业的生活。文学题材是互相沟通的。前些年,文学题材很狭窄。很多人,他不光想知道本阶层的生活,也想知道别阶层的生活,历史上古代人的生活,他见不到听不到的生活。这在文学上有很多例子。专于一种职业,然后从事文学,使我们文学题材的天地广泛起来。

我在上小学的时候,就很喜欢文学。我最早接触的,是民间的形式:河北梆子,其他各种地方戏、大鼓书。然后我才读了一些文学作品,先读的是《封神演义》,后来在村里又借了一部《红楼梦》。从小学(那时候分初级小学、高级小学),我一直爱好文学作品。在高级小学,我读了一些新的作品:文学研究会的作品,商务印书馆出的一些杂志。我上的是个私立中学,缴很多学费,它对学生采取填鸭式,叫你读书。我十九岁的时候,升入本校的高中,那时叫普通科第一部,近似文科。除去主要的课程,还有一些参考课程,包括一大本日本人著的、汤尔和翻译的《生物学精义》,杨东莼著的《中国文化史》,严复翻译的《名学纲要》,还有日本人著的《中国伦理学史》,冯友兰著的《中国哲学史》。还叫我们学《科学概论》和《社会科学概论》,还有一些古书。在英文方面,叫我们读一本《林肯传》,美国原版的,读《泰西五十轶事》《伊索寓言》《英文短篇小说选》和《莎氏乐府本事》。在这两年的时间里,有这么些书叫你读。在中学里,我们就应该打下各方面的知识基础。当然这些知识还不是很深的,但是从事文学创作,需要这些东西。你不知道一些中国哲学,很难写好小说。中国的小说里面,有很多是哲学。你不知道中国的伦理学,你也很难写好小说,因为小说里面,要表现伦理。读书,我有这种感觉,一代不如一代。我们比起上一代,已经读书很少;现在的青年人,经过十年动乱,他们读的书就更少。在中学,我读了一些外国文学作品,那时主要读一些十月革命以后苏联的文学作品。除去《铁流》《毁灭》以外,我也读一些"小"作家的作品,如赛甫琳娜的、聂维洛夫的、拉甫列涅夫的,我都很喜欢。也读法国纪德的《田园交响乐》。这些作家,他们的名字至今我还记得很清楚,这说明青年时期读书很有好处。

抗日战争时,我才正式地从事创作,我所达到的尺度很低。我写那些东西,也不是一帆风顺的。有一些年轻的同志,对我很热情,他们还写了一些关于我的作品的分析,很多都是溢美之词。我没有那么高。自己对自己的作品,体会是比较深的。在过去若干年里,强调政治,我的作品就不行了,也可能就有人批评了;有时强调第二标准,情况就好一点。我的作品也受到过批判,在地方报纸上,整版地批判过,在全国性的报纸上,也整版地批判过。最近山东师范学院编一本关于我的专集,他们搜集了全部评论文章。他们问我,有些文章行吗?编进去吗?我说,当然要编进去,怎么能不编进去呢?作为附录好吗?我说不行,应该一样待遇。对于作品,各人都可以有各人的看法,一个时期也可以有一个时期的看法。我不把自己的作品看得那么高,我觉得我的作品是微不足道的。我们可以说个笑话,我估计我的作品的寿命,可能是五十年。当然不包括动乱的十年,它们处于冬眠状态。在文学史上,很少的作品才能够永远被别人记忆,大部分的作品会被后人忘记。五十年并不算短寿,可以说是中寿。我写东西,是谨小慎微,我的胆子不是那么大。我写文章是兢兢业业的,怕犯错误。在40年代初期,我见到、听到有些人,因为写文章或者说话受到批判,搞得很惨。其中有的是我的熟人。从那个时期起,我就警惕自己,不要在写文章上犯错误。我在文字上是很敏感的,推敲自己的作品,不要它犯错误。最近在《新港》上重发的我的一篇小说《琴与箫》,现在看起来,它的感情是很热烈的,有一种生气,感染着我。可是当时我把它放弃了,没有编到集子里去。只是因为有人说这篇文章有些伤感。还有一篇关于婚姻问题的报告,最近别人给我复制出来。当时发表那个报告以后,有个读者写了一篇批评,我也跟着写了一篇检讨。现在看起来,并没有多大的问题。

我存在着很多缺点,除去一般文人的缺点,我还有个人的缺点。有时候"名利"二字,在我的头脑里,也不是那么干净的。"利"好像差一点,"名"就不一定能抹掉。好为人师,也是一患。

我觉得写文章,应该谨慎。前些日子我给从维熙写了一篇序言,其中有那么一段:"在那个时期,我也要被迫去和那些流氓、青皮、无赖、不逞之徒、两面人、卖友求荣者、汉奸、国民党分子打交道,并且成为这等人的革命对象了。"写完之后,我觉得这段不妥当,就把它剪了下来。我们的道路总算走得很长了吧,是坎坷不平的,也是饱经风雨的,终于走到现在。古人说,七十可以从心所欲。现在我们国家的政治很清明,文路广开。但是写文章就是到了七十,也不能随心所欲地写,仍然是兢兢业业的事业。前不久,有人还在威胁,要来二次、三次"文化革命"。我没有担心,我觉得那样的革命,发动不起来了,林彪、"四人帮"发动了这一场所谓革命,基于他们的个人私心,几乎把我们的国家、我们的民族毁掉,全国人民都看得很清楚。

我有幸见到我们国家现在这样好的形势、这样好的前途。有些人见不到了,比如千里、侯金镜。"文化大革命"刚刚结束,有人传说我看破了红尘,并且传到北京去了。有次文艺界的领导同志到天津来,问我:你看破红尘了吗?我说,没有。我红尘观念很重,尘心很重。我从来也没有想到西天去,我觉得那里也不见得是乐土。你看小说,唐僧奔那儿去的时候,多么苦恼,他手下那两个"干部",人事关系多么紧张。北京团城,有座玉佛,很美丽,我曾为她写过两首诗。但我并不羡慕她那种处境,虽然那地方还算幽静。我没有看破红尘,我还要写东西。

历史证明,文坛上的尺寸之地,文学史上两三行记载,都不是容易争来的。

凡是写文章的人,都希望自己的作品能够传世。能否传世,现在姑且不谈。如果我们能够在70年代把自己60年代写的东西,再看一看,或是隔上几年,就把自己过去写的东西拿出来,看看是否有愧于天理良心,是否有愧于时间岁月,是否有愧于亲友乡里,能不能向山河发誓,山河能不能报以肯定、赞许的回应。

自己的作品究竟如何,这是不好和别人争论的。有些读者,也不一定是认真读书,或是对你所写当时当地的环境有所了解。过去,对《秋千》意见最大,说是我划错了那个女孩子的家庭成分,同情地主。这种批评,在强调阶级斗争的时候,是很厉害的,很有些"诛心"的味道。出版社两次建议我抽掉,我没有答应。我认为既是有人正在批评,你抽掉了它,不是就没有放矢之"的"了吗?前两年,出版社再版这本书,不再提这篇文章,却建议把《钟》《一别十年同口镇》《懒马》三篇抽去。理由是《钟》的男主人公有些自私,《一别十年同口镇》没有写出土改的轰轰烈烈、贫农翻身的场面,《懒马》写了一个落后人物,和全书的风格不协调。我想,经过"文化大革命",这本书有幸得以再版,编辑部的意思恐怕是要它面貌一新吧。我同意了,只是在后记中写道,是遵照编辑部的建议。

现在所以没有人再提《秋千》,是因为我并没有给她划错成分,同情那个女孩子,也没有站错立场。至于《钟》的男主人公我并不觉得他有什么自私,在那种情况下我们能要求他怎样做呢?《一别十年同口镇》写的是1947年春季的情况。老区的土改经过三个阶段,即土改、平分、复查。我写的是第一次土改,那时的政策是很缓和的。在我写的时候,我已经知道要进行平分,所以我也发了一些议论。这些情况,哪里是现在的同志们所能知道的呢?它当年所以受到《冀中导报》的整版批判,也是因为它产生在两次政策变动之间的缘故。

至于《懒马》之落后,我想现在人们也会不以为意了。

《钟》仍然保存在《村歌》一书中,其余两篇如有机会,我也想仍把它们收入集内。

过去强调写运动,既然是运动,就难免有主观、有夸张、有虚假。作者如果没有客观冷静的头脑,不做实际观察的努力,是很难写得真实的,因此也就更谈不上什么艺术。

文章写法,其道则一。心地光明,便有灵感,入情入理,就成艺术。

要想使文学艺术提高,应该经常有一些关于艺术问题的自由讨论。"百花齐放"这个口号,从来没有人反对过,问题是实际的做法,与此背道而驰,是为丛驱雀的办法。过去的文学评论,都是以若干条政治概念为准则,以此去套文艺作品,欲加之罪,先颁恶名——"毒草",哪里还顾得上艺术。而且有不少作品,正是因为艺术,甚至只是一描写,就招来了政治打击。作家在这种情况下,是不能争鸣的,那将越来越糟。有些是读者不了解当时当地的现实而引起的,作者也不便辩解。总之,作者是常常处于下风的。

新中国成立初,我曾和几个师范学校的学生,通信讨论了一次《荷花淀》。《文艺报》为了活泼一下学术风气,刊登了。据负责人后来告诉我:此信发出后,收到无数詈骂信件,说什么的都有。好在还没惹出什么大祸,我后来就不敢再这样心浮气盛了。

有竞争,有讨论,才能促使艺术提高。

清末缪荃孙辑了一部丛书,叫《藕香零拾》,都是零星小书。其中有一部《敬斋泛说》,是五代人作的。有一段话,我觉得很好,曾请曾秀苍同志书为小幅张贴座右。其文曰:

> 吾闻文章有不当为者五:苟作一也,徇物二也,欺心三也,蛊俗四也,不可以示子孙五也。今之作者,异乎吾所闻矣,不以所不当者之为患,惟无是五者之为患。

所以我不主张空谈艺术,技法更是次要的,应该告诉青年们为文之道。

1976年秋季,我还经历了大地震。恐怖啊!我曾想写一篇题名《地震》的小说,没有构思好。那天晚上,老家来了人,睡得晚了一些,夜里3点多钟,我正在抓起表看时间,就震了起来。我从里间跑到外间,钻在写字台下。等不震了,听见外面在下雨,我摸黑穿上雨衣、雨鞋,戴好草帽,才开门出去。门口和台阶上都堆满了从房顶震塌下来的砖瓦,我要往外跑,一定砸死了。全院的人都在外面,我是最后一个出来的人。地震在史书上称作灾异,说是上天示儆。不是搞迷信吗?我甚至想,这是林彪、"四人帮"之流伤天害理,倒行逆施,达到了神人共愤、天怒人怨的程度,才引起的。我这个人遇见小事慌乱,遇见大灾大难,就麻木不仁,我在院里小山上搭了一个塑料薄膜小窝棚,连日大雨,不久就又偷偷到屋里来睡了。我想,震死在屋里,也还算是"寿终正寝"吧。

所谓文学上的人道主义,当然不是庸俗的普度众生,也不是惩恶劝善。它指的是作家深刻、广泛地观察了现实,思考了人类生活的现存状态,比如社会关系、社会意识,希望有所扬弃。作家在作品中,通过对社会生活的刻画,对典型人物的创造,表达他这种理想。他想提高或纯净包括人类道德、理想、情操,各种认识和各种观念。但因为这种人道主义,创自作家,也常常存在缺点、弱点,会终于行不通,成为乌托邦。人道主义的作品,也不是千篇一律的。陀思妥耶夫斯基是伟大的现实主义作家,他的人道主义表现为一种不健康的形式。我只读过他的《穷人》,别的作品我读不下去。作家因为遭遇不幸,他的神经发生了病态。

只有真正的现实主义作家,才能成为真正的人道主义者。而一旦成为伟大的人道主义者,他的作品就成为伟大的观念形态。这种观念形态,对于人类固有的天良之心,是无往而不通的。这里我想举出两篇短作品,就是上面提到的安徒生的《丑小鸭》和普希金的《茨冈》。这两篇作品都暴露了人类现存观念的弱点,并有所批判,暗示出一种有宏大节奏的向上力量。能理解这一点,就是知道了文学三昧。

1982 年

耕耘不懈的人
——访老作家蹇先艾

林钟美

贵州的广大读者都熟知老作家蹇先艾,其他省份的青年读者可能就比较陌生了。我想,如果他们读了一些蹇先艾同志的作品并了解了他在 20 年代中期和 30 年代出色的文学活动的话,一定很想知道这位老作家的近况。

我们贵州的作者都尊称蹇先艾同志为蹇老。有一次,我对蹇老说:"很想和您谈谈,写篇访问记,向广大青年读者介绍介绍您的情况。"

"我们在一地工作多年,如果你已经根据平时的印象写了,那就算了;如果还没有动笔——"蹇老停了停,接着和蔼谦虚地说,"就不要写了吧,也没有什么值得写的,还是多介绍现在活跃在文坛上的中青年作家为好!"

后来,我还是闯到蹇老家去了。蹇老已由他在十年动乱中居住的小小陋室搬回到原来的住处。蹇老在他淡雅的书房里接见了我,书架侧边几盆金黄、洁白色的立菊,把清瘦硬朗的主人衬托得格外精神。蹇老一边给我拿橘子、苹果,一边兴致勃勃地对我讲最近他去北京参加中国作家协会第三届理事会第二次会议的情况。他说,听了胡乔木同志和其他领导同志的讲话,深受教育,精神极为振奋。还使他感到无比高兴的是,他的老友巴金同志在这次会上当选为中国作协主席。蹇老说:"现在大家常提到我,只不过是因为我占着两条,一是过去贵州弄文学的人少;二是鲁迅曾经评点过我的早年习作,夸奖过几句。鲁迅先生对我早年的习作,是有褒有贬的,也指出了我的小说的严重缺点。这位中国文化革命的主将一向总是勉励文艺青年要熟悉生活、认真读书、严肃写作的,但也不要自悔少作。"

鲁迅曾看过蹇先艾 1926 年出版的短篇小说集《朝雾》,于是在《<中国新文学大系>小说二集序》中提到了蹇先艾最初的习作《水葬》,说它"展示了'老远的贵州'的乡间习俗的冷酷,和出于这冷酷中的母性之爱的伟大"。鲁迅说"蹇先艾的作品是简朴的","很少文饰,也足够写出他心曲的哀愁",并把他与王鲁彦、许钦文、裴文中等称为"乡土文学"作家。蹇老参加文学活动从 1924 年在北京师范大学附中读书的时候就开始了,他常给《北京晨报》副刊和《京报》副刊写稿,并与李健吾、朱大枬等组织曦社,出版《燎火》杂志。1926年，他经前辈作家王统照介绍参加了著名的文学研究会，之后陆续出版过不少短篇小说集、散文集，出版中篇小说《古城儿女》。新中国成立后，蹇老在北京和上海出版的新中国成立前写作的短篇小说集有《山城集》《倔强的女人》；在贵州出版的小说散文集有《苗岭集》《新芽集》等。十年动乱后，蹇老除恢复了贵州省文联主席的职务，还担任了省政协副主席。他虽然工作繁忙，依然写了不少散文。在这几年里，贵州人民出版社又出版了他新中国成立后写作的《蹇先艾散文小说选》，人民文学出版社出版了他自选的《蹇先艾短篇小说选》。《蹇先艾短篇小说选》出书后，许多作家和读者反映选入的作品少了些，蹇老说："这是因为在'文化大革命'中我被抄了两次家，我旧日出的几本小册子和一些原稿荡然无存，将来如果选集有再版的机会，也可以考虑增选几篇。"蹇老还打趣地说："选旧作是吃老本，不是立新功。"蹇老是我国现代文学史上一位有建树的老作家，并不像他自谦的那样"没有做出些什么"。

　　作家总是想有充分的时间写东西的。当我们的话题转到这方面时，蹇老壮心不已地说："老牛也可以耕田，只不过没有青壮牛耕得那么多那么快而已。只要给我点时间，还是能多多少少再搞一点创作的。出版界有些同志则希望我把某些旧作尽快整理出来。"蹇老的创作时间确实太少，我突然想起有一次在一天中与蹇老三碰面的事，上午在作协开会，下午在儿童文学发奖会上，晚上则同在一个招待晚会上看演出，当时蹇老还为我们一天三次见面说了点很风趣的话。当我回想到这里，蹇老接下去说："过去我讲自己是'三多一少'，兼职多，会议多，社会活动多，作品少；现在我又给自己增加了'两少'，生活少，读书少。要写东西，不读书不行呀，特别需要深入生活！"蹇老很想改变他现在"三多三少"的状况。

　　近几年来，蹇老的新作虽然少些，但他竭尽心力地为发展贵州的文学事业贡献了自己很大的力量。蹇老作为贵州文坛的领导人之一，一直精力充沛地参加和指导着全省的文学创作活动。蹇老在抗日战争时期曾与谢六逸、李青崖、齐同等人组织每周文艺社，出版《每周文艺》，还主编过《贵州日报》副刊《新垒》。他对编辑文艺刊物有着长期的、丰富的经验。他非常关注省内的几个文艺刊物，常常向我们指出报刊存在的问题和需要改进的地方。还在去年年初，他就和我谈起过一家刊物上发表的几篇有错误倾向的作品，希望我们《贵州日报》文艺副刊加强文艺评论，反对自由化的错误倾向。蹇老的文艺批评既讲原则又讲团结，大家口服心服。当我谈到目前文艺界有因为开展批评发生不团结的现象时，蹇老说："一定要增强文艺界的团结，要文人相亲。出现了好作品，不管是谁写的，要高兴，要表扬；出现了坏作品，要善意地提出批评，不要护短，也不要打棍子。"这几年，蹇老给我的一个最突出的良好印象，是他对文学新人的关怀和栽培。他看到何士光、叶辛等一批贵州文学青年的健康成长，常常遏制不住自己由衷的喜悦,并很乐意地为几位贵州青年作家的散文和小说集作序。我们从培养文学新人问题谈到贵州作协最近两年为中青年作家何士光、叶辛、曹雨煤、李发模、李宽定等举行的作品讨论会,蹇老说:"别的会我可以不参加,这样的会我是每会必到。通过分析作品,发表自己的意见,有助于中青年作家的培养和提高。我总想多做一点辅导工作,当然我也要向青年学习,他们很敏感,有生活,写得多,写得快。"老马识途,耕耘不懈,文艺花苑多么需要蹇老这样的园丁啊!

　　蹇老鼓励青年多写,也劝告青年作者要有严肃的创作态度。他批评了前段一些青年作者的过分轻率,这些作者想到一点就写,以创作丰富自鸣得意。他更反对没有生活瞎编故事,他说:"我们要提倡熟悉什么生活就写什么生活,不熟悉的生活,熟悉了以后再写。"他认为当前作协的主要任务是组织作家深入生活,不这样,繁荣社会主义文艺创作和塑造社会主义新人就要成为一句空话。我问蹇老,现在要不要提倡一下乡土文学? 蹇老说:"我们要提倡的是文学的民族化和地方色彩,过去所谓的乡土文学也就是指有浓厚地方色彩的文学,发展有民族色彩和地方特色的文学不一定只写农村,写城市、工厂也可以。鲁迅那十几篇写浙江农村的小说,就富有鲜明的地方色彩,非常美丽,我们读起来,确实开拓了眼界,增加了知识。"

　　我问蹇老在1982年有什么打算。蹇老好像早有思考,他说:"不能做空头文学家呀,还是要写! 在新的一年打算把我过去在上海万叶书店出版的《古城儿女》做些文字上的修改,找个地方重新出版,这部十五万字的中篇小说是写1937年北平沦陷后知识分子如何抗日的,大半是我离北平前亲身经历或见闻的,值得纪念。另外,还准备编一册新中国成立前后写的散文选集。四川人民出版社约我编一本写作回忆录,得赶快动手。当然也要写一些新作,实事求是,有什么生活就写什么。总之,要为人民服务,为社会主义服务,要贯彻'双百'方针,不能搞自由化。也有人鼓励我写点反映十年动乱生活的作品,但我想,现在大家写得多了,没有必要都沉浸到过去的哀伤中去。"蹇老还表示要趁他腰腿尚健的时候到各地走走,"走马看花",特别是到他的家乡遵义和他过去搞过将近一年土改的黎平。蹇老要到这两处去,心中是很有一番创作抱负的。

　　从蹇老家告辞,已是晚间电视节目结束的时候。回家的路上,我心里一直念叨:蹇老呵,多么希望您给我们写出更多描绘贵州山区生活的佳作。

童心在他胸间跳动
——记老作家严文井
高洪波

虽然许多作家和诗人都不失赤子之心,但恐怕没有谁会乐意以"孩子"自诩。可是当我访问老作家严文井时,他介绍完自己漫长的人生和写作生涯之后,却诙谐地承认自己"是个六十岁的男孩子"。这种坦然的自白,使人看到了一颗率真的童心在跳动。而恰恰是因为这可贵的童心,才使我们有了一位个性鲜明的童话作家,孩子们有了一位可亲而又可敬的艺术园丁。

严文井同志今年六十七岁。1932年,当他还是一名高中生时,就已经开始发表作品。如果把这最初的文学活动也包括在内的话,他已经在文学创作这条崎岖的道路上行进了半个世纪。在这五十年间,严文井同志经历了大时代的风风雨雨。从他青少年时期对真理的求索,到投奔延安寻找救国救民的道路,从他经历了十年浩劫的磨难,到迈进历史的新时期,岁月流逝,人世沧桑,唯有一颗童心仍在他胸间跳动不止,不但没有磨损丝毫,反而更加炽热强烈。因为他热爱孩子,对孩子们的成长有一种执着的使命感和责任心。这可从新版《小溪流的歌》(人民文学出版社)、《严文井近作》(四川人民出版社)、《严文井童话选》(吉林人民出版社)、《严文井童话寓言集》(人民文学出版社)等一大批富有时代特色和清新优美的童话中得到印证。

在一次访问文井同志的交谈中我才知道,他出生在湖北一个中学教员的家庭,父亲经常失业,家庭生活艰辛。他是老大,要帮助照顾幼小的兄弟们,于是常常还承担给小弟弟编讲故事的任务。那时节,他观察过蚂蚁们忙碌的生活,想象着那小小的昆虫王国的情景;他坐在长江边上注视过各种船只航行,憧憬着"孤帆远影碧空尽"的远方世界;他做过奇幻迷离、色彩斑斓的梦,这梦至今还温暖着他老年的心。虽然童年的现实生活充满了悲凉和寂寞,但他却仍向往着美好的未来。十岁时,他就一口气读完了《西游记》,接着就是《三国演义》《水浒传》和《七侠五义》。由于酷爱幻想性强的小说,他又找到《封神演义》《镜花缘》《聊斋志异》。正是这些富有民族特色的古典文学作品,给了严文井以最初的精神营养。紧接着就是了不起的安徒生了。安徒生的书里虽然写到许多奇特的事物,但他引导人去经历的却不只是奇异的世界。从他的如画的散文里,严文井感到一种诗意的享受,并意识到了童话和文学的巨大力量。他开始有了一种朦朦胧胧的创作愿望,要用笔来补足自己从前没有得到的东西。

当他尝试着用笔写点什么时,还与童话无一点缘分。这时的严文井写诗,写散文,也写小说。他以细腻的艺术感受,写成了他的第一本散文集《山寺暮》,这时正值卢沟桥事变前两个月。接着长篇小说《一个人的烦恼》和一批报告文学相继问世。他追随着时代的脚步,要用文学来参加战斗。他在延安鲁艺任教期间,抱着对旧时代的诅咒和对新生活的热望,终于寻找到一个得心应手的文学形式——童话。他一口气写了九篇童话,集为《南南同胡子伯伯》,1943年在重庆美学出版社出版。从此,儿童文学作家严文井出现在文坛,以自己独特的艺术风格赢得了大读者和小读者的喜爱。而他的一颗童心,也借助于童话这种最合适的形式,得到痛快淋漓的表现。

童心固然可贵,但作家为完成和表现童心所做的努力、所形成的艺术境界更使人感到珍贵。在访问他时,他多次强调:"童话虽然很多是用散文写的,而我却把它算作一种诗体,一种献给儿童的特殊的诗体散文。安徒生童话之所以使我震动,不是故事的情节,而是内在的诗意。"在严文井的创作中,这种诗的追求是异常明显的。他在50年代创作的《小溪流的歌》就是一首无韵的诗。那起伏的山峦、蜿蜒的溪流、江河、大海、阳光,构成一幅气势恢宏的图画。而新作《南风的话》《歌孩》《浮云》及《春夏秋冬》等篇,熔自然风物和深刻哲理于一炉,使执着的现实感与宏大的理想和谐地结合起来,"未来的世纪需要我,我要促进诞生、成熟和收获"(《南风的话》)。

当然,把童心转化为诗心,是一种艺术风格的追求。对于小读者来说,似乎还不能使他们完全满足。要补充的是,他作品中洋溢着浓厚的儿童情趣,这就要涉及作者的匠心。谈到这一点时,严文井深沉地说:"有人觉得儿童可爱,当作玩具。我从来是认真地把儿童当作我谈话的对象。我们要把孩子当作能思考的小人,平等地对待他们。对他们讲话要开诚布公,不说套话。以这样一种态度写书,就不会把孩子当成什么也不懂的、可以瞎糊弄一番的娃娃,就能写出既有趣,又有深刻思想的书来。"他主张儿童文学作家要学会用儿童的眼睛观察生活,力争多懂得一点孩子。

在严文井的童话创作里,这种充满儿童情趣的场景、生动的细节俯拾皆是。在即将发表在《朝花》第六期的一篇新作《"歪脑袋"木头桩》里,通过一个小男孩雕刻木头桩头像的故事,表现了老人一种固执而又可爱的性格。从老木头桩头像被一群工人刨掉后改成长椅子后的寂寞,到一群小姑娘拴起皮筋跳活了他的心,震响了埋在心底的久远的回忆,自始至终情趣盎然,匠心独运。50年代他那篇代表作《"下次开船"港》,把时间是物质在空间的运动形式这一很抽象的概念,生动形象地借助于唐小西的遭遇表现出来,获得了许多国家的小读者的欢迎。他们从世界各地给作者寄来信件,感谢他为自己的生活提供了一个活生生的伙伴。

严文井在自己的作品里,努力输入着这种信念:鼓舞孩子奋发向上,意识到作为一个中国儿童的自尊与自信,从而成为心灵美的追求者。但是这种输入不是政治概念赤裸裸的陈列,而是艺术的生动表现。如在《不泄气的猫姑娘》里,就在不动声色的艺术描写中,写出了作者对孩子的热望,赞扬了不屈不挠的进取精神。小猫姑娘的可爱而又淘气的行为,一系列的失败和挫折,使小读者充满惊喜和同情,但"春天过去了,夏天将会帮助一切小动物变得成熟起来"。失败而不沮丧,永远乐观地奔向生活目标,这就是老作家给予小朋友们的启示。

谈到启示,恰好严文井同志不久前在《中国青年报》上发表了一篇短文,题目就叫《启示》。在这篇文章尚未发表时,我有幸在他的书房聆听了他的朗诵,当严文井同志慢慢地读到"母亲在你背后,道路在你面前。母亲为你举灯照明,只要你永远记得那道光,道路就永远不会从你脚下消失"时,他停下了,深沉地说:"这虽然是写给一位青年朋友的,但这母亲和灯光的感受是我自己的。我忘不了自己在下放到湖北咸宁干校的前夜,母亲最后一次来看望我的情景。老人家一定要在我出门时为我打亮手电筒,照一道亮光。这是我母亲给我的最后一次祝福。不过,我们可以把母亲的意义推得更广,祖国也是我们的母亲。"他还风趣地告诉我,他将来写的最后一篇作品,可能就取名为《母亲》,以此来表达他对祖国、对哺育过他的母亲的感谢。

听了严文井同志风趣的自白,我想他的"最后的打算"也许只是遥远的未来。而对祖国母亲的眷眷感情,他早已在五十年前就逐渐开始偿还了,这童心、诗心、匠心与雄心所凝铸的作品,不正是最好的证明吗?

"我虽老而残,伏枥想千里"
——记萧三同志

兴潮　珊人

听说萧三同志又犯病住进了医院……这位八十六岁的老人,在生命的存亡搏斗中,表现得异常坚强,只要神志稍一清醒,就喊着要起来,要纸,要笔,要握笔写作!

这位用笔战斗了半个多世纪的中国共产党的老诗人、老作家,怎么能够轻易地离开纸,离开笔,离开自己的战斗岗位?!

早在青年时代,萧三同志就立志为中华民族的解放而献身。他和毛泽东、蔡和森、何叔衡等同志一起组织过"新民学会",他满腔热血地参加过五四运动。与此同时,他拿起了手中的笔,经常为毛泽东同志主办的《湘江评论》撰写文章,宣传民主革命思想。大革命时期,由于革命斗争的需要,他担任了党、团的一些行政领导职务,肩负着革命实际工作,在繁忙的革命斗争生活中,他并没有放下笔,稍有空闲,就写诗标语、诗传单,鼓舞人们的斗志。

萧三同志真正专业从事文学,以笔耕作为职业,是在第一次大革命失败后。那时他正在苏联养病。就在养病期间,他"重操旧业",又拿起了笔,撰写了毛泽东、朱德同志的传略,以大革命时期的斗争生活为题材,创作了不少散文、诗歌、小说、报告文学。他还与陈乔年同志一起对照俄、法两种文本,翻译了著名的《国际歌》。他的创作以诗歌为多为好,原因是他"在外国文学界工作,接触诗人多,间或学习他们的风格",于是他的诗在国内外流传开了,成了一位著名的诗人。

从此以后,中国现代文坛上又增加了一位革命诗人和作家。他几十年如一日勤奋刻苦地写作。他的创作态度十分严肃认真,他要求自己"唯其有意识地写诗,主要是为宣传中国革命而写;并且写出来的东西,力求其通俗化、口语化……",正如他在《诗人,起来!》一诗中写道:

> 诗人,起来! 现在这时节
> 不能贪取甜蜜的睡乡。
> 莫忘了,千万战士的热血
> 流在中原的沙场上。
> 每个人都应该和他们在一道。
> 你现在不能丢炸弹,动刀枪,

>你应该写些诗歌给他们唱：
>诗人，诗歌可比子弹和刺刀。

他不但这样号召别的诗人，而且首先身体力行，写下了《南京路上》《突击队员的微笑》《东北工农歌》《以战反战》《八路军部队进行曲》等战斗诗篇。难怪毛泽东同志在延安读了萧三在苏联出版的《埃弥萧诗选》后，要致信萧三："大作看了，感觉在战斗，现在需要战斗的作品，现在生活也全部是战斗，盼望你更多作些。"

中华人民共和国成立后，萧三同志撰写了真切动人的《毛泽东同志的青少年时代》，编辑了脍炙人口的《革命烈士诗抄》，继续用手中的笔，向广大青少年读者宣传革命领袖和革命烈士崇高的爱国主义和国际主义精神，歌颂革命烈士宁死不屈的革命情操。同时他还用笔创作了不少歌颂社会主义新生活、歌颂国际友谊的诗篇。即使在十年动乱时期，"四人帮"把他投入囹圄，强暴地夺去了他手中的笔，他依然打了不少诗歌腹稿，与"四人帮"进行战斗……

是啊，这样一位久经革命风雨的老诗人、老作家，在文艺的春天已经来到的今天，他的壮志待酬，宏图待展，他怎么能轻易地放下笔，离开自己的战斗岗位?!

记得今年4月，萧三同志因哮喘病复发，刚进医院不久，我们曾去探望过他。当我们走进半开半闭的房门，只见他坐在沙发上，正聚精会神地阅读报纸。他见了我们，含笑地打了个招呼，用手示意我们坐下。

他兴致勃勃地告诉我们，他住院后读了一本好书，这就是珠珊同志写的传记体的长篇小说《爱与仇》。小说中描写有关延安生活的章节，十分真实感人，他读着读着仿佛回到了延安时代。他说这本书对青少年有教育作用，对老中青（尤其是在延安生活过的人）也有启发作用，为了表示祝贺，他已给作者写了封信（这封信很快转到《人民日报》，并已发表）。

说到这里，萧三似乎有些激动。我们从他激动的神态上，不由得联想起萧三在粉碎"四人帮"后，重新拿起笔，虽然诗情不减当年，也时有诗作发表，但是他写得更多的是缅怀老一辈无产阶级革命家的文章，追记先烈战斗生活的革命回忆录。在这些文章中，他通过对自身的经历和老一辈革命家的战斗生活片断的描述，对广大读者进行了形象生动的革命传统教育。在《不能忘却的怀念》一文中，他再现了建党初期就立下卓著功勋的何叔衡同志的崇高形象，描绘了1935年何叔衡在被敌人包围时，英勇无畏、保护战友，高唱《国际歌》壮烈牺牲的动人场面。在《记巴黎戈德弗鲁瓦街十七号》一文中，记下了我国最早一批中共党员在法国勤工俭学、寻求革命真理的斗争生活。他还撰文回忆了瞿秋白、蔡和森、王若飞、邓发等革命前辈战斗生活片断。在这些回忆录中,他用朴实无华的语言,真实地描绘了革命先辈惊天地、泣鬼神的战斗生活,从一个个生活侧面,勾勒出这些"用生命为人民播撒幸福的人"。

当我们与他谈到这些,他若有所思地对我们说道,自己熟悉这些先辈,熟悉这段生活,作家要写自己熟悉的人和事,而熟悉这些人和事的人,现在活着的已经不多了,因此要赶紧把它写下来,"不写他们,我的心里总觉得不安"。另外还有个原因,是为了"教育青年"。他们年轻,不懂得革命,不了解过去,但他们又是革命的未来事业的希望,"没有他们,我们的事业就会中断"。

接着萧三又告诉我们,目前心中最焦急的是,他多年的夙愿——积累了几十年的素材,准备撰写一部毛泽东传记的计划,至今还没有着手进行;还有他自己的四十多年的日记,也亟待整理。

我们知道萧三同志早在湖南第一师范上学时,就与毛泽东同志是同学,他们交往甚密。在新民主主义革命和社会主义革命的风风雨雨中,萧三对毛主席一直十分崇敬,毛主席也十分关心他。萧三曾说过,毛主席"对我很好,温和、严肃、劝善、规过"。长期共同的革命生涯,培养了他们的革命情谊。他了解、熟悉毛主席,也写过毛主席的传略和生活片断,又积累了几十年的素材,因此由他来撰写毛泽东同志革命生涯的作品,是较合适的。

可是这样一个艰巨的任务对于一位八十六岁体弱多病的老人来说,时间显得尤其珍贵。难怪他要在住院前,争分夺秒地抢着把保留在头脑中的历史资料用口述的方式录下来;难怪他在病床上心急如焚,要纸、要笔、要握笔写作——正如他在一首诗中写的:"我虽老而残,伏枥想千里!"

根深叶更茂
——访马烽
包立民

我爱读马烽的短篇小说。记得五六十年代,我还是一个青年学生的时候,就曾经是他作品的热情读者。当时只要在刊物上发现他的新作,就会抢来先睹为快。倘若要问为什么,我会告诉你说,他的作品洋溢着强烈的时代气息,散发着浓郁的乡土风味,人物形象丰满而有个性,文学语言风趣又幽默。也许是我的偏爱,二十年前读他的作品,有这种感受;二十年后读他近几年的短篇新作,依然有这种亲切的感受。

前不久,听说马烽与孙谦一起来京,在北影编写一个电影剧本,趁此机会,我前往北影招待所拜访了他。当我走进他的房间,出现在我面前的是一位面目清癯、肤色黝黑的老人,他的背有些微驼,头发有些花白,但双目炯炯有神。他热情地接待了我,特别是对于我提出的"深入生活"问题,做了一次长谈。

谈起"深入生活",马烽深有感情地回顾道,那是40年代初期,根据毛泽东同志《在延安文艺座谈会上的讲话》精神提出来的口号。实际上就是号召解放区的文艺工作者,走与工农兵相结合的道路。在当时的情况下,这无疑是完全正确的。大批年轻的文艺工作者,响应这一号召,深入前线,深入农村,写出了不少好的作品。

那时马烽还是一个部队文艺宣传队队员,正在延安鲁艺附设的部队艺术学校学习。他在《讲话》精神和这个口号的指引下,一步一个脚印,走上了文学创作的道路,由一个业余作者,变成一名专业作家。

"成了专业作家后,还要不要继续深入生活,要不要写自己熟悉的生活?"马烽接着说道,新中国成立后,他赴北京参加了第一次文代会,被选为全国文联委员、中国作家协会理事,工作也由山西调到了北京,成了一名专业作家。他离开了土生土长的山西农村,离开了自己熟悉的生活土壤,身份变了,地位变了,环境变了,这对他来说,确是一个新的考验。在这个考验面前,他有过彷徨,也走过弯路。进城后,他凭借着原来的生活积累写了几篇小说,可是写着写着老本写完了,怎么办?一时心血来潮,他写了几篇反映城市生活的作品,结果都失败了。

总结了失败的教训,他又参加了1951年冬到1952年春的北京文艺界的整风学习。这次整风学习,重新提出了"深入生活"的号召,他从中受到教育,下决心每年抽几个月的时间回到山西农村,回到他从小待过的,抗日战争时期又在那里工作过的,他的第二故乡——汾阳县,写自己熟悉的生活。那几年,正是农业合作化高潮到来的前夕,无论是普通农民,还是农村干部,革命和生产的情绪都非常高涨。在这种情绪的影响下,他创作了《饲养员赵大叔》《韩梅梅》等作品,受到了读者的好评。到了1956年,他索性长期定居在山西农村。

刚回乡,老乡总把他当作客人对待,既然是客人,他们有困难、有问题、有建议,就不会说,说了他也解决不了。这对他深入地了解、熟悉生活当然是个障碍。于是在省委宣传部门的安排下,1958年,他在自己的生活基地——汾阳县,挂了一个县委副书记的名,"客串"了两年书记。那两年,他下乡经常骑着一辆自行车,带着行李卷,走到哪里就住在哪里。在水利工地上,就和民工们一起住破庙,滚草铺,大家有事也主动找他谈。共同的建设事业,产生了共同的责任感、共同的思想感情、共同的语言,使他能及时、敏锐地捕捉到时代的脉搏,发现我们时代的新的生活、新的人物、新的精神境界,从而创作出一批代表他创作风格、标志着他创作新高度的优秀作品——《三年早知道》《我的第一个上级》《太阳刚刚出山》。回顾这段生活,马烽颇有体会地说:"深入生活的作家下去担任某种适合个人特长的职务比较好。多少担起点儿担子,搅到各种矛盾中去,受点儿难为,流点儿汗,克服工作中的某些困难,做出点成绩,这才是真正地深入了生活,才能较深地理解各种人物。几年辛苦,终身受益。这样的辛苦是值得的!"难怪马烽要把这段时期看作是他深入生活的丰收季节。以后他又不断参加各种农村工作队,下去做实际工作。

当话题转到对"文革"前十七年文艺界提倡"深入生活"的看法时,马烽说,当时提倡这个口号还是正确的。问题在于那时对生活的理解太偏太窄,好像除了工农兵,其他战线、领域都没有生活,或者根本不算生活。在具体做法上也不管每个作家的具体情况,非要到工农兵中去不可。有几年还发展到把作家、艺术家统统赶下乡,吃派饭,好像只有这样做,才算"深入生活"。这种对生活的狭隘理解和"一刀切"的做法,挫伤了广大文艺工作者的积极性,同时也使创作的题材越来越狭窄。

党的十一届三中全会以来,文艺创作出现了繁荣局面,创作题材也有了很大的开拓,但是不能不看到,有些作品缺乏真实生活依据,胡编乱造。针对这种现象,马烽深感不安地指出:不管哪个作家,不管他写哪方面的题材,都有个深入生活的课题。文学作品的核心是创造典型人物。深入生活的核心就是了解人。如果作者对自己所要描写的人物不熟悉,也就说不上创造典型了。因此他主张,作家们应当根据各个人的不同情况,愿意深入哪里就去哪里。士、农、工、商,七十二行,对哪一行感兴趣就深入哪一行,熟悉哪一行就写哪一行。当然还是希望有更多的作者投身到工农兵当中去,因为无论如何他们还是我们国家实现"四化"的主力军。

在谈到文学创作与政策的关系时,马烽说,我们的社会生活的发展受政策的影响非常大,这也常常直接关系到各阶级、阶层人们的生活命运,因此文学要反映社会生活,要写人,也就不可能完全避开一定时期的政策。文学作品总要写矛盾、冲突,既然有矛盾、冲突,当然也就有新的和旧的、保守的和先进的、美的和丑的、值得歌颂的和应该揭露的人与事同时存在。如果对农村的具体政策不了解,就会不了解人物活动的典型环境,就不能很好地把握住典型环境中的矛盾、冲突,当然也就难以塑造出典型环境中的典型人物。作为一个文学工作者,当然不应该单纯写某项政策或图解政策,而应当在深入生活的过程中,学习政策、研究政策,实事求是、忠实地反映生活,才能使农村题材的作品闯出新路子。

我问马烽同志:"你作品中的一些栩栩如生的人物是怎么创作出来的?"他想了一会儿说:"1962年,老作家柳青也问过我这个问题,我当时告诉他说,我作品中的人物是在长期生活中积累得来的。柳青听了,笑着点了点头。"马烽接着又说道,他作品中只有两个人物是有生活原型的(所谓原型,就是在生活中实有其人),这两个人物就是《三年早知道》中的赵满囤、《我的第一个上级》中的田副局长。除了这两个人物外,其他人物都是虚构的。所谓虚构,当然不是面壁凭空编造,而是将生活中几个相同类型的人物捏合而成。他认为,文学作品中的人物,有原型也罢,无原型也罢,关键在于作者要有扎实的生活功底,要使这些人物在作者头脑中先成活下来,往往成活的时间越长,成活率也就越高。说到这里,他举他的短篇近作《伍二四十五》为例说,在这篇作品中,他想写三十年来尽人皆知的农村大事,表现一个有特殊性格的人物——伍二四十五(这个古怪的名字,也只是山西农村才可能有)。这个人物形象在他头脑里活动了三十年,从合作化时期起,他就有了这样的形象感受。伍二四十五有一个很突出的个性是好抬杠,而他在农村就遇到过不少好抬杠的人,有时他也会参加进去与他们一起抬杠。这些好抬杠的人与事,甚至他们抬杠的语言,都成了他塑造伍二四十五这个人物形象的生活素材。最后他通过提炼、夸张、概括等艺术典型化的手法,调动了三十年来积累下来的形象感受和生活素材,塑造了这个具有特殊个性的人物形象。

从1962年元月写完《五万亩红薯秧》后,马烽就暂时放下了短篇小说的创作,他想等写完长篇小说《刘胡兰传》,再继续创作短篇小说。可是偏偏赶上了十年动乱。他重新提笔创作短篇小说时,已经是1978年,这时,他已五十六岁。

马烽告诉我说,按他的年龄和体力来说,现在再写反映现实生活的短篇,实际上等于在做"垂死挣扎"。不过,他倒愿意"挣扎"下去,这总比"坐以待毙"强那么一点儿。正是在这种高度的文学事业心和顽强的革命毅力支持下,他克服了体力和创作上的种种困难,坚持下乡深入生活,三年多来又创作了十来篇反映农村现实生活的短篇。有些作品在艺术上保持和发扬了他特有的"洗练鲜明、平易流畅,有行云流水之势,无描头画角之态"(茅盾语)的风格,受到了文艺界的好评,其中《结婚现场会》被评为1980年全国优秀短篇小说奖。

当我问到他今后的创作打算时,他笑着告诉我:目前正在与孙谦进行第三次合作,编写一部反映中华人民共和国成立三十年来农村变化的电影剧本,题目暂定为《几度风雪几度春》。写完电影剧本,他还想"拼老命"写几篇反映新时期农村新景象的短篇小说。

告别马烽,在归途中,我的头脑中突然闪现出一句成语:根深叶茂。人们常用这句成语来比喻作家的生活与创作的关系,我想,如果借用它来说明这位深深扎根在农村大地上辛勤笔耕了四十年,又结出了丰硕成果的马烽的创作活动,难道不是十分贴切吗?

"写自己熟悉的生活!"
——访吴强

芦凌　唐华

要去采访吴强同志,这在我们,是桩高兴的事。

长篇小说《红日》读过几遍。还在少年时代,那惊心动魄、气势磅礴的战争场面,那众多栩栩如生的人物形象,就深深地印在了我们的心中。从那时起,我们就记住了它的作者——吴强同志。

"我早就说过,我没有什么好写的。"在一间书房里,年已七十开外的吴强同志一边热情地接待我们,一边谦虚地说。

他看出了我们的为难,微微笑了。沉吟了一会儿,他亲切地问我们:"那,你们要我谈谈什么呢?"

"谈谈您的生活、经历与创作的关系,好吗?"

他颔首答应了。他略微想了想,便回顾起他的生活经历来……

吴强,本名汪六滨,1910年生于江苏涟水县高沟镇,家境虽贫穷,但赖父母一双辛勤劳作的手,得以在本镇读完小学。后因天资聪颖,学习成绩出众,借亲朋资助,遂入了中学读书。但刚读一年,即因参加闹学潮而被开除出校。回家后,他在本镇一家小酒店当了学徒。

学徒的生活是清苦的,且时时还要受诟挨打。但幸运的是,这期间,他从酒店小老板的"枕边书"中先后读到了《红楼梦》《三国演义》《镜花缘》等一些古典小说。这个时候,他对文学发生了最初的兴趣。也正是由于有了这样的兴趣,他渴望读书。经过了种种努力,他顺利地考进了淮安省立中学高中部。不久,他因参加反对右翼校长的学潮,再一次遭到开除的厄运。1932年,他又只身跑到上海继续读中学。那时,由于家境贫寒,也因为对文学早有兴趣,他开始向报社投稿,陆陆续续地发表了一些散文、小说、特写、通讯、评论。1935年秋天,发表在《太白》杂志上的《电报杆》可以算是他这一时期的代表作。这篇小说写的是他相熟的人,这个人常喜欢在市镇上东跑西颠,传播新闻,所以,大家给他起了个绰号"电报杆"。由于作者对这个人物很熟悉,所以写起来得心应手,形象跃然纸上。这以后的作品,他大多是循这样的路子,以自己熟悉的人和事,作为写作对象。

谈起这些青少年时期的往事,有不少是辛酸的,但看得出,吴强的兴味却颇浓。他不时地将两腿盘放到沙发上,笑眯眯的,那神情,煞是一个"老儿童"。

接着,吴强又谈了他以后的经历。在无锡教育学院读了两年,因参加一二·九学生救亡运动,他又被学校开除了,以后转学到河南大学文学院教育系。到 1937 年抗战爆发,他就参加组织抗日救亡剧团的活动去了。这时,吴强风趣地说:"所以,我是个没有拿到毕业文凭的大学生。"

抗战初期,吴强和他的抗日救亡剧团一直跟随着国民党军队在黄河两岸演戏,宣传和鼓动抗日,他自己既当演员又编剧本。当国民党军队节节败退到武汉时,他毅然离开剧团,投奔了新四军。这是 1938 年 8 月的事。参加新四军后,他先在军政治部当文艺干事,分管戏剧,其后又去前方部队当过一段时间指导员和教导员。他曾多次深入敌后,出入敌人的据点,和敌人唇争舌战,斗智玩谋。总之,这时他已是个名副其实的军人了。就是在这段艰苦的战争生活里,他先后写出了《老黑马》《战士的葬仪》《夜行》《异样的军队》《史沫特莱在皖南》等小说和报道文章以及大量的戏剧作品。

"你们不是要我谈谈生活、经历和创作的关系吗?我就是这么走过来的。因为经历比较曲折,感受也比较深刻,大概也就想到要写作了。可是话说回来,也正因为有了这样曲折的生活经历,它们才提供了我丰富的可供写作的原材料。"

他的话是不错的。遐迩闻名的《红日》不就是因为有了他在革命军队的那段文艺活动和战斗经历作基础才写出的吗?关于这点,他在一篇谈《红日》创作的文章中曾做过如下表白:"文学艺术作品的原材料是生活,就是说,文学艺术作品是生活的反映。《红日》所反映的是中国人民解放战争第一年华东战场几个战役中的斗争生活:从 1946 年 11 月第二次涟水战役,经过 1947 年 2 月的莱芜战役,到 5 月的孟良崮战役,前后约半年时间。……我作为当时部队的一个政治工作人员,在实际生活中受到的思想感情上的感染非常强烈。我是这一段生活的参与者,我熟悉它,它激动过我,它深深地刻印在我的脑子里和我的心上,它引起了我的强烈的创作冲动。这大概也是一条定理吧!作者所要作为创作对象的生活内容,一定是作者被它感动过而又使作者发生创作冲动的东西。"又说,"到解放战争时期,我在部队的领导指挥机关和战斗部队有了七八年的工作、生活经历,对从野战军司令员到战士都有了较多的接触,其中,有的已经熟悉或比较熟悉了。对部队作战、行军、休整、日常工作、活动的种种情形和人物活动的种种形象,大如他们在作战时下决心,紧急情况下提出果断的措施,小如他们的习惯动作等,都在我的脑海里存留下深浅不同以致长期难忘的记忆。这样,生活经验积累得多了、丰富了,才……"

长篇小说《红日》是作家 1956 年春开始构思,并在无锡太湖北岸大箕山疗养院写成的。这以前,新中国成立初期,作家还写过两部中篇小说《他高高举起雪亮的小马枪》和《养马的人》,以及散文《淮海前线记事》等。这些作品都是他以自己所熟悉的革命战争生活和人物作为题材和描写对象的,所以受到了读者的欢迎。

然而,作家也向我们谈到,当他违反生活是创作的唯一源泉,去写自己不熟悉的东西时,他的创作活动就遭到了失败。

1958年,正是全国"大跃进"的时候,作家当时也下了工厂,"深入"生活。下去不到一个月,便写了一篇报告文学,叫《热浪奔腾》;不到三个月,又写了一部短篇小说和一个电影文学剧本。后来的事实说明,草率写就或从主观出发写出的作品,是无法成为长远留存下来的好作品的。以后"大写十三年"又给了作家一次惨痛的经验教训。他告诫自己:再不能这样稀里糊涂地下去了,要写自己熟悉的生活!很可惜,不久又来了"文化大革命",一夜之间,作家成了"牛鬼蛇神",文稿、笔记本,连同衣物、存款都抄走了。吴强本人先被送到不知名的地方关了起来,后又被送到市郊的五七干校去"劳动改造"。这时,别说写自己熟悉的生活,就是写不熟悉的生活,也是不可能的了。

然而,这种"写自己熟悉的生活"的愿望,作家终于还是实现了。粉碎"四人帮"后,吴强怀着极大的政治热情和写作热情,在老作家中率先写出了批判"四人帮"及其爪牙的短篇小说《灵魂的搏斗》。作品着力刻画了一个不惜出卖自己老战友而卖身投靠"四人帮"的所谓的老干部形象,鞭挞了一个让人无比厌恶的丑恶灵魂。作品发表后,受到了广大读者,特别是青年同志的欢迎。嗣后,吴强一发而不可收,又写出了《葬画》《陆队长放包袱》等十多篇作品及十多篇其他文章和一部话剧《黄桥决战》(以上作品均已收入四川人民出版社出版的《吴强近作》)。此外,搁置了多年的计划中的长篇小说《堡垒》,作家经过整理、补充、续写,也已完成并出版了第一部。这部规模宏大的作品,描写抗日战争时期,苏中根据地人民在党的领导下反"清乡"的伟大斗争。作品文笔细腻,和《红日》粗犷而气势磅礴的风格恰成对照。

当吴强同志知道我们平时也学着搞点创作时,他谆谆告诫我们道:"写东西不要急,要有生活积累,要有比较长时间的思考。就是短篇,也要有充分的思考,匆匆忙忙地动笔,写不出好东西。脑子里的财产,别人'打砸抢'是抢不去的,就怕不能从容地思考。"他对时下不少作品公式化、概念化、瞎编乱造的现象也表示了强烈的不满。他认为,这是创作上的机会主义、投机取巧思想在作怪。他说:"我们搞创作,不能走这条路。"

是的,不能走这条路,要写自己熟悉的生活!

当我们告别了吴强同志,走出那幢楼房时,我们在心中一直这样想着。

1983 年

沧桑历尽大道直
——访从维熙

许世杰

信念是人的灵魂。

作为一名无产阶级战士,当他对党和共产主义事业的信念在心里扎根,当他对人类社会发展规律有了正确认识时,那么,他就会具有一种异乎寻常的坚强力量。

对于中年作家从维熙来说,二十年崎岖、泥泞的道路没有摧垮他的意志,二十年艰辛、困顿的境遇没有毁灭他的理想,一旦重新获得了创作的权利,他就以火样的激情和充沛的创造力发奋命笔——这,不正是信念的力量?

提起从维熙,人们自然会想到在 1979 年发表的、曾经引起强烈反响的中篇小说《大墙下的红玉兰》,它至今给我留下深刻的印象。前不久,他的另一部中篇小说《远去的白帆》,又受到了读者的交口称赞。这就更加引起我访问他的强烈念头。不久前,我在北京东郊团结湖的一幢普通居民楼里,找到了他的寓所。从维熙今年四十九岁,微胖的中等身材,一副朴实憨厚的样子,不大善于谈吐,但持重的举止和顿挫的语调却使人感受到一种自信和力量。

"党的十二大提出了宏伟而又切实的建设目标,令人欢欣鼓舞。我们的党、我们的国家,在历经沧桑变化之后,终于进入了全面开创社会主义现代化建设的新时期,这是我们久已盼望的。"

听得出,"久已盼望"四个字饱含着浓重的感情。这是一种历尽艰辛和磨难的人所特有的。

早在 1952 年,从维熙还是学生时就开始了写作。他的处女作是一篇刊登在《光明日报》上的征文。随后,在孙犁主编的《天津日报》的《文艺周刊》上,他发表了第一篇小说。1953 年,他在师范学校毕业后,被分配在北京远郊青龙桥小学教书。同年冬季,调到北京日报社任农村记者。他刻苦勤奋地写作,只两年时间,第一个短篇小说集《七月雨》就问世了。接着又出版了第二个短篇小说集《曙光升起的早晨》。他出席了全国第一次青年文学创作者会议,并被吸收为中国作家协会会员,开始了专业文学创作。1957 年初,他的长篇小说《南河春晓》与读者见面了。一颗闪烁在 50 年代文坛的新星,受到了老一辈作家的赏识和读者的关注。

然而,就在这一年秋季,年方二十四岁的从维熙——在党的培养下刚刚成长起来的青年作家,竟被错划为右派,被历史的风暴无情地抛到了生活的底层。从此,他挣扎在一条泥泞的道路上:先在北京西山绿化大队等处劳动,当过马车把式,烧过石灰;后在茶淀、团河等劳改农场长时间同各色劳教人员一起,从事着沉重的劳动;以后又到山西,在砖窑场里当过窑工,在煤矿上挖过煤。就这样,苦难和凌辱伴随他度过了差不多四分之一的生命。他的爱人(十六岁就加入了地下党的一位新闻工作者)也跟他遭遇了同样的厄运。

有人说,历史所做的不公正的判决,在具有坚强信念的强者面前,不啻砥砺革命意志的磨刀石。这句话在从维熙身上可以得到证实。一位曾同从维熙在一个劳改农场共患难过的同志,在一篇文章中回忆说:从维熙是那样生气勃勃,精力旺盛,奋发地劳动着。在他身上看不到半点因为挫折带来的忧郁。在开冻方、挖土、抬泥等极其沉重的劳动间隙中,我们躺在被太阳晒得很暖的人工湖的土坡上,望着广阔的天空,回忆起50年代初期充满革命热情的欢乐年月,但更多的是热烈地期待着明天。从维熙表现得很有信心,他把党看作自己的母亲。他说党会了解我们,不会抛弃自己的孩子。他不仅没有感到劳动是对他的"惩罚",反而由衷地流露出一种极其纯朴的、在中国土地上劳作的欢快,尽管这种欢快下面隐藏着许多难言的悲苦。

我提及这篇文章后问道:"你就是这样怀着不可动摇的信念走过来的吗?"

从维熙微微一笑:"那个时候虽然个人蒙受了冤屈,但对党的事业的信念从来没有动摇过。如果说,头几年还只是坚信党一定会召回她的那些蒙冤的儿女,那么,到了十年动乱,结合个人的遭际,我终于悟出了道理:历史终会纠正误谬,真理迟早会战胜邪恶,从而更加坚信我们国家灿烂的未来。"

信念、理想的闪光,也是他在这冬去春来的几年里,能写出一批撼人心弦的作品的思想依据。继《大墙下的红玉兰》之后,他又陆续发表了《第十个弹孔》《杜鹃声声》《泥泞》《遗落在海滩的脚印》《伞》《远去的白帆》等十一部中篇小说和一些短篇小说、报告文学、散文、文艺短论等作品。其中大部分作品,都不同程度地揭示了我们时代的若干历史曲折,探索了历史的教训。特别是《远去的白帆》,它在描写劳改这个独特的生活领域方面,比其他几部作品更丰富、动人,展现了真善美与假恶丑的强烈对比。曲折艰辛的过去,使从维熙成了生活的富有者。但他之所以能写出这些作品,除了二十年底层生活给予他的强烈感受外,还有难以抑制的创作激情。从维熙曾在一篇创作谈中这样写道:"我如果不写出这些东西来,我感到对不起历史,对不起人民,对不起我遇到的——活在世上或者死去了的同志。"正是这样一种革命的责任感,燃起了他心中熊熊的火焰,创作犹如三峡之水,奔腾而出。

这些作品可以说是血写的悲剧,反映的生活是严峻的,斗争是残酷的,但读者从作品中所描写的这些受难者身上,却听不到哀怨的叹息,看不到绝望的眼泪,读者看到的是从维熙以深沉的革命感情塑造的一系列性格鲜明、具有美好心灵和崇高品质的不屈的革命者形象。这不是偶然的,因为在这些人物身上闪耀着作者心中的信念、激情和理想的火花。

"不能根据个人的恩怨得失而对生活有所抱怨、偏爱。"从维熙点燃一支烟,接着说,"如果一个经受过苦难的人,急于要把自己过去受过的苦难告诉别人,常常会影响对生活的全面观察和正确认识。作为作家,最根本的一条就是要忠实于生活。文学创作要发展,就要坚持实事求是的原则。如果游离了这个原则,就会走向两个极端,或是粉饰生活,或是扭曲生活。有个别读者认为《大墙下的红玉兰》不够火候,狱中斗争的残酷性揭露得还不够,我不同意这种看法。在我二十年的所见所闻中,确实有不少令人悚然的残酷现象,但也有一些正义凛然的革命者在思想、精神、生活上给我以启示。我怎么能够把这些真善美的东西剔除掉,而专门去表现阴暗的东西呢?"

"你的创作实践证明,题材没有禁区,什么生活都能写,关键在于怎么写,是吧?"我问。

"对,关键在于怎么写。"从维熙点着头说,"重要的是要忠实于人民。这里有个社会效应问题。作为一个作家,没有对人民负责的责任感压在肩上,是不行的。作家至少应该是个爱国主义者,这一条不能欠缺。"

近几年的创作实践证明从维熙就是以这样一种高度的社会责任感为真善美放声呐喊,以刻意求新的艺术形象把人们引向历史的明天,这正是革命信念的作用。因此,他才能够唱出"把苦酒——泼在我们的身后!把甘露——洒在我们的前头……"(《泥泞》的篇头语)这样开朗的歌声。

当我问到他今后的打算时,他兴奋地说:"首先要把反映 50 年代北京青年垦荒者艰苦业绩的长篇小说《北国草》(《十月》选载时,篇名为《黄金岁月》)完成。这部小说是我在 1959 年十分艰苦的劳动改造环境中写成的,可惜手稿在十年动乱中被焚毁了。这次重写,我要把它奉献给今天的青年创业者。下一步呢,我还没有具体考虑,总之是要深入新的生活中去,到生活的激流中去开掘文学的主题,可以到煤矿,也可以去工厂,去农村,去公安战线。二十年的磨炼,为我深入这些生活领域提供了条件。我要充分利用这一条件。"

"这么说,你今后不准备再写过去的生活了?"

"不!"他果断地说,"我二十年中的生活积累远没有写完,我还要写,但要写出新的内容、新的形象。不管写过去,还是写今天,我都不会割断历史。写过去,我要着眼于今天;写今天,我要联系过去。目的都一样——

"为了明天。为了我们生活得更美好。"

记诗人冯至

刘士杰

在一间客厅兼书房里,冯至同志亲切地接见了我。这间不大的房间的两边靠墙处,竖立着两排书柜,书柜中满是中外书籍,书柜上面也堆满了书,真可说是汗牛充栋了。

冯至让我在沙发上坐下,他自己则坐在我对面的一张椅子上。午后的阳光从窗外射进来,照在他的脸上,显得慈祥、和蔼、可亲。我端详着他,他今年虽然已经77岁了,但鬓发尚未全白,脸色红润,神采奕奕,看来要比他的实际年龄小些。

"我是一个极普通、极平凡的人,有什么好写的呢?"他谦逊地对我说道。

我告诉他,一位朋友希望我采写作为学者、翻译家的他,而我却更愿意采写作为诗人的他。

说到这里,冯至笑了。他说,他最不愿意人家称他为学者和翻译家,如果一定要给他冠以什么头衔的话,他宁愿被称为诗人。因为他爱诗,一生与诗结下了不解之缘。

"这样说来,我们是想在一起了!"我也笑了起来。屋内的气氛立即变得更加融洽、更加亲切了。

"近来,因四川人民出版社要出我的选集,我把旧作都看了一下。我有这样的感想:我以前的作品,好像是自白,表明我是怎样一个人。有两种诗人,第一种是从不间断地写诗,如杜甫、陆游;还有一种是某一时期写诗,某一时期又停止写诗,如近代的龚定庵、王国维。而我,就属于后者。我写诗可分三个阶段:第一个阶段是20年代,这个阶段较长,从1921到1930年,几乎年年写诗,写得很多,也有写诗的要求;30年代几乎没写诗,40年代又开始写诗,这就是第二阶段,主要是写十四行诗,后来又不写了;直到新中国成立后,才又提起笔,开始了诗歌创作的第三阶段,1959年以后就没有再写诗。我是有诗时便写,没有诗时就不写。"

是啊,真正的好诗都不是硬作出来的,而是情动于衷、缘情而发的。当我随着诗人的叙述,回顾他所走过的创作道路时,对这点感受尤深。

冯至同志原名冯承植,河北省涿县人。在中学时代,他最喜欢国文课。有两位国文教师对他影响很大,不仅使他知道除了《古文观止》外,还有许多辞赋诗词等绝妙好文,而且使他初步接触西方文学流派,首次知道有"写实主义""象征主义"等等名词。他对诗真正发生兴趣,是从读到新诗开始的。关于新诗,他最初读的是《新青年》《新潮》《少年中国》等刊物上登载的早期的新诗。胡适的《尝试集》、俞平伯的《冬夜》他都读过。但是,直到他读了郭沫若的《女神》《星空》以及其翻译的歌德、雪莱等人的名篇之后,他的视野才真正开拓了,从此他也写起新诗来了。他的处女作是写于1921年的《绿衣人》,后来收入他的第一部诗集《昨日之歌》里。在这首诗中,他从邮差送信这个生活中屡见不鲜、貌似平常的题材,开掘出丰富、深刻、不同寻常的社会意义。邮差平静地投递信件,诗人却想象到收信人将会得到的种种不幸、可怕的噩耗,而为之战栗,以看似平淡,实则细腻浓烈的感情,曲折地反映了社会的动乱。

1923到1925年,冯至先后参加了浅草社和沉钟社,发表了不少诗和散文。1927年,冯至在北京大学德文系毕业后,就到哈尔滨第一中学教国文。在这座奉系军阀统治下、殖民地色彩非常浓烈的城市里,冯至目睹种种不合理的现象,非常苦闷,感到愤慨。他利用1928年新年的三天假日一口气写下了五百行长诗《北游》。

1930到1935年,冯至赴德国学习。这期间他没写什么诗。1941年,他才重新写诗,一年中写了27首十四行诗。这些诗是诗人经历颠沛流离的生活的写照,是对生活、历史和人生有了较为深刻的感受和认识之后写出来的,无论在思想还是艺术上都达到了一个新的高度。《十四行诗集》出版后,李广田特意为之写了一篇长文《沉思的诗》,朱自清在他的《新诗杂话》里也为之写了一篇短评。他们对冯至的十四行诗都做了相当高的评价。

新中国成立后,冯至同志又开始写诗。这些诗多数是歌颂党、歌颂社会主义建设和出国访问记游之作,收在《西郊集》里,后改编为《十年诗抄》。说到他第三阶段的诗歌创作,冯至是不满意的,他说:"由于国内国际形势的变化,其中有些诗已经失却意义。"60年代后,他又不写诗了。冯至在追述当年的情景时说:"当时,自己的思想乱了,对外界事物没有准确的看法,时而肯定,时而否定。写诗需要自信力,无论是对光明或黑暗,都是如此。没有确定的认识,是写不出诗来的。可是,说也奇怪,写不出新诗时,却能写旧诗。30年代,我写不出新诗,就写了旧诗;60和70年代,我不写新诗,也同样写了一些旧诗,当然旧诗大都是自遣,很少发表。"

不同的诗人有不同的创作特点,冯至接着谈道,有的诗人有感而发,似不费力,很自然。如唐朝的白居易、宋朝的陆游,写诗就很流畅自然,不事雕琢。而另有一种诗人,或可称为"苦吟诗人",则很下苦功,如李贺、贾岛即是。杜甫在早年写的诗,很自然,如"人生不相见,动如参与商",明白如话,但到晚年就狠下工夫,所谓"语不惊人死不休"。当然,这两种诗人写的诗,凡是成功的,都是好诗。但是,冯至倾向于第一种诗人。他说:"我写诗好像不费工夫,如那首《北游》,我利用三天假日,不想吃饭睡觉,五百行诗,一气呵成,写来毫不费劲。'昆明事件'发生后,为了抗议国民党反动当局杀害学生,我在一天早晨写了一首《招魂》,放在死难学生的灵前,也没费多少工夫。这首诗在当时起了一定的作用。我不太欣赏下苦功堆砌雕琢的诗,如韩愈、李贺的诗。我怕有的诗堆砌辞藻,挤在一起,令人喘不过气来。我并不否定形式,但是在一定的形式下,应保持语调的自然。"

听到这里,我体会到,他写诗时不费力,并不是真的殆有神助,或只凭灵感,而是得力于诗人平时生活和艺术的积累。一个诗人有了丰富深厚的诗歌艺术的素养,一旦在生活中产生了真切的感受,激发了强烈的感情,便会诗思如泉涌,这样写出的诗就仿佛自然流露一样,看似不费功夫,实际上正是功力深厚的表现。作为好诗,既要有优美的诗意、深邃的思想,又要不露雕琢痕迹,所谓"清水出芙蓉,天然去雕饰"。古人就曾追求过这种"羚羊挂角,无迹可求"的境界,看来,冯至是深谙诗之三昧的。

我问冯至,是否打算重新提起诗笔,开始他诗歌创作的第四阶段,他笑着说道:"诗人与手工艺人不一样,手工艺人,如象牙雕刻艺人,越老功夫越深,越能精益求精;但诗人就不同,年轻时能写很好的诗,但到老年时,就往往写不出诗来。不仅写诗,就连译诗也是这样。年轻时,我曾译过德国浪漫派诗人的诗,朋友们说,简直跟我写的一样。现在,我重新翻出来看,我觉得,纵使我现在的语言比当年准确、纯熟,但未必能译得比当年好。"说到这里,他停顿了一下,又语重心长地接着说,"作为一个诗人是需要有点自我表现,但要表现自己,必须要有对生活的真知灼见、有自己真正的东西才好。个人的思想灵魂中又有多少值得表现的东西呢?我看很有限。如果不丰富自己,不提高自己,那怎么行啊!我现在写不出诗,主要与生活有关,人老了,出不去,这是很遗憾的。"

要丰富自己,提高自己,要有自己真正的东西。这话说得多么好啊!我想,这正是这位从事诗歌创作60年的老诗人的肺腑之言。

"我们的文艺要走自己的道路"
——访林默涵

李基凯

虽然经常听到默涵同志参加各种社会活动的消息,但是我已经好久没有见到他了,不知他的身体是否还像过去那样健康,精力是否还同以往那样充沛？真该去拜访他一次了。如果他有空闲,还可顺便听听他对当前文艺问题的意见,说不定这一次还真能如愿以偿哩!

默涵同志一向和蔼待人,平时很愿意和同志们进行平等的、推心置腹的交谈,只要他有时间,从不拒绝同志们尤其是晚辈对他的请教。即使彼此之间观点不同,他也丝毫不对人抱有成见,而总是耐心地,又总是有条不紊地陈述自己的看法。于是,在初春的一个下午,我跨上自行车,冒昧地向默涵同志的住地飞驰而去。

路上,我的意识不知不觉地流动起来,断断续续地想到了默涵同志过去的一些情况。

他今年快满70岁了吧？记得我在一本书上看到,他1913年出生在福建省一个偏僻的山村,15岁到了福州,在一个进步同学的影响下,16岁加入了共产主义青年团,后来在福州、厦门、上海等地从事地下工作。也许是由于历史的原因吧,他和许多老一辈的同志一样,都起飞得很早,写作生涯也开始得很早。1934年他在上海的一家报馆当校对和资料员时,就用笔名"雪邨"在艾思奇、柳湜主编的《读书生活》上发表文章。有趣的是,他还写过《妇女常识读本》。据说他年轻时,兴趣非常广泛,不仅涉猎革命文艺著作,而且爱读自然科学书籍,在日本留学时还爱上了哲学,曾同朋友一起组成哲学读书会,经常研究哲学问题。这也许与他后来走上文艺理论道路不无关系。当然,他成为著名的文艺理论批评家还是稍后的事。他青年时期的兴趣似乎主要还是放在政论和杂文的写作上。从日本回国后,他在邹韬奋先生创办的香港《生活日报》担任副刊编辑,从那时起就用"默涵"这个笔名发表文章了。

《生活日报》停刊后,他到上海生活书店和张仲实同志共同编过《读书与出版》,还协助钱亦石同志编过《世界知识》,协助谢六逸先生编过《国民周刊》。

马路上的车辆、行人十分拥挤,不断出现的红灯以及车辆时时打断我的思路,但是在我的意识河流上,仍流淌着默涵同志的生活片断。我又想到了他在抗日战争时期的经历。当时他曾参加过钱亦石同志率领的第八集团军战地服务队,活动于苏浙前线,在敌人的轰炸下辗转奔波。后来到武汉,他又参加了《全民周刊》的编辑工作。这期间,他利用空暇从日文翻译了一本苏联人写的《人类婚姻发展史》(即《唯物恋爱观》),这本书用历史唯物主义观点阐述了人类婚姻关系的变化和发展。

他好像同编辑工作结上了亲缘。在延安时期,先在马列主义学院学习,很快就被组织上调去帮助艾思奇同志编辑《中国文化》,停刊后又去主持华北书店的编辑工作,接着又到《解放日报》协助艾思奇同志编副刊。这个时期,他在《解放日报》上陆续发表了大量抨击国民党的反动政治和反动文化的杂文,在《中国文化》和《大众文艺》等刊物发展不少文艺和文化问题的评论。

1944年,周恩来同志调他到重庆《新华日报》主持联系读者和通讯工作,后又编辑《新华副刊》。抗战胜利后,他到上海、香港同章汉夫同志一起编辑、出版党的政治刊物《群众周刊》,并和邵荃麟同志一起编辑《大众文艺丛刊》。

这个时期,他的杂文更趋成熟和辛辣了。同时,他又用心研究当时的文艺思想问题,发表了一系列文艺理论文章。后来出版了杂文集《狮和龙》和论文集《在激变中》。我记得,王瑶同志在他著的《中国新文学史稿》中,对默涵同志的杂文曾做过分析。他说:

> 默涵的《狮和龙》中收的是他1942年以来在重庆、香港等地所写的杂文,主要也是打击反动统治的政治和文化各方面的措施的。因为其中大部分文字是在香港发表的,所以文笔就比较开朗,可以比较直接地说明自己的论点,不必多用隐晦曲折的方式,因此文章也就显豁有力。而且文章中也明白地歌颂了人民革命的斗争和胜利,明白地表明了作者自己的严正的立场。……

我认为,王瑶同志的这个评论是恰当的。

直到全国解放以后,默涵同志也没有放弃杂文和随笔的写作。他在《狮和龙》的基础上,又增选了一些新的篇章,印成《浪花集》出版。当然,从此以后,他的主要精力和时间放在了行政和组织工作上,但他没有放弃对文艺思想、文艺理论的关心。他发表了许多阐述党的文艺方针政策和宣传马列主义、毛泽东文艺思想的讲话和论文。有些论述,在我国的社会主义文艺运动中曾产生过广泛的、重要的积极影响。正因为如此,他在十年动乱时期,曾被林彪、江青一伙指为"文艺黑线头目",关了将近9年,后来又被流放到外地两年半。

这是多么难熬的岁月啊……

1977年以后,默涵同志受中央领导同志的委托,主持了新版《鲁迅全集》的编辑和注释工作,并担任了文化部副部长和全国文联副主席等职务,工作是十分繁忙、艰巨和紧张的。这个时期我同他直接或间接的接触较多,他忘我工作、追求真理的精神,给我留下了深刻印象。

想着想着,默涵同志住地的楼房已经矗立在我的眼前。我暂时中断了回忆。

敲门之后,默涵同志应声而出。他还是那么健康,还是那么神采奕奕,实在不像年近七旬的老人。

寒暄之后,他便把我让到客厅里。这是一间较为宽敞的向阳房间,陈设异常简朴,除了几张老式沙发和藤椅之外,靠墙有几个大书橱,并无任何贵重家具。墙上挂了几幅画,房子中间和窗台上放着几盆长得郁郁葱葱的花草,君子兰正在开放。整个客厅在春天温暖阳光的照耀下,显得格外素雅、整洁、明亮。

他一边倒茶一边高兴地说:"你来得正好,我们好好聊聊。"听了这话,我很高兴自己没有扑空,可以放心地向他请教了,但在理智上我又怕耽误他的时间。因为我知道,他目前的工作仍然是很忙、很累的。虽然他在两年前就曾提出辞去文化部副部长的职务,但在去年的机构改革中,仍被任命为文化部顾问,还要分管一部分工作。他欣慰地告诉我:"自从退居二线之后,会议和行政工作已经少些了。"他说,今后还想争取摆脱一些杂事,以便集中时间比较系统地做点研究工作,但他不愿告诉我他的研究题目。他担心余年不多,恐怕不能实现自己的打算。

他说:"我已进入古稀之年,身体虽然还算可以,但精力毕竟不如以前,越来越感到时间紧迫。"他在谈到自己所走过的道路时说:"我一生中读书和写作的时间都很少。早年大部分时间是做报刊编辑工作,从1952年调到中宣部以后,才算开始做文艺方面的工作,而大部分时间是用在行政、组织工作上的,写作只是业余的、零星的。"谈到这里,不由得使我想起前不久巴金同志在全国四项优秀文学作品授奖大会上的一段讲话:"听说这次大会邀请了部分编辑同志参加,我感到很高兴,这说明编辑的劳动正在日益受到尊重。广大编辑同志长年累月、默默无闻地辛勤工作,有些编辑本身就是很有写作能力的作家,只是为了给他人做好嫁妆,自己宁愿少写或搁笔。这方面我有深切的体会。"①巴金同志的这段话,我看是适用于默涵同志的前半生的。

默涵同志深沉地说:"回顾几十年所走过的道路,有许多经验和教训需要总结。一个重要的经验教训,就是估计形势、看问题必须从实际出发,必须全面分析,防止主观片面性。'文化大革命'前的十七年,正如小平同志在全国第四次文代会上的祝词中所说,'我们的文艺路线基本上是正确的,文艺工作的成绩是显著的。但是又的确犯了许多错误,主要是片面强调阶级斗争,混淆两类不同性质的矛盾,混淆政治问题和学术、艺术问题的界限,因此进行了一系列错误的或者过火的批判和斗争,打击和伤害了许多同志。这是因为对形势估计错误,只看见右,有时并不是真正的右,看不见'左',或者看见了也没有充分认识它的危害性。所以,十七年中就是不断反右,虽然有时也批过'左',但是反右是轰轰烈烈的,批'左'是软弱无力的,而且总是被反右的浪头所冲掉。当然这不是说'文革'前的十七年中没有右的东西,错误是在只看见右,并且加以夸大,无限上纲,而对于'左'的东西则视而不见,或者见而不以为害。这种片面性所带来的恶果是极其严重的。这些错误也有我的份。

"党的三中全会以来,在中央的正确领导下,清除了林彪、'四人帮'的极'左'流毒,同时又清算了过去十七年中的'左'倾错误,六中全会决议标志着党胜利地完成了指导思想上的拨乱反正。当然,在各方面的具体工作中,还需要继续纠正'左'倾错误,文艺界也不例外。但同时也要看到,文艺界确实存在着资产阶级自由化的倾向,这在创作上、理论上和作风上都有表现。因此,不能笼统地认为,文艺界只有纠'左'的任务,没有纠右的任务。个别同志把资产阶级自由化看作是思想解放的表现,看成是反对'左'倾错误的表现;把党及时地提出要批评资产阶级自由化倾向的主张,也说成是'左'的表现,这是很不对头的。

"我认为,当前文艺界的任务,就是坚决贯彻党的十二大精神及中央制定的一系列文艺方针政策。凡是离开党的文艺路线的'左'的或右的倾向,都要坚决反对,也就是要进行两条战线的斗争,有'左'反'左',有右反右,对任何一方面都不能忽略。'左'比右好不对,右比'左'好也不对,因为'左'、右都会给党的文艺事业带来危害。我们过去的错误是只反右,有些还不是真右,不反'左';现在不能反过来,只纠'左',不纠右。这种片面性的错误再不能重复了。"

停了一会儿,默涵同志接着说:"'左'或右的倾向并不是在每一个时期都平均地存在着,进行两条战线斗争,也不是时时处处左右开弓。某时某地'左'的干扰较大,就应主要纠'左';某时某地右的干扰较大,就应主要纠右。但是在思想方法上则任何时候都不能有片面性,不能只见其一,不见其二。十一届三中全会以后,党在制定和实施一系列方针政策的过程中,力求符合客观实际,防止在注意一种错误倾向的时候忽视另一种错误倾向。我们应该学习中央的这种精神,始终坚持正确的立场,保持清醒的头脑。"

默涵同志继续说:"'左'和右是表示政治路线的概念,用在文艺问题上不大恰当,但大家已经习惯这样用了,只好仍然沿用这种说法。我的理解,在文艺问题上,'左'就是指教条主义和简单化的倾向,右就是指自由化和自由主义的倾向。这两种倾向都是根源于不符合客观实际的主观主义,都是属于人民内部的认识上的分歧。因此,讨论和解决这类问题,必须和风细雨、心平气和、平等待人,而不要以势压人。乔木同志指出的文艺批评的三原则是:一、对需要批评的对象要有全面深入的了解;二、人民内部的批评,一定要有团结的愿望;三、要既入理,又入情。我以为这是很正确的。希望我们都能这样做。"

谈到当前文艺界正在讨论的我国文艺的发展与西方现代派文艺的关系问题时,他说:"我看这次讨论比较好,让不同的意见都发表出来,心平气和地进行商讨、辩论,这就容易把问题弄清楚。当然,刊物不可能没有倾向,也不应该没有倾向。但是,正如在作品中,倾向性应该从情节中流露出来一样,理论的倾向性也应该通过摆事实讲道理来体现。这样,才能对人有益,使人信服。"

谈到这里,我问:"您是否可以谈谈对现代派艺术问题的看法?"默涵同志说:"我认为开展这次讨论是必要的。从有些主张来看,分歧的焦点似乎不仅是如何评价西方现代派文艺本身,而是在于我国的文艺要向哪里发展,走什么样的道路问题。有些同志把西方现代派文艺说成是世界文艺发展的必然阶段、必然趋势;不仅代表人类的现在,而且代表着人类的未来;是人类思维发展到了高级阶段的产物;是最真实的艺术;要搞现代化的建设,就必须搞现代派的文艺;只有现代派的艺术技巧才能表现出今天的原子时代、电子时代;现实主义已经过时;至于延安文艺座谈会以来的革命文艺传统则更不在话下了。总之,按照这些说法,我国文艺必须走西方现代派的道路才有前途。我认为这种观点是站不住脚的。"

他说:"既然经济建设都需要走适合我国国情的自己的道路,那么文化艺术建设怎么倒可以模仿别人,邯郸学步呢?所谓国情,在文化艺术上说,就是要考虑我国社会的性质,我们的历史和革命传统,我们民族的文化和艺术特色,我国各民族人民的现实生活、思想感情和艺术爱好。离开了这些,而去仿效从根本不同的社会条件下产生的西方现代派艺术,那只能是没有出息的艺术教条主义。这样的文艺当然是脱离现实、脱离人民的。"

他说:"当然,西方现代派文艺是个复杂的问题。作为一种社会现象,我们要继续进行认真研究和具体分析,不能简单地否定。比如在艺术技巧方面,有可以批判地加以借鉴的东西,有些作品的思想内容也有一定的积极意义,具有一定的认识价值。但是从总体上,我们必须认识西方现代派文艺的资产阶级性质,看到它的哲学基础和思想体系是唯心主义的,它的思想内容绝大多数是消极的、颓废的,与这种思想内容相适应的艺术表现形式也绝不可能完全照搬,更不可能去走他们的道路。不看到它同我国社会主义文艺的根本区别,我们就要上当。

"西方现代派文艺有两个致命伤,一个是脱离现实,一个是脱离人民。现代派艺术家中,不少人看到了西方社会中的种种罪恶现象,他们不满意这个充满着危机和混乱、荒谬和虚伪、冷漠和卑琐的世界,但是他们又和这个社会有着割不断的联系,所以他们或者不反抗,或者无力反抗,或者反抗无力。有些人便龟缩到自己狭小的主观世界中,喃喃地发出一些连他们自己也不明白的呓语。这种艺术显然不能触动资本主义世界的一根毫毛,而且作者和他的艺术本身,就是这个病态社会的一个组成部分。歌德说过一段意味深长的话:'一切倒退和衰亡的时代都是主观的,与此相反,一切前进上升的时代都有一种客观的倾向。我们现在这个时代是一个倒退的时代,因为它是一个主观的时代。这一点你不仅在诗方面可以见出,就连在绘画和其他许多方面也可以见出。与此相反,一切健康的努力都是由内心世界转向外在世界,像你所看到的一切伟大的时代都是努力前进的,都是具有客观性的。'[2]可见西方现代派艺术与其说是现代化的产物,毋宁说是西方资本主义社会倒退、衰亡时期的产物。事实上,西方现代派艺术早在那些国家进行科技现代化以前就已经出现了。歌德讲的'伟大的时代',是指十五、十六世纪资本主义上升时期,我们今天所处的是更加伟大的如旭日东升的社会主义革命和建设时期,我们怎么能去走西方资本主义世界倒退和衰亡时期的艺术道路呢?无产阶级革命不但要领导人民正确地认识世界,而且要领导人民变革世界,它必然是富于客观精神的。"

默涵同志说:"去年年底我曾到法国和英国访问,看了一些画展和演出,参观了那里的陈列馆。据我了解,那里的群众并不欢迎抽象派的艺术。街头卖的画,基本上都是写实的。在一次座谈会上,一位主管艺术的官员说:'我们有一个任务,就是要支持和宣传现代派艺术。'我问他,为什么在各种艺术流派中,特别要支持现代派艺术呢?他说:'因为有许多艺术家搞现代派,而群众却不喜爱,这是个矛盾。因此,我们一方面要说服艺术家们尽量使自己的作品能让群众看懂和喜爱,另一方面又要说服群众接受现代派艺术。但能不能做到,没有把握。如果做不到,那就证明我们的想法和工作失败了。'事实上他们的工作并不成功,到现代派绘画陈列馆参观的人很少。一位领我们参观的女士也带讥讽地说:'谁知道他们画的是什么?'而到古典名作陈列馆参观的人却总是十分拥挤。群众是不会去赞赏'皇帝的新衣'的。据说在法国,现代派诗歌很难出版,因为人们看不懂,没人买。资本家可以出高价买一幅现代派的画,但是不可能把所有的诗歌集子全部买去。为什么我们还要提倡这种脱离群众、脱离现实,在西方都已濒于没落的东西呢?

"但是,只要资本主义制度、资产阶级存在一天,现代派艺术就会存在一天,即使广大人民不能欣赏,资产阶级也鼓励它,也会用高价收买的办法把它们放到陈列馆里。资产阶级正是用高价收买的政策吸引大批青年画家、艺术家去走这个路子。谁说资产阶级不控制和影响文艺创作的方向呢?他们的思想、兴趣、爱好和钱柜子,就是对艺术创作的有效的控制力量,这就是资产阶级'创作自由'的实质。

"我们向来主张要向世界各国革命的、进步的和优秀的文艺学习和借鉴。有借鉴和没有借鉴是不同的,这里有高低、文野等等之分。鲁迅先生主张'拿来主义',说'没有拿来的,文艺不能自成为新文艺'。但他所主张的'拿来',是'有辨别'的,是要'放出眼光'来'挑选'的,并不是漫无标准地'接受一切'。鲁迅先生受俄罗斯文学的影响较大,因为俄罗斯文学所反映的封建压迫和反封建的内容,跟我国当时的国情相似。他早期特别重视介绍各国勇于抗争的爱国诗人,注意介绍被压迫民族的文学,后来又致力于翻译、介绍苏联革命文学和版画。但他对于西方抽象派艺术,是不赞赏的。他嘲笑中国一些从欧洲或日本留学回国的画家,'他们的创作命题很抽象,如一幅少女像,题为《希望》《思想》之类……用命题欺骗群众,或以色彩诱惑读者的虚伪画家,在中国为数不少,别人如问作品的内容,他们笑你不懂艺术。因此就有越为少数人欣赏的东西,其价值越高的论调出现。甚至画家自己也无法解释的作品,就是最高的艺术。'有趣的是,早在五十年前,鲁迅就驳斥了今天有人还把它当作新货色的'真实就是主观感觉'的论调,他说:'有人画猫、画奔马等有几十条腿,因为猫和马在奔跑时,看上去不止四条腿。此说虽有几分道理,毕竟过于夸大了。这种画法,我以为并非解放,而是解体,因为事实上猫和马等都只有四条腿。'③"

天色渐渐暗下来了,默涵同志谈兴仍浓。他拉开电灯后对我说:"现在有些同志把现代派的艺术技巧说得很神,说它是最现代化的技巧,似乎没有这种技巧就不能出伟大作品。这是不符合实际的。技巧虽有一定的相对独立性,但毕竟不能完全脱离思想内容。"他从书橱里拿出一本很厚的西方抽象派绘画集翻给我看。他指着那些变形得谁也看不懂的画对我说:"你看这种画谁能看得懂?我们并不一般地反对变形,艺术中的合理变形是可以的,甚至是必要的。但是变形必须以生活为基础,是为了更好地表现生活,而不是歪曲生活。抽象派这样的变形和所谓技巧,怎么能照搬过来反映我们今天的现实生活和人民群众的形象与思想感情呢?现代派艺术决不单单是个形式问题,它的形式是服务于它所表达的空虚、绝望、逃避现实、沉湎于主观世界的思想情绪的。因此我们不能单纯照搬它们的形式。有些画,把人画成怪胎、怪兽、机器,我不明白这里面有什么美。"

默涵同志语重心长地说:"文学艺术的发展史已经清楚地证明:不论哪个时代,凡是真正伟大的作家、艺术家,都有一个共同的特点,就是他同人民、时代有着深刻的血肉联系,他的根子扎在人民生活的土壤中;背离现实、脱离人民的人,是不会成为伟大的作家、艺术家的。现在有人提倡背向现实、面向自我、潜入内心,这只会把自己引向艺术的死胡同。"

①见《人民文学》1983年第4期。②见《歌德谈话录》第97页。③《1930年2月21日在上海中华艺术大学演讲》,刘汝醴整理,见《鲁迅演讲资料钩沉》。

专访病中的萧殷

游焜炳

萧殷同志长年患有肺气肿,前几年发展为肺源性心脏病。病情一年比一年严重,身体一年比一年虚弱,行动愈来愈困难,已经有几年出不了家门。半年多来,我与他有较多的接触,这时他已经差不多下不了床。最伤脑筋的是,他的病离不开抗菌素,而长期服用抗菌素又导致厌食;吃不下东西,断了"后天之本",体内的抵抗力更弱……为对付这对矛盾,他便像服药一样强迫自己进食,能多吃一口就多吃一口。他说:"我是在为活命'奋斗'呢!"这似乎是句俏皮话,萧殷当然不是信奉活命哲学的人。可是,当我看到萧殷特意找来许多烹调菜谱,细细琢磨,并嘱咐家人如法炮制,力求多变换些花样以增进食欲时,我才知道萧殷不是说着玩,而是在认真研究饮食了。用他的话来说,这叫作"特殊的斗争"。

对待疾病,萧殷是乐观坚强的,可是又常常心情烦躁。他自己也知道这一点,有几次他歉然地对人说:"我的脾气愈来愈坏了,我是心里烦哪。"病魔缠身,苦不堪言,这是可以理解的。有一次他问我:"你觉得人生最痛苦的是什么?"这句话问得很突然,我有些茫然了,疾病大概还不算"最"吧?我说:"人生常会遇到不如意的事,但不如意的事中,哪样最痛苦,我一时还说不上。"他说:"我近年体会到,人生最痛苦的莫过于力不从心,想做而无法做到。"原来是这样!工作、事业是他的生命,因而,这想做而又无法做到的苦恼才成了他的最大痛苦。今年初,萧殷的病急性发作,被送往医院抢救。病情很危险,他时而清醒,时而昏迷。一位阔别近四十年的老战友从北京赶来探望他。老友相见,使萧殷回想起自己一生的理想和追求,他感到不安,挣扎着断断续续地说:"好惭愧啊!我本来想将自己一生从事文学事业的心得体会好好整理出来,希望对文学青年有所帮助,可惜没能做到……没做到……""不,你做到了,你做了许多。"那位老友赶忙说。一个深夜,萧殷醒来,见我在他身旁,便若有所思地对我说:"我现在更体会到鲁迅真伟大。他去世前几天还在写作……"萧殷缓慢吃力地说。唉!病成这样子了,他还是在想写作!我叹了口气,一句劝慰的话也说不出。我知道,劝慰也是多余。这是出自心灵深处的一种精神,一股不可遏止、不可改变的爱和力。

正是凭着这种精神,这股爱和力,才让我们在近几年的各地报纸杂志上读到萧殷那些深入浅出的文艺论著。许多与萧殷素昧平生的文学青年,才能得到他恳切认真的复信。要是他们知道萧殷的病情,准会大吃一惊,再不会麻烦他了。的确不容易啊,即便是千把字的书信文章,他也得分几次才能写成;文学青年寄来的三五千字的习作,他要断断续续花很长时间才能看完。有时无法读、写,他就靠耳听、口述,坚持工作。这需要多大的毅力,实在难于想象。就说平平常常的谈话吧,对萧殷来说就很不平常。文学界的客人来看望他,总是三句话不离本行。谈起文学,萧殷就来劲。只见他鼻孔里插着吸氧导管,呼哧呼哧地喘着气,胸部急促地起伏着,却还在侃侃而谈,说个没完。有的客人见了还说:"萧老精神倒很好。"殊不知,只要客人刚走,萧殷便一下垮下来,难受得要死。家人当着客人的面不好劝阻,过后便责怪他:"我们千方百计想办法,让你多吃下一点东西,增强一点气力。你可好,一次谈话就把老本全部耗光了。"萧殷不服气地说:"我们又不是闲聊天。那么重要的问题,能不谈谈吗?"

萧殷对文学工作的爱和力使我深受感动,还有一些事情使我受到深刻的启示和教育。有一次,萧殷读完一封青年来信,连说"问题很严重",说完便急着要复信。他爱人劝他:"你病得这么重,那么多青年来信,哪能一一回复呢?即使身体好了,有精力还不如去搞些专题研究更有价值。"萧殷听了,大为生气:"你怎么能这样考虑问题!这又不是我个人的事。"说着,便将那青年的来信递给我看。原来,这位青年一心想出名,想当作家。因求名心切,他废寝忘食地"奋斗"出好几个(篇)剧本和小说,以致晕倒过去。想不到稿件投给报刊,毫无结果。于是他一面抱怨编辑"不负责""走后门",一面对自己深感失望。因听说萧殷一向热情扶植文学青年,便抱着一线希望,投书萧殷,并附来作品,要萧殷判定一下他有无"文学才能",有无"发展前途",恳求萧殷"拉一把"。否则,他简直不想活了。"像这类做着作家梦的所谓'有志的青年',还不少呢!我常常收到这样的来信。一开始方向就错了,愈'奋斗'下去,便在危险、徒劳的路上走得愈远。我不能不赶快提醒他们。"萧殷说,"我活到现在,却是做梦也没想到要当作家。说来也好笑,刚进北京城不久,我参加了全国第一次文代会。那时第一次被称为'作家',并被选为作协理事,我还以为搞错了呢,听起来怪不顺耳的。"接着萧殷又严肃地说,"如果有谁把文学事业当作个人的事业,那他就错了;如果有谁想从中牟取名利,捞到什么好处,那准会枉费心机。为文学事业,我这辈子是吃尽了苦头。现在我只剩下一把老骨头了,体重才六十几斤。'衣带渐宽终不悔,为伊消得人憔悴',不是吗?"说罢,他脸上浮起了耐人寻味的微笑。

确实,据我所知,他曾因50年代发现并帮助王蒙修改过《青春万岁》,而被斥为"替右派分子涂脂抹粉";曾因在60年代主持长篇小说《金沙洲》的讨论,坚持按艺术规律办事,反对"左"倾思潮、庸俗社会学,而在"文革"中备受残酷斗争;甚至仅仅因为自己的一部长篇小说的未完稿的题目叫"多雨的夏天"而惨遭无情打击(说是诬蔑攻击新社会,新社会应是"艳阳天")……他这一身病,就是在长期紧张繁忙的文学工作中染上的,在十年动乱期间的种种磨难下急剧加重的。他曾数次濒临死亡的边缘,而今年一年就已被急救过三次了……

可是,为了文学事业,他还是那么"倔",那么"迂",那么正直,那么执着。他的子女有时说他"像个小孩子",我认为这正是他的赤子之心。为了文学事业,他忘我、拼命地工作,抱病为刊物撰稿,不厌其烦地给青年作者复信、改稿。对有些作品中出现的倾向性错误,他依然坦率地提出批评;对作者提出的问题和困难,他依然尽可能地提供解答和帮助;发现新人新作,他依然积极地进行介绍、推荐。有一位曾经在"文革"中打过他小报告的文学青年,萧殷同样诚恳地鼓励他放下包袱,努力写作。还有一位"文革"前反对过他、"文革"中又批斗过他的同志,近年写了一批有见解的文章,萧殷主动向报刊推荐,向出版社介绍。甚至就在最近,他还在病榻上当了一位中年作家的入党介绍人。而当有的文章提到某些作家是萧殷发现和培养的,他就赶忙写文章申明"不应归功于我的一点微不足道的辅导……主要是依靠他们自己的努力"。他这么做,究竟是为了什么?!

今年年初,他编完了《萧殷自选集》,让我将书稿交给出版社。他如释重负地对我说道:"集子编好了,我的任务就算完成了。等到这本书出版,也许我不一定能看到了——不过没有关系,反正能交到读者手里就行了。"听了这段话,不知为什么,我的鼻子一酸,眼眶湿润了。是担心,难过,感动,敬仰?我说不清。但我的心里却异常清楚,萧殷同志毕生从事文学事业,并不是为了向人民索取什么报酬,而是为了把自己的一切奉献给人民。

最近广东作协分会在筹办文学理论刊物,要他当主编,他承担下来了。于是他的心思和谈话中又多了一个中心内容。他常常谈起自己对办好这个刊物的主张和设想,一再强调:一是要紧密联系创作实际,为繁荣创作服务;二是要坚决贯彻"双百"方针,发扬学术民主;三是文风要生动活泼,深入浅出……他还要在这个刊物上举办文学评论的评奖活动!他说:"我知道有很多困难。搞出来恐怕难免挂一漏万,不可能全面、完善,甚至还会惹来一些麻烦。可是,为文学评论争一席应有的地位,开一种正确的风气,何乐而不为呢?何况,工作中的缺点、错误,还可以为今后提供经验教训,相信总会一次比一次搞得好。这不就更值得了吗?"

去年底,我在萧殷家,正遇上两位北京的电影工作者前来探望他。他们给萧殷拍完照,翻开精致的纪念册,请萧殷题词。萧老略有思索,用不住颤抖着的右手提起笔,写下苍劲有力的一句话:"要成功一种事业,必须准备付出毕生的精力。"那时看到这句话,我并不怎么在意,可是半年多来耳闻目睹了萧殷对党的文学事业的那种痴情,那种奋斗精神和自我牺牲精神,才觉出这题词真有金子一般重、玉一般纯。我觉得萧殷这句话也是给自己写下的座右铭,他的一生不是都在实践它吗?

1984 年

他瞩望着时代
——访老诗人艾青
高洪波

"最伟大的诗人,永远是他所生活的时代最忠实的代言人;最高的艺术品,永远是产生它的时代的情感、风尚、趣味等等之最真实的记录。"这是我在阅读艾青那本著名的《诗论》时信手摘录下的一段话。我很喜爱这段话,因为它也可印证老诗人一生的创作实践。

艾青是我们这一时代的无数忠实的代言人中的一员。他已是七十岁高龄的老诗人了,现在,他又在想什么?他的生活节奏是否还是那样紧张?他那支出色的诗笔仍在酿制思想的蜂蜜吗?带着这一系列的问题,我按响了艾青家的门铃。

艾青的住宅坐落于北京火车站附近的一座四合院,50 年代,诗人就曾定居在这里。经过二十多年颠沛动荡的生活,不久之前小院终于迎回了曾经的主人。院落幽静整洁,难怪老人见面就告诉我:"虽然靠近火车站,却很安静,我这是闹中求静。"

然而艾青的内心并不平静。不久前他在《人民日报》上发表了关于抵制和清除精神污染的谈话,并提出整顿刊物的建议,竟然收到了一封嘲讽和辱骂他的匿名信。话题就围绕着这封匿名信开始了。

艾青说:"我老早建议过,全国刊物太多,应该削减。刊物一多,稿源紧张,为了拉稿,有的刊物改头换面,靠牌子唬人;有的刊物不负责任,塞进一些怪诗、让人看不懂的诗,败坏了诗的声誉。

"对于一些青年,我一直是关心爱护的,可是他们很固执。在我们看来很清楚的一些问题,他们不想也不愿意理解。他们对生活抱一种敌视的态度,否定一切、目空一切,只肯定自己。他们因破除迷信而反对传统,因蒙受过苦难而蔑视权威。他们寻找发泄仇恨的对象。我不过在三年前讲了《生活——网》这首诗不好理解,竟惹出了好大的乱子。他们从四面八方攻击我。他们原来是想拉我当他们的旗帜,我不上当,这就得罪了他们。"

谈到"古怪诗"的问题,艾青回顾了几年来新诗走过的道路,对这些年轻诗作者表示了殷切的希望。他说:"我只是希望青年人写得好一点,不要钻入自我的小圈子里写些谁也看不懂的怪诗,并没有其他意思。他们被'崛起论'的鼓吹者捧得太高了,目空一切,好像中国新诗从徐志摩之后一片空白,我当然就更微不足道了。就我个人而言,只不过是想反映一点时代,反映一下人民的心声,努力写好自己的诗,仅此而已。不过,那时我说这些意见,有点单枪匹马应战的味道,呼应者甚少。这也是不正常的,起码说明了文坛的软弱无力。"

艾青取出一厚本外国出版的书,告诉我这本书的作者曾翻译过闻一多与他的诗,可是现在却把兴趣放在那些"怪诗"身上。艾青拍拍这本书,幽默地说:"中国人不懂的诗,外国人却看懂了。"他又说,"中国诗坛的论争,其实是涉及诗歌为什么人服务的问题。是为表现自我,还是表现时代与人民的问题。它之所以引起海外的注意,也是因为这一点。目前有些居心叵测的外国人很希望中国出现持不同政见者,这场斗争由来已久,这是一场很严肃的斗争。"

话题转到了诗与自我的关系问题。因为在诗坛上曾出现过各种说法,诸如"诗的生命就在于自我""不屑于表现自我感情以外的丰功伟绩",以及"我首先记住作为一个人而歌唱"等,混乱的理论反过来干扰了创作,并且这些说法一度甚嚣尘上。

艾青点燃了一支烟,沉思着说:"诗是诗人写的,当然可以表现自我。但是,诗人的'我'很少场合是指他自己。大多数的场合,诗人应该借'我'来传达一个时代的感情与愿望。我曾反复说过:诗是要通向人民的,诗人绝不是孤零零的个体。他后面有更多的人,有人只写个人的短暂感觉,即使写得美,社会意义也不大,也不会成为时代的精神财富。把表现'我'强调到极端,势必导致自我中心论。"

听到艾青这段话,我想起他在《答<诗探索>编者问》时阐述的观点,即:"诗是要通向人民的。我们的时代常常要求诗人急迫地回答人民关心的问题。我们的时代,人民要求诗人为人民说话。如果只写自己的东西,你的作品引不起更多的人的共鸣,那么美学价值就很小了。"两段话一对照,诗人的诗歌观就十分清楚了。我以为这种明确而清醒的认识,正是基于诗人半个多世纪以来所走过的现实主义的创作道路。

任何一位诗人或小说家,都有过自己创作上的黄金时期,这又往往是在青壮年的时候。从诗的特性来说,更是属于青年的。然而艾青的黄金时期比一般诗人长得多。他在古稀之年,重新步入新时期文坛以来,短短几年间就写出了几百首优秀的诗作。老诗人用辛勤的劳作,制造出一大批精美的精神食粮,这几年共出版和再版了十多本诗文集,诗集如《艾青诗选》《彩色的诗》《落叶集》《域外集》《艾青叙事诗选》,文集如《诗论》《艾青谈诗》等,都受到了广大读者的欢迎。谈及诗歌创作的体会,他笑了一笑,递给我一篇放在写字台上的即将出版的他为《艾青论创作》所写的简短的序,序中有这样的文字:"我是从来不读什么'诗歌作法'之类的书的,我也怀疑有什么人因读了什么

'作法'之类的书而成为作家的。因此,出版社几次要我对自己的文集写一篇序言,我一直感到为难。

"我认为创作的最重要的基础是作者的生活经验的积累,这种积累以作者本身的经验为主,其次才是从书本或他人的经验作为补充。如果没有自己的经验,就很难吸收别人的经验。

"所有的经验都必须经过自己的思想感情熔炼而成为自己的东西才有价值。生活的积累是每个人都不一样的,因此才能形成各人不同的风格。每个人都必须有自己独特的风格。"

采访结束前,艾青还泄露了一个"秘密":他要发表一批反映军垦农场生活的小说,总标题是《绿洲笔记》。艾青在写小说,倒真是个新闻! 一问才知道,这是诗人早在1961年就开始动笔的作品,写到1966年被迫中断。反映的是新疆石河子军垦农场的生活,共有几十篇作品,最长的六万字,最短的几千字。艾青谈到这批小说时,很高兴地说:"我当时费了大力气进行创作,人物都是熟悉极了的人,故事都是生动极了的故事,我想写出一种精神,一种白手起家与天奋斗的革命者精神!"听着老诗人的话,看着他那饱经忧患的脸上流溢出的喜悦,我被深深地感动了。尽管我还没有看到《绿洲笔记》中的任何一篇,可是触摸到了它的作者那颗炽热的诗心。我渴望着、期待着《绿洲笔记》早日问世。

作家，最好也是学者
——记蒋和森

刘士杰

去年冬天，蒋和森在上海修改完长篇历史小说《冲天记》的第二卷——《黄梅雨》，回到北京不久，我便在一个下午登门拜访了他。

他仍然居住在那分为两小间、白天也要开灯才能看书的平房内，家具使房间显得格外拥挤、窄小。外间生了一个火炉，却不能完全驱除那阵阵袭人的寒气。我想象着，在那夜阑人静、万籁俱寂之时，蒋和森正是在这样透着寒意的小屋内，在灯下笔耕不辍，写出了历史小说《风萧萧》《黄梅雨》，以及许多研究《红楼梦》的学术论文。

蒋和森原来是搞古典文学评论的，尤以研究评论《红楼梦》著称。1953年，他刚调到《文艺报》当编辑，正赶上关于《红楼梦》研究的一场大辩论。于是，他就研究起《红楼梦》来了。他决心在红学领域中闯出一条新路。从1954年开始，他的《薛宝钗论》《略谈曹雪芹的表现艺术》《贾宝玉论》《林黛玉论》等一系列论文相继问世。到1959年初，他把这些论著汇编成册，那就是深受读者欢迎的《〈红楼梦〉论稿》。后来，这本《〈红楼梦〉论稿》（以下简称《论稿》）与何其芳的《论〈红楼梦〉》一起曾被谥为"修正主义红学派"，却博得了广大读者的赞美。在"文革"中，一位读者来信说："您的《论稿》简直就是一首诗：诗一般深邃的境界，诗一样强烈的感情，诗一般精巧的结构，诗一样优美的言辞。"蒋和森的《论稿》何以写得如此动人心弦？我想，除了得力于他的深邃的思想和深刻的哲理外，还因为他有着敏锐的艺术感受力和精湛的艺术表现力。

读者也许会感到奇怪，这样一位对红学颇有研究，又取得了一定成就的评论家，怎么搞起小说创作，而且是创作与《红楼梦》内容、风格迥异的反映农民起义的历史小说？谈起这个问题，蒋和森告诉我说，他是在偶然的情况下转入写小说的。那是在"文化大革命"中，他下放干校，一面劳动改造，一面接受对《论稿》的批判。在这种情况下，要继续研究《红楼梦》和其他古典文学，当然是不可能的了，但他又不甘于无聊，于是暗暗地写起了历史小说。

历史小说的创作中，有种种途径和手法。有的作者为了适应某种需要，任意臆造或歪曲历史。也有些才气颇高的作家，他们在尊重历史真实和时代背景的大前提下，采取借其一点、敷衍成篇的手法创作历史小说或历史剧。但是蒋和森选择的却是一条不同于这两者的艰苦的道路。他写的历史小说，书中凡有名有姓的人物，历史上都实有其人。他不仅做到了在重大的历史事件、背景和人物上完全忠实于历史，而且在生活细节、典章文物、世态人情、风俗习惯上也力求翔实有据,当然也不排斥艺术的想象和虚构。

"我真是自讨苦吃!"蒋和森苦笑道。他说,在《风萧萧》中,写到宰相郑畋和太监田令孜等人在长安的住址时,如果按照当时长安的地图,随便安个地名,那也完全可以,没有人会提出非议。但他执拗地认真查找,读了二十卷线装书,终于从宋敏求的《长安志》上查出他们的住处是"升道坊"和"永兴坊"。他费了好大劲才查到这些住址,感到大有所获,分外高兴,尽管读者读到此处也许并不经意,往往会一带而过。又如他读野史时,知道唐代虽无纸币,却有祭奠死者的纸钱。这样,当他写到柴平回家探母看到坟边一堆纸钱灰时,就感到踏实多了。就是这些也许为读者所忽视的细节,却往往耗费了作家很多的时间和精力。

"都云作者痴,谁解其中味?"我心中忽然冒出《红楼梦》的这两句诗。我觉得这也可为蒋和森的写照。他写历史小说确实达到了如痴如醉的程度。为了写这部历史小说,除了他已拥有的渊博的历史知识外,还需读多少史书典籍!唐人诗文及《旧唐书》《新唐书》,这些必读的书固不待言,此外,他还要读许多并不限于唐代的稗史、野史和笔记,读那些令人索然无味的、反映唐代典章制度的诏令敕书以及大量的地方志。本来他对考古文物并不感兴趣,但为了使他作品中的"道具""布景"有来历出处,便津津有味地翻阅起有关考古文物的典籍。《风萧萧》虽是写唐末的农民起义,但他深知,中国历史上的农民起义都有共同的规律可循,为此,他又阅读了大量历代农民起义,包括像明清的李自成、太平天国这样规模较大的农民起义的史料。为了更逼真地揣摩书中人物的心理活动,他还特地认真学习了《心理学》。这就是为什么当我们读到描写太监田令孜那阴狠、残暴的畸形心理时,感到格外深刻、入木三分的原因!另外,他还十分关心史学界关于农民起义问题的讨论,他认为这对于他用正确的唯物史观来描写农民起义是很重要的。从谈话中我还发现,他对当代作家也比较熟悉,原来他还读了不少当代文学作品。他告诉我,《风萧萧》写的虽是一千多年前的历史题材,但它是给今人看的。他希望自己的作品能体现时代精神,但不去迎合某些读者的趣味。他觉得读一些当代作品使他受益匪浅。就这样,为了写这部小说,他沉浮在浩瀚的书海中,从故纸堆中探幽索奇,在历史长河里钩沉抉微。我觉得,在文学史上,凡是有成就的作家,一般都具有渊博的知识和高深的学问。当然,学者不一定都能成为作家,而作家则最好同时也是学者。

当然,这并不是说生活积累就不重要了。有人以为写历史小说可以不用深入生活,没有生活积累也能写,这实在是一种误解。蒋和森对我讲起他在孩提时见到私盐贩子的情景:那些私盐贩子把盐藏在贴肉的褡裢里,受潮后,盐把肚子都腌红了。这些情景使他印象很深刻。他曾亲眼见过官逼民反的斗争场面,也曾与难民一起在日寇飞机的轰炸下颠沛流离。这些生活积累和感受都被他调动起来写入他的历史小说类似的生活场景之中。为了写好这部作品,蒋和森还特地到黄巢的故乡——山东省菏泽县调查采访,了解、考察当地的风土人情。通过调查了解,他才知道当地多盐碱地,贫民用土法烧盐。当年黄巢贩的私盐也是用这种土法烧制的,并非如有些人所想象的到海边去贩运。蒋和森深有感触地说:"小说——包括整个文学,是人生、社会、时代的反映,我愈来愈感到真正要搞好这一行,而不是编造一个适合某种口味的故事,真是难啊!首先是第一道功夫——即如何将生活按照它的本来面目转移到文学上就很难。学画的人,首先要有写生的基本功;写小说的人,我觉得也要学会写生。但画家的写生,可以面对静物,面对模特儿进行;而小说的写生却要面对着复杂多变而又显得非常隐秘的生活,所以从某种意义上来说,显得更困难一些……我曾不止一次地怀疑过自己究竟是不是能写小说,而如今又似乎弄得骑虎难下,故有自讨苦吃之叹。"他还告诉我,他正在写《冲天记》的第三卷——《紫金魂》。以后如果尚有余力,想写些现代题材。他说:"真正的作家、评论家、学者应当关心现实,应当敏锐而深刻地反映他所生活的时代。有的人认为研究当代文学不需要多大学问,其实说这种话的人,本身就不一定有多少学问。"

"我愿把心里的一切秘密告诉巴金"
——访日本翻译家石上韶

陈喜儒

在成田机场欢迎巴金的人群中,有一位身材高大、两鬓如霜的人,亲切地望着巴金微笑。他就是巴金《随想录》的日译者、翻译家石上韶先生。他走过来用中国话说:"我是石上韶,巴金先生的读者,请多关照。"说着,他从皮包里拿出一份"拜见巴金先生时的谈话提要"交给我,并说,"我还有几个问题要请教巴金先生,再会。"他深深地鞠了一躬,消失在人群中。

我早就听说巴老的《随想录》在日本出版了,但我不认识译者,也没见过译本,不知道译文如何。我是学日语的,平素也译一点日本的文学作品,深知译《随想录》这样的书,远比译一般的小说要困难得多。因为它要求译者对中国的政治、经济、文化、历史,特别是"文革"这一段特殊的历史有比较详细的了解,否则会谬误百出,读者不知所云。我甚至担心,译文能否准确地传达巴老的思想。但我很快发现,我的担心是多余的。因为来看望巴老的井上靖、水上勉、宫川寅雄、西园寺公一等先生都谈到了巴老的《随想录》。特别是著名戏剧家木下顺二先生与巴老对谈时,把日文版的《随想录》《探索集》《真话集》全都带来了,书页上有许多批注。他说:"你尖锐地进行自我批评、自我解剖,这是很痛苦的,但也说明,你对未来、对现在有强烈的历史责任感。你在《春蚕》中说:'我是春蚕,吃了桑叶就要吐丝,哪怕放在锅里煮,死了丝还不断,为了给人间添一点温暖。'这对我是一种批评,也是一种鼓励,因为我早就想退休隐居了……"

听到日本作家这些感人肺腑的话,我很激动,为巴老的文章能被日本朋友深刻理解而高兴,同时在心底对石上韶先生辛勤的、创造性的劳动怀着敬意。

在我们离开东京去箱根的前夕,我拜访了石上韶先生。

石上先生1913年生,东京大学文学系毕业后,一直在共同通讯社当新闻记者。1955年,他参加日本新闻代表团访问中国,受到周总理的接见。当时,中国蒸蒸日上,百废俱兴,他很感动,产生了了解中国的迫切愿望。

"文化大革命"时,有关中国的消息纷至沓来。中国到底发生了什么事情?他百思而不解。1967年,他退休了,开始继续中断了的中文学习。他想通过直接阅读中国出版物了解中国。

1980年4月4日,中国作家代表团团长巴金在朝日讲堂做题为《文学生活五十年》的讲演,他去听了,但当时他还不知道巴金的《随想录》已经出版,只是想去练练听力。

讲堂座无虚席,甚至有人坐在走道的地毯上。不少听众从外地赶来。这种盛况,在文学讲演中是空前的。

巴金说,有一个时期,他的确相信过迫害自己的林彪和"四人帮",认为自己是"罪人",自己的书是"毒草",准备接受改造,重新做人。后来,发现这是一场大骗局,受到了愚弄,也感到过空虚、幻灭。但妻子萧珊牵系着他的心,使他终于活了下来,看到了"四人帮"的灭亡。巴金充满激情地说:"我拿起了笔,我兴奋,我愉快,我觉得面前有广阔的天地,我要写,我要多写……我要给十年浩劫中自己的遭遇、经历做一个总结……"

朴实、真诚的话语震撼着石上韶的心,他情不自禁地叫出声来:"一个多么正直的人啊!毫不留情地解剖自己,这是多么痛苦,又需要多大的勇气!"他觉得,读巴金的书,一定能够知道一个知识分子在十年浩劫中灵魂所经受的苦难,同时了解在中国发生的事情。

有一天,石上韶偶然走进他家附近的一家小书店,突然发现香港三联书店出版的《随想录》,他喜出望外,买了一本回来,很快就读完了。字里行间跳动的一颗火热的心,使他热泪盈眶。他想:如果我读完就完了,无疑是一种巨大的浪费。日本的很多读者不懂中文,我有责任把它译介给日本读者,和他们一起分享这本书带给自己的激动、愉快、眼泪和思索。但是,他只是一个没有名气的普通读者,译书是很难出版的。于是他一边做翻译准备,一边寻找机会。

1981年初,一家出版社委托石上先生帮助修改北京语言学院的日语教材,经人介绍认识了筑摩书房的编辑,商定可以翻译出版《随想录》。他马上通过朋友与巴金联系,征得巴老同意后立刻开始翻译。

日文版《随想录》于1982年7月30日出版,《探索集》于1983年3月15日出版,《真话集》于1984年4月10出版。这些书,在日本引起了巨大的反响。石上先生收到不少读者来信,结交了许多朋友。日本女作家丰田正子来信说,她收到《真话集》,当天一直读到深夜12点钟,第二天夜里又接着读完。这本书使她思考许多问题。读者井上清来信说,他曾买了一本中文《随想录》,每天阅读,结果书上留下了许多汗渍污垢。于是又买一本。现在手头上的已经是第三本了。他的中文水平低,有许多地方读不懂。后来终于买到了石上先生的日译本,他希望石上能继续译下去。琦玉县的读者山下和惠来信说:"巴金先生独特敏锐的洞察力,朴素、纯洁、高尚的心灵,对历史的强烈责任感,激动着我的心。"府中市的读者木元贤输说:"这是经历了十年动乱的文学家写下的真实记录,他不仅是作家巴金个人的经历,也是同时代中国知识分子灵魂的真实写照。"日野市的读者伊泽巨万夫说:"毫不留情地自我解剖,是痛苦的,但也正说明作者有一颗纯洁的、充满了爱的心。日本人也有类似的体验。当中国人在思考'十年不幸'的时候,难道日本人不应该向中国人学习,深刻反省自己历史上的错误吗?……"

我问石上韶先生,在翻译过程中感到最困难的是什么?他憨厚地笑一笑说:"我对中国文艺界的情况不了解,对于很多人和事物不知道,特别是'文革'中的一些专用名词,如牛棚、工宣队、勒令等等,不知道是什么意思,所以花费很大精力去查证、注释,否则日本读者就不懂。在《随想录》的《怀念萧珊》一文中,为翻译'黑老K'这个词,我翻遍了所有的工具书,后来找到一本香港出的《当代中国作家风貌》,知道电影《霓虹灯下的哨兵》中出现过这个词,又几经查证,才弄明白是什么意思,写在注释中。又如《探索集》中有'林彪的第一号命令',我花了几天的时间,才在广东人民出版社出的《中国共产党简史讲义》中查到了……总之,为了弄清一个词、一句话,我要花费很大的精力跑图书馆,请教专家,但我并不觉得疲劳,因为我在做一件有意义的工作。"

我看着他送我的日文版《随想录》,其中用小字排的注释,约占全书篇幅的十分之一。这里面凝聚着他多少心血汗水啊!

他告诉我,去年6月,他曾去上海巴金寓所请教巴金,受到了亲切接待。在巴金书房的写字台上,他看到了萧珊的遗像。这次他拜会巴金时,他问巴金是否随身带着萧珊的照片,巴金说:"没有。因为她永远活在我的心里。"他说:"我是流着眼泪翻译《怀念萧珊》和《小狗包弟》等篇章的。在与巴金先生的接触中,在巴金先生的文章中,我觉得他是一个正直、坦率、真诚的人,是一个有强烈的历史责任感的人,是一个值得信赖的人,我愿意把我心中的一切秘密告诉他。今后我不想译别人的书了,要尽力把巴金的书译好。目前正准备译第四本——《病中集》。"

分手的时候,他紧紧地握着我的手说:"从听巴金先生讲演到翻译他的作品,完全是偶然的,但这也许是命运的安排。我不知道是巴金先生在替我说出心里话,还是我自己融化在巴金先生的思想中,但我确实觉得遇到巴金先生、翻译他的书是幸福的。"

1987 年

中国现在更需要理性
——李泽厚1986年11月25日答本报记者问

李泽厚

记者：最近思想界有股"非理性热"，特别是一些青年人，非常热衷于弗洛伊德、尼采、海德格尔。您是不是也赞成非理性呢？

答：尽管我也喜欢海德格尔等人的哲学，但我以为中国现在需要的不是非理性，而是理性。我们迫切需要把那种实用的、经验的理性转变为科学的、严格的分析理性和思辨理性。

记者：为什么呢？

答：这里要把前现代、现代和后现代做一点区分。我们是从前现代走向后现代，即从农业小生产走向大工业生产。而西方则已完成了这个过程，企望走向后现代。后现代与前现代有某些相似之处。所以西方人觉得中国的四合院比他们的高楼大厦好。从某种意义上讲，中国慢悠悠的生活节奏以及"大锅饭"等等也的确有它舒适的一面，但中国要现代化，就不能不改变这种状况。

记者：这种改变是不是也包括用科学分析的理性代替笼统的感性直觉和非理性？

答：对。西方的非理性是在资本主义文明发达之后流行的东西，是对过分发达的理性（例如科技）的反抗。而我们现在所面临的，还是如何从中世纪的非科学的盲从迷信等行为方式、思维方式中挣脱出来，用科学和理性代替它们的问题。我们今天东施效颦鼓吹非理性，实在是为时过早。

记者：可是我记得早在几年前，您在一些文章中就谈过"感性直观""非自觉性"等等，这是不是也算鼓吹非理性呢？

答：在1979年的文章中，我强调文艺创作的非自觉性以及情感逻辑，当时被批评为非理性、直觉主义、唯情论等等。前两年我也曾提出"建立新感性"。在哲学上，我一直是强调个体、感性、偶然以及非理性的，但我不同意把它们归结于动物性的本能，完全等同于本能冲动、兽性发作。

记者：您在这里强调的非理性，与您前面所说的"为时过早"的非理性，基本区别是什么？

答:我是讲文学创作中的非理性,这个非理性是以理性为前提的,它与作为一种行为方式、思维方式、人生态度的非理性思潮是两回事。当然对于后者,我也并不是简单否定,而只是说,中国现在更需要理性。

记者:您说中国今天鼓吹"非理性"为时过早,但事实上,这一思想在中国思想界已经相当普遍,您怎样解释这一现象?

答:这当然有其客观原因。因为维系个体存在的许多本能性的东西,例如性爱、侵略性等等,被过分压抑,长期得不到科学的理解和合理的出路,自然会出现强烈的情绪性的发泄反应,这也表现在理论上。从这个意义上讲,有它的合理性。但问题在于,情绪发泄完了又能怎样?它对改变现状并无帮助。

记者:您在一些地方批评有些理论文章只有情感价值而无理论价值,是否也是这个意思?

答:是的。现在有些理论文章只有情感意义,可以欣赏,可以从中感受不满现实的愤怒情绪。但既然是理论文章,总要讲点逻辑,有点论证,有些科学性吧?否则,虽然读起来很激动,但毕竟不如去读一首诗或一篇小说。这些文章究竟算不算理论,我还搞不大明白。顺便说一句,有些文章在对西方理论和中国传统的概括中出现了很多知识性错误。一篇文章中有一点知识错误没有大关系,但若是大量的,甚至百分之八十以上的知识错误,那就难称其为理论文章了。

与莫言一席谈(上)

陈薇　温金海

记者:通常你在什么情况下进入创作?

莫言:当头脑里出现一个非常感人、非常辉煌的画面时,我就会情不自禁地拿起笔,一下子想起好多好多事来。

记者:这画面是一个灵感,还是一个记忆呢?

莫言:是生活中留给我深刻印象的事物。倒不一定是亲眼看见的,譬如《红高粱》的画面。我确实不曾看到过如此浩瀚的高粱地,但是老人们经常讲起的传说,却不知在我的头脑里熔铸了多久。每次听,都要产生联想,都要在脑子里成像。

写作开头的时候,我常常并不清楚自己究竟要写些什么。等到写快一半时,眼前才会一下子豁然开朗。噢,知道大概要写些什么了。

记者:这如何解释你的创作冲动呢? 它是无意识的,还是有意识的?

莫言:它是一种画面。譬如《红色淤泥》。那一群飞蝗,铺天盖地,把太阳都遮没了,一个阴惨的画面。下面还有一块红色的沼泽地,里面生长着形形色色的植物,奔跑着各种各样的动物。一匹红色的小马驹,在沼泽地里十分艰难地跋涉。这画面让人痴迷。

记者:它们作为一种契机,触发了你的想象和记忆?

莫言:更多的是调动起我所听到过的传说。

记者:这可以解释为什么你的小说主观色彩特别强。

莫言:文学,我以为都是主观的,不主观怎么行呢?

记者:不过,有些作家的主观色彩表现得曲折一些,乍看起来纯粹是在描写一种客观世界,只是其中潜伏着某种主观意识。

莫言:那些人似乎是非常客观的,其实还是主观的。作家观察生活本来就是主观的。

一个作家理所当然地应该完整地表达自己的所有观点,完整地宣泄自己的所有感受。也许这种极端的主观反而会导致一种极端客观的效果。

记者:谈谈你对艺术感觉的看法吧。我们以为,你将艺术感觉发挥得比较充分是从《透明的红萝卜》开始的。

莫言:创作上的追求是很痛苦的。创作实际上就是一个不断发现自我的过程。可能在创作起步时,你会遵循小说作法,或者模仿某位作家的风格。但是,当你逐渐发现自我之后,本来是什么样子就会呈现出什么样子。

记者:一旦找到自我,创作就驾轻就熟了吧?

莫言:是的,我感到非常轻松。而当我离开这条路子的时候,倒感到特别困难,觉得不是我了。

记者:什么时候想到过离开这条路呢?

莫言:经常想离开啊。当你写一篇作品时,是不能那么大量地去铺陈那种感觉的。这样做会使读者疲劳。但一旦想离开它,换一种笔调写,以把那种感觉减弱一点,即所谓客观一点的时候,就感到特别累,仿佛不是我在写。

记者:你觉得作家的艺术感觉受哪些因素影响呢?

莫言:不应该孤立地去看艺术感觉。我以为,艺术感觉的形成主要决定于作家的人生态度和特定时空下的心情。但有时,作家的感情是以矛盾的形式呈现出来的。我很爱一个事物,却也许会很愤怒地去写它。

没有偏激就没有文学。

再说象征。生活本身就是象征的。而你刻意追求它的时候,写出来的也许就是败笔。要写出事物的象征,首先要做一个象征的人。在欢乐的情感下,绝对写不出荒诞。经历了人生大转折以后,才能站在较高的层次上。所谓手法、风格的不同,实质上是人的本质的不同。

记者:引起你最初的创作冲动的事物是什么?

莫言:坦白地讲,是功利心。当时,别人都有手表而我却没有,我最初的创作动机也许就是为了赚些钱买块手表。

我想,任何人最初的写作都可能基于一定的功利心。但到了一定时候,就该超脱一些。搞文学,人格起决定作用。一个小人绝不会写出高尚的作品。

记者:为什么对于家乡,对于农村,你会写得特别好?

莫言:这恐怕与我在农村生活了二十年有关系。尽管我骂这个地方,恨这个地方,但我没有办法割断与这个地方的联系。生在那里,长在那里,我的根在那里。尽管我非常恨它,但在潜意识里恐怕对它还是有一种眷恋。这种恨恐怕是这样的,我一直湮没在这种生活里,深切地感到了这地方的丑恶,受到这土地沉重的压抑。所以,我以前反对别人歌颂土地。土地有什么好歌颂的呢?土地多残酷啊!一辈一辈地累弯了我们祖先的腰,实际上,所有的农民都成了土地的奴隶。

但一离开农村,离开土地,进入都市,将都市与农村进行参照,就产生了一种眷恋。

记者:有人认为你的小说表现出对旧文化的眷恋,你以为如何?

莫言:我是一个向前看的作家,我创造一种非常理想的生活,好像是往后看,实质上是向前看。

记者:据说你的童年很不幸。你的作品里不断出现爷爷、奶奶的美好形象,似乎是对苦难生活的一种补偿。是这样吗?

莫言:很难说。真正的爷爷、奶奶对我并不好。我的家庭挺大的,很迟才分家。父亲和叔叔一共有八个孩子,我是生得最丑、最淘气、饭量最大、最懒惰的一个。我还特别嘴馋,常偷爷爷、奶奶的东西吃,所以他们特别不喜欢我,经常拿白眼看我。

恐怕一般人总是把作品与作者联系起来。

记者:确实有点关系的。

莫言:可能有这种关系。童年的贫困生活难道不是我们这批三十多岁年轻人的共同命运?你看我,1956年出生,刚有点认识能力,1958年"大跃进"乱糟糟的场面开始了,紧接着是"文革"。我家出身不太好,是上中农,属于可以教育和团结的对象,稍微不小心就可能被划到"敌人"那边去,全家始终在胆战心惊中过日子。我父亲那时还当着大队干部,在外面惨淡经营,受了好多窝囊气,回到家里就把气撒到我们头上。我确实没有感到人间有什么爱。我始终认为,家庭对任何孩子来讲,绝对是种痛苦,父爱、母爱非常有限度。所谓的父爱、母爱只有在温饱之余才能够发挥,一旦政治、经济渗入家庭,父爱、母爱就有限得、脆弱得犹如一张薄纸,一捅就破。当然可以歌颂母爱,歌颂父爱,但极端的爱里就包含了极端残酷的"虐待"。

记者:可你作品中的爷爷、奶奶是如此美好……

莫言:我崇拜爷爷、奶奶早年的光荣历史。我爷爷是个木匠,结实能干,劳动绝对是一把好手。割小麦,无论有多少人,他永远都是第一名,力气大得惊人。我是把爷爷、奶奶的形象和我们家族的有关英雄好汉的形象熔铸到一起的。但我爷爷确实没有当过土匪,所谓高密东北乡也不是原来的那个样子。小说中的世界是我创造的。

记者:就像福克纳创造了密西西比州的约克纳帕塔法县。

莫言:我必须承认,我受了他的影响。但没有福克纳我也会这么做的。

记者:你一而再地写故乡,写爷爷、奶奶,写家族,这种感情为什么如此地源源不断?

莫言:因为还是有一种潜在的爱。但我刚才说过我写的不是原来的家乡,仅仅是借助了高密东北乡这个名称。活动的人物、生长的植物,都不是那里的。这是我理想中的地方。

记者:那种强烈的爱憎来自哪里?

莫言:很可能来自现在的生活,这很难说。总之,当人一旦具有一种强烈的感情时,总要找个地方发泄的。

当我拼命地将深情倾注于奶奶的时候,没准儿我正爱着一个小姑娘。这你可别往上写,打个比方嘛。当我在一个作品中痛骂这个女人或那个女人时,没准痛骂的是别的什么人。

记者:有人说《红高粱》讴歌爱国主义,是这样吗?

莫言:那我很高兴,对我评价很高。

记者:我认为,你的一切创作的出发点都基于你对人类生存状态的关注。

莫言:这当然很准确,因为这个概念的内涵非常大。现在任何人对于我作品的任何解释,我都同意。有时候,评论家不但引导读者,而且引导作家向某一方向走。

评论家也是一个人,他应该首先作为一个读者来读作品。根据自己的人生经验来消化作品,得出的印象肯定正确,但不是唯一正确的。即使把一部作品贬得一无是处,也没什么奇怪。还是一句话,没有上帝,作家不是上帝,评论家也不是上帝。

记者:有人觉得《红高粱》的题材分散开写很可惜,如果写成一部中篇或长篇小说,效果会非常强烈,但你现在分散成几个中篇,效果给稀释了,情节、结构、人物又不断重复。而且你的元气在《红高粱》里投放得太多,后劲就不太足,有疲弱之感。

莫言:我已经知道我犯了一个重大错误,如果写成一部长篇就好了。

与莫言一席谈(下)

陈薇　温金海

记者:《红高粱》中,罗汉大爷的凌迟场面被普遍反映过分了些。

莫言:那样神经也太脆弱了。

我最大的遗憾是我写得还不够冷静,篇幅还太短。

记者:这种场面你亲眼见过?

莫言:没有。但我剥过一张兔子皮。

记者:写那个场面时你有什么感觉?

莫言:我没有感觉。如果我后退一步,用完全现实主义的"真实地再现生活"的标准来评判一下抗日战争、解放战争,其间是否发生过这种事情,那我可以肯定它是有过之而无不及,更加残酷透顶。

记者:这样详尽的描述,与你的构思有什么关系?

莫言:如果没有剥皮的场面,那么后面就没法写,爷爷他们对日本侵略者的刻骨仇恨就很难解释。一般说来,中国农民是有些麻木的,不触及他们的根本利益,不真把他们惹火的时候,他们绝对都是羔羊。有些人就是叶公好龙,一方面要求再现历史本来面貌,要写真实,真的真实了,他们又受不了了。

谈到我的文字,我相信一句话,文学是一种分泌。真正属于每个人的文字与每个人的气质一样。我的文字乱七八糟,我的情感、思维也从来没有清晰过。

记者:你一定看过福克纳的小说吧?

莫言:看得并不多,顶多十万字。我这人看书一向不认真。

记者:那对作家岂不是件悲哀的事?

莫言:作家写的书不是给作家看的,而是给一般读者看的,要编故事难道还得借助人家的书吗?我看书主要看他的表现。

记者:你喜欢哪些作家?福克纳算一个吧?

莫言:福克纳的我自然很喜欢。我喜欢的确实挺多,比如托尔斯泰、肖洛霍夫、霍桑、棱茨、怀特、川端康成等等。

记者:其他方面呢?绘画喜欢吗?

莫言:我特别喜欢后印象主义凡·高、高更的作品。凡·高的作品极度痛苦、极度疯狂;相比之下,我更喜欢高更的东西,它有一种原始的神秘感。小说能达到这种境界才是高境界。我现在知道如何走向高更了。

记者:听你刚才说,你写高密东北乡主要是借助了想象?

莫言:对这块土地的历史的了解,主要依靠先人们的传说。任何传说都经过了一代两代以上的艺术加工,带上了相当的夸张成分,本身就具备一种传奇性。认识的历史是这样,写出的历史也必然是这样。我没有见过我的作品中的高粱地,就可能写得更漂亮。我把一般的生活上升到神话世界,让人的生活、人的命运在神话氛围里展开。

记者:所以,你的小说具有超越时空的特征。人是永远地年轻、美好、崇高,充满魅力,没有沾上一点历史的灰尘。人被从历史的具体时空中解放出来,进入永恒。

莫言:可能是这样吧。

记者:那些传说故事对你的创作影响深刻吗?

莫言:它们几乎成了我生活的一部分。劳动之余干什么?就是讲故事。而且讲的听的总不厌烦。同样一个故事,每个人说的又都不一样,听哪个都津津有味,一个故事听了五遍还是感到兴致盎然。故事讲一遍就加工一遍、提高一遍、夸张一遍。我父亲是讲故事的高手,讲土匪打仗,放枪,放得枪筒都软了,一拉,可以拉长两寸。

记者:不少人主张军人作家应写战争题材,有些作家写来就挺吃力,你没有经历过战争,写起战争却那么轻松自然,这是为什么?

莫言:他们是为了再现人民战争的壮丽画卷。我觉得写战争不必非要写真实的战争过程,那是拼战争史料。我根本不是写历史,只是把我自己的感情找个寄托的地方。小说根本没有界限,历史小说、现代小说、军事题材小说、农村题材小说,都没有界限,完全可以打通。干吗非要熟悉当时的环境?按你心中的战争去写就行了。

记者:有些评论家认为,你这样写看不出清晰的历史轮廓。

莫言:我就要达到这个目的,反映人类的某种生存状态,哪怕是地球上过去和现在从来没有人那样生存过,那更好,那才是创造,才是贡献。

记者:"高粱"系列里的爷爷奶奶是否反映了你渴望的生存状态?

莫言:也不一定是我渴望的生存状态,是我想象的一种生存状态。也可以说是我想象过去的人就是那样生活的,也可以说是我想象将来有一天人们可能会那样生活。

记者:谈谈你的其他创作,好吗?

莫言:1981年的《春夜雨霏霏》是我的第一部作品,之后又写了一些。1985年3月至1986年3月发表了《透明的红萝卜》《球状闪电》《红高粱》《高粱酒》《高粱殡》《奇死》六部中篇和《秋千架》《枯河》等十余个短篇。一个人发了一两部中篇就成了作家,也太容易了。

记者:哪部作品你比较偏爱?

莫言:《金发婴儿》。它更像一部小说,深入人的隐秘世界里。虽然好多人不喜欢,但我个人最喜欢。

记者:听说你签了很多合同,已经签到 1990 年了。

莫言:是啊。我现在必须抓紧时间写,要不就写不完了。

记者:你还这么年轻,怎么就有一种紧迫感?

莫言:我的年轻是一种假象,其实肉体老化得相当厉害了,日薄西山,百病缠身,三十多岁已是垂暮之年。我预感自己生命的蜡烛会有一天突然熄灭。

记者:这样写作恐怕很累吧?

莫言:是累。出名之后是痛苦的,有时身不由己。你本来想这样,却必须按别人的意见去写、去改,此外也没有时间像以前那样精雕细琢了。

记者:出名后有何感觉?

莫言:更加瞧不起自己。我认为社会是不公道的,那么轻易地把荣誉给了我。我不愿做一个浅薄的名人。

文化的积累和争鸣
——访吴组缃教授(上)

吴福辉

踏入初雪映目的朗润园,只见湖畔一长列熟悉的旧楼,在雪地映衬之下,显得分外沉静。住在这里的吴组缃先生是著名的中国文学史学者和现代作家。可能有人不大知道,他在北京大学还曾掌过现代文学的教席。自从近年吴先生在《中国现代文学研究丛刊》发表了他50年代初关于茅盾作品的有独到见解的讲稿之后,学术界纷纷传布开来,后又引起研究者们与他"商榷"。今天我特意来此探望他,想听到他一番精彩的谈话。

吴先生从书房里踱出来,人未到话音已闻。一顶深色的绒线帽子似乎难以盖住他那大额头。据说曾经有位美术学院的学生替他画像,仅仅勾勒了一个前额、一对眉毛,便止了笔。问为什么不把脸面画全,回答说,没看出你的鼻子、嘴巴有什么特点,无可画了。对于这样的艺术见解,七十八岁的吴先生含笑叙述着,把中国画的充沛写意精神连同青年一代的艺术概括力,一起赞赏在内了。听了我介绍的关于跟他商榷的文章以后,他率直表态:"我欢迎批评!百家争鸣,不能没有不同意见,也要认真看重不同意见。这是应有的、很平常的。绝不能一见批评,就一触即跳,剑拔弩张。中国人的面子观念,往往使得到后来最没有面子。也不容许庸俗思想作祟,唯唯诺诺,含糊了事,学界成了官场。这个,应当学习我们的女排,场上比赛,丝毫不让,双方是死对头;可下了场,便与对方队员拥抱在一起,情同姐妹。这是我们现代人应有的学术民主的风格。就是说,搞学术,心里想的不是个人的荣誉得失,而是共同探索问题,追求真理。在事业上两方本是站在一起的知己和亲密同志,这是理所当然的。要搞现代化,建设精神文明,我想这是我们学术界很重要的一条。"吴先生这样谈起争鸣的问题,"现在的学术争鸣,古代和现代文学好像不如当代文学。《红楼梦》研究不够热闹,似乎有点僵化。一方面老调子好像已经唱完,许多人希望有新的理论、新的方法。有些争鸣,我看意义不大。比如关于《儒林外史》的争鸣,一方说是现实主义,一方说是讽刺文学。又比如争论孙悟空形象,一说是市民要求自由的反映,一说是农民起义的反映。这有多少可以争论的呢?鲁迅说过,'讽刺的生命是真实'。它是讽刺作品,也是现实主义作品。下层市民就是被迫脱离土地的农民,历代农民起义中有大量的市民参加,两者很难区分,他们的利益是一致的。这样的争鸣,很难提高我们的学术水平。我以为编辑可以掌握,不能只图凑热闹。"吴先生说话一向直言不讳,于今亦然。我想起他在北大课堂上说的一句话,讲"吴组缃是汽车司机"这话尽管不符实际,但究竟比说"吴组缃是人"水平要高一些。想到这个颇有名的"司机论",我忍不住笑了。

吴先生继续谈下去:"重要的还是理论和方法问题。《红楼梦》研究的历史便告诉我们,五四时期,理论和方法进步了,胡适的研究便与蔡元培的索隐不同。又比如鲁迅,他早期接受了进化论,对社会、对文学就有了新的眼光;等以后接受了马克思主义,更有了大大进步的新的看法。我们今天应当看到,过去有些人把马克思主义当成教条,又把辩证唯物论变作机械唯物论来运用,有些人说的是马克思主义,搞的实是反马克思主义。这在文学领域更加明显。现在新时期,许多人已经有所觉察,省悟过来了。认识到检验真理的标准是实践,认识到理论必须结合实际。马克思主义跟着现实不断地发展着,它有无限的生命力。"吴先生说到这里,提高了声调,"教条主义不好!'文化大革命'就是教条主义、传统的信仰主义、中国特有的封建传统的市侩主义三者混合为一,在特定机会下的一次恶性大爆发。现在这三者还是阴魂不散,不断在我们的'四化'建设、两个文明建设中制造阻力!

"另一个方面就是,许多人热衷倡导的新理论、新方法,我觉得不能光叫嚷,光空谈。我希望实实在在地拿它们来具体运用,拿出真正令人耳目一新的成果来。我看过有人用系统论研究古代小说的论文,用意很好,不过他论《三国演义》,说来说去还是历史说的一套,说这部小说歪曲了史实面目,罪在罗贯中,尤其毛宗岗。不见什么新东西,更见不到什么系统论的观点与方法。当然,最初具体运用,不应该存有奢望,我们还须拭目以待。前几年美国有人用计算机把《红楼梦》语词进行了计算,认为后四十回用语与前面一致,故而判断后四十回还是出于曹雪芹之手。我心里想这恐怕不大行。因为无论思想艺术或人物描写,前后明显地不同了。这些方面,我看计算机现在还是算不出来的。

"如果《红楼梦》研究能够有所突破,就能带动整个古典文学研究领域的大的变动。我期望这一天。"

吴先生说到这里,还感叹起我们学术界有个坏习惯,就是大家的文章互相不大读,过去有关的文章也不搜集来看,以至于早年已经讲过的观点和已经解决的问题,现在作为自己的新发现还在说。还有一种现象,也是我们常常难以避免的,便是彻底的否定和全面的肯定,往往就在这两端翻筋斗。现代文学有些作品,过去不应无端歧视,现在也不必翻个儿说得天花乱坠。这实在不是科学的文化建设态度。

文化的积累与争鸣
——访吴组缃教授(下)

吴福辉

  话题转到现代文学方面，我提出关于茅盾研究的争鸣问题。吴先生说:"茅盾是现代文学史上伟大的作家，他的社会分析的观点对青年有很大影响。茅盾写《子夜》等篇，就是参加了30年代中国社会性质的论战后产生的想法，于是跑交易所，结交工商界人士，体验社会生活，才构思执笔的。说他'主题先行'，即指此而言。这种说法并非我创始，老实说，当时我们还不会这么说。我所见的这种说法是新近才有的，多持指摘贬抑态度。我却是肯定它，指出这在当时指导着我们运用科学理论观点来认识纷纭复杂变化着的现实社会生活，以至于我们民族、社会死里逃生的出路。这就教我们跳出了描写身边琐事的小圈子，大大开阔了我们的眼界，看到了康庄大道。至于生活不够熟悉，那是当然之事，毋庸讳言。1942年，毛主席号召深入生活，熟悉工农兵，正是对当时文艺界对症下药之言。当时在旧社会、在国统区的文艺界人士，受政治压迫，生活困苦，哪能熟悉多少社会生活？与工农兵相结合，只有在人民政权下才有可能。试看抗战中茅盾写的《清明前后》不是更加概念了吗？我对《春蚕》正是持此看法，我自以为是实事求是的。但在这里还可以补充几句。《春蚕》的背景是蒋介石一心'剿共'，向美国大举借债，那正是资本主义世界严重的经济恐慌时期，于是过剩的美麦、美棉大量倾销中国市场，使得中国谷贱伤农，丰收成灾，加剧了30年代中国广大农村的破产。这就是30年代作品的一个重要背景。但是《春蚕》写老通宝家养蚕的许多表现，比如他的迷信，他的拒绝用洋种，是东南一带20年代以前才有的事。那以后，京沪路、沪杭路沿线以至安徽一带开办蚕桑学校和农业学校，老早就推广洋种了。用20年代以前的农村生活细节来写30年代农村破产的面貌，毛病就显出来了。因为主题是跟30年代粘牢的，否则时代社会面貌就对不上榫头了。"

  我这个学现代文学的江浙人，对吴先生这一席话，自然大感兴味。吴先生以30年代作家对时代生活的敏感，以及现实主义方法对细节的要求，来评论同时代的作品，往往有出人意料的新见。我发问道:"有人提出老通宝的形象是依据茅盾所接触或熟悉的'丫姑爷'一类人物，从生活中提炼为典型的，性格并没有无中生有的地方。您如何看呢？"

  吴先生回答说:"老通宝的许多做法不像个有家业的自耕农民，更不像个老自耕农。你提出'丫姑爷'，这就不错。所谓'丫姑爷'，看来只能是个小村镇的贫雇农或劳动者,他们是可能这么干的。我写过一篇《樊家铺》,其中主人翁是一对年轻夫妇,贫雇农,兼营茶馆旅店,也因冒险养了过多的蚕而致失败。可老通宝不是这样的人。他家养蚕只能是一项副业,家里只有这么多桑树,不会养这么多蚕;要养,也早就预先订好了缺少的叶,养几张纸的蚕,需要多少桑叶,他早心中有数,早就筹备好了,绝不会临时来个措手不及。而'丫姑爷'这样的村镇劳动者,不得已时可能有这种冒失性或冒险性。若茅盾是把'丫姑爷'这样的原型塑造成老通宝,这中间因为生活知识不足,才把时代面貌与人物面貌歪曲了。假如说我这种看法是搞'社会学',不配称作艺术分析,我只能说,任何新理论、新方法恐怕都不能排斥时代社会的内涵吧。"

谈到这里,有人敲门。进来的是《人民日报·海外版》的一位记者。这样就成为"联合采访"了。吴先生谈兴正浓,那位记者同志问起他对当前文学创作的看法,他对时下创作的活跃表示欣喜,认为新人辈出,大有希望。"突出的是不少女作家,她们感觉敏锐,观察细致,文笔也漂亮。宗璞说,只是思想深度也许还不够。我没有认真研究,不敢乱说。"

但一般地说,他也觉得有些美中不足:"一些作品有点堆砌生活,缺乏必要的提炼和概括。有的脱离现实,不容易看懂。"他说"文学是提炼过的生活",不赞成短篇越写越长,动辄就一两万字。正如企业产品要注重提高质量,只追求数量,必致积压、滞销,造成浪费(就作品言,主要浪费的是读者的时间)。至于叫人看不懂的作品,他说:"还是缺乏对现实社会生活的体验所致。不了解广阔火热的客观现实,就只能独自苦思冥想,以怪诞与荒唐的非分之想自娱。我也许有保守落后的偏见,但坚决认为,创作脱离了人民,脱离了现实,就会走上绝路。古今中外,象牙之塔总是个绝境。至于性方面的描写,我以为一方面不必大惊小怪,另一方面又应有区别,正如裸体画,有美有丑,有正有邪,容易辨别。我反对道学面孔的评论。即便是《金瓶梅》,如果把那些描写统统删掉,西门庆封建市侩的恶劣形象便不完整、不深刻。当然,我不是说洁本要不得,但要做学术研究不行。"

提到理论批评,吴先生也发表了一些看法。他说这都是些漫谈:"谈到文学主体性、主体意识的理论,它在纠正长期奉行的抹杀人的主观能动性、搞机械反映论、忽略作家个性的偏差方面是有意义的。但主体并不神秘,它还是离不开客观实际,主要是所养所遇的时代社会环境。若要撇开客观来研究主观,包括人的深层心理,那恐怕越钻越玄妙,越搞越糊涂。对于引进新的理论方法,当然应抱开放态度,知道外国情况和不知道外国情况就是不一样。完全否定中外过去的文化,就是苏联当年的所谓'拉普派'和我国的'四人帮'。靠赤手空拳创造无产阶级的新文化,那是神经不正常的胡说八道。人类文明也是知识的积累,这个积累里面包含正反两面的经验和教训。鲁迅曾指出,《本草纲目》上说,砒霜'大毒也,不可食',得到这六个字的知识,不知死了多少人呢!"

吴先生年届高龄,谈话间仍表现出饱满的思想活力。《人民日报》记者关切地问起吴先生近来的生活,这使他陷入了对刚刚辞世的夫人沈菽园的悼念。他回忆得深沉,表面冷静,说出的话烫人。《文艺报》前些时曾报道过关于他的信息,引来很多老朋友的慰唁,使他深感温暖。他说夫人生前教育子女有方,孩子们散居外地,一个不留在自己身边。他认为儿孙是国家的,绝不应成为父母的附属品。所以现在老人独自生活在北大公寓,心安理得,处之泰然。报上报道他已退休,实际上他仍担任着博士生的导师,还负责筹备、主编《中国古代小说史论要》及组织同人集体的工作,这是一项艰难的工程。他最近已在整理《宋元文学史稿》《明清文学史稿》两部讲稿,有的即将出版。此外,方锡德帮助他搜集、整理了个人文论的结集《苑外集》、收集他多篇古代小说评论的《说稗集》,以及汇总他从十四五岁至今所写的全部散文的《拾荒集》。不久还要编一本新版的小说集。此外,他还有写回忆文章的打算。

透过这些工作,我们仿佛见到了一个为中国现代文化教育事业劳作不辍的吴先生的身影。他的休息方式只是做做体操,打打太极拳,在园子里散散步,晚上看看《动物世界》《话说运河》和中外风景电视片。他很关心散文园地,一有余暇便躬身耕耘。

在我们将要告别出来的时候,吴先生告诉我们,明天他将应邀去山东参加该省散文学会的成立活动。谈起行程,他兴致勃勃,在坐椅上伸开身子,让我们鉴定他这副行装能不能应付得了山东那边的天气。看着吴先生习惯地比画着手势,显得不服老的神情,我不禁为之动容:这是一棵多么坚挺、苍劲、独立的老树呵!

他仍然是一位高产作家
——访艾芜

林平兰

最近一次拜访艾芜,是在他出席"长江流域九省作家笔会"归来后的第三天下午。碰巧是蓉城冬季难得的好天气,阳光透过窗户,将书房照得满屋生辉。艾老的书越来越多了,齐墙靠壁的一长排玻璃书橱早已满装,就连另一边靠墙的空地以及几个屋角,也全被书和杂志挤满。屋里没有多少装饰,是名副其实的书房,也是艾老的客厅和写作室。

艾老今年已逾八十二岁高龄,但依旧是那样稳健、安详,脸颊虽然瘦削,但皮肤红润,很少皱纹。谈起笔会归来的感受,他说,沿途在湖北十堰市参观了年产二十万辆东风牌汽车的我国第二大汽车制造厂,那儿过去是只有十多户人家的村庄,现在已建设成为"百里车城",人口已达三十万,办有大学、中学和小学。厂里使用的是现代技术和管理方法,许多都用电脑控制,有许多大学生在那儿工作。

"看起来,中国应多办点现代化工厂,既解决了就业问题,又提高了人民的物质文化生活。"艾老深邃的眼神,像在沉思。

接着,他的谈锋转到了游览神农架,艾老说,自宜昌乘车到神农架,途中拜谒了屈原的故里秭归,使他对《离骚》更理解了。那条孕育了伟大诗人屈原,也孕育了王昭君的香溪河,两岸是高山大岭,长满了绿色的树木,汽车在山脚底下走,朝前看去,好像没有路,山挡了路,回头看也没有路。正是秋天时候,山上有些植物盛开着红花,闪着光华,好看极了。到了神农架,一派原始森林景象,大的树有一千多岁。离开神农架那天下了大雪,把绿色森林变成粉蓝色森林,山花和枫叶也变成粉红色了,雪渐渐厚了,一片银白便覆盖住了莽莽山林……

艾老低微的语音、吟诵般的描绘,使我不禁想到,这是一位多么独特的大自然作家啊!

我正在遐想之际,又听艾老动情地说:"祖国山河之美丽,能唤起你从心底产生的爱国之情。"这使我猛然悟到,艾老酷爱大自然,绝不止于欣赏大自然。而是美丽的大自然激发了他热爱生活、热爱人生、热爱祖国的博大情怀。

因此,他的创作经验之一是,"作家要关怀人生,理解和探索人生,描写人生,创造人生,求真、求善、求美,把对社会人生的关怀、追求,通过梦幻,写成美的艺术品"。

艾芜虽然已到耄耋之年,却依然文思汹涌,笔力遒劲,长篇巨著源源不断。

在艾老的书桌上,放着一本上海文艺出版社寄来的他的长篇小说《风波》的校样,这是一部以新时期农村知识分子为题材的新作,曾在《小说界·长篇专集》发表。艾老说,《风波》是他在粉碎"四人帮"后发表的第二部小说。第一部小说《春天的雾》,是在党的十一届三中全会后开始写的,四十万字,1984年交稿,1985年出版。

在交谈中我了解到,艾芜着手写《春天的雾》时,已年近八旬,这部以中华人民共和国成立前后的农村为题材的作品,一次就发行了八万册,引起海内外读者对这位老作家创作活力的惊异。

艾老接着介绍说,《风波》是在《春天的雾》交稿后开始写的,只写了十三万字。现在正在写作另一部仍然是农村题材的小说,准备从中华人民共和国成立前一直写到"文化大革命"前后,目前已经写了二十一万字,再写一万多字就杀青(结尾)了。

"书名叫什么?"我急忙问。

"名字还未定。"艾老慢慢地回答。

艾老可真是一位罕见的高产作家,正在分批出版的《艾芜文集》,已出书或已发稿一至十卷,有三百三十四万余字,还不包括他现有的著作。他晚年的创作力如此雄健,实在令人惊叹!数年中,他不仅完成了三部长篇小说,而且还写了若干短篇小说、散文、游记和杂文等。

更令人尊敬的是,他还不遗余力地指导和培养青年作者。我多次见到他放下案头正在写作的稿件,为前来请教的青年人审读书稿,有时还为他们的处女作写序言。一些探讨文艺问题的会议,他也尽可能出席。就在我采访的当天上午,艾老还出席了一个会议,中午又接待长城钢铁厂《长钢文艺》季刊的编辑,应邀为这个新生的刊物题了字。我来时,这批客人才走。

我不禁问道:"艾老,你一天这么忙,你的时间是怎样安排的呢?""我习惯上午写作,下午看书。"

晚上他从来不写,只看点电视,或者看看书,10点,至迟11点睡觉。艾老说,他每天早晨六七点起床,吃点点心,出去散步,顺便买点小菜,然后坐下来写作。写到中午,还炒点菜调剂一下。

"有许多人用铁砣砣(健身球)或塑料圈这样搓,锻炼手,我就用切菜炒菜来锻炼手。"艾老将右手掌放在左手掌上面,学着搓健身球的姿势,笑着说。

他说,老年人最害怕患上痴呆症,所以脑筋不能停滞。脑筋要用,就找些英文书看,记记生字。艾老喜欢读原文剧本,因为既有会话,又有故事。他也喜欢看文艺理论书籍,甚至还看些经济理论文章。这又使我大吃一惊,想不到八十二岁高龄的老人,求知欲竟像青年人一样健旺!

当我向艾老告辞的时候,他一如既往,诚恳、慈爱地把我送到门口。

"《林海雪原》不是为某人立的传"
——访曲波

沙 林

我在编辑部接到曲波同志的电话,他一反平常的语调,显得激动难持——《黑龙江日报》登了一篇题为《"203"重话杨子荣与座山雕》的采访记。文内,大连舰艇学院一个叫连城的人自称是小说《林海雪原》中的少剑波,代号"203"……

我闻讯赶到曲波家。

这是一套三室一厅的老房子,墙壁暗淡,家具古旧。曲波正高声大嗓地与二炮原副政委宿灿(当年剿匪部队组织科科长)打电话。客厅一角默默坐着一位鬓发斑白的客人。

曲波顾不上寒暄,冲我点点头说:"我跟在京的许多战友都通了气,我们都用了一个不好听的词形容那人:行骗!"

曲波的妻子知道曲波将郑重其事地跟我说些平常难得说的话,就提了录音机过来。

曲波说:"文学源于现实生活,但比现实生活更集中、更典型、更具有概括性。《林海雪原》中写的战斗场面,是我在牡丹江地区经历的无数场战斗的集中和概括。少剑波也不是写的哪一个人,而是凝聚了人民解放军中这样一类青年指挥官的经历和品质。'少'就是年轻,'剑'是武的象征,'波'意指在波澜壮阔的战斗中锻炼成长。"

曲波诘难道:"难道那家报纸真的不知道这些文学的基本常识?"

"当然,我写少剑波时,总含泪忆起一些出生入死的战友。"曲波向我举出一些战友的名字,一团副团长肖永志、一营营长王孝忠、二营教导员张继尧、一营副营长戚宜之……"这里面绝没有从未剿过匪、1944年11月才投向我军的连城。"客人神色肃然地点了点头,他们显然有很深的渊源。

"滑稽的是,连城自称是剿匪部队代理团长,代号'203'。"曲波笑了起来,"这是弥天大谎,因为当时我们没有代理团长,牡丹江剿匪过程中,我军也没用过代号,'203'是我写小说创造的。这位仁兄不知怎么就把小说中的事当真了。"

曲波一席话使我感慨颇多,作家千辛万苦、披沙拣金般写出的东西常被曲解,自作多情者有,恼羞成怒者有,这些人忘了最根本的一条:文学创作绝不是生活的简单复制。我想起曲波三十年里常说的一句话:"《林海雪原》不是为某人立的传,而是写的一种精神——那个年代我们全体解放军的一种崇高的献身精神。"

"小说中唯有杨子荣和高波用的是真名吧?"这是客人说的唯一一句话。

曲波点点头:"因为他们是烈士。"

一位老诗人的心曲
——访冯至
建 国

去见冯老前,我听说他刚做了白内障摘除手术,担心交谈会使他疲劳。但事实证明,这一顾虑是多余的。上午9点,当我来到他家时,发现这位八旬老人已在一张摊满书稿的写字台前伏案工作了。刚见面,冯老就告诉我,去年对他来说是个可悲的"歉收年",患了近二十年的白内障,使他几乎丧失了视力。现在多亏手术摘除了左眼的白内障,凭借眼镜的帮助,才又能重新读书和工作了。

在他身旁,是一排高大的书柜,里面摆满了各类中外文书籍。熟悉冯老的人都知道,他一生涉猎很广。从早年留学德国,直至60年代出任社会科学院外国文学研究所所长,他一直致力于德国文学的翻译和研究。他是位著名的诗人,又写了大量的散文、杂文、文学评论、历史故事和历史人物传记,这使不少寄兴于他的人感到吃惊,有些他的研究者甚至无法确定他的身份。

当然,冯老的主要成就还在诗歌。在交谈中,他不无戏谑地对我说:"只有写诗才是我的'正当职业'。"从20年代办"沉钟社"起,他与诗歌便结下了不解之缘。冯老早期的诗歌将德国浪漫派诗风与中国古代诗词的神韵熔为一炉,清丽洒脱,隽永哀婉,曾独步于当时的文坛,为鲁迅所盛赞。他写作于40年代的《十四行集》,更是中西诗艺的结晶,被誉为新诗的绝唱。

但是,作为中国当代曾"真正领过一派风骚的诗人之一",冯老的一生也充满矛盾。他曾和徐志摩、戴望舒、何其芳等人一起,被列为新诗中婉约诗风的代表,但在中华人民共和国成立以后,他却有些"失却了自我"。这使我不由得想起其他许多有类似经历的老作家。

当我坦率地把这一想法告诉冯老时,他那慈祥的面孔变得严肃起来。他告诉我,何其芳也曾对比过他50年代的诗歌与早期诗歌间的优劣高下。而回过头看,他自己对新中国成立后的诗作也不尽满意。

"那时,也许有三个因素妨碍了我:一是偏离了自己的艺术个性,二是对新生活的陌生,三是特定历史条件的限制。尤其不应该的是,1955年出版《冯至诗文选集》时,我甚至把过去写的十四行诗排除在外,并对它们做了否定的评价。这是我深深引以为憾的一件事。"

听到这里,我问冯老:"如果时光倒退三十年,您是否会写出更好的诗?"

他略微思索了一下,回答说:"这是当然的。但人的一生恐怕免不了要经历几次反思,即便是对自己的言行、著作,也会有认识的反复,问题在于你是否能从小我中走出来,客观地看待自己,珍重地给后人留下些什么。"冯老告诉我,近年来,他不大写诗,但在结集出版一些理论文章时,总乐于将过去的手笔与近作分列开来,以使读者能在对照中自定曲直,窥见其内在发展的脉络。听到这里,我不禁想到,近年来,冯老在为自己的一些选集作序时,时常严格剖析自己的过去,把自己一生追求中人们并不知晓的一些缺憾袒呈在读者面前。作为一位享誉文坛的长者,比起他成就斐然的诗作与精深的学术研究,也许这需要更多的勇气。

冯老说,作为老诗人,他并没有退隐山林,而是始终关注着文坛的现状。如今诗坛人才辈出、诗风多样多变使他欣慰。对诗坛热门的"朦胧""崛起"的话题,他说:"我不同意把是否易于理解作为评诗的标准,更不同意给某些诗人冠以'朦胧'的称号。一首诗某些读者不能接受,固然会减弱其社会功能;但一首好诗,由于立意新颖,表达方式略有曲折或隐喻,而读者囿于因袭的戒规或个人的兴趣和体验,以致不能接受,也是常有的事。"他列举了几位一度引起过争论,如今成就已为人们所承认的新诗人,认为他们的诗"对中国新诗的发展是一个贡献"。当然,冯老说:"我个人更喜欢语调自然、深入浅出的诗,一看就懂,但含义无穷,就像一股淙淙不竭的清泉。"对于那种为标榜"新的崛起"而否定五四以来中国新诗传统的做法,他批评道:"有的诗人标榜创新,但是创过了头,走向新的反面,其结果是怪诞与庸俗携手。他们描绘罪恶,如数家珍,证明野性,好像阐述真理,似乎他们写诗的意图就是叫人读不懂或读不下去。"冯老希望这一切在他们的成长中不过是一段弯路、一段痛苦的插曲,像西方个别著名作家年轻时经历过短期的达达主义和未来主义一样。

谈及近来的打算,冯老风趣地说:"八十多岁的人,不能有更多的奢想,只能'骑驴看唱本——走着瞧'了。"近几年来,对各种非学术活动,他总是"敬而远之"。除将自己的旧作结集出版外,他多是"零敲碎打",把自己的感触和研究所得随时写下来。由于眼疾,他只能写写停停。尽管如此,他写东西依然很细,在一些改定誊清的稿子上,往往还要反复修改。

作为海涅诗歌的翻译者,冯老对他的"第二故乡"一直难以忘怀,至今还在德国文学研究的领域中躬耕不辍。去年,他出版了一部十六万字的《论歌德》。为了表彰他在研究和介绍德国文学方面做出的杰出贡献,民主德国曾于1985年授予他"格林兄弟文学奖"。就在不久前,联邦德国又授予他"国际交流中心艺术奖"。冯老告诉我,他将于今年4月赴联邦德国参加与此有关的活动。但对获奖一事,他并不希望报界多宣传,因为对他来说,能把德国文学的杰出成就介绍给中国广大读者,为国际文化交流做出贡献,这本身便是对他几十年不懈努力的最好报偿。

  临别时,我握着冯先生的手,突然想到:作为一位饱经沧桑而又童心未泯的老诗人,他的一生不正是一首诗吗!

深深的井　淡淡的水
——不愿"快乐的死亡"的陆文夫

孟晓云　于烈

北京开往南京的列车上,我到软卧车厢找田流和袁鹰同志聊天,他们向我介绍了坐在旁边的一个陌生人——陆文夫。他站起来,谦和地与我握握手,黑瘦清癯的脸上漾起淡淡的微笑,让人感到一个极普通、极真实的人的存在。他一双深不可测的眼睛有点与众不同,再有,那时他刚刚当选为中国作家协会副主席,作品《美食家》又获全国优秀中篇小说奖。这之前,他的《献身》《小贩世家》《围墙》曾获全国优秀短篇小说奖。这大约是他第四次去领奖了,可是,他居然没有一点大人物的得意忘形,也没有名作家的神气活现,这也在我心目中留下了不凡的印象。

我开始注意他的作品,是因为他在《中国作家》发了一部中篇小说《井》,淡泊而深沉,文如其人。陆文夫的作品写得很少,却很精。他探索普通人的灵魂,从独特的角度隐现出社会问题,描写的主要是他所熟悉的市井人物。他的一篇小文《梦中的天地》是这样开头的:"我也曾到过很多地方,可是梦中的天地却往往是苏州的小巷。我在这小巷中走过千百遍,度过了漫长的时光,青春似乎是从这些小巷流走的,它在脑子里冲刷出一条深深的沟……"

大约在《文艺报》改周报的第一期上吧,我突然发现了陆文夫的一篇杂文——《快乐的死亡》,精彩而绝妙。大意是觥筹交错、功名利禄容易激起人们的兴奋,也叫人快乐,但对于一个真正的作家,却并非理想的境界。也许正是在那种"快乐"中,失去的是最珍贵的感情世界,那将多么令人悲哀和痛苦!

我在想,能意识到"快乐的死亡"的人是清醒的,而清醒的人在作家群中是罕见的,至少在当时。

清醒的陆文夫必定是看透了世俗,视功名利禄为身外物,而在追求另一种超脱的世界。他虽然获得了一些人所羡慕的一切,但依然生活在自己"梦中的天地"中,与那些"小人物"有着永恒的话题。否则,他写不出《井》这样精深的作品。

去年秋天,我在上海金山采访了中国当代文学国际讨论会,与会中国作家与外国汉学家们宴饮交流之愉快之激动之兴奋可以想见,也可以理解。

之后,在上海机场等候飞机,在一个角落里,我发现了陆文夫,默默地、孤独地坐在那里。他自然也在这次国际讨论会的中国作家之列,眼下要飞到北京参加作协的理事会。我走上前去打招呼,他依然是那么谦和地站起来和我握手,淡淡地微笑着,让人感到一个极普通、极真实的人的存在。

我观察到,他那双深邃的大眼睛中闪烁出一种热情和真挚的光芒,而这种热情和真挚转瞬被一种冷静和沉思所替代。他在思考些什么呢?大约又在与他"梦中的天地"中的那些魂灵相遇着又对话着吧。记得,陆文夫在《为读者想》一文中有过此种议论:"作品是管灵魂的……灵魂不在天国,也不在内心,是隐藏在现实的世界里。人人都有个内心世界,这内心世界恰恰是世界在他内心的反映。"

不到一年,我们又相逢在无锡华晶短报告文学领奖仪式上。自然,谁也逃不掉在令人快活的宴席上碰杯的节目。他开玩笑说,我是快乐的美食家,不像你,有流不尽的"胡杨泪"。他对我说,田流是"酒王",我也欢喜喝酒,我们俩在一起,十分愉快。当即有《健康报》的记者采访他,又当美食家,又不发胖,陆文夫同志,您有何长寿秘诀?他说,我的长寿秘方是,一喝酒,二抽烟,三不锻炼身体。陆文夫也有这种幽默和诙谐的时候!

可是,我总感到他那深不可测的目光中藏着一种说不出的忧郁,像他的作品一样,在幽默和诙谐中含着一层苦涩和沉重。只有在这次,我才无意中听到别人简略地谈起他的身世。他1948年入苏北解放区,翌年渡江回苏州。此后在《苏州报》度过了八年记者生涯,并开始发表小说。1957年入江苏省文联创作组,因筹划创办同人刊物《探求者》,被打成"反党"集团成员,下放苏州工厂当学徒。不久又回江苏省文联创作组从事专业创作。1964年文艺"整风"后,又下放回苏州工厂。"文革"期间,陆文夫全家下放到黄海之滨的农村,历时九年。

我来到陆文夫走过千百遍、度过漫长时光的苏州小巷。那小巷的确很独特,很有些味道。一路陪同的《苏州报》的青年记者凡晓旺说,苏州很小,我们晚上散步路过陆文夫家,不去坐坐,岂不失礼。

晓旺说,老陆最心爱的女儿身染重病,还说,到陆文夫家不可不看看他的书房,进书房不可不看他的抽屉——"百宝箱",里面放着他当钳工时保留下来的一整套工具,他当钳工当得很出色呢。

陆文夫的家坐落在一条无名小河的边上,这条小河通往大运河。他手头的新作已脱稿,正哄着两个可爱如天使的小外孙女玩耍,眼睛里流露出一种童稚的天真。作家完成了一部作品后那种踏实和轻松的感受,并非人人都能一下子理解的。

他的书房没什么特别的,一排书橱,一只火炉,一张写字台,还有一把红木椅子。陆文夫的话不多,他只介绍了这把椅子已陪他度过了大半生,从50年代开始创作时起,它就是他最亲密的伙伴。关于"百宝箱",他未提及,我也始终没有问。也许,在他看来,那是他在市井生活中流走的青春的一部分,而人生最珍贵的东西也许是不能轻易给别人看的——它应该永远留在自己的记忆中。

一部部沉甸甸的书,一次次短暂的相遇,和那些只言片语,使我一点点体味到了陆文夫深邃目光中所包含的一切。尽管是远距离的,可我还是相信自己的直觉。

讲心里话,作为一名文学青年,我曾盲目地追求过陆文夫所讲的那种"快乐",我期望自己的作品得到社会的承认。当然,没有任何"快乐的死亡"之思想准备。

可是,当"快乐"真的到来之时,我却清醒了,继而产生一种想要摆脱这种"快乐"的困惑和痛苦。我开始追求更高层次的快乐——一个真正的作家在自己的精神世界和感情世界里遨游的快感,也许这只能是自寻烦恼,但我依然摆脱不了这种追求。

在这种心境中,我想起了陆文夫,更加意识到陆文夫存在的价值。作品如深深的井,而待人接物如淡淡的水。

深沉而又淡泊,这就是陆文夫的魅力。

"长征是我心中的诗!"
——访魏巍

邵 璞

　　此刻,若有机会站在湘江岸边或舟行大渡河上,会有什么感想?能看到些什么? 1934年11月,湘江曾在瞬间成为一条血河,然而,这对举世闻名的两万五千里长征来说,不过是小小的序幕而已。浪涛如万匹惊马在狂奔,漩涡似飞驰的车轮,历史上赫赫有名的农民起义领袖石达开就是在此全军覆没的。这就是中央红军长征途中要抢渡的大渡河。这时,蒋介石飞临大渡河,调动千军万马,要让毛泽东和朱德成为石达开第二。红军危在旦夕……然而,这也仅仅是长征中惊心动魄的一幕而已!咆哮的金沙江、天险腊子口、雪山草地、路线斗争等等,转眼就横在了中央红军的面前。岂止赴汤蹈火,岂止千钧一发,岂止可歌可泣……

　　这感触和印象是笔者读过长篇小说《地球的红飘带》的大样后强烈萌生的。这部作品四十多万字,由部队老作家魏巍新近创作完成。人民文学出版社第一编辑室的许显卿同志是此部作品的责任编辑。他告诉记者,这部作品是高屋建瓴地反映长征的第一部长篇小说,也是魏巍和人民文学出版社献给八一建军节的一份厚礼。在接受记者采访时他谈到,魏巍1937年参加革命,多年来一直生活、工作在部队。魏巍经历过抗日战争、解放战争和抗美援朝战争,他们这一代老部队作家,从某种意义上讲,就是革命历史的活化石。从这一点说,这部作品显得更珍贵。

　　近日,魏巍在北京八大处住处接受了记者的采访。看上去,他身体安如磐石,面透红光,神采奕奕,不过,毕竟已是花甲之年,有些许白发。前不久,听说他为创作《地球的红飘带》,先后两度跋涉中央红军当年长征的征途,途中还遇到了一次不小的不幸事件:1983年6月12日,他在老伴和当地同志的陪同下赶到雪山脚下的天全泉,6月12日这个日子不同一般,由毛泽东、朱德等老革命家率领的中央红军,当年就是在这一天开始爬上雪山的。可惜的是,他在参观当地红军烈士墓时,在稻田里将右腿摔坏了。

　　从魏巍的谈话中了解到,原中央苏区遗址,他近几年去过,延安、西北方向在解放大西北时去过,1983和1984年又集中沿长征经过的地方走了一遍,所以,红军的足迹,魏巍几乎是踏遍了。近年,他在参加北京军区为老将军、元帅写传工作中,大量接触和阅读了各类史料。他说,《地球的红飘带》主要是在这个基础上创作出来的。记者和魏巍一块吃过大半个西瓜后,问他,是出于什么设想,花这样不小的力气和篇幅写长征?魏巍听后面带微笑答说:"长征是我心中的诗!"从参军的那天起,魏巍就倾慕着它、向往着它。因为没有亲身参加长征,所以他对能否写好一直有顾虑。然而,他一直想试试,这个念头到最近几年越来越强烈。他深情地说:"不写出来,就太遗憾了!中国红军战士在长征路上所经受的艰难困苦,是人间罕见的;他们所显示的勇敢和坚毅,也是人类美好品质最辉煌的范例。我们的后代,我们的解放事业,全人类争取进步争取解放的人民,都会从中汲取取之不尽的鼓舞力量。"看过《地球的红飘带》的大样后,再来体会这段话,你会感到他这段话是语重心长的。

魏巍谈到,从斯诺30年代千里迢迢跑到延安写出《红星照耀中国》到近年的索尔兹伯里,及国内一直不断推出的各种形式反映长征的作品,可以看出,这个题材始终吸引着人们。他回忆说,我们许多老文学工作者也都曾有过这样的凤愿。他举例说,鲁迅就曾经有这样的愿望,可惜,他当时没有这个条件,未能如愿以偿。据说,当时红军中的文学家、诗人冯雪峰是写过的,但没有留下来。

在中华人民共和国成立后的几十年中,反映长征的作品还是陆续有一些的,长征的大致内容和重要事件读者从各种形式的艺术作品中都能有所了解,而且,有些印象还很深。记者问魏巍,这部作品是否想给读者提供些新的东西?他从历史题材与创新的关系这一角度谈了一些自己的看法。他谈到,目前,一写历史题材就会面临这个问题。对所谓创新,大家理解也不尽相同,过去一写战争题材就写战斗经过的那样写法当然要突破,但目前的有些创新还是值得商榷的。他认为,对历史题材来说,创新的目的就是为了更真实地再现那段历史,从深、广、宽处着眼,天地将很大,这是真的。确实,像长征这一题材,从长篇小说方面讲,基本上可以说是空白,还没有一部作品反映长征的全过程。从这个意义上说,《地球的红飘带》的问世是可贺可庆的。

一位有争议的人
——访导演艺术家林兆华

建 国

一位戏剧评论家称他为"诚挚、执着的探索者"。

美国《基督教箴言报》说他为中国话剧带来了令人瞩目的新变化。

老演员林连昆说:"我喜欢林兆华这样的导演……他们既不走捷径,也不走老路。每排一出戏,都有独特的解释和处理,都使人看到一些新意……"

但也有人认为,他将是"人艺传统"的断送者。

对林兆华持怀疑态度的人们的担忧或许不无道理,因为自从九年前他踏上那条探索之途后,他的名字一直与种种"离经叛道"的尝试联系着。那时,他刚从"滚了多年"的舞台上站起来,独立执导话剧,内心却为一个萌生已久的念头激动着:中国话剧艺术能否摆脱其僵滞单一的程式,在嬗变与更新中获得新生? 在随后几年里,这位"后来者"相继推出《谁是强者》《绝对信号》《红白喜事》《野人》《狗儿爷涅槃》等剧。它们尽管风格不同,手法迥异,但都不乏标新立异的追求,都如巨石投水,在日见沉寂的戏剧界掀起层层波澜。于是有一天,他突然发现自己已成为中国当代话剧舞台上最有争议的人。

在林兆华看来,导演艺术不是对剧作者意象的机械还原,而是具有极大能动性的创造。这一从不愿循规蹈矩、坐享其成的秉性使他的合作者高行健称他为"爱出难题的人"。对剧作者,乃至每个剧组成员来说,他显然不是个给人以轻松的合作者,他总是对剧本提出令人为难的修改意见,让演员尝试完全陌生的表演方法,并要求获得和谐完美而又出人意表的舞台综合艺术效果。在《绝对信号》一剧中,他让仅有的五名演员在小剧场观众的近距离包围中"背水一战",大胆使用了"多声部对白"、意识流动等多种艺术手法,并别出心裁地把全剧的布景简化为一个象征性的守车平台。然而,正是这出使人艺上下无不为之担忧的戏,却使观众感受到强烈的心灵震撼,使整个戏剧界为之耳目一新,大有别有洞天之感。在林兆华看来,喜欢制造难题是正常的,这说明你在探索,在创造。如果剧剧都是轻车熟路,新的建树和发展又从何而来?

他相信这句话:真正的艺术是自由的。狭小的舞台空间、固有的表演程式等人们所习道的"话剧的局限",在他看来决不能构成对真正富有创造力的舞台艺术的限制。他很欣赏中国戏曲独特的时空处理方式、表意性的表演以及推向极点的假定性,并将它与西方现代戏剧的时空处理方式融合起来。在他执导的外国名剧《上帝的宠儿》中,萨列瑞的一句叙述性台词、一个面部造型的变化,就能把观众引入两个相隔久远的年代;在《绝对信号》中,他不用场次变化,仅凭灯光的转换、人物的隐现以及剧中人巧妙剪接的内心独白,便使观众恍入全然不同的天地,获得新鲜而强烈的感受。在《野人》中,他更是借用了象征、幻化、舞蹈造型等多种艺术手段,在松散的戏剧结构中尝试了多重主题的运用。这种多样性的艺术尝试极大地丰富了话剧的表现力。荷兰名导演伊文思曾感慨:"我几十年在电影中追求不到的东西,却在《野人》的演出中看到了。"

但是他的"自由"还有更高一层的含义,即对艺术个性的承认与尊重。某些人曾为他的戏剧无法归入某种现成的"主义"或"体系"感到疑惑,对此,他说,作为一个艺术家,他情愿在兼收并蓄的基础上开创自己的路。按他人的体系走,并不能为中国戏剧艺术增添些什么。他不无深意地说,只有到了那一天,我们不再给戏剧家们加标签,归"主义",不再把艺术创造归入"谁的"、某个"主义"的,而就是艺术家自己的,中国戏剧才振兴有望。

当然,他并不讳言自己"很累也很难"。伴随他的有成功和赞誉,更有失败和责难。他推出的某些新剧,曾遭到评论界和观众的冷遇,有的虽在国内外引起强烈反响,也给他带来更多怀疑和诘难。他时常深感是在一个强大的传统中创新,没有旧规可循,没有自信可言。有时面对脚本,他感到无从下手;演出中,他也曾忐忑不安地徘徊在剧场的过道里。但对自己的选择,他从不怀疑。他说:"有人曾说,北京人艺由于我的实验,正处于危险的十字路口。但我深信,一个剧院、一种艺术,乃至一个民族文化的活力,正在于对未知的不懈探求中。"

不久,这位五十一岁的北京人艺副院长又将执导以已故作家老舍为主人公的话剧《太平湖》。对将来,他不愿多言,但一位评论家为他定的论大概不会错:"作为诚挚、执着的探索者,他宁愿去思索而不去议论,宁愿去试验而不去幻想。他的灵感、他的成就,几乎都是在排练场上滚出来的。"

力作出自改革阵痛的体味
——访作家达理夫妇

应 红

坐在开往大连市区的车上,马大京忽然指着由一片蓝灰色的苍茫大海围抱着的另一块隐约可见的陆地告诉我:瞧,大连湾——语调平平淡淡。我知道那地方是他们夫妇曾为之付出一生中最强烈的苦乐悲欢之地,不是作为作家去体验生活,而是两个书生气十足的普通改革者——一家外资引进公司的经理和外联干部。打那儿之后,他们才有了那挺有诗意的关于"树"的理论:采访所得的只是一根干巴的树干,只有全身心地投入才能拥有一棵枝繁叶茂的绿色生活之树。可马大京提起那地方时的语调的确是淡淡的。

于是,我回味起了那两部据称每部仅用月余就完成的长篇——《眩惑》和《你好,哈雷彗星》所特有的调子:一种平缓、冲淡的惆怅和郁闷。

"我们那代大学生啊……"马大京挺爱这么开头。渐渐地,把他那许许多多即兴而来的这么开头的话题收拾到一堆,便知道了些从他们夫妇那文雅的书生风度中根本窥不出的经历:什么马大京"文革"时在劳改农场劳动,后因会拉小提琴终于免除劳役之苦,每日便在田埂地头用小提琴宣传毛泽东思想;什么陈愉庆在东北农村曾与贫下中农同睡当地特有的大炕,一家老少,几世同炕,外加她这个文弱得不行的北京女学生……听多了,人们便会从马大京那句并不惊心动魄的感慨中,听出很多很深的意味来。终于有一天,我也从这句感慨中顿悟了他们夫妇为何会对改革倾注那么大的热情,付出那么大的代价。

聊起那一段苦乐悲欢、沉浮起落的改革经历,陈愉庆每每便用那很好听的声音长叹道:简直就是一场梦!

终于有了一次长谈的机会。在大连海边富丽堂皇的碧海山庄内的一间颇有现代味的酒吧里,一位女服务员笑容可掬地为我们端来了咖啡。陈愉庆介绍,她是这里培养的唯一能讲英语的服务员。马大京说,这座饭庄是由大连的农民集资而建,是改革的产物。

记者:能谈谈你们投身改革的初衷吗?

马大京:1984年秋天我们刚刚改完电影剧本《无声的雨丝》。这时,兴起于20世纪70年代末的中国改革浪潮正以空前未有的规模推向全国。邓小平同志提出开发十四个沿海城市,大连就是其中之一。10月底,我们奉命进入开发区。原来只想像以往那样以作家的身份去调查采访、体验生活。但一到基层,汹涌而来的大潮便猝不及防地把我们席卷进去。就这样,我们也开始坐在谈判桌前与外商谈生意,搞技术项目引进。

记者:听说你们那时把女儿送回了北京,而且数月不回家,后来回去一看,家中发了大水,家具在水中漂浮……

陈愉庆:我们那时真是什么都不顾了。我们这代人经历过许多磨难,青年时代最美好的大学生活因"文革"的爆发而断裂,可以说是比哪一代人都更尖锐地感受到时代的断裂错位带来的精神痛苦。在步入中年之际,终于迎来了这场将使整个中华民族振兴的伟大事业,我们怀着一种万分虔诚的心情期望在有生之年能看到改革的成功。但我们毕竟是书生,对改革进程中的许多艰难环节都没有认识和准备。开始时挺顺利,很多项目都很快谈成了,但后来各种困扰越来越多,一项项即将成功的技术引进项目却以失败告终。

马大京:为什么对改革怀着极大热情,希望切切实实办成一点事的人总是屡遭挫折?改革本是件全国人民都举双手赞成的好事,为什么却受到那么大的阻力?《眩惑》和《你好,哈雷彗星》正是描写了几位同我们一样的知识分子在改革中苦于无法把握自己命运的惶惑与不安。我们深切感到,中国的改革开放不仅是经济体制问题,更重要的是政治体制改革问题,这也正是我们在作品中所呼唤的。

记者:有评论家认为,你们的作品避开了别人已着笔甚多的改革时代绚美诗情的一面,而更留心改革潮头消歇时潴滞一角的死水,想从这死水中寻觅使中国的改革事业步履维艰、旅进旅退的原因。

马大京:当然,我们可以写出改革中那高亢明亮的凯歌。我们亲历过的大连开发区的创业精神曾使许多资本主义国家的企业家都为之兴叹。但我们以为,为改革的深化,总结教训比一味歌颂更有实际意义。因此我们的确把创作的关注点放在改革的局部失败上。我们写普通人参与改革后的命运,写改革在每一个人心中留下的余波。去年底我们又完成了第三部长篇,这部作品试图从中国文化心理的层面探讨改革的艰难。那么沉重的传统文化包袱背在我们身上,改革的更大阻力来自每个人自己内心的封建文化积淀。《眩惑》中的主人公就是自己给自己设置了许多无法挣脱的罗网。所以,一个真正的改革者首先应该改革自身。如果我们每个普通人都成了改革的主人公,那么改革的进程就会快得多。我们希望通过自己的笔竭尽全力为唤醒每个中国人的改革意识出微薄之力。

记者:对这几年文坛出现的"淡化"倾向你们怎么看?

陈愉庆:从艺术上讲我们并不反对"淡化",对那些"淡化"得好的作品我们也很喜欢。在这个问题上大家都应宽容些,就像穿衣戴帽各有所好。你不要认为只有"淡化"

才是最好的,他也别以为只有"非淡化"才是最好的。最关键的是,作为一个作家,面对纷繁迭涌的文坛变化决不要去赶时髦。我们这代人毕竟深受传统的现实主义文学影响,而且改革是很近距离的事,用现实主义手法去表现也许更直接、更真实,效果也更强烈些。

马大京:艺术手法的选择还是要因题材而定。在《眩惑》的结构上我们也用了些新技巧。说不定以后若有合适的题材,我们会写一篇非常"淡化"的作品呢!

记者:社会上曾一度纷传你们办公司,经济上出了大问题……

陈愉庆:谣言可多啦,而且传得瘆人。当时有关人员为查我们的经济账,把所有的票据账目铺了一地。查来查去,账目一清二楚。最后连他们都说,真没想到你们在经济上那么清廉。

记者:你们在两部长篇里都用了"天地之间,苟非吾之所有,虽一毫而莫取"这句古语。

马大京:这正是我们去开发区之前为自己立下的准则。那一年多,我们从没领过开发区的一分补贴,连春节送的年货都没收过。我们是去创业的,不是去发财的。

陈愉庆:这几年我们所经历的痛苦感是前未有过的……

记者:对作家来说这种痛苦感也许是一种难得的幸福。

马大京:就为了这,为了我们去年能流淌般地写出一批作品,我们由衷地感谢那一段生活,感谢当初决定安排我们下去生活的那些颇有远见的决策者。

记者:你们的这种切肤感受,恐怕在已完成的几部作品中还不能完全包含吧?

马大京:我们对写改革的感情,起码最近一两年是无法转移了。

"艺术家要有鲜明的个性和风格"
——访油画家靳尚谊
石一宁

北京三里屯一栋普通的居民楼。一位中等身材、面相清癯的中年人走进这间兼作多用的小会客室,见我即说:"我到外面寄一封信,让你等候了。"纯朴的举止、随和的谈吐,令你很难一下子把他跟当代著名油画家、中央美术学院院长、教授靳尚谊等同起来。

靳尚谊是河南焦作人,1953年他十九岁,从中央美术学院毕业后留校做研究生。随后又在苏联专家马克西莫夫指导下的油画班经过了两年严格的科班训练。

眼前,桌子上放着几张靳尚谊近年作品的照片,我们的谈话便由此开始,"有人说您的画是古典主义的,您自己怎么看呢?"

靳尚谊微微一笑:"古典主义这个概念太笼统。美术史上有好几个时期都可以称为古典主义,比如文艺复兴时期和18世纪末19世纪上半期法国的大卫、安格尔的绘画。我是从这两个时期的艺术中吸取了一些东西,特别是造型方面的讲求明暗、体积,以及洗练、单纯、宁静的情调。"

"这么说,您的作品都是理想化的——"我想起他画的《塔吉克新娘》《高原情》《果实》《窗下》等一些人物形象俊美、安恬的作品。

"有一定程度的理想化,但我同他们有所区别。我的肖像作品都是根据具体的人画的,我从现实中的人出发。而文艺复兴时期和大卫、安格尔的绘画不少是历史和宗教题材,是完全理想化、神圣化了的。"靳尚谊告诉我,他早期并不喜欢古典主义,而是一直受印象派和批判现实主义的影响。从1983年画的《塔吉克新娘》开始,他才改变了画风。

"转变的契机是什么呢?"

"两个原因。外在原因是我1979年到西德,1982年到美国,在那里看到了文艺复兴时期和安格尔的真迹作品。这些原作跟印刷的区别很大,我以前一直不知道原作是这样的!古典主义艺术从造型上说主观性较强,它追求表现理想,能更好地体现主观意识和情绪。再一个是我自己方面的,经过'文革'的精神浩劫和动荡后,我比较喜欢平和、宁静的境界,并希望更崇高一些。"他说。

"您的画还会变吗?"

"我想不会有太大的变化了。一个人的变化多是在青年时代。"

我举出了一生包含几个不同风格和时期,直到晚年仍坚持探索的毕加索。

"有这么多变化的,美术史上也就毕加索一个人。"靳尚谊很快接过我的话,"一个人不能老是变。变来变去,只能是尚未找到自己,因而是一种不成熟的表现。毕加索一生的变化是突出的,但他前后的变化有某种内在的一致性。他早期的风格是新古典主义,中期是立体主义,后期则是在立体主义基础上的一种延伸和扩展,并没有什么本质的变化。要尽快稳定,这样艺术家的个性才能得到更好的表现。一句话,艺术家要有鲜明的个性和风格。"

国门打开之后,五花八门的理论、流派纷至沓来,画坛上多少人在谈变化、论突破……靳尚谊对此分析道:"这是因为很多人被长期耽误了——

"'文革'前没有机会尝试各种艺术的可能性。现在有了机会,一旦解放思想,便出现了不同年龄层次的人同步进行探索的局面,这种现象既正常又不正常。另一个原因是时下有些理论片面认为不变就是保守、过时,影响到一些不成熟的画家,一些人则唯恐受到这样的奚落……"

靳尚谊不无忧虑地说,由于现代派的影响,目前一些搞美术的青年人忽视绘画的基础训练,一些学生认为基础训练无用。他认为,今天的造型艺术更多地趋于强调表现性因素,许多艺术观念起了相应的变化。但观念不能代替刻苦的基础训练,观念终须要靠一定的"形"和"色"来体现。具象绘画在中国有很大的生命力,就是在西方也还有市场。

靳尚谊还认为,加强对油画基础的研究,寻找出规律性的东西,不仅是提高艺术技巧的问题,实际上还是一种对西方历史文化的借鉴、吸收过程。因为西方古典油画的造型、用色等等反映出了西方人的审美意识和趣味,反映出他们如何艺术地看待世界和人生,具有怎样的知识和教养。不重视基础研究,对西方文化艺术的吸收只能是表面的、肤浅的。就是现在西方比较优秀的抽象主义作品,跟他们的传统也是有继承关系的。很多人没有认识到这一点。

靳尚谊自今年春担任中央美院院长以来,一直被繁忙的行政和教学事务包围,今年仅画了一幅作品,这幅画估计到年底才能完成。他为此感到苦恼。他说等过一段时间学院工作有所松缓后,想继续画一些肖像或肖像式的作品,其中将有一批画的是农民。

滇云之旅
——访著名评论家冯牧
沙 林

这是冯牧第十二次离别云南。

在飞机舷梯上他望夜气氤氲、滇云茫茫,也望灯火阑珊处聚着的几十位不请自来的送行人,七十九岁而不倚杖的老作家李乔伫立其中。

我问:"您当时一定百感交集吧?"

这时冯牧坐在木樨地公寓的皮椅上,目光烁烁。

在沐浴着阳光像镶上一层金边的茂密森林的尽头,冯牧爬上了老山主峰,他终于能够怀着一种自豪和得遂心愿的心情,俯伏在掩体工事中,观看老山主峰的雄伟身姿和那些英雄战士所走过的足迹。

我想,他一定也思绪难平地想到了自己的足迹——四十年前,他从延安出来,随一支部队意气昂扬地经过淮海数战,南下飞渡长江天堑,遍历粤桂的连绵战斗,再从桂西奔袭至滇南——他在对云南那块土地几乎是一无所知的情况下,一下子扑到她的怀抱里。

云南是这样的,冯牧说,片片缕缕从高空林箐跌宕而下的瀑布,像银色的匹练向阳光灿烂的河谷飘落,透过山涧森林的空隙,蓝得有些忧郁的湖面荡起一片雾霭,在环绕森林的草原之上,是野兽和牛羊嬉戏生息的地方。

冯牧没有忆起20世纪50年代他和一批年轻作者,穿过时隐时现的山中云雾,听着马帮渐远渐近的铃声,在通向远天雪线的林间幽径上走走写写的事,却兴致盎然地讲起此次他带着几位部队文学新手冒着雨季的溽热,穿梭往来于滇池南北,在印下他青春足迹的路上,商讨生活和写作的经历。这时,我有些俗套地想起"筚路蓝缕以启山林"的句子。

"奇怪!"

"奇怪?"

当我听冯牧讲老山战士对一度被北京文艺界叫好的某些反映南疆前线的军事题材影视作品并不满意时,我很奇怪。战士们说,作家、艺术家写战地有成绩的,我们很高兴,但有些作品中强加给我们的感情和行为却常常是不受欢迎的。我们认为更好的作品也许尚未问世,但是现在,我们却常常为勉强接受那些编造痕迹过甚的作品而感到不满足。

在老山脚下的烈士碑林旁,冯牧无言而立。那里的斜阳轻洒在野花编成的花环上,香烟袅袅升腾。"怎样才能丝丝入扣地写出这些烈士的夙愿、气魄和精神?"我问回到北京的冯牧,他说,不要编造那些"鲜血、烈火加爱情"的模式,不要把自己的生命看得比自己的职责、事业,比战士的生命还重,应当深入能听到弹片的嘶叫、看到暗夜闪烁着弹迹的地方。

看着此次说是去疗养,实际上却拖着手术后的弱体七十天跋涉万里的冯牧,我听他说:"在机场上我突然看到那么多人来送我,我很动情,自己一生做的那些工作毕竟能被人理解了。同时我还很惭愧,云南有些地方的人民还没摆脱贫困,我个人所能起的作用太小了,只能在文艺方面起一些微小的作用,而对历史和生活的巨大发展几乎无能为力。就在我们思考文学对生活的进程能起多大作用时,许多青年作家却十分热衷于探求和编织迷惘朦胧的梦,使文学离生活越来越远。令我愧疚的是,我对他们许多人至今还不能说服。云南这块绚丽无比的土地理应出现许多无愧于她的文学作品,但现在,至少差距还是明显的。我并不是反对学习西方现代派,重要的不是方法。作家如果丧失了历史感和现实感,丧失了现实主义的精神和眼光,那么路就会越走越窄。"

冯牧用那只有些苍老、略显暗色的手一张张给我翻捡着云南的照片:"我这次云南之行也许是'告别演出'了,但是那难以切断的感情纽带和三十年来所走过的路,我将永远牢记在心中。"

"旧剧的尾声接着新剧的序幕?"

"我以后将专心写些评论和散文——当然是关于云南的。"

"您在我们青年人心中一直就是一个有些忧国而不伤时的评论家。"

这是他第十二次离别云南。他说这也许是最后一次。

我和七十九岁而不倚杖的李乔都答:"不!"

"那问题可能就出于你自身"
——访作家周克芹

邵 璞

你仔细听他讲下去就会相信,"那问题可能就出于你自身"的估计不但不错,还可能无意中道出了某些真谛。从开始谈话到最后,他的手一直没有离开烟,一根接一根,好像不是在吸,而是在吃。

他是从近年来长篇小说的创作谈起的,当然范围仅限于他看得到的。近两年来,他因为担任四川省作协副主席和党组成员,所以相对说写作的时间少了,忙里偷闲读了一些书。他感到近年的长篇创作中尽管取得了一些成绩,出现了一些好作品,但有四个方面的不足:缺乏长篇写作之初的必要准备,从很多作品的阅读中你会感到,有些作者对生活认识肤浅,掌握的素材单薄,另一方面是想把掌握到的事件都写进作品,看不出作者生自事件中的情绪或感受;其次是一些作者缺乏将生活和思考高度融合的能力,而是演绎观念,而这观念又使你明显感到是来自一些书本;另外一点是浸透在作品中的对政治、社会、人生和历史的思考经不起推敲;再就是信息量差,更糟的是跑到邪道上,追求离奇古怪。周克芹认为,创作中出现这些问题的原因主要在于作者自身,但要对这一原因真正分析清楚并不简单。

他接着从另一角度谈了他对这一问题的分析:"一冷二热"和"不冷不热"的问题。

"一冷"是指来自读者方面的反应。行家们知情,长篇的印数一般都比较低,对此当然应该做具体分析。但是,实际情况是传阅谢尔顿或琼瑶小说的人很多,却很少看到人们传阅当前中国作家们的长篇,哪怕是获奖的。"不冷不热"指的是评论。评论对长篇小说创作所做的工作恰恰处在这种温度,优秀之处挖掘张扬不够,失败之处也分析、批评不透。周克芹认为评论界对《古船》的关注尤为不足。"二热"一是作者本身的"热"。现在有一种趋势,作家一般都争作长篇,长篇似乎是检验作家的试金石,是显示他们成就的里程碑,不在此领域一试身手,总有遗憾。另一"热"是"作品讨论会热"。这说明一些文艺主管部门对文学发展的总结,只看重创作数量的增长和队伍的扩大,缺乏客观冷静的思考和注重实质的分析。

听他谈论,你会感到他思考得很多,心中饱含忧虑,甚至声音也变得沉闷而缓慢。最后他谈起有很多朋友,他们当上作家以后,调到文艺界做官,做得很累,甚至整日苦恼,使自己陷于一种极矛盾和烦恼的状态中。"这可不是扬长避短。"谈到这种无可奈何的"错误",他并不掩饰内心的悸动和茫然。

在周克芹的床头柜上堆放着一摞书,其中有河北人民出版社最近出版的《越轨社会学》,有"走向未来"丛书之一的《儒家文化的困境》和弗洛伊德的《文明及其缺憾》,还有费孝通的《江村经济》和张爱玲的《传奇》。我问他是否正在读这些书,他回答是。据说他今年为了写一部以川西平原的农民为背景的长篇,委婉地向省作协的领导和同志告了假,常要抽空往下跑。我请周克芹谈谈这部正创作的长篇,他婉言谢绝了。他在谈长篇,谈对文艺界一些体制的思考时,始终没有谈他自己,但从他那咖啡色的脸上,可以感到他活得不轻松。从他床头柜上的那摞书,你会隐隐约约地感到,他也在寻找那么一种力量和智慧,他的心里也有一些空落落的地方。

1989 年

小说家是存在的勘探者
——关于小说艺术的对话

米兰·昆德拉(捷)　孟湄 译

克里斯蒂安·萨尔蒙(以下简称 C.S):我希望我们这次谈一谈您的小说美学。从哪儿开始呢?

米兰·昆德拉(以下简称 M.K):开始先要肯定,我的小说不是心理分析小说。更确切地说,它们在通常被人们称为心理分析小说的美学范畴之外。

所有时代的所有小说都关注自我这个谜。您只要创造一个想象的存在,一个人物,您就自动地面临着这个问题:我是什么?通过什么我能被捉住?这是一个基本问题。小说这个东西就建立在它上面。从对这个问题种种不同的答案中,或者说小说历史的不同时期,您可以辨别出几种不同的倾向。欧洲早期的叙述们对于心理分析法根本一无所知。薄伽丘只是给我们讲述一些情节和冒险。然而,在所有这些有趣的故事后面,可以看出一种信念:人通过行动走出那个人人相像的日常的重复的世界,通过行动把他自己与其他人区别开来,并因此而成为个体的人。但丁这样说:"在任何行动中,人的第一个意图都是揭开自己的面貌。"开始,行动被理解为行动者的自画像。薄伽丘过后四个世纪,狄德罗持有更多的怀疑态度,他笔下的宿命论者雅克永远不能通过自己的行动认识自己。在行动与他之间,有了一道裂缝,也就是说,人想通过行动来揭开自己的面貌,这个面貌却不像他。行动具有自相矛盾的特点,这是小说的一大发现。但是,如果在行动中无法捉住自我,它在哪里?怎么样才能捉住它呢?于是这样一个时刻来到了:寻找着自我的小说只得离开行动的可视的世界,去关注不可视的内心生活。在 18 世纪中期,理查森(1689—1761,英国小说家)从书信中发现了小说的形式,在书信中,人物可以倾吐他的思想与感情。

C.S:这是心理分析小说的诞生吗?

M.K:当然。但这个词并不确切,它只是近似。理查森把小说投入开发人内心生活的道路上。这一演进的顶峰在我看来是普鲁斯特和乔伊斯。乔伊斯比起写《失去的时光》的普鲁斯特分析了某种更加难以捕捉的东西:现在的时刻。显然,没有什么能比现在的时刻更加显而易见,伸手可摸,可以触觉。然而,它却完全地避开了我们。生命的全部忧愁就在这里。乔伊斯的大显微镜善于抓住和捕捉这个转瞬即逝的时刻,并让我们看到它。但是,寻找自我又一次以一个大悖论而告结束。因为小说不能超越它自己的可能性的限度,揭示这些限度已是一个巨大的发现,是认识上的一大功绩。详细地发掘自我,便触到了根底,但这并不妨碍伟大的小说家们自觉或不自觉地开始去寻找新的方向。人们经常谈到现代小说的三大祖神:普鲁斯特、乔伊斯、卡夫卡。但是,在我自己的小说历史上,是卡夫卡开辟了新的方向,普鲁斯特的方向居后。对于普鲁斯特来说,人的内心世界是一个奇迹,一个不断使我们惊讶的无限。但这却不是卡夫卡的惊讶,他并不去想什么是决定人的行为的内在动机。他提出的是一个根本不同的问题:在一个外界的规定性已经变得过于沉重从而使人的内在动力已无济于事的世界里,人的可能性是什么?

但是,请理解我,如果说我处在所谓的心理分析小说之外,不是说我去掉了我的人物的内心生活。这仅仅是说我的小说首先所追踪的是别的谜,别的问题。这也并不能说我反对对心理分析津津乐道的小说。普鲁斯特以后情况的变化毋宁说使我充满了怀旧的伤感。一种博大的美随着普鲁斯特离我们渐渐远去,而且永不复回。

C.S:在乔伊斯的《尤利西斯》中,内心独白贯穿整部小说,它是结构的基础和主要的写作手法。在您那里,起这种作用的是哲学的深思吗?

M.K:我觉得用"哲学的"这个词不恰当。哲学是在没有人物、没有境况的条件下发展它的思想。

C.S:您的《不能承受的生命之轻》一开始就对尼采的永劫回归做了一番思考。如果这不是抽象地在没有人物、没有境况的条件下做哲学的深思又是什么呢?

M.K:不!从小说的第一行开始,这个思考就直接地把一个人物——托马斯的基本境况引了进去。它把他的问题摆在那里:在没有永劫回归的世界里的存在之轻。捉住自我,在我的小说里,就是说要捉住那个自我对于存在的疑问的本质,捉住它的存在编码。

但是,被提出疑问的不仅仅是那些特殊的境况,全部小说都不过是一个长长的疑问。深思的疑问或疑问的深思是我的所有的小说赖以建立的基础。

C.S:您肯定自我是由对存在的疑问的本质所决定的,这一态度在您那里便导致好几种结果。比如,由于您热衷于理解境况的本质,描写的所有技巧在您看来都显得过时。您对您的人物的外表几乎只字不提。由于您更感兴趣的是对境况的分析,而不是心理动机的寻求,所以您对人物的过去也是吝啬笔墨的。您的过于抽象的叙事特点不会使您的人物缺少生气吗?

M.K:人物不是对一个活人的模拟。他是一个想象出来的人,是一个实验性的自我。堂吉诃德作为一个活着的人几乎是不能想象的。然而,在我们的记忆里,有哪个人物比他更生动呢?请理解我,我不愿对读者抱势利眼,他们有天真的同时,也有合情合理的愿望,他们愿意被想象中的世界征服,并不时地把它与现实相混淆。但是,我并不认为因此心理分析现实主义就是必不可少的。

C.S:您对小说的看法可以说是关于存在的诗意的深思。然而,您怎样把您对社会历史的兴趣和您所坚持的小说首先是研究存在之谜这个信念调和在一起呢?

M.K:人与世界的关联就如蜗牛和它的壳:世界是人的一部分,它是人的维度,随着世界的变化,存在也变化。自巴尔扎克以来,我们存在的(世界)便具有了历史性,人物的生活发生在一个以日期为标记的时空里。小说永远也摆脱不了巴尔扎克的这份遗产。但是,有两种东西不能混淆:一是审视人类存在的历史的小说;一是说明一个历史境况,描写一个特定时刻里的社会,即一种用小说化的历史编纂的小说,这是用小说语言传译一种非小说认识的庸俗化小说。然而,我永远不会跟在布洛赫后面重复:小说唯一的存在理由就是说出只有小说能说出的话。

C.S:但是,小说对于历史,能专门说出些什么呢?或者说,您对待历史的方法是什么?

M.K:我的原则是这样:第一,对于所有的历史背景,我在处理上都尽可能简练。第二,在历史背景中,我只抓住那些能给我的人物创造一个有揭示意义的存在境况的历史背景。但是,对于描写历史本身,我一点不感兴趣,您在我的小说里也找不到。第三,历史学只写社会的历史,而不写人的历史。因此,我的小说中所涉及的历史事件常常被历史学所遗忘。它对于一个史学家、政治学家没有任何意义,但它具有很高的人类学意义。第四个原则,走得更远,历史背景不仅应当为小说的人物创造一种新的存在境况,而且历史本身应当作为存在境况而被理解和分析。

小说不研究现实,而是研究存在。存在并不是已经发生的,存在是人的可能的场所,是一切人可以成为的,一切人所能够的。小说家发现人们这种或那种可能,画出"存在的图"。再讲一遍:存在,就是在世界中。因此,人物与他的世界都应被作为可能来理解。在卡夫卡那里,所有这些都是明确的:卡夫卡的世界与任何人所经历的世界都不像。它是人的世界发展到一个极端而且尚未实现的可能。当然这个可能是在我们的真实世界背后隐隐出现的,它好像预兆着我们的未来。因此,人们谈论卡夫卡的预言维度。但是,即使他的小说没有任何预言性的东西,它们也并不失去自己的价值。因为那些小说抓住了存在的一种可能——人与他的世界的关系的可能,并因此让我们看见了我们是什么,我们能够干什么。

C.S:但是,如果您试图抓住一种可能而不是一个现实,那您为什么认真地面对您书中的画面呢？

M.K：如果作者把一种历史境况当作一种人的世界从未有过的具有揭示意义的可能，他就想把那个境况按照它本来的样子描写下来。

但是，我们仍然可以认为，忠实于历史的现实就小说价值来说是次要的事情。小说家既不是历史学家，也不是预言家，他是存在的勘探者。

(本文摘自《北京文艺》1988年第10期)

他眼中的中国戏剧
——舒马赫教授访问记
蔡体良

恩斯特·舒马赫系柏林洪堡大学教授、民主德国艺术科学院院士、《柏林日报》戏剧专栏作家。在中国不到半年的时间里,他从北到南,从话剧舞台到地方戏曲,纵览了当代的中国戏剧舞台。

那么,舒马赫对当代中国戏剧的观感是什么呢?

他认为突出地存在着观赏之间的距离。

在众多的剧场看戏过程中,舒马赫发现了观众的成分问题、观赏的水准问题。他敏锐地感觉到"观众不能共鸣"。他觉得不可思议,台上表演者多是年轻的演员,台下看戏的也多是年轻的观众,然而,他们之间的观赏关系不能成立,不能沟通,无形中有着一道沟壑和阻障。他认为舞台上表演的演技是精湛和高超的,可审美反馈往往是平平淡淡的。他访问过中国戏曲学院和南京、上海等地的戏校,认为各地文化部门对培养青年演员是重视的、卓有成效的。可是对培养青年观众,提高青年观众的观赏水平,却明显地存在着缺陷,是脱钩的。观和演是一个整体性的问题,否则,像中国成语所说的"曲高和寡",戏剧演出就会丧失了本体的意义。他认为有必要加强和提高青年观众的欣赏水平,对他们进行必要的、切实可行的艺术教育。

在舒马赫教授的眼里,中国戏剧分成两大类:一是古典的,一是现代的。他的古典概念泛指中国戏曲,现代的多指话剧舞台。

他这次看了较多的传统戏曲,除京剧、昆曲之外,包括不同的地方戏:越剧、沪剧、锡剧、扬剧、粤剧、川剧、川北灯戏等。他觉得在中国舞台上,这大批的古老的剧种群体得到了艺术的再生。也就是说,它们都有自己的传统和程式(主要在音乐和唱腔上),各自焕发着自己独特的生命力。他在各地看戏过程中,会晤了这些剧种中的出类拔萃的具有代表性的老艺术家俞振飞、袁雪芬、赵燕侠、周传瑛、张继青等等。舒马赫看到他们之中有的还能继续活动在舞台上,但更多的是培养了后继的年轻人,而且已经出色地接替了这批老一辈的艺术家。他惊讶的同时,也感到欣慰,中国不愧是一块有着丰沃艺术土壤的大地!

舒马赫进一步认为,中国传统戏曲的艺术形式(程式)的表现已臻完美,它是能够继续存在下去的。这要发挥自己的传统,保留自己的精粹,更能够使青年观众接受,也是应该接受。他看了川剧《四川好人》的录像,尽管表现的语言与布莱希特的手法有着相当悬殊的差别,但仍使他备感亲切。他认为川剧艺术所包容的艺术力量是不能忽视的。他看到好多的地方戏曲中,现代生活内容与传统的表达方式并不相矛盾,并不格格不入,而相反是可以交融、结合起来的。川北灯戏《亲家母上轿》《办移交》等,都是反映当代中国社会生活的现代剧,充分表达了现实存在的问题,但各自运用了自己剧种的特有的传统艺术手段,表现得很和谐,很引人入胜。舒马赫觉得中国传统艺术的表现不需要再去变革。人为地"洋化",比如加进一些迪斯科,加进西乐的配器等,都不是最好的办法。他说:"我对中国戏曲的表现感到惊讶,它需要加以保护。它达到了世界的水平,完全可以跻身于世界文化之林。"他的态度十分鲜明,"不要轻率地去否定自己的传统。这不仅是对中国文化艺术遗产的不负责任,而且也是对世界文化的不负责任。"

她来自这片土地
——访美籍华裔作家包柏漪

建 国

14年前,她走下"空军一号"的舷梯,望着这片阔别已29年,此刻还在动乱中煎熬的故土,心头百感交集……

14年后的今天,她随丈夫作为美国的使者回到"娘家",在大使馆里款待"乡亲",为中美文化交流奔走驱驰,在青年读者的热情包围中签名售书……当记者客气地称她为"大使夫人"时,她将嘴一噘:"我首先是作家,其次才是大使夫人,尤其别忘了我是你的同胞——一个地地道道的中国人。"

看过她的《春月》的人或许能领略此语的深意。在这部"美国畅销书"里,她以游子对"母亲"的深切眷念,女性所特有的细腻笔触,以及对中国历史和风俗的真切描述,给为之神迷的美国读者讲述了一个神奇动人的东方故事。那些美国各大报书评家在为之折服的同时,可能会为一种似曾相见之感而嘀咕:她是否在有意无意地试图接续另一个"梦"?她的春月和"林妹妹"都来自苏州,都在达官显宦的深深庭院中与趋于没落的帝国一起渐老朱颜。两个"梦"都充满脂粉气,但在霓裳羽衣背后,却可窥见改变历史的刀光剑影和王朝家族的兴废盛衰;而两个故事又都具有撼人心魄、催人泪下的力量。

包柏漪夫人学过化学,当过芭蕾舞演员,进过外交学院,在中美关系解冻时期,曾随负有秘密外交使命的丈夫一起多次来华。在友谊出版公司出版几日便已脱销的中文版《春月》里,还收有一幅她向周恩来总理敬酒的照片。也许是因为她本身不无传奇色彩的经历,不少读者总认为《春月》中含有她自己的身影。但当记者就此问及她时,她却一笑置之。她称此书完全是"虚构与创造"。不过,她的确出身于安徽一个大家族里,族人与亲戚不少成为国共两党的要人。抗战时期,年仅几岁的她曾随家人颠沛各地,逃避日军的轰炸。1946年,她随父母离开烽火连天的故国,迁居美国,从此与大陆亲人音讯全无。1962年,当她的胞妹远涉重洋来与家人相会时,她仿佛从这位分别时仅1岁,而今已17岁的衣着朴素的少女身上看到了自己的身影。她想,假如自己滞留故国,她的一生又将是何样?正是在这一念头的驱使下,她写出了处女作《八月》——妹妹的故事。

是什么促使她最终写了《春月》?是人生际遇、世事沧桑的感慨,还是在东西文化的对比中达致的彻悟,或是一种她所说的"身为中国人对故国往昔的难以释怀的情思"?恐怕她自己也解释不清。她只记得她为写作此书在美国的图书馆里整整泡了六年。但有心的读者依然会诧异：她8岁离华，生活于一种迥异的文化氛围里，仅凭家人重聚后的叙述和图书馆中的资料，她如何能将苏南的小桥流水，集市的笑语俚谈，旧时大宅深院中的婚礼丧仪、车舆服饰，乃至一抬足、一揖首，都写得这样在行，充满醇郁的"古檀味"。难道仅仅是因为她的血脉中有着相通的灵犀？

英若诚和吴世良夫妇承接了翻译此书的工作，这是艰苦而又因其温馨令她永世难忘的合作。他们日复一日地字斟句酌，时而争论，时而捧腹大笑，时而因触动了相同的回忆泪眼相对，时而又因彼此深挚的理解感到莫大的幸福，他们成了心心相印的挚友。但是，在中文版《春月》行将问世之际，吴世良却辞别了人世——这已不再是个"插曲"，它已成为一出壮剧的高潮。在此书开篇的献词里，包柏漪称自己"创作了一部带有中国韵味的西方交响乐"，而吴世良则以自己的最后生命"用编钟、琵琶、琴瑟、胡琴、锣鼓、铙钹为它完成了配器"。

也许正因为她相信自己的故国，相信生活于其中的人民，随丈夫出使三年，她改变了闭门幽思的习惯，成为中美文化交流中的活跃因素；她的府邸里时时高朋满座，客人都是说汉语的文人骚客。她性情像聪颖活泼的女孩，交谈时像深沉的作家，办起事来又成了风风火火的大使夫人。前不久北京人艺上演她促成的交流剧目《哗变》，她与美国著名导演赫斯顿一起亲临"督战"，甚至"利用职权"专门从美国调来真正的道具——美国海军制服。

最后，记者问她，她最敬佩大陆哪个作家？她笑了，狡黠而顽皮："想引我上钩？他们许多人可都是我的朋友。"但就群体而言，她更佩服青年作家们，因为他们身历动乱，无缘求学，却有如此蓬勃的创造力。至于作品，她最喜欢电影《红高粱》《老井》和话剧《桑树坪纪事》。她认为就国内电影技术水平而言，《红高粱》的成就尤其令人欣慰，它难道不是证明了中华民族在逆境中的一种意志力与创造力？她认为中国、中国的文学都有许多难处，但颓唐绝非中国人的性格。说到这里，她的神情变得有几分严肃，这使记者不由得想起她笔下的春月，她站在祖坟前说道：

"从前也有过酒酸成醋、香化为灰的时刻，我们的家族都经受了劫难。

"天有时晴，有时阴。人有时讴歌，有时沉默。而不论何时，都有聚有散。

"我们像柔顺的水，生性和平，可以掬在婴儿的掌心中；但日积月累，却能滴穿石块，改变山岳。

"我们就这样信守荣誉和责任。我们珍重家族和文明。

"我们是中国人。"

写作是一种生命的燃烧
——访巴西著名作家若热·亚马多

张　宇

与亚马多谈话十分诱人,因为这位白发苍苍的古稀老人,思路那样敏捷,思想那样丰富。与亚马多谈话又十分困难,这位文学大师四海为家,就像欧洲传说中的"飞翔的荷兰人"。人们很难抓住他闪动的脚步。笔者整整等了半年,才终于在文学讨论会的大厅里、在鸡尾酒会的走廊上、在亚马多家胜友如云的花园棕榈树下,分四次断断续续完成了这篇对作家的采访。

一、作家不应该是隐士

张宇(以下简称张):人们说您是巴西唯一的职业作家,是绝无仅有以写小说为生的巴西人。

亚马多(以下简称亚):不,作家不是一种职业。我曾经是政治家、众议员,也曾当过报纸的主编,写作只是我人生途中一次次燃烧的时刻。当我写小说时,我是一个作家;我不写小说时,我就只是一个普通人。

张:巴西的一些文学史著作中,把您的早期作品说成是宣传文学。对此您怎么看?

亚:我不同意这种看法。在生活中,我一直是个积极的参与者。在我开始写作的年代里,我的国家遭受着那样多的苦难和悲伤,我希望用笔参加社会的变革。但我尊重生活,绝不胡编乱造,从来没有生硬地图解一种政治理论。正因为如此,几十年来,这几本被称为"宣传文学"的小说,一直再版重印。今天,生活已经大大改变,文学也变了,但作家永远也不应该是一个隐士。

张:四五十年代,您曾是世界和平运动中的一位著名活动家,直到今天,您仍活跃在国际文化界,一年里足有半年在旅行。这种情况对您的创作有什么影响?

亚:谈到这点,应该说我是一个幸运的人。我曾经与本世纪最优秀的知识分子们一道工作,并成了挚友,其中有萨特、西蒙娜、阿拉贡、毕加索、爱伦堡、法捷耶夫、聂鲁达等人。一个人有机会见识高山,他的眼界才会开阔。谈到聂鲁达,我们简直就是兄弟。他的诗像大海,人也像大海,再也没有比他更像大海的诗人了。我不是传统作家,但我觉得这些伟大的知识分子都多多少少出现在我的书里,尽管除了我谁也看不出。1948年,在卢卡契政治上最困难的时期,我曾专程去匈牙利看过他。他是一位出色的理论家,我十分敬重他。至于旅行,对一个作家来说,这是必要的,从1952到1957年,我曾二十六次飞越太平洋。

二、故事是由人物自己创造出来的

张：对于作家的写作，您有什么看法？

亚：我在《卡斯特罗·阿尔维斯小传》中，用小说手法谈及过这个问题。阿尔维斯是有名的"奴隶诗人"，我的同乡，只活了二十几年，是废奴运动最热情的鼓吹者。他的诗实在动人，感动得你甚至忘了去欣赏其中的艺术技巧。小说也要像这样写到无技巧也感人的程度，才算成功。

张：可不可以这样理解，所谓无技巧并非真的不用技巧，而只是仿佛看不出技巧。

亚：正是这样。构成一本小说的最简单的技巧，就是人物、故事、情节，摒弃这三者的小说，我没写过，也不会写。有的评论家说我是巴西的高尔基、左拉，其实我只是一个普普通通的作家。

张：小说的故事是由您事先构想出来的，还是随着写作，人物自己创造出来的？

亚：是人物自己创造出来的。有一次，我写《弗洛尔夫人和她的两个丈夫》，写到她的第一个丈夫死而复归，欲与她破镜重圆，我侄女读了草稿问我下文如何发展，我说弗是个囿于世俗之中的小资产阶级妇女，她会先拒前夫于门外，又因绝望而偕其私奔。当后夫转来，只见弗的尸体睡在床上。可是翌日，出现在我笔下的场景，却是弗洛尔乐意与两个丈夫共同生活。弗洛尔确实惧怕世俗偏见，但爱情的力量更强，以致改变了人物的性格，从而也改变了故事的结局。

张：您的小说一般故事性很强，可您却多次表白自己不会编故事，为什么？

亚：我确实不善于讲故事，更不善于虚构故事。当我坐到打字机前，涌到脑海里的是人物和故事背景，但没有故事。我不知如何开头才好，直到人物活了，自己创造出自己的故事，书才写得下去。记得写《儒比亚巴》(即《拳王的愤怒》)时，我把听来的一句农民语言，放到主人公安东尼奥口中，可怎么都不像他讲。我舍不得这个句子，就让书中的巫师儒比亚巴来讲，写好一念，还是别扭。后来我干脆创造了个新角色——另写了一章：一个丢了田地，失去妻子，女儿也因饥饿沦为妓女的倒霉农民。"穷人真可怜，屎能变金都屙不出"的咒骂出自他的嘴巴，就十分合适了。

张：您笔下的人物的原型，是否多源自您自己的亲朋好友？

亚：翻开我的书，你会发现我一生中所结识的各种人物，可一旦他们走进了小说，就多少都会发生变化。他们保留了自己的特色，可他们必须有所变化，变得更丰满一些，或者更单纯一些。除了写传记外，你是不可能把一个现实生活中的真实人物完整地搬进小说去的。

三、我的书都属于同一条河流

张:有人说,您前期写的是政治小说,后期写的是市井小说;前者描写斗争中的工人、农民、海员及共产党人,后者则刻画妓女、流浪汉一类社会下层人物。两种小说截然不同。对此,您是怎么看的? 从文学创作的角度看,是否存在着两个亚马多?

亚:不,只有一个亚马多,普通人亚马多。因为我的立场从未变更,我的人在发展,我的小说也在发展,可我作为一个人的立场,一个作家的立场,始终未变,那就是永远站在人民一边,反对人民的敌人。

张:可您笔下的人物改变了,是不是?

亚:这只能说明,作为一个作家,我更倾向于塑造普通人民的形象。以前我写的是英雄——领袖、政治家,而今天写的是反英雄——流浪汉、妓女、醉汉、普通劳动者。

张:三十几年来,您的每一部新书几乎都是畅销书,同时又具有很高的文学价值。您怎样解释您所取得的这种成功?

亚:我的成功在于我掌握了一个最妙的武器:幽默。它比我曾经擅长的政论式小说写法高明得多,对于人民的敌人来说,也更具有摧毁力、更可怕,从而更为人民所喜闻乐见。幽默是可以撼动一个社会的。举一个例子,你能找出一部比我的《神秘店铺》更革命、更直接描写巴西人民反对种族主义斗争的巴西小说吗? 回到我们刚才的话题,我五十多年来写的每一本书,都属于同一条河流,怎么能说上游和下游是泾渭分明的两条河呢?

张:那么,您怎么看待畅销书? 因为一些批评家认为,一本书倘若是畅销的,就不够资格列为纯文学作品。

亚(大笑):多么荒唐,他们之所以这样说,大约因为都在大学做教授,不必非写书吃饭。我是一个专业作家,要靠写书赚钱吃饭,但我绝不是一个商业作家,可惜人们常常混淆二者。一本书是否有文学价值,不在于它是否畅销,而在它本身的内容与水准。如果一本好书畅销,那是上帝的恩惠,我们大可不必在乎批评家们说些什么。

"五四"老翁谈做学问
——访陈子展先生
柯文辉

最近在上海复旦大学花木扶疏的宿舍区拜访五四时期参加过文艺论战,30年代《申报·自由谈》上的杂文健将陈子展(炳坤)教授。他已92岁高龄,长期患糖尿病,86岁之前两眼白内障严重,但老人以淡泊的襟怀、超越宠辱的顽强意志挺过来了。近年来,他修订了《国风选译》《雅颂选译》,写出了《诗经直解》《楚辞直解》《诗经解题》,共达二百五十万字,都是毛笔楷书,每分钟只能写几个字,超过二十分钟就要休息,有时第二行字盖住了第一行字,或是有两三行字的增补也要重抄,偶然想到一两个字的订正也怕忘记,立即去信出版社修改清样。摩挲这些手稿,觉得这是毅力与使命感创造出来的奇迹。

他从两米高的大座钟顶上取下齐白石的画和印给我欣赏,我在饱享眼福之后,请求他讲讲这些精品的由来。他没有烟瘾,却兴致勃勃地点上一支香烟任烟在他周围飘散。我给他倒上一杯清茶,他满面春风地说:"白石先生好友胡鄂公住在上海,藏有齐画两百多帧,同我很熟,送我一册樊之山作序的《白石山人诗草》,征求我的批评。我坦率地答道:'白石翁腕力过人,他对鲁班师傅不感兴趣,对《芥子园画传》感兴味,是他与别的木匠不同之处。他的印先宗丁龙泓、黄小松,不久改师赵之谦,后来又苦习《三公山碑》,吸收秦汉纵横平直和古拙锐利的神韵,靠自己过人腕力独创一家。中国古今诗人无数,出诗集的木匠仅他一人,何妨叫《齐木匠诗集》,前无古人,后启来者,再请北平淘粪的题签,清道夫作序,才是创格。白石的老师王闿运识人,才收他为弟子,也收易培基、杨钧那样的门人。白石不具乃师慧眼,以未必通诗学的遗老遗少为知音,想附此辈骥尾,这会损害他的艺术,要使爱护他的人失望!'鄂公实言转告齐翁,齐老先生先是大发雷霆:'陈子展太傲慢,太看不起我,岂有此理!'但齐老毕竟是大艺术家,几天之后忽然想通了,选了上等田黄刻了印,绘了杰作裱好,托鄂公送给我。我说:'齐翁厚赠无以为报,只能再奉赠他几句大实话:他自称诗第一,字第二,印第三,画第四,用画来抬高诗与字,我坦白说:画第一,印次之,字又次之,这三件都和他木匠的腕力强、火候好有关系。诗是研究齐老的重要史料,可因画而传世,大多平平,有几首佳作,但不多。无论他老人家生多大气,我说话要保持批评家的品质,是好讲好,差就说差,否则对不起碗里的米饭。'直到老人晚年还夸我诚实,为此我一不后悔,二非常感激他,怀念他。"

陈老告诫我说:"大学问家会做出大贡献,但也不一定,学问用之不当,也会使后代惋惜。章太炎懂梵文、日文,英文不高明,因为用之得法,在我国首创比较哲学,用以解释庄子《齐物论》,有拓荒意义。另一位大学者通十四国语言,治隋唐西凉回纥史及敦煌学,饮誉国际,威望很高。胡适派飞机接他,他不肯离开大陆。晚年他给一位明末清初的名妓写成 80 万字传记,史料丰富得惊人。抗战时,他在重庆研究杨玉环入宫时是否处女这类问题,用不着这么大学者去用功,以他在这些问题上花的气力,完全可以解决更多更大的难题。我很为他遗憾。"

陈老很怀念冯玉祥将军,冯将军向陈老请教过写诗,"丘八诗人"的雅号,是陈老著文送给他的。他的两位老师是陈老的学生,在重庆每有宴会,他都恭请陈老上坐。抗战后期,物价飞涨,民不聊生,冯将军怕复旦大学将陈老辞退,特印了一张八寸高,长达一尺二寸的大红名帖,亲自送到复旦大学传达室,上写"陈子展太老夫子尊前,门下再受业冯玉祥再拜",下面还印有一行小字:"此帖专供拜谒,不作他用。"这也是当代史上的佳话。

陈老送我下楼,正值晚霞烧天。我愿老一代学人的晚年,都会在学术上涌出生命的彩霞。

自由的灵魂　潇洒的人生
——舟山访三毛

喻季欣　章俊弟　宋延平　张耀智

4月的舟山,春和景明,海风习习,我们趁著名台湾女作家三毛来此探亲之际,访问了这位传奇女性。在听了我们的自我介绍后,她热情地握着我们的手,连连高兴地说道:"我们是心灵的朋友,我们是心灵的朋友!"接着,她又颇为正经地说,"今天我不是以那个写流浪小说的三毛,而是以教授小说心理学、散文习作、小说创作的副教授的身份来跟你们谈文学。"

不必急于"走向世界"

首先,我们提出"中国文学走向世界的提法是否合理,怎样走向世界"的问题。三毛沉思片刻,便一鼓作气地说道,我们中国人,表面上是以儒家自居,但广大老百姓的精神却是道家内容:无为而治。这虽虚,却是很有思想的,不是一般外国人所能理解的。反映在文学上,首先就碰到了民族传统和文化差异的障碍,这是一种文化心理障碍。其次是文学上的障碍。中国许多名著如《红楼梦》《水浒》等,译成各国文字后,文学情趣大大降低,有些甚至风马牛不相及。《红楼梦》译成"红楼里的故事",《水浒》译成"四海之内皆兄弟"(赛珍珠的英译本),还有我们原来意义上的文学韵味吗?这不但未能使中国文学与外界得到很好的交流,反而降低了中国文学的声誉。她看了译成西班牙文的《红楼梦》前二十八回,简直读不下去,与原来的《红楼梦》简直完全不同。日本著名作家川端康成、芥川龙之介的作品被译成外文之后,也大为失色。文学上的障碍只可能在极少数汉学极佳的外国人中才有可能减少,对更多的外国读者来说是无法消除的。

如此说来,作家不应瞄准这个地理的世界,不应斤斤计较于如何写作才能走出中国,得到世界范围内的承认。那么,他毕生研究的对象,应该始终盯住不放的目标是什么呢?根据三毛的见解,这应是一个心理的世界。她说,作家的心灵就是小宇宙,他的作品就是一个完整的世界,重要的是环境和氛围的融洽及作品质量的提高。没有这些最深层的条件,你一天到晚喊"走向世界",也是白搭。"伤痕文学"曾在国外引起反响,有爆炸力,但这不是以文学取胜,而是政治背景,非文学因素。精神和心灵的沟通,这不像我们想象的得那么单纯、容易。

"现代文学"应为"现今阶段文学"

当我们问及她对中国大陆现代文学的研究状况有何看法时,三毛要说的话似乎特别多。她说,我是学哲学的,对一个定义,我首先想到的是它的内涵。"现代文学"的内涵就不清晰。如果称"现今阶段的文学",这种提法或许易于理解,或称"几十年代文学",如"30年代文学"。

在谈到对具体作家评论时,三毛说:"对鲁迅的作品,有些我喜欢,有些我不喜欢,因为鲁迅有些作品艺术性不强。我最喜欢张爱玲的作品,她是一个城市作家,一个反映市民生活的作家,她把南方的上海和香港的市民生活写得入骨入髓。虽然作品中姨太太、麻将、悲天悯人、柴米油盐生活为多,但这是最高的境界,最具艺术性的生活。她称得上是现今阶段文学的鼻祖。新月派值得研究,梁实秋是新月派的最后一位作家,与徐志摩一样,人文精神极强,敢作敢为,敢反传统,有惊世骇俗的胆量。这种精神我最喜欢,这是真正的文人精神,培育心灵的自由。研究现今阶段文学,新月派是一定不能漏掉。他们的笔调是拯救新一代文人的笔调。同时,研究现今阶段文学不能忘了佛教对文学、对作家的影响。我就是受了弘一法师(李叔同)的影响。我跑了那么多国家,走了那么多地方,看了那么多书,给我一生影响最大的却是弘一法师。其他人往往都碰不到我的心。现今阶段文学还有多少东西值得发掘研究啊!"

排红榜,我很反感

大陆文学走入低谷,而且日益商品化,就此,我们请三毛谈谈台湾文学的现状。她说,台湾文学也在日益商品化。只有大、中学生读书,看文学作品,成年人都在做生意。台湾文学商品化是商人造成的。他们要扩大刊物影响,寻找销路,于是就花样翻新,还排红榜(即按销售量排名次),这是她很反感的。这影响作家间的团结,有时又不合事实。一上红榜,这位作家就成了畅销作家,于是被人认为是通俗作家,其实并非这样。这样的作家不好当(三毛自己即是畅销作家)。"台湾文学越来越走向商品化,但我也只能难过。台湾的稿费也分等级,最高的是梁实秋。一次,应一家杂志邀请,我连夜写了篇文章,第二天又将这两千字的文章压缩成一千字,这很费神,发表后只得五百台币。这五百台币只够我洗三次头发。"

谈到台湾新近作家时,三毛向我们推荐了一位名叫张大春的青年作家。她说,他的作品是魔幻小说,大陆叫作魔幻现实主义作品,他现在名气虽不大,但他是一位大家,很了不起,很有前途。

生活和良知加一点点风花雪月、柴米油盐

三毛写过二十多本书,作品被译成十五国文字,她在大陆发行的书籍有四百万册之多。为此,我们请她谈谈对自己作品的看法。她说:"我的创作根据一个原则,就是真实地把握住我的笔,记我所经历的人生。我向来不用第三人称'她(他)'。我只是把我个人人生的经历做百分之十的记录,还有百分之九十没有写出来。如果全部写出来,那是会惊世骇俗的。学无止境,学海无涯,生命也是这样。我忠实地描写生活,描写人生,但我不对人生做结论。人生是难以做结论的。"

当我们问及她今后的写作构想时,她不无幽默地说:"随波逐流。不以写作为生命的中心,写作不是我的目的,是谋生的手段,我的真正职业是教书。"她形象地比喻道,"我的写作是以个人的生活和良知,加一点点风花雪月,加一点点柴米油盐。"其中的"个人的生活和良知",三毛是加重语气说的。她说这非常重要。她又补充说,做人要规规矩矩,做艺术家,则心灵应该自由潇洒,不要拘泥世俗。她有几分感慨地说:"从抵达香港,我身边就一直被人包围,但我的心灵是自由的。对一个作家来说,应该培养这种心境。"她带着一种佛的悟性,神情严肃地表述,"上帝是厚爱我的。概括我写作和一生的两个字是:无憾。时间到了,一笑而去。这时,三毛骑鹤上柳州。"

说完,她轻轻地仰靠沙发。这大概又是弘一法师给她的潜在影响?我们长久地注视着她的这个神情。

诗行葳蕤
——访北京大学赵萝蕤教授
毕冰宾

访赵先生是为了还一个愿。几年前我欲报考她的博士研究生,但因故未走上考场,从此便耿耿于怀,总想亲耳听她说点什么。见到她后,她风趣地说:"我现在可是个带'傻'博士的'穷'教授啊,人家说我又穷又傻。"顺便就说起了物价飞涨,她这个一级教授花四块四买了四个古巴柑子,一天食一只。"富日子富过,穷日子穷过。我想得开,不会跟自己过不去。"

不知怎么说起了她已故的丈夫、新月派著名诗人陈梦家。赵先生摇摇头说:"陈梦家这个人脸皮儿太薄,受不了人们的污辱。我脸皮厚,剃光头、游街、罚跪都没关系,脸皮厚的人活得久。"

恬淡,宁静,天上人间,往事烟儿似的几句带过。禅一般的氛围,就如同这闹市中的小四合院:坑坑洼洼的方砖地,房屋陈旧颓然,静谧如古寺。但毕竟是春天了,一场细雨刚刚把小院儿洗了一遍,院子里漾着隐隐的泥土清香,草木早就绿了砖缝,花儿早开过了一茬儿。

似看非看地瞟一眼窗外的景致,赵先生说咱们还是说诗的事儿吧。于是她一下子就年轻起来。从此我再也不相信她是个77岁的老人。

现在人们习惯上称她是翻译家、教授、学者兼诗人,其实她在青年时代一心写诗,毫无当学者的准备。她自幼受到父亲的影响,谙熟中国古典诗词。后又师从著名女作家苏雪林,大学期间有幸师从冰心、周作人和郭绍虞等大师,边读书边作诗,立志当诗人。她的诗只有少量公开发表过,她是打算写出力作一举成名的。

但是她没有读完中文系就转入外文系,学习外语和外国文学了。这一偶然的转折本是她一时的打算,却成就了她的终生职业。她那凝着心血的厚厚诗稿在"文革"中被人付之一炬,留下的只有少量二三十年代发过的短诗。

1935年,戴望舒请她翻译T.S.艾略特的《荒原》,她不孚重望,成功地第一个把这部现代派代表作译成中文出版,为中国的诗坛注入一股新潮。此书在80年代又被三家出版社重印,发行量可观。赵译《荒原》半个多世纪来堪为佳作。本以为赵先生会就这部译作的历史地位深感欣幸,没想到她却淡淡地说:"我一点都不喜欢《荒原》,现在快把它忘光了。"至于她为此下了功夫,她说那是应该的,因为"答应人家的事就该认真做好,不管喜欢不喜欢"。她引用著名学者叶公超的《荒原·译序》说:"以影响而论,可以认为本书的价值不比它的影响大。"她认为叶公的话是经得住历史考验的。

她与陈梦家先生结婚后仍然在写诗,但她断然否认她的诗风受到新月派的影响。她认为新月派诗人们太浪漫,太重情绪,同时也不能说不肤浅。"我的诗风与新月派南辕北辙,梦家一开始还拉我参加他们的活动,后来看我不热心,也就算了。"她说她更注重心智的活动,她的诗如果说受谁影响的话,似乎是玄学派。"我从没写过爱情。"倒爱写些诸如"北平没有大海/北平的巨浪是看不见的"(《北平》)的诗句。

赵先生悠悠地说:"老实的知识分子讨厌 dirty–politics(肮脏的政治)和铜臭商气,做学问可乐而忘忧,理性的世界是个好去处。"她潜心研究的是亨利·詹姆斯,并以此项研究在美国获博士学位。可是回国后的三十多年中却无法研究下去。1978年后她受上海译文社委托翻译惠特曼全集,本以为不久即可交稿,可她却花了十年时间才交稿。"我本不大喜欢惠特曼,可译起来我喜欢上了,发现如果不研究他就无法翻译他。惠特曼是最地道的美国诗人。"于是,赵先生以65岁高龄开始边研究边译书,几易其稿,使其成为国内最权威的译本,她同时还发表了几篇深刻的研究论文。"我把全部身心都扑在了惠特曼的诗上。"正如她对《纽约时报》发表的谈话所说,她把她诗人的直觉体验和学者的严谨治学精神结合起来,让"惠特曼发出全新的歌声"。

赵先生在十年时间里是否同时完成了她自己的一部宏大的"行动派"史诗了?

生命之树葳蕤。

让人民清楚地了解过去
——米·沙特罗夫与记者对话录
吴江 译

问：一些读者在给我们编辑部的来信中说，现在有的人不希望看到人们总是提起斯大林时代。他们的理由是，过多地触及悲剧性的年代会造成人们心灵上的伤害，特别是对那些涉世不深、世界观尚未形成的年轻人。对于这种意见当然有不少反对者，您的剧作《向前，向前，向前》就是一例。您能否谈谈，对于类似的顾虑您怎样看？

米·沙特罗夫：假如我们真心实意地希望每一个人自觉参加改革，自觉破除我们社会生活中的官僚作风、恶劣的风气和习惯，真心实意地希望他们理解党为之奋斗的目的以及党为了达到这些目的所做的积极努力，并且加入这一道德生活和经济生活的改造中去，那么，就应当让人们清楚地了解过去，清晰地分辨出在过去的历史中哪些东西是善良美好的，哪些东西是痛苦丑恶的，鲜明地判断出所有那些使社会主义发生畸变的东西。同时，还应当让人们为我们的人民对残酷的岁月和毫无人性的考验所做的反抗而骄傲。虚无主义是没有能力加入改革的创造者们的行列中去的。应当了解人民自己的历史，尊重这个历史，哪怕这历史中曾有过痛苦的几页。

问：一句话，您主张历史没有什么秘密可言，有的只是真实，只有真实。那么，您的剧本《向前，向前，向前》在多大程度上符合历史真实？已经有人发现剧本有与历史真相出入之处。

米·沙特罗夫：剧本不是学术论文。艺术家如果了解自己主人公的性格、心理，了解具体的历史情况，那么，他就有权在存有"空白点"的地方，在今天已不可能了解确切真相的地方做出一些推测。历史知识掌握得越丰富，距离真相就越近。因此，它不是作者的主观臆想，而是性格的真实、时代的真实。剧本有一个副标题，叫作"作者对于1917年10月24日发生的事件以及这以后发生的事件所做的解释"，不知为什么许多人并未注意到这一行文字。当然，剧本是以文献、信件以及回忆录等材料为基础的，其历史资料的准确性已得到许多学者的认可。幸运的是，我曾会见过一些从劳改营回来或者多年来一直被迫缄默不语的人，和他们交谈，这是1956年的事。这些和我谈话的人都是老革命近卫军的代表，像彼得罗夫斯基、斯塔索娃、季娜伊达·加夫里洛夫娜·奥尔忠尼启则、福法诺娃、米高扬等。当时我所了解到的、认识到的和醒悟到的，今天我都把它们写到了剧本《向前，向前，向前》中去。

问：您的创作多年来一直忠实于革命主题，请问这是什么原因？

米·沙特罗夫:我对历史向来有兴趣。许多今天使我们感到困惑的问题可以从历史中找到答案。当然,还有一个原因,就是我的家庭与革命总有些不解之缘。我的许多亲人因为革命而丢掉了性命——他们在斯大林时代有的遭到迫害,有的被处决。因此,真实地叙述革命,真实地叙述列宁以及与他多年并肩的战友们,这是我的道德所赋予我的义务。我的少年时代同样没有逃脱那个苦难的岁月。我记得我的母亲是如何坚持不让我接触我的一位远房亲戚、著名诗人萨·雅·马尔沙克的。因为害怕我,一个被枪决的人民的敌人的儿子使他遭受牵连……

问:档案馆的大门如今对您已经敞开。能否谈谈这方面您和国外史学家可能合作的前景?

米·沙特罗夫:很遗憾,主要的档案馆不久前对我、对其他人是一律关闭的。我主要的文献资料一如既往地来源于列宁的著作,以及1924年之前国内刊登的回忆录之类。我当然希望尽量多地了解一些国外史学的研究情况。但是,我再说一遍,国内的档案馆是不放我进去的,美国人也不放我进他们斯特雷特福德大学的档案馆。西方不少学者对我们的历史经验很有兴趣,而且不抱成见,他们真诚地希望了解我们成功和错误的本来面目,了解我们正在前进中的这条道路。

问:历史不应该有空白点。一些极力主张这一观点的人甚至提出来说,现在该是出版阿夫塔尔哈洛夫和索尔仁尼琴的著作的时候了。他们认为,这些著作尽管带有一定的倾向性,但它们十分详尽地阐述了我们的许多历史问题,是这样吗?

米·沙特罗夫:如果我们想要弄清我们的历史,并打算站稳自己的脚跟。只有当我们了解了一切事实,无论是英雄业绩的事实还是痛苦难堪的事实的时候,我们才有充分的准备与这类书籍以及其他反马克思主义观点的书籍的作者展开辩论。我现在不打算出书,尽管这也许是错误的。但我想,首先应当用列宁关于生活、关于革命的真理,用没有经过任何删节的历史知识来武装人民,特别是青年人。只有那时候斗争才是公平的。而且斗争应当进行,并且它已经在进行。遗憾的是,在这场斗争中我们的武装还很薄弱,光熟读一本《联共(布)党史教程》是无济于事的。

问:您的创作中有没有妥让行为?如果有,这种妥让是否会影响作品的艺术水平?还有,这样做符合您的原则吗?

米·沙特罗夫:妥让?有过。比如,我们在上演《我们必胜》时就碰到过这样的情况:这个戏要想上演,剧中主人公要么照念当时中央代表大会的发言记录,要么这些主人公就不能用真名。这个要求不容商量。我们翻来覆去地讨论和权衡,最后决定演出保持这样一股革命性、这样一种历史的公开性。在此前提下做些让步,没有直呼其名。我现在在想,应不应该做这样的改动?我坚持这样一个看法,即让一切照它们的原样保留下去,让它们成为那个我们每个人都不曾感到轻松的年代的标志。不过,列宁的建设社会主义的计划,它包含的内容和后来的实践以及这些思想又如何被斯大林曲解而面目全非,等等,这些内容得以在剧本中转达,才是最重要的东西。

顺便再说说妥让的问题。我记得当时我家还住在地铁站"航空站"附近,一天我和母亲去共青团员商店买东西。突然,母亲发现排队的人中有一个患病的老人,她顿时脸色苍白,我好不容易才把她搀扶回家。她告诉我,那个排队的老头就是在监狱中审讯她的人。那时审讯她、拷打她,仅仅因为她十二年前是一个被枪决了的人民的敌人的妻子,其他的罪状莫须有。现在,提起这事总是痛苦的,但问题又很复杂。我个人的看法是,赞成让人民知道这些人的名字,但并不希望看到流血。这指的是一种道德的惩罚。要不就远远地绕开他们,这看来也不失为一种特殊的妥让。

问:我曾在文章里读到,列宁领导的第一届苏维埃政府是世界上文化水平最高的政府,真正的革命者都具有较高的文化素质。

米·沙特罗夫:是的。我们知道,哪怕就是在蹲监狱、流放地以及服苦役期间他们都抓紧一切机会提高自己的文化程度。应该说,许多普通工人在今天也同样具有文化素质。因此,我并不认为只有知识分子才能掌握国家的重要岗位。当然,如果把文化修养理解为人的精神方面,他的文化水平、职业的培训程度的话,原则上每一个人都应当努力达到较高的文化修养。这方面我们多年来欠了许多债,现在许多人自己去努力掌握知识,这方面的情况会有很大的改观。

问:您认为苏共十九次代表会议之后改革的进程将会加快吗?

米·沙特罗夫:首先,我更欢喜"革命"这个字眼。因为它能让人更加敏锐地感受到社会改造的范围和深度,感受到社会主义、苏联人身上的聚积的那种潜在能力。我觉得我们今天的局面完全是一种革命的局面,它要从根本上改变人们的意识,从整体上改变社会。当然,也需要创造一种好的机制,它能确保我们民主事业向前发展。一句话,就像剧中列宁说的那句话:向前,向前,向前。但我感到,我们还没有把全部能力和力量投入这场斗争,用以保障这一过程不可逆转和全部发挥社会主义的潜力。

译者注:米·沙特罗夫(1931—),苏联著名的列宁题材剧作家,代表作有《以革命的名义》等。《向前,向前,向前……》是1988年苏联最轰动的戏剧之一。本文提问者是苏联《视野》杂志的记者玛琳娜·纳塔利奇。

欧美归来写"红楼"
——吴冠中采闻录
包立民

已经迈入古稀之年的吴冠中,一点也不知老之已至,上半年的创作活动和出国旅程安排得那么满,简直可以让精力充沛的中青年画家咋舌。一二月间,他为美国巡回画展筹备作品、文字资料。三四月间,应日本西武百货社社长山崎的邀请,赴巴黎写生,为今年 10 月在日本举办的巴黎博览会上展出的"吴冠中画巴黎展"积累素材。旅法归来,他闭门谢客,整整奋斗了一个半月,创作了数十幅油画、水墨画,完成了日本画展的四十余幅展品。六七月间,他又赶赴美国旧金山,参加旧金山中华文化中心为他举办的"吴冠中巡回画展"第一站揭幕式。旅美归来,他又伏案追写巴黎札记……他简直像一架上满弦的自鸣钟,那么有规律、有节奏地不停运转,从来也不觉得疲劳。

巴黎,艺术生活中的发光点

巴黎是吴冠中青年时代学习西方艺术的起源地,用吴冠中的话来说,是他艺术生活中很重要的发光点。今天,吴冠中又专程赴巴黎写生,历时一个月,几乎走遍了巴黎所有的角落。我问吴冠中,到巴黎后第一张写生稿画什么?"蒙马特,蒙马特高地区。"吴冠中脱口而出。"为什么?"我紧追不放。吴冠中仰靠着沙发背陷入沉思,好一会儿才缓缓说道,蒙马特是郁脱利罗笔底的巴黎,全世界艺术家心中的麦加,但也是巴黎最典型的卖画"圣地",世界各国艺人麇集谋生的地方。它相当于旧北京的琉璃厂。所不同的是,在蒙马特广场上,到处可见到穷困潦倒的艺术家,打开各式各样的伞,站在伞下,手拿炭笔、画夹,拉过路人画像,以求得行人赏赐的几个法郎。

接着,吴冠中又告诉我说,他在巴黎求学时代曾到过一次这个举世闻名的民间卖画广场,那时他年轻自傲,信奉艺术至上,见到近乎乞食的穷艺术家,感到大为心酸。从此以后,他再也不愿到蒙马特去看一眼这生活的现实。四十年来,蒙马特广场上的那些穷艺术家的形象,时刻浮现在他的脑海。难怪,他要把蒙马特作为他的第一个写生点。

轰动巴黎的"高更回顾展"

话题一转,吴冠中转到了在巴黎期间,挤时间参观了一次几乎轰动了整个巴黎将近四个月的"高更回顾展"。

吴冠中说,这个回顾展在大皇宫展出,从开幕到闭幕,从早到晚,观众密密麻麻地排起了长队,队伍圈绕了半个大皇宫,要入场,须排两个小时的队。但不论是谁,谁都要排队入场,谁也没有优先入场的特权。同时在大皇宫展出的五月沙龙,从另一门入场,门庭却冷冷清清,进入展厅的只有两三个观众。五月沙龙是当代巴黎的主要沙龙之一,为什么如此失宠于观众?

吴冠中感慨良多地说道:"艺术作品的生命力,主要取决于是否能与人民群众在感情上产生共鸣和交流。画家抛弃观众,观众便不看作品,相思断,恩情绝。"高更,这位20世纪现代艺术的先驱者,这位深信艺术的真谛应该和圣洁的灵魂二者合一的艺术家,这位深信艺术植根于圣灵的人们心中的艺术家,这位在作品中凝聚着自己的血和思绪,反映着时代的歌和泣的艺术家,这位将生命奉献给人类艺术事业的艺术家,死后终于赢得了人民。

中国画如何走向世界

一年前,我曾就中国画如何走向世界的问题,请教过吴冠中。记得他当时说过,中国画要走向世界,关键是走到欧美去,要有与欧美艺术家竞争的勇气。一年后,吴冠中应邀赴旧金山中华文化中心和美国的东西南北四个博物馆——伯明翰博物馆、堪萨斯博物馆、纽约约翰逊博物馆、密歇根底特律博物馆巡回展出。旧话重提,我问他对此有何新的看法,他答道,这个问题确实比较困难,完全用传统的中国画打到欧美去,欧美人士欣赏不了;照搬西画的一套,迎合西方人的审美趣味,人家早就有了,何必多此一举?怎么办?我的想法是,将中国传统艺术的意境与西方造型艺术的观念结合起来。这次到美国举办巡回画展,也是他走向欧美、走向世界的一个尝试。

美国巡回展只展不销

近几年,吴冠中的作品在海外价格不断看涨,今年5月,在香港苏富比拍卖中,一位收藏家收藏的他的一幅《高昌遗址》,以187万港币售出,创下了中国在世画家作品的最高纪录,收藏吴冠中作品的热潮正在掀起。我问吴冠中,这次美国巡回画展是否展销?

吴冠中答道:"巡回画展在旧金山揭幕后,不少美国人和华裔都表示要订购,我向他们遗憾地表示,这次画展只展不销。其实,我之所以选择博物馆,而不在商业性画廊举办画展的目的也正在这里。不过,待明年巡回展结束后,如有哪家博物馆要收藏,再考虑。"

欧美归来写"红楼"

从法国、美国转了一大圈归来,我问吴冠中有何打算?

吴冠中说:"物质生活和精神生活的发展速度不是同步的。美国、法国的物质生活虽然高度现代化了,但是他们的艺术越来越商品化了。现在我越来越觉得自己扎根祖国的艺术道路是正确的。"

他还认为,法国、美国虽然好,不如在故土。在故土吃的是粗茶淡饭,但是心里安逸踏实。从法国、美国回来后,他要安下心来在家里写自己的"红楼梦"了——画自己心里想画的作品。

万曼先生,一位国际主义艺术家

刘福如

7月10日在北京协和医院,一位国际主义艺术家病故了,他就是中国人民真诚的朋友、浙江美术学院客座教授、万曼壁挂研究所主任教授、保加利亚功勋艺术家、法中美术交流协会副主席、当代国际著名壁挂艺术家、艺术教育家万曼——马林·瓦尔班诺夫先生。

万曼先生在中国一般公众中的知名度可能还不及他的夫人宋怀桂——北京马克西姆餐厅的经理。

万曼先生早年就读于索菲亚美术学院,1953年来中国留学。1954年在中央美院预科一年级时,与宋怀桂女士同学。宋女士回忆说:"那时操场上常常有个精干的小伙子,穿着咖啡色条绒衣服,去王府井买了糖炒栗子回来吃。"而当万曼先生要借橡皮却说成皮鞋时,宋怀桂女士故意脱了一只皮鞋递过去,于是他们便缔结了良缘。

1959年,万曼先生和宋怀桂女士回到保加利亚索菲亚美术学院创建染织壁挂系。万曼先生是保加利亚壁挂艺术最主要的开拓者和奠基人,青年时代的万曼曾多次以出色的作品参加洛桑国际壁挂双年展,获得很高的艺术声誉和保加利亚功勋艺术家称号,并成为促进国际现代壁挂艺术发展的著名活动家。在保加利亚几乎每个重要的建筑物里都有他的作品,他创作的壁挂总计有两千多平方米。

万曼先生曾说:"中国是具有悠久编织艺术传统的国家,在中国留学的经历对我以后选择壁挂作为艺术创作手段有着决定性的影响。"当70年代的法国壁挂艺术由于"匠气"笼罩而存在着危机时,他被邀请到了法国。他的壁挂艺术创作和研究首先给法国壁挂艺术界带来一股清新之风,振兴了法国的壁挂,继而也奠定了万曼先生在国际壁挂艺术界的崇高地位。1975年,澳大利亚悉尼的文化部门邀请他去主持为期六个月的壁挂研究中心工作。他的作品还先后在日本、比利时等国展览。

在一年一度的法国秋季沙龙大展上,皮尔·卡丹发现了万曼先生的作品,惊奇之下,当即邀请他到纽约自己的文化中心展厅去展出。后来在惊闻噩耗后,皮卡·卡丹发来唁电,称万曼先生是现代最重要的艺术家之一,并说"他对艺术和工作的感情永远在我心中留下光辉的形象"。万曼先生荣列世界十大壁挂艺术家之一,世界各大博物馆均有他的藏品,这样一位杰出的艺术家难得的是在精神上留给我们很多很多。

1985年,万曼先生重新来到中国,在他的倡议下,他和法国美术界人士一起成立了法中美术交流协会。他多次组织法国美术家来中国考察、讲学,组织法国学生来中国访问学习。他和夫人宋怀桂女士曾以自己珍藏的作品作抵押,为中国美术家在巴黎购置画室,给中国美术家在法国的访问和考察创造了良好的条件。

1985年在他的影响和指导下,北京的三位青年艺术家和他一起举办了中国的第一个现代壁挂艺术展。以后他又应浙江美术学院之聘,主持浙江美术学院和浙江美术地毯厂联合创办的万曼壁挂艺术研究所的艺术指导工作。1986年,在他的指导下,九位中国青年艺术家和地毯厂的编织工人不顾杭州39℃的酷暑,每天工作十二小时,以两个月的时间创作了一批构思新颖、编织精美的大型壁挂作品,其中三件作品入选洛桑国际壁挂双年大展,在五十多个国家的一千多件作品中位居第三名,受到国际壁挂界和观众的高度赞扬,为我国在世界壁挂艺术领域争得了荣誉。

在中国的生活经历和中国的传统文化给万曼先生的创作以丰富的灵感。如何将东方、西方及古代、现代的艺术观念加以融合,从而创造出成功的作品是他构思的中心。他说现代建筑的钢筋水泥给人以压抑感,而我们将大自然的东西引到屋里来调剂情绪,这就是壁挂。在现代壁挂艺术的新型材料的运用上,他也勇于探索。他以自己的艺术实践增进了中国现代艺术与国际现代艺术的接近,他把心中最美好的东西留给了中国。

和万曼先生一起生活了三十三年的宋怀桂女士说,和他在一起有一种安全感,非常轻松,他总说车到山前必有路,认为什么事儿都过得去。他嗓子好,喜欢唱,但不喜欢伴奏,他喜欢中国的民乐,却讨厌马克西姆。总之他是一个不拘小节的洒脱的艺术家,但又是个工作狂。有一次宋女士问他:"假如上帝要你做选择,壁挂还是我?"万曼先生幽默地说:"仁慈的上帝是不会让我做出这种残酷的选择的。"

否定我们的错误,但不应否定苏联文学的成就
——访苏联作家谢·米哈尔科夫

余一中

今年一月初,我登门拜访了苏联老作家谢尔盖·弗拉基米罗维奇·米哈尔科夫。

坐定之后,米哈尔科夫和我回忆起三年多前他作为苏联作家代表团成员之一访问南京的情况。他说,对南京和整个中国的访问给他和他的作家同行们留下了深刻的印象。他们回到苏联后曾经举行过报告会,介绍中国之行的见闻,包括使他们感到惊奇的中国改革的重大成就。"虽然我还没有写什么直接反映中国之行的东西,但有关中国的直接印象已经积累在我的脑子里了。这些会在我的创作中起作用的。"

我请老作家谈谈这两年的苏联文学的情况。米哈尔科夫平静地细数起近两年苏联文坛的重要事件。他说:关于《火灾》《禁忌》《悲伤的侦探》《一切都在前面》《死刑台》《阿尔巴特街的儿女们》等,你们在中国都已做了介绍,有的还译成了中文,这些都是近几年的作品。1988年可以说是大量发表过去作家的遗作的一年。这些作品的发表是文学界新思维的表现,它有助于使读者形象地了解我国的真实历史,是有利于改革的。

米哈尔科夫说,改革首先是改造人的灵魂,是人的灵魂的改革。反对个人迷信也是改革的内容之一。关于斯大林问题,关于30年代,现在出了不少小说。有的写得很不错。三四十年代我们为什么会犯这么大的错误?其原因就是个人迷信,认为斯大林绝对正确。我当时就是真诚地相信他的。也就是说,从思想上就有问题。因此不彻底抛弃个人迷信就不能正确看待历史,也难保证以后不犯类似的错误。但是在斯大林问题上并不是所有的人都认识清楚了,在文学界也还有一些人不赞成对斯大林的批判描写。

"另外,在目前的苏联,也存在着另一种倾向,即不加分析地发表以前的被禁作品。"米哈尔科夫说。老作家认为,应当发表那些思想倾向爱国的作品,而不应发表敌视苏联的作品。老作家说,他支持发表诗人加利奇的作品,因为加利奇是在"停滞"时期被迫出国的,在国外他也从未有过反对祖国的言论。而如《士兵琼金的生平和奇遇》(沃依诺维奇 著)这种书的发表就太轻率了。

米哈尔科夫又讲到了苏联文学史研究中出现的矫枉过正的现象。他说,应当否定我们的错误,但不应否定苏联文学的成就。1988年出现了贬低高尔基、马雅可夫斯基、肖洛霍夫等人的文章,这是不对的。我们无疑应当站在今天的高度去更全面、更深刻

地分析和评价这些作家的作品,但这绝不意味着贬低他们或用"新发现的"作家去代替他们。

在谈到当前苏联文学界的派别争论时,米哈尔科夫说,现在文学界的派别争论的原因很多,例如对一些问题的不同看法、文人之间的相互嫉妒、历史上遗留下的恩怨等。他赞成争论,但应是建设性的争论而不是攻击性的争论。老作家不无抱怨地说,他作为俄罗斯联邦作协理事会主席,经常要接触作家们的这种争吵,被弄得没有良好的创作情绪。至于争吵双方能否严肃认真地从事文学创作也就可想而知了。但是米哈尔科夫相信,派别争论只不过是一阵风,会过去的,因为它对创作无益,早晚要被作家们抛弃。

米哈尔科夫是一位出色的戏剧家,他的剧作具有很强的政论性、及时性。几十年来,他用剧本及时地提出过许多尖锐的社会现实问题。他那些抨击官僚主义、市侩习气、贪污腐败的剧本经常引起社会的轰动。去年11月,《十月》杂志发表了米哈尔科夫新创作的剧本《肉杂烩》,这是一出暴露文学界阴暗面的讽刺剧,得到了评论界的首肯。

米哈尔科夫又是一位著名的诗人。上自五十岁左右的中年人,下至二十来岁的青年,无不读过他的儿童诗。我问作家,他是怎样做到既为少儿写作,又为成人写作的。米哈尔科夫解释道:"应该说明的是,我既不是为少儿,也不是为成人,而是为自己写作的。当我积累了一定的素材,又有了明确的思想时,我就感到非写出来不可。在这一意义上,我是为自己写作的。"

米哈尔科夫曾经说过,他在创作中努力追求"道路感",总是想着"怎么样""为什么""什么事"这几个问题。我问作家,所谓"道路感"是否指作品应该让读者知道自己应当走什么道路。米哈尔科夫说,他的"道路感"既包括生活道路问题,即作品的内容与思想倾向问题,也包括作品的艺术形式的问题。他说:"我把'怎么样'放在第一位,也就是说,我最关心的是用什么形式、什么手法才能充分表现我的构思,使我的思想、感情通过我的作品为广大读者所了解。"

米哈尔科夫的创作深受克雷洛夫、普希金、萨尔蒂科夫·谢德林、马尔夏克等俄苏作家的影响,他同时也很注意从世界文学宝库中吸收营养。他改编过马克·吐温的《王子与贫儿》,翻译过波兰、保加利亚诗人的作品。他说:"对我影响最大的外国作家是丹麦的安徒生。"他认为,儿童作家不学习安徒生的创作经验是不可思议的。他希望他的作品能像安徒生童话一样对少年儿童和成人具有同样的魅力。

当我请米哈尔科夫给中国的青少年读者推荐一些当代苏联青少年文学的优秀作品时,米哈尔科夫笑着说:"不必了。你们自己都已经摸得很清楚了,你们有许多很好的专家、学者。应当说,中国的俄苏文学翻译与介绍工作是世界第一流的,甚至比东欧的社会主义国家做得还要好。"

米哈尔科夫是中国人民的老朋友。他告诉我,1949年12月,他作为儿童作家出席克里姆林宫的宴会时就认识了毛泽东,还和周恩来握过手。我们的会面结束时,他请我在可能的场合代他向中国的作家朋友和苏联学家们问好,向陪同过他们的翻译刘宪平问好。

"我为阿尔及利亚人民而写"
——同阿·哈·本·赫杜格的对话

关 偶

1988年10月上旬,我们中国作家代表团一行四人,应阿尔及利亚作家、新闻记者、翻译家联合会的邀请,来到地中海海滨美丽的阿尔及尔市访问。其间,我同阿尔及利亚当代最负盛名的小说家阿卜杜·哈米德·本·赫杜格进行了数次十分亲切友好的交谈。对话中,赫杜格畅谈了对阿尔及利亚文学的看法并对自己的作品做了分析。这里是根据这几次交谈整理成的谈话记录。

阿:我们阿尔及利亚作家对兄弟的中国作家怀有一种特殊的感情,见到你们,我非常高兴。

关:我们怀有同你们一样的感情。你的长篇小说《南风》早就译成了中文。

阿:我是1974年完成《南风》的。从技巧上看,它并未达到真正的小说水平。但是,评论家认为它是阿尔及利亚文学史上第一部阿文长篇小说。70年代,阿尔及利亚共出版了五部阿文长篇。在此之前,阿文只有短篇小说和诗歌,长篇小说都是用法语写的。

关:你怎样看待阿尔及利亚文学史上的法语作家及其作品?

阿:法语作家和他们的作品是阿尔及利亚文学的一个重要部分,是一个特定历史时期的产物。法国殖民主义者推行的是种族灭绝政策,禁止教授和使用阿拉伯语。因此,有一些作家用法语写作,创造了一批同民族解放事业密切相连的优秀作品。本来,不应该限制用哪一种语言写作。但是独立后,大多数人憎恨法国殖民主义,从感情上不愿接受法语。因此,在阿语文学迅速发展的20多年间,法语作品的数量锐减,而且新一代法语作家的写作水平无法同老一代作家相比。现在国内也有人用两种语言写作。

关:为什么阿尔及利亚的阿文长篇小说迟至70年代才问世?

阿:在革命胜利前后,全国仅有10%的人懂阿拉伯语。我们几乎一切从零开始,普及教育,推行民族化。在一段时间里,没有可能用阿文写长篇,即使写了出来,也没有多少读者。70年代中期以前,人们主要读短篇小说、诗,听广播剧。我曾写过200多个广播剧,用的是口语,而不是现在写作用的文学语言。

关:你能否谈谈你为什么而写作?

阿:我的思想十分明确,即为阿尔及利亚人民而写。在长期的反对法国殖民主义的斗争中,阿尔及利亚有100万名烈士,数以几十万计的人流亡国外……我始终把争取我国人民在政治、经济、社会、思想等各方面的自由作为自己的目标。我愿意强调,我在为保护阿尔及利亚的优秀民族传统而斗争。我们国家幅员小,一打开收音机或电视机,很容易收到西班牙、法国、英国等国的节目。所以,我们十分重视保护我们民族的固有特性。

关:阿尔及利亚当代文学的主旋律是什么?

阿:我国有一批优秀的作家,他们熟悉生活,思想进步,热情很高,为创建和发展阿尔及利亚新文学做出了突出的贡献。阿尔及利亚当代文学的鲜明特点是反映现实,创作家们较好地将形式与内容统一起来,艺术地表现各阶层人民的所想、所做。作品中也反映革命后和改革中遇到的困难、社会上存在的弊病,揭露矛盾是为了解决矛盾。阿尔及利亚作家十分同情和支持正在为争取正义、自由而做出牺牲的人民。如果我们有日本那样的经济实力,可以向世界上推出数以十计的优秀作家。

关:我们在国内就了解到阿尔及利亚文学近年来的突出成就。来贵国之前,我们访问了埃及,那里的同行盛赞你们国家和马格里布地区另外两个国家突尼斯和摩洛哥在小说上的突飞猛进。著名诗人、评论家法鲁克·舒舍对我说:"阿拉伯小说的王子正在马格里布成长。"我十分高兴地告诉你,我非常喜欢你的长篇力作《美女和修行者》,我已经和另一位同行将它译成了中文。

阿:十分感谢你们对我们文学的高度评价和关注。我热切地希望《美女与修行者》能早日同伟大中国的读者见面。这部小说是我试图革新小说观念的产物,它描写了我国政治、社会的各个方面。我想告诉读者们的是,在改革进程中,新的思想同旧的传统之间的冲突十分激烈,旧的习惯势力和陈腐的风俗习惯不会自行退出历史舞台。

关:我读过一些评论文章,有人指出你成功地借鉴了民族遗产。

阿:是这样。现在我们在首都,而南方同这里有很大的不同。在那里,每当进行婚礼及其他庆祝活动时,都采用音乐、舞蹈的形式。创作《美女与修行者》时,我借用民族音乐的不同旋律,在小说的各章交替注明第一时期和第二时期。在第一时期的几章中,通过山村青年塔伊布之口,反映以他为代表的一些阿尔及利亚人,相信独立之后,不再存在人与人的斗争、互相倾轧,痛苦和灾难结束了。这个朴实的青年没犯任何罪,却锒铛入狱。第一时期的旋律是个人的、心理的,第二时期则是集体的,反映是否要建大水坝的斗争,这是小说情节发展的主线。

在写作中,我还借鉴了绘画的技巧。第一时期的色调较暗,第二时期的色调较明,互相映衬。全书共分八章,表示周而复始、无穷无尽。

关：我在翻译时，深深感到你匠心独具，将现实同神话、过去和现在交织在一起。对于我们来说，在翻译一些象征性的东西时，是颇费猜想的。

阿：这部小说植根于我国的现实，富于诗情画意。我在不同的层面上，只要可能，都赋予其神话和象征的色彩。神话和象征里，有的是传统的，有的是新创造的。我特意运用风、雷、电、雹等自然因素烘托气氛，而柳树、山峦、泉水、蜿蜒的小路都像人物一样起到引导、象征的作用。运用这么多的神话和象征，并不违背现实和情节合乎逻辑的发展。

关：美女的名字叫贾齐娅，从阿拉伯文的字意上看是报答、奖励……我想她是象征着阿尔及利亚。她的几次婚姻蒙上了神秘的面纱，其中有些什么含义？

阿：如你所说，贾齐娅是象征着阿尔及利亚。这个人物来自古老的神话，月亮中的人物。在这部小说中，她起着关键的作用。我写到她的不合法婚姻、私生子、丈夫之死等，但最后她清醒了，同常人一样，合法地结了婚。我说的不合法婚姻，指的是法国殖民者的专制统治。

关：书中另一个主角是艾哈迈尔，他同一些大学生志愿到偏僻的山村宣传理想，最后不幸身亡……

阿：我写他是想向人们强调，一定要十分重视在一个时期里占统治地位的旧思想。在这个封闭的村庄里，他号召人们往远处看，让大家把现实同未来联系在一起。我写他，还想说明，人民不会永远愚昧下去，总有一天会觉醒，会向邪恶势力报复，村里的反面人物沙姆比特——旧时代的代表、卖国贼——之死，就是明证。这是小说乐观主义的表现。

关：《美女和修行者》的内涵十分丰富，但我注意到书中的对话较少。

阿：有一些欧洲作家主张主要通过对话来写。但是，我是一个历史主义者，在历史上，阿尔及利亚人曾一度被禁止说话。总的来看，阿尔及利亚人不多说话，主要通过感情表达自己的意愿。我写这部小说时，想的是人物在讲话之前首先要听，要思考，听的人不会永远保持沉默。我比较多地采用内心独白的手法，侧重表现人物的心理变化。

关：小说中有好几条线，如要不要修坝迁村，有爱情，如萨菲娅同塔伊布的，艾哈迈尔同贾齐娅的，还有爱国主义……书中艾哈迈尔和沙姆比特的死因尚可意会，但究竟谁是凶手便难以猜测了。我认为这是作者的巧妙之处。

阿：我是否巧妙，留待读者和历史去评价吧，我只希望读者慢慢去读、去咀嚼。我写贾齐娅的另一层意思是为了赞美妇女。在阿拉伯伊斯兰世界里，妇女是个大问题。我认为，如果妇女在一个社会里不具有完全的人格，那么这个社会便不能算是进步的、完整的。妇女不应受男人支配,男人不该是女人的保护者和导师。妇女只有掌握自己命运的时候,她才得到了真正的自由。贾齐娅热爱祖国,热爱人民,热爱发明创造,憎恨一切耍弄阴谋诡计的伪善者。我把她献给今天世界各地争取人类进步、自由和尊严的人们。

1992 年

钟敬文与民俗文化学
——钟敬文访谈录
马昌仪

1992年3月，钟敬文先生迎来了他生命之旅的第90个春天，同时开始了他学术生涯的第70个丰收之年。钟先生是我国现代文学史上的一位著名散文家，在古典诗词、文论等方面也卓有建树。他又是一位杰出的学者，在研究民间文化方面的贡献和成就是众所公认的。他为建立具有中国特色的民间文艺学、民俗学献出了毕生的精力。80年代末，他又提出民俗文化学的理论。作为一个新的交叉学科，民俗文化学和民间文艺学、民俗学的关系是怎样的？民俗文化学的提出在中国文化史和钟敬文本人的学术思想上有什么意义？这是从事这方面研究和工作的学者都很关心的问题。为此，我在1992年1月16日下午拜访了钟先生，就民俗文化学的若干问题同他进行了交谈。

从《话说民间文化》谈起

马：最近又读了您的《话说民间文化》（人民日报出版社，1990年版，下称《民间文化》），觉得很有意思。虽然是一本薄薄的小书，但内容丰富，很有分量，给人留下深刻的印象。

钟：说起这本书，我和季羡林先生有时候在"群言"召开的会上见面，有一天，季先生对我说了一句鼓励的话："看了你写的《民间文化》了，很深刻。"我说："谢谢你，这本小书我送了许多人，有些人可能没看，有些人看了可能觉得没有什么。这本小书，我的确是费了些脑筋的。"

马：80年代末，您还写过一篇纪念五四70周年的文章《五四时期民俗文化学的兴起——呈献于顾颉刚、董作宾诸故人之灵》（《北师大学报》1989年第3期，下称《民俗文化学的兴起》）。这两篇东西是不是可以看成对您本人近70年的学术生涯，以及对由您倡导，并且以毕生精力建设的民间文化学说所做的一种回顾、反省、概括、评价和小结？特别使人感兴趣的是，您在这些文章里，首次提出"民俗文化学"的概念，还说想用"民间文化学"代替"民俗学"。我觉得这不仅仅是一个学科名称的问题，而是有更深的含义。

钟:是这样。除了你所说的两个材料外,还有一个。去年我在北师大办的培训班里讲了《民俗文化学发凡》,后来又在北师大的博士、硕士班中讲过。我手头有一个大纲。我讲了八个问题,主要讲学科的名称、概念、性质、民俗文化的范围和特点、民俗文化学的体系结构、与其他学科的关系、方法论等等。

马:为什么要提出民俗文化学呢?

钟:80年代后期,我在写这些文章的时候,这些东西就在脑子里了。我们所说的中下层文化,也就是民俗文化,包括四个方面的内容:①物质文化;②社会组织;③意识形态(宗教、伦理、艺术等);④语言现象。就拿语言来说吧,语言本身是一种民俗现象,与物质文化、精神文化都有关系;它又是一种符号、一个载体,是民俗文化的重要内容。但是,民间文艺学不包括它,民俗学也太窄了,容纳不了,所以,我想给研究民俗文化的学科起个恰当的名字,就叫它"民俗文化学"吧!几年前,我和丁乃通教授(美籍华裔民俗学家)说起,他也很赞同用"民间文化学"代替"民俗学"。

学科意识:民俗文化学的提出

马:民间文化学和民俗文化学,含义一样吗?

钟:基本上一样,民俗文化学更清楚一些。在我的观念里,民俗已经扩展到了民间文化的范围。也就是说,把民俗作为一种文化现象来看。民俗文化学是研究作为一种文化的民俗现象,是民俗学与文化学交叉的一门科学。民俗本来就是一种文化现象,但意识到和没有意识到,对于学术研究来说,就大不一样。这就是我们常说的学科意识。如果说这种提法比以前有所发展,关键就在这里。

马:在我国学术界,您首先使用"民间文化"这个术语,是在1936年底到1937年间,主要见于您在杭州写的论文、演讲,您为《民众教育月刊》编的专号,您主持的民间图画展览会,以及您主编的《民间文化资料小丛书》,是否有更早的材料?

钟:主要是在1936年下半年,在我从日本回到杭州以后。五四前后,我们受到美国人类学派的影响。民俗学这个术语是从英国来的,"它重视古老的信仰"。我在中山大学参加主持民俗学会工作,编辑《民间文艺》和《民俗》时,主要是从文学的角度搜集和研究反映这种古老信仰的歌谣、神话故事和传说。20世纪20年代末30年代初,我到了杭州,初步接触了马克思主义的理论,也看了一些法国社会学著作,感到英国的民俗学太狭窄了,开始对民间文化现象有所注意,尝试着从文化史的角度去考察一些神话和传说,分析某些民俗现象。

马:这期间,您写的一些论文,如《中国神话之文化史的价值》(1933年)、《山海经之文化史的研究》(1929—1930),从题目都可以看出您对文化史的注意。就我们看到的材料,您是我国第一个明确提出从文化史角度研究《山海经》的学者。

钟:当时,我对民间文化的认识,在学科意识上是朦胧的,我只是觉得英国的民俗学太窄,不适合我们,要寻求一种适应我国的传统文化、适应我国的中下层文化的理论和方法。这种强烈的愿望,促成了我的日本之行。在日本,我读了大量民俗学、人类学、社会学、文化学的书。回杭州以后,我的思想比较清楚了,才有意识地明确提出"民间文化"这个术语,并在我写的文章、编的专号、举办的各种活动中,反复申述我的这个看法。我当时编的《民间艺术专号》《民间风俗文化专号》和《民间图画展览会特刊》,以及《民间文化资料小丛书》(已出版两种),在民间文化学术史上都有比较重要的意义。除了我本人保存的一份外,可能已经不多见了。

马:1937年以后,对民间文化的关注是否经历了一个相当长的低谷阶段呢?

钟:是的。抗战开始,这一方面的学艺中断了,民俗学遭到厄运,1979年以后,为振兴这门学科,我和我的同行都做了许多努力。直到80年代后期,在讨论民族文化的热潮中,30年代开始的民间文化研究课题又重新引起了我的思考。我写的《民间文化》的系列文章记下了我当时的思想。我写《民俗文化学的兴起》这篇文章,就是想用民俗文化学的眼光去重新认识五四新文化运动的这段历史。

以民俗文化学的眼光评价五四

马:您写这篇文章,是不是感到当前对五四的评价有某些偏向?

钟:五四新文化运动有两个重要内容,对外重视外来文化影响,对内就是批判和改造传统文化。打倒了正统文化、封建文化,还要扶植和挖掘中下层文化,从民间文化中得到补充。如果说,过去对五四的描述和评论往往偏重于前者,侧重于对旧制度、旧伦理和旧文化的批判,那么,我的文章,就是要强调一种新的民俗文化运动的兴起(包括热情扶植民众口头活的语言,赞扬口承文艺以及传统通俗小说、戏曲,等等),这是五四新文化运动不可忽略的一个组成部分。我的这篇文章只是想对当前五四研究的某种欠缺做一点补正。过去对新国学运动的评价太低,我的文章是想对新国学重新加以评价。你看看我写胡适的这一段。当然,胡适的政治态度我向来是不同意的,我在其他文章中谈过。这篇文章谈到了他在五四新国学运动中的表现。我觉得胡适虽然也翻译了一些外国的东西,但他的功劳主要在于提倡一种新的民族的中下层文化,主张用民众的口语代替正统的文言。我把五四时期相当一部分学者对待传统文化里中下层文化的共同态度和活动,用一个科学的名词加以概括,叫作民俗文化学。

关于文化的三分说

马:在您的民俗文化学理论中,还有一个重要的内容,就是文化的三分说,这种见解同样有开创的意义。

钟:开头我们都是主张二分说的,我国传统所说的雅俗,五四时代说的圣贤、民众、贵族、平民、典籍、口头,都是二分说。五四的时期,我们免不了把后者(民众的、口头的文化)的价值和作用夸大了,以后我自己比较注意,要把握好分寸。新中国成立后,学苏联,也是说只有两种文化。但是,在中国,自唐宋以来,有一种文化,不是上层的,也不是下层的,是中间层文化。光说上下层文化,你把大量存在的都市文化、俗文学放在哪里?这个中间层实际上也属于被统治阶层,但和劳动人民又有所不同,他们的文化同样属于民俗文化的范畴,应该在我国的传统文化中占一席之地。

马:您明确提出文化的三分理论是在什么时候?

钟:1982年我在杭州大学讲话的时候,谈到中国文学的三大干流:①古典文学;②俗文学;③民间文学。到80年代末出版《民间文化》和写作《民俗文化学的兴起》时,再次强调了中国传统文化三大干流的思想。文学只是文化的一个部分。

马:1940年,费孝通在翻译出版马林诺夫斯基的《文化论》一书的时候,在附录《论文化表格》中提出了文化的三因子(物质、社会、精神)说,他认为物质文化因子是底层,社会文化因子和精神文化因子是上层,他是从文化的结构分析的。1935年3月,苏联汉学家阿历克谢耶夫(汉名阿翰林)在一次演讲(整理稿题为《中国民间年画及其研究前景》,收入《中国民间年画》,1966年苏联科学出版社)中,阐述了中国大文化(指数千年形成的士大夫典籍文化)、中国小文化(指不识字者的文化)以及由大量民间艺人、说书先生与年画作者等等构成的中间层文化的观点。您所提出的文化三分说主要从文化的创造者、享用者和传播者着眼。

钟:也考虑到文化的内容和实质。

飞出自己构筑的鸟巢

马:您的学术活动有一个特点,您的理论主张大都是从实践中来的,学术主张提出来以后,又反过来在实践中不断去修正它、阐释它、论证它,使之更加丰富和完善。您的民俗文化学说也是这样。

钟:现在也不能说是终止。最近我写了一首旧体诗:"仕途惊险曾经历,学术粗疏敢自珍?"苏联汉学家费德林博士曾经对我说过,你是个理论家,又是个实践家。加藤千代(日本民俗学家)最近写了一篇关于关敬吾(日本老一辈民俗学家)与中国的文章,中国部分写的就是关先生对我的看法。文章里说,钟先生作为一个学者,他有一个特点,他在学术上永远年轻,没有停止在一个地方,他不断在前进(大意)。这个评价对于我来说是很高的。记得纪德批评罗曼·罗兰时说,罗曼·罗兰好像一只鸟,他为自己筑了一个巢,进去了,却出不来了。纪德这样看罗曼·罗兰是不是合适,这是另外一个问题。但的确有这种情况,一个学者,如果停下来,就不行了。康有为说他三十以后就没有变什么,就是说他停步了,结果成了顽固派。我觉得我要不断前进,不能停步。

你强调实践,这当然对,但我多少也借鉴了外国的东西。例如,我为什么一定要把英国的民俗学扩大到民间文化的范围呢?就是因为我在日本看了许多国家的有关理论,联系中国的中下层文化,我觉得我们的学科不能建立在英国的 Folklore 上面,否则民间的许多文化现象就无法包容进去。

对外国的东西要借鉴,但一定要从实际出发。我喜欢"实证"这两个字。马克思主义对作为一种哲学的"实证主义"是批评的。但实证不等于实证主义。实证就是要从具体的材料出发,而不是弄一个大而无当的什么框架、什么哲学,人家是有过程的,硬搬不行。这些年有些人说大话,空而无物,就是缺乏实证精神。实证主义是哲学,实证精神是科学态度,搞研究要有实证精神。

另外,我还有一种看法,你搞人文科学,世界观、观点、理论、方法、材料都重要,但有一点也很重要,至少和上面所说的一样重要,就是对材料的熟悉程度。如果对材料很熟悉,你就会有自己的见解,就会发现问题,这很重要。这两年,我写中日民间故事比较、洪水神话、五四民俗文化学的文章就是这样,这是我最近才领会到的。

有人说过,我有一个特点,从我的言谈、著作中,可以看出我是一个受过训练的人。这种训练是多方面的,可以写诗,可以翻译,可以写文章,具备各方面的知识,这构成了一个人的素质,形成了一个人的风格。风格是成熟的表现。马林诺夫斯基就不同于泰罗。我们那个时代的人大都注意这一点,现在的学者在这些方面注意得少些。

作为一个学者,要讲真话,我也是讲真话,讲老实话,讲心里话。

1995 年

金庸答问录
严家炎

我和查良镛(金庸)先生曾有机会多次接触,聆听过他的许多高见,但常为时间或场合所限,一些很想知道的问题往往无法涉及,或因谈得不畅而感到意犹未尽。于是我改变办法,事先将问题书面寄给查先生,请他专门接受一次采访,终于在1995年3月3日下午实现了这个愿望。近日稍加整理,并请良镛先生审阅改定。

这次采访是在轻松漫谈的方式中进行的。可惜当时没有带录音机,记得不好。下面是我提问和查先生回答的大致记录。

问:您幼年读过"四书五经"吗?何时开始接触诸子和佛家思想?您对中国传统文化的看法怎样?

答:我祖父是清朝进士,大伯父是清朝秀才。到二伯父,就进北京大学国文系念书。我父亲是祖父的小儿子,他上的是震旦大学。我哥哥也上新式学校,与冯其庸是同学。我自己小时候没有进塾读"四书五经",一开始就念小学。传统文化除耳濡目染外,主要是我自己慢慢学的。佛经读得更晚。

我认为中国传统文化有许多好东西。像中国史笔讲究忠于事实,记录事实,这就很好,与西方观点也完全一致。史识是作者的,但事实是客观的,不能歪曲。评论可以自由,事实却是神圣的,春秋笔法就是于记载事实中寓褒贬。齐国崔杼杀了庄公,齐太史就记载:"崔杼弑其君。"这位史官很快被崔杼杀了。史官的弟弟上任后还是那样记载,又被杀。到第三个弟弟,还是写崔杼"弑庄公"。这种史笔就很了不起。

我对传统文化是正面肯定的,不会感到虚无绝望。

当然,中国传统有好的,也有不好的。

东汉、宋朝、明末都发生过学生运动,就看引导的方向如何。

我在香港大学讲演,题目就是"君子和而不同",强调要保持独立思考和独立见解。这就是传统文化观念的现代发挥。

中国传统文化观念讲究有节制,要含蓄,不赞成廉价宣泄,这也是很好的主张。

我并不排斥西方。西方哲学家像罗素、卡尔·蒲伯,我也很喜欢。

问:您何时开始大量接触外国作品?在欧美文学方面,您喜欢哪些作家作品?

答:抗战后期,我在重庆中央政治学校念外交系,那个学校国民党控制很严,国民党特务学生把很多人看作"异党分子",甚至还乱打人。我因为不满意这种状况,学校当局就勒令我退学。我只好转而到中央图书馆去工作,那里的馆长是蒋复聪,他是蒋百里先生的侄子,也是我的表兄。我在图书馆里一边管理图书,一边就读了许多书。一年时间里,我集中读了大量西方文学作品,有一部分读的还是英文原版。

我比较喜欢西方十八九世纪的浪漫派小说,像大仲马、司各特、斯蒂文森、雨果。这派作品写得有热情,淋漓尽致,不够含蓄,年龄大了会觉得有点肤浅。后来我就转向读希腊悲剧,读狄更斯的小说。俄罗斯作家中,我喜欢屠格涅夫,读的是陆蠡、丽尼的译本。至于陀思妥耶夫斯基、列夫·托尔斯泰的作品,是后来到香港才读的。

问:在中国新文学方面,您接触或喜欢过哪些作家作品?

答:中国新文学作家中,我喜欢沈从文。他的小说文字美,意境也美。鲁迅、茅盾的作品我都看。但读茅盾的作品,不是很投入。

问:您在《倚天屠龙记》中写谢逊这个灵魂和肉体都受尽创伤的人物时,说他的叹声"充满着无穷无尽的痛苦,无边无际的绝望,竟然不似人声,更像受了重伤的野兽临死时悲嗥一般",这令人想起鲁迅小说《孤独者》写魏连殳的哭声"像一匹受伤的狼,当深夜在旷野中嗥叫"。二者意象的相似,是不是说明您潜在地受过鲁迅的影响呢?

答:是的。我的小说中有五四新文学和西方文学的影响。但在语言上,我主要借鉴中国古典白话小说,最初是学《水浒传》《红楼梦》,可以看得比较明显,后来就纯熟一些。

问:您从事的编剧和电影的实践,对您的小说创作有什么影响?为什么您的小说笔墨形象特别鲜明,而且具有强烈的质感和动感?

答:我在电影公司做过编剧、导演,拍过一些电影,也研究过戏剧,这对我的小说创作或许自觉不自觉地有影响。小说笔墨的质感和动感,就是时时注意施展想象并形成画面的结果。

戏剧中我喜欢莎士比亚的作品,莎翁重人物性格、心理的刻画,借外在动作表现内心,这对我有影响。而中国传统小说那种从故事和动作中写人物的方法,我也努力吸收运用到作品里。我喜欢通过人物的眼睛去看,不喜欢由作家自己平面的介绍。中国人喜欢具体思维,较少抽象思考,我注意这种特点,尽量用在小说笔墨上。这些或许都促成了我的小说具有电影化的效果。

我在小说中也确实运用了一些电影手法。像《射雕英雄传》里梅超风的回想,就是电影式的。《书剑恩仇录》里场面跳跃式的展开,这也受了电影的影响。一些场面、镜头的连接方法,大概都与电影有关。

至于把小说场面舞台化,当然受了西方戏剧的影响。刘绍铭先生曾经提到过《射雕英雄传》里郭靖的"密室疗伤",是戏剧式的处理。(严插话:"其实,这类例子还很多。")

《雪山飞狐》中,胡一刀、苗人凤的故事出自众人之口,有人说这是学日本电影《罗生门》(据芥川龙之介原作改编),三个人讲故事,讲同一件事,但讲法不同。不过,我其实是从《天方夜谭》讲故事的方式受到了启发。不同之人对同一件事讲不同的故事,起源于《天方夜谭》。

问:您什么时候开始写散文的?40年代写过小说吗?

答:写散文主要在到香港之后。40年代在陈向平主编的《东南日报》副刊《笔垒》上也发表过散文。

我在重庆时曾经写过短篇小说,题为《白象之恋》,参加重庆市政府的征文比赛,获得过二等奖,署的是真名。题材是泰国华侨的生活,采用新文学的形式。

《绝代佳人》是根据郭沫若写如姬的剧本(严按:即《虎符》)来改编的,曾得过新中国文化部的奖。

问:有人说郭靖形象中有您的影子,这可能吗?

答:作家其实都有折射自己的时候,都会在作品中留下某种烙印。

写郭靖时,我对文学还了解不深,较多地体现自己心目中的理想的人格。如果说有自己的影子的话,那可能指我反应比较慢,却有毅力,锲而不舍,在困难面前不后退。我这个人比较喜欢下苦功夫,不求速成。

到后来,随着对文学理解的加深、实践经验的增多,我的小说才有新的进展。后面的小说,处理这个问题比较好。

问:可不可以说您把武侠小说生活化了?使武侠小说贴近生活,贴近人生,是您的自觉追求吗?

答:生活化问题,不一定是有意的追求。我的小说写武功的那些情节,是比较神奇的,并不生活化。但一写到人物的经历、感情以及和人们的相互关系,这些就必须生活化,必须使读者感到真实可信。

问:有部《金庸传》里提到您对曾国藩的看法,不知是不是像传中所说的那样?

答:我年轻时读过《曾国藩家书》,那时对曾国藩是否定的,把他看成汉奸。因为蒋介石很捧曾国藩,我们就坚决反对。后来才改变看法。

《倪匡金庸合论》那里面对我的评论实在未必对(有关曾国藩)。

有一部《金庸传》,是根据各种公开的文字材料七拼八凑再加上想象写成的。作者在写作成书之前并没有访问过我。讲我家乡是哪一县、哪一市,很多是错的。还说我50年代初的某一年2月份到北京时穿一件衬衫和牛仔裤,其实我一辈子从未穿过牛仔裤。在北京2月份只穿一件衬衣,非冻死不可,他以为北京和香港差不多。有关邓小平接见前批示"可以"之类,更是胡编乱造。

1996年

永远高翔的海燕
——高尔基研究学者陈寿朋访谈记

李战吉

今年6月18日,是高尔基逝世60周年纪念日。当我走访了研究高尔基近40年的学者陈寿朋先生之后,感到在今天我们再一次回想起作为社会主义文学奠基人的高尔基,有着不同寻常的意义。

"在我漫长的生活道路上,高尔基这个名字,一直是我心中的一团火。没有一个作家像高尔基那样影响了我一生。"刚落座,陈先生便以诗一般的语言倾诉起他对高尔基的景仰和热爱。

47年前,新中国即将诞生的前夕,在一次声讨国民党屠杀南京爱国青年的集会上,17岁的陈寿朋第一次听到了这样的诗句:"乌云是遮不住太阳的,是的,遮不住的!让暴风雨来得更猛烈些吧!"高尔基1901年发表的《海燕》中的名句在他的心中点起了一把火。也正是从这个时候起,他迷上了高尔基,费尽周折找来高尔基的书,坚定不移地到上海俄语学院学俄语。他立志走进高尔基的世界。

60年代初,陈寿朋先生支边来到内蒙古大学中文系执教,也开始了研究高尔基的长途跋涉。至今他已出版著作《高尔基美学思想论稿》《高尔基创作论稿》及译著《论高尔基的创作》等十来种。他以孜孜不倦的精神、严谨治学的态度、精当深刻的见解赢得了文学理论界的赞誉,以至于一些专家学者私下称他为"陈高尔基"。

"在遥远的边疆研究一位遥远的人物,肯定很辛苦吧!"陈先生听完我的话,扶了扶金属框眼镜,缓缓地说:"高尔基,俄文原意就是'苦'。高尔基在苦中奋争,成了文学天地间的一座高峰。他的无产阶级文学的开山之作《母亲》及自传体三部曲《童年》《在人间》《我的大学》等等哺育了我国几代人。我也是从高尔基的身上汲取了吃苦的勇气、研究高尔基的力量的。"

高尔基这样说:"什么是才华?才华就是热爱工作,善于工作,必须将自己的一生、将自己的全部力量献给自己选定的事业。"高尔基花费了几十年的心血写出了《克里姆·萨姆金的一生》,"陈高尔基"也几十年如一日,一步一个脚印地攀登高尔基这座山峰。

高尔基说"书籍是人类进步的阶梯",而仅仅为了找书、查资料以求得研究的进步,陈寿朋就吃了多少苦头啊!为了查一篇文章,跑学校图书馆、社会图书馆,跑同行好友家,发信向北京图书馆借。为了买书,节衣缩食,跑新书店,泡旧书店。为了写书,枯坐桌前,面对孤灯,三易寒暑写出的第一部专著《高尔基美学思想》,史无前例的成稿20年后才得以面世。1988和1991年,当他带着自己的一摞著述两次去苏联进行学术访问的时候,连苏联学者也由衷地发出了赞叹。高尔基档案馆馆长符·赛·巴拉霍夫感慨万端地说:"我们没有料到,在这期间,像陈教授这样的中国学者,仍在继续研究高尔基,并取得了杰出的成就。"也就是在访学中,陈寿朋先生完成了他的又一本受到学术界称誉的著作《高尔基晚节及其他》。

《高尔基晚节及其他》是在一种特定的背景下写出来的。80年代中期以来,苏俄刮起了一阵否定列宁、否定十月革命、否定社会主义道路的旋风。随风而起,否定高尔基成为一种时髦。莫斯科的高尔基大街恢复了特维尔斯卡娅大街的旧称,高尔基市更名为尼日尼·诺夫戈罗德市,连《文学报》的刊头也取消了高尔基像,只留下了孤零零的普希金。陈先生写这本书,就是要荡涤泼在高尔基身上的"双头海燕""黑乌鸦""斯大林的帮凶"等污泥浊水。

我们的话题自然而然地转到了对高尔基的认识,特别是对晚年高尔基的认识上。

"高尔基是一位真正的战士,他像丹柯一样,把自己燃烧的心托在手上,在真理与正义的道路上,义无反顾地前进!即使在他年近古稀的时候,不管精神负担多重,内心痛苦多深,他也没有动摇自己的信仰和对理想的追求。"随着陈先生那翔实、科学的引证和分析,一位真实的晚年高尔基在我的眼前渐渐明晰起来、高大起来。

1928年,出国治病的高尔基带着对社会主义祖国无比兴奋和喜悦之情回到苏联,然而在以后的几年里,他却看到了越来越多的他不愿看到的事情。高尔基1929年11月给斯大林的一封信直到1989年才公之于世。在这封信中,高尔基就已经流露出对社会生活中反常现象的忧虑。他指出青年中弥漫着一种悲观主义和怀疑主义情绪,因为这些青年是"通过自身经历、书本和老布尔什维克的言论,学会认识事物的。现在他们看到,他们的导师一个接一个离开了党,成为异己分子……",随之而来的,是党在青年中威信的下降。此刻,正是托姆斯基、布哈林和卢那察尔斯基等一批老革命者遭到清洗的时候。

高尔基对斯大林的斗争当然没有他与沙皇、与法西斯做斗争那样激烈。这是因为"他既不愿看到斯大林用逐渐抬头的偏执与独断给列宁的布尔什维克党抹黑,更不愿意看到国内外真正的敌人借以从根本上把社会主义的苏维埃推翻。"

在这种投鼠忌器的两难境地,高尔基既没有停止飞翔,也没有停止呐喊。1929年8月,文学界对苏联小说创作奠基人之一的皮里尼亚克开始残酷围剿,高尔基发表了《论精力的浪费》,批评这种过火的斗争,以曲笔指出:"每次当你看见大家多么乐意地和纵情地攻击一个人,为了要毁灭一个做错了的人,占据他的位置的时候,人的这些庸俗的、市侩的、豺狼似的陷害使人想起来就非常厌烦。"1932年,高尔基拒绝写《斯大林传》。两年后,季诺维也夫、加米涅夫被诬陷、逮捕,内务人民委员亚戈达转达斯大林的意见,让他撰文控诉被捕者的"个人恐怖",高尔基答道:"我是要谴责个人恐怖,但我更要谴责国家恐怖!"

事实上,高尔基曾经无私无畏地救助过许多人。他曾力排众议,帮助受到批判的苏联作家扎米亚京出国;在他的干预下,几个老布尔什维克免遭监禁或流放之苦。在1934年清党时,他甚至拯救过一位普通共产党员的生命。高尔基市"红十月"糖果厂的波克罗夫斯基,因父亲在沙俄时期当过尼日尼市的监狱长而受到株连,面临被开除出党和流放他乡的厄运。在绝望之际,他给高尔基写了一封求援信。出乎意料,他很快收到了回信。正是这封"证明信",使他一家从困境中解脱出来,使波克罗夫斯基同志后来得以英勇地走向卫国战争的前线,成了捐躯沙场的烈士。

"当然,高尔基是人,不是神。他也有过失误,甚至错误。"说到这里,陈先生的语调显得有些沉重。

高尔基曾经写了特写《索洛威茨改造营》以及《斯大林白海——波罗的海运河》等。他本想歌颂社会主义的成绩,却肯定了"左"倾政策下的劳改营和劳动改造。他还在1930年11月写了那篇极有争议的文章《敌人不投降——那就要消灭他》。文章把那些自私自利、对社会主义的"成绩"表示怀疑的人,统统看作是敌人,扩大了打击面,以致被个别别有用心的人引用来为他们的错误和罪行辩护。

陈先生语重心长地说:"高尔基回国以后,由于亚戈达等人有意隔断他和人民的联系,也由于自己心态流向中的阴影和认识水平上的局限,为一时之需,写了些过眼烟云的文章。这应当是一切善良的文学家们至死不忘的教训。任何人都不能摆脱他自己的以及历史和时代所造成的局限。但是有些人却不容许一个为理想献身的杰出人物的心态流向中有逆序空间。一旦发现了杰出人物的逆序心态,不是横加指责,就是全盘否定。这是不公正的,也是不科学的。"

陈先生的一番话引发了我的共鸣。近些年来,远离社会、逃避政治、否定崇高、丑化理想似乎成了潮流,国内也有一些人热衷于为历史上的反派人物做翻案文章,甚至为汉奸涂上光环,而对于真正伟大的历史人物却攻其一点,不及其余,以小过而代大功,置主流和支流的明显区别于不顾。这究竟用的是哪家标准,出于什么心态呢?

"有缺点的战士终究是战士。"

"鹰有时比鸡还飞得低,但鸡永远不能飞得像鹰那样高。"

陈先生和我不约而同地想起了鲁迅和列宁的话。我们会心地笑了。

1997年

诗人牛汉

阎 荷

一米九的伟岸身躯,洪亮自信的粗大嗓音,印堂饱满,底气十足,使我难以相信牛汉已经74岁了。

很早就听说过牛汉的经历,他的经历和他的诗一并使我心灵颤动。现在,坐在他家的沙发上,像听传奇故事般地听着他亲自向我述说。

读高二时牛汉就写出长诗《鄂尔多斯草原》。13岁参加革命,被监禁过、劳改过、批斗过、下放过,生于忧患而笔耕不辍。这一切都因为他身上涌动着蒙古民族奔放不羁的血液。他深情地说:"1955至1980年,我25年间没有发表东西,但是我看重这一段时期。这段时期,我经受了革命的真正考验。什么叫政治,什么叫反动,什么叫历史,弄清楚了。坦率地说,经过正面的、反面的及各种痛苦的考验,我清醒了,现在是我一生中最清醒的时候,我要感谢苦难。"

从1940年牛汉写就第一首诗开始,他一直写诗、读诗。他的作品如《锻炼》《梦游》《空旷在远方》《我是一颗早熟的枣子》《汗血马》等,境界开阔,内涵深邃,在古典与现代、传统与西洋、现实与想象的融合上达到相当完美的程度。

谈起诗,牛汉有说不完的话。他说:"受父亲影响,我小时候背过很多古诗。不过,从文化角度看,我还是受外国诗人的影响较深。开始是普希金、莱蒙托夫,70年代是马尔,再往后是布罗斯基和索因卡。所有这些,都极大地丰富了我的生命、我的世界、我的语言。在湖北咸宁干校,绝大多数人后来都回到了北京,我没有希望回北京,是诗拯救了我。我这个人很倔,你要拿你既定的东西改造我很难。我是野性子,游牧习惯,一辈子没有安居乐业的感受,写东西很少有一定之规。干校写诗,非常单纯,比自己年轻时还要单纯。如果没有诗,在干校那样的环境下,我就活不下去了。我的好多诗是在干校写成的。

"有人对新诗基本否定,我还是有信心的。我和年轻人接触很多,他们有对传统的失望,他们有片面的东西。有一些年轻的诗人,在人生的逆旅中,经过一番奔波和探索后,渴望着成熟,渐渐地趋于规范、稳定。在诗的创造中,我最讨厌的就是规范中的成熟,对于诗人来说,生命纳入规范,必然造成诗的萎缩。我认为新诗的历史不是50年的历史,而是几千年民族的历史、人类的历史,这段历史非常丰富,不能切断。"

"现在诗歌创作处于低谷,人们说写诗的比读诗的多,您的看法呢?"我问道。

牛汉答道,这很正常,这也是一种讽刺。诗现在确确实实在思考,但沉默不等于死亡,沉默往往是内心深处正在积蓄力量,伺机而动。诗是有前途的,他坚信诗不会毁灭。

诗情如炽的牛汉激动起来,他坚定地认为中国诗必然会有越来越好的前景。

"那么,出路何在呢?"

"我认为当前写诗,要反映当今中国及中国人的历史、人生、梦想,一切一切,包括痛苦和理想。要有血有肉地把这段历史诗化,当然,写成小说、散文也可以,但一定要有高尚、坚定的情操。人活一辈子,就应该这样。"

"近几年您还写了不少散文,这两种文体您更喜欢哪种?"

"是的,我写了一些散文。我认为诗和散文是两种可以相互沟通的文体,不宜把它们简单地分开。我常常写着写着就把散文写成了诗,有些散文仿佛就是诗在漫步,有时又好像是诗拒绝分行地站立。"

1999 年

步履未倦夸轻翩
——与作家陈映真对话
赵遐秋　曾庆瑞　张爱琪

1998 年 11 月 2 日,中国人民大学聘任陈映真为客座教授。3 日、4 日,中国作协、全国台联、中国人民大学华人文化研究所,在北京举行了陈映真作品座谈会。会前,友谊出版公司举行了《陈映真文集》三卷本首发式。会后,我们陪同陈映真、陈丽娜夫妇赴承德参观、访问。回程,同去金山岭长城一游。其间,6 日晚,承德朋友为映真先生 61 周岁贺寿。席终,我们和映真夫妇促膝相对,长夜共话文学和人生,获益匪浅。现摘记如下,以飨读者。

守住自己的价值

赵遐秋(以下简称赵):映真去年在作协过 60 岁生日,今年在承德过 61 岁生日,朋友们都很高兴。祝你生日快乐!

陈映真(以下简称陈):谢谢!

曾庆瑞(以下简称曾):你记得吧,一年前的今天,在作协三楼会议室的座谈会上,你说到了你的孤独。你说,有时候,你真觉得,台湾这个社会会扔下你。

陈:对资本主义,尤其是畸形资本主义制度、生活和文化抱持批判的思想,在 1950 年以后极端"反共"的台湾不被理解,受到镇压,是必然的。我自己的选择,使我孤独。有时候,人们必须选择孤独去守住自己的价值观。

在大陆,有时候我觉得在一部分朋友那里,其实我也是孤独的。"陈映真很'左'。""陈映真的说法怎么比五六十年代的老干部还老干部!"在背后这样批评我,是常有的事。事实上,我也遇见过当面对我的思想表示不屑甚至怒意的人。

我逐渐注意到,大陆有人对于要求在文学作品中表现人文精神者嗤之以鼻。有些从美国学习回来的人,公然说经济学不讲道德,把资本积累过程中对人造成的伤害与环境、文化的崩坏合理化,公然把社会"向前发展"历程中的黑暗、腐败和悖谬视为人类进步的润滑剂……

在文学评论上,这些思想对两岸资本积累期中描写社会底层人物的作品评价踌踌,提出了思想与形象孰大的问题。

大陆一部分知识分子、文化人,在思想、意识形态问题上巨变,和近20年来社会经济发生巨变是有某些关系的。他们误以为,这是在和社会物质构成的变化相适应。结果,19世纪以来的西方资产阶级经济社会思潮的唾余,成为今日一部分人心目中的"新"而"进步"的所谓前卫的、先锋的思潮。

但是,不论古今中外,绝大部分的文学家关心的,总是一个个人的命运,总是他那个民族的命运。杜甫如此,狄更斯如此,鲁迅如此,20世纪30年代的中国作家如此,广泛的第三世界作家也如此。

其实,在台湾,当那些不以人们意志为转移的激烈矛盾不断发展的时候,虽然有人在歌颂资本的文明和进步作用,但反省资本的野蛮作用的知识分子和作家,人数虽少,却也在坚守阵地、坚持斗争。同样,在大陆,在某些时候、某些问题上、某些人那里,因为庸俗社会学、教条主义而被一时扭曲了的马克思主义,总会在生活的矛盾中回归科学马克思主义的选择。那些一时丧失了马克思主义的思维和批判力的少数大陆知识分子,将要受到生活的深刻教育,则是无疑的。

今年夏天,我有机会去了一趟韩国,在那里遇见了好几个因"共产党"嫌疑而坐牢40多年的政治犯。他们早可以假释出狱,但仅仅因为他们不肯做"转向"表白——公开否定自己的信念,在政治上投降,而待到满70岁以后才获假释。在今日"民主化"的韩国政治狱中,还有许多坚决不肯转向的政治犯。特别令我诧异的是,在社会运动有一定力量的韩国社会中,这些为原则牺牲一生自由、拒绝转向的前政治犯,晚景凄凉。

有什么孤独比这种孤独更大呢?但这几位老人的豪情和崇高的人格品质,却给了我很深刻的印象,也给了我很大的鼓舞。所以,我选择孤独,却不害怕孤独。

赵:那很正常。这些天,大家都公认你是位文学家、思想家、社会活动家,还是一位爱国主义战士。是战士,就会悲愤,还会孤独。

陈:这不仅是在社会活动中,在文学创作中也这样。我一直孤独地走过来。

曾:这使我想到了鲁迅。鲁迅在辛亥革命后来到北京,眼见那场革命的新漆已经剥落,他悲愤异常,孤独无比,沉入抄古碑、校勘古籍之中,在传统文化中反思了我们这个民族和国家,而后有了发声震聩的《狂人日记》问世。后来,五四高潮过去,战场南移,他又有了"两间余一卒"的悲愤,"荷戟独彷徨"的孤独。跟着,鲁迅有了1927年以后的卓越战斗和辉煌战绩。

陈:说我是思想家、社会活动家、爱国主义战士,都言过其实了。如果一定要送我一顶帽子,我谦卑地挑小一点的"文学家"。在帝国主义时代,台湾在中国半殖民地化的总过程中成为半殖民地,也成为殖民地,中国知识分子就难以不在这个过程中走上救亡爱国的道路。

我绝不敢和鲁迅相比拟。但是我的时代和中国的二三十年代大不相同。中国的二三十年代,国家和民族在帝国主义、封建主义和官僚资本主义的压迫下陷于绝境,矛盾的性质明显,敌我对峙清晰,人民和知识分子的生活窘迫至极;另外,存在着以苏区为代表的道德、希望和对未来的展望。

在台湾,50年代的异端扑杀运动使民族解放运动遭到毁灭。60年代以后依附性的、畸形的资本主义化,湮灭了民族解放运动的价值和历史。大众消费社会使新一代人变成消费机器,造成一代人的白痴化,丧失了历史,丧失了祖国,丧失了生活的意义、目标。前几天,台湾有一份周尽的调查问卷,大学生自己和大学教师异口同声这样形容大学校园的文化:好玩懒做、(影艺)偶像崇拜,好出风头,好声光之乐(电影、电视、流行音乐),热衷电子玩具、网络,好社会攀比(地位、家势、消费力、财富),喜读漫画,流行拥有 call 机,机车(摩托)代步,好谈命相星座,性关系杂滥、堕胎,个人意识强,没有远大的人生理想……

我看这不是"世风日下",而是当前消费社会经济的反映。商品的统治是一种"甜美"的统治。在"甜美"的统治下,敌人的颜面模糊,官能和物质的渴欲与满足后的倦怠的快速循环,使生命成为"饱食、意义丧失和百无聊赖"的漫长的刑期。

1970年以后,随着资本主义的进一步发展,寻求人的解放与自由发展的激进主义快速无力化。物质的贫困带来变革运动的动力。精神的贫困却带来了虚无主义的深渊。

赵:曾庆瑞的意思是,唯其悲愤和孤独,你才去战斗。

陈:说"悲愤和孤独",又似乎没有那么严重。基本上,人各有志吧。人各有他自己持守的价值。这使我想起生父陈炎兴先生。他生长在殖民地台湾赤贫的家庭,正式学历只有小学,但他靠着刻苦自学,在我的眼中,他成为有知识、有思想、有风格的知识分子。在我看来,不论在思想、见识和知识上,他高过许多学历、职位比他高的同时代的台湾人,但他从来不愤世嫉俗,也从来不自炫独学的成就。他的安静、自在的谦虚,对我影响很大。他谢世前给自己写了这样的墓志铭:"这里睡着一个无可隐而隐的老人。""无可隐"是他本质的谦卑之辞,"隐"则是他自觉自在的修养和行为。在他,就没有"悲愤孤独"的问题。这样的气质,使他能在两个儿子突然被侦探带走后,仍能器度宁静轩昂,第一次来狱中看我的时候,能安静、明确地说:"首先,你是上帝的儿子。其次,你是中国的儿子。最后,你是我的儿子。"要我以这三个标准度过缧绁中的年年月月。

这两天,讨论会对我的文学有批评,当然也有溢美的评价。陆贵山教授以友谅的真诚,希望我不会被鲜花和赞扬所醉。我很感动。虽然我有许多软弱,却因父亲的榜样,恰恰能免于被虚名所醉。

多年来,我还是有许许多多充满希望在工作着的朋友。我有一对旅居纽约的朋友,五六年来,用自己的费用跑遍西班牙、荷兰、德国、法国、俄国和东欧各国,探访中国人在30年代投身西班牙反法西斯内战者的足迹。他们在全世界获得了最慷慨的协助,他们没有"悲愤孤独"。他们告诉我,他们越来越乐观。在寻访的历程中,他们受到了教育和鼓舞。

曾:我们都很佩服你不屈不挠的精神,你真是把自己和台湾与祖国大陆联系在一起了,所以,你其实并不孤独。

陈:最近,我常常想起一个人,他就是日本的矢内原忠雄教授。他是一个虔诚的基督教徒,倡议回到基督教原点的无教会主义……但在知识上,他是一个马克思主义的经济学家。侵华战争期间,他一直坚持自己的看法,说侵华战争是不义之战,侵华战争必败。他的学生很多,影响很大。日本政府将他逮捕入狱以后,处理他的案子的正是他的学生。学生请求老师,只要表示一点点悔过之意,他立刻会被释放。但是这位教授坚持到底了。尽管在狱中,受了许多苦,他还是坚信,历史将宣判他无罪。日本战败,证明了教授的预见。在法西斯狂热淹没西欧的时候,各国共产党人清醒地顶住了。在日本法西斯的狂潮中,日本共产党有些人不免"转向"了。结果,有一个非党的矢内原顶着;等到战败,大梦初醒的日本人民说,好像我们都发疯了,只有一个矢内原先生在顶着,否则鉴古视今,如何评价?

陈丽娜(以下简称丽):永善(陈映真的原名)很忙,社会活动很多,又非常关注50年代以来的事,几乎成了一种难以释怀的情结。我总提醒他,趁一些老人还健在,要先做一些采访,把宝贵的资料保存下来。时间总是不饶人的。

张爱琪(以下简称爱):夫人这个提醒很重要。这次座谈会上,很多朋友都提到了"60以后的映真怎么办"的问题,大家都很关注这件事。

陈:我很感谢大家至亲的关爱。其实,这也是我自己在认真思考的问题。

赵:有的朋友劝你为祖国统一大业从事社会活动,有的朋友认为你还是应该集中主要精力搞创作,真有点"陈映真你往哪里走"的味道了。

曾:我在会上也说了,为祖国统一大业,映真兄不可能舍弃必要的社会活动,可是,你那支笔又是别人替代不了的,还得好好写作,是吧?

陈:其实,也不必把搞创作和社会活动对立起来看。如果今后还能写出较好的作品,对我素来的立场理念,肯定是个附加值的增加……

丽:他太累,心脏也不太好,我真担心他的身体。

赵：何西来教授不是在会上说到，人生60才开始吗？（一笑）

我们为什么去申辩？为什么要这个钱？

曾：何西来教授在会上对你还有一个评价，借用李大钊先生的说法是"铁肩担道义，妙手著文章"。这很恰当。

陈：大钊先生为人、为文，我都不敢望其项背。其实，这半生我任性地按着自己的价值活，给父母、家人带来不少麻烦，让他们担心。我和丽娜结婚时，一无所有，至今也是。她从来不把我们的生活跟别人比。我们并不宽裕，可她从来不让我觉得我必须想法去多弄一点钱，增加一些收入。老实说，我打心底里很感谢她。

拿最近的一件事做例子。最近，台湾国民党当局立了法，要赔偿50年代的冤假错案，补偿金额不小。补偿办法有一个"排除条款"。政府审查你确是"奸匪"，不赔。申请补偿，要当事人先提申请，说明自己如何不是"奸匪"。对绝大多数冤假错案，问题不大。对另一部分人，这是以重金诱人"转向"投降。此外，许多被枪决的人的后代，为请得巨额补偿，争相代替先人"转向"投降，亲人间为继承补偿款大吵大闹，都可预见。50年代牺牲者仅有的一点道德正当性，一定会受到很大损害。这令人忧虑，却无计可施。

我和一些朋友，想到要发动一个运动，反对现在的补偿办法。我们主张，50年代的扑杀，是台湾当局发动的大规模人权踩躏事件，不能以政治立场、思想意识形态为标准判定补偿与否，而应作为大规模人权践踏的历史事件，通案办理，由台湾当局全面谢罪赔偿。我们反对二度审判，反对重金诱人"转向"！现在，阿根廷、巴拉圭都在清理过去"反共"军事政权对进步市民、学生、工农、知识分子的大规模虐杀拷讯案件，也是搞通案处理。

但是，要发展这个运动，当然要放弃补偿申请。这个问题，我得取得丽娜的同意。我向她结结巴巴提了，她一口答应，支持了我。她不知道我有多么感激她的支持。因为我们过得不宽裕。她为分担家计，一直在工作。补偿金可以减轻她的负担，但她不为五斗米折腰，她不错。

丽：是啊，永善跟我一讲，我就说，我们为什么去申辩？为什么要这个钱？你没有错嘛！我们不能低这个头！

爱：夫人这种气节，更显得映真先生的风骨铮铮！

赵：在北京开会的时候，听了丽娜的发言，大家都很感动，都说，没有陈丽娜就没有后来的陈映真。

丽：我见到永善的时候，他刚从牢里放出来，38岁，我才21岁，还小，什么都不懂。我们都在一家跨国公司工作。

陈：那时候,台湾是没有人敢用我这个从牢里放出来的人的。我只好到跨国公司上班。

丽：那时候,我们常常见面,我发现他是个很好的人。来往多了,也就有感情了。当然,好多朋友都提醒我,这个人可是个思想犯、政治犯,可是个危险人物啊,跟他过日子可要担惊受怕啊!家里面呢,也不同意,还说他比我大那么多,嫁给他不合适。我想我才不管他是什么思想犯、政治犯呢,我认定他是个好人,这就够了。他大我那么多,他还可以照顾我呢!先是妈妈担心嫁政治犯,不容易在台湾过日子。对于这一点,爸爸倒开明。他说政治犯不比放火杀人犯要紧。但爸爸担心年纪悬殊。这一点,妈妈说,嫁人的是女儿,女儿不嫌,我们少说话。1977 年,我们结了婚。

陈：她还是跟我担惊受怕过。

丽：那是"乡土文学论战"的时候。朋友们当时也提醒我,现在的气氛很紧张,说不定哪天就会出事,要小心点。我到底还是年轻,总觉得不至于吧。没想到,1979 年 10 月里的一天,小叔子给我打电话说,二嫂,二哥又被抓走了!听完电话,我都蒙了。我急急忙忙向公司请了假,就赶紧去找朋友,像尉天骢、王拓他们,帮我出主意。还好,这一次,人抓走 36 小时就放回来了。回到家,美国聂华苓大姐电话就到了,当时心中的温暖,映真和我至今都记得。

我写,仅仅因为我有话要说

曾：要说铁肩担道义,你们现在是两副肩膀一起担了!说到写小说,这次会上,有位朋友批评你的作品有思想大于形象的现象,你怎么看这个问题?

陈：关于我搞创作的哲学,有几条,可以说一说。

第一,我不相信文学杰作是可以由作者主观营为去达成的。读破世界名著,遍读文学评论,心中虔诚地要写出传世之作,估计也不一定就能写出杰作。我从来没想过我要成为大作家,成为曹雪芹、托尔斯泰、莎士比亚、鲁迅、布莱希特,在我这简直是妄想。我写,仅仅因为我有话要说。写了,读的人觉得也还可以,这我就很高兴了。善意地为了使我成为大作家,劝我不要去管"苍白的理论",但由于我缺少当大作家的动机,说服力相对就小了嘛。

第二,我主张文学言之有物,主张为自己的思想画图解,主张主题明确。我生活在思想荒野的台湾。现代派的作品,我看了一些特讲形象、讲晦涩、讲意象、讲荒谬模拟(parody)、讲语言张力的东西,感觉也不怎么样。于今时过境迁,估计连作者也把它们忘了。台湾的文学,缺少的不是形象,而是思想,作家自己的思想。

第三,创作毕竟是精神而不是特技生产。物质生产有配方,有生产母机、原材料……质量和数量完全可以操作、控制。我自己的体验——当然也是大多数作家的体验,创作有一个相对自主与理性的地带,既不神秘,更不庸俗机械,从那里往往涌现闪耀瑰奇的情节、对话、创意、灵感和叙述。面对着它,我感到创作的大喜悦和大奥秘。只要有这喜悦的泉涌,思想(理论)就会似创造的神奇出现。刻意要形象大于思想,不保证出作家;有心以形象为工具思想,未必就全出不能读的作品,甚至未必就出不了重要作品。公平地说,苏联的历史是有这样那样的问题,但即使在斯大林时代,也不能否认苏联是生产了不同于西方资产阶级的,标示一定艺术、人文思想高度的文学作品和音乐作品!

第四,我总以为,作家也是一般人,一般劳动的人,他固然一面要干活,也自然要把活儿干好,但也不必精英意识太强,非要出手就篇篇名篇。作品评价留给人民去做。有话要说,而且非用文学形式说,就力求在文学艺术上过关。如此而已。

赵:我记得1967年3月,你写了一篇《现代主义的再开发》,在那篇文章里,你说道:"一个思想家,不一定是个文艺家。然而,一个文艺家,尤其是伟大的文艺家,一定是个思想家。"

陈:是的,我一直坚持这个看法,这又是我的努力方向。我这一辈子都达不到这种地步,但我会一辈子都朝这个方向去做的。记得在那篇文章里,我还要大家"千万注意":"这思想,一定不是那种如飞马行天不知所止的玄学,而是具有人的体温的,对于人生、社会抱着一定的爱情、忧愁、愤怒、同情等等的人的思考。"我想,我就是这样去思考台湾当前的种种问题的。

曾:生活呢,你怎么看?

陈:没有生活,就没有文学艺术。但表现在艺术上的生活,不能是漠然的、芜漫的生活,而必须是经过作家、创作者体会、集中的生活。

事实上,在创作里,生活和思想的比重、生活和思想的关系,都因作家自己的创作哲学而不同。莎士比亚在一端,席勒、布莱希特在另一端。但不论哪一端,有一个共同点,是才华。才华写出令人在感情和思想上深为震动的作品。如果有人认为我的某些作品思想、意识多于生活,肯定是因为我才情不足,而不是意念先行的创作理念不对。

但也或者还有别的问题。因为开放后大陆社会经济的根本性变化带来相应的思想、哲学、文论的变化,今日关于思想与形象问题的讨论,就不能忽略必有新的内容。然而,这新的内容再新,也不足以改变生活和思想、感情和艺术的关系,也就是刚刚说到的思想与形象的关系。现在,之所以成了问题,那是因为没想到某种逆反心理的驱使竟使得大陆知识界有一部分人放弃了作为认识、分析和批判之工具的马克思主义。

讨论会中有人提到我的《华盛顿大楼》系列,我也说几句。

我入狱前后都在台湾的美国公司工作。我于是知道跨国企业制定了跨越各分公司驻在国、以公司为核心的认同和忠诚的准则。跨国企业总部按全球市场的概念进行管理。台湾就属于公司"远东区"指挥。有几回在台北开产品行销会议，操着浓重日本、印度、菲律宾、新加坡、马来西亚口音的英语的各分公司代表，在豪华的五星级大饭店挂有公司商标大旗的会议厅，接受各行销、广告和产品管理的训练，热心交换产品在各国市场成败的经验，为同一产品在台湾市场更深、更广、更成功地穿透和销售贡献计策。许多大学、研究所毕业甚至留学美国的各国青年"才俊"穿戴着西装、领带，志得意满，沉浸在超国界精英管理者的美梦里。

我置身其中，具体"生活"地感受到跨国资本和商品对于市场、国家、民族的人、文化和价值的深刻影响。精英们甜美的梦想，逐渐成了我的噩梦。于是，在台湾，早在牵强附会、半生不熟、从西方学园转贩而来的"后殖民论"尚未为人所知的60年代末以至70年代中后期，台湾"外国机关"（黄春明）和跨国公司的生活（陈映真、王祯和）成了作家关注、批判的题材。如果说批评跨国资本主义而谓作品缺少生活，还应该具体作品具体分析。但对我而言，台湾思想学术界全面西化、亲美、"反共"的60年代末以迄80年代初，台湾几位作家在文化帝国主义、亲殖民主义问题上，以敏锐的批判眼光、生动的艺术性留下来的作品——除了我的作品外，都是重要而优秀的收获。

赵：我读你的作品，就说《华盛顿大楼》系列吧，并没有发现有什么"说教"，你还是很注意艺术性的！

曾：当然，一个作家的作品不可能篇篇都是那么完美的。

陈：以我个人的经验，作为在特殊环境下作家写作的策略，思想和形象的比重，是可以主观地调整的。

70年代，第一次冷战缓和，中国大陆在外交上有大步发展。到了1979年中美建交，美国与中国台湾断交，"台湾当局"的外交合法性受到重挫，连带着极大地威胁了它在岛内统治的合法性。台湾国民党之外民主运动勃发，蒋经国布置台湾权力的"台湾化"，政治开始面向松动和再调整。

选择在这个时候，我开始把狱中听来的台湾1946—1952年新民主运动的风霜写成小说。这个题材太敏感，而又非写不可。在写作上，我自觉地提高形象——提高艺术性。只有艺术性受到肯定，万一被人指控，歧义性广阔，容易得到读者的同情，也容易在法庭上争辩。《铃珰花》《山路》都是按这个思路写的。写《赵南栋》，局势已经变化，解除戒严了，能放开写了。在策略上，我自觉地着重意识和历史的表现。但对《赵南栋》的评价，作为一个作家，只能让读者和文论家去说。在我，形象和思想不应对立起来看，应该辩证统一地看。写作是思想的表现，形象、艺术性为思想服务。

赵:关于"意念先行"或者叫作"主题先行"的问题,前几年,在大陆文艺界也讨论过多次。有的朋友认为茅盾的长篇小说《子夜》就是"主题先行"的作品,有公式化、概念化的毛病,在编选中国20世纪经典小说时,撤去了这部优秀的长篇。我觉得,在文学创作是用形象思维,社会科学包括文艺科学(文艺理论、文艺评论、文艺史)是用抽象思维的问题上,有些朋友的认识是片面的。其实,作家在写什么、不写什么、怎么去写的思考中,用的就是抽象思维,在写作品之前要考虑,在写作品的过程中要考虑,写完了修改时,还要考虑。关键之关键在于,呈现给读者的应该是具体的、生动的形象。而这形象正是来自作家创作时脑海里出现的一幅幅活动着的图画。我们通常说的文学创作主要用的是形象思维,就是指的这种情景。这样看来,形象思维的创作,也是在作家对抽象思维不断梳理的过程中去实现的。要克服作品的公式化、概念化的毛病,不是"意念""思想"不要先行,而是要真正做到意念生活化、思想形象化。意念、思想来自于生活,反过来,又借助于生活化、形象化的方式去表现,作家的本事,作家的艺术造诣,就在于把这两个方面辩证地统一起来。

陈:其实,这个思想和形象的问题,也就是一个质和形的问题。我觉得,质胜于形,思想先行,意念先行,确实存在。

曾:这是创作的规律,可气的是"文革"中江青他们搞的"主题先行"把水搅浑了,制造了混乱。

陈:搅浑的水,终究要沉淀下来,被打乱的东西假以时日,总会显出秩序和意义。

1983年,我第一次出国,到美国爱荷华大学国际写作计划中心待了三个月。在那儿我第一次见到大陆作家吴祖光、茹志鹃和王安忆,也第一次见到来自东欧社会主义国家的作家。

有一回,我和一个菲律宾作家、一个南非作家及三四个东欧作家聚在一块喝啤酒,话题集中在文学上。东欧作家不约而同地对西方电影、文学表现个人、表现情欲、表现方法上的自由与实验性表示歆美和极大的赞赏。我和菲律宾、南非作家则斥之为颓废、腐败、非政治化、文化帝国主义。东欧作家非常惊讶,说我们的意见像他们党委书记的意见。我们向他们说明菲律宾社会的残破、新人民军的斗争及菲律宾作家所处的形势和创作上之所思;说明南非在美英帝国主义纵容下实行的悲惨的种族隔离政策,在生活中普遍存在着激烈的矛盾和人民群众高文盲率的情况下,南非作家创作中必然的课题。双方热烈讨论,甚至激辩。啤酒把每个人的脸都变红了。忽然,菲律宾作家哼起了《国际歌》,俄顷,全体人员各以不同的语言歪歪斜斜地挣扎着起立,带着满脸的泪痕,以不同的语言,共唱那永恒的《国际歌》。

这个经验在我的记忆中铭心刻骨。作为对前阶段的逆反心理,当前大陆一部分知识分子忙着轻率地抛却马克思主义,我们却在世界范围的知识系统中看到马克思主义作为一种知识、理论俨然的生命力。数年前,墨西哥山区印第安农民的解放斗争,至今吸引着来自世界各地的知识分子、作家、医生、社会活动家的关注并参与实践,很像30年代怀抱着进步、民主和国际主义的人们奔向西班牙参加反法西斯内战那样。

我不按新学说去搞暧昧、模糊

赵:这次座谈映真的作品,有位朋友建议你去追求一种文学形象的模糊状态呈现,还说,这是文学创作的规律,有了这种模糊性,才会有主题和人物形象的多元、多义的理解。你在会上也说了一点,今天时间很从容,我觉得我们可以再做一点探讨。

陈:前面我说过,创作过程中,确实有一个相对自主的幽微的地带,体现了人类的精神创造活动的复杂和微妙。但若把这种模糊刻意理论化而强求,就不免发展成神秘主义了。模糊的理论化,不免于发展成对文艺的纯粹性、反意义、反理性思维的追求论。我不说它对不对,我确能明白地说,这不适合我的道路。

曾:其实,那位朋友说的多元、多义的解读并不只是来自于所谓的"模糊状态呈现"。通常,一部作品,人们对多元、多义的解读,是来自于文学形象的丰富性。这种丰富性,一定是和典型性、鲜明性联结在一起的。除非你不搞现实主义,你要搞现实主义,就要拒绝所谓的"模糊状态呈现"。

陈:所以我刚刚说,我不按新学说去搞暧昧、模糊!

赵:这其实是一种文学观念的问题。

爱:座谈会上,陆贵山教授就说,这是一种错误的文学观念。

陈:确实是。

曾:那是一种"先锋"的、"前卫"的,或者"后什么主义"的文学观念。我还想补充一点,对作品主题、艺术形象的多元、多义的解读,还有一个诱发因素是,在又深又广地反映了生活,创作主体把现实的生活世界幻化为虚构的艺术的世界后,他们还会给读者,乃至于听众、观众,也就是接受主体吧,留下一个参与完成作品创作并进一步丰富艺术形象的空间。人们可以根据自己不同的认识、不同的生活经历,去理解,去补充,去丰富作品中的艺术形象。在这种情况下,就产生了对作品主题和艺术形象的不同认识和理解,主题和艺术形象的多义性也就出现了。

赵:追求文学的模糊性,实际上是在消解现实主义创作方法中的典型法则,反对塑造典型环境中的典型性格,写原生态嘛!

陈:谈到这里,我想到了大陆的一些文学论著中,对我有一种评说,认为我是从现代主义走向现实主义的。不知你们怎么看?

赵：我认为，你一开始创作，自始至终，就是现实主义创作方法，不过你动用的现实主义创作方法具有开放的态势，就像鲁迅所说的，实行的是"拿来主义"。你引进了浪漫主义、存在主义、象征主义中一切有表现力的手段，去补充、丰富你的现实主义创作艺术手法，从而增强了你的小说的艺术表现力度。

陈：现代主义是一种思想，一种人生观和世界观。它强烈地强调个人和自我的重要性。它对社会和集体抱着憎恶与恐惧。它热衷于凝视和表现肉欲、死亡、颓败、血污、苍白，甚至腐朽这些意象。它醉心于潜意识的混沌的世界。它拒绝意义、道德教训，不相信生命另有目标、责任和意义。它讲求艺术的绝对的"纯粹"，否定语言和形式约定俗成的法则。对于自己以外的一切人、生活、社会与历史嗤之以鼻。它追求神经质、追求官能的倒错，崇拜零碎、纤细、敏锐的意象……

我以为，首先是思想而不是技巧决断作品是不是"现代主义"——尤其是50年代美国作为一种文艺意识形态而以国家力量宣传传播的"现代主义"。鲁迅的《狂人日记》及许多散文诗，光从技巧上看，"现代主义"的技巧特征叫人惊叹，但是不会有人把它归类为特别是战后意义的现代主义派。相反，作品基本上传统、易懂些，但思想、精神上有现代主义特点，应该划入现代派。

我不愿意把写作形而上学化。前面所说，写作过程中相对自主的区域带来的创作上的快意是不自觉的，那会是一种激动和喜悦的快意。我写小说时，有一种现象，写着写着，往往冲出来一些人和事，我赶快记录下来。这冲出来的部分改变了我的计划，修正了我的想法。这冲出来的部分，有相对的自主性，自主到我不能不去写的地步。有的似乎我还不十分明白，但不能不去写。我创作中最大的快乐、最大的惊奇，也就是记录这冲出来的鲜活的部分。一直到今天，这对我还是个谜。

赵：你所说的那冲出来的一部分，恰恰就是现实主义创作方法中一种带有某种规律性的文学现象，其结果，如果是成功的作品，也就走向了所谓的形象大于思想的境界。这正是现实主义的胜利。

溢美的评价只能当作不同形式的策励

爱：20世纪就要过去，21世纪就要到来，在这两个世纪之交的时刻，很想听听映真先生今后还有什么打算。

陈：从1975年出狱算起，一晃过去了二十几年。今年，我刚刚同你们过了61岁生日。这两年丽娜特别关心我的创作，现在，重新开始写小说的想法确实越来越迫切，我要开始了。

爱：题材呢？

陈:题材很多。这十几二十年来,台湾的生活和社会变化很大。真要写,不愁没有题材。眼下准备写的故事,是40年代台湾一个小村子,有几个人被日本当局征召到南洋及华南、华北当军夫,各有不同的遭遇和命运,写被台湾复杂苦闷的历史所拨弄的几个青年农民的一生……

赵:这是我们大家的心愿。这一次,友谊出版公司的三卷本《陈映真文集》,赞誉你是台湾文化界的一面旗帜,师承鲁迅,被誉为"台湾的鲁迅",也是希望你有更高的成就,在两岸交流中做更大的贡献。

陈:一切溢美的评价都只能当作不同形式的策励,实则绝不敢当。《文集》出版者对我的鼓励,朋友们对我的鞭策,我都铭记在心上了。尤其,我也诚心接受对我提出各种批评的意见,接受有益的教育。我在《文集》的序里写了:"我怀着像是一个捧着族谱和出生文件的游子,回到魂牵梦系的生家来认亲的喜悦和腼腆,让这单薄的文集在祖国大陆出版。比起分裂的南北朝鲜,在祖国尚未完全统一,海峡一仍相持的形势下,能够在大陆出版这拙劣的文集,我感到激励、幸福和感谢。"

曾:我很喜欢宋代诗人楼钥的两句诗:"相期更看水流处,步履未倦夸轻翩。"我跟映真兄是同龄人,送你这两句诗,让我们共勉吧!

陈:这两句诗很好。遥望未来,我想,这"步履未倦夸轻翩",不仅适用于我们的人生和个人的文学活动,也适用于两岸的文学事业!

一个"浪子"的精神家园
——近访聂华苓

江　湖

20世纪70年代后期的中国终于结束了"文革"的噩梦,伴随着改革开放春风的吹入,中国的作家们也想要更多地了解外面的世界。这里,许多人都会想到一个令人感到亲切的名字——聂华苓。因为正是她和她的丈夫,美国诗人兼教授保罗·安格尔创办并主持的爱荷华国际写作计划,让当时许多中国作家的心愿变成了现实。

最近,这位对沟通世界文化做出过巨大贡献的美籍华人女作家又一次造访祖国大陆,记者借此机会对她进行了采访。

谈到30多年前创办爱荷华国际写作计划的初衷时,聂华苓仍然记忆犹新。她说,那是缘自一个突发的奇想。她回忆道,一天,当时还不是自己丈夫的安格尔正在水中畅游,而聂华苓则在河坝上静静地想着自己的心事。当安格尔游完回到岸上的时候,聂华苓就对他说了自己的一个新想法。安格尔长期在爱荷华大学作家工作坊工作,当时正担任主任一职。作家工作坊曾经为美国文坛培养了大批创作人才,当时也有一些外国作家在那里学习。聂华苓说,爱荷华有很好的写作环境,应该把范围扩得更大一些,能不能办一个国际写作机构呢?安格尔对此很感兴趣,就听从了聂华苓的建议。经过艰难的初创阶段,爱荷华国际写作计划终于在1967年正式成立。爱荷华国际写作计划邀请世界各个地区的作家来爱荷华大学,每期时间通常为三四个月,作家们在那里活动很自由,可以潜心创作,也可以相互交流,每周组织一次讨论会,讨论各国的文学和自己的作品,还安排作家到美国其他地方去旅行游览。到1988年安格尔和聂华苓退休时,已经有来自五大洲的700多位作家参与爱荷华国际写作计划,其中华文作家70多位,这里面就包括了来自中国大陆的30余名作家。聂华苓说,爱荷华国际写作计划首次邀请中国大陆作家是在1979年,那时中美两国刚刚建交,开始邀请了艾青、丁玲等中国老一代作家,后来被邀请作家的年纪就越来越轻了。

对于那些参加过爱荷华国际写作计划的中国作家来说,在美国的那一段生活是美好的回忆,其中一个很大的原因就是有了聂华苓。王蒙回忆说:"我是1980年去的爱荷华国际写作计划,那是我第一次到美国去,对美国社会有了最早的体验。爱荷华不是一个大城市,只有5万人口,非常安静平和,秋天红红的枫叶赏心悦目,还有很多的湖泊和大片的草地、树林。在那里我还坚持我的写作,中篇小说《杂色》就是在那里写的,我还在那里开始进一步学习英语。那次的访问对于我来说,确实扩大了眼界,对增加自己对地球那一面各个方面生活的了解大有裨益。现在时间已经过去 19 年了,后来我又多次去美国,如果时间允许都要去爱荷华看一看。"

老诗人艾青的夫人高瑛谈起聂华苓和她的丈夫保罗·安格尔时说:"真是一言难尽,因为可回忆的东西太多了,不过印象最深的还是他们的热情和真诚。1978 年,聂华苓和安格尔到中国来旅游,还想顺访中国的著名作家,就想到要找艾青。可是当时艾青的右派问题还没有得到解决,我们长期与外界隔绝,平时很少有人上门,可以说我们家中的门是被聂华苓一家推开的。他们打电话提出来要见艾青,而且也知道我们的住所和电话。那时中美还没有建交,他们的出现让我们很紧张,因为那个时候接触外国人还不是十分自由的,要经过批准。艾青找到文化部的人,文化部的人也不敢作主,就继续向上报告。到后来得到的通知是,不仅可以见,也可以不要翻译,而且要在哪里见,由艾青自己定。虽然我们两家以前不相识,但是当两对作家夫妇一见面时,就一下子拥抱到一起,感情特别合拍,这种感情是多少年都没有的了。后来才知道,他们为了找到我们,也费了很大的力气。当时他们就真诚地邀请我们去美国访问。我们在爱荷华国际写作计划中过得非常愉快,觉得这样的活动确实给了大陆作家难得的机会。在那里的几个月中,我们的生活安排得非常好,我们和聂华苓几乎每隔两三天就要聚一次。艾青很喜欢聂华苓,称赞她及安格尔是自己真诚的朋友,并与他们互有赠诗相答。"

聂华苓称自己的此次中国大陆之行是"感情上的大丰收"。她介绍说,自己是在 5 月 18 日到北京的,见到了许多高中时代的老朋友。之后又去了母校南京大学(原为中央大学,聂华苓 1948 年于此毕业),参加了母校成立 97 周年校庆,并做了题为《当我年轻的时候》的报告,回忆了自己在抗战时期的一些学生时代生活片断,并与许多初中时代的同窗聚首。十来天后又到了昆明,后与来自中国台湾和美国的华文作家、学者朋友陈映真、黄春明、尉天骢、李欧梵等,到了丽江、中甸等地游览。聂华苓说,自己一路下来简直高兴得不得了,每天都是在欢笑中度过的,在不同的地方见到了自己各个时期的许多朋友,讲着以前的事情,机会确实难得,所以彼此都十分珍惜。

聂华苓从云南又回到北京,和来华的美国爱荷华大学主管科研的副校长大卫·斯科顿及该校亚太中心主任金在温会合,并一起于 6 月 23 日拜会了中国作家协会,在那里她见到了许多去过爱荷华国际写作计划的作家朋友,包括王蒙、张贤亮、邵燕祥、冯骥才、陈明、乌热尔图,以及中国作协及文化界人士张锲、陈建功、金坚范、英若诚、李国文、舒乙、张洁、周明、张抗抗、高瑛、文洁若、肖耘、范宝慈、曾庆瑞、赵遐秋等。老友新朋相聚,自然又少不了激动感慨一番。聂华苓说:"你们代表我一生中以及保罗·安格尔的生活中最好的时光,如果安格尔在这里,他会拥抱每个人的。"

当然,还有一些老朋友,聂华苓永远也不能再见到了。她举起手中的酒杯,深情地说道:"我还要敬几位不在这里的朋友,他们是艾青、丁玲、萧军、徐迟、萧乾、陈白尘、汪曾祺、毕朔望、吴祖缃,还有安格尔,我很怀念他们。"

爱荷华大学校方人士在此次中国之行中,也深深地感受到了聂华苓在两国文化沟通中的重大作用,他们由衷地说,聂华苓不仅是一座沟通世界文化的桥梁,也是国家和人民之间的桥梁。爱荷华是美国最古老的公立大学之一,今年正值爱荷华大学建校150周年,学校在很多领域内都取得了很大的成功,也有许多国际交流合作项目,但最成功的还是爱荷华国际写作计划,因此他们表示要把这个财富继续继承下去。

年逾古稀的聂华苓看起来依然充满活力,她说,自从丈夫保罗·安格尔1991年去世后,自己的心情一度很坏,很少做事,后来经过一段时间的调整,渐渐感到可以做一些事了,于是就开始整理安格尔的回忆录。目前两卷英文本已经出版了,第一卷还在上海东方出版中心出了中译本。现在主要是写一些自己的回忆文章,希望以后能够成为自己的传记。和我一同采访的一位记者问她:"您在《浪子的悲歌》中自称'浪子',又在《台湾轶事》的序中自称为'东西南北人',那么您怎么样来找到自己的精神家园呢?"聂华苓笑答:"我的精神家园就是永远用中文来写作,写中国的人、中国的事。作家的写作就是一个人的事,因此我早就习惯了孤独。不过我的精神世界是无比丰富的。"

聂华苓是永远不会孤独的。通过她和保罗·安格尔架设的爱荷华国际写作计划这座文化的桥梁,世界上有那么多的作家得以彼此相识相知,这无疑是对世界和平做出的一个巨大贡献。也正是因为这一点,1976年,保罗·安格尔和聂华苓一起被提名为诺贝尔和平奖的候选人。中国的作家们和世界其他地方的作家们都不会忘记她对沟通世界文化所做出的贡献,正如作家冯骥才此次特意送给聂华苓的题词:"春风有情,木叶尽知。"

为民族、为文学尽自己的心力
——国庆走访台湾作家陈映真
江湖　蒋弘江

国庆之夜，到处流光溢彩，火树银花映照着张张笑脸。在欢乐的人群中，就包括来京参加国庆观礼的中国台湾作家陈映真。

第二天，陈映真谈起自己此次大陆之行时，仍然带着几分激动之情。他说，从历史上来看，中华人民共和国成立是一件影响深远的事情。这50年确实使中国的社会发生了很大的变化。其中一个最根本的就是，中国革命解决了帝国主义、封建主义、官僚资本主义的问题。这一意义从现在一些后发达的国家就可以看得十分清楚。在那些第三世界的国家中，封建的、宗教的阶级制度一直还都在或多或少地存留着，虽然他们的国家中也不乏受过西方高等教育的精英阶层，但作为整个民族、整个国家仍然发展不起来。难道他们不想拼搏，不想去发展吗？就是因为他们有各种各样的历史包袱，有很多复杂的因素牵牵扯扯，没有搞一场像中国那样的革命。没有中国革命对中国基本社会结构问题的根本解决，今天的中国绝对不会是现在这个样子。没有这个基础，中国1979年以后开始的真正意义上的现代化建设以及由此产生的巨大变化是不可想象的。因此，我们应该比较公平地、正确地认识这段历史。50年走到这一步，从世界经济发展史来看，是很不容易的。陈映真说，从90年代开始，他几乎每年都要来大陆，目睹了中国社会在不断地发展，心里是非常高兴的。

今天，当全世界的中国人都在为新中国50年所取得的辉煌成就而欢欣鼓舞的时候，作为一名有良知的作家，陈映真也深感自己身上所担负的历史责任。他介绍说，从80年代以来，台湾文坛上统独之分日益明显。陈映真、黄春明等作家在创作上坚持现实主义方向，反对台湾独立。而"台独"派文学的势力也不可低估，虽然他们在理论和创作实绩上都较差，活跃性也少，但关键是他们中的一些人占据了台湾高等教育的阵地。这样的影响一是在于，老师在搞"台独"，他所培养的学生为了要拿到学位，也要迎合老师的口味。二是在论文积累上。有的外国人要研究台湾文学，就会找来许多论文看，这样"台独"派的观点也会造成很坏的影响。陈映真还气愤地谈到，最可恶的是，现在台湾竟然还出现了什么"皇民文学"，即用一种所谓"全新"的观点评估日本占据台湾时代的文学。即使是在日本国内，人们都不敢随便谈论军国主义时期的文学，那被看成是一种禁忌，一种不可触摸的肮脏的东西。这样的东西在台湾反而有市场，真是滑天下之大稽。

这里面有台湾上层某些人在政治给予支持,也有外国右派的鼓噪。陈映真说,台湾文坛上还有一些人搞着各种各样的现代流派,写一些同性恋、身体情欲等,在创作上也全盘照搬外国,实际上其中并没有多少台湾的现实生活和情感。他们之间互相标榜,也不去刻意理会什么"台独"派,对现实主义更是嗤之以鼻,号称对国家意识、大论述不感兴趣,而加以排拒。

在这样一种社会背景和文学背景下,陈映真自觉挑起了一副重担,这就是有计划地对从 80 年代以来的台湾一些文学观点和社会观点进行清理。为此他创办了《人间思想与创作丛刊》,计划一年出四期,每一期有一个主题名称,选择一些相对集中的专题做一些系统的清理工作。从最近几期看,其宗旨和思路可见一斑。比如一期为《1947—1949 台湾文学问题论议集》,力图反思一场被政治抹杀的文学史实。还有一期是《噤哑的论争》,则集中了"马克思主义文论在台湾的重挫""不许新的台湾总督府'文奉会'复辟""评介'狗屎现实主义'论争"等议题。陈映真说,作为一个作家,如果对社会的意识形态没有发言,任之由之,就是没有履行一个作家应有的职责。

陈映真还谈到了台湾与大陆之间相互交流的问题。他认为,台湾从 1949 年到现在的历史,是在民族分裂的构造下存在与发展的,民族分裂造成很多矛盾。一些别有用心的外国人总是利用这种分裂的构造,增加两岸的对立。明明是他们造成的分裂,而他们却做出一副没事的样子,口头上说希望你们和平解决,但这种和平解决绝不是和平统一,而是和平分裂、和平独立,你要用武力的方式,他们就要干涉。而且这种分裂的构造也使两岸的误会加深。

陈映真说,虽然现在两岸政治上的矛盾比较大,但还是可以一步一步地发展关系的。自己作为一个中国的作家,应该为两岸关系的发展做点事情,比如可以把大陆思想上、文学上、审美上的一些论争问题介绍到台湾来,让台湾有兴趣的人也来参与意见;同时也将台湾的争论带到大陆的学术界。两岸的知识界、思想界、文化界可以把这些学术问题当作我们自己的问题、我们国家的问题,这样逐渐地不着痕迹地展开讨论。如果讨论有深度,一定能够引起社会其他方面的关切,从而对两岸关系的发展有所助益。

记者请陈映真谈谈对文学发展前景的看法,陈映真笑着说,世界上最傻的人就是对未来做预言的人。不过他又认真地说:"对 21 世纪,我没什么根据,只是觉得文学这种表现方式恐怕是要往下走的。我在台湾参加了几次文学评奖,看了一些大陆的文学作品,他们创作方法上比较注重现实主义。现在在台湾,文学的状况就很令人忧虑了。在充斥众多画面的时代,一些很肤浅的东西占据了人们尤其是青少年的头脑心灵。从小培养的就是那些很肤浅的东西,谁还会有耐心去一个字一个字地咀嚼文学带给人们的快乐？器官发达，思维萎缩，这就是历史给予我们的惨痛代价。文学也许会越来越成为精英们的东西，写得再好，依旧会无人喝彩。"

陈映真说："我隐隐约约感觉，台湾需要一场新的文学运动。这不能只靠理论，而更重要的是靠创作实践，要多创作出一批真正反映现实生活、给人心灵以撞击、让人鼻塞眼眶红的作品，然后再进行理论的提升。当然，这是一项很艰苦的工作，老一代作家许多人不写了，而新一代作家又在写其他的东西，实在没有较理想的作品，就只好自己来写。"

在最近一期刊物中，陈映真推出了他的新小说《归乡》。

现在，陈映真又返回台湾。这位有"台湾文坛的杜甫"之称的作家虽已年逾花甲，但依旧为着祖国，为着心中所痴爱的文学事业，不遗余力地继续着自己应做的工作，让人们感触到一颗滚烫的赤子之心。

2000年

最心疼张大民的人是我
——刘恒答本报记者问

应 红

荧屏上的贫嘴张大民并没有随着电视剧的结束而谢幕。

一个生活空间如此局促的平民百姓,靠着他"贫嘴"的机智和幽默来一点点地化解着自己生存的窘境。贫嘴张大民到底幸福不幸福?张大民是不是今天的阿Q?近日来,这样的讨论充斥媒体。无论如何,这说明贫嘴张大民已经成为一个鲜活的艺术形象,走进了老百姓中间。

对张大民这个形象的原创者刘恒来说,从小说创作到影视改编,苦雨寒窗历经三载,终有了今天这样的结果,这也算是作家刘恒的"幸福生活"了吧。近日,记者就电视剧《贫嘴张大民的幸福生活》引发出的种种热门话题采访了刘恒,让我们来听听他是怎么说的。

问:都说你是一个在影视剧本改编方面很到位的作家。这次电视连续剧《贫嘴张大民的幸福生活》的成功又一次证明了这一点。你认为从小说到影视的改编最要把握的一点是什么?

答:改电影的要点是有分寸的视觉化,改电视剧的要点是以真诚为基础的通俗化。技巧的重要性跟中学生的数学公式差不多,只要熟了,做什么题都不难。

问:在改编中你认为原著的作用有多少?是仅仅给你提供了一些人物和素材呢?还是要忠实于原著的精神,不能背叛它?

答:原著提供建材和灵魂,改编是盖房子,并确立风格。对原著的忠实是有限度的,它将屈从于许多合理的不合理的艺术目的,甚至屈从于某种实用主义目的。

问:《贫嘴张大民的幸福生活》从小说到电影《没事偷着乐》,再到电视连续剧,可以说是你成功的"三胞胎"。根据你的设计,这"三胞胎"最大的不同之处在哪儿呢?

答:电影剧本不是我改的。这"三胞胎"至少有一个是"借腹生子"。小说最能代表我的本意,电影有点儿摇摆,电视剧则毫不犹豫地大众化了。我不想对抗媒体,只想利用它。

问:自从电视连续剧《贫嘴张大民的幸福生活》播出之后,你的同名小说的单行本也开始热销。其实很多人知道有一个作家刘恒,也是因为你的小说被张艺谋拍成了电影。可见在今天,影视对大众的影响要远远超过文学作品,甚至有人说,文学要借影视的光才能照亮自己。你应该是很早就意识到这点的作家,你是如何看待这种现象的?如果做一个单纯的小说作家,你会感到悲哀吗?

答:视觉艺术的传播强度大于文字艺术。小说不翻译外国人就看不懂,电影就方便得多。有人以为小说家服务于影视是让导演占尽了便宜,我不知道说这种话的人是不是真爱小说,他最好换一个角度想想,小说是乳母,喂肥了一个又一个养子。不是所有的导演都是白眼狼吧?旁观者硬要瞎着眼冷嘲热讽,别人也没办法。

问:电视剧《贫嘴张大民的幸福生活》之所以走红,你给张大民设计的那些"贫嘴"语言起了很大的作用。有人说你创造了一种新的京味口语风格,但也有人觉得电视剧里张大民的贫嘴似乎过贫了,而且有点儿像是为贫而贫,缺少了一些发人思考、耐人回味的东西,不如小说和影视里塑造的这个人物,笑过之后能给人留下辛酸和苦涩的回味,能让人"乐着去哭"。这是你为了区别小说和电影而有意造成的效果吗?你认为这是什么原因呢?

答:打个比方,四个人围着南瓜说南瓜,瓜小点儿没关系,能说清楚。瓜如果像人那么高就比较麻烦,站在南边的看见一个洞,站在北边的说不定就看见一个包。大家没有错,满足不了众人的口味,只能是我的错。我必须为自己的局限性负责,而且必须努力种出天衣无缝的大南瓜。电视剧的特长是对话,不怕多,不怕重复,短处也在这里。没办法!

问:随着电视剧《贫嘴张大民的幸福生活》的播出,剧中主人公张大民的人生态度成了人们议论的话题。有人说,张大民生活的"幸福"二字是必须打引号的,其实他活得很猥琐、很无奈;也有人说,张大民这种知足常乐的生活态度本身就是一种幸福,世界上没有绝对的幸福。我觉得说得都对,但我更看重的是你在这个剧中展示了中国人的一种生存状态。从你过去的作品中我知道你是一个有思想的作家,你不会仅仅只是为了展示某种原生状态而写作的。那你塑造这个贫嘴张大民,真正要表达的意思是什么呢?

答:幸福这个概念也是个大南瓜,说不清。我再有思想,哪怕钻到南瓜肚子里,也说不清它。而且展示原生状态的态度如果是真诚的,不可能再掩饰什么额外的思想。我以为"没有什么救世主",能救自己的只能是自己。有人说张大民是阿Q,但阿Q想革命,想浑水摸鱼,这点儿区别假洋鬼子们不至于看不清吧?太有趣了。

问:你作为一个平民作家,是否认为鲁迅先生批判过的国民性在今天依然存在?张大民是不是今天的阿Q呢?我觉得你对这个人物是充满了温情去写的,带有一种人文关怀。那么,在21世纪的今天,作家应该用怎样的笔调去表现像张大民这样的小人物?

答:人的进化慢,国民性等于基因,变化更慢。鲁迅之伟大也无碍于这种"慢"。我的温情不足挂齿,更无碍于这种"慢"。新世纪的科学爆炸,使人真正成了蚂蚁,劣根性既然一时改不了,那么赶紧乞灵于我们的优根性吧!什么优点有利于蚂蚁的生存呢?张大民透露了我的一些消息。

问:对电视连续剧《贫嘴张大民的幸福生活》的改编你有什么遗憾和不满意之处吗?现在有不少传媒说你准备写续集,也有的说你不想写了。一般来说,已经成功的作品的续集要想再获成功难度很大。对这部连续剧你到底是想就此打住,还是有勇气继续往下编呢?

答:电视剧的导演、演员等人都很努力了,我再说不满意对他们不公平。《贫嘴》的所有艺术目的已经完成,不想画蛇添足。但是张大民仍在人世里走动,哪一天他又转到我笔下来,我绝不会吃惊。比我更心疼他的人,恐怕没有了吧?我会小心行事的。

我就是要"戏说"
——电视剧《康熙微服私访记》编剧邹静之访谈
胡殷红

熟悉电视连续剧《康熙微服私访记》就像熟悉邹静之。邹静之的诗、散文、小说、歌剧以及邹静之的语言方式,都能使我把剧中熟悉的人物和故事联系起来。

这部戏的收视率居高不下,褒和贬的观众都熟悉了它。

人们很难想象这"戏说"了 90 集,凭空编造了许多故事的编剧是怎样一位人士,同时我们也希望能和他"戏说"一次戏。

当然,这是见仁见智的事。

把用正史手法拍的戏说成是正史,是极不负责的

记者:我们想请你谈"戏说",至少是因为你先实践了这种文学样式。这种成功的实践是否可以提供一些理论上的东西?

邹静之:我对"戏说"有自己的观点。

记者:我们也就是想探讨"戏说"这个概念的准确性。现在人们普遍认为历史题材的"正说"实际上也是"戏说",但这个"戏"又不完全等同于"游戏之说",而是更接近戏剧的"戏"。我觉得《康熙微服私访记》就与"戏剧之说"更为接近,你是否也这么认为?

邹静之:我也这么认为。写这部戏最初的观念很受王尔德的影响:幽默是欢乐和忧伤的综合。这种欢乐和忧伤始终贯穿在这部戏里。我有时想,这种悲天悯人、悲喜交集就是谐趣背后极为严肃的东西。

有些专家认为《刘罗锅》和《康熙微服私访记》是大陆的新派古装戏,完全不同于港台的"搞笑片"。

我读到过本亚明文章里的一个观点,就是所有的现代史都是历史的再现。一部电视剧是由诸多因素相互牵扯的。第一,投资人花上千万,得给人回报;第二,观众要喜欢看。所以电视剧这种形式的成功与否更多取决于它的收视率。

记者:能不能这么认为,"戏说"与演义比较接近?

邹静之:可以这么说。我认为应该把历史剧统称为古装片,我觉得咱们还没有一部真正的历史剧。

记者:比如影片《攻克柏林》《解放》《拿破仑在波斯卜鲁斯战役》算不算历史片?

邹静之:《拿破仑在波斯卜鲁斯战役》这部片一开始表现的是早晨几点,雾,多少军队从山坡上冲下来。这种感觉更接近纪录片的史实片。

我还有一个观点,只要拍成"戏"就离不开"戏说",很多人物是杜撰的,很多情节是编造的。即便是以正史的面貌出现也回避不了"戏"的手法。

记者:有些影视剧说是正史,看上去像正史,实际已离历史的真实很远?

邹静之:我认为无论怎么像正史,也不能说是历史。如果说是历史就是欺世!凭什么说是历史,历史不是这样的。人的视角不一样,历史的观念也不一样。你只能说你在用正史的手法拍,而把正史手法拍的戏说成正史是极不负责的。

"戏说"好在它没有告诉你是历史。就像王元化在《新民晚报》上撰文所说:"《康熙微服私访记》是一部最有现实意义的古装片。"我认为,古装片其实关注的也是现实。事实上对现实的关注和反观是相辅相成的。如果"戏说"和"正说"的说法成立的话,前者是写意,后者是写实。就两种文体而论,没有优劣之分。绝不是正史的写法天生就比"戏说"优越。电视剧只有好和坏之别,没有文体上的优劣之别,只有文学形式上的分别,而文学形式不是天生就有优劣的,只有写好与写坏的区别。

记者:是否可以这样理解,历史被演义成一种戏剧形式之后用正史的手法来创作,比如《太平天国》用的是戏剧的方法,《康熙微服私访记》用的也是戏剧的方法。而戏剧的表现手法一个是比较严肃的,一个是比较幽默的。

邹静之:幽默并不等于不严肃,故作的严肃有时会让人发笑吧。所谓"正史"戏里,《雍正王朝》比较成功,收视率也高,我觉得它是典范。

就《康熙微服私访记》而言主要是反讽。而反讽又是现代人最为喜闻乐见的文学样式。

记者:《雍正王朝》给人的感觉非常庄重严肃,关心的是江山社稷;《康熙微服私访记》谐趣横生,也关心的是江山社稷。这两部戏只是艺术手法上的差异,没有优劣之分。

邹静之:我不同意有人说某部电视剧"绝不是'戏说'形式的戏,而是以正史的面貌出现,写史写人"这种说法。难道别的戏就不是写人吗?比如现实主义的创作方法和浪漫主义的创作方法是不同的创作方法,不能说你的创作方法高级你的戏就高级。

记者:是不是可以这样理解,所谓正史的写法是在创作中站在大的社会背景下用历史评价的角度去结构作品,而"戏说"不是以评说历史的面目出现,是用人的生活、感悟、性情去结构作品。我似乎觉得后者更容易接近人的情感和生活。

邹静之:《水浒传》中的人物深入人心,但它不是历史。三德子、刘罗锅也深入人心,编者在写的时候就说了他们和历史没关系,但这并不妨碍观众喜欢他们。原因是他们生动,更接近生活本身,而不是凌驾于人们之上,缺少新意且十分遥远、陌生。

我写剧本确实侧重写人,写感悟,写性情,写情趣。

记者:你把历朝历代被老百姓认为神秘的皇帝写成一个普通的人,这使观众觉得有趣而且亲切,这种换位是基于一种艺术手法,还是一种对人物的设计?

邹静之:"戏说"的关键不是"游戏""戏弄",而是"戏剧之说"。我们内地的所谓"戏说"与港台的"搞笑"有极大的区别。我不太喜欢搞笑,但也不会反对,因为人家有人家的创作方式。我创作之初的定位是亦庄亦谐,注重谐趣。宫殿里的庄重与民间的谐趣之间,有很大的张力,这样的受众面就会大。

在中国受欢迎的电视剧都得益于当时的社会状态

记者:《康熙微服私访记》的三部我都看了,确实有吸引人之处。我想这在创作中一定有些规律可循。

邹静之:陈凯歌曾转述过一个观点,电视剧这一形式是你到别人家去做客,是你到别人家里去讲故事,电影因为是在电影院,环境更像请别人到你家来做客。

记者:是否可以理解到别人家做客时不能太过分地滔滔不绝,而请别人到自家做客时就可以放松地大讲惊心动魄的各种故事?

邹静之:可以这么理解。在中国受欢迎的电视剧都得益于当时的社会状态。《渴望》红遍中国之时,是因为经过"文革"那个冰冷的历史阶段,人与人之间非常敌对,突然一部温暖的电视剧走进家家户户,人们产生了极大的共鸣。《编辑部的故事》之所以受欢迎,是因为满世界都是生硬的"社论"语言,而把非常生活化的市井语言搬上屏幕,人们觉得亲切。在人们对腐败深恶痛绝的时候,《刘罗锅》就备受欢迎。当需要表现一种生活状态和态度时,《贫嘴张大民的幸福生活》又在大行其道。当然正史写法的《雍正王朝》也很好,也有它受欢迎的道理。

记者:我个人认为,温情的、诙谐的、轻松的、亦庄亦谐的"戏说"似乎发展前景更广,更有前途。

邹静之:从电视剧这一艺术形式来看,一部戏的成功与否不在于声势有多大,阵势有多宏伟,不在于有多少门炮,有多少艘船,这不起决定作用。好的故事、好的对白、新鲜的视角和那种会心的理解更为关键。以声光电来说,电视剧绝对比不过电影吧。

记者:要在电视剧里看大场面是比较困难的,想看只能到电影院去了。所以电视剧的创作选好一个切入点很重要。

我们想请你谈一谈为什么"戏说"面临这么大的挑战?

邹静之:我也觉得奇怪。其实对电视剧成功与否的认定,最诚实、最简单的衡量标准就是收视率,这和市场与影响都有关系。让人爱看,能看下去是重要的吧。

古装片这一提法很好,它没有欺世的害处

记者:历史剧对历史会不会有误导作用,人们会不会认为历史剧就是历史?

邹静之:想知道历史就得到史书里去读,只要是戏就不是历史。我不同意某演员的说法:我只对历史和某人物负责。事实上你负不了责。

记者:看来所谓的"正史""正剧"与历史的误差是不容回避的。而"戏说"一开始就告诉你它不是历史,是娱乐、是交流,观众反而真正保留了一种与电视剧交流的心态。

邹静之:无论什么历史剧,选材的取舍,放大的和缩小的东西都是根据个人的判断得出的,而不是历史本身。

记者:这恐怕是一个误区。现在的青少年不爱看历史书,却依赖电视剧了解历史。比如《三国演义》搬上屏幕后,把演义了的文学作品又加了演义,人们往往认为那里褒奖的人物就是历史上的真英雄。

邹静之:这个问题是这样,如果以正史的文学形式来拍一部剧,并说自己在还原历史,这除了想象中的时间隧道,什么也做不到。但你用正史的形式来结构一部作品,这无可厚非,这只是一种文学样式,一种方法,就像现在很受欢迎的那种纪实方法拍的公安题材电视剧一样,那也是一种文体的成功。但你要说你拍的戏就是历史本身,这大概说不通。

记者:如果把这种文学样式所表现的历史题材的作品说成是历史,确实非常可疑。

邹静之:所以从这个角度说,古装片的"戏说"是诚实的。古装片的提法很好,它不是历史剧,它没有欺世的害处。有一位专家在文章中褒奖一部"正剧"时说,首先这部戏不是胡编乱造的"戏说"。

记者:这里面有蛮大的误解,所以有必要把"戏说"这种形式从理论上说清楚。

邹静之:为"戏说"正名我不敢说,因为"戏说"这概念现在要借助一些作品来分类。《刘罗锅》《康熙微服私访记》大概是一种"戏剧之说"的"戏说"。

模式化以后,就敞开"抖机灵"

记者:我觉得你写了近百集,凭空地制造了那么多故事,到后来就像你没了招儿,把那么多观众熟悉的人物除了放进粥铺,就是放进茶馆、旅店,好像没了别的去处?

邹静之:第一部人物关系是新鲜的。吃醋的妃子、滑稽的太监、憨厚的和尚、聪明的宫女,包括皇上的形象都是未知的。写到第二部、第三部时,最大的困难就是人物关系已经类型化了,瘸了一条腿,只能靠故事来维持,这样维持是维持不下去的。其实在

写第二部时,我和张国立都已经意识到这个问题了,所以就不断地制造人物关系的错位。但无论怎么调整变化,已类型化的面孔无法再改变了。到第三部时又产生了一个新的想法,就是把皇上身边的、观众喜欢的人物的戏写得重些,让三德子成了主角,使他的戏份替代皇上的戏份,以求一点新鲜的感觉。让吃醋的妃子深明大义,让皇上使小性都是在人物关系上的求变。但在已形成的模式中写出新意来,真是煞费苦心。

记者:但我认为电视剧一定要模式化。

邹静之:理论上是这样。因为反过来说,这戏也好写,观众对人物都熟悉了、认可了,你就敞开了"抖机灵"就行了。

记者:你抖的机灵挺有意思,不是惯常人们看到的总有个装傻充愣的角色,而全是聪明人之间的小把戏。我觉得不足的地方一个是情节性差些,没扣人心弦的刺激,而且略显拖沓。这种拖沓往往被观众认为是在加水分。

邹静之:你说的情节性问题是我的一大弱点。我爱讲感觉,讲性情,讲感受,同时这也就成了这部戏的风格了。我写故事行进确实不快,有时好不容易找到一个故事的"扣儿"老不想那么快地把它解开,因为解开后很难再找到一个更高一级的"扣儿"了。

既然情节性差是我的弱点,我只能扬长避短了。写好台词,写好感受,写自己的风格。

我在寻找一种规律

记者:这是否可以说也是一种规律,就是把简单的事情复杂化,把复杂的事情简单化。当然这种复杂化是必须以观众接受程度为准,这种简单化是必须以观众看明白为准。这才叫"做戏"对吗?

邹静之:我的确是在寻找一种规律。我分析过观众的收视心理,很多人在看电视剧时不可能守在电视机前两小时不动,常常是干点这干点那。那么节奏本身就很重要了,电视剧也是需要呼吸的。就好比放风筝,松一松,拉一拉,太松了飞不高,不拉也飞不高。所以戏的节奏感至关重要。

记者:我们很想知道你是怎样选择了这种文学形式,又怎么能自如地把宫廷语言与平民语言发挥得那么朗朗上口?

邹静之:我喜欢歌剧。我曾与作曲家郭文景合作过一部歌剧《夜宴》,在英国、荷兰及中国香港已经演过了,明年在法国艺术节也要上演。我也写诗,写散文,写小说。有记者说我是诗人里转行转得最好的。我说我没转行啊,我还在写。歌剧和诗歌接近,难道写电视剧就与诗无关?其实它们有极为接近的地方,比如想象力——诗就是发常人之不想,突发奇想。还有语言对白的韵律感和音乐感同样与诗相联。我写台词时确实在意多一个字少一个字的感觉。

入这行是朋友带我进来的。我是没有经过严格戏剧训练的。这也使我没有框框。我主张快乐写作,否则四年里90集下来,人还不得废了。我是想,什么事开始时不要看得太重,也不能看得太轻。写小说、写电视剧只有写好写坏之分,好好写就是了。

我把宜妃写死就是想把故事了结了。但对商家来说认为这是太好的商机了,可以出新人物了。香港、台湾收视率非常高,商家频频发电传要先预付将来第四部的订金。

我还没想第四部

记者:你还准备写第四部吗?这是一个巨大的考验?

邹静之:这是商家所希望的,但对于创作者来说几乎没有能力面对这么严峻的考验。至少现在我还没想第四部。

记者:我认为这部电视剧充满了你个人的情趣,熟悉你的人,都觉得有与你本人交流的感觉,你怎么看?

邹静之:所谓亦庄亦谐,庄来自何处,总得有些资源嘛。谐趣的东西完全和作者风格、性格相关。我本质上是个一心向善乐观的人,喜欢性情中人,喜欢干性情的事。谈这话好像特没性情是不是? 算了,不说了。

记者:这90集戏是一个很大的工程,你怎么处理本职工作和写作的关系。

邹静之:我是诗刊社的编辑,我在这三部戏的创作过程中没有影响到一点工作,我一直坚持的是业余创作。我的本职工作不影响我的文学创作,我的文学创作也没影响我的本职工作,而且互相作用,工作和写作的感觉都不错。

永远在"抄书"
——访张炜

胡殷红

10月1日,我们乘坐异常拥挤的火车到济南。

迎候我们的是黑夜、蒙蒙秋雨和对面却不相识的作家张炜。

张炜显得有些疲惫,是因为刚刚交付作家出版社一部长篇小说——《外省书》。

张炜显得有些虚弱,是因为他在病中。

张炜显得很沉静,是因为他的孤傲已深入骨髓,是因为除去外在的东西之后,剩下的全部潜在了心的深处,并只能在自己的作品中得以发泄。

张炜显得很高兴,是因为国庆节还是他结婚17年的纪念日,是因为我们利用假日的专程采访。

第二天上午他接受了我们的采访,下午拖着尚未完全康复的病体为我们办理非常紧缺的回程车票,送我们回去。

张炜,这位新时期以来备受文学界重视的作家之一,其来源于人的社会实践的见识和来源于书本的学识,使他在写作方式的探索开拓和思想深度的挖掘方面始终保持着卓尔不群。

在外国文学以前所未有的潮势冲击中国文坛,在五花八门的文学现象以其存在就是合理的状态占据一席之地并产生广泛影响的年代,与张炜这样一位作家对话是我们不可忽略的选择。

20世纪80年代,张炜的一部《古船》使他在文坛崛起。90年代,他的一部现代长篇小说《九月寓言》一改创作风格,旋即又在文学界引起较强烈的反响。直至20世纪之末,他的长篇小说《外省书》问世,之前他沉寂了6年。《外省书》是张炜6年来唯一的一部长篇。

这部小说所引起的反响是否超出以往并不重要,我们所关注的是一位总能用作品制造出动静的作家的心路历程和创作状态。

写作是在月球上行走

记者:有人评论你的《外省书》是"六年磨一剑",这种说法是就长篇小说创作是一个庞大的工程而言,还是想说明你的严谨抑或难产?

张炜:其实我用在写书上的时间没这么长。再说真要写了一本好书,花上更长的时间我都不会可惜。问题在于真好还是假好。这些年我除了写这本书,还要走路、读书,我还写了其他东西。

今天的写作不同于过去。首先是你怎样面对这混乱和喧嚣,先得解决吵得没法动笔这个基本问题。我觉得自己已经到了没地方摆放一张书桌的地步了。为了写长一点的东西,找一个起码的安静地方,我花了不少时间,硬是找不到。从城市到乡村,从中心到边缘,到处乱腾腾的,刚找个地方住下,不久又乱得你非逃走不可。这些年我常常这样想,如果给我一个长时间的安静,我会写出多少真正的好东西!

本来我会写得快一些,6年时间才交出一本小书,这也说明不了什么。有的人能在酒店在闹市著书,有的人能在任何地方找一处安静的住所,我却不能,这是我的痛苦。

当然,长篇小说的创作绝不仅仅只有痛苦,如若完全是痛苦,所有写长篇的人早都改行不干了。这里面其实有一种没有从事这种写作的人所不了解的强刺激。有人问雨果,你为什么这么累、这么辛苦地写诗写小说?雨果想了想说,一个人在月球上行走过,你给他一个县长他就没有兴趣干了。

写作就是在月球上行走,是非常有高度的强刺激。

我们没有理由拒绝西方的文学创作形式

记者:不容回避,你早期的作品受拉美魔幻现实主义影响较大,这也是当时你的作品比较成功的重要因素之一。90年代之后,你的创作有美国作家斯坦贝克的批判立场和风格。你能谈谈你的创作与西方文学的关系吗?

张炜:我从小接触外国文学较多。我外祖父家有很多外国名著,我很小就读了《白痴》《高老头》,到我上师院的几年里,凡是能找到的外国文学译作,我几乎都读了。但是我现在越来越不急着读外国书了。因为回过头一看,这么多必读的中国书没读,没有好好读。在这个年头,如果对西方文学的兴趣覆盖了我,唯恐学得不像,我就可耻了。时下我如果用西方的书唬人唬己,也就浅薄了。我的文学就是竹篮打水一场空。文学需要交流,但每个民族都有自己的文学,哪有跳离自己民族十八丈远,十八竿子都打不到的文学?这些是我中年之后才明白的道理。屈原、李白、杜甫及诸子散文等,要在自己的心里扎下根来。否则,吞服再多西方的花花绿绿还是写不出自己土地上的东西。

《古船》的写作其实受陀思妥耶夫斯基的影响较大,但这些都是外在的,骨子里还是中国的。因为除了通俗文学之外,纯文学创作不可能不吸收外来的东西。中国的小说在《红楼梦》之前是非常低档的文化,它是曲艺的范畴,并不在文学的范畴里。而现在的小说是文学创作,没有理由拒绝西方的文学创作形式。

古往今来，评价事物的态度基本是一致的

记者：应该说你是一位关注现实的作家，而你的作品大都在回望历史，你是否可以谈谈回望历史与关注现实的关系？

张炜：一个作家不可能总是写历史题材的作品，但他考虑问题一定是综合的考虑。如果把生活比喻成一条河流，写哪一段是你的选择，但必须考虑河是从上游流下来的。水在流动中不断融合，融合中就有过去和今天。有些不太成功的作品，就是因为考虑的面太窄，没从历史的多角度、多层面去关照问题，所以看法就片面，就简单化。现在出现的一些现象和问题，其实历史上都出现过，是在不断地重复而已。

我的作品中有历史题材，也有现实题材，但这在我眼里没有什么分别，基本都一样，我在创作中没有刻意地去区别什么历史题材和现实感很强的题材。

历史在我眼里和现实差不多，时间很快，有些是自己经历的，有些是没有亲身经历的，只有这个区别。但当你把没有经历的材料熟悉后，就像自己在经历一样。在我的脑子里，时间没有那么缓慢，是都堆积在一起的。

我到龙口生活已经快14年了，但我到那里第一天的情景就如同昨天发生的事情一样清晰可见，一闪就是14年。我们有时太把历史当成历史了，也太把眼前当眼前了。其实历史不像我们想得那么遥远，而眼前的东西又很快就过去了。

记者：对于你并没有经历过的历史时期，你是用你自己的观点去注解它，会不会由于你的认识及体验的局限性而出现某种偏差？

张炜：我写《古船》和《家族》时，因为老在那些材料里面转，和从那个时代过来的人交流，慢慢就觉得和那些人和事件有很近的感觉。我尽可能地把历史融化，融化了可以变得很近，近到可以触摸的程度。

我感觉历史上的事件、人物其实和现代人的思想方式、情感差不多。对事物的恐惧、焦虑、浮躁及爱和恨的方式几乎没有太大变化，有很多东西变化极微小，不如想象中有那么大的改变。像电话、电脑、网络的变化，实际上是最简单的变化，而像情感这种复杂的东西几乎没有什么变化。

记者：随着时代的发展，价值观念的变化肯定影响到人的情感的变化，这一点不能否认吧？在你的创作中，你的体验与历史产生共鸣的可能性有多大？

张炜：价值观念的变化也不像人们想象得那么大。有时似乎变了，很快又回去了。像道德伦理这方面就变化很慢，过去认为坏的，现在仍然认为是坏的。古往今来评价事物的态度基本是一致的。

有些人在写作中强调历史与现实的巨大反差和变化，而我认为"大"不可否认，我

却注重"不大"的这一面。比如自古以来的战争,争斗人的心理是差不多的。面对多元化的世界,年轻人的变化只是一次跳动,迟早要归位的。毛笔写作、钢笔写作和电脑写作只是形式上的变化,本质上是它都得会思想,或者会帮助我们思想,这种形式上的变化起不到革命性的作用。

所以说现代科技的发展引起的人的道德伦理范畴内的变化,虽然有,但远远不如人们想象得那么大。好多东西人们还是在否定它,但否定中有一点点保留,这一点点保留就是进步。

一个作家应该不断接近和发掘本质意义的东西,应该抓住变得很慢的本质的东西去思考,因为变得快的大家有目共睹,我们也不会遗漏。而一个作家应该抓住本质的,人类很难改变和没有改变的部分,去触摸它,解释它,这样的作家才有点思想家的意味。如果缺少这种洞察力,离作家这行当就远了。

我把自己严格地区别于社会性写作力量

记者:在中国长篇小说创作的大格局中,你觉得你的创作处于怎样的位置?

张炜:实在地说,关于名利问题,三十多岁之前我不能说不看重"名",而"利"我一向看得不重。三十五岁之后,连"名"也看淡了,当然不是一点儿都没有,那不现实。但我把自己严格地区别于社会性写作力量的行列。我肯定是进入文学写作了,而且坚持在这条路上走。

"名"的心不重了,功利的思想也就淡多了,回到那种自己对自己负责,自己寻找一种安慰,用文学写作来排解生命寂寞的状态。

解除寂寞最好是进入文学写作,因为随之产生的责任感会使你感觉出生命存在的意义。

记者:你谈的责任感是怎样的一种责任感?

张炜:我是从人生命的短暂、生命的连接、人类的渺小考虑的。既然人的生命脆弱,人类之于自然那么渺小,就应该尽可能把认识客观世界很多奥秘的能力延长,发挥或显示自己的强大。从这个意义上讲,我们应该非常认真地去思考、去表达自己很神秘的那种感触。这不是为了神秘而神秘,而是感受到自己身上的那种神秘性和对美好事物的拥抱。比如柔情,这是很神秘的一种情感,充满柔情的人对爱和恨的执着、对人的尊严的维护,都对我有很强的神秘感。我觉得对这部分东西非常顽强地、不放松地盯住,并始终抱有强烈的兴趣,是一种对脆弱生命的延长。这样生命才有意义,也就安慰了无聊、寂寞的生命。

我的责任感是对文学、对生命、对人类永远不可破译和未知的那一部分奥秘的探寻。严格地讲,是对生命与生俱来的、每个人都能感觉到的那种无聊、寂寞的一种解绎。

记者:这作为你的一种解释,你认为你能留给人们什么呢?

张炜:就我本人可能留不下什么。也许我能留下的是自己才能发现的美、激动、愤恨、懊悔,这些是别人发现不了的,只有我才能记录的东西。我想我能做到这一点,我的责任和意义就在这儿。

记者:现在大部分读者或有的评论家衡量小说的标准首要的一点是好读,读故事,读表达的思想。其次是想看通过什么手法表达了什么。你怎么看待这个问题?

张炜:真正懂文学的读者和评论家应该凭感悟,把那种神秘的东西联系起来,震动的频率一样了,曲线吻合了,才能读懂。通过什么手法表达了什么说法,实在是不懂文学的说法。

我是从心里往外"抄书"

记者:你是一位很理性的作家。你怎么看待小说描写与理念运用的关系?

张炜:古今中外比较优秀的作家,包括中国最优秀的作家都应该是理性比较强的。认为理性强会影响创作想象是一种误解。作家首先应该是个思想家。"好的作家一定是个思想家",这句话并不是因为说的人多了就成了一句废话和老话。

中国目前最优秀的作家都是非常理性的,有独特思想见地的,他们的思想不是为了显示独特而独特,是有一种强大的理性表达能力,并且在生命里存在着神秘的角落,有些怪癖、怪异……在不能用理性表达的地方,一个优秀的作家也能够搜寻到人性中最偏僻的角落来描述。而好多作家没有这个能力,只表现大路的东西。理性和想象并不矛盾,只要这对矛盾出现在一位作家身上,他就不会是好作家。

一个作家非常周到,理性思维很强,他在表达自己理性的时候一定会想,直接用理性的而不通过形象的意境的描写就不是文学的表达,那么理性就会强烈地告诉他不能那么做。有些作家理性的表达很直露、生硬,不是理性强而是理性太差的原因。

我在作品中尽可能处理好这个关系,不知效果如何。理性无论怎么强,生命的巅峰状态、激动状态一定要有,它会冲决理性,最终又都受理性控制。我觉得我做得比较浑然的是《九月寓言》。

记者:处理这对关系需要技巧吗?技巧越高是不是标志着创作越成熟?

张炜:我从十几岁开始写作,后来一直轻视技巧。中年了,写了这么久,正常情况下不该再怕什么技巧,其实我最怕的是自己对这个世界没有感情,深深地害怕。本来,作家对人间苦难耿耿于怀才是正常的,只要不幸的呼号传到耳边,不论是从哪个方向、哪个渠道传来,都让我的心揪疼,不能忍受……

记者:实际上你最恐惧的是自己的感情枯竭,照我看当今一些著名作家的创作滑坡,原因也正是如此。你的文学创作有目标吗?会是几年再磨一剑吗?

张炜:所谓的几年一剑之说,不过是把我长久以来装在心里的书"抄"下来而已,而"抄"所用的时间并不多。因为写作只是记录自己,记录下来能要多少时间?可这之前先要把自己准备好,使自己有值得一记的东西,这才是最需要花时间的。这个过程千万不能搞反。所以我对自己从不敢松弛,这样做只为了写得好一些。现在和今后我还是直接从心里往外"抄书",而不是写书。类似的书,长长短短的书,都积存在我心里。今后只要一有时间,我就会从心里"抄"一本出来。

心中的阿坝　尘埃依旧
——访阿来

唐朝晖

在初读《尘埃落定》的时候,给我留下最深印象的是那个"傻子",他的思想、行为、语言简单得像高远天空中的一只鸟,只剩下流动的线条了,而学识渊博的"聪明人"在"傻子"面前,就是一些永远不开窍的小丑。

我的西部之行最后一站是四川,在一家名叫"铭典"的咖啡屋里,我和《尘埃落定》的作者阿来见了面,我们的谈话是从他的家乡开始的。

唐朝晖:能谈谈您的生活经历吗?

阿来:我出生、上学、工作一直在阿坝。1976年,我初中毕业后就下乡了,后来回城当工人。恢复高考时,因为我是初中毕业,所以只能考中等师范院校,毕业后就教书,1996年才来到成都。过去也有许多机会可以离开阿坝,但因为我的作品地域色彩比较强,觉得自己留下来还可以把生活挖得更深一些。1994年完成了《尘埃落定》后,感觉自己在一定程度上有了一个交代,心灵也得到了一定安慰。我对自己这一阶段还是满意的,虽然还有许多东西没有写,但我认为,离开阿坝后也有把握将没写完的东西写完,并且写好。

唐朝晖:读你的《尘埃落定》,感觉非常真实而感人。特别是那个"傻子"的形象,蕴含非常深刻,而且具有较强的文化意味。他是个真正的聪明人,只是被世俗的灰尘扭曲了。能谈谈您创作上的见解吗?

阿来:如果说《尘埃落定》中的故事和人物是虚构的,那么有关土司制度和这种阶级关系及典章制度,都是完全真实的,土司制度在很多少数民族中都存在。我非常尊重历史真实,如衣物、器物和房屋建筑等,这些背景的材料也是真实的。对于当时的政治历史背景,也是广泛研究的结果,即使把它们作为历史研究的材料也是真实的。

说到"傻子",我倒记起了一件事。前几天,一位初中毕业后就入了美国籍的中国小伙子,现在回头学中文,很喜欢我的东西。他在80年代读过我的一个短篇小说《阿古顿巴》,他说可以读出与《尘埃落定》的关系。阿古顿巴跟贵族、官员作对,他是老百姓,是奴隶。贵族们代表权力、知识、智慧,所以他们对付老百姓的办法是用最复杂的把式,但阿古顿巴却用最简单、直接的方式去对付他们,而这种方式是最本质的。权贵们用"智慧"、知识把某种方式变得复杂,再加上权力因素时,反而会破绽百出。这就是我早期的小说,带有喜剧色彩。就像新疆有许多不同的阿凡提故事一样,阿古顿巴也有不同的故事。我把它进一步发展,将自己的很多想法融进去,表达我对知识、权力、"智慧"的轻视。所以这个人物并不是凭空想出来的,这个主角就成了集民间智慧之大成的人物。

　　文化实实在在地存在着。现在的西部,我们研究的主要是它的传统文化,这种自然环境、人文方式结合宗教,影响着每个人的生活方式、思维特性。西部每一个省的文化都不同,甚至整个藏区都不同。西部常常使人联想到的是大片荒漠,而我们阿坝那里是一大片原始森林。

　　我写小说,报废最多的是开头,没有报废过整篇小说。实际上,小说的有些东西可以作为手艺来研究的。比如一个磨咖啡的人,对咖啡的味道肯定需要一种直觉。但我们的文学家往往夸大其神秘感,对有些可以当作手艺化的、操作性很强的部分不敢正视它、研究它。我从小生活在一种农耕气氛中,相当于中世纪的农耕生活,加上宗教、自然山川这种东西的熏陶,肯定让我跟别人不一样,面对自然时,我可能会比有些作家更敏感。

　　唐朝晖:在如今的市场经济大潮下,你对当代文坛的某些纷争有什么看法?

　　阿来:文坛上的吵闹纷争不算少,但把文坛的这种争端放到整个社会中,就会发现并没什么。我对他们的行为没什么感觉,不过是出了一本小小的书,为了卖得多一点,为了出名。中国人大多时间在说"破",在说"摧毁"。说说并没有错,但这些只说不做的人,却认为自己是老大,搞些什么排名,而对那些真正有建树的人却不闻不问。中国文化道德有点沦丧,我并不是说有些作家不该骂,文学是可以批评的,但要看从怎样的角度来批评。我们的文化批判从五四以来批判太多,建构太小,现在是只有"骂",没有建构。为什么我们遇到了一些非常敏感的、完全可以深入研究的问题时,就只能骂些表面的词呢?还是缺乏真正的文化底气。我们五四时期的文化大师们也打过文坛官司,但为什么他们可以打到那么深的地步?因为性质不一样。大师们是因为什么吵的?而我们又是因为什么吵?又吵到哪里去了?大师们吵架升华了自己的思想,假如我们现在把中国当今几个骂人名声很大的人的作品收到一起,他自己的文章与文章之间都会自相矛盾。也许有一天有人骂到我头上,我也绝不反击,因为如果那样做,我也就会变得很无聊了。

　　西部之行采访阿来后不久,就听到了他的《尘埃落定》荣获茅盾文学奖的消息,我又一次打电话给阿来,向他表示祝贺。阿来的心情倒显得很平和,他说:"作为作家,自己的写作程度是由自己来认定的。现在觉得鼓舞的还是当初写完《尘埃落定》后的感觉,后来又在市场上销售得比较好,批评家也比较看好这部作品。这一次次的肯定印证了当时我写完这部作品后高兴的程度,得奖终归是件好事和喜事。"当问他近阶段的创作打算时,得到的回答是,在原来熟悉的题材、写作方式上还要延续一段时间,关于阿坝,大约还有两部的长篇。

看来,在阿来心中,阿坝尘埃依旧。

2001年

呼唤艺术的阳光和健康
——王仲谈俄罗斯美术的再认识
颜 慧

记者：《美术》杂志今年连续5期进行"俄罗斯美术再认识"的笔谈讨论,在美术界以至文艺界产生了很大影响。最初在构思这个选题时是怎么想的?

王仲：关于这场笔谈讨论的构思我在开始笔谈时写的"编者按"中已有明确的交代:"俄罗斯美术(或称俄苏美术),曾对20世纪中国现实主义美术有很大的影响和推动作用。改革开放以来,中国美术在和外国美术的交流中,更多的是受到西方现代主义艺术的影响。在世纪之交,中国美术界在思想心态上更趋冷静和成熟,更能全方位地、客观地审视世界美术。我们认为,在这种状态下,重新来回顾和再认识处于世界美术格局中的俄罗斯美术,从诸方面、多角度来思考俄罗斯美术的精神价值和艺术价值,对正进入新世纪的中国美术的新发展来讲,无疑是有探讨意义的。"简言之,开展这场笔谈讨论,就是想纠正美术界近20年来的西方化倾向,纠正中国文化界几十年来那种从一个极端走向另一个极端的钟摆似的形而上学倾向。新中国成立之后基本是全盘苏化,改革开放之后全盘西化,都是缺乏主体意识和成熟意识的偏颇。另外,我们在抛弃一种倾向时,又往往会犯恩格斯所揶揄的那种"把脏水和小孩同时泼出去"的方法论错误。因此,这场笔谈讨论,可能会有两个好处,一是给西化热潮降降温,二是重新审视一下由于"反修"而疏远了三四十年的俄罗斯美术,重新总结一下俄罗斯美术过去对中国美术影响的利弊得失,思考一下它对今天的中国美术是否有值得参考和借鉴的意义。这两方面都会给我们带来积极的作用,都会调整我们方法论上的缺陷,梳理一下我们自己的道路和方向,增加我们在全球一体化浪潮面前的文化批判精神和文化自主精神。

那个深藏在艺术知识分子心中的"俄罗斯情结"一下子又被点着了,被唤醒了

记者：这场笔谈讨论进行到目前,您能概述一下基本情况吗?

王仲：笔谈讨论已经进行了5期,还要继续进行,我现在还不可能做总结。讨论还是非常热烈的,那个深藏在艺术知识分子心中的"俄罗斯情结"一下子又被点着了,被唤醒了。星移斗转,旧情复萌,思绪万千。话匣子一打开,要说的自然很多。当然,我们发起这场讨论,目标并不是对俄罗斯美术史的史学研究,而是密切联系中国当代美术发展的现实来进行理论性的深层探讨。从目前的讨论来看,话题比较集中的有三个方面:1. 怀旧之情,历数心中珍爱的大师的名作和伟业,追忆俄罗斯的文学、音乐、美术群星灿烂的往日辉煌,重温俄罗斯人道主义的青春旧梦;2. 重新回顾审视中、俄美术过去的复杂情感历程,总结这个历程的历史价值和得失利弊经验,进而引向深入,探讨人类美术发展的普遍规律和有中国民族特色的社会主义文艺发展的特殊规律以及两者内在的关联;3. 对比研究中、俄美术史上共同出现的现代主义问题,引向当代全球化——全球西化条件下东方文化和东方艺术的战略、策略问题的思考。这种讨论的走向,正是本刊所期望的。我最初的构思正想这样,引情入理,从重温"俄罗斯情结"到引入中国文化艺术发展的当代思考。如果仅仅是"俄罗斯情结"的怀旧,在当代本质上异常严峻的国际文化冲突的背景下,就显得太儿女情长了。

记者:经过几十年的疏远,您今天对俄罗斯美术有什么再认识?

王仲:我青年时代就迷恋俄罗斯文学、音乐和美术,崇尚俄国革命史上的革命英雄人物。虽然我们在文化环境上疏远了近40年,但坦白地说,青少年时代积淀在心理结构上的"俄罗斯情结"始终没有磨灭它的魅力和亲切感。当然,沧桑巨变,人生磨砺,今天再反观俄罗斯美术自会更冷峻、理性,更具历史性和整体系统性。我们所说的要再认识的那个"俄罗斯美术",主要指的是经过外在世界简约过的,最具俄罗斯民族文化特性、民族文化精神和民族文化风貌的俄罗斯美术,即在俄罗斯民主主义、社会主义思想影响下创造的,具有浓厚人道主义情怀和深刻人性理想色彩的经典性的俄罗斯美术。也就是我们最为熟悉的、对我们曾经产生巨大影响的俄罗斯批判现实主义美术和社会主义现实主义美术中最具经典性的名作系列。我认为这些俄罗斯的优秀作品,如同希腊、罗马及欧洲文艺复兴的优秀作品以及世界各个重大艺术区域和时段的优秀作品,都是人类共有的珍贵艺术财富,都是后辈艺术家学习和发扬的范本。在这里,我指的是那些优秀的经典性的作品,而不是泛指和经典性作品混杂挂在博物馆里的较为等而下之的同时代的作品。

回顾经典的俄罗斯美术,联系当代世界美术的迷茫和中国美术的彷徨,今天我更坚定地认为,俄罗斯优秀的经典作品所具有的优点,仍然是我们需要重新学习和发扬的。这些优点概括起来有以下几点:1. 对生活、对人生、对阳光大地、对真善美的理想充满诗意的乐观的美,与当代西方所谓"前卫""先锋"艺术中那种扭曲、变态、颓废的艺术指向是形成了鲜明对照的。中国当代艺术的情感走向,恐怕还是需要更接近前者,而不是后者。2. 深刻的人民性,对人民大众充满人道主义的博爱情怀,对不平等和非人道的假、丑、恶现象持尖锐的批判态度。我们过去曾经把这种人民性、人道主义批判为"修正主义"，今天我们那些封闭在自我小圈子里的艺术家的情感贫乏的作品，恐怕其思想境界要远远低于这种"修正主义"。3. 朴素真挚的语言和画风，体现着一种健康的、灵性的美术品味和视觉艺术的亲切感。这和那种狂躁不安的宣泄性以及矫饰雕琢的制作性的两极化的偏执画风之间，可以对照出一种社会心理素质的差异。

无论是民族传统还是外国东西，我们要学的只是它们最优秀的经典范本，而不是学它们的全部或平均值

记者：过去我们在学习借鉴俄苏美术时，有什么经验教训吗？

王仲：对优秀的、经典的俄罗斯美术，我们的经验教训就是没有学透，而半途停滞难前。我们50年代学习俄苏美术的中国油画家，有谁达到列宾、苏里柯夫、谢洛夫的高度？！没有学透学到家，谈什么"经验教训"？今天的中国现实主义、写实主义油画家，还是需要老老实实学习欧洲及俄罗斯油画大师的经典作品。至于公式化、概念化、个人崇拜等偏差，谁叫你去学？学就要学好的东西、优秀的东西、经典的东西。学生不才怪老师，拉不出屎来怪茅房，这样"总结经验教训"是毫无意义的。无论是民族传统还是外国东西，我们要学的只是它们最优秀的经典范本，而不是学它们的全部或平均值。

当代油画家有两大能力需要训练，一是写实能力，一是变实能力

记者：面对经典的写实主义大师和现实主义大师，中国的油画家应该向谁学习？

王仲：我认为当代油画家有两大能力需要训练，一是写实能力，一是变实能力。写实能力大家都理解，不用多说。变实能力指画家根据自己的美学追求去变异、变化、变通现实对象的绘画能力，在"似与不似"之间的开阔地带寻找画家的独特绘画追求，以期让绘画领域呈现出更丰富的面貌。那些有成就的所谓现代主义大师就属于后一种。但是坦率地讲，至今出现的几位现代主义绘画大师，他们在变实方面只是大跨度地开了几个头，变实绘画能力还处于初级幼稚阶段。达利在神经质的狂想中，用写实原则和超时空原则变异现实现象；毕加索在寻奇求怪的冲动下，或用立方原则、或用简化原则、或用设计原则、或用错位原则去变异现实现象；波洛克则在狂暴的情绪下，利用油漆独特的牛顿定律效果去变异现实现象为一种特殊的景观；赵无极在东方哲学的玄想中，用喷流原则去变异现实现象为宏观的宇宙景观……总而言之，他们都在变实。

写实画家和变实画家在绘画能力上是两大类，很少出现具有双能力的画家，也许21世纪会出现这种双能力都很发达而且能把双能力辩证贯通的超级大画家。

你问我应该"向谁学习",我认为中国的油画家,尤其是青年油画学徒,还是要首先向写实主义大师学习。因为,绘画能力的基础首先是写实能力,两大能力的基础也还在写实能力,它是一个画家立本强业的基石。青年学徒、青年画家如果没有像样的写实绘画能力,不要说去搞变实,就是想去考中央美院附中恐怕连名都报不上。现代主义大师绝对不能学,只能借鉴参考,因为每一个具体的现代主义大师只意味着他是变实千万可能中不可重复的一例。

记者:您认为在中国,写实和变实,哪一种更有发展?

王仲:两者都有前景。但我说变实有前景,并不是等于说几个西方现代主义大师的样式在中国有前景。抄袭几个西方现代主义大师的伪劣仿品在中国是绝对没有前景的。我说变实性绘画在中国大有前景,首先是因为它的似与非似的基本美学原则在广大艺术欣赏者那里有深厚的接受可能。第二,变实在方法上蕴含着经得起视觉美学原则考验的无穷可能性,而且它在不断改变着、提高着写实能力和写实的美学品级。谢洛夫、弗鲁贝尔、黄宾虹、杰涅卡就是例子。第三,一批西方现代主义大师在变实方面只做了一小部分工作,而且都不太实在,比较夸张肤浅,给有创造能力的画家还留下了非常广阔的空间。总而言之,还是那句大实话:"画家的天职是画好画。"写实和变实都需要老老实实下功夫。如果写实的基本能力都不具备,就想投机取巧、想入非非地来变实,那是很难成就什么的。像毕加索那种在历史上先入为主的成名条件,今天已不再存在了。

记者:您今天提出了一个完全崭新的概念——变实概念。这似乎从整体论的角度颠覆了现代主义概念的自身稳定性,而使它成了变实概念的一个层次。

王仲:你的理解有相当的系统理论的敏锐。确实,我把现代主义放到非完全写实的变实的广阔领域,也有抹去人们对它的盲目崇拜,让人们能更真实地看到它应有的位置和价值,进而解放艺术家更广泛的创造力的作用。

我们今天需要有阳光和精神健康的艺术

记者:没有想到我们采访意外地深入到这里,我想拉回话题,最后再问您一个小问题。不久前,您到俄罗斯考察,在特列蒂雅柯夫美术馆和爱尔米塔日博物馆,当您在俄罗斯绘画大师们的名作前,最大的感受是什么?

王仲:我当时最大的感受,可以概括成一个新词——"视觉艺术的人道主义亲切感"。我突然发现,人类艺术史上那些对一代代后人具有经久不衰的永恒魅力的地方,正是这种视觉直观上的赏心悦目,唤起人们趋向真善美境界的生活亲切感。这才是人类艺术的方向。这正是当代中国油画发展过程值得重视的问题。那种在生理上引起人们反感的丑陋怪异、病态扭曲、故弄玄虚、狂乱浮躁的艺术倾向,最后也会引起制作者自己的反感而最终被自己抛弃。重新欣赏俄罗斯绘画大师的经典作品,会重新唤起我们对精神健康的向往。每一个活在世界上的人,谁不需要清爽的空气和灿烂的阳光?！难道生活中还有什么比身体健康和精神健康更令人快慰的?！我们今天需要有阳光和精神健康的艺术。

让精神出场
——访陆天明

高小立

　　5年前,陆天明情绪化地呐喊了一声——《苍天在上》;今天,陆天明理性地思考了《大雪无痕》。5年前,陆天明认为写小说是为了给读者带来精神上的满足;今天,陆天明说,最具影响力的电视剧一定要有精神出场。5年前,陆天明不愿别人称他为反腐作家;今天,陆天明说,反腐作家有什么不好?

　　5年前,作家陆天明以一部《苍天在上》一炮打响,之后却在反腐题材领域消失了5年。今年新春,随着中央电视台《大雪无痕》的播出,陆天明又一次走近了观众和读者。

　　陆天明在积淀了5年之后的这一次出击,果然身手不凡,《大雪无痕》再次引起观众的强烈反响。新浪网专门为该剧制作了主页,网民的评论已有40余页,一网民将该剧概括为:炒得不热,看得不错。某报记者评价说:《大雪无痕》是悄悄地火起来的。据悉,同时出版的同名小说已发行了12万册。为此记者找到了又一次忙碌起来的陆天明,做了下面的访谈。

　　记者:推出《苍天在上》之后,你有点见好就收的感觉,5年间难见踪影。据说你曾发誓不再写反腐题材,这是为什么?

　　陆天明:两个原因。原因之一,从《苍天在上》得出结论,搞此类题材太难。尽管《苍天在上》当时引起了很大的轰动,也使国内许多人知道了陆天明。我写小说、话剧已很多年了,但人们是从《苍天在上》认识了我。我认为写反腐题材太难,不主要是创作难。这类题材人们最敏感,有很强的政治性,要把握准这个"度",就需要作家本身具备较高的政治水平,同时有一定的政治技巧,但这都好解决,如果觉得自己不懂,还可以向身边、向书本去学。让我感到最难的是在创作、制作该作品时,作为创作主体到了一定的时候,已完全不能左右自己作品的命运。作为一个有一定资历、写过多部长篇小说,在文学圈里也有一些闯荡经验的我,在创作《苍天在上》之前从未感觉到作为创作作品的作家却不能左右自己作品的命运。而《苍天在上》让我充分感觉到了,不知道作品出来后,将会发生什么,有前途未卜的感觉。一段时间内,我始终处在焦虑、无奈的状态中,可以说度过了无数个不眠之夜。等到作品推出来了,打响了,却已没有精力去享受这一切,当时就想躲起来,再也不碰这类题材了。

　　原因之二就是"曾经沧海难为水"。因为已经有了一个《苍天在上》,并取得了很好的社会效益,如果再做反腐题材,突破口在哪里?我写小说也一样,始终要求我的每一部作品都不一样,都要有新的突破、新的进取。《苍天在上》之后,再写反腐题材我该往哪儿走？当时有点底气不足、准备不足,没想好,那我就不急于写。当然如果凭当时的知名度,趁热打铁地继续搞续集之类的,以此挣钱是非常容易的事,但我一贯的创作态度不允许我这样匆匆忙忙地做。当时也有找上门的,吴天明请我改《黑脸》,我去了石家庄,也找到了原型,但后来还是撤了下来。上影厂拍《生死抉择》之前也诚恳地找过我,要我写一部反腐作品。这两次的诱惑力还是蛮大的,一个大导演,一个大制片厂,拒绝的原因就是当时很难找到新的突破口。不过5年间我并未停笔,创作了其他题材的三部电视剧、一部长篇、一个话剧,这都是很好的积累。

记者:观众一直期待着你再有反腐力作问世,这一次的出手果然不凡,此次是什么原因打破自己的誓言而重操旧业的？

陆天明:此次操刀最主要的动机是前年到长春深入生活时,一篇关于一个女人告倒了一群贪官的报告文学打动了我。长影请我出山,以此为原型创作一部电视剧,也就是现在剧中廖红宇的故事。我当时答应了先进行采访,采访的经过让我意外的感动,而且是感慨万千。可以说反腐在中国已经取得了共识,但在基层我们故事中的原型和破案人员的处境非常艰难,包括廖红宇的原型处境都不好,她成为反腐英雄后,反而更艰难,内心很不平,连我的采访都是在秘密状态下进行的。他们常常把我拉到偏僻的小餐馆里边吃饭边采访,这一切对我的触动很大,震撼很强烈。相比之下,作为写反腐的,和这些一线反腐英雄的处境相比,再难也难不过他们,就算遭遇一些难关和坎坷,和他们冒着生命危险相比,实在算不了什么。这更激发了我要提笔讴歌他们,终于下决心要写这部《大雪无痕》。写起来非常顺利,毕竟有了5年的积淀,3个月就拿出了初稿,只改了一稿就投拍了。因此我写《大雪无痕》的根本原因是生活中的反腐英雄教育了我,是反腐斗争本身的艰险和紧迫性触动了我。

记者:《大雪无痕》的反响你预料到了吗？你认为该剧震撼观众心灵的原因是由于题材的优势吗？

陆天明:该剧播出后,反响越来越热烈,我们是有所预料的。因为在拍摄和制作过程中也伴着一些辛酸。该剧在播出前,没有做任何炒作,能顺利播出并引起反响是我们最大的欣慰。这就是对我们最高的奖赏和最好的回报,我的同名小说也已发行到了12万册。

作品能震撼观众,题材是一方面,因为老百姓关注反腐题材,但成功的原因不仅仅是题材的优势,现在反腐题材的文艺作品也很多,但并非部部精彩成功。我认为《大雪无痕》成功的关键是写出了一部好的电视剧。无论什么题材,你首先完成的是一部文艺作品,要具备文学的欣赏价值。

记者:和5年前的《苍天在上》相比,该剧在人物塑造、理性思考上都有新的突破,在好看的同时折射出了一个重大主题,这可不可以说,《大雪无痕》再一次显示了你驾驭此类题材的功力?

陆天明:和5年前的《苍天在上》相比,《大雪无痕》的确往前走了一大步。首先,剧中刻画了一群有血有肉、真实可信的人物群像,包括对公安人员、官员以及反派人物周密、冯祥龙的塑造都有所突破。同时展现了方雨林、丁洁、廖红宇三个家庭的境遇。这些对不同人物个性和命运的刻画是《苍天在上》没有达到的。该剧表现出了影视作品中的人物类型化,同时又不失文学的品位,使剧中人物有可信度。第二,5年前创作《苍天在上》时由于对反腐认识的不同,当时全是凭感情和情绪而做的,面对腐败现象只想呐喊一声——"苍天在上"。所以在创作《苍天在上》时是先有题目后有内容的。回想当时深入生活也是很难的,走到哪儿,哪儿就认为你要写人家,人家马上说,我们这里没有腐败。情绪化使我最看重的就是"苍天在上"这四个字。当时是先排的话剧,我向导演声明,钱可以不谈,怎么改都行,就是不能改题目。5年过去了,反腐力度越来越大,我也不会再情绪化了,因此《大雪无痕》考虑更多的是在更大的空间做些深层次的理性思考,比如,通过对社会现状的分析,提出腐败到底是怎样产生的。在《苍天在上》中,我们很容易把根源归结到个人的品质上,但在《大雪无痕》中我们力图做了多方面的思考,有个人素质的原因,但周密腐败的根本原因并不在个人的品质和素质上,而主要是体制、机制的不完善,这就要求我们要加速体制改革,因此,《大雪无痕》通过对周密这个典型人物的刻画,比起《苍天在上》更有警示性。第三,在《大雪无痕》中同样反映了权力的较量,但仅靠两种权力的对话和较量是不够的,因为这很容易出现角色的转移和变化。要想让这种较量按照人民的意愿沿着健康的方向发展下去,就必须有第三方——人民参与。《大雪无痕》就把廖红宇、方雨林作为反腐主角推了出来,构成了该剧的重要内容和支撑,为该戏增加了厚度和可信度。这一点也是我对《大雪无痕》所做的又一个理性思考。在艺术探索方面,同样发展了《苍天在上》外包装的情节戏,使破案、悬念贯穿始终。

记者:这虽是一部反腐题材的电视剧,但剧中告诉人们更多的则是生命的意义,你通过这部作品最想告诉观众的是什么?

陆天明:我们不想仅仅拍成一个破案的情节戏,当观众全部看完这部戏后,自然而然地就会感悟到:噢,这不是一个破案戏。我们通过该剧最想告诉大家的是——人应该怎样活着?什么才是自己的人生目标和选择?这也是该剧最终要凸显的东西。

记者:说到这,我想起了你在该剧新闻发布会上讲的一句话:新世纪关于人文精神的建设和塑造是文艺工作者的责任。这句话很深刻,你能就此展开谈一谈吗?

陆天明:该剧要传达给人们的深层次的东西就是民族精神和人文精神的重建问题。从现实意义讲,中国要走向现代化,不只是物质的现代化,国民生产总值和一个家庭总收入不是衡量现代化的标志,重要的标志应是人精神的现代化。而文学的影响力,尤其是作为大众艺术的电视剧的影响力是非常大的,是其他传媒所不能比拟的,因此,文艺作品一定要让精神出场,避免苍白无力的作品出台。电视剧不只是消遣,重要的是精神上的获取。观众能认可《大雪无痕》还有一个重要原因就是能从精神上获得满足和共鸣。已出版的同名小说《大雪无痕》也力求体现出文学性,从封面做起就不能商业化,这是我和出版社谈的唯一条件。我的老本行是作家,不光写了《苍天在上》和《大雪无痕》,也写了很多纯文学的小说,都是关注现实的纯文学作品。我认为,作为一个作家,就是要参与社会的变革,参与社会的轰轰烈烈,甚至要走到生活的旋涡中。无论别人怎么看,我永远是这个观点。尽管人们对现实题材作品持有过于挑剔、缺少宽容的态度,但我仍然坚持走下去。

记者:你对当下现实题材电视剧创作做何评价?

陆天明:当前现实题材创作的势头很好,出现了很多像《突出重围》这样的好作品,很振奋人心。这些现实题材电视剧的可贵之处就是不回避生活中的问题,能捕捉最鲜活的生活场景,帮助人们把握今天,认识明天。我认为,现实反腐题材作品要敢碰硬,当然要把握一个"度",不能只是津津乐道一些丑恶的东西,重要的是去揭露,也希望有关部门能为编导者提供一个宽松的创作环境。

记者:谈谈你下一步的创作计划,还继续碰这类题材吗?不会再沉寂5年吧。

陆天明:下一步仍以现实题材创作为主,3月份将确定一个电视剧的选题,今明两年要完成一部长篇小说。

我"在诗中从不撒谎"
——艾莱娜·马丁·碧瓦尔蒂访谈录

赵振江

艾莱娜·马丁·碧瓦尔蒂于 1907 年 2 月 8 日生于西班牙的历史文化名城格拉纳达,毕业于格拉纳达大学哲学文学系。从 1942 年起开始发表诗作。1985 年诗人将自己自 1942 年以来发表的作品结为两集《岸边的时间》在格拉纳达出版。碧瓦尔蒂在格拉纳达地区被誉为"最好的诗人",十分受人尊敬,在她所获得的多项奖励中,特别值得指出的是,由格拉纳达市政府授予的"格拉纳达可爱的女儿"的称号和由西班牙皇家美术学院以及由罗德里格斯·阿科斯塔基金会颁发的荣誉勋章。赵振江先生在西班牙从事教学工作之际,专程访问了她。现将访谈录摘要发表。

问:您何时、怎样以及为什么写诗?

诗人:要说我能写时就写,或许太简单了。我写诗,这取决于许多事情,取决于我的精神状态,诸如自我表达的需要,能否将自己的见闻和感受在一首诗中表达出来,抑或是昔日的感受忽然注到心头,这时便会诉诸笔端。诗就会从这最初几个词或第一个节奏里诞生,这促使我写下去。当这最初几个词产生时,我往往记在手头的纸片上。

诗行,诗行/更多诗行……/在零散纸页的正面/和反面上……

有时我在夜里记下那最初几个词,但也不总是这样,有时也在白天,走在街上或在咖啡馆里,有时要暂时打断一下工作。然后这头几个词会导致一首诗的完成。

问:您写诗时有什么感受?

诗人:写诗时,我会感到一种激情、一种欲望,几乎是不自觉地在白纸上把它表达出来。随便什么情由或刺激都会促使我写作。当我对自己写的东西感到满意时,当我在自己的诗中,用自己的语言表达出我心中的某种东西时,我就会觉得这是一种奇迹,好像我不是作者,好像有一个外部的声音对我进行口授。当然,并非总是如此。但是,当这种情况发生时,我会感到一种幸福,尽管幸福这个词并不能确切地表达我当时的精神状态。在这样的时候,我觉得自己是完整的,似乎处在一种饱和的状态。

问:您相信灵感吗?

诗人:的确,我相信灵感,这并不是说有什么神灵给我以诗的启迪。灵感对我来说,就是诗人对如此渴望的那个词冥思苦索的境界,但这第一个词总需要用渴望和虔诚等待它的降临,灵感不过是漫长的有时甚至是痛苦的等待。我知道,灵感一词曾经有过,而且现在依然有着不好的名声,可以给它起个别的名字,但我确信它的存在,并且如奥克塔维奥·帕斯所说:灵感就是那个奇怪的声音,它使人脱离自身,变成另一具躯体,另一个人。它会是一切,会是所想的一切。

问:您对韵律以及自由诗歌有什么看法?

诗人:在诗中,韵律很重要。但诗歌不应成为格式的奴隶,也不应受它的束缚。在这个前提下,毫无疑问,这些格式在诗歌创作中起着辅助的作用。对我来说,韵律浓缩为节奏。节奏是诗歌的基本要素。拉萨罗·卡雷特尔在其《诗学与诗艺》中说:"节奏对于抒情诗,就像脉搏对于生命一样重要。"乌纳穆诺则说:"诗人就是用有节奏的语言坦露自己灵魂的人。"至于押韵,尽管它不是必不可少的,但也不可否认,押韵使一些诗作多姿多彩,在一定程度上使诗更美。我最初的诗作几乎都是短诗、谣曲,押近似韵。后来我写了许多十四行诗,尽管我认为自己最好的诗作是自由体,不受固定格式制约,不过总是遵循一定的节奏;另一方面,我认为十四行诗是很好的练习。在寻找韵脚时,那非它莫属的词汇往往会像魔术似的冒出来。正如普鲁斯特所说:"韵脚的蛮横逼迫诗歌大家去寻找自己最大的美。"尽管圣胡安·德·拉·克鲁斯每首诗都是真正的诗,但如果失去那将我们的灵魂融注在不可磨灭的乐感之中的韵脚,那将是任何人也难以想象的。至于"自由诗",如果这个名字是指诗句不仅不押韵,而且也不遵循一定的格式,尤其是再没有节奏,那充其量不过是一种比较短小的分行写的散文而已。

问:比喻在您的诗中起什么作用?

诗人:我的诗中常见的是一种可以称为联想的比喻,例如,我喜欢黄色的声音……我双手编织着具有弹性的希望……无限的青春岁月在每个叶片上喊出新婚的语言……

这并非说我不把比喻作为一种修辞手段。它在诗歌中即便不是关键性的,也是非常重要的。正如奥克塔维奥·帕斯所说的那样:"语言本身具有象征性,因为它本身在于将现实中的一种因素转化为另一种因素,比喻即如此……"他又说,"语言具有凝结为比喻的倾向。"因此,我认为诗人创作中所拥有的材料——语言和词汇有转化为比喻的趋势,甚至如众所周知,在日常会话中也会时常不自觉地运用比喻。说到它在我的诗中所起的作用,可能是使我的诗句更有力度,从而使我的感受和我要抒发的激情更有表现力。

问:您看重独创性吗?为什么?您处在什么样的传统之中?

诗人:诗歌中的独创性是相对的,而且很难。对我来说,独创性可能更多地表现在形式上。两个诗人可以就同一个题材各写一首诗,他们可以各自写出一首完全不同的却又都是独一无二的诗,比如人们创作了那么多爱情诗,却很少有能与圣胡安·德·拉·克鲁斯的《精神之歌》相比,但丁那首美妙的十四行诗或许尚可一提,虽然未达到那种神秘之爱的顶点。这首属于《新生》的诗是这样开始的:"她显得多么高雅和坦诚……"

  至于我在什么传统中?我无法确切地告诉你。我想,在我的诗中有古典作家的影响,往后是贝克尔,再往后就是我喜欢的"九八代"的诗人,特别是"二七代"的诗人,然而我不能否认他们以后的诗人,我在漫长的岁月中读过他们的作品,不能说他们没在我的诗歌中留下什么痕迹。我想这是不可避免的,尽管我一向自由自在,从未觉得自己属于什么文学流派或时尚。我只是试图用我的诗句,在我的诗中,以或高或低的准确性说出我在各个时刻需要表达的东西,就像诗人安东尼奥·卡瓦哈尔在为我的《四月不完全的日记》所作的注释中所说的,我"在诗中从不撒谎"。

我想丢掉作家的帽子
——与金庸漫谈
胡殷红

漫天风沙的日子,金庸先生来到北京。我按约定时间赶到香格里拉饭店。午餐后赶回饭店的金庸先生没能休息,来来去去已见了几批朋友,但金庸先生欣然接受了我的专访。显然金庸先生已有些疲劳,且口干舌燥。问他是否喝点水,休息一下,他温和地表示:没关系,没关系。我为他倒了一大杯矿泉水,没几口他便喝光了。面对这位已76岁的老人,我不知道是我们的媒体需要他的"效应",还是他也需要媒体的"炒作"。

在香港人们大都习惯称查良镛为查先生。在内地,他的读者很多,人们对金庸这个名字耳熟能详。我问先生,您喜欢我怎么称呼您?他说,我喜欢称呼金庸,这样亲热一些。

不能在小说和戏剧中找历史

因为金庸先生是应中央电视台之邀而来,此行的主要工作是录制关于《笑傲江湖》的一个对话节目,我们便谈到了古装戏的写法,谈到了正剧、正史与艺术作品的关系。金庸先生认为,人们不能在小说和戏剧中去找历史。古今中外,任何文艺作品都是三分真七分虚。历史资料常常是很平淡的,我们选择材料时当然要从中选精彩的、动人心魄的内容。就好比历史上,明明是周瑜打败曹操,诸葛亮一点功劳也没有,而《三国演义》里却写了"诸葛亮借东风""草船借箭"等故事,这使作品很生动,没有这些就索然无味了。但这不是历史本身,是艺术的创造。如果是从小说、戏剧中去找历史的绝对真实是不可能的。

想丢掉作家的帽子还丢不掉

多年前金庸先生就不再写小说,开始写一些关于政治、法律问题的文章。他参与起草了《香港基本法》,近年来有关法律问题的重大讨论金庸先生都参加。他说他离文学远一点了,更多的兴趣在做学问当教授上。

尽管金庸先生不写小说了,但读者对于他的小说仍然非常关注,有众多的读者,但也不间断地有一些批评和指责。所以金庸先生说:"想丢掉作家这个帽子还丢不掉。我做学者的长处是我的文字还可以。我对历史的思考,我自认为独到的见解,可以用我擅长的笔法深入浅出地表达出来,用文学性的语言写学术性的文章,使各个层面的读者都可以了解。这个本事是我长期搞报纸锻炼出来的。"

作为作家和学者,金庸先生身上潜在的政治素质是人们有目共睹的。金庸先生认为这种素质得益于做过40年报纸,搞报纸的人不注意政治是不可能的。

显然,长期的报业工作可以培养一个人的政治素质,可以培养出政治家。那么政治家办报也就应该是不争的话题了。

提倡人性的温暖,提倡道德的可贵

我们还谈到了"以德治国"这个话题。金庸先生说,一个国家培养高尚的道德风气是很重要的。我近年来研究法律问题,我主张"依法治国",就是让人们知法懂法。如果从政府的领导人到普通公民都遵守法律准则,那么我们的国家就算走上了法治的轨道。"以德治国"是辅助性的,因为法律是冷冰冰的,是很严格的,要做到合情合理合法,就要从道德上进行教育,这种德育可以使法律变得温暖,有了人情味。我们中国的观念,除了遵守法律之外,人和人之间的交往是以道德为基础的。

金庸先生也常到西方国家,他不习惯那里的人际关系。父亲和儿子共进晚餐,吃了饭各付各的钱。金庸先生说,这种生活没味道,我不喜欢。

有一次金庸先生到美国讲学,和一位大学教授乘出租车,付账时教授多给了五元钱小费,老司机说了声多谢你,车便开走了。教授对金庸先生说,这位司机是我爸爸,所以我给小费多一点,并告诫金庸先生,不认识的司机不必给这么多。金庸先生暗想,你们这种父子关系,在中国要不得。要是赶上我爸爸开"的士",我会说,你坐到后面我来开!

金庸先生说,作为一个作家,能够为"以德治国"做的,就是在作品中提倡人性的温暖,提倡道德的可贵。现在社会上,有些人为了各种各样的利益,就不顾传统道德了。封建的东西要破,但东方人传统的良好习俗和人情味不能都没了。子女孝敬父母,夫妻之间、兄弟之间、朋友之间如果能维持传统的道德观念,这个社会会更温暖,社会的进步会更快些。

说我是秦桧的人不懂中国的政治

金庸先生常常去台湾,他挂在嘴边上的话是:千万不要有"台独"思想,如果今天台湾独立,明天飞弹就来了。

我说,这是您在和他们开玩笑吧!金庸先生说,不是开玩笑,我就这么认为!我曾对台湾的一些人说,搞"台独"是没前途的,应该和平解决,一打仗整个台湾就毁灭了。有人说台湾可以打赢,但我说就是打赢,台湾1000多万民众要死亡一大半,全家都死光,赢了又有什么用！他们问我应该怎么样,我主张和平统一。所以台湾传出谣言,说我主张谈和,主张投降,说我是秦桧。我说,金朝和宋朝当时是两个不同的国家,可以说秦桧是卖国,而中国是一个国家,不存在卖国一说。骂我是秦桧的人,我只能说他们不懂中国政治,也不懂世界大事。

浙江人不会写文章？

近年来内地总是有人写文章批评金庸先生,说他文字不好,说浙江人是写不了文章的。金庸先生曾撰文:鲁迅、茅盾、郁达夫都是浙江人,怎么能说浙江人不会写文章？金庸先生说,说我的作品结构不好,是假的,武侠小说就是武侠小说,这类小说有许多写法,怎么写是作者自己的事。

采访结束时,我对金庸先生说,您的性情这么温和,举止更像一位学者,怎么能想象出那么惊心动魄的打斗场面以及生生死死的悲欢离合。金庸先生说,在你心目中查伯伯一定是个好斗打架成性的人吧！

我说,至少应该是我想象的那种言辞犀利、锋芒外露的形象,可眼前却是位可亲可近的老伯伯。

掐头去尾不到 20 分钟的采访被下一拨到来的客人宣告了结束。

每一个人都有认知世界的权利
——王宏甲访谈录

刘 颋

《智慧风暴》出版后,王宏甲收到了除澳门和台湾之外的全国其他省、市、自治区的读者来信3700余封,而直接从王宏甲手中邮购走的书已有7000余册,这的确不多见。当年作者的《无极之路》虽然全国新华书店两次征订只有2000册,但后来发行逾20万册,《现在出发》的发行量也突破了10万册。在当今整个出版市场疲软的状态下,为什么这三部既非言情也非武打更无艳情凶杀的严肃报告文学会取得这样的成功? 带着这些问题,记者走访了王宏甲,我们的谈话从上午11点一直持续到下午4点。

记:从《无极之路》到《现在出发》,再到《智慧风暴》,可以说您的每一部报告文学都获得成功,引起了社会极大的关注,并且您的作品的思想文化含量震动了很多读者。您认为您的报告文学创作取得今天的成功,主要原因是什么?

王:我觉得,是我自己求真的愿望,就是说总想求得一个事物什么才是它的真,现在人们已经不容易谈到这些了。有时候我们说求真理,人们总觉得是空话,但事实上想要了解一个世界的真相在我的创作中占有很重要的位置。在我的创作生涯中,1987年是一个重大的转折。在1987年到鲁院读书以前,我一直是从作品中或者是文学期刊中认识中国的文学,或者说认识北京、认识中国。我的故乡在福建的一个小县城,那里不通铁路,我经常在那里的一个小报亭里买各种杂志,通过这么一个小小的窗口来认识世界。这里面还有一个小故事。我儿子两岁时,如果他找不到爸爸,就会到报亭去找我,他知道在那里肯定能找到我。到北京以后才发现,世界不是他们(各种报刊)告诉我的那样,原来我不认识这个世界,我对这个世界不了解的东西实在太多。就这样,我才痛下决心,要了解这个世界,要认识这个世界。那个时期对我是一个非常重要的转折,概而言之,是我自己首次面临认知的困惑。

1987年,对我的世界观、原有的知识结构几乎是一次粉碎性的打击,这不是说有一个新的世界观或者别的什么让我明白了世界是什么样的,而是我发现了我不懂。我还想写东西,我经历了好几年写不出一点东西的过程,我努力写了,可写出来的什么都不是。在那以前我写过60多万字的小说,如果沿着那条路写下去,可能会成为一个成功的通俗小说家。只是我自己觉得,我不是为写小说而存在的,也不是单纯为搞文学创作而存在的,我的目的不仅仅是搞文学创作,我想去认识这个世界。我觉得对一个人而言,生在这个世界上,就有认识这个世界的权利。多年以后很偶然地,我看到一篇文章,说牛顿一生中最重要的发现是他竟然对这个世界一无所知。从我自己的经历来说,我认为这是牛顿最重要的发现。因为就从这时开始,世界在他的眼里出现了重新认识的最大的可能性。

记:从那以后,您又是怎样再度开始您的创作的?为什么会选择报告文学这种文体?

王:1987年以后,我面临的一个问题是,我要怎样写我的东西,怎样把我对这个世界的认识通过文学的形式表现出来。在那以后,我经历了一次真正的邯郸学步。原来写得很溜的那一套,我彻底地放弃了,也不想再去走,可新的路也不会。在那个时期,我真正体会到了邯郸学步的价值。我相信我重新再爬起来的时候,一定不会再是原来的走法,我坚信这一点。但是想归想,无论你有什么样的想法,都要有非常踏实的实践、要有踏实的工作来建设自己、改造自己。当时我寻求的是我自己切实可行的道路在哪里。那个时候,在鲁院的许多同学想的是走向世界,获得诺贝尔文学奖,可我觉得我连中国都不认识,如何走向世界?因此我当时想,我首先应该从认识中国开始。中国是一个农业大国,有80%的农业人口,当时我想,我应该从认识中国的农村开始。可以说,1987年是我全面确立用自己的眼光来认识中国、认识世界的开端。另一个有利条件是我曾经插队8年(1969年1月下去的,1976年11月回城),我曾经在真正的农村经济生活中生活过。写《无极之路》前,我在河北农村待了3年,当时还不是想写报告文学,想写小说,是为写小说下去搜集素材的。我那时不能想象我会写报告文学,因为当时很多人都认为报告文学不算文学,只有小说才是艺术,我本来就是写小说的,当然希望自己更艺术一点。从选择了解农村到最后决定放弃小说,这是一个很痛苦的过程。采访了这么多材料,初衷是准备写小说用的,但最后停下来决定写报告文学不写小说了,是我的一个很大的转折。我自己经历过这样几次选择:一是选择重新认识世界、认识自己。二是选择用报告文学的手段作为反映社会的方式。因为小说很难达到报告文学的真实度,一虚构什么都变了。我是要到生活中去认识世界和社会,一虚构它们就会变形。《无极之路》是我对农村的认识,对农村生产力发展的认识,对农村发展道路、发展方向的认识。当我把它写完后,不管别人如何评价,我觉得我已经完成了一大任务,我已经用自己的眼睛完成了对中国农村的了解和描述。作品写出来后,我想写工业,我的第二个目标瞄准了工业。我认为,如果我们不了解工业,就不了解现代社会。因为20世纪机器的出现改变了每一个中国人的生活,我们的生活是齿轮滚动出来的。在这个意义上,我想我必须了解工业才能有对社会对中国说话的权利。我选的采访目标是首钢。因为中国当时"农业以粮为纲,工业以钢为纲",我想,要彻底反映现代社会发展的得失也许应该从钢铁企业入手。在首钢采访了整整一年以后,我放弃了。我知道我不应写首钢,因为传统的钢铁企业是最典型的大量消耗能源的资源型企业,就是在这个时候,我开始注意到了计算机时代的出现,开始注意"夕阳工业"和"朝阳工业",开始注意到不可持续发展经济和可持续发展经济。而单纯只写一个企业是怎样引进先进生产线是显然不行的,我们的作品不能只讴歌企业的暂时价值,而应该在作品中揭示社会发展的真相。随着改革开放的深入,越来越多的外国企业进入中国,我们必须放眼世界。仅仅就一个企业去写企业,写出来不会是真实的,就像仅就教育而写教育,写出来的也不会是真实的一样。在经历了这样一个认识过程之后,我写出了《现在出发》。作品写出来后,我有一个很明显的感受就是,如果你有前瞻性,能较早地指出社会发展的趋势,你的作品就会不错,就会有读者。但《现在出发》的读者反应没有达到我的期待,这样才有了《智慧风暴》。关于《智慧风暴》,我认为它的价值是,通过采访,我描述出这个世界正在发生重大变迁,这场变迁(指计算机的出现)有如蒸汽机出现的工业时代那样,正在深刻地改变着这个世界。原来的时代一定会成为历史,可持续发展的新经济时代必将取代不可持续发展经济的时代。尽管有很多人说新经济,但他们说的、想的和我写的这个是不相同的。

记:您一直强调您的报告文学的"求真"状态,那么在您的报告文学创作中有没有虚构的成分?您是怎样看待报告文学的非虚构性和艺术的真实?

王:没有。我认为纪实文学不应该有虚构成分。报告文学是纪实文学中的一类,作为一个作家,无论你选择什么样的文体,都应该忠于这种文体。如果选择了报告文学,就应该忠于报告文学的规则和要求,否则你可以选择别的文体。在我的报告文学中,绝对不存在虚构的成分。当然,像王选对他妻子说的话我不可能原样写出来,但意思和内容绝对是真实的,而其他的比如他们的思想、行为等都是真的。真实是报告文学的生命。

记:前面您说过,最开始时您也和很多人的认识一样,认为报告文学不是文学。那么,现在您是怎么认为的?

王:报告文学是文学。它不仅是文学,我认为21世纪纪实文学必将取代小说成为文学最主流的文体。我们过去说,小说最能够代表一个民族文学的高度,我觉得人们讲这个话的时候,纪实文学——包括报告文学还处在一个很萌芽的阶段。在这个时期,散文、诗歌全面反映社会的能力确实不如小说。从小说的综合反映社会的能力来说,它的确是最能代表一个社会的艺术水准的。今天,我从自己的文学创作中能够非常有信心地觉得,21世纪,纪实文学必将取代小说成为文学最主流的文体。比如,小说塑造人物,报告文学也塑造人物,我觉得在我的报告文学中塑造的人物更典型,更有时代性。作为一个文学作品能够揭示社会生活的本质,反映社会生活发展的趋势,我觉得我的报告文学具有了这个力度。报告文学对作家的综合能力要求非常高。比如说,鲁迅小说中塑造一个人物,可以杂取种种合成一个而成阿Q。但报告文学不行,你只能在王选身上塑造王选,你不能把别人的东西放在王选的身上,这就是对作家的限制。而没有限制就没有艺术,比如五言、七言就是限制。再比如杂技艺术最典型。走钢丝的人当他突破钢丝的限制在钢丝上自如行走时就获得了无限的艺术生命力。想自由吗?走马路,可那不是艺术,没人买票没人看。小说的限制小一些,它可以由你编,但我写王选就不行。如果写得不像或不是,大家就会喊起来,就像从钢丝上掉下来一样。在我塑造王选的过程中,我就要努力把他塑造成一个有典型性的人物。在王选身上,并不是写王选发明了一个什么东西,他的成就在作品中还是次要的,他真正的典型性是他已经不是传统的科学家,他走出了实验室,作为一个科学家直接投身产业和市场,这样的科学家在过去是没有的。我通过他的行动看到了现在整个世界在往哪走,中国将怎样发展才会有前途。这样地去表现一个人,去概括一个人,这是文学的作用。由于他的先进性和代表性,我想小说现在还没有这样的形象。即使小说有意识地去写,我想小说具有的功能也赶不上我现在的这种文体了。这并不是我写得好,而是纪实文学或报告文学这种文体,能够集中地反映社会生活的本质的作用已超过了小说,还有,它对一个作家的综合性的要求非常高。

记:那么,您认为建立在新经济基础上的文学和工业时代的文学有什么不同?

王:工业经济时代由于机器取代人力成为最主要的东西,人变成了机器的附属物,就有了所谓的人的异化。在这样一个时期,人就会呼唤自己的位置,就会要求人权,而批判这个时代,就像欧洲的批判现实主义和现代派小说。随着可持续发展的新经济时代的到来,工业时代的所有一切都正在发生着变化。而这种经济的最基本特征是它更依赖人的智力资源,因此它就不能不尊重人,一个真正的人有可能被尊重的时代在我们眼前出现。面对这个时代,我们应该满腔热情地来讴歌它。人类开始重返家园,我们需要讴歌这个重返家园的时代,需要把这个时代正在出现的一点一滴的好的苗头指出来。新的经济形态要求我们并非竞争而是联手。工业时代的法则是竞争,知识经济时代却是建立在知识共享之上的,这种共享呼唤的是人们之间的互助联手,呼唤美的东西,这是根本。如果看不到这个变化,能成为这个时代先进文化的代表吗?我想,属于这个时代的作家如果看不到这一点,就会错过这个发展你自己的时期和表达你自己的人生的能力和作为的时期。现在在我们的作家中还有不少人往往撇开经济而谈文学,就文学谈文学,而且还以为是纯文学,他们是不可能认清文学的发展方向的。

记:您的下一个写作计划是什么?

王:教育产业化、科技产业化都写了,接下来可能就文化产业化写一本书。文化产业化的概念不是一般的讲文化先进性的问题,而是文化出路的问题。我们一般是在第一产业、第二产业上做文章,《智慧风暴》讲的先进生产力主要是指科学技术,但这些,比如电脑,即使再先进,也用不了那么多人去做这件事情。第一、第二产业这样一些劳动所容纳的人口不会超过30%,那些大量的劳动力去干什么？我们国家现在有2000多个文艺团体发不出工资,可维也纳爱乐乐团的演出已经排到3年后了;美国有70%—80%的人从事第三产业,《读者文摘》用18种文字印刷,每期开印4500万份。美国最大的出口不是别的,是文化产品。有人说,文化传播产业将是21世纪带动中国经济发展的龙头产业。因此,我准备在这方面做一些具体的有社会价值的事情。

全球化时代的文学和文学批评会消失吗?
——与米勒先生探讨
童庆炳

一、极端的预言难以苟同

"全球化"是一个很可疑的词,它的含义似乎言人人殊。资本向全世界流动是全球化,这是所谓的经济全球化;电信媒体的高科技化也被看成是全球化,因为像电信和国际网的发展,使一个地方发生的事情,通过高科技媒体的传播,立刻就让世界的每一个角落都知道了,这是所谓信息全球化。还有更泛的理解,一种东西只要向别的国家开始流通,也可以叫全球化。还有人预言,将来民族、国家消亡,世界融为一体,如果是这样,在他们看来就更是全球化了。但是全球化会给人类带来什么,各人的看法就不同了。对于那些国际跨国资本集团来说,通过向各发展中国家投资,追逐最大的利润,全球化将给他们带来巨大的财富,当然是再好不过的事情。对于发展中国家来说,跨国资本进来了,可能给国家提供发展的机遇和可能,但是那些跨国集团把旧的机器转移到发展中国家,造成了环境的污染,造成了多数人类生存环境的全面恶化。全球化不能不造成各个国家人口的流动,大批不发达国家的人口流入发达国家,与发达国家的工人争夺饭碗,结果又造成发达国家工人的失业率增加。于是在推行经济全球化的同时,反全球化的游行示威也全球化了。前不久从西班牙传来消息,世界银行在巴塞罗那开会,结果引来近万名群众的示威,并与警察发生冲突。不久之后,在意大利的热那亚开八国首脑会,反全球化的群众示威竟然达到十万人之多,他们与维持秩序的警察发生了冲突,在冲突中还不幸地死了一个青年。几乎世界上哪个地方开类似的会议,都会有人抗议示威,进而发生激烈的冲突。

那么,信息的全球化是不是好一些呢?也未必尽然。国际网当然给了人们了解世界的方便,但是国际网上那种无序的状态,那些垃圾信息、黄色照片、黄色影视作品等,也污染了人类的生活,毒害着我们的青少年,向人类的道德规范提出了严重的挑战。最近在《文学评论》2001 年第 1 期上,读了美国著名学者 J. 希利斯·米勒的《全球化时代文学研究还会继续存在吗?》一文,感到忧伤。米勒先生先引用了法国解构主义大师雅克·德里达的一篇题为《明信片》作品中主人公的一段话:"……在特定的技术王国中(从这个意义上说,政治影响倒在其次),整个的所谓文学的时代(即使不是全部)将不复存在。哲学、精神分析学都在劫难逃,甚至连情书也不能幸免……在这里我遇见那位上星期六跟我一起喝咖啡的美国学生,她正在考虑文论选题的事情(比较文学专业)。我建议她选择20世纪(及其之外的)文学作品中关于电话的话题,例如,从普鲁斯特作品中的接线小姐,或者美国接线生的形象入手,然后再探讨电话这一最发达的远距离传送工具对一息尚存的文学的影响。我还向她谈起微处理机和电脑终端等话题,她似乎有点儿不大高兴。她告诉我,她仍然喜欢文学(我也是,我回答说)。我很想知道她说这话的意义。"米勒接着说,这段话是"骇人听闻"的。尽管米勒认为这些话"骇人听闻",对此也"有焦虑""有愤慨""有担心",但他文章其后的论证,还是力图证明在新的高科技的电信王国中,文学、哲学、精神分析和情书将会消失。米勒的担忧不能不引起我们的思考。

无疑,米勒先生的一些论点对我们是有启发的,如他强调高科技媒体的出现会改变人类的生活。他说:"印刷技术使文学、情书、哲学、精神分析以及民族、国家的概念成为可能。新的电信时代正在产生新的形式来取代这一切。这些新的媒体——电影、电视、因特网不只是原封不动地传播意识形态或者真实内容的被动的母体,它们都会以自己的方式打造被'发送'的对象,把其内容改变成该媒体特有的表达方式。"的确,旧的印刷技术和新的媒体都不完全是工具而已,它们在某种程度上具有影响和改变人类生活面貌的力量。旧的印刷术促进了文学、哲学的发展,而新的高科技媒体则可能改变文学、哲学的存在方式。例如,一部小说被改编为电影或电视,那么作为印刷文本的文学就需要经过新的媒体技术的重新打造,而有可能使原来的文本变得面目全非。你读小说《红楼梦》时候,林黛玉是你根据文本在自己的想象中主动创造出来的,现在你看电影或电视中的林黛玉,那是导演与演员给定的一个形象,就只能"反应",已经无法主动创造。从印刷技术转换为电子技术,其中确有很大的变化。也正因为如此,作家与导演经常吵架就是很普遍的事情。米勒先生充分揭示这种变化,是有道理的。但是,他进一步推论和预见——由于新媒体的发展,文学、哲学、精神分析和情书都将消亡。文学消亡了,文学批评也就随之消亡了——对于米勒先生的这种极端化的预言,就难以苟同了。

二、文学和文学批评存在的理由

文学和文学批评存在的理由究竟在什么地方呢?是存在于媒体的变化?还是人类情感表现的需要?如果我们仍然把文学界定为人类情感的表现的话,那么我认为,文学现在存在和将来存在的理由在后者,而不在前者。诚然,文学是永远在变化发展着的,一个时代有一个时代的文学,没有固定不变的文学。但是,文学变化的根据主要还是在于,人类的情感生活是随着时代的变化而变化的,而主要不决定于媒体的改变。

通常认为,人类迄今在传播的文化上面,有过三次大变化,那就是口头传播文化、印刷传播文化和目前正在如火如荼兴起的电子文化。自然,与这种传播文化的变化相关,文学也随之发生了对应的变化。但是事实表明,文学作为一种人类的情感表现形式,并没有随传播媒体的变化而消亡,文学只是在其存在形式上面发生变化而已。虽然高科技的传播媒体还在继续发展,它可能发展到何种程度不是我们现在能够预测的,但是有一点可以肯定,文学不会因媒体的进一步的变化而消亡。因为,在电子媒体发展到如此高度的今天,连口头文学这种看似十分原始的文学也还在活跃着。例如在中国许多农村,民间艺人的故事会、山歌对唱之类的活动也还在活跃着。老祖母依然用绘声绘色的语言给她的孙子辈讲着先辈流传下来的或神秘或恐怖的传说。在城市,比如在北京,每年春节前后那些著名演员参加的唐诗宋词的朗诵演出,仍然吸引着许多男女老少,他们没有滞留在电视机旁,而选择了到剧场听诗歌朗诵,并为我们先辈诗人创造的诗歌激动不已。至于在教室里,老师给学生朗读文学作品或学生自己朗读文学作品,就更不是什么新鲜事。今年8月上旬,在北师大文艺学研究中心和中文系所举办的国际会议上,荷兰著名的比较文学教授佛克玛(Douwe Fokkema)教授,读了我的这篇与米勒教授对话的短文,他完全支持我的观点,并补充说,尽管现在高科技媒体如此发展,但是在荷兰仍然会在某一个节日里,有许多人拥上某个广场,像往常一样听诗人朗读自己的诗歌作品。文学并没有消亡。我想,像这样的例子各个民族都会有的,如果搜集起来肯定是一件饶有兴味的事情。这就说明,口头传播文化、印刷文化和电子文化是历时的,也是共时的。在电子传播媒体时代,不但印刷文化依然大量存在,而且口头的文化也仍然存在,文化和文学的传播表现出多元共存的局面,文学和文学批评就是这多元共存的一种力量。

当然,现代电子媒体的这种变化,使更多人趋向于从图像中寻求审美与娱乐,阅读印刷文学文本受到挑战;由于新电信媒体的高度发展,文学不得不变尽方法来跟新媒体进行竞争;文学虽然有这样或那样的改变,但文学不会消失,因为文学的存在不决定于媒体的改变,而决定于人类的情感生活是否消失。如果我们相信人类和人类情感不会消失的话,那么作为人类情感的表现形式也是不会消失的。这里,我还想指出这样一个事实,对于电子媒体文化来说,文学不但想尽办法与它竞赛,而且互相合作,要是没有这么多古今中外的优秀文学作品作为电影、电视的资源,电影和电视该多么贫乏。当然,反过来说,当一部文学作品被电影或电视成功地改编之后,这部文学作品就有可能会借势而热销起来。在这个互动过程中,文学与新的电子媒体文化相互促进而受益,都得到发展,不存在谁取代谁的问题。与此相联系,文学作品作为印刷传播文化的产品,与图像作为电子传播文化的产品,对于欣赏者而言,各有各的功能。现在流行的电子传播文化以图像为其主要特征,更具直观性、趣味性和娱乐性,所以现在不但孩子们喜欢电视、电影和互联网,就是成人如果是为了娱乐与休息的话,也往往更钟情于电视和电影,"看图像"成为人的一种嗜好,这是毋庸讳言的事情。但是,我们又应该知道,"看图像"和"读文字"是有很大不同的。在单纯"看"的情况下,看的人直接面对电影或电视提供的现成的图像,往往是被动地被图像控制着,不由自主地跟着走,甚至是被"牵着鼻子走",几乎不需要运用自己的主动想象。长此以往,人的想象力就要萎缩,理解力也要受到影响。这样说来,人们更需要的是"读"文字写出来的文学作品。阅读文学作品,读者面对的是文字,而非直接的图像。一般地说,阅读要经过三个阶段:第一,阅读文字的阶段,在不完全看得懂的情况下,就要查字典或请教别人,只有这样才能弄清楚文学作品的意思。这是一个增长知识和理解力的过程。第二,呈现图像的阶段。就是读者在读懂作品的同时,通过自己的想象,"想"出一个或一连串的"像"来,只有这样图像才会呈现在你的面前。这个"呈像"过程是读者调动自己的生活经验和体验的过程,如果不能调动自己的生活经验和体验,那么呈像是不可能的。第三,理解和玩味的过程。当读者读懂了作品之后,对于作品什么地方感动我们,为什么会感动我们,作品何以不能感动我们等问题进行思考,对其中的特别精彩之处反复玩味。玩味所获得的愉悦是阅读所获得的最高的愉悦,这个时候你就会获得比图像更持久的自由。阅读对于读者来说,的确比看图像要付出得更多,但付出得越多,也就收获得越多。事情难道不是这样吗?

文学无论从作者和读者的角度看都有它存在的理由,全球化和高科技媒体无法使文学或文学批评消亡。文学可能在全球化时代改变自己的存在方式或扩大自己的疆界,而迎来它自己的又一届青春。

三、媒体就是意识形态吗

米勒先生的另一些论点也很难使人信服。如他引用了马歇尔·麦克鲁汉那句广为人知的"媒介就是信息"的话,直接推论出"媒介就是意识形态"的结论,我认为这个结论大而无当。诚然许多具有意识形态的东西,常常是无意识的,在媒介无数次重复之后(例如各种俗气的电视剧、流行音乐、图画、广告等),会渗透进人的无意识之中,从而使自己的感觉被五花大绑起来,在梦幻中痴迷中中了某种"意识形态"的毒。但是把"意识形态"与"媒介"等同起来,似乎与我们的常识是有矛盾的,如果我们把"意识形态"按照常识理解为思想体系的话。例如,电视中经常放映的山水风景片、动物世界片、体育节目、医疗健康节目、科普节目与互联网上面仅供娱乐的电子文学等,就其题材本身而言,很难说有什么意识形态性,怎么通过电视等转播之后就会具有意识形态性了呢？难道电视制作人要通过这些节目来宣讲什么意识形态吗？或者是媒介具有改变原有题材的力量，让这些节目自然带上意识形态性？我们现在知道的是，印刷术（这也是媒介）并没有赋予山水诗、花鸟画以意识形态性，难道电视、VCD 等这些新的电子媒介就能赋予它们以意识形态性吗？信息是很宽的概念，意识形态性与非意识形态性的都可以是信息，所以如果说麦克鲁汉那句话还有些道理的话，那么米勒的推论——"媒介就是意识形态"，就似乎与常识相背离了。

今年 8 月上旬，米勒教授应我们的邀请来参加北师大文艺学研究中心举办的"全球化时代中的文化、文学与人"的国际讨论会。他在会议上提交的论文《作为全球区域化的文学研究》无疑是很精彩的。但是他对我的发言的回应却不能说服我。他主要是说，我把他说的意识形态理解得太窄了，他说，意识形态的概念应理解得更宽阔一些，意识形态也可以是一种观念，不必与阶级性挂上钩。其实，在汉语中，意识形态也是很宽的概念，其中某种观念也可以是一种意识形态。比如，男人与女人对事物有不同的理解，孩子与成人对问题有不同的看法，对环境的看法，对法治的看法，对种族的看法，对全球化的看法，对区域化的看法，对本土的看法，对现代性的看法，对后现代性的看法，等等，都是观念，都是意识形态。当然对阶级性的看法也是观念，也是意识形态之一。我们在意识形态这个词的理解上，并没有什么分歧，有分歧的还是"媒体就是意识形态"这个说法。米勒教授在反驳我的论点的时候还说，怎么能说电视中的"动物世界"没有意识形态呢？当弱小的麋鹿或羔羊面对着狮子、老虎的时候，狮子、老虎岂不是霸权者吗？（大意）与会者听到这里的时候都笑了。我当然承认描写动物世界的电视节目中，确有作者有意寓含此种观念。但这种节目很少，一般的动物世界的节目并不宣传意识形态，这是一个确定不移的事实。以个别来代表整体，显然是不妥的。所以，米勒的答辩我不认为是成功的。

四、电信统治力量是无法控制的吗

米勒先生还有一个断言："新的电信统治的力量是无限的，是无法控制的，除非是以一种'不重要'的方式，受到这个或那个国家的政治控制。"我请教过一些精通新电信技术的人，他们认为除了"政治控制"之外，新的电信的力量是向两个方面同时展开的：一方面是发展电信技术的无限的开放性，另一方面是发展电信技术可控制性、可保护性。例如，正是加密技术的高度发展才使各国保存在国防部门的军事技术和信息不至于被其他国家所发现。还有银行业务，其中的奥秘也在于有电信的可控技术的支持，所以各个国家的银行才大胆放心地让电信技术介入。如果新的信息技术不发展可控制这一面的话，那么岂不天下大乱。米勒所担心的情书也将消失，看来也未必如此。

其实稍加加密,别人就不容易解开。在 E-mail 上面传递情书还是安全的。如果是伟大的情书,那么就加倍加密又有何妨?

对于新的电信技术我是一个门外汉,但像从国际网上下载小说之类的能力还是有的。米勒说:"你不能在国际互联网上创作或者发送情书和文学作品。当你试图这样做的时候,它们会变成另外的东西。我从网上下载亨利·詹姆斯的小说《金碗》(*The Golden Bowl*)早已变得面目全非。"我曾经不止一次在网上下载过小说,我觉得同在网上看到的完全一样,可以说原汁原味,看不出什么地方变得"面目全非"。

媒体与文学、哲学等是相互作用的,现在和将来的媒体因为有文学、哲学给它提供改造的内容,媒体才变得丰富多彩,文学对媒体的贡献是很大的。当然媒体也改造文学,使文学发生新的变化。总之,不是媒体对文学单方面产生作用,它们之间的作用是相互的。

我相信媒体的作用,理解媒体在一定意义上是人的延伸,也相信将因新电信技术的发展,人们的思想更具有开放性,也相信新电信技术的发展将更新我们对周围世界的感受。例如,麦克鲁汉提出的"地球村"的概念,被越来越多的事实所证实。地球另一面发生的事情,通过卫星线路,几乎在顷刻之间我们就知道了,如果这一事情与我们有密切关系,那么就立刻会对我们的生活产生影响。但是我同样相信,不是人类受制于电信和媒介,是人类掌握着电信和媒介。人类的命运掌握在自己手中。如果人类需要文学来表现自己的情感的话,那么文学和伴随它的文学批评就不会消亡。黑格尔预言过文学被哲学、宗教所取代,看来他的预言是失败了。那么米勒建立在"媒介决定"论基础上的预言就一定会实现吗?让我们拭目以待吧!

大江健三郎心中的鲁迅

王新新　大江健三郎

鲁迅是一个能够真正揭示出人类社会中存在的苦难的人。

鲁迅是经过一生的时间,才不断成熟,最后使自己成为一个能够去战斗的文学家的。

作家其实应该是把所有问题都当作文化问题来理解、处理的人。

我在文坛上敌人不少,战友不多,我很孤独。

鲁迅逝世六十多年了,世界逐渐接受了鲁迅,这是他文学的力量使然。

王新新:您曾经说过,您是从母亲那里知道鲁迅的,那时候您还是个少年。据资料显示,在您的处女作《奇妙的工作》发表之前,您就曾援引鲁迅的文字表达自己的思想。那么您究竟是什么时候开始阅读鲁迅的呢?当时是怎样一种契机?这对您日后的创作有什么影响?

大江:说起来,那是二战时的事情了。我们家有一套日文版的《鲁迅全集》。

王新新:是您母亲的藏书?

大江:对。从鲁迅逝世后到战争爆发这段时间里,日本翻译出版了很多鲁迅的作品,鲁迅的译者也有很多,像增田涉等等,但是我母亲比较喜欢佐藤春夫的翻译。我最早接触到的鲁迅的作品是短篇小说《药》,鲁迅的短篇集《呐喊》《彷徨》《野草》等等,我后来也慢慢地一点点读。当时我可能还读不太懂,但起码我知道,鲁迅是一个专写短篇的人。我母亲最早向我推荐的是《故乡》,因为她觉得像《药》这样的作品,小孩子不好读。读《狂人日记》的时候,小说的最后一句话——"救救孩子"——给我留下了极深的印象,所以我还认定,鲁迅也是一个能解救孩子的人。在我10到12岁之间,鲁迅的这三篇小说占据了我脑子里很多空间。我母亲告诉我,鲁迅还在日本的杂志上发表过一些用日语写的文章,比如说在《改造》上发表的《我要骗人》。战后,我十三四岁的时候,小说家太宰治自杀了。记得那天我们打完棒球,小伙伴们在我家里谈论这个话题的时候,我母亲告诉我说,太宰治的《惜别》,写的就是鲁迅写过的藤野先生。所以可以说,我是在我母亲的引导下开始阅读鲁迅的。

鲁迅的短篇小说十分优秀,我是望尘莫及的。鲁迅是一个能够真正揭示出人类社会中存在的苦难的人,而我开始创作的时候,却没能很好地把握时代。虽然我的小说创作没有受到鲁迅的直接影响,但我依然十分尊敬鲁迅。

王新新:您对鲁迅的理解是不是在很大程度上也受了竹内先生的影响?竹内先生是作为研究家,从学问的角度理解鲁迅的,但作为一个作家,您对鲁迅的理解也许会有一些更感性的东西。

大江:竹内先生是个很了不起的人。战后,日本曾有一段时间,一些人明明没有好好地研读鲁迅,却把鲁迅奉为圣人、英雄,而竹内先生,则认真阅读了鲁迅所有时期的作品,准确把握住了鲁迅不同时期的变化。在这一点上,我十分钦佩竹内先生,也受了他很大影响。他翻译得也特别好。这个时代发生了这样的事情,鲁迅是一个以自己优秀的小说为此做出证言的人。在这一点上,没人比鲁迅做得更出色。鲁迅小说以外的短文也是一样,非鲁迅写不出。这够我学一辈子的。

王新新:在光明日报出版社出版的《大江健三郎自选随笔集》的自序中,您表示希望自己向鲁迅先生靠近,哪怕只挨近一点点,并以此作为您认识和创作文学的最大愿望,您能不能谈谈您打算在什么方面,又怎样向鲁迅靠近呢?

大江:可以说,日本的小说家并没有什么人想效仿鲁迅,像鲁迅那样写作。尊敬鲁迅的也几乎只是觉得鲁迅有名才尊敬他。日本人对鲁迅的看法主要有三种。一种看法认为,鲁迅是一个十分了解日本的中国最伟大的小说家。另一种看法认为,鲁迅20年代末30年代初是"左"派的代表,是革命的鲁迅。还有一种看法将鲁迅视为亚洲最伟大的作家。我觉得这三种看法都有失偏颇。鲁迅并非从一开始就是伟大的鲁迅,他饱尝痛苦和艰辛,时常觉得自己软弱无助,他是经过一生的时间,才不断成熟,最后使自己成为一个能够去战斗的文学家的。一个最初软弱,历经苦难,甚至受到压制的人,能不断革新自己、战胜自己,的确了不起。也许我成不了这样的人,但我想成为这样的人。作为一个为国家、为社会、为人类而奋斗的斗士终此一生,是我作为文学者的理想。我正是想在这一点上靠近鲁迅。

王新新:鲁迅一生都在进行"社会批评"和"文明批评"。在我看来,鲁迅既是社会危机的产儿,也是文化危机的产儿。

大江:我十分赞同你的这种说法。在社会的危机中,鲁迅总是全力以赴、认真应对,在这个过程中使自己不断成熟。在文化危机上也是如此,如果他认为别的文学者有迷惘或是不对的地方,他会勇敢地指出来。

王新新:同鲁迅相比,您的批评似乎更侧重于"社会批评"。

大江:我认为,作家其实应该是把所有问题——政治问题也好,社会问题也好——都当作文化问题来理解、处理的人。鲁迅就是这样的人,所以他的文章文化含量和文化层次就高。这是一个作家最值得敬佩的地方。我虽然对社会问题一直比较关心,也经常发表言论,但是我的随笔文化水准并不是很高。

后来是好一些了,但是年轻的时候我缺乏这种文化意识,只是作为一个年轻的小说家,要将心中的苦闷一吐为快而已。在这个过程当中,广岛问题、冲绳问题、核武器问题,还有残疾儿童问题,逐渐成为我关注的中心。在我看来,这些问题也是文化的问题。

王新新:鲁迅放弃了小说,也没有选择诗歌、戏剧等其他表现形式,而独独选定了杂文。我们想知道的是,作为一个作家,您如何看待鲁迅的这一选择?

大江:据我所知,在中国自古以来的文学形式中,杂文是不入流的。但是鲁迅选择这种形式,我想是因为他认为这是出于需要。能够表达自己想表达的,短文也无妨嘛。多年来我也一直在试图创造一种全新的、日本前所未有的表现形式,就像鲁迅开拓出杂文这片土地一样,而且要以此向年轻人和孩子们,就日本、世界的问题发出自己的声音。最近的《在自己的树下》就是这样的东西,但是今后还得继续探索。

至于说鲁迅为什么选择了放弃小说而写杂文的道路,我是这样看的。我其实觉得鲁迅的短篇小说极好地表达了他想表达的东西。一个作家创作一部长篇小说是要花很长时间的,三年五年,甚至可能十年八年,但是鲁迅没有那么多时间,于是杂文便成了他最好的选择,更何况它在鲁迅那里被用作了投枪和匕首,以便能够及时"应战"。鲁迅逝世六十多年了,世界逐渐地接受了鲁迅,这是他文学的力量使然。

王新新:鲁迅之所以具有深刻的影响,是因为他所探索的精神主题与中国的国民性及其改造密切相关。而您近年来的一些思考其实也涉及日本的国民性问题,这也许是您与鲁迅的暗合之处。

大江:鲁迅认为,中国人需要得到改变,尤其是女性和农民,不变不行,他也很重视对年轻人发出呼唤。可以说,鲁迅的文章都是为呼唤中国人的变化而写的。这也是鲁迅具有强大影响力的原因之一。鲁迅同时也认为,日本人是需要进行改变的。经过鲁迅及鲁迅以后的人们的努力,中国人有了巨大的改变,现在的中国女性已经不是七十年前的中国女性,王蒙、赵树理、莫言笔下的农民和中国现在的农民也已经不是鲁迅笔下七十年前的中国农民,但是日本人改变了吗?我认为没有。在我看来,中国的改变始自辛亥革命和五四运动,日本的改变应该始自战败,辛亥革命和战败在这一点上应该具有相同的意义。但是战争结束了,日本人并没有变,如果鲁迅还健在,他也一定认为现在的日本人需要得到改变。比如说历史教科书问题,虽然我们这些反对者的抗议和阻止取得了胜利,这本教科书最终没有被采用,但是,这种东西有人做,还有人想用,就说明日本人没变。所以,需要我们去做的,就是不断地呼吁:日本人需要改变。

王新新:您现在在思考日本人的同时,似乎更多的是在思考整个人类的生存现状。那么,这中间的衔接点是什么呢?

大江：我理解，鲁迅的自我解剖意识源自他的自我审视意识，不论在哪个年代，鲁迅都认为自己是一个不彻底、不完整的人，认为自己很软弱，所以他才要一点点地改造自己。鲁迅自己是一个知识分子，他在思考中国民众的弱点的同时，也将知识分子划归中国民众，并思考中国知识分子的弱点。胡适也是知识分子，林语堂也是知识分子，但是他们并不认为自己是民众的一员，是软弱的中国人，所以他们不像鲁迅那样不断地进行自我批判，把自己逼得无路可逃。鲁迅的自我剖析，就表现在他常常认为自己也是一个软弱的中国人，并对这样的自己加以批判。鲁迅曾说阿Q就是他自己，就是因为他看到了自己身上的阿Q式的因素，并要将其剔除。这一点让我十分敬佩。其实我身上也有旧日本人、不好的日本人的因素，我意识到了这一点，并想表现在自己的文学中，以警示自己。我对于现在日本人的生存状态，主要是从作为日本人应该怎样在世界上生存下去的角度来思考的。这是为了使日本今后不再发生侵略中国、侵略亚洲这种对世界有害的事情，所以这也关涉到整个人类的生存状态。

王新新：近年来，主张应该把鲁迅"拉下神坛""走近真实的鲁迅""重塑鲁迅"的声音不绝于耳。我想这反映了当今普遍存在的消解权威的情绪，不知道您对这种现象怎么看。

大江：一个人被神化，是很可悲的一件事情，所以我赞成不将鲁迅"神化"的做法。但不论是在中国，还是在日本，都有一些人想用口号解读鲁迅。然而因为鲁迅在各个不同时期是存在变化的，所以还是应该全面地认识鲁迅。从这个意义上讲，我完全赞同将鲁迅作为人而不是作为神来看待。

但问题是，如果有人打着"走近真实的鲁迅"的幌子，行否定、贬损鲁迅之实，就很危险了。尤其是"重塑鲁迅"的提法，更是危险，因为这不光意味着要消解鲁迅、颠覆鲁迅，还意味着要造出一个所谓的新的鲁迅，这是对鲁迅的另一种利用，导致另一种不真实，是要不得的。我要说的还是那句话，要好好地研读鲁迅，读他各个时期的文本，了解他不同时期的变化，只有这样，才能真正走近真实的鲁迅。

作家必须是有使命感和责任心的人
——访作家周梅森

刘 颋

记者:江泽民总书记的"三个代表"思想和"七一讲话",给我们的社会主义建设和改革开放事业提供了指导思想上的保障。能否请您谈谈您的体会?

周梅森:对江泽民总书记的关于"三个代表"的论述,我是非常赞同的。我一直非常关注中国的这场改革。22年的改革走到今天这一步,我们在经济上创造了举世瞩目的辉煌,造就了一个一百年来最大的奇迹,创造了古老民族的对得起祖先的一番伟大的事业,所取得的成绩是不容置疑的。这种自信、这种自豪感也是不容置疑的。我的文学经历是跟着改革开放22年的历史走过来的,包括我的《人间正道》《中国制造》《至高利益》能够出版,能够取得这么大的反响,都与我们改革开放的成绩是分不开的。可以这么说,在任何时候、任何情况下,我始终是我们改革开放的坚定不移的支持者。毋庸讳言,我本人也是改革开放22年来的既得利益者。我说的既得利益,不仅仅是指改革开放给祖国和我个人生活带来的巨大变化,更重要的是它给了每一个人包括我自己在内多种选择的可能性。我们的社会给人们提供的机会多了,我们选择的可能多了,我们才有了更多的施展才能的可能性。包括党的指导思想,经过22年的改革实践,正逐渐走向成熟。这种成熟的标志,就是总书记的"三个代表"的提出。我觉得"三个代表"讲得非常之好。在我写《至高利益》的时候,我看到了生活中的大量腐败现象,尤其是"政绩工程"现象。我当时的出发点仅仅是想就"政绩工程"做一些剖析,解剖它到底什么地方出了问题,为什么会出现一大堆的不管老百姓死活的"政绩工程"。讲政绩本来是小平同志当年针对干部提拔时讲资历、讲年龄而提出来的,它本身是一个进步。但现在变了味,歪曲了政绩本身应该具有的正确的内涵。当时想剖析这些问题,但是没有找到立足点。在我写了一半的时候,总书记的"讲话"在茂名发表,看后我眼睛一亮,我觉得我的这个作品找到了根。这个根就是"三个代表"。"三个代表"最根本的一条是代表最广大群众的根本利益。有些同志对"三个代表"不太理解,我是这样理解的,并不是说我们目前的官员已经做到了"三个代表",而是说总书记给我们的党提出了一个标尺,那就是这个党必须代表先进文化的前进方向,代表先进生产力,代表最广大人民群众的根本利益,我觉得这三个层次讲得相当好。"三个代表"的提出适应了我们新世纪、新时代的社会发展。我经常想,总书记的"三个代表"的思想不能流于形式,不能只满足于上电视,而是要真正地把"三个代表"落实到行动中去,落实到我们的日常工作中去,真正把老百姓的疾苦放在心上,每一个中国共产党党员都应该为自己的政党争光争气。总书记的讲话发展了马克思主义,顺应了我们改革开放的潮流,顺应了我们社会发展的历史性变化,这是一个政党非常英明的表现。

记者:新时期以来,文坛流派纷呈,但是您的创作,从《黑坟》《军歌》,到现在的《人间正道》《中国制造》《至高利益》,似乎不是能轻易地归入一个流派或一种潮流的,对于您的创作道路和创作走向,您是怎么把握的?

周梅森:我这个人天性放荡不羁。我是一个矿工出生的作家,我家乡的那片黑土地给予我的影响是巨大的。从20世纪80年代以来,一直有人试图把我归入这个流派那个流派,我觉得都比较牵强。我就是我自己,一个作家就应该是他自己,一个作家就应该是什么都能写,不管是工业、农业、历史、现实、政治、军事,只要你视野里有这些,就应该都能写。我这个人不容易受潮流的影响,不管它是西风渐进也好,什么荒诞派、意识流以及拉美的魔幻现实主义,我都看,但极少对我产生影响。我欣赏它们,但它们难以改变我文学的底色。我没上过大学,没受过真正意义上的大学教育,我是在一种无序的、没有规矩的、没有任何程式约束的环境中成长的,像疯长的野草,一不小心长成了大树。所以说,我根本就很难用什么现成的规范来解释。我很羡慕一些作家,他们很有学问,作家学者化,我特惭愧。我觉得我的这二十年的创作生涯就是我生命的文本化,我想写什么就写什么,对什么感兴趣就写什么,不感兴趣了立刻丢开。我曾经有四年一个字也没写,我去炒股票,做房地产,再开始写,我就变了。但不管怎样变,我有一个基本的东西不变,就是我的作品中的那种生命的活力,那种不受约束的创造激情在我过去的历史小说和今天写当代生活的小说中都不会改变的。这种风格是难以改变的,我非常喜欢那种大气的、充满阳刚之气的作品,不喜欢写个人生活、小恩小怨的东西。

记者:您的作品给人一种大气的感觉,叙事的线条显得刚劲有力,风花雪月的柔情成分比较少,这是不是跟您的个性有很大的关系?您是否有意追求这样一种风格?

周梅森:和我的个性有关,再一个,跟我的文学认识有关。我一直认为文学是非常神圣的东西,我从来没有想过要靠文学发财,但文学给我带来的财富是巨大的。我总觉得,一个作家,应该是一个责任感和使命感都很强烈的人,而且我觉得这种责任感和使命感是与生俱来的,你让我不关心都不行,我着急。就算是早期的作品,我尽管写的是历史,但仍然是深深地扎根在我所生长的这块土地,我所属的这个民族。有评论家说,我写的作品,哪怕写的是民国,是旧军队,都带有对国家、对民族的深深的思考。当年我写历史题材作品的时候是带着对现实的深切的关照的,这是一个当代的中国作家在写一百年前或五六十年前的中国的历史,那么今天在我的《人间正道》《中国制造》

《至高利益》中,在写当代的时候,我也没有忘记背后的那段历史。今天我们这块土地上所发生的一切,都是不能使之孤立于历史之外的,现在与历史是一个整体。

记者:在《黑坟》《军歌》之后,正如前面您自己说的,有一段时间您什么都没写,到《人间正道》重新开始写作,您的创作出现了很大的转变,是什么促成了您写作关注点的转移和变化?

周梅森:写作出现的转变根本上是基于文学的良知。我的生活经历使我对改革开放有了进一步的认识。90年代初期,我下海炒股,做房地产,建高速公路,经商,挂职当秘书长,当了一年半,丰富的生活经历使我对中国的社会、对改革开放中运作的国家机器有了深刻的了解。当我下海的时候,我从没有为了文学而深入生活、体验生活这种崇高的目的,我就是想赚钱发财;当我当干部的时候,我也从来没有想要用文学做敲门砖而当官。所以我周围的人对我比较宽松。再加上我成功地将我写历史小说的魂魄找了回来。于是,才有了《人间正道》《天下财富》《中国制造》《至高利益》和将要出版的《绝对权力》。当然这中间《人间正道》现在看起来很笨,有很重的报告文学的痕迹,完全是凭着我的激情来写的,而且坦率来说,从思想内容上看也比较单一,审美取向也比较单一。我感觉欣慰的是这几部作品我自己觉得一部比一部写得好。

记者:如果您没有下海,没有去经商,您还会接着原来的历史小说的路子走下去吗?您最想在作品里表现的是什么?

周梅森:没准我还在历史小说的圈子里绕来绕去,而且没准我还在重复我自己。很难想象会怎样,也许会写到死胡同里去。当我无意中卷到生活潮流中去后,它使我对改革开放有了新的认识,也使我的文学生命有了新的支点。在《人间正道》以后,在我的每一部作品中,我一直在思考探索我们的政治体制改革的问题。这是我现在一直关注的问题。政治体制的健全和政治体制的改革不仅仅是少数政治家的事,它和我们每个中国人都有关系。在《绝对权力》里,我就写了一种"递延权力"现象。

记者:您的作品中总是表现出在政治与权力中的一种精神的斗争和灵魂的绞杀,少有儿女情长,大量来自这种精神与灵魂斗争的信息往往在阅读中以高频冲击着读者,也吸引了不同社会层面的读者。这固然与您的个性和惯有的风格有关,但除此之外,是否还有别的因素?

周梅森:我的作品中连摸手都没有(笑)。我还真的没好好想过这个问题,我们的生活太丰富了。我想,我的作品受到读者的喜欢,有一个重要原因是我把一个真实的中国展现在他们面前了。当然我必须承认这中间仍然有理想色彩,因为我不希望我的读者把生活看得太灰暗而失去信心,这不是我的希望。但我努力做到把一个真实的中国摆在他们的面前,和他们一起思索,和他们一起判断,和他们一起抉择。

记者:您的作品给人的思想的冲击力很大。

周梅森:对,我选择的是思想的抉择。在这方面,我和张平、陆天明不一样,我不靠曲折的情节,而是挖掘生活中的带有本质内容的那种现象,掘下去,不停地掘下去,大概这是我的特点。

记者:反腐败小说、官场小说不能仅仅写成老百姓的"诉讼状"和"代言书",这类作品如果只停留在诉讼状层面而缺乏思想的力度,阅读之后可能带来的是精神上的更深层的失落。这让人想到了现在很多人批评的"当前的作家缺乏想象力",但似乎少有人指出,中国的作家到底缺乏了什么样的想象力。他们并不缺生活,那么他们到底缺的是什么,我认为是对于精神的、思想的深度开掘的想象力,是哲学与理性的想象力。

周梅森:非常好,我非常赞同你的观点。这是一个不重视思想的时代,一个不愿意好好思考的时代,现在愿意思索的作家已经越来越少了,由思索而产生一定认识的作家就更少了。我只是在我的作品中记录了我的思索。由《中国制造》改编的电视连续剧《忠诚》,塑造了刘如意的忠诚、田立业的人身依附,还有耿子敬那个贪污腐败分子口口声声忠于老书记,这都是我要批评的。进入了法治时代,简单地忠于某个人,搞人身依附,这种观念造成的民族灾难还小吗?现在文艺界"戏说"之风泛滥,这是极不负责的行为。有一部分导演、一部分作家认为我们的老百姓不配享受更好的精神产品,他们只把我们的读者和观众想象到中学生水平,这是完全错误的。一个作家不能对不起自己的读者,这是我的神圣职责,也是我的最高职责。如果说这点丢掉了,那我这个作家就别当了。我有一个深深的感受,作家应该是一个高尚的人,作家应该思考民族的命运,作家必须是一个有使命感和责任心的人。一个没有思想的民族是没有前途的,一个不思考民族命运的作家是不称职的,作家应该在自己的作品中表现出自己对国家、对民族的责任,作家应该对自己的读者、自己的民族负责。现在的情况是,读者对文学作品的精神深度和思想含量的要求在加大,而我们的文学作品中思想的分量却越来越少,这样的作品如果有读者市场才怪。一个作家不关心国家、不关心民族的发展命运,他的作品卖不出去就是必然了。你说的"代言书"和"诉讼状",我个人认为,我们这个时代还是需要这样的作品的,写这样的作品需要勇气。我和张平是好朋友,我很佩服他的勇气。但我认为,文学不能仅仅是这样,我的作品表现的是我对社会、对国家的发展前途的思索,我把我看到的问题、我的思考如实地写了出来,并且衷心希望这些问题能得到解决。我认为,这就是我作为一个有良知、有责任心的作家的责任和使命。

加拿大华裔英语文学的发展与现状：
打破百年沉默　重塑华人形象
——赵廉博士访谈录

朱 徽

赵廉(Lien Chao)，加拿大华裔作家、评论家，加拿大作家协会会员和加拿大亚裔作家工作坊成员，浙江杭州人。1984年赴加拿大，1986年获文学博士学位。1997年，她在博士论文基础上完成的英文学术专著《不再沉默》出版，1998年获加拿大文学学会颁发的GABRIELLEROY加拿大文学研究评论著作奖。现定居多伦多市，从事文学创作和评论，曾多次获得加拿大国家艺术基金会、安大略省艺术基金会和多伦多市艺术基金会颁发的文学创作基金。2000年夏，朱徽教授就加拿大华裔英语文学的发展与现状对她做了网上专访，现发表如下。

走进主流社会和主流文化

朱：多年来，美国华裔英语文学在中国大陆的文学界和学术界——包括大学英文系已经有了相当的影响，有不少译著和论文。与之相比，在中国大陆，加拿大华裔英语文学可以说还不大为人所知。请您就加拿大华裔英语文学对中国读者做一个扼要的介绍。

赵：加华英语文学是加拿大文学之树上的一根充满生命活力的新枝。仅仅20年的时间，一批中青年华裔加拿大作家从发表处女作起步，走出世代为家的唐人街，引起加拿大主流社会和英语文学界的重视，直到获得各种文学奖，包括总督文学奖和其他竞争激烈的文学奖项。有些华裔文学作品被选入大学英文课的教材，列入研究所的研究课题。这一支用英文创作的华裔文学队伍还在不断壮大，他们创作的作品包括各种文学体裁，如长篇和短篇小说、诗歌、剧本和民间故事等。

加华英语文学建立在华人社区的历史和文化的基石之上，第一代作家大多是为争取华人在加拿大享有平等地位的社会活动积极分子。他们的作品是为华人争取政治权利的呐喊，也是华人首次在加拿大撰写自己的历史篇章。他们的创作语言一定得是通行于主流社会的官方语言，即英语。只有把英语作为自己的语言工具，少数族裔及其社区才有可能进入加拿大的主流社会。

在加拿大的主流社会和主流文化里，华人沉默了百年之久。这种长期的沉默并不是由于华人生性内向，不好竞争，而是由于加拿大对华人的政策剥夺了华人的人权和民主权利。华人的反抗呼声在社区范围内的中文报刊上早有记载,然而,让主流社会听到华人的呼声,却迟在 80 年代后期和 90 年代了。那是第一代华裔作家用英语进行创作,发出大声疾呼的结果。1988 年,华裔史学家、作家余兆昌(Paul Yee)出版了表现温哥华华人历史的图册《咸水港》(*Saltwater City*),引起很大反响。1990 年,华裔作家李群英(Sky Lee)的小说《残月楼》(*Disappearing MoonCafé*)出版,这是引起主流社会读者和评论家们注目的第一部华人英语文学作品,为建立加华英语文学体系奠定了基础。此前,温哥华华裔诗人、加拿大亚裔作家工作坊(Asian Canadian Writers' Workshop)的创始人和负责人之一朱霭信(JimWong-Chu)出版了诗集《唐人街鬼魂》(*Chinatown Ghosts*)。有四分之一中国血统的草原诗人弗雷德·华(Fred Wah)的诗集《等待萨斯卡彻温》(*Waiting for Saskatchewan*)在 1985 年就得过总督文学奖的诗歌奖。出生于特立尼达的华裔作家甘卓麟(Winston Christopher Kam)编写的《单身汉》(*Bachelor-Man*)于 1987 年由多伦多的实验剧团上演。20 世纪 90 年代,从世界各地来加拿大的华人作家以各种文学体裁发表了更多更好的作品,为建立一个独立的具有鲜明特色的加华英语文学体系创造了基本条件。1997 年,《不再沉默:加拿大华裔英语文学》(*Beyond Si-lence:Chinese Canadian Literature in English*)出版,在文学史、批评理论和作品分析等方面建立了加华英语文学的体系,为读者提供了具有重要参考价值的阅读和批评模式。作为加华英语文学的首部理论著作,《不再沉默》打破了在加华人的百年沉默,向以源自欧洲的英法文化为主导的加拿大主流社会发起挑战。

朱:在加华英语文学领域,《不可剥离的稻米》(*Inalienable Rice*)和《多嘴鸟》(*Many-Mouthed Birds*)无疑是两部非常重要的诗文集,我们是否可以将其视为加华英语文学发展的标志?您怎样评价这两部诗文集的意义?

赵:诗文集《不可剥离的稻米》和《多嘴鸟》是加华英语文学诞生和发展过程中两个重要的里程碑。前者是 20 世纪 70 年代末,加拿大西海岸的亚裔社区复兴、大力争取在主流社会文化中的平等地位和权利而产生的结果。当时温哥华一批爱好文学的华裔和日裔青年,及社区活动的积极分子组织了一个加拿大亚裔作家工作坊,探讨用文学的形式来表达加拿大亚裔青年的心声。《不可剥离的稻米》于 1979 年出版,宣告了加华英语文学的诞生。加华英语文学的历史使命是讲述在加华人的故事,描写他们的生活经历和思想感情,赞颂被主流社会抹杀和遗忘了的华人建国功臣,展现华人社区的成长发展和华裔加拿大人的身份。这一明确的政治使命表明了第一代加拿大华裔作家的创作方向和作品的集体意识。《不可剥离的稻米》出版后的 12 年间,当年参加加拿大亚裔作家工作坊的有志青年很多已经出版了他们的处女作或几部作品,有些已经受到加拿大主流社会读者和评论界的关注,第二部加华英语诗文集《多嘴鸟》经过几年的筹稿和编辑,于 1991 年出版。这部诗文集展示出加拿大华裔英语作家的才华和实力,这些作家分布地域广,从西海岸的温哥华一直到东海岸的爱德华王子岛,他们的作品涉及现代西方文学的各种体裁和形式。《多嘴鸟》以多位作者诗文集的形式编辑出版,展现出华裔作家的集体意识和创作目标。这部诗文集的出版标志着加华英语文学作为加国一个少数族裔的文学体系,正从华人社区走进加拿大的主流社会和主流文化。

对主流社会的影响

朱:加拿大的一项基本国策是发展多元文化,于是,多元文化文学就成了加拿大文学的一个重要组成部分。当代加华英语文学在加拿大多元文化文学中的地位如何?就其背景而言,中华文化在加拿大多元文化中的位置如何?随着时代的发展,其地位有些什么样的变化?

赵:弘扬多元文化是当今加拿大的一项基本国策,也是加拿大对世界文化做出的一大贡献。当代加华英语文学的诞生和成长是加拿大发展多元文化的必然产物,为加拿大其他少数族裔文学体系提供了一个可行的模式。为此,代表加拿大主流文化的文学评论界及时对好几位重要的华裔英语作家给予了关注和好评。近十年来,由于加拿大华人人口的不断增加,华人社区范围的持续扩大,华人在加拿大主流社会中的影响越来越大。如自 20 世纪 80 年代末以来,大批来自香港的华人移民为温哥华地区的经济发展及时地投入了大量资金;近几年间,来自大陆的技术移民成批地来到加拿大,为华人社区的发展增添了新鲜血液。因为大多数新移民选择定居在温哥华和多伦多等几个大城市里,现在汉语已经成为多伦多市使用最多的少数民族语言,仅次于加拿大的两种官方语言,即英语和法语。19 世纪的华人在加拿大做苦力,没有社会地位,也没有政治权利。到了 20 世纪初叶和中期,华人仍然只能在唐人街里打工,开餐馆或洗衣店,靠自我雇佣来解决就业问题。直到 60 年代以后,华人才可以申请和从事任何专业工作,中华文化中的佛教、中医和饮食文化也在加拿大主流社会中广泛传播,可以说是家喻户晓。现在,加拿大的主流经济已经认识到不能忽略华人市场,开始大规模发掘华人潜在的经济实力,以发展市场经济。英语文学的发展也是一样,随着时代的发展,其读者将会更多,其社会地位将会更高。

朱:当代加华英语文学对加拿大主流社会——包括其文学界和学术界产生了什么影响?有哪些最具影响力的作家、诗人?他们最具代表性的作品是什么?

赵:当代加华英语文学的诞生打破了华人在加拿大历史和社会里的百年沉默,开始了华人重写自己社区历史、重新塑造自己形象的新纪元,改变了过去人们认为华人软弱无能、愚昧落后的歧视性偏见。华人为加拿大建国和国家的发展做出过伟大的历史贡献,然而,他们不但没有得到应有的承认和颂扬,反倒遭受种族主义的歧视和迫害。这样的历史事实及华人的经历和情感,一旦由华裔作家用英语写出来,并得以发表和出版,受到读者和评论界的关注,就成了加拿大历史和文学的组成部分,在加拿大主流社会中产生影响。当前,具有影响力的华裔作家有历史学家、儿童文学作家余兆昌,小说家李群英、丹尼斯·钟(Denise Chong)和崔惟新(Wayson Choy),诗人弗雷德·华(Fred Wah)和朱霭信,诗人及短篇小说作家艾凡琳·刘(Evelyn Lau)等。在文学史和批评理论方面,我的专著《不再沉默》为系统地研究当代加华英语文学奠定了基础。

朱:加华英语文学的主题之一是表现早期华人移民的痛苦经历。今天的中国读者阅读这些作品,常因他们遭受的种族歧视和种族压迫而感到心情异常沉重。二战以后,尤其是80年代以来,新移民大量进入加拿大,他们的经历完全不同于老一辈移民。由于一些新移民成为文学作品的作者或者描写对象,当代加华英语文学的题材和创作有什么样的扩展、变化与更新?

赵:第一代加华英语作家的使命是重写华人社区的历史和重塑华人的形象,其目的是纠正白人历史学家笔下对华人的种种歪曲与歧视。第一代加华英语作家的努力试图从根本上杜绝在现代社会里以各种形式出现的种族主义,并且使后人看到,加拿大的历史并非是一篇美妙的童话故事。新一代华人移民只有了解前辈华人的痛苦经历,才可能真正体会到今天华人在加享受到的平等自由之可贵。今后的作家会描写新一代移民在加拿大的不同经历和情感,其题材和创作也会有所不同。表现他们生活的作品反映了不同的时代气氛和人物个性。但是,先辈华人的历史经历必定会长久地留存在人们的记忆里。

朱:作为同样产生于中华文化的文学,当代加华英语文学与当代加华华文文学之间的关系如何?后者对加拿大社会——唐人街内和主流社会有什么样的影响?

赵:在加拿大,有一大批用中文创作的作家,还有一些中文作家的组织,如加拿大中国笔会和加拿大中国作家协会就是其中两个比较重要的社团。前者以中国大陆旅加作家为主,后者以香港地区旅加作家为主。中文作家的社会活动范围主要是华人社区以及中国大陆、香港和台湾。这批作家中的很多人在来加拿大之前就已经成名。因为汉语至今仍然是唐人街和海外华人社区内交流的语言,在加拿大的一些中文作家也仍然有发表作品的机会。如加拿大有三家中文报纸每天出版,有成千上万的读者在阅读中文报刊和书籍。有些华人作家在报纸上开辟专栏,写了很多杂感。可是,由于英、汉语言之间及东西方文化之间存在着巨大差异,中文作家和作品的影响仅仅局限于华人社区的范围,而华人英语作家和作品的影响却进入了加拿大的主流社会。

朱:1991年底出版的诗集《枫溪情》(英汉双语)是您用诗歌形式来表现加拿大新移民的人生经历和心路历程的作品,富有感人的艺术力量,读后给人留下深刻印象。请简要介绍这部诗集的创作过程及在加拿大社会产生的影响。

赵:《枫溪情》是我的加拿大情结。我来加拿大十七年了,其间我接触了很多新老移民,包括来自亚洲各国的新老移民和属于主流社会的移民后裔。加拿大是一个由移民组成的国家,人们来自世界各地,到加拿大来寻找一个共同的梦,华人也不例外。我曾经无数次地想到自己的过去、现在和将来。阅读过加拿大华人历史经历以后,我打消了过去那种无根的彷徨感,华人先贤就是我这一代加籍华人以及我们的后代在加拿大的根。《枫溪情》出版后,多伦多公共图书馆立即把它列入"文化传统"项目。加拿大具有影响力的华文报纸发表专文对《枫溪情》做了评述介绍。在2000年的中国传统春节前,我曾两次应邀为图书馆的读者朗读集中的诗文片断。4月的加拿大和美国"全国诗歌月"安排我做了两次朗诵。书中的片断被选收入其他几种书籍,还有些诗作被中国大陆和台湾的报刊选用。

批评应有一种虔诚的态度
——批评家李洁非访谈
周玉宁

这次作代会上,金炳华书记的报告中提到了几位在文学理论批评工作中取得一定实绩的批评家,曾获冯牧文学奖的李洁非便是其中之一。我们的文学理论批评家是如何看待自己所从事的这项事业,又是以什么样的姿态来对待这项工作的呢?为此,记者采访了批评家李洁非,请他谈谈对批评的一些看法。

李洁非明确表示,一个批评家对自己的工作应有一种荣誉感,要有一种价值标准。他说,现在经常听到一些关于各种评论家的议论,很多是针对批评的市场行为的。这种现象确实存在,也不是不可以理解,但批评家既然选择了批评这项职业,就要对自己的文字抱负责的态度,批评哪怕是作为商品,也不能以假冒伪劣坑骗自己的读者,批评家应对得起自己的工作,这首先是对自己负责。朱总理在这次会上的形势报告中讲到了诚信问题,这在中国社会是个越来越重要的大问题,诚信不仅仅是道德问题,它会影响到我们整个事业的发展。从诚信的角度来理解批评家的责任感,或者说荣誉感,我们在内心就会对批评有一种虔诚的态度。当然有责任感不等于不介入市场,李洁非认为,批评应介入市场,这个问题不应回避。批评介入市场不是问题,问题是以什么方式介入,是以真知灼见,是以能与读者交流的文字对他们形成阅读的引导和启发的方式进入市场,还是在失去诚信、虔诚的原则后将批评变成广告,这是本质的区别。好的面向市场的文学批评不是广告式的,而是我们正在探索的一种新的存在方式。

谈到批评与时代、生活的关系,李洁非认为,虽然生活总是走在理论批评的前面,理论批评仍有义务与时代保持密切关系。这就需要以开放的意识、进取的意识来进行批评,必须开阔自己的视野,尽快尽多地接受生活和时代提供的各种各样的新信息,同时要破除自己头脑里的一些僵化的东西,这是一个批评家与时俱进的前提。在批评上抱着几十年的教条,还用这些来衡量、取舍、谈论创作,是脱离时代的表现,这样的批评是会被生活、被读者抛弃的。批评的视点应不断地有所拓展,批评和社会生活现象和理论之间的关系要积极地进行探索。李洁非认为,文艺理论与文学批评之间是有区别的,理论是对既有的思想、经验等等资料进行学术上的归纳抽象;批评更是一种探索,它总是面对新鲜的活生生的东西,是直接面对对象的。两者有一种时态上的不同。把这两者混淆,很容易导致对新的现象的难以触摸与感觉。理论与批评的界限、概念,我们过去是模糊的,这与整个文艺思想、体系的封闭状态有关。过去对很多事情有定论,不利于批评的发展,容易把批评当成理论的附庸,很多作品还未去了解、触摸已有了结论,已经知道用什么框框去套,批评怎么有鲜活的生命感?理论要力求精密,而批评是能够捕捉特征的东西。好的批评不管它有什么漏洞,但如果它能击中一个要害,让大家眼睛一亮,就是很可贵的。李洁非认为好的批评语言是介乎论说文与散文之间的语言,这种语言比较接近文学原创的写作性质,与创作的关系更紧密。20世纪80年代中后期以来,这种情况有所改善,批评文体逐渐在苏醒,这与我国文学的开放是相辅相成的。文体逐渐苏醒的新的文学批评应当是能够进入市场、能够影响广大读者的。

2002 年

二十年的族裔争论,成为当代美国文学的显著景观
——对谈华裔美国文学中的族裔性
张子清　雷祖威

雷祖威(David Wong Louie,1955—),华裔美国人,出生在纽约,毕业于瓦萨学院和爱荷华大学,现任加利福尼亚大学洛杉矶分校英文系副教授,20 世纪 70 年代中期开始发表作品。90 年代初,他以畅销短篇小说集《爱的痛苦》(*Pangs of Love*,1991)崭露头角。张子清教授对他的这篇网上访谈从两位重要的华裔美国作家赵健秀与汤亭亭之间长达 20 年的关于华裔族性的争论开始,涉及了如何看待中美文化差异及如何理解华裔美国人的两难处境等重要问题。

张:赵健秀与汤亭亭就美国华裔族性的争论之激烈,没有任何其他亚裔作家群可以与之相比。如今 20 多年过去了,这场争论不仅牵涉了大批美国华裔作家乃至亚裔作家,使他们在不同程度上卷入,而且造就了一批华裔/亚裔美国评论家,例如林英敏(Amy Ling)、黄秀玲(Sau - ling Wong)、张敬钰(King - Kok Cheung)、金伊莲(Elaine H. Kim)等,同时也引起了美国主流文学界的关注。这已经成了当代美国文学显著的景观。赵健秀和汤亭亭也许并未意识到他俩的论战在推动华裔/亚裔美国文学的发展、提高他们的知名度、发挥其影响等方面做出了空前的贡献。20 世纪上半叶曾风行一时的走红作家黄玉雪和黎锦扬也无法同他俩比肩。你对此有何评论?

雷:赵健秀和汤亭亭是了不起的作家,是在亚裔美国文学界里有着重要影响的人物。他俩之所以重要,不仅仅是因为他俩的论战,而在于其论战使人们对他俩的作品和个性产生更大的兴趣。赵健秀与汤亭亭取得黄玉雪和黎锦扬无法相比的知名度同两个重要历史事实有关:1. 汤亭亭和赵健秀都是卓越的艺术家;2. 汤亭亭和赵健秀都是在接纳多元化的时代成名的。前者得到了女权主义运动的有力支持,而后者则更多地被 20 世纪六七十年代的政治运动所促进。他俩早期的作品抓住了当时的时代精神。倘若他俩的作品早 20 年发表,他俩是否会受到同样的重视,其作品是否会受到文学精英们同样的欣赏,我不知道。我感到,主流文学读者对族裔文学爱好的前提是社会首先对少数族裔的重视。

张:是的,我完全同意你的看法。不管其他华裔/亚裔美国作家对他俩的论战采取怎样的态度,他们都很难回避在他们的作品中的族裔性应当强化还是弱化的关键问题。在S.Y.希罗斯对你的访谈录中,就华裔/亚裔美国文学中的族裔性应当强化还是弱化的问题,你已经清楚地表明了你的观点。我更感兴趣的是想知道你对这个问题在理念和美学趣味上的转变:从弱化到强化。你的短篇小说集《爱的痛苦》(1991年)里一共有11个短篇,有4篇没有出现华裔主人公,其他几篇在表现族裔性上也不太突出。因此,美国学者杰夫·特威切尔认为你给人们留下的印象是,你对被冠以纯华裔/亚裔美国专家似乎感到不自在。尽管如此,你的标题篇《爱的痛苦》却是完美的华裔美国小说,在揭示中美文化的碰撞和由代沟引起的精神痛苦方面既深刻又生动。你说,你现在的作品题材和人物越来越亚裔/华裔美国化,是不是因为你受到赵健秀的影响?还有其他原因吗?

雷:我也许喜欢作为善辩者的赵健秀。读他的作品,特别是读他的辩论文章,帮助我用几乎纠缠我一辈子的思想感情——对自己的肤色感到不自在来思考问题。提高我族裔意识的其他的因素是我读了其他族裔作家的理论著作和我在大学里开设族裔作家作品的课程。我们有八个教师都教同样的大一课程,开列同样书单的课后必读,每周开会一次,讨论下周的教材。从我的同事和我们所教的作品那里,我学会了很多东西,特别是学会如何把我长期对肤色不同的感受用文字表达出来。促使我"强化"的另一个原因是我儿子的出生,这是一件触动我对我个人的历史、我的家史以及我和我的家庭对美国社会的适应进行思考的大事。我也想指出,在《爱的痛苦》的一些故事里,族裔性的弱化与主流出版界明显地对亚裔美国文学作品缺乏兴趣很有关系。我写这些短篇小说时,我想象自己是第一人称的亚裔美国人。我相信,在这些族裔性弱化或淡化的短篇小说里贯穿着中美文化差异和亚裔异化的主题。

张:是的,我也感觉到在这些族裔性淡化的短篇小说里有一种疏离的情绪。你说:"只要出版家把他们出版的作品标明是亚裔美国文学作品,那么亚裔美国作家就无法与其他作家竞争了。这如同把我们置于华人洗衣作坊里。"你讲得很对,这就是为什么汤亭亭和任璧莲(Gish Jen)声称她们首先是美国作家的原因。你既然意识到这一容易使人陷入的圈套,而且当你还说"主流文学界想把我推到少数族裔居民点,我发觉这有点儿使人不舒服"时,你为什么依然要保持华裔/亚裔美国作家称号呢?你是不是陷入了"22条军规"的不可自拔的境地?

雷:对啦,22条军规。只要纽约出版业属于白人经营管理,书架上的书由白人上架,报刊主编主要由白人担当,那么我相信,像我和任璧莲这样的作家都会被标为亚裔美国作家,尽管我们多次提出异议。对于他们来说,这样做既方便又奏效。这也堂而皇之,而且省事。他们从社会学的角度而不是从文学的角度来解读我们的作品文本。例如,我注意到任璧莲被说成是移民文学的权威,如果我猜得不错的话,她是在美国出生的。我拥有华裔/亚裔美国作家的称号,因为我是华裔美国人。我在作品里表现华裔美国人的风貌同当下主流文学反映的华裔美国人生活和精神世界截然相反。我这样创作对我而言,是最自然的也是最重要的。我一生不能否认这个明显的事实。即使我成功地欺骗了自己,美国广大的社会会对我说:"你是外国人、华人、亚洲人,与我们不同。"这就把我推到了唐人街或美国文学边缘。

张:你讲得很深刻。我完全理解你的由衷之言。不过,假如你的后代与白人的后代结婚,你的后代的后代与白人的后代的后代结婚……那么你的华裔美国人的血统会越来越淡化。假如将来在你的后代中出了一个作家,我们会指望他或她写什么呢?他或她仍然喜欢被冠以华裔美国作家称号吗?

雷:我不知道。我有一个混血儿,他似乎对自己华裔美国人的自我,充其量不过是采取模棱两可的态度,这使我大为沮丧。当他说他的样子不像亚洲人时,他似乎充满了自豪感,虽然他在我与我的妻子之间,更多地像我家族的面貌。我深信他总有一天会认识到他的中国根。

张:但愿如此。最多再过40年吧,赵汤之争将成为一则历史故事。华裔美国人的属性在这只美国大熔炉里难道不是一直在变化吗?难道你不认为一个时代的严肃真理到了下一个时代有可能变成笑话吗?

雷:我想你说得很对,尤其是最后一句。令人伤心的是,这个情况现在正发生着。我注意到这个情况首先发生在我的亚裔美国学生中,其次发生在一些亚裔美国人写的评论文章里。从这两类人身上,可以看出他们生活在后种族社会里,自我身份的认定成了不切实际的问题,人人都一样,没有什么不同。但愿这是真的。我的学生之中有许多来自社区和中学的亚裔美国学生,亚裔的成分相对高度集中,因此他们并不懂得处在社会边缘是什么滋味。他们对社会的认识极为偏狭。我相信他们并未认识到亚裔美国人只占美国人口的4%。我想,他们以为他们能赚钱,金钱是最大的均衡器。这种看法难道不是太简单化、太狭隘了吗?你可能是一个富翁,拥有德国轿车,穿最高级的服装,但在你旁边等候绿灯的白人最多朝你看一眼,认为你不过是富有的华人,却不是富有的美国人。

张:是的,你对美国社会的了解,远比年轻一代的华裔/亚裔美国人,也比在中国的中国人,深透得多。现在让我们回到你的短篇小说集《爱的痛苦》上来。你的标题篇《爱的痛苦》最为感人。你生动地描述了到美国后不适应美国价值观的母亲和她的已经适应美国生活方式的孩子们之间的矛盾:由于双方对中美文化差异的态度不同和代沟的隔阂而产生误解,又由于误解而引起无限的精神痛苦,这是一种最能打动读者心弦的以爱为核心的痛苦。它永恒的艺术魅力也正在于此。不难理解你为什么采用此篇作为短篇小说集标题。但是,你为什么对希罗斯说,你认为《博若莱葡萄酒》是你最喜欢的一篇呢?这一篇反映的族裔性恰恰很不强。这与你仍然坚持华裔/亚裔美国作家称号的想法不是矛盾吗?

雷:我完全是从美学角度上来说的。广义上讲,这篇短篇小说是从莎士比亚的《仲夏夜之梦》中得到的启发。我创作这个故事时感到很大的快乐。我想我是为美国读者找乐子。尽管故事里族裔性不浓,但我认为这个故事传达了我作为处于美国边缘社会的异类的体验。有些读者说它具有超现实的品格,似乎讲到点子上了,与莎翁的这个剧本的趣味性联系起来了,但我还要加上一句:这是一个在白人郊区环境中长大的有色人种从他偏颇的角度看待世界。

张:原来如此。我发觉你的小说显著的特色之一是俏皮。你曾说:"我的一些故事,故事中的一些人物,重新塑造了华裔美国人的形象。他们不动声色地讲一些讽刺话、怪话,针砭时世。"是的,你笔下的人物有别于赵健秀言辞激烈型的人物,这是不是表明你不想像赵健秀那样太政治化?为什么?你的小说的另一个特色是带点儿色情,但决不淫秽。我们可不可以说,你的俏皮是由轻度的讽刺和些许色情构成的?

雷:我不知道如何说清楚我的幽默。它是自然而然地产生的,我并不刻意把故事里的人物搞得滑稽可笑。我唯一意识到的一点是,我不为了引起噱头而伤害我的亚裔美国人的形象。我注意到一些华裔美国作家的一些幽默是这样的,他们的笑话常常来源于美国主流社会对亚裔美国人的刻板印象,嘲笑亚裔美国人。我笔下的人物不如赵健秀人物有明显的政治色彩,是因为我们创作不同类型的小说。我相信我们有相同的目标——要读者用与他们原来不同的眼光看待世界。在这方面,赵健秀更具对抗性,而我更多地通过讲述故事和表现故事人物的两难处境来表达政治观点。

张:哦,这是殊途同归。同李健孙(Gus Lee)的《支那崽》(*China Boy*)和任璧莲的《典型的美国佬》(*Typical American*)相比,你在故事的叙述上采用了断续法,正如杰夫·特威切尔讲到你的这一艺术特点时所指出的:"叙述的本身倾向于断断续续,一系列关系松散的场景或短文,最多带有一个不明确的结论:在暂时的联系处表露不确定的暗示或姿态。这种自我意识的小说风格是过去几十年美国许多重要的优秀作家的典型风格,有效地表现了当代美国生活表面成功、底下后现代的焦虑。"你认为这就是你的创作手法吗?

雷:我不知道是否同意这些分析。我不认为我的一个个故事是"一系列关系松散的场景或短文,最多带有一个不明确的结论:在暂时的联系处表露不确定的暗示或姿态"。坦白地说,我不知道这个观点出自何处。我以前没听说过,所以我无法表态。我知道这不是你的意思,但断断续续或支离破碎是存在于我的故事人物身上:他们常常与自我、与爱人或家庭断裂,因此他们在感情上、心理上是支离破碎的。

张:这很有趣,评论家的观点有时与他所评论的作家的本意是相左的,但对当代人支离破碎的人际关系和内心世界的看法却是共同的。

常态的王安忆　非常态的写作
——访王安忆
刘颋　刘屏

记者(以下简称记):前几天刚看到一个新闻,是今年《花踪》评选"全球最杰出的华文作家",您当选了。我看了李欧梵写的一个评语,他说:"《长恨歌》将城市写成一个在历史研究或个人经验上很难感受到的一种视野。"您同意这个说法吗？或者说您觉得《长恨歌》最成功的地方是什么？

王安忆(以下简称王):我觉得《长恨歌》是我自己写得比较满意的一个作品。用我自己的话来讲是我把一种叙述方式坚持到底了。这听起来很容易,但做起来是非常难的。因为你写小说的第一句话就已经决定了你整个的叙述方式,有的叙述方式在进行到一半的时候就不行了,要换另一种叙述方式,这样就有破绽了。这种叙述方式的特征就是一种华丽的、缜密的、在写实的基础上的一种夸张。我觉得有时要找故事,写小说就是写故事,那么,我觉得《长恨歌》里的故事非常好。我是很偶然地听到这么一个故事,当然这个素材和后来的小说又有了很大的距离。当时留在我脑中的最简单的一个印象就是一个20世纪40年代的上海选美小姐在80年代被一个社会流氓给杀了。这非常非常吸引我,这个脉络吸引我的地方就是从此岸到彼岸的距离非常遥远。两个人是怎么走到一起的,一个上海小姐怎么会和一个流氓混迹在一起,这就需要我做很多推理。其实小说要做的事情就是要把不可能的事情变成可能的。

记:司漪纹这个人物有很多的波折磨难,但我感觉在她的身上有一种深藏的韧性的力量。在您其他的一些作品中基本都以平民的、日常生活化的小人物为主要人物,而他们的身上都有一种为了生存的韧劲。

王:这可能和我的审美有关系,我比较喜欢那样一种女性,一直往前走,不回头,不妥协。但每个人物都有它的局限性,一直往前走,也可能最终把她自己都给撕碎了,就像飞蛾扑火一样。我个人比较喜欢这样的女性。在现实中我没有这样做的勇气,在小说中我就塑造这样的人物。

记:您写的基本都是平民,又是一个女性作家,很多人就往往把您归入女性写作的行列。虽然我并不认同。您对此是怎么看的？

王:这是一种潮流,国外喜欢这样,这种潮流也影响到国内的学术界。女性的问题本来是一个边缘问题,但现在往往是边缘问题开始走入中间,因为中间的问题不再吸引大家。这个概念很小,它对评论界方便,可以把很多东西往里套。但我个人不赞同这个概念,因为它太小了,把很多问题狭隘化了。

记:我们惯常理解的女性写作,往往是指那种浅吟低唱,很温柔很细腻的,私人化的,缺乏一种磅礴大气的成分的写作。

王:是这样。但问题是传到中国来之后,它变得非常奇怪,当初西方的女性是很积极的,她要争取和男人一样的权利,不愿成为男人看和享受的对象。可是非常奇怪的是中国的一些被称为女性写作的东西往往成为男人消费的对象。中国是发展中国家,从西方发达国家传过来的每一样东西都会变,这事情真的很奇怪。

记:中国化了。

王:应该说是第三世界化了。前一段时间《钟山》的一个记者采访我,就想把我往女性写作上套,我就拼命抗拒。

记:荷兰新出了一本杂志叫《男女》。他们吸收了中国乾坤阴阳之说,认为光是强调男或女是不够的,主张阴阳调和、男女互补,西方有论者由此认为,女性写作应该是一种与男性相对的既平等又互补的写作。

王:女性主义的观念也在不停地变化,可以有多种解释。记得1994年我在澳大利亚参加一个女性主义的会议,与会的人很多都是同性恋,只有一个男性参加会议,因为他是澳大利亚的财政部长,为这个会议出了钱。当他上台想讲几句的时候,马上就被嘘下去了。那时是很极端的。现在对女性主义则有一种解释,有些男作家就说女性如果能够更独立一些,那当然更好,我们就更轻松了。

记:司漪纹似乎是一个有着很强独立性的艺术个体。

王:当然也可以从女性角度理解这个问题。因为女性是弱势群体,强者的前进是常态,而弱者要想前进就要付出更多的努力、更多的牺牲。我的写作更多的是从审美的角度去考虑问题的。我觉得女性更为情感化,更为人性化,比男性更有审美价值。我写小说很少考虑社会意义,而是从审美的角度考虑,看它们有没有审美价值,能够不能够进入小说。并非所有的东西都能够进入小说。

记:您的写作以审美为基点,而不是追逐流派。

王:是的,流派是很难追逐的。

记:曾经有人将您的《小鲍庄》划归到"寻根文学"当中,您如何看待当时的写作?

王:我觉得有点关系,在那个时代,那个背景里面,大家都在从文化的角度考虑问题,我觉得那个时代非常好,大家都在思考一些问题,现在已经没有这种氛围了。我的创作一直和"文学寻根"运动有关,这个问题也一直困扰着我,就是我的文化的根是什么。我的印象很深刻,那时阿城专门到上海来,宣讲他的关于文化的理解,这在当时是对意识形态化的一种反弹。有的作家走黄河,有的走黄土高坡,浙江的李杭育走天目山,都想在自己生存的地方找到一种比政治更加深刻的原因,生存的状态。这个事情对我冲击很大,我的根在什么地方?我生活的地方是上海,当时我在上海的图书馆里泡了一个夏天,查阅资料,但并不能帮我解决问题。我很偶然地去了农村,去了小鲍庄,到那以后把我插队落户的记忆唤醒了,应该说我还是没有找到自己的根,但我受到了"文化寻根"运动的影响,我的写作应该有更深层的文化的背景。那些事情的发生和政治、运动都没有直接的关系,和它有联系的是人的文化性,就是文明和这些事情是有关系的。虽然还是没有找到根,但是我对上海这个题材一直抓住不放,一直在写它。从这个意义上说,寻根文学思潮对后来的《长恨歌》的创作也是有影响的。上海生活是我唯一的写作资源,我虽然插队过,但时间很短,不可能很深入。

记:我是否可以这么理解,您的写作始终在寻找上海的根。

王:不完全是这样,事实上这么多年过后,倒不是直接要找上海的这个根,而是上海成了我的故事的一个舞台,故事总是需要一个舞台的,因为我对它比较熟悉。

记:您的作品,上海的风情特别浓郁。

王:其实我现在是一半一半,一半写城市,一半写农村,因为农村更有浪漫性,更有叙述性。

记:您在《心灵世界》里重点分析了世界名著中的心灵世界,我们知道在您的创作中您是很强调对心灵世界的把握和表现的,但您的作品又都以非常普通的平民世界甚至是琐碎的日常生活为载体,将琐碎平庸日常与深广的心灵世界融合,这的确是一种成功,您是怎么考虑和看待这个问题的?

王:这是一件非常难做的事情,也是我主要要做的事情。我特别想说明一件事情,就是我们不是要描写这个世界,而是要创造另外一个世界,我给它命名为心灵世界,因为它是从个人出发的,是精神世界。可是我们小说有一个很大的问题,就是我们小说的材料是现实生活,我们要用现实的材料去虚构一个东西,这是一个矛盾,非常容易陷入现实当中去。我看现在绝大部分小说都是写现实的,甚至比现实还现实。以前我们喜欢讲典型不典型,其实就是要说清楚一件事情,我们要写的东西不是真实的。所以我比较崇拜托尔斯泰,他用的现实材料都是大的,特别大,像大石头一样大,我们用的材料都非常小,这和我的生活局限有关系,我用小石块。而他用很大的,像那种纪念碑式的东西,那种大的战争,用这种材料来做他虚构的世界。

记:但恰恰有人认为《长恨歌》也是一部史诗,是以小见大。

王:有的时候局限也会升华出一些东西来。我对历史也有我的看法的,我认为历史不是由事件组成的,我们现在总是特别强调事件,大的事件。我觉得事件总是从日常生活开始的,等它成为事件实际上已经从日常生活中增值了。历史的变化都是日常生活里面的变化。

记:冯友兰说是书写的历史,其实任何历史用纸记载下来,都是不完整的,或者说是意识形态化了,个人因素化了……

王:会的,会这样的。

记:您的小说是用您自己的理解、自己的素养创造了另外一种历史,写了另外一种历史。

王:是的,我是想写另外一种历史,但做得还不是很好。小说因为材料的关系和现实黏得很紧,那些大师就可以成功地剥离开来。这是我们一生要做的事情,所以真的不是今天做到这里就够了。

记:在今后的创作中,您会不会有所改变,比如题材会有所变化、开拓?

王:我觉得不是由题材来决定的,而是人的认识。当然需要材料,需要大的材料,像托尔斯泰那样。但也有些人写战争写得很没有意思,很枯燥,像《战争风云》那样,很俗的,很简单的。还是要靠你的认识去处理到底去做出什么东西来。大家都一样,但作家要和别人不一样,作家要会看和会写,作家之间的区别其实就在这里。有的人会看不会写,有的人会写不会看。

记:从《小鲍庄》开始,您写的都是很细小很琐碎的生活,甚至有人认为太啰唆、太琐碎,但我认为一直有一种理性和冷静在里面。您对此是否认同?虽然方方曾说您写作的风格多变,但我觉得从《小鲍庄》开始,到《纪实与虚构》,到《长恨歌》,您的写作里面也有一种不变的东西,就是冷静。您认为在您的写作上您有什么样的一贯的追求?

王:我觉得我肯定是不残酷。在处理材料的时候,表面上,在故事外部上面我喜欢常态的东西,但我喜欢里面是非常态的。20世纪艺术就是这个问题,外部都是非常态的,内部都是常态的。我正好相反,我喜欢托尔斯泰,我喜欢雨果,就是因为他们外部非常常态,但里面是完全不同的,是上升了的,升华了的。现在有的人喜欢反态,最反态就是残酷,这是一个方便的途径。但我不是。这个东西又要延续到我的琐碎,我确实非常琐碎,以前更琐碎,现在好一些。这个琐碎还是我对常态的一种爱好,很多事情都是一起来的,很难分开。这些东西都处理好了,都剥离开了,那就是大家了,像托尔斯泰那样。

记:可否理解为这琐碎也是您写作上的一种追求?

王:这追求以前模模糊糊,后来越来越清晰,等到清晰的时候就是最难的时候。

记:这个问题在很多地方看到很多次了,说是您喜欢张爱玲……

王:这是一种误会,好像我是张爱玲的传人。我写过一篇文章,叫《逝去的张爱玲》,张爱玲是两端的,一端是虚无,一端是感性。她要挽救她的虚无,她就要抓住最最感性的东西,像吃一个什么东西闻一个什么气味呀。这种感性的东西就像她的救命稻草一样,所以她甚至于还有一种享乐主义,在虚无的背景下。她又不像苏青的啰唆的琐碎。问题是她没有中间的一段,她很多的问题其实用一句话就可以解决,就是人生总是在走下坡路的。而我是中间的,当然我做得不如鲁迅先生。鲁迅先生也虚无,但鲁迅先生的虚无是从现实出发的。鲁迅先生的虚无是很深刻、很沉痛的东西。我和张爱玲不一样,世界观不一样。

记:作为一个成功的作家,您提到了看和写,除此之外,还需要什么素质?

王:起初是需要才华,但走到后来就是靠勤奋,很多有才华的作家后来不写了,就是缺乏勤奋,要有一种克服困难的热情。写作真的是很难的,现在有一种风气,作家谈创作的时候把自己的创作过程讲得很轻松潇洒,这容易让人产生误会,也不真实。我觉得写作蛮难的,有它辛苦的地方,但问题是你要感到快乐才行。我刚才说我在现实当中没有什么本事,在想象当中我就很快乐、很自由。

记:还有一个问题,可能很大,您对当前中国文坛、潮流有什么看法?

王:我当然对当代文坛有看法。我觉得现在不如80年代末90年代初,从80年代中期到90年代中期最好。但有些东西又觉得是那时延续下来的问题,我们成长的背景是主张人性,人性的一切都是好的、崇高的、合理的。然后就拼命要张扬人性,然后到了现在人性变成了一个完全没有束缚的、没有要求的东西,就变成了现在这样一种状况。我们的写作就变得非常现实,我们总是告诉别人世界是怎么样的,而不告诉人们世界应该是怎么样的。现在的小说太现实了,它始终不给你一个戏剧效果。这是从技术上说,如果从思想上说,它需要一个人变化,变得更好,而不是更差。

记:很多人都在说现在的作家缺乏想象力,但是究竟缺乏什么样的想象力?

王:我觉得这个问题非常复杂,小说的想象力和别的想象力不一样,因为小说是以现实为材料的。那么你的想象力就要遵循现实的、生活的逻辑,按照生活的逻辑把不可能的事情推到一个高度,这是很难的。现在的人好像对生活没有兴趣,人们的生活方式有问题,孩子们喜欢网络,这种东西没有人和人的接触,就没有生活经验。这不是生活,是一种虚拟的东西。现在的孩子太满,享受、消费、娱乐,把他们的脑子占得满满的……

记:就是不去培养自己的文化素养、思考的能力……

王:这还是一种比较技术化的说法,其实是没有自己的内心生活。连现在的作家都没有自己的内心生活。

记:这也是一个能力的问题吧?

王:不仅是能力,还是时代的问题。现在这个时代外部的东西太多,很多的孩子想写作,可是他们不去看书,对中国的文字都没有兴趣,很古怪的。

记:他们的写作和中国传统的文化基本是剥离的。

王:现在也有很多商业上的炒作,和文学没有什么关系,很多人都昏头了。

记:您是榕树下网络原创文学奖的评委,您对网络文学怎么看?

王:首先,我觉得书写工具不可能改变文学的本质,不是我换了一样东西,文学的本质就改变了。书写工具太方便了,发表太方便了,反而会放松对文学的要求,对自己的要求。我看了网络上的一些东西,水平都比较低,大部分都是习作。

记:但网络提供了一个平台,可以让很多人去写作,或者说是写字。

王:这要分两回事来说,一方面写作总比打麻将要好,另一方面文学不是这么回事,不是你把你自己的啰里吧嗦的东西都要拿给别人去看,你没有这个权利。现在很多报刊也有这个问题,网络更加泛滥,因为它更加方便。越是私人的事情,越是要拿出来,这是网络文学最大的问题。我们需要把文字组织成一个故事,创造一样东西。在西方发达国家,大家都很忙,生活的压力比我们大,节奏比我们快,但他们读书的量比我们大多了。这个事情很奇怪,网络是从西方传过来的,但在西方你绝对不会碰到一个出版商会担心有一天大家不看书,只上网了。读书是一种存在的现实。不是什么都是文化,文化还是有它的标准的。现在一说快餐文化好像就是现代化的一个标志,都是一些表面的东西。

记:还是沉不下来。

王:但它对整个民族的损害特别大,因为没有积累了。今年我到纽约去,看了一场戏,一个十八年前就在演的戏,几千场地演,这就是积累。文化、文明是要积累的。不像我们很快就丢掉一样东西。现在喜欢中文的人都少了,那年我到复旦大学去,我说的名著他们不喜欢看,小孩子都以英语说得好为荣,他们看的是英文版的读物,他们要出国。这话就扯远了。我很喜欢阅读,喜欢看有字的东西,还是要大量地阅读。

记:每个人对社会、对自己都有一份责任,作为一个作家,您是怎么看的?

王:我是一个很个人主义的人,你要说我对社会有什么责任感,我还真说不上来,但是我有道德。在写作上面道德很难左右我,我要创造一样东西总是要创造好的,不喜欢看到垃圾,这一点我要求很高。

记:有点像唯美主义……

王:可能,他们说我有点像。

记:您的小说一般给我的感觉是现实感很强,但是您有一部小说,让我很惊讶,就是《纪实与虚构》。

王:对,和我的其他的作品不太一样。

记:您是有意进行一种探索?

王:在我的写作里面其实有一条线索,这条线索不是很明显,很淡,就是诗意化。我想比较典型的就是《乌托邦诗篇》《伤心太平洋》,都不是以故事、写实为主,而是诗情的,所以我把它们叫作小说里面的诗。这些东西都非常的……好像是奇迹,和惯例不一样。比如写完《纪实与虚构》,我就好像从天上掉到了人间,就写了一个《长恨歌》。好像很奇怪地出现一个周期,就有了非常脱离现实的东西。

共生互动　促进创作与评论的良性循环
——王先霈教授访谈

赵晓真

文学评论家参加作协领导工作,曾是我国文学界的良好传统。中国作协有邵荃麟、张光年、冯牧等同志,地方作协有胡采、徐中玉等同志,他们在各自岗位上做出过卓越贡献。然而,在社会和文化转型的新的历史条件下,文学批评应怎样强化对创作的作用?两者如何才能互相促进共同发展?前不久,欣闻王先霈同志当选为新一届的湖北省作协主席,我揣着这些文学界所普遍关心的问题访问了他。这些问题并不因为立足湖北省而丧失普遍的意义。

记者:作为一位长期密切关注文学创作的评论家、文艺理论家,您认为文学理论批评和文学创作之间是怎样一种关系?

王先霈(以下简称王):在两者关系上,我觉得,理论批评有依附性和独立性两个方面。所谓依附性,就是说创作是批评研究的对象和前提,先有创作,然后有理论批评。无论从一个民族文学发展的漫长历史,还是从一个地区、一个时段来看,大体都是如此。但是,另一方面,理论批评也有自己的独立性。理论不用说,就是批评也是如此。批评工作者用自己的观点、立场来检验、分析创作现象,从对创作现象的研究中修正、发展、创新自己的理论,使理论见解不断地深化,不断产生新的形态。对于有的批评家来说,文学现象是他构筑自己学说体系的材料。从这方面来说,理论和批评有它很强的独立性。从某些时期、某些民族和地区的情况看,理论也可以成为先导,即先有某种理论思潮,然后在它的影响下形成创作潮流。比如19世纪俄国的革命民主主义的文艺批评,还有20世纪西方许多创作流派,像意识流小说、心理分析小说、存在主义文学、女权主义文学等等。因此,理论批评和创作应当说是相互影响的,不是单方面的作用。这是两者总体的关系。

从目前来说,在新世纪刚刚开始的时候,我觉得理论批评工作对于我们湖北省,乃至对全国的文学创作,都有特别的重要性。首先,当前社会正处在急剧的、深刻的变化中,社会的转型和变迁引起生活各个方面的巨大变化,也引起文学本身的变化。文学所反映的对象在变迁,大众对于文学的接受心态在变迁,文学的传播手段和方式在变迁,那么,作家如何面对这种急剧的变化,理论工作者在这个方面可以给作家提供帮助,作家也急需理论工作者的帮助。从我们湖北省来讲,作为一个内陆省,传统的、反映农村的比较稳态的生活方式的作品,在五六十年代以来相当长的时间里,一直占有比较突出的地位。而当前,不管是农村,还是城市、企业或政府部门,各种社会生活的形态都大不同于往昔,作家要怎么反映这些变革中的现实?我知道有些作家产生过不同程度的犹豫和惶惑,评论家有义务思考这些问题。

其次,文学观念本身也在急剧的变化中。什么是文学?20世纪80年代的答案跟50年代有所不同,现在则带有更大的不确定性。文学和非文学的界限、纪实和虚构之间的界限都变得不那么清晰。文学观念本身急需要探讨,而这不是一个书斋里的纯粹的学术问题,是每个作家在创作中都必须面对的非常尖锐的现实问题。

还有,随着我们开放的程度越来越广、越来越深,外来的文化和文学也更多地进入了中国创作者和接受者的视野之中,怎么对待这种种文学现象?怎么对待西方的理论和作品以及各种创作潮流?这是当前作家和读者都急需要回答的问题。因此,在这个新世纪的开头,我觉得文学理论研究和文学批评,对于我们国家的、对于我们湖北省的文学创作,都有着比以往更迫切、更直接的现实意义。

记者:您作为一位批评家成为湖北省作协主席,这不但在某种程度上说明了文艺批评得到了相当的重视,而且告诉人们科学的、健康的文艺批评是会赢得作家们的尊敬和推崇的。您认为,在多年的发展中,湖北省评论界和创作界的关系如何?有哪些良好的传统?

王:我们湖北省的文学评论工作者近20年来,和本省的作家有相当良好的关系。作协是作家和批评家共同组成的一个团体。就湖北省来讲,这两个群体之间一直有着和谐的相互促进的关系。在以前"左"的、教条的思想干扰作家创作的时候,我省有一些作家受到无端的指责,作品被扣上帽子,很多评论家都是按照科学的文学理论、按照事实说明这些创作的正当性,保护他们的创作权利。同样,在近一二十年的某些波折中,我们有些理论工作者的学术见解受到一些不应有的指责,我们的作协、文学同行,包括作家,也给予了他们有力的支持。因此,在我们的评论家和作家中,很多人彼此是可坦诚相见的好朋友,这是一方面。另一方面,我们湖北的文学批评很少有炒作的现象,对本省作家的创作,很多评论者是热情地关心,也能直言不讳地指出自己认为不好的、不足的地方,思想上的不准确、艺术上的不恰当的地方,和作家共同探讨。在许多场合,作家和评论家之间为这样一些问题激烈地争论,而始终保持着很友好的气氛。我想这就是为什么在湖北省,在武汉市,大家愿意推举从事文学评论工作的人参加作协的领导工作,不光是我,还有於可训、涂怀章、樊星同志等。就是因为大家都是凭着社会责任感,凭着艺术家的良知,对人民负责,对社会负责,来从事自己工作的,所以无论是从事哪类文学样式工作的人来做作协主席,都没有什么很大的不同,都是为我们湖北省和整个国家的文学事业服务的。这个传统是很好的,今后我们不仅要坚持,更要努力做得更有建设性。

记者:请您谈谈对目前湖北省文学批评和创作发展现状的看法以及怎样对待高校的学术力量。

王:一直以来,省内外的同行都认为,湖北的理论批评的力量是不弱的,在我们的多所高校,有几十年从事文学理论研究和批评实践的学者,更有近十几年来涌现的一批中青年文学批评工作者,其中不少在全国已有相当的影响。但是,我认为,在文学理论批评和本省文学创作相结合这方面,比较若干兄弟省市,湖北也有许多的不足。理论批评家的研究成果没能在本省文学创作事业中发挥更加充分的、应有的作用,文学创作也还未得到本省理论批评工作者更加全面、深入的观照。在这方面,我们应当更多地向上海、北京、陕西等兄弟省市学习。

例如,我们省的一批学者,在小说理论和小说技巧研究,在古代和当代长篇小说艺术研究上,出过有重大影响的成果。本省近二十年来也有享誉全国的长中短篇小说优秀作品,而评论本省小说的具有很强独创性的、能够长久保持思想魅力的文章却不多。对湖北小说的最好的评论,有不少是省外评论家写的。

要使理论批评与本地区创作更紧密结合,有许多实际问题要解决,例如理论评论阵地问题,还有重要的一项是评论家的合法权益问题。作协有一个任务是保护作家的权益,当然也包括文学批评工作者。狭义说来是要保护其著作权不受侵犯,更广义的是要保护他们依据社会主义的法律创作的权利、工作的权利。还有,无论是作家还是评论家,都有权利以正当的劳动获取合理的报酬。这个问题作家方面解决得好一些,评论家则很多还没有被意识到。尤其是在我省,大多数理论工作者来自高校,本身承担着繁重的教学研究任务,对本地的创作进行关注只能是在业余时间。很多花费了大量心力,有时是从作家的手稿看起,一遍遍地提出意见、参与讨论,最后写出评论文字,所获得的报酬与他们的付出远不相称。这个现状应当为创作界所了解和理解,在体制和条例允许的情况下,也应当适当给他们以报酬。在这方面,南方和北京要比我们做得好一些。评论家个人可以有奉献精神,但要求所有评论工作者在这种格局下,长期坚持就有困难了。"君子不言利",身为高校教师的评论家不愿意谈评论的报酬,作家协会却不能不关心评论家的合法的、合理的权益。否则,评论的繁荣不那么容易实现。

记者:在目前创作和评论都面临转型的情况下,您认为两者怎样才能互相促进,形成良好的发展?

王:刚才我们曾谈到要将湖北省批评界和创作界所具有的良好关系做得更有建设性,就是说,要更多地关心别人领域内的劳作,相互启发,在事业上互相促进。从近期来讲,我认为至少有两方面的工作值得我们湖北的理论批评界和创作界来共同关心、思考和探讨。

一是最近四五年来湖北长篇小说的发展。进入20世纪80年代以后,相对于报告文学和中篇小说来说,湖北的长篇小说一直比较薄弱,数量不多,影响较小。但是,最近四五年,湖北出了一批好的长篇小说,有历史题材的,有写中国共产党领导的民主革命的,有写五六十年代生活的,也有反映当前农村深刻变化的,题材广泛,风格多样。这些作品对我们研究长篇小说艺术的发展变化是些很好的材料,给我们提出了一个课题,可以引发我们更深一层的理论思考。我们准备将此作为2002年理论批评研究的一个重点。我们正在酝酿,开始做资料的收集,进而开展系统的研究。一方面把好的长篇介绍给全国文坛和读者,激励后续作品精益求精;另一方面,也力求从实践中提炼新的长篇小说美学思想,在理论研究上做出更大的成绩。

还有一个是非专业的,尤其是青少年的文学写作问题。在未来几十年中,我觉得,文学创作上专业和非专业的界限将出现和原来很不相同的情况。随着人们物质生活水平的提高,休闲时间的增多,非专业的写作将在文学创作中逐渐增加其比重。尤其是现在网络提供的园地,使许多人都可以比较方便地加入文学创作中,由此形成了一些以往所没有的非常新颖的特点。就我所知,湖北活跃在网络上的文学写作群体数量不少,但基本上没有进入文学评论的视野。中学生的写作,我们以往只是把它看作一种训练,今后这当然还是主要的。但是,今天的青年,今天的中学生,已大不同于以往了,我们每年都会发现一些非常有文学才华的中学生。最近湖北就有一个少年作者,武汉市外国语学校的高中生崔笑笑,将自己13岁时到美国读中学的经历写了一本书:《西雅图的插班生》,很真实地记录了一个中国少年踏进陌生的西方世界的心路历程,她对感到惊讶的东西,感觉屈辱和荣耀的地方,一一给以细腻的陈述,具有很强的真实感。她用童稚的眼光所观察、用天真的心灵所感触的,是大人所忽视的,不仅那些体验是新一代少年的,而且整个的文学感觉和语言风格都是和成人、和50年代乃至80年代的孩子迥然不同的。这种社会文学现象很值得我们理论工作者关注。从文学的发展来讲,这其中就包含有文学的明天,明天的大家就从这些人里面来产生。因此一个有责任的文学评论工作者,要去关心这种文学现象,去引导它。不是简单地炒作"少年天才",而是把这些健康的孩子的健康的、也是稚嫩的作品纳入我们作协的工作视野中,纳入我们文学评论工作的视野中。作协是一个群众团体,它的能量是十分有限的,但我很欣赏一句话,叫作"有为才能有位",如果我们能为社会做更多有益的事情,社会自然会给我们更多的关切和帮助。

写作更近于一种秘密
——访石舒清

白 草

白草:我记得你是从1989年大学毕业那年开始创作的,请谈谈你第一篇小说发表时的情况,以及当时的感受和情绪。

石舒清:第一篇小说叫《田长工小传》,发表在宁夏一个地区性文学刊物《六盘山》上。那时候文学杂志大概是在纷纷变脸,以求出路。《六盘山》杂志当时也办了几期增刊,我那篇小说正发在一期增刊上。封面是一些花花绿绿的女郎,我暗暗有些不快,但还是为作品的发出而高兴,买了一盒什么烟送给责任编辑,烟他没收,说了一些勉励的话。那时候我还在上师专,返回学校时,心里总是不停地涌涨着一种东西,我觉得我和街上往来的普通人不很一样了。后来得到整整一百元稿费,那时候我一月的伙食费不足三十元,一百元自然是不小的一笔钱了。一定是我当时按捺不住,张扬开了,结果钱被人信誓旦旦地借了去,后来过了很久才好不容易还我。

现在回想我的第一篇小说的发表,就像农村女人首次坐月子那样,有一些辛酸,但也有着诸多甜蜜可资咀嚼和回味。

白草:你有不少作品是直接抒写童年记忆或生活的,其中有温馨与安详,也有那种不可述说的悲哀。

石舒清:童年生活的确对我的写作乃至性格的形成有着很大的影响。我的许多小说都是直接写我的童年生活的。我一直感到自己是个缺乏力量的人,对成人世界屡屡觉得无奈与失望。我觉得一个人的童年期真是太短了。童年的真纯、无伪无畏、梦幻般的感觉都是成人所不具备的,人在辞别童年的时候将人的这些美好的成分也一并丢失了。我有时候幻想着能借助文学或其他艺术手段重返童年的状态里去,但经历了成人的世界就怎么也返不回去了。而且如果再往深透里想,就觉得即使重获童年时光,也没有什么意思。

我一直渴望我能写出童年留在我心里的那种感觉,但是根本不可能写出。我就想着能尽量多写一些孩子,至少要让我笔下孩子的数目多过成人的数目。

白草:李敬泽曾用"僻静的精神资源"来表述你的创作背景或资源,这是非常准确的。

石舒清:我觉得一个作家有没有依托的背景是很重要的,有了就是咬定青山,没有就是浮萍无根。

应该说我是有一个大可依托的背景的,这个背景说成西海固人的凡常生活更准确些。我非常喜欢、心疼那一块土地和生息在那块土地上的人,隔一段时间回去,见到的每一张脸都那么熟悉、那么亲切,一律像是你的亲人。逢集市的时候,我有时会立在一个地方看一张张我从童蒙初开时就熟识的脸。我远远没有写好他们,远远没有写透。面对一些生活和一些人,有时候真为自己只有这样一支笔而感到力微和绝望。有时候觉得还不如当一个画家好,直接画出那些独特的面孔和眼神来。

再说一遍,我有西海固这样一块富足阔大而又深远的背景,实在是我的福祉。

白草:能否谈谈家庭对你生活、创作上的支持及影响?

石舒清:我还是觉得婚前的那些时光好,成家后必须要担起一些责任来。我结婚前身心都很独立,父母只知道庇护我、任由我,从不干涉我、介入我,我如果关起门来在屋内待一天,父母也不会觉得是什么异常的事情。而且父母亲直面和担负生活的那种耐力和韧性,那种对信仰的虔诚和坚定,那种定时对自己的洁净和礼拜,无疑是对我有着深远的影响的。

白草:你平时的阅读量很大,对你影响最深的中外作家有哪些?

石舒清:从精神气质而言,我喜欢托尔斯泰、鲁迅、萨迪等人,心态平和的时候很喜欢苏东坡。从艺术角度来说,喜欢蒲宁、契诃夫、史铁生等。如果范围放得大一些,不仅限于文学,那么还有一些人我是很喜欢的,譬如苏格拉底、帕斯卡、凡·高、徐渭、李贽等。

我喜欢一切具有苦修经历和冥想面目的人,哪怕他不是作家、艺术家,也不打紧。

白草:你在小说叙事风格方面程度不同地呈现出抒情散文式的特点,这是不是可以说更接近于你个人的性情?

石舒清:实际上我是一个喜欢和适合独处的人。与小说相比,我更喜欢随笔写作。《风过林》就更接近随笔吧,不遮掩,不营造,不掐头去尾,就想直抒胸臆,就想淋漓尽致,说个痛快。与读一个作家的小说相比,我更喜欢读他们的随笔、信件,如果是日记那就再好不过了。我一直指望与人的交往能更直接些,和自己交流或剖析自己时,也希望不要躲避和迂回。落实到文学,也因此就更喜欢散文体、日记体了。

白草:此次荣获鲁迅文学奖的短篇《清水里的刀子》,无论是在主题、情节还是境界方面,大体上能够代表你个人一贯的创造风格。请介绍一下当时写作这篇小说的情况。

石舒清:写作和女人生孩子大概有一些类似处,就是首先感到腹内有个生命在,但未生出之前,任何高明的女人都不能肯定这孩子是什么样的,性情如何,命运如何,都是不知道的,更近于一种秘密,又往往是木已成舟,是怎样就怎样了。

我写《清水里的刀子》和写其他小说并无什么两样,过程简单到几乎没有什么可讲。我那时候写东西很快,短篇小说往往一天到一天半就写成了。记得当时我把《清水里的刀子》与另外一篇小说一并寄给《人民文学》的李敬泽,我自以为另一篇小说是好的,但李老师却留了《清水里的刀子》,现在看来,李敬泽算是有眼光的了。

应该说《清水里的刀子》是在一种浑然不觉的状态里写出来的吧。对一个创作者而言,浑然不觉的状态大概是更好的。如果我当时摩拳擦掌地要写一篇获鲁迅文学奖的小说,那肯定会写得一塌糊涂、面目全非。

写作说到底是一件照虎画猫、临渊羡鱼的事情,什么时候照虎画出了虎,什么时候像跌落梦境一样跌落水中,和鱼相融,鱼我不分,什么时候就算是写出了一篇好作品吧。

我没有过这样的时候,因此我渴望着。也正是因为总是临池羡鱼而不得鱼,使写作在几乎所有的作家面前都成了一种近乎绝望的劳动。

文坛再攀"绝顶"
——访张海迪
李秀珍

经过几年艰难的写作,张海迪终于完成了自己的另一部长篇小说《绝顶》,人民文学出版社将此作为今年的重点图书精心编辑,新书已于近日与读者见面了,笔者特采访了张海迪。

李:你的长篇小说写了一座险峻的雪山,你怎么想起要写山的?书名"绝顶"有什么含义吗?

张:古人把很高的山峰叫绝顶,而"绝顶"在这本书里有双重意义,雪山是物质的,虽然难以逾越,但它的高度是有限的,将来总有一天会有人站在它的顶峰,这只是个时间问题;但对于人类,真正的绝顶其实是精神的困惑,因为人最难超越的是自己。

我曾说过,一个人的身体越是被禁锢,他的想象的翅膀就会飞得越高。我总希望不断超越自己,在超越中,我觉得自己的精神解放了。不过写高山大河是需要一种气魄的,还有激情。其实,我早就有一种朦胧的想法——写一座山,可那时我不知道它在哪里。我想写山也许是受我父亲的影响。1960年,我父亲作为作者之一,写了一部电影《泰山》,是风光片。他回家时送给我一本泰山画册,我整天翻看,也许我那时就迷上了高山。写作就是这样,不知什么时候就会把你的一种印象激活,让它跃然纸上。有一次,我在网上发现了梅里雪山,我觉得这就是我想写的山,它是多么遥远啊。曾有十七名中日登山队员在那里遇难,十多年过去,人们对这件事也许已经淡漠了,可它还是悲壮的。我常想,人为什么要去攀登呢?攀登雪山是艰苦而危险的,它需要一种直面死亡的勇气。任何荣誉对于一项要用生命为代价的运动都不过分,因为生命是无价的。我一直很关注登山,在珠峰、乔戈里峰、勃朗峰,每年都有人冲击新的海拔高度。

李:你在书中把雪山描绘得如此神奇而壮美,可你并没有到过那么遥远的冰川雪谷,你是怎么获得有关知识的?比如地理环境、气候变化等等。还有,你是怎样感受登山者的生活情景和内心世界的呢?

张:这次写作对我是又一次学习,我反复读了很多书,包罗万象。有一段时间,我的全部精力都用在研究和思考问题上。长篇小说是一种艺术的虚构,要发挥丰富的想象,还要有逻辑推理。知识需要长时间的积累。除了读书,这几年我还从网上获得很多材料。互联网是神奇的,它能把遥远的雪山拖到我的眼前,很多图片让人仿佛身临其境,甚至我需要的各种地图也有从网上找到的。我虽然不能登山,却有一种类似的感受,1994年为了参加一个国际运动会,我曾经进行过气手枪射击训练,体验了常人难以耐受的极限考验。过去那曾是痛苦,可今天在写作时那种经历却成了我的感觉。要写出好的作品,没有亲身体验不行,体验的方式也许不同,但感受却是相同的,生活和经历永远是作家的财富。总之,不管用什么手段来写作,勤奋和执着是最重要的。

李:看了你小说中的片段,我觉得你对当代生活的观察非常细致,书中的很多场景和生活细节描写那么具体生动。由于疾病,你的行动受到一定限制,我想知道你是怎么获得这些生活素材的。

张:说到这里,我要感谢我的几位好朋友,他们有作家、哲学系教授,还有医生。那位作家走黄河,走长江,还去了雅鲁藏布江大峡谷。他经常给我写信、寄照片、发邮件,把途中遇到的各种事以及对大自然的敬畏和困惑描述给我。他告诉我,无论走到哪里,他都要在那里的石头上刻下我的名字,这样就如同我也到过那里。的确,他给了我很多想象。那位哲学教授让我对生命进行多角度的思考,于是我就在书中写了一位女作曲家,她是一个因遇车祸受伤、只剩下思想的人。几年间,医生经常把他的学科领域里的最新进展告诉我,这就是书中生物学家的原型。应该说书中有这几位朋友的影子。

李:从小说的故事来看,你是一个理想主义者,而理想主义者的精神总是很痛苦的,你这样认为吗?这对你的创作有影响吗?

张:是的,理想主义者是痛苦的,这当然会对作品产生影响。作品总是企图超越现实生活,也许作家在其中寄托了自己的理想,或者企图以自己的作品在社会大众中寻找与自己内心产生共鸣的人。尽管有些创作想让自己的理想凌驾于世俗的现实生活之上,但遗憾的是,作家本身的精神力量与社会大众的释读能力之间常常充满隔阂和阻碍。精神建构很高的文学作品,同时也要具有吸引读者的强大磁力,通俗地说,要在精神上和艺术上都达到一个很高的巅峰是非常困难的,需要一种精神去超越。

李:一个健康的作家写一部长篇小说都要耗费很大的体力,你是怎样坚持创作的?

张:写长篇对我不仅仅是艰苦的精神活动,更是对体力和意志力的考验。我唯一能做的就是不懈地抵抗病痛,即使身体倒下了,思想的火花也依然要迸发。小说的前言中一段话就是我的真实感受——我写这部长篇也是一种攀登,如同真正的登山者,一次次向高峰冲击,又一次次撤退回到大本营,回到平淡无奇的生活中。这种攀登让我的体力和精力消耗很大,在经历了四十年的病痛之后,我越来越难以支撑自己,总有一种明天就会因疲惫而死去的感觉。其实,我对长篇小说的创作已经力不从心了,激情常被肉体的麻木疼痛和精神的忧郁绝望掩埋……我想这将是我最后的一部长篇小说了。

为我国多民族的社会主义文学增光添彩
——访全国第七届少数民族文学骏马奖评委会副主任吉狄马加

胡殷红　徐忠志　于烈

全国第七届少数民族文学骏马奖近日揭晓。这一我国少数民族文学最高奖项设立于1980年，每三年评一次，已成功举办六届。本届评奖是第六次作代会后的首次评奖，又正值举国上下迎接党的十六大召开的重要时刻，意义非同一般。为更多地了解全国第七届少数民族文学骏马奖的情况，记者采访了该奖评委会副主任、中国作协党组成员、书记处书记吉狄马加。

吉狄马加说，在中国作协和国家民委领导的高度重视下，在各地党委宣传部门和作协、民委（民宗厅）的大力支持下，经过评委会全体委员的共同努力，全国第七届少数民族文学骏马奖评奖工作取得了圆满成功。这次评奖坚持以邓小平理论和"三个代表"重要思想为指导，坚持党的文艺方针政策和民族宗教政策，坚持先进文化的前进方向，努力体现导向性、权威性、公正性，经过评委会严格审查和认真评选，使57位作者55部作品脱颖而出，夺得桂冠。本届获奖作品努力弘扬民族精神，维护祖国统一和民族团结，生动地反映了各族人民投身改革开放和社会主义现代化建设、开创新生活的精神风貌，讴歌了爱国主义、集体主义、社会主义思想，唱响了中国共产党好、社会主义好、改革开放好的主旋律。这些优秀作品，集中反映了近年来我国少数民族文学创作的新成果。吉狄马加介绍说，这次获奖作品和作者是在全国28个省区市31个民族的263名作家的266部作品中评选出来的，获奖作品占参评作品的20.7%，这充分说明这项国家级文学奖具有广泛的参与性。

吉狄马加说，中华人民共和国成立50多年来，特别是改革开放20多年来，在党的三代领导集体的重视、关心下，我国少数民族文学和时代迈着共同的脚步，与祖国和人民同呼吸共命运，真实地记录了社会主义革命和建设的伟大实践，谱写了各族人民团结奋进、建设家园的优美乐章。当前，在以江泽民同志为核心的第三代领导集体的高度重视和亲切关怀下，我国少数民族文学正处于健康、快速的发展时期，表现在：一支多民族、多语种、多门类的少数民族作家队伍已经初步形成；各民族作家解放思想、积极探索，勇攀文学高峰，各民族之间由于历史原因造成的文化发展上的差距正在逐步缩小；少数民族文学从创作、翻译、出版、评奖到研究、教学，已初具规模，形成体系，少数民族作家在我国多民族的社会主义文学事业中发挥着越来越重要的作用。这次获奖的作品和作者，反映了我国少数民族文学发展的总体趋势，同时具有以下几方面特点：一是作品的思想性、艺术性俱佳，作家用发自肺腑的诚挚情感歌颂各民族平等、团结、互助的亲密关系，用最为动人的语言赞美祖国的稳定统一，用昂扬激奋的笔触反映改革开放的巨大成就，作品中浸透着强烈的爱国主义激情，给人以美的享受，给人以信心和力量；二是少数民族语种文学创作保持了较好的发展势头，共有 22 部作品获奖，占获奖作品的 40%，充分显示了少数民族语言文字的魅力，同时也说明我国各民族语言文化得到了充分的尊重和发展；三是少数民族青年作家成长较快，其作品起点高，有锐气，出手不凡，特别是一些青年作家第一次创作某一门类作品就获了奖，如达斡尔族女作家孟晖的《盂兰变》就是她的第一部长篇小说，表现出了一定的创作实力和发展潜力，同时我们也看到在文学界有影响的老作家创作热情高涨，其作品的艺术功力不减当年；四是少数民族女作家获奖人数增加，这次共有 11 名女作家获奖，占获奖作家的 19.6%，这客观地反映了少数民族作家队伍整体上已趋于成熟；五是长篇小说创作成绩喜人，作品的整体数量和质量有较大提高，作家在驾驭现实生活、表现时代精神、拓展题材、开掘主题和艺术手法的运用上表现出了较强的实力，体现了少数民族文学发展的整体水平。

  在谈到少数民族文学未来发展时，吉狄马加说，进入新世纪，我国少数民族文学既面临着新的发展机遇，也面临着挑战。如何进一步繁荣少数民族文学，在西部开发和少数民族地区经济社会发展中建功立业，是摆在我们面前的历史任务。时代呼唤优秀作品，时代呼唤文学大家。少数民族作家一定要自觉实践"三个代表"重要思想，坚持先进文化的前进方向，努力向生活学习，向人民学习，树立创新意识和精品意识，提高创作质量，为民族、地区的改革、发展和稳定提供思想保证、精神动力和智力支持。我们相信，在新世纪的文学舞台上，一定能够看到更多具有民族风格、中国气派的文学力作，看到更多少数民族作家个性鲜明、风格别具的优秀作品，为中华文化添彩，为中国文学界争光。

2006年

访中国作协主席铁凝
胡殷红

11月12日,铁凝当选新一届中国作家协会主席,同行给予铁凝真诚、热烈的掌声和亲切、温暖的祝贺。从26年前铁凝在《文艺报》发表第一篇文学随笔《还是要写人》至今,作为中国作协机关报的《文艺报》,一直关注着铁凝的创作发展,她的很多作品本报都做过重点报道,发表过重要评论文章。因此,当选中国作协主席之后的铁凝首先接受《文艺报》、中国作家网的专访。

终生都需努力学习

记者请铁凝谈谈当选中国作协主席的感受,她说:"我现在的心情,喜悦和惶恐并存,压力和责任同在。喜悦是因为这是一份极大的荣誉和荣幸,是党中央的极大信任,也是文学同行们的宽厚认可。惶恐是因为在这一届之前的主席是文学的丰碑,我这样一个写作者和文学的丰碑没有可比性。所以,立刻涌到我的脑海里的有五个不敢忘记。第一,我不敢忘记这个位置、这份荣誉,绝不是非我莫属。因为中国新时期以来成就了一大批优秀的作家,今天中国文坛的辉煌是老中青几代作家共同创造的,许多文学大家都能担当此任。不敢忘记这点会让我时刻知道我是谁。第二,我不敢忘记我的前辈作家用灵魂和智慧为我们积累的文学财富,他们崇高的精神境界、深厚的艺术修养、对青年作家的培养扶持,永远是我学习的典范。我们的文学实践是伴随着中国的改革开放一路走来的,我们的路也可以说是前辈作家们填平许多坑洼之后,今天才走得顺畅的。我的文学梦是读了他们的很多作品被唤起的。这些总是能引起我的敬重之情。第三,我不敢忘记学习。向优秀的同行学习,学习他们不同的优秀;向生活学习,学习技艺,营养心灵,提高境界,这是我一生的功课。第四,我不敢忘记责任,我想在捍卫人类的精神健康和心灵的高贵,在精神和道德追求面前,作家应当为民族情感的净化,为良好社会氛围的营造,为建设和谐文化,从我做起,尽我自己的责任。第五,我不敢忘本,这个'本'就是写作。我的职业是作家,我热爱写作,作家还是要以'作'为本。巴金先生曾经说过,文学能给人光热和希望,能让人变得更善良、更纯洁,对别人更有用。我愿意记住这些话。我想,作品要有光和热,首先作家自己的心要有光和热。文学如果真能给人光热和希望,那文学也应该有能力温暖这个世界。"

铁凝感慨地说:"我倍加珍惜文学界大团结、大繁荣的宝贵局面,这局面和全体作家的努力,和近年来中国作协党组、书记处尽心尽力的工作紧密相连;倍加珍惜中华民族来之不易的盛世,我愿把自己的艺术追求融入国家发展、社会进步的伟大进程中;倍加珍惜文学界同行的信任,中国作协是党和政府联系文学界的纽带和桥梁,职能就是联络、协调、服务,营造和谐的氛围,团结更广泛的作家,让不同流派风格、不同年龄的各民族作家都能够心情舒畅地尽情迸发创造活力,自由绽放艺术才情。"

看着铁凝温和却不失明朗的笑容,记者希望她谈谈自己的经历。铁凝说:"你所感受到的明朗,可能更多来自我对生活、对文学的积极的态度。就我生活的几十年而言,生活是相对平淡的。我父母都是知识分子,'文革'中下放到'五七'干校,和很多同龄的知识分子家庭的孩子一样,我八九岁就被迫寄居在亲戚家。由于当时的社会背景,我也和同龄人一样有过一些不愉快的经历。但我从小就有一个心愿:当作家。我听说当作家需要体验生活,1975 年高中毕业后,我主动去了农村。生活艰苦,冬天砸开冰窖取水,耳朵、手、脚到处都是冻疮,夏天则要忍受蚊叮虫咬。当时主要劳动就是种棉花,也就是《笨花》里写到的种棉花。我很感谢当年农村的那段生活。"

四年博野县农村插队生活,成为铁凝创作生涯中一个重要组成部分。几年前,她还到河北西部的农村生活了一段时间,挂职任县委副书记,可以说是她插队生活的延续。在那里,她写了《对面》《孕妇和牛》等作品。铁凝并不把这理解为"体验生活",用她的话说"只是换了一个地方生活而已。关注别人的命运,对于自己是内心深处的一种积累,增强思维的厚度"。也许这正是铁凝的小说创作中农村题材甚多的一个原因。

铁凝说:"我是作家,以写作为本。我只有希望自己写得更好的压力,自己给自己不断地提出更高的要求。别人可能不理解其中的酸甜苦辣,但有写作经历的人肯定会有相同的感受。写作是我生活中非常重要的事。没有作家就不可能有其他,但是没有其他我还是一个作家。到目前为止,我没有把职务和写作人为地对立起来。写作是我真正的安身立命的根本,虽然我非常珍惜作家们给我的荣誉。"

记者请铁凝谈谈她对作家创作的一些希望。铁凝特别强调扎实的生活积累对一个作家的重要性。她说,扎实生活,是对生活的真实感受,也是对生活的深刻理解,要更深入地把握生活的本质,更敏锐地探索人的灵魂,更准确地感应时代的脉动。

30 年的创作实践造就"铁主席"

铁凝始终保持着旺盛的创作势头,创作出大量受到读者广泛欢迎和高度评价的优秀作品,取得了显著成绩,是我国当代文学界的突出代表。这是铁凝高票当选中国作协主席的原因之一。请新当选的中国作协主席谈她自己的文学成就,记者显得矫情,铁凝有点难为情。

短篇小说《哦,香雪》是铁凝1982年创作的,1983年获全国优秀短篇小说奖。自此,铁凝的作品开始引起文学界和读者关注。她的主要作品还有短篇小说《六月的话题》《安德烈的晚上》等,中篇小说《没有纽扣的红衬衫》《麦秸垛》《棉花垛》《对面》《永远有多远》等将近100部,长篇小说《玫瑰门》《无雨之城》《大浴女》《笨花》,散文《草戒指》《女人的白夜》《遥远的完美》《铁凝日记——汉城的事》等百余篇、部,结集出版50余种图书。1996年出版了《铁凝文集》(五卷本),九卷本《铁凝作品系列》即将由人民文学出版社出版。另外还有英文版小说集《麦秸垛》,日文版小说集《给我礼拜八》《红衣少女》、长篇小说《大浴女》,法文版小说集《大浴女》《棉花垛》《第十二夜》,西班牙文单行本《没有纽扣的红衬衫》,及德、俄、韩、挪威、丹麦等语种图书陆续在国外出版。

铁凝的作品多次获得国家级文学奖,自1983年《哦,香雪》获全国优秀短篇小说奖后,1985年《没有纽扣的红衬衫》和《六月的话题》分获全国优秀中、短篇小说奖,1997年散文集《女人的白夜》获中国首届鲁迅文学奖,2002年《永远有多远》获中国第二届鲁迅文学奖中篇小说奖和首届老舍文学奖,2005年艺术随笔集《遥远的完美》获中国第二届冰心散文奖,1985年电影《红衣少女》(根据《没有纽扣的红衬衫》改编)获中国电影"金鸡奖""百花奖"优秀故事片奖,1991年电影《哦,香雪》获第41届柏林国际电影节青春片最高奖。另有多部作品获得包括"小说月报百花奖"及《人民文学》《小说选刊》《十月》《中国作家》优秀作品奖在内的各种奖项四十余种。正是由于铁凝不断地把她用心写作的成果奉献给人们,并且得到广大读者的喜爱,她才成为广大作家认同、文学评论界给予很高评价的优秀作家之一。

记者一一列举铁凝获奖名目,铁凝谦虚地表示:"我是得了很多奖。我把获奖当作是一种荣誉、一个收获。但是,获奖不是必然的,应该说是意外收获。虽然获奖对作家来说是得到了某一方面的认可。但是,作家的写作又的确不是为了得奖。"

十年的艰苦创业服务河北作家

铁凝多年担任河北省作家协会主席。记者在采访河北作家代表时他们都谈到,铁凝始终自觉地与以胡锦涛同志为总书记的党中央保持一致,认真学习邓小平理论和"三个代表"重要思想,在工作和创作中自觉坚持党的文艺方针政策,坚持民主集中制原则,促进领导班子团结,廉洁自律,在团结和凝聚河北省作家队伍、积极扶持文学青年、繁荣河北文学事业等方面做出了特殊的贡献。

1996年河北省作家协会独立分设后,为建设河北文学馆,铁凝和作协党组成员共同奔波,带领全作协的干部职工,发挥每一个人的作用,平地起高楼,建设起全国唯一的省级文学馆和作协办公大楼。现在,河北文学馆和那座简约却不失优雅的办公大楼,正在以其优美的环境、丰厚的人文底蕴,发挥着窗口和名片的作用,吸引了国内外的专家、学者,极大地提升了河北省作家协会的形象,成为河北省作家重要的文学交流场所。

铁凝说:"作为河北省作家协会的主席,坦率地说,我是付出了一些心血的。这个工作是具体的,不能逃跑。因为大家选我当了河北省作协主席,我必须得尽职尽责。10年前我刚当选省作协主席的时候,我们作协有很多事务性工作,需要亲自去跑,需要为作协去要钱、去造房子,需要解决作家的个人困难。遇到麻烦的时候我也哭过,也说过不干了,但是必须得做。那几年我经常被问到,你虽然为大家造了一个家园,但是对于你的写作一定会有损失。其实《永远有多远》就是那时候写的。以前只当作家的时候,跟人接触还是少。但后来因为我的双重身份,我要和社会上各种各样的人接触,我有机会越来越多地观察各种人,曾经在与有关部门联系工作时有过很多挫折,也体会了世态炎凉。由此,我更加觉得我们省作协的每一位干部职工都很不容易,没有他们的吃苦耐劳和对我的具体支持,我一个人是干不成事的。这10年的工作对我的人生有着积极的意义和价值,间接地丰富了我的社会生活。要是光要这个位置而不做具体的事,其实也没人拿你怎么样,但是靠自己的努力能为作家做一些事情,是最让我高兴的事。"

很多河北作家代表谈到铁凝,都评价她在河北省作协工作中,能充分发挥主席团和作协机关办事机构的作用,在工作整体思路部署和倾向性问题掌控上,不松懈,不推诿,办实事,讲真话,勇于承担责任,得到广大作家的信任和拥护。铁凝说,我没有高于别人之处,其实每个人都有其独特的魅力,就是没有机会展示。我经常觉得我们作协的人都很宝贵,我从心底里感谢他们。我觉得我和他们不隔心,他们都愿意和我说说心里话、家里事,小时候的快乐、成长的困惑、现在的烦恼。我特别珍视这种情谊。我欣赏能做到"人情多,是非少"的人,我在工作和生活中也希望自己能做到。

铁凝就是以这种心态,以这种极具亲和力的工作作风赢得了河北作家的支持。铁凝作为省作协主席提出的"作家协会能为作家做什么?作家能为社会做什么?"这两个问题已经转化为一种工作思路,成为拓展作协工作的新思路。河北省作协制定了《关于进一步加强基层作协组织和会员工作的意见》,并提出了9条具体措施,受到基层作协组织和全省会员的好评。为拓宽交流渠道,河北省作协党组创新工作机制,组建了诗歌、小说、散文三个专业艺术委员会,为会员开展经常性交流搭建平台。河北省作协先后组织作家创作了《路灯下的 SARS》《执政基石——村官李家庚的故事》《曹妃甸》等反映河北省重大事件和热点事件的纪实长篇报告文学,为河北省的经济和社会发展做出了作家们力所能及的贡献。在作家们采访、创作过程中,铁凝为他们牵线搭桥,提供便利;利用社会资金成功创办的"长城青少年文化书院",运用作家队伍的人才资源,在青少年特别是大学生中间开展了一系列文学教育活动。

  铁凝说,近几年来,河北省青年作家的创作热情很高,创作成果也很可观,呈现出整体上升的好势头。我们评选、表彰了"十佳青年作家",同时面对全省作家特别是青年作家,提出了"扎实生活,诚实写作"的倡议,希望大家清醒地意识到,扎实的生活基础和诚实的写作态度是一个作家无法回避的两门基础功课。越是坚持诚实的写作态度,就越是能够强烈地感受到,生活是艺术生命的源泉所在。没有扎实的生活积累,没有诚实的写作态度,一个作家在艺术创作的道路上是不可能走得很久远的。

致敬和传承
——访《收获》主编李小林

吕先富

在《收获》杂志迎来 50 岁生日之际,本报记者采访了杂志主编李小林,就《收获》如何始终坚持文学理想、文学传统,又能胸襟开阔、脚踏实地,进行了一次对话。

记者:从 1957 年 7 月 24 日创刊号刊发鲁迅的文章《中国小说的历史的变迁》和老舍先生的话剧《茶馆》至今,50 年来《收获》发表了中国当代文学史上许多具有重要代表性和影响力的作品。回望这样一份沉甸甸的收获,《收获》的感触和发现是什么?想对作家和读者说些什么?

李小林:回望当年,主编巴金先生和靳以先生创办《收获》的时候,编委会大师云集,编辑部的前辈们在幕后辛勤工作,那些文学大家把他们的心血之作交给《收获》发表,文学新人借由《收获》进入文坛,《收获》凝聚了大家的文学理想和热忱,所以,它见证了中国当代文学的丰饶。

《收获》在 2007 第 4 期推出了 50 周年纪念特刊,想表达的主题就是"致敬和传承"。首先增加一个印张,刊登那些故去的大家的手迹和照片,这是向文学前辈、编辑前辈的致敬,向文学精神和文学理想致敬,向文学的辉煌时刻致敬。他们的背影远去,但精神和品格却流传下来。纪念特刊首先刊发如今国内活跃在文坛上的青年作家的作品专号,也是前辈的文学理想和精神薪火相传的意思。

一个刊物有一个刊物的精神和品格,《收获》之所以成为今天的《收获》,是几代人共同打造的,包括作家、编辑和读者共同的努力。50 年,历经风风雨雨,《收获》最想对作家和读者说的就是:非常感谢大家。

记者:从创刊初期发表《茶馆》《上海的早晨》《野火春风斗古城》《平原枪声》《创业史》,到 20 世纪 70 年代末 80 年代初发表《大墙下的红玉兰》《犯人李铜钟的故事》《蹉跎岁月》《人到中年》《人生》,80 年代中后期推出一系列探索作品,乃至活跃于当下文坛的许多青年作家都是在《收获》的推动下为社会所认知的,正如作家们所说,《收获》总是怀着热切和宽仁的情感,注视着写作者。那么,《收获》如何能葆有一颗永不衰老的心?

李小林:1957 年,《收获》创刊号上,《发刊词》的第一句话是:《收获》的诞生,具体实现了"百花齐放"的政策。《收获》始终遵循这样的宗旨。

柯灵先生曾经撰文归纳《收获》:"一是坚持纯正健康的文学道路,堂堂正正,不走偏锋、不媚时俗而胸襟开阔、兼容缤纷的流派风格,各取所长,各尽其妙;目光敏锐,与时代同步,推陈出新。遥承传统而近抱新潮,常葆青春。二是脚踏实地,心无旁骛,锐意耕耘。殷勤奉献,不鼓噪喧嚣、制造舆论、标新立异、哗众取宠,显得格调清新,趣味高尚,实大声宏。三是敞开门户,打扫园林,以文会友,少长咸集,老一辈作家乐于在此莳花栽木,几辈青壮年作家在此初试啼声,一鸣惊人。做到编者、作者、读者三位一体,同声相应,同气相求,成为公众心灵世界一种和谐契合的媒介。"

《收获》的活力,应该来自《收获》对文学理想和文学传统的坚持。

记者:今年3月,《收获》获得"上海市著名商标"称号。事实上,《收获》早已获得过"国家期刊奖",属于"双百期刊"。一本经典的原创文学杂志,一个著名的商标,这是否意味着《收获》在品牌维护和市场拓展上有战略性的构想?《收获》对自己的未来抱着什么样的期望?

李小林:《收获》第一次获得"上海市著名商标"是2003年,这是每隔4年需要重新认定的,2007年,《收获》第二次获得"上海市著名商标"称号,表明对《收获》的业绩、稳步发展的市场、不断提升的社会影响的肯定。《收获》1986年开始自负盈亏,实际上一直经受市场经济的波澜起伏。《收获》今年的发行量是12.3万份,《收获》的长篇小说增刊也成为衍生产品,每年两期,每期刊登四部长篇小说,发行量在七八万份。

如今,人们的思维方式和感觉方式日新月异,文学的价值和认知也呈现多样性和复杂性。"注意力经济"已成为大众话题,文学的发展在多维的文化空间展开,因此,《收获》也必须注重自己的品牌保护。现状提示我们,作品是否在精神与观念上提供新鲜的探索,作家是否在建构人的生存、心灵世界时永远保持敏锐和创造的活力,一份文学期刊是否能确立自己独特的品位和风格,都会影响文学期刊的生存基础。

未来,《收获》将坚守文学的理想,包括《收获》传承下来的文学传统与办刊方针:不趋时,不媚俗,不跟风。

2008 年

为了少数民族文学的第二次"上书"
——访蒙古族作家玛拉沁夫
明 江

中国在发展少数民族文学事业、培养少数民族作家方面所做的努力,在世界上是独一无二的。作为一个少数民族老作家,我为我的国家感到无比骄傲。我深深感到如果没有优越的社会主义制度、没有党的民族政策,没有改革开放带来的思想解放、经济发展、社会安定、人民生活水平提高、综合国力增强的时代大环境,少数民族文学的崛起是完全不可能的。党的十七大把文化作为综合国力的组成部分,从新的历史高度阐明了正在兴起的社会主义文化建设新高潮,提高国家文化软实力的重要性和紧迫性。现在是中国发展的最好时期,也是文学发展的重要时机,让我们牢牢把握住机遇,充分发展和展示我们多民族文学的雄厚实力,开创各民族文学的一片新天地!

中国在发展少数民族文学事业、培养少数民族作家方面所做的努力,在世界上是独一无二的

"改革开放之初的文坛,大家的创作热情正在像火山一样爆发。我还记得当时首都体育馆的诗歌朗诵会,上万人的座位全满了,台上朗诵诗歌的时候,全场听众被感动、被激动得都在流泪,大家能听见彼此的呼吸声。真正让人感到:文学的春天来了!"回想起改革开放之初的文学创作形势,玛拉沁夫仍激动不已,"1978 到 1980 年,正是'文革'结束后不久,三中全会召开,拨乱反正,几代作家的心气都非常足。从伤痕文学开始,很快形成新时期文学新的全面复兴态势。当时的情况是:文艺迫切需要人民,人民更迫切需要文艺,而文艺也确确实实地代表了老百姓的心声。那个时代简直太美妙了!"

时任内蒙古自治区文化厅副厅长的玛拉沁夫恢复工作后已经写了三部电影,作为新中国培养的第一代少数民族作家,他始终有一种使命感——发展少数民族文学创作。而他深深地感觉到,虽然中国的文学已经复苏,但很多少数民族作家因在"文革"中受到了冲击,再也不想搞文学了,跟玛拉沁夫保持联系的许多老朋友当时还戴着各种政治帽子。

"1978年我参加一次会议,碰到了维吾尔族老作家祖农·哈迪尔,我问他在写什么,他激动得都流泪了。他说,我的政治帽子还没摘呢,这次来开会还是自治区党委特批的。"这对玛拉沁夫产生了很大的触动,"那两年我正在北京、长春、上海等地写电影,处于中国文艺复兴的中心地带,但少数民族地区的巨大反差让我坐立不安。"

1979年召开的第四次全国文代会上,邓小平总结了中华人民共和国成立以来文艺工作的经验教训,明确提出了历史新时期文艺工作的方针和任务,"文艺为人民服务,为社会主义服务"口号的提出,在我国各民族文学发展的历史上具有里程碑意义。

1980年1月,玛拉沁夫受到国内良好的政治局面和文学形势的感召,再一次就少数民族文学问题给中共中央宣传部写了一封信。信里表示,"文革"结束后,中国的文学形势普遍非常好,但少数民族文学还是一片沉寂,希望中央更多地关注少数民族文学创作,没有少数民族文学的繁荣和发展就不会有整个中国文学的繁荣和发展。"当时的想法很简单,我想,在这个历史的重要转折点上,被拉下一步,就会一步步被拉下。如果不很快扭转少数民族文学的滞后状况,少数民族文学将很难汇入主流文学大潮之中。"抱着这个想法,玛拉沁夫寄出了这封信。

非常凑巧的是,这次"上书",离他给中央写的第一封要求重视少数民族文学工作的信,正好时隔25年。25年前,也就是1955年3月,24岁的玛拉沁夫曾给当时文艺界的三位领导周扬、茅盾、丁玲写信,提出中国是个多民族的国家,中国文学是多民族的文学,中国文学的繁荣发展必须是多民族文学的共同繁荣和共同发展。中国作协主席团给玛拉沁夫复信说:主席团认为你的意见是正确的。专门为此召开了座谈会并落实了很多具体的措施,大大促进了少数民族文学创作。在党的关怀下,经过10多年的共同努力,在"文革"灾难到来之前,少数民族文学已经出现了第一个高峰期。

25年后,玛拉沁夫再一次给中央写信。虽然两封信的内容谈的都是发展少数民族文学,但此时的玛拉沁夫却需要更多的勇气。

中宣部领导收到玛拉沁夫的信后,很快将信转给中国作协党组,并在信上批示:我们确应为少数民族文学办些实事,比如召开全国少数民族文学创作会议,举办全国少数民族文学评奖等。中国作协为落实中宣部的批示精神,于1980年5月召开了少数民族文学座谈会,经会议讨论和中国作协批准,决定:1.于1980年7月在北京召开全国少数民族文学创作会议,中国作协领导做主旨报告;2.于1981年与国家民委联合举办第一届全国少数民族文学评奖;3.立即创办民族文学期刊;4.在鲁迅文学院开设少数民族作家班;5.组织少数民族作家参观团,赴内地参观学习。

"当时的热情真是非常高,5月份开座谈会,7月10号就正式召开了全国少数民族文学创作会议,邀请了200多名作家,从少数民族地区来的就有147位。记得当时北京炎热得很,这个会也是气氛空前高涨,中央有关领导出席会议,周扬同志讲话,冯牧同志做总报告。"玛拉沁夫说,"这是少数民族文学创作在改革开放后的第一炮,这个提气和鼓劲的会改变了当时少数民族文坛的窒息感,把各地的积极性调动起来了。各省、市、自治区代表回去后又效仿中央召开了相同的鼓劲大会。"

1980年8月,玛拉沁夫调到北京,筹建《民族文学》,并主持全国少数民族文学评奖。1981年底,第一届全国少数民族文学评奖颁奖大会如期在人民大会堂召开。到今年(2008年),每三年一届的全国少数民族文学奖,将是第9届了。

"当时正是在党的十一届三中全会精神的指引下,中宣部和中国作家协会采取各项有力措施,全面贯彻党的民族政策,调动起少数民族作家空前的创作热情和时代激情。"回想起这一时期,玛拉沁夫非常感慨,少数民族老作家焕发了艺术青春,一批中年作家重返文坛,更多的青年作家脱颖而出。新时期,一大批反映民族地区生活的作品问世,不论在数量上还是在质量上都足以称道。

实际上,为发展和繁荣少数民族文化艺术,中央有关部门和地方各级党政领导在坚持党的"二为"方向和"双百"方针的基础上,采取了一系列积极有效的措施,比如建立民族文艺团体和文艺研究机构,培养少数民族文艺人才,举办文艺会演,开展对外文化交流等。比如成立了全国性的文艺学术团体,如中国少数民族作家学会、中国少数民族音乐学会、中国少数民族戏剧学会等。在中央和地方创办了《民族文学》《民族文学研究》《草原》《长白山》等一大批民族文艺刊物。举办文学讲习班、笔会,对少数民族文学工作者加以系统培养。

在这一段时间里,玛拉沁夫倾注了大量的心血,办刊物,办笔会,主持评奖工作。他说这是三位一体的系统工程:办笔会是培养作家写作品;办刊物是通过这个平台把作家们创作的作品展现给读者;而评奖是给文学佳品的创作者以鼓励、奖励、激励,让他们走向新的高点。很多少数民族作家都说,他们就是从少数民族作家笔会、《民族文学》刊物和少数民族文学评奖的平台上走上中国文坛的。玛拉沁夫开始主持民族文学工作时是50岁,正是一个作家的创作黄金时期。曾有人做过统计,从1979年6月至1980年4月的10个多月时间里,玛拉沁夫写了1部电影、1部长篇小说、1部中篇小说、3篇短篇小说、15篇散文,倘以这样的效率写作10年左右,他个人该有多么丰硕的成果!可是这一时期他却甘为他人作嫁衣裳,每年编审数百万字的稿子。在主持《民族文学》10年间,他主持举办了11次笔会,自己当讲师,帮助学员一篇一篇地修改作品,笔会参加者500多人次,现在很多当红的著名少数民族作家当年都听过他的课,受到过他的创作辅导。后来不做《民族文学》主编了,他仍为各族青年作家看稿、改稿、讲课,为少数民族青年作家的培养付出了大量心血。

作为一个少数民族老作家,我为我的国家感到无比骄傲

从对少数民族文学的使命感到为培养作家所付出的心血,称玛拉沁夫为少数民族作家的伯乐,名副其实。

"我对改革开放30年以来少数民族文学的成就给予极高的评价。少数民族文学是中国文学的重要组成部分,回顾中国文学改革开放这30年的成绩,是不能忽略少数民族文学创作的辉煌的。"玛拉沁夫表示,总结这30年少数民族文学创作的成果,可以看到在新中国环境下成长的老作家在新时期一直充满激情地创作。有些老作家在当代文学中与汉族作家始终保持同步甚至领先。比如壮族的陆地,彝族的李乔,蒙古族的纳·赛音朝克图、牛汉、李凖,维吾尔族的铁依浦江,朝鲜族的金学铁,等等。在新时期我们已经举办了8届全国少数民族文学评奖,到第7届时我国55个少数民族已经都有获奖作家了。《民族文学》月刊至今已经发表了近5000万字少数民族作家的作品。中国作家协会的少数民族会员从"文革"前的近百人现已发展到830人,如若再加上各省、市、自治区作协的少数民族会员,少数民族文学作者已近万人。

玛拉沁夫认为,文学的魅力不在于数量而取决于质量,在改革开放这30年当中,少数民族作家不但创作出了大量作品,而且在艺术质量上有历史性的突破与提高。可以看到,在各种文艺评奖中都有少数民族作家获奖,特别是先后有三位少数民族作家的作品荣获了我国声望最高的茅盾文学奖:蒙古族作家李凖的《黄河东流去》、回族女作家霍达的《穆斯林的葬礼》、藏族作家阿来的《尘埃落定》。以这三部作品为代表的我国少数民族文学确以自己的风采展示出了现已达到的艺术高度和在未来发展中所具有的巨大潜力。

在这30年中,我们已经形成了一支多民族、多文种、多门类和多梯队的少数民族作家群体,而且亦以吉狄马加(彝族)、张承志(回族)、霍达(回族)、阿来(藏族)、扎西达娃(藏族)、乌热尔图(鄂温克族)、买买提明·乌守尔(维吾尔族)、蔡测海(土家族)等在新时期成长起来的杰出作家组成了少数民族作家的领军团队。

"世界上有许多的多民族国家,我也曾访问过其中的一些国家。据我了解,世界上没有任何一个多民族的国家专门设有三年一届的全国少数民族文学评奖,也没有专门刊登少数民族作家的作品的全国性月刊,更没有数以万计的少数民族作家。"玛拉沁夫非常感慨地说,"中国在发展少数民族文学事业、培养少数民族作家方面所做的努力,在世界上是独一无二的。作为一个少数民族老作家,我为我的国家感到无比骄傲。我深深感到如果没有优越的社会主义制度,没有党的民族政策,没有改革开放带来的思想解放、经济发展、社会安定、人民生活水平提高、综合国力增强的时代大环境,少数民族文学的崛起是完全不可能的。我们在这样一个时代大背景下来审视少数民族文学的崛起,对其意义做出怎样的评价都是不会过分的。党的十七大把文化作为综合国力的组成部分,从新的历史高度阐明了正在兴起的社会主义文化建设新高潮、提高国家文化软实力的重要性和紧迫性。现在是中国发展的最好时期,也是文学发展的重要时机;在这个历史的重要时期,让我们牢牢把握住机遇,充分发展和展示我们多民族文学的雄厚实力,开创各民族文学的一片新天地!"

玛拉沁夫实际上有两个身份,一个是少数民族作家,一个是少数民族文学工作的组织者。

玛拉沁夫1951年创作了长篇小说《科尔沁草原的人们》,从此与新中国的少数民族文学结下了一生的缘分。

作为作家的玛拉沁夫,在半个多世纪的文学创作生涯中,出版了多部著作集,这些作品获得了很多奖项,被译成十多种文字。早在20世纪60年代,老舍先生就称赞他为"文坛千里马,慷慨创奇文;农牧同欣赏,山河丽彩云"。茅盾先生说:"玛拉沁夫富有生活的积累,同时他又富于诗人的气质,这就成就了他的作品的风格——自在而清丽。"

玛拉沁夫长期从事少数民族文学工作,是我国少数民族文学工作的主要组织者和推动者。新中国成立以后,他在1954和1980年即中华人民共和国初期和改革开放初期这两个重要的历史阶段,曾两次写信给中央有关领导部门,就重视和发展少数民族文学工作问题提出自己的看法和建议。幸运的是,这两封信都得到中央有关部门的明确赞同和批示,并采取了有力措施。特别是从改革开放至今的这30年期间,少数民族文学一直保持强劲的发展势头,涌现出大批优秀的少数民族作家和作品。这和他的第二次"上书"是有着直接而密切的关联的。

2008年新年后的一个冬日,在他的居所,刚做完老年白内障眼科手术的玛拉沁夫在深情的回忆中,回到了那段充满艰辛、自豪和值得人们记忆的岁月。

30年：一个作家的成长和一个文体的成熟
——访何建明

刘 颋

改革开放30年来,从徐迟的《哥德巴赫猜想》到今天,报告文学已经形成了自己广泛的影响。作为一种记录社会发展最为直接的文体,这30年来中国所取得的成就和每个阶段的社会热点,都会在报告文学中得到迅捷的文学化表现。在众多读者喜爱的报告文学作家中,何建明以其宏阔的"国家叙述",笔触几乎涉及了国家发展中的所有重要领域,诸如《落泪是金》《中国高考报告》《根本利益》《共和国告急》《中国农民世纪经典》《北京保卫战》《永远的红树林》《部长与国家》《为了弱者的尊严》《向生命致敬》《破天荒》……根据他的报告文学《国家行动》改编而成的24集电视连续剧,作为中宣部确定的纪念改革开放30周年文艺巡演的首部电视作品,即将在央视黄金时段播出。他的作品社会影响深远,广为公众熟悉喜爱。改革开放30年,也是何建明作为一名报告文学作家成长的30年,他的成长伴随着祖国的发展,也丰富和发展了报告文学这一具有时代鲜明特色的文体。

"国家叙述"展现共和国精彩跃动

刘颋：今年是我国改革开放30周年,也是你从事报告文学创作30周年。是什么原因促使你选择报告文学这一文学样式作为你这30年的创作方式？从1978年创作第一篇报告文学《湘西探险记》至今,你的报告文学创作大致经历了几个阶段？每个阶段的特点是什么？

何建明：我是1975年底离开家乡到部队参军后,开始从事业余文学创作的,正式练着写报告文学是于1978年开始的,那时我的部队在湘西,我是部队的新闻干事,又热爱文学。我最初写报告文学受到徐迟《哥德巴赫猜想》的影响,正好要在部队写一个先进科技工作者,觉得用新闻手法已经不能满足我的表达,所以尝试着写一篇报告文学,于是就这样开始一写而不收,一直写了30年……主要原因还是我感觉我自己生活的这个时代太伟大,有太多激动我的东西。后来随着时间的变迁,接触的面多了,看到的社会问题越来越多,越来越复杂,因此就再也无法休战收笔。

报告文学作家是要有强烈责任感和使命感的,当这种责任感和使命感与自己的职业关联在一起的时候,你是不可能平静和有安宁日子可过的,我属于这样的人。

如果一定要给自己的创作进行一个总结,那么我想自己应当经历了三个阶段。

第一阶段是练习和实践阶段,或者说是基本功练习和模仿阶段,像我的《腾飞吧,苍龙》《湘西探险记》《警卫领袖风云录》《神秘的禁区》《西行囚车》等,它们都是我在部队生活中所经历的人和事件的记叙,我认为基本上是新闻性强于文学性的报告文学初级创作阶段。这部分作品,受到徐迟、黄钢等一批老报告文学作家的革命英雄主义的影响,歌颂是这些作品的主旋律,张扬真善美是作品的基本内容。

第二阶段,以《野性的黑潮》《共和国告急》《科学大师的名利场》《落泪是金》《中国高考报告》为代表作,这一段时间的作品基本上是以批判现实主义为基调,作品也是每一部几乎都能在社会上引起一阵不大不小的热闹。作为作者,那些日子里我接受了太多忽冷忽热——这冷有时如坠入冰河,这热又可能热得仿佛被人扔进了火炉烤似的。因为那时年轻气盛,喜欢接受这种刺激,似乎留在我创作的记忆中最多的,留给读者和社会最多的也可能是那些年的作品。它真诚、无私无畏,甚至显得单纯幼稚,但那是最宝贵和我满意的作品。

第三阶段是从《根本利益》开始,到后来的《国家行动》《大国的亮点》《永远的红树林》《北京保卫战》《部长与国家》《为了弱者的尊严》《中国农民世纪经典》,到最近写的《破天荒》《农民革命风暴》等,是我从青年期转型到中年后的比较成熟和理性的写作阶段,这时期的作品多数是如评论家说的具有"国家叙述"的特点,它们题材大、结构恢宏、叙议兼长。当然这期间我也写过一些各具特色的人物,如《男人的美丽男人的梦》《我们可以称他是伟人》《峡江石头女》等诗意的散文体式的人物报告文学作品,它们是我尝试的一种适合现代人阅读趋向的新类型报告文学,节奏快,趣味性强,又可以当作诗体和散文来阅读。我认为这类报告文学可能是未来这一文体发展的重要趋向。

刘颋:你的报告文学作品中所报告的事件、人物基本上是我们国家每个历史发展阶段的重要事件、人物或全民关注的热点问题。比如《落泪是金》通过文学作品提出"弱势群体"概念,《中国高考报告》曾被《纽约时报》评价为"中国第一部系统批判中国教育的文学作品",获第一届鲁迅文学奖的《共和国告急》创作于1995年,第一次把矿难作为报告对象,《根本利益》捧出了一个感动中国的执政为民的公仆梁雨润……可以说,你用自己的作品记录下了共和国这30年发展的脚印。你的作品不仅是激情的文学读本,更是社会现场的深刻记录。是什么原因使你的创作每次都能准确捕捉到社会的精彩跃动?

何建明:不错,30年中我写了40多部作品,其中长篇就有近30部,它们无一例外都是我们这个时代在各个阶段的人物命运和国家命运的作品。我一直认为:既然报告文学是一种新闻体的文学作品,它必须承担与新闻同等的历史和时代的纪录任务;同时它又是文学作品,因而应当是充满激情和思考的,并且能够通过树立典型形象对社会起到一定的教化作用。报告文学同时又区别于新闻报道,新闻报道一闪而过,但文学作品必须保住它的永恒性和对读者记忆的"粘连性"——人们一说就可以想得起来的效果。报告文学作家作为历史和现实的文学记录者,它的聚焦点具有与新闻同质的目标,然而它又是文学的聚焦,所以它的选择性和典型性远远超过新闻的深刻度。这既是文体本身的要求,同时又要求一个优秀的作家必须写出深深打上历史烙印的文字,这种文学既具有时代性,又具有历史性,更具有艺术的永恒感染力。做到这一点不容易,但我要求自己的作品尽可能地做到。至于怎样做到,就得练就一双过硬的能够穿透现实和事物表象的双眼,这眼睛里要有对国家和民族关爱的热忱与真诚,这眼睛里还要有深刻的独立思考的聚焦与筛滤的透视能力,这眼睛里更要有作为普通人的真切情怀。我是学哲学的,哲学告诉我如何去看待生活和社会本质与表象,而文学又教会我怎么用激情与文字表达这种通过哲学眼光所观察到的时代与人物的本质与表象。这种站在一定的高度去俯视这个社会和世界时,你就会变得左右逢源,挥洒自如,甚至有时常常被预期和设想好的一种效果获得印证而得意和满足——文学需要历史眼光,更需要对未来的判断能力,前者让人深刻,后者叫人佩服。文学作品是需要经得起时间检验的,如果摸不准历史和现实的动脉,你的作品将永远不可能传世,更不用说去教化后代了。

报告文学作家的五种素质

刘颋:你曾说过,"一部无名的作品等于没写,假如一部作品引起轰动和强烈反响,作者可能受到的冲击和压力也是非常人所能承受得了的。"刚才你也说,因为你创作的报告文学作品,你曾经受了太多忽冷忽热,有时如坠入冰河,有时又热得仿佛被人扔进了火炉烤似的。报告文学作为一种干预社会、干预现实最为直接的文学样式,怎样才能准确把握它与社会、与现实之间的关系?

何建明:马克思主义经典文学理论的专家们认为,文学是现实的反映。有什么样的现实,就有什么样的文学。报告文学更不例外,它的直接干预性比任何文学样式更强烈。但文学毕竟不是批判文章和表扬稿,必须考虑它的特殊性和文学本身的艺术魅力,因而报告文学的干预现实,或者说成功地干预现实,不是看到什么就不分青红皂白地端起报告文学这把机枪进行一梭子扫射就解决问题了。如果这样干脆就用央视的《焦点访谈》算了。报告文学对社会和现实的干预应当是理性的、思考的、负责的和有文学意义的。

刘颋:如何才能做到理性地、思考地、负责地和文学意义地书写社会现实?

何建明:所谓的理性,就是要站在全局的角度去看待某一种问题。今天这个社会非常复杂多元,许多问题的表象其实隐含了其他深刻的复杂背景,因此简单地通过看到或听到某一件事、某个行为来综述和批判整个社会与现实时,常常会把好的愿望扭曲了、弄偏了。因此报告文学要把握好自己的正确主张,一方面调查研究要仔细深入,另一方面又必须要从全局的角度去观察和看待事件本身及背后的一些本质性东西,这样才能说理有力、记录全面,作品也会更有艺术魅力。我一直认为一个优秀的报告文学作家,他必须具有五种素质:一是政治家的素质。政治家考虑的问题,他必须考虑。二是思想家的素质。作家必须有独立的思辨能力、判断能力,有观察问题的深刻性,目光敏锐且具穿透力。三是社会学家的素质。博览群书,学好学透所想表达的一件事情,并且把所有关联的知识能够解释得清楚,充满文学艺术的表述魅力,不说外行话,更不说假话和半假话,这是一个报告文学作家的基本素质和基本品质。四是一个普通人的基本情怀。这是做人的基本道理,即人的最真挚的爱和明辨是非的爱恨观与价值观。什么时候都不要忘了自己是一个普通人,这样才能爱自己的人民、爱自己的同事、爱自己的亲人。最后才是思考你如何当好一个有写作能力的作家。

刘颋:你提到的报告文学作家应该具有的五种素质不仅是对报告文学作家,也是对所有作家的高标准要求。我很感兴趣的是你说的"不说外行话,更不说假话和半假话",这和我们一直强调的报告文学的真实性还不完全一样。当下对报告文学诟病最多的就是报告文学简单化为表扬稿和政绩宣传稿,客观地说,报告文学并不排斥对社会进步和先进人物的报告,在你的作品中,不乏批判立场的作品,也不乏正面肯定的作品。《永远的红树林》虽然不到 2 万字,却是不少研究者研究当代报告文学发展的经典文本,梁言顺的低成本经济增长理论无疑是对科学发展观的具体阐释,这个创作于 2004 年的文本在今天更具有现实意义。报告文学作家该如何把握好作品中的政治立场?

何建明:今天我们都在学习落实科学发展观这一时代主题。我高兴的是我应当算是第一个直接写科学发展观题材的作家。《永远的红树林》刊于 2004 年 7 月的《光明日报》,当时是应邀写的。它使我有幸比较早地了解科学发展观理论的起因、本源和社会现实意义等。报告文学作家必须具有政治的前瞻目光。当时,《光明日报》的领导针对社会上对科学发展的认识上的偏差,约我写一部能够用形象和理论阐述相结合的报告文学,他们选择用报告文学形式来表达这一政治意图,是看中了报告文学的特殊艺术感染力。这一任务对我来说很不一般,因为只有 8 天时间完成,一两个采访对象,枯燥的理论概念。但当我真正接触和了解科学发展观是个什么意思和它的社会现实意义时,我的创作情绪被充分地调动了起来。这部作品不到 2 万字,但它阐述了当代一个伟大的时代主题,同时在当下报告文学冗长的风气盛行时,有了一个逆向创作意义。

我是满意这部作品的,只是文学界对《永远的红树林》的关注和评论远不够。我所知道的是《永远的红树林》在理论界有人认为它具有与当年的《哥德巴赫猜想》一样的影响力,因为它用形象的比喻,首次向人们阐述了一个马克思主义在中国特色社会主义条件下的新的理论如何出世的那一瞬间的光芒。

刘颋:你对报告文学的理解是什么?

何建明:我认为报告文学是一种用文学艺术形式记叙的新闻报告,它或有深刻的思想性,或有直白的原生态式的记录性,但无论何种形态,它必须是文学的、现实的和经得起历史检验的可以称之为作品的东西。随着社会的越来越多元化、快捷化,报告文学的作用也将越来越被人们所重视和接受。

刘颋:在各种文学门类的作家创作中,报告文学创作的苦与累尤其让我印象深刻。我不止一次地听到"报告文学作家拼到最后拼的是体力"的话。我也曾听说,2002年你写《国家行动》时,在一次半个多月艰苦的采访后,回家时家人都没有认出你来。除了你说的报告文学作家的五个素质外,报告文学这一样式对报告文学作家有什么特别的要求?

何建明:报告文学作家可能是作家中最辛苦的一个分类。不想吃苦的人和不能吃大苦的人是干不了报告文学的。曾经有一段时间大兴"行走文学"。其实报告文学在我看来,是真正的"行走文学"。不行、不走的人,不可能成为报告文学作家,每一部优秀的报告文学都是作家们走出来的。我的《落泪是金》走了近一年,40多所大学走遍了,访问者400多人。《中国高考报告》也同样。《共和国告急》不仅要走,而且走到了土匪窝,甚至他们拿着枪押着我走。今年上半年我为了采访石油工业,走到了非洲的苏丹。当时接待我的人非常紧张,我说我要到达尔富尔地区去一趟,因为美国人总在说我们中国人如何如何苏丹了,我得看一看达尔富尔到底是个什么问题。后来接待我的中石油海外分部的同志们给我租了一架直升机,我"行"到了达尔富尔,回来没几天,就听新闻里说一架乘坐着南部地区的国防部长的飞机出事了,走的正是我刚刚"行走"过的路线……这样的"行走"经历对一个报告文学作家来说,太多太多。

这30年中,我出版的书排在书架上很有规模,但我的采访本要比出版的书多出几倍规模,而我写作中所看过的书和资料可以用卡车装……到各地采访所行走的路程有多少,我根本无法统计。我只记得写《国家行动——三峡大移民》时,我曾三下三峡,走一次就是1000多公里。有一次一天换了5种交通工具,乘了21个小时的车船……而我想特别说明的是:我这30年来,从来就不是一个专业作家,我的所有创作和采访基本上都是工作之余和间隙中完成的,这类"行走"之苦,只有我和我家人知道……但我无悔。在过去的几十年中,特别是到中国作家协会后,领导和同事们一直非常支持我,他们给予了我精神和时间上的大力支持。我非常感激他们成全了我的许多作品。

刘颋:这种"行走"应该是个人性的,但当下有种趋势,即这种行走成为集体"行动",你也曾不止一次地参加过这种集体行动。你是如何保持你的"行走"和思想的独立性的?

何建明:我举个例子,今年5月采访汶川大地震时,我们作协组织了集体采访团,这种集体形式是必要的,否则你根本不可能在最快的时间里到达灾区。但我绝对不会受这种"大呼隆"的采访团限制,出发前,我已经在思考自己应该写些什么。到那儿后,我基本上独立作战,即使在集体行动时,我的视点也与一般的作家不一样。刚去时前线都在关注如何救人,铺天盖地的这类新闻和作品,我觉得我不能写这类东西,于是我关注一些特殊的共产党人的形象,后来我连续推出了如《来自龙门山的报告》《撤离北川县城》等等,写的都是共产党人在特殊时刻的作用,很快被《人民日报》《求是》杂志等报刊刊发,我笔下的人物基本上后来都被中央电视台重新复制成新闻了。另一个事例是同样写灾情,我一开始关注的就是灾情中的生命。而写生命也有无数视点,比如马上要出版的我的《生命第一》一书中,写的是从灾情发生的第一个七天和七七四十九天及"百天忌日"这三个特殊时间里我在灾区的所见所闻。中国人对死者的纪念情感一般都会在"头七""七七"和"百天忌日""周年"等这些时间里充分释放,我想写这场大灾难,得有独特性。看过这部作品的编辑和出版人都认为这是写汶川地震的无数作品中最有特殊意味的作品。这就是作家的"行走"和思想感情的独立性吧。

报告文学发展:从静态到动态

刘颋:作为20世纪初外来的一个新文体样式,从1978年到现在的30年里,报告文学这一文学样式无论从文体、理论和作者队伍上,较之其本土化的前60来年都有了十分明显的发展。对报告文学的多种探索实验也一直没有停止过,比如你创作的《男人的美丽男人的梦》等诗意的散文化的报告文学作品。从你个人的创作经历出发,你认为这30年报告文学这个文学门类具体在哪些方面得到了发展?

何建明:30年中,中国的变化巨大,报告文学这一文体的流变也是巨大的。我认为20世纪80年代之前的报告文学,无论是文本的形态上,还是报告文学作品的题材涉及面上,都与今天大不一样。这30年报告文学文体的最大变化,我认为是它的深刻度和涵盖度完全不同了。今天的报告文学是处在一种流变之中,它越来越没有格式化、固定化。它借用文学的各种文体艺术形式为自己的文本发展服务。简单地讲,20世纪七八十年代之前的报告文学基本上都是静态式的——有那么一件事、一个人物放在那里,你把它写出来就是。现在的报告文学多数是动态式的——这件事、这个社会形态甚至是某一个人物、人群还不知朝哪个方向发展时就得把它写出来,是动态式的,发展着的。信息量、多变性也很不一样。总体而言,报告文学文本的发展仍在变化和完善着。或好读、或深刻,是读者对它的基本要求。

刘颋:比如你的《落泪是金》《根本利益》《中国高考报告》?

何建明:对,我的这几部作品都是属于这一类的。现在社会发展太快,靠过去的创作方式可能会丧失很多好的创作机会,这个时候报告文学作家不能不立即出击,否则机会再也不可能有了。而在这个时候作家的敏感、行动迅速和准确的判断与深刻的思考度都会集中在你一个人身上,你就得调动一切能量为作品服务。我常常为写一部作品,除大量采访外,还要看几倍于采访量的资料和图书,还要注意从大量的社会现象里提炼出一些相关的信息,最终下笔做出自己的客观叙述和提出自己的某些理性思考。这样的效果才能与公众所关心的问题融合在一起,产生共鸣。

刘颋:是否可以这么理解,现在的报告文学无论捕捉报告对象还是作品推出的速度都比原来更为迅捷,因此也对报告文学作家的专业素养有着更高的要求?

何建明:没错。现在的时代节奏太快,又有电视这样的强势媒体挡在你的前面,报告文学作家如果再迟迟不出手、不行动,你就不可能写瞬息而过的现实好题材。当然还有像王树增这样的报告文学作家,他可以静下心来去到几十年前的那些历史中寻找感觉。但我认为报告文学题材更多的应该关注现时所发生的事,这和其他文学种类有些不同。迅速出击,这是报告文学作家的一种基本素质,这里面却包含了很多内容:你得是个热爱时代、热爱国家、热爱人民的人,你得是个身体健康、思想活跃、视线敏感的人。

刘颋:这30年中,先后涌现了徐迟、黄宗英、陈祖芬、鲁光、理由以及你、赵瑜、王宏甲、徐剑、李鸣生、杨黎光等几代受到读者欢迎的报告文学作家,近几届优秀报告文学奖的获奖作品也在好读、深刻上各有所长。然而新世纪初,关于报告文学文体"死亡"的论争曾一度成为文学界的热点话题,对此你如何判断?出现"死亡论"的原因是什么?

何建明:报告文学不可能死亡。有人说它快死亡了,一是并不了解报告文学创作状态,二是觉得报告文学文本发展进步不快,失去了某种批判性、干预性。其实报告文学到今天这个时代后,确实从批判性和干预现实方面力度比过去差了不少,但我并不认为这就是这一文本需要宣告"死亡"的理由。今天的报告文学就我客观的认识认为,存在一些事实性的问题:一是多数标着"报告文学"的其实本身就不是真正的报告文学,而是广告宣传品;二是比较成熟一点的作品又因为作家本身没有下功夫,或者根本就不想下功夫,所以批判性、干预性不够;另外,报告文学容易惹官司和报告文学对生活与社会的干预没有获得法律上的有效支持,也使得报告文学的批判功能渐渐丧失;再者,作家本身对社会的批判和干预的能力也有问题,社会越来越复杂,简单的批判和干预不足以解决什么要害问题或者根本就击不准要害反而显得浅薄,这已经是多数作品本身的缺陷,它影响了报告文学的战斗力。但提出"死亡"的警示意义不可小视。还有一个重要原因是,我们现在每年有许多极其优秀的报告文学,它们的社会作用远远超过了其他文学样式,但由于我们的报告文学评论家太少,他们的声音几乎没有,所以也使本来朝气蓬勃的报告文学变成"死亡"状态。

刘颋:那么,报告文学怎样才能在今天和以后的社会发展中保持它的文体生命力?有论者认为,21世纪将是纪实文学的时代,报告文学作家如何才能让报告文学在这样的期待空间里得到更好的发展?

何建明:报告文学要保持永远的生命旺盛力,我想首先创作者必须永远保持旺盛的战斗力和创作力,要有对祖国和人民及时代的无限热爱之心。有了这样的热爱之心,你才有可能用诗人一样的激情去拥抱生活、透视社会、激情抒写现实与时代。确实应注意一个现象:现在越来越多的人喜欢看纪实作品,这是一个值得探讨的问题。从创作角度看,这对报告文学来说无疑是一个极好的机遇,我们应当借这样的国民阅读趋向努力写出更精彩的纪实类作品出来。同时报告文学应当在这其中积极发挥文本本身的艺术作用,不断促进和成熟、完善文本本身。相信在21世纪报告文学会有更大的发展空间。

刘颋:当下报告文学写作有一个新倾向,就是对历史资源的重新挖掘。比如你刚说到的王树增的《长征》,还有丁一的《蓝衣社碎片》,你的《破天荒》写的也是以邓小平为首的党中央在1978年决策的关于开放中国海上石油对外合作的整个过程,最近刚刚又推出的《农民革命风暴》,记述的是30多年前一场比安徽小岗村更早、更广泛、更深刻的发生在浙江台州的农民分田到户的革命风暴,这种创作倾向对于报告文学写作道路的拓展有何社会现实意义?

何建明:今年是改革开放30年,报告文学无疑是最能发挥作用的文学样式之一。现在有一种创作趋势,就是对历史的回望式途叙,写这类书的人挺多,包括一些老革命同志、他们身边的人,甚至是亲属都拿起笔来回叙曾经的那些难忘经历,这是我们这个国家和民族历史的组成部分。另外也就是一些有特殊经历、又有写作能力的人把自己有意思的生活和经历写成书,这类"百姓情怀"或生活类的纪实体作品越来越受人们的喜爱。作为职业的报告文学作家,我们应当特别关注这类作品和它的社会效应。文学创作是与一个时代的国民阅读趋向紧密相关的。我已经充分注意到这一点。因此在今年改革开放30年之际,我特别推出了《破天荒》和《农民革命风暴》两部书,这两部书涉及30年前中国农村革命和中国如何打开国门这内外部两个方面的改革开放历程。老百姓对有些历史是不知道的,比如中国如何打开对外开放国门的全过程,以前没有写过,党史和社会发展史上也基本没有提及,其实这段历史惊心动魄而又极其精彩。像《农民革命风暴》,它的意义告诉我们:报告文学不仅具有记录历史的责任,同时更有发现历史的使命。后者将使报告文学成为社会发展史中不可缺少的重要组成部分。报告文学的创作在关注现实的同时,如果把笔端伸向历史的那些未发现上,它的意义将使文本价值获得巨大的提升。

刘颋:对于今后的报告文学创作,你个人有什么考虑?你说你的文学写作仍在"青春狂躁期",仍然处于一种文学奔跑状态,读者也尤其喜欢你晓畅抒情的语言和战士的激情,随着年龄的增长和日常行政事务的增多,你是否还会坚持现在的这种写作方式和风格?如何保持你的激情书写?

何建明:我是一个革命浪漫主义者,同时又是一个十分现实的人。我认为真正优秀的报告文学目前还不多,人们期待更多更好的作品。就我个人而言,虽然写了30年,获的奖也较多,但我始终认为我最好的作品还没有写出来,原因有二:一是总感觉以前的作品都是"赶"出来的,我非常羡慕有很多不受别人支配时间的专业作家;二是总感觉这个时代有太多好东西应该有人去写,而且只要认认真真地写,就可能是一部好作品、大作品。事实上也是这样。

我曾经说过一句话:我的全部爱好和激情皆因报告文学而产生。意思是说,我太爱报告文学,觉得这一文体特别适合我。因为它是现实的,必须是真人真事,同时它又是文学的,可以无限地畅想和挥洒。它是浪漫的,可以在想象中寻找那种思想家和哲学家的太空世界。它是现实和浪漫的结合物,让我忽而是一个严峻的现实主义者,忽而又像诗人一样任着自己的判断与意识去写那些自己感兴趣的问题与人物。我从来没有感觉因自己的年龄而影响我的写作,我想再写30年。我想在我长眠的那一天,能如愿地伏在写报告文学的笔端上,那将是我最大的幸福和圆满人生……

30年来,我用劳动和心血建起了自己的报告文学长城;之后30年,我将继续用自己的劳动和成熟经验去建一座报告文学宫殿——为我的祖国和人民、为这个时代去建设这样的宫殿。

2010 年

"挖掘人性的作品都会让人产生共鸣"
——访藏族作家次仁罗布

明 江

带着雪山的气息和转经筒的声音,怀着这个时代少有的谦逊与慈悲之心,藏族作家次仁罗布走进了读者的视野,西藏的历史、宗教、文化如血液一般融入了他的小说,青藏高原有了新鲜的文学声音。

面对老一辈藏族作家创造的魔幻文学巅峰,面对互联网时代的大众书写和对西藏解读的泛滥,新一代的藏族本土作家期待着突破。在日夜的思索中,次仁罗布没有回避深刻,而是坚持探索走向终极意义、展示内心本质的文学道路。近年来,其短篇小说《阿米日嘎》《杀手》等相继获奖。不久前,他的短篇小说《放生羊》获得了第五届鲁迅文学奖,他也是本届鲁迅文学奖中唯一获奖的少数民族作家。

次仁罗布是一位作家,还是《西藏文学》的编辑,不同的身份带来的是宏观和微观的双重视野,他的想法值得探索。

记者:如果单从创作的数量来讲,您创作的作品并不算太多,但这几年来频频得奖,这次又获得了鲁迅文学奖,能感觉到您在创作上是一步一个台阶往上跨,您觉得什么东西带给了您这种成长?

次仁罗布:我的创作时间全部加起来有十多年,但以前是作为业余爱好进行写作的,有时候两三年才会写出一个短篇来。2004 年,西藏作家协会让我到鲁迅文学院去学习,在那里我不仅学到了文学理论知识,也学到了文学创作的技巧,开阔了视野。2005 年底,我从报社调到了西藏文联,这才开始了真正意义上的文学创作。我较为成熟的作品都是在鲁院毕业后完成的。以前我的写作是很随性的,就是讲个故事。至于这个故事的深刻主题、叙事策略,很少进行考虑。但到鲁院后,有一次听阎连科老师讲课,他说了一句,你要是写不出跟别人不一样的作品,还不如不写。这对我触动很大,也让我迷惘和反思。从那开始,我写作时不光注意故事的内涵,更多关注的是该怎样写了。

我的成长离不开鲁院的栽培和西藏作协的全力扶持,我的文学素材源自于底蕴丰厚的藏文化。藏传佛教和藏族文学对我产生了很大的影响,我的作品里融进了它们的很多元素。如果说我取得了一些成绩的话,跟这两个因素是紧密相连的。

记者:您的作品充满了浓郁的西藏特色和藏族作家与生俱来的气质,在深层地表现本民族的心灵史方面,做了很好的榜样。尤其这次获鲁迅文学奖的《放生羊》,有对灵魂叙事的执着追求,对人类精神世界的担当,在当下的文学创作中非常可贵。您是怎么考虑把"沉重"用现代人接受的方式表达出来的?

次仁罗布:很多人都把我的作品归类到灵魂叙事,这是我最初创作时没有想到过的。我的作品中虽然有些沉重的东西,但不缺少温暖和希望。正是沉重之后显现的温暖和希望,给了读者一些亮光和暖意,他们才觉得愿意接受吧。我的作品要展现的是藏族人的情感和日常生活,努力做到不流于表层,而是表现他们丰富的内心世界,表现受一千多年佛教耳濡目染的藏族人,面对现代文明冲击时的心态,是那种人类共有的喜怒哀乐的情感。

藏族文化经千年的历练,留存下来了对人类很有益处的文明。作为藏族作家,在作品中应该要呈现这种文明,要照亮这个时代。当人们在无限膨胀的"利"字面前,失去道德、勇气、耐劳、牺牲等精神时,文学作品的内容不应躲避这些东西,而是要有勇气进行宣扬,让人们看到除了物质的文明之外,还要有精神的文明。藏族文化的核心价值,是修治人心向善的。

近几年来关于西藏题材的文学作品很多,有些甚至成了畅销书、长销书,但很多作品离真实的西藏很远,离真正的藏文化更相距甚远。《藏獒》和《水乳大地》是近年来其他民族写藏族写得最好的两部作品。我也通过阅读这些优秀作家的作品,反观自己的创作,找到自己的不足和新的小说叙事点。

今后,我要呈现真实的西藏时,作品的重点会放在对人性的深刻挖掘上,表现他们灵魂深处的东西。我坚信,任何一部写人性的作品,都会牵动不同肤色、不同种族的人的心,都会让人产生共鸣。

记者:数千年间,汉语创作几度因为自我局限变得苍白,而外来的新的声音不断给它新鲜的养分。今天,少数民族作家不仅在语言上带来了新的节奏、语境、腔调,带来了题材的新鲜与宽广,更带来了与母语根部紧紧相连的灵魂和精神,您怎么看待这种相互影响?

次仁罗布:任何一个民族,要是不能汲取和学习其他民族的优秀文化,那么繁荣和丰富自身的民族文化其实只是一句空话。文学也是一样的,需要在不断地学习中求创新,在不断地汲取他人的经验中求变化,只有这样,文学作品的生命才会绵长不衰。

中国的文学,是由 56 个民族共同撑起的,蔚为壮观。虽然边远文学创作还没有在我国文学界成为主流,但我确信,未来我国的经典作品会从这些地方涌现出来。少数民族作家由于地处经济相对滞后的地区,他们的双脚反而离大地更近,与传统文化紧密相连,依托传统文化的基石,作品里更多关注的是生命的意义、精神的价值、人与自然的和谐,这些都很贴近文学的本质了。

我个人认为,当少数民族作家用汉语创作的作品被内地文学界认同时,其实已经进行着交流和影响,也在对外呈现着我国文学的丰富题材和多样性。

记者:您的作品我个人感觉有一种语言上的新奇,可能看惯了程式化的汉语写作,这种文字阅读带来一种奇特的感受,尤其在讲述故事的视角转换方面。这是纯粹的个人风格或创作手法,还是非母语写作产生的一种隔离效果?

次仁罗布:我讲非常喜欢海明威、福克纳、纳博科夫等作家的作品,技巧方面更多地学习和借鉴了外国的叙事手法。至于文字,可能是因为我在用母语之外的第二种语言叙写故事时,文字经过我的脑子呈现在电脑屏幕上,多多少少会烙上藏语的一些印迹,也就形成了这样的文字排列。但,作为我个人,我在写作时,努力在写规范化的汉语言。可能"弄拙成巧",写出了有些带有个人特色的文字了。在这儿谢谢读者们的认同。

记者:您是作家,同时也是《西藏文学》的编辑,您自己在不断成长,也在帮助别人成长,您认为在目前的少数民族文学领域,少数民族作家创作的优势或缺陷是什么?

次仁罗布:我参加了两届鲁迅文学院的少数民族高级研讨班,跟很多少数民族作家有过近距离的接触和沟通,他们的创作很值得期待。少数民族作家创作的优势是,每个民族在几千年的历史变迁中形成了自己独有的文化和对人生的思考,这些都是少数民族作家取之不尽用之不竭的源泉。我们要是能够善于利用,少数民族作家的作品在我国文坛可以独树一帜。拿几个我比较熟悉的藏族作家为例,龙仁青用一种童真的眼光,叙述着青海草原上的牧人。在那里,人与自然是一体的,因为信仰,人人都是富足而安详的。尼玛潘多虽然也在描绘现代文明涌入闭塞乡村所带来的冲击,但作品里充盈了脉脉的人文情怀,一种暖意自始至终流淌在作品里。万玛才旦的作品也充满了人间的温情和宽阔的胸襟。或许这种永远不缺失温暖的东西,跟藏族人的信仰和人生观是紧密相连的,也就形成了藏族文学的一个重要特色。其他少数民族,也有自己独特的经验。写出自己的特色来,岂不是最大的优势吗?

不足的方面是,缺乏对写作技巧的探索和创新,不能站在人类共有的情感上叙写本民族。

很多母语作家,由于不会汉语或其他外语,供他们学习的优秀文学范本很少,许多先进的文学理念和创作技巧因此不能融入创作中,致使很多优秀题材创作出来的作品,迈不过优秀作品的门槛。用汉语进行创作的少数民族作家,在这方面比母语作家做得要好一些。因为很多经典作品、文学理论都被翻译成了汉语,可以供他们学习借鉴,这些对进行汉语创作的少数民族作家起到了很好的促进作用,使得他们的视野更加开阔,在作品的思想性和主题的深刻性上,比母语作家做得更好更巧。

我认为,少数民族的文化资源像一把利刃,你利用得好,会事半功倍;利用得不好,会把你拽入泥淖里。在创作过程中,少数民族文化不能作为一个标签贴在作品里,而是要像血液一样流动在作品里,体现在主人公的思想行为中。

记者:那么,少数民族作家应该怎么把本民族深层的精神更好地表达出来?

次仁罗布:我国的少数民族作家拥有丰富的文学素材和生活经验,很多少数民族作家亟待提高的是汉语言的文字关和寻找到小说创作的最佳切入点。包括我自己,曾经认为把少数民族的服饰、生活习俗、自然环境表现出来就是少数民族文学。其实,这是个误区。少数民族文学不是写这些的,是要写出本民族独特的精神、独特的感受、独特的内心世界,这些东西构成了文学的差异性,也就具有了丰富性。

现在,我国的城镇化速度惊人,在这种飞速发展过程中乡土情感日渐淡薄,我们的相当一部分作品于是更多地写欲望和人性的恶。这样的作品虽然迎合了市场,但缺少了文学作品应该拥有的精神维度,缺少了文学对于人的审视和照亮。少数民族地区的作家,从来不缺少悲天悯人的情怀,我们要从人为什么活着、怎样活着才能有意义来写,这就是少数民族作家创作的意义,也是对我国当下文学的一个贡献。唯有如此,少数民族作家的作品才能在中国文坛上占有一席之地。

目前,全球化是一种趋势,是一种避不开的潮流。当人类的物质生活丰盛到极致时,人的精神世界却变得越来越荒漠化。这种一体化的车轮碾过时,族群文化也同样受到了冲击,使他们的生存空间愈加窄小,许多的文明在逐渐消亡。这种大一统的文化,最后导致人类文化的单一和贫瘠,这种后果是令人悲哀的。有责任的作家应该拒绝这种统一,要坚守文化的多样性和丰富性。其间的过程虽然很艰难,很寂寞,但选择了就得坚持到底。

记者:就您个人的创作来讲,目前还有什么困扰?您能预测今后自己在写作方面的突破或有这方面的想法吗?

次仁罗布:我的最大困扰就是工作和写作之间的冲突。因为编辑《西藏文学》占用了很多时间,个人的创作只能在业余时间进行。我的写作没有连贯性,只能是断断续续地进行。

我已经进行了较长时间的中短篇小说创作,也积累了一些经验,今后要往长篇小说创作方面发展。这并不是我一时的心血来潮,长篇的题材在我的脑海里已经酝酿了四五年,从个人的人生经验、社会阅历、知识结构等来讲,我都觉得该是尝试的时候了。

记者:这两年给您印象最深的一部作品是什么?

次仁罗布:重读《福克纳中短篇小说集》,每读一次都能获得新的知识、新的认识。

2011 年

追寻香格里拉的前世今生
——沈卫荣谈西藏文化历史

明 江

今年是西藏和平解放60周年。60年来,西藏经济实现的跨越式发展举世瞩目,西藏文化更是持续的热点话题。近期,一本学者随笔《寻找香格里拉》的出版引起了人们的关注。与人们印象中拘谨的历史研究不同,作者沈卫荣从历史考证出发,对藏汉文化交流、大国学理念和学术研究方法等几个问题的思考和讨论别具一格、发人深省。

沈卫荣毕业于德国波恩大学,获中亚语言文化学博士学位,目前从事西域语文、历史,特别是西藏历史、藏传佛教和汉藏佛学比较研究。16年的海外游学经历和扎实的专业知识背景,使作者对西藏文化、历史和国际视野中的"西藏问题"有透彻和独到的理解。通过对一个西方后现代的乌托邦神话(即香格里拉)的解构,沈卫荣为世人理解西藏和西藏文化提供了一个新的视角。

记者:这是一本严谨、有深厚学术功力,又很好读的学者随笔,却取了一个游记式的书名,您有什么样的考虑?

沈卫荣:我想你这个问题的言外之意或许是:这本书的主题之一是解构西方人强加给西藏的一个香格里拉的神话,却为何还用《寻找香格里拉》作为书名呢?我想,因为香格里拉是一个莫须有的乌托邦,所以《寻找香格里拉》可以向读者传达出这是一部记录精神之旅的作品。事实也是如此,西方人几个世纪以来寻找他们的精神桃花源的最终结果是把西藏变成了香格里拉,今天我用心解构这个神话,目的是要还西藏之本来面目。但我自己还是觉得,虽然我们不应该被一个虚幻、美丽的神话所左右,我们的心中依然需要一个香格里拉,需要一个理想。我关注的几个主题,如大国学理念、语文学方法、汉藏交融和中华民族认同的构建等等,可以说都是我自己在追寻人生和学问的"香格里拉"的过程中留下的几个坐标,"寻找香格里拉"也是在记录我自己这些年的心路历程。

记者:中国人民大学成立国学院,邀请您这位从事西域历史语言研究的专家担任副院长,在国学院开辟西域历史语言研究和汉藏佛学研究,这是一种什么样的国学理念?

沈卫荣：国学院成立伊始，就将建立"西域历史语言研究所"作为一项重要的建设内容，这说明筹建国学院的灵魂人物——中国人民大学校长纪宝成和国学院首任院长冯其庸两位先生心中都有一个明确的大国学理念。"国学"顾名思义乃"一国之学"，而中国是一个多民族、多元文化组成的国家，与此相应，中国的国学研究对象应该是整个中华民族的历史和传统文化。国学不应该等同于汉学，而应该同时包括藏学、蒙古学、突厥学(回鹘研究)、西夏学、满学等等其他学科；国学研究应当以揭示中华民族形成发展的历史过程、展现中华民族共有的精神和文化财富为目的。基于这样的大国学理念，中国人民大学国学院将西域历史语言研究和汉藏佛学研究作为两个重点学科来建设，鼓励分头研究和展示各个民族的历史和文化传统，鼓励对各民族之间文化交流史的研究，以揭示中国各民族之间早已存在的你中有我、我中有你的共生共荣关系。

记者：您反复强调掌握语文学的方法，正确理解"他者""从文本出发"，是人类走向和谐、民族与民族之间走向和平与幸福的一门艺术。在少数民族的文艺创作中，怎么做到真正地理解他者，从而成为不同民族相互理解和沟通的文化桥梁？

沈卫荣：作为一位语文学家，我深知正确理解手中的文本的本来意义是多么重要和多么困难。今天我们这个世界赖以继续生存下去的条件，就是需要人们正确理解个人、社会、国家互相发出的各种文本和信息。所以语文学不只是一种处理文本的学术方法，它也可以是指导我们如何理解他人、处理与他人关系的一种人生哲学和世界观。作为信息载体的文本是在人与人、社会群体与整个社会之间建立联系的最重要的手段。所以，正确理解文本是建立和维护社会稳定的工具，它能够帮助我们创建和平、和谐和幸福。

为了理解他者，我们必须将他者发出的信息，放在属于它自己的语言的和历史的语境中来分析，以正确理解"他者"的本义，并以真正开明的心态，尊重他人的价值观和文化遗产，美人之美，美美与共。如果永远将他人的文本放在自己的语境中来解读，那么这个世界必将充满冲突和灾难。

记者：您谈到"一部文学作品在普通读者中的影响力从来就是那些正儿八经的学术著作或者宣传品所没有办法企及的"，小说是东西方读者解读西藏的重要来源。您作为学者同时也关注和收集了很多关于西藏的作品，能不能谈谈您对这些作家作品的印象？

沈卫荣：说起小说的影响力，我想到20世纪50年代末曾在西方风行一时的三部小说，它们是：《第三只眼睛》《拉萨来的医生》和《然巴的故事》。三部小说出自同一位作家之手，他的名字据说叫"星期二洛桑然巴"(Tuesday Lobsang Rampa)，自称在拥有一位英国人的身体以前，原本是一位西藏喇嘛。他讲的故事曲折、离奇，充分满足了西方读者对一个神秘的西藏和西藏喇嘛的好奇心。很多西方人,包括我在德国留学时的很多欧洲同学,就是读了这三部小说开始对西藏着迷的。长期以来,书中所展示的西藏和西藏文化的形象在西方深入人心。然巴的巨大成功曾令当时欧洲最权威的"西藏通",即《西藏七年》的作者、奥地利登山运动员 Heinrich Harrer 和曾任英国驻藏商务代表的黎吉生(Hugh Richardson)不满,他们想尽办法要揭露这位"西藏喇嘛"的真面目,最后通过私人侦探弄清这位"然巴喇嘛"实际上是一位来自爱尔兰的管子工,真名叫 Cyril Henry Hoskin（1910—1981）,他写这三部小说前连他的村子都没离开过,更不会说藏语。可是,他以天才的想象力讲述的西藏故事的影响力却连 Harrer 的那部著名游记《西藏七年》也难望其项背,更不用说黎吉生那些解读西藏古代碑铭的学术著作了。

从国内的情况来看,某些作家笔下的西藏曾经对国内读者造成了很多困惑和误导,作者将西藏的文本放在汉文化的语境中来解读,这是"内部的东方主义"的经典例子。而20世纪90年代马丽华的《走过西藏》系列游记的出版,对国人了解一个真实的西藏有很大的帮助。

前年,书云女士用观察、记录几户普通西藏家庭一年的生活经历的方式,拍摄了纪录片《西藏一年》,对于我们了解目前西藏人的真实生活状态很有帮助。西藏和中国其他地区一样,目前正经历着巨大的变化,要了解一个真实的西藏,我们最好自己去西藏走走看看。

记者:很多评论家提到,少数民族作家真正成为大家的,必然是对兄弟民族的文化和外来文化融会贯通。您的书中,马丽华也谈到自己这种从局限的民族眼光到开放的转变,您怎么看待少数民族文艺的本质和核心价值?

沈卫荣:恕我直言,"少数民族作家"这样的提法我个人觉得不很恰当。中国的汉族作家没有被称为"多数民族作家"或者"汉族作家",为什么偏偏要给一些作家贴上"少数民族作家"这样的标签呢?前面说过,中国的文化包括国内所有民族的文化传统,而且这些文化传统之间从历史到现实又有着千丝万缕的联系。中国文化具有明显的"跨文化性"(interculturality),没有一种少数民族文化可以和相邻的民族文化传统完全割裂开,特别是在中华人民共和国成立60多年的今天,可以说没有一位藏族人依然完全生活在没有经历过变化的传统的西藏文化和生活环境之中,更不用说是一位可以用汉语写作的藏族作家了。他们身上更具有兼擅多民族文化传统的特征,他们有些作品甚至比汉族作家的作品更能反映出中国作为一个多民族、多元文化国家的特点。他们对自己本民族文化传统的了解和表述对中国文学的丰富性做出了特有的贡献,但我们不能因此过分地夸大不同民族、不同文化传统之间的差异性,而忽视他们之间的共同性、和谐性。

敢问当今有几位汉族作家对西藏文化的了解可以和阿来等藏族作家对汉族文化的了解相媲美呢？

记者：少数民族作家对汉语文学创作的丰富贡献大家有目共睹，但也有专家对非母语写作不认可，作为一名精通多国语言的学者，您怎么看待母语写作和非母语写作？

沈卫荣：同样的一个东西在不同民族的文化传统中有不同的象征意义，这是各民族文化丰富多彩、相得益彰的一个标志。任何一种表达、一个文本都有其特殊的表征意义，文本之间也有着千头万绪的联系。我们读到自己母语中一个句子、一段文字或者一种表达，通常会产生很多的联想，这就是所谓的"互文性"。而有些词汇和表达方式则已经积淀成为典故、经典，变成了一种传统的"文化密码"。要读懂一种非母语的文本，我们面临的最大的困难就是难以分辨一种表达方式背后与读者自己的文化背景中所表达的完全不同的象征意义，当然更难摸清文本之间的互文性。很多误解就来自读者把一个他者的文本放在自己的文化语境中阅读和理解。要减少这类错误，一个有效的途径当然就是多读母语作者的作品，了解一个文本或者一种特定的表达方式在本民族的文化语境中的象征意义。

比如阿来的《尘埃落定》给我一个很强烈的印象，就是阿来对汉语言文字的把握和驾驭能力远远超过当代很多的汉族作家。他的小说在我看来基本上产生于汉文化背景之中，他期待中的读者也是通汉语的汉族和其他民族的文化人，他对藏族历史和宗教现象的解读也带有明显的汉文化传统，或者说受当代主流文化之西藏观的影响。当然，《尘埃落定》中传达的西藏形象与西方的"东方主义"或东方的"内部的东方主义"下的西藏形象有本质的不同，这就是有藏族血统的中国作家阿来超越汉族或西方作家的殊胜之处。

记者：您在海外游学多年，对国内外学术研究方法各自的优劣有很深的体会，您个人觉得，目前学术界对少数民族文化的研究有什么优势，还有什么可以提高的地方？

沈卫荣：目前中国学术界对少数民族文化的研究相当重视，对少数民族地区的历史、政治、经济和宗教文化的研究，近年来都有了相当大的进步。要说有待提高的地方，我想应该是对少数民族语言文字的研究有待加强，不管是对古代少数民族语言、文献的研究，还是对当代少数民族语言、文学的研究，我们做得都很不够。很多曾在中国古代流行过的语言文字，现在早已经没人能懂，成为绝学了。据我所知，法国就有好几位专门研究当代西藏文学的学者，他们研究的对象是藏族作家用藏语写作的小说和诗歌等文学作品。我个人认为，不懂得一个民族的语言、文字，是不可能对这个民族的文化传统进行深入和细致的研究的。

记者：您致力于揭示"妖魔化西藏"和"神话化西藏"背后的深刻背景，希望人们不是仅把西藏当作寄托梦想的地方，而是真正关心这片高原洁地。您心中的西藏是什么样的？

沈卫荣：西方人将西藏形塑成一个后现代的乌托邦——香格里拉，这使得所谓的西藏问题变得日益国际化和复杂化。他们把过去的西藏想象成为一个和平、自由、精神、博爱、智慧、慈悲、环保、男女平等、没有阶级、不分贵贱、非暴力、非物质的人间净土。于是，西藏被彻底地精神化了，这个精神的乌托邦成了西方人趋之若鹜的精神家园。西方所谓"自由西藏"运动就是在这个背景下兴起的，他们将重建这个历史上从未存在过、未来也不可能出现的精神乌托邦作为解决西藏问题的前提和关键。国人近年来也有理想化、浪漫化西藏的倾向，对藏传佛教也有很多不符合实际的幻想和期待。这和以前总把西藏看成一个落后地区，将藏传佛教看成是一种愚昧、情色的宗教相比，是一样不切实际的。

将西藏精神化，而忽视一个现实的、物质的西藏的进步和发展，这当然是不可取的。我研究西藏的历史和宗教已经有二十五六年了，近年也常去藏区考察。我不觉得西藏很神秘，西藏人也有你我一样的七情六欲。但我还是要说，西藏是一个非常美丽迷人的地方，它的自然环境和人文景观都是世上独一无二的，西藏的传统文化，特别是藏传佛教文化，是世界文明的奇葩，它极大地丰富了世界人文精神。我热爱西藏，钟情于对西藏历史文化的研究，衷心希望藏族传统文化能够经受住目前全球化的劫难，继续在西藏这块高原洁地上延续、发展下去。

记者：您从历史研究出发，提出"汉藏文化从来就不是两股道上跑的车"。了解汉藏文化交融，甚至中华多民族文化交融的历史和现状，有什么样重要的现实意义？现在的文学家、史学家应该有什么样的时代担当？

沈卫荣：了解汉藏交融，乃至中华多民族文化交融的历史和现状，目的是要帮助中国各民族更好地了解和理解彼此的文化传统，相互间建立起文化上的认同感和情感上的亲和关系。中国境内各民族在上千年的交往史上，互相吸收，互相渗透，早已达到了难分彼此的程度。如果我们要界定各民族各自的民族和文化认同，我们绝不能无视各民族文化间所存在的跨文化性。承认和积极利用这种跨文化性将有益于增强民族文化的丰富性，提升民族文化的创造力，反之，就容易导向狭隘的民族主义，将民族文化引进死胡同。

在这个全球化的时代，中国的知识分子，无论是汉族还是少数民族，都应该担当起继承和复兴本民族文化传统的重任。我们还应该同心协力来构建包括所有56个民族在内的全体中国人的民族认同，即构建一个统一的中华民族的国家和民族认同。只有这样,我们的民族才是最伟大、最有力量的,我们的文化才是最丰富的、最有创造力的。

(沈卫荣:中国人民大学国学院副院长,宗教高等研究院副院长,西域历史语言研究所所长,汉藏佛学研究中心主任。)

坚持正确的历史观和世界观
——访剧作家欧阳黔森

李晓晨

在中国作家协会第八次全国代表大会的开幕式上,胡锦涛总书记在讲话中高度评价了这些年来广大文艺工作者为推动改革开放和社会主义现代化建设做出的巨大贡献,并提出四点希望。与会代表认真学习领会讲话及会议精神,并结合各地实践贯彻落实。会间,记者专访了贵州省作协主席、剧作家欧阳黔森。由他编剧并担任总制片人的电视剧《奢香夫人》正在央视热播,此前他创作的《雄关漫道》《绝地逢生》《云下的日子》等也分获大奖并深受观众喜爱。他认为,弘扬主旋律和人民喜闻乐见的艺术形式并不矛盾,剧作家唯有树立正确的历史观和世界观,牢记社会责任,才能以社会主义先进文化引领社会进步。

记者:胡锦涛总书记指出,文化是民族的血脉,是人民的精神家园。实现中华民族伟大复兴,离不开中华文化繁荣兴盛。伟大的时代需要伟大的作家、艺术家,伟大的人民期盼伟大的文艺作品。请你结合个人创作谈谈自己的理解。

欧阳黔森:十七届六中全会对推动社会主义文化大发展、大繁荣做出战略部署,总书记的讲话高度重视文艺事业,令人振奋。中华民族的伟大复兴必将伴随中华文化的伟大复兴,而文化的伟大复兴的表现就是文化的大发展、大繁荣,文化发展、繁荣的最终目的是要创作生产出在全世界有影响力和传播力的优秀文艺作品,这样中华民族才能立于世界民族之林。

我们的文化靠什么走向世界?答案就是社会效益和经济效益相统一的精品力作。党中央历来高度重视文化的发展、繁荣,特别看重文化的影响力和传播力。当前,党和国家把文化建设提升到前所未有的高度,这表明中华民族热切呼唤对世界有影响力和传播力的文艺作品,中华民族的伟大复兴不仅是经济的强大,更是文化的强大。

记者:当前,我国文艺事业发展面临着难得的历史机遇,推动文化大发展、大繁荣,建设社会主义文化强国,归根结底要靠广大文艺工作者以辛勤的劳动创作生产出优秀作品。影视剧作为受众最广、传播力最强的艺术样式,剧作家如何在新形势下为观众创作出更多的好作品?

欧阳黔森:要树立正确的世界观和历史观,坚持"二为"方向和"双百"方针,坚守社会责任。必须搞清楚我们是谁,为谁创作;继承什么,弘扬什么;什么可为,什么不可为。这对于影视剧创作尤其是重大革命历史题材影视剧创作至关重要。

影视剧传播广泛,能在短时间内产生深远影响,以思想性、艺术性相统一的优质影视剧弘扬社会主义核心价值观是我们的责任。《奢香夫人》就是一部弘扬以爱国主义为核心的民族精神的影视剧,这部以明代彝族女政治家奢香为原型创作的电视剧,展现了她为维护国家统一、民族团结不懈努力,积极推动当地发展的传奇一生。事实上,历史中对奢香的记载只有简单几笔,这虽给创作带来了一定困难,但也提供了广阔的想象和创作空间。民族题材无小事,我花了半年多的时间深入少数民族地区采风,了解当地的历史文化、民俗民风。在创作中,我秉持"大事不虚,小事不拘"的基本原则。我想传达给观众的是,在中华民族的历史长河中,各民族人民为维护国家统一和民族团结做出了巨大贡献,这一典型人物具有极强的时代性和现实性。

记者:如何把影视剧的思想性和艺术性相统一,这是创作中的难点,结合你的创作实践谈谈这方面的体会。

欧阳黔森:首先,要深入生活,不能坐在书斋里闭门造车。胡锦涛总书记讲话指出,要走到生活深处,走进人民心中。优秀的影视剧总是来源于生活而高于生活,现在观众之所以觉得许多电视剧粗制滥造、空洞无物,与编剧和演员不了解生活、不贴近实际有关。我早年曾做过地质队员,那八年我用双脚体验生活,走过最艰苦、最荒凉的地方。采风不能走马观花,作家一定要下得去、待得住,扎根基层,与当地百姓建立深厚的情谊。

此外,好故事是好影视剧的核心,剧作家最该花心思写出好故事。小说家是最有能力讲好故事的,当然这并不意味着所有小说家都适合创作剧本。优秀的剧本一定要做到思想性与艺术性的统一,伟大的剧作家一定是伟大的思想家。但思想性绝不是简单说教,要以跌宕起伏的故事、鲜活的人物形象、真实生动的语言引发矛盾冲突,增强戏剧张力,让观众不自觉地随着剧中人经历、思考。2009年播出的《绝地逢生》,讲述的是石漠化严重的布依族小山村脱贫致富的故事。当地政府坚持科学发展观,实施开发式扶贫,使这个小山村终于变成了一个青山绿水的小康村。这样严肃、宏大的主题由小山村里几户人家的寻常生活切入,并以蒙幺爸与三个儿子、王结巴、吴阿满、九妹等人的故事来充实丰满主题,打动了观众,实现了思想性、艺术性、观赏性的统一。

记者:这些年来,许多作家纷纷加入影视剧创作的队伍,他们深厚的文学功底的确给影视剧注入了新的活力,涌现出《潜伏》《暗算》《手机》《唐山大地震》等一批优秀影视作品。但另一方面,许多作家在创作中却无法如想象中那般游刃有余。作家如何才能在文学与影视之间找到合适的位置,恰到好处地施展创作才华?

欧阳黔森:不是所有作家都适合做编剧,毕竟这是两种不同的艺术形式,吸引读者和吸引观众是两码事。影视剧是一种视听艺术,语言要求精炼,不同身份的人在不同时间、地点该说什么,有什么样的神态都有差别,编剧必须把握这些微小的差异才能创作到观众心坎里去。而小说是语言的艺术,讲究各种艺术技巧,环境描写、心理描写等都可以是作品的出彩之处,但这些在影视剧中却很难表现出来。

除此之外,剧作家要掌握影视剧创作的话语权,不为金钱所动,在作品中坚守自己的历史观、世界观及艺术观。现在许多制片人和投资商无论懂不懂艺术都来指手画脚,对剧本诸多挑剔,剧作家对创作完全失去了话语权,最后剧本被改得面目全非。如果一切跟着市场走,仅仅以商业眼光来创作影视剧,怎么能拍出好作品?当所有人都只向钱看,那些搞笑经典、消解崇高的庸俗、低俗、媚俗之作就会充斥银幕和荧屏。一般来说,我在签订合同时会有明确的条款规定,当各方有争议时以我的意见为主,为作品负责的人是我而不是投资商。我是编剧,不是"枪手"。我要在作品中实现我的价值和意图,作品中的人物就像我的孩子一样,所以我要捍卫、保护我的文本、我的人物、我的语言。我不会放弃一个剧作家应该坚守的思想和艺术追求,并始终坚信弘扬真善美的优秀影视剧才具有永恒的生命力。

2012 年

史诗与口头传统的当代困境与机遇
——访中国社科院民族文学研究所所长朝戈金

明 江

近日,中国民间文化遗产抢救工程重点项目——苗族英雄史诗《亚鲁王》的出版成果发布会在北京隆重举行。作为迄今所知第一部苗族长篇英雄史诗,《亚鲁王》是当代文学史上的重要发现,其文化和学术价值绝不能低估。从一定意义上说,它与三大史诗——藏族史诗《格萨尔王传》、蒙古族史诗《江格尔》、柯尔克孜族史诗《玛纳斯》形成了有趣的对照,以特异的存在方式、神秘的传承和流布规律,昭示着民间文化的博大精深。

党的十七届六中全会召开以后,全国"非遗"保护工作迎来了难得的新机遇。不久前,全国规模最大的非遗大型展览展示活动——中国非物质文化遗产生产性保护成果大展在北京举办,其中展出了不少与少数民族口头传统有关的展品,比如与《格萨尔》关系紧密的唐卡,与维吾尔古典诗词、民谣有关的十二木卡姆乐器,反映民间故事、神话传说的民族织锦技艺。各民族丰富的传统文化深深地植根于生产生活中。

中国社科院民族文学研究所所长、中国民俗学会会长朝戈金,长期从事史诗和口头传统的研究,在《亚鲁王》的出版成果发布会上,他详细介绍了这一史诗的独特性和重要性。日前,就我国少数民族史诗和口头传统的研究情况、保护和传承情况,以及人类口头遗产所面临的困境及现代化的保护传承之路等问题,朝戈金接受了本报记者的采访。

记者:随着全球经济一体化趋势的发展,许多国家都加强了对文化多样性的保护。不久前在北京举办的中国非物质文化遗产生产性保护成果大展中,180多项在非遗生产性保护方面取得显著成效的传统技艺、美术、医药类项目同台展示,观众反响积极,很多观众手捧相机争相留影,场面非常热烈。我们知道,史诗与口头传统也是非常重要的非物质文化遗产,是否有可能纳入生产性保护工作环节中? 如果不能,如何采取有效措施保护这部分非物质文化遗产?

朝戈金:很高兴你们注意到前几天的这个以"生产性保护"为主题的大展,一些代表性艺人令人叹为观止的艺术展示吸引了很多观众。这些展演生动直观地显示了民间工艺的繁复和难度,传递了民间审美情趣中令人仰视的高妙境界,还有其间蕴涵的文化因子。

你提出口头传统是否可以纳入生产性保护,这个问题很有意思。事实上,世界各地的口头传统,在总量上十分惊人,重要性远远超过人们的想象。特别是在那些"无文字"社会中,口头传统在众多人类共同体的文明进程和社会发展中所起到的作用,更加核心和关键。信息的传递、文明的赓续,都仰仗知识的口耳相传。也是因为这一点,在联合国教科文组织关于人类非物质文化遗产的五大类分类中,口头传统排在第一位。随着文字的发明和使用,特别是技术手段的进化和社会组织运作方式的巨变,人类的交往和交流方式发生了巨大变化。信息的口头交际方式,特别是口头艺术诸门类,比如神话、传说、故事、歌谣、叙事诗等等的延续和发展,就受到很大的影响。生产性保护,是非遗保护工作中的一个环节。那么,口头传统能否纳入这样的保护工作框架中呢?这并不取决于口头传统本身具有什么样的特质,而取决于该项遗产的大众消费状况和前景。如果人们愿意掏腰包去剧场观看史诗演述,那么,我认为史诗也可以变成生产性保护的艺术品。遗憾的是,史诗这种文类,主要产生于人类文明的相对早期阶段,它所处理的题材、主题和人物,它所传递的英雄主义精神和理想情操,它所运用的语言和采用的艺术呈现方式,都是面对特定历史阶段的人们的。虽然说,那些伟大的史诗具有"永久的艺术魅力",但就总体而言,无论在哪个国度,今天已经很难通过市场手段来挽救濒危的史诗演述传统了。

但这并不等于说,史诗已经没有多少价值,是可以轻易丢弃掉的累赘。比如欧洲史诗,就已经家喻户晓,成为众多艺术体裁和形式的素材和主题。譬如希腊史诗出现未久,史诗故事的片段就以极为精美的形式大量出现在希腊彩陶绘制艺术上。再到后来,在整个欧洲的艺术史上,希腊神话和史诗无数次地成为造型艺术作品的核心内容。它们不仅是艺术审美体验的永恒对象,而且是创新艺术的灵感源泉。我去年与德国学者赖歇尔对谈古典学在我们各自国度的现状时,他特别提到,在年初出笼的德国最受读者欢迎的书目中,就有德译《荷马史诗》。

至于说,对这类大型民间诗体叙事文类,究竟应当如何保护,我觉得要具体区分不同情况,分别设计不同保护策略。譬如说,在青海的果洛州,特别是在像德尔文部落这样的地方,史诗保护需要采取整体保护的策略,因为这里是著名的"格萨尔"史诗村,史诗传承和演述活动相当活跃。那么,尽量减少生硬的介入和指导,而是柔性顺势鼓励格萨尔演述活动的振兴和发展,是我们应当首先采取的策略。当然,切近地、科学地观察和记录史诗演述活动,也是当前学界应当抓紧做的重要工作。

记者:我们可以看出,对苗族史诗《亚鲁王》的发掘和出版,学界认为是一项非常重大的成果,它的价值可与三大史诗比肩,能否介绍一下它的重要意义所在?

朝戈金:《亚鲁王》的面世,具有多重意义。首先,它说明我们的非遗工作有多么大的难度啊。数度推行的对民间文化"清理家底儿"的运动中,它都没有进入有关人员的视野,这说明了非遗工作的复杂性和艰巨性。为什么会如此?我认为至少有这么几个原因,一个是《亚鲁王》类似有些民族中的"指路经",功能是引导亡灵回到先祖故地。于是,它与丧葬仪式紧密相连,具有某种宗教信仰色彩,难免被看作是"迷信活动",怕难以容于主流意识形态,传承人和当地民众不愿意外界知晓,否则很难解释为什么这么大的一个叙事传统竟然长期不为外界所知。

另外,亚鲁王的故事因为与创世纪、与咒语等结为一体,较难界定《亚鲁王》究竟属于什么文类。还有,《亚鲁王》从演述语词的层面看,固然具有史诗所具有的基本形态和功能,但其内涵和功能,也具有其他民间叙事文类的特点,例如神话、传说和故事等,所以我认为它属于"超级故事",带有混溶性,难以遽断其学术归属。《亚鲁王》的意义也主要在这里,它提示我们,搜集工作是没有止境的,不能因为进行过普查就觉得摸清了家底儿。民间的文化蕴藏总是会令人吃惊。

再者,不能简单化地对待民间文化事象,它们是民众创造和传承的,它们来自生活,顺应需要,不会严丝合缝地符合教科书的条条框框,这也就为界定、阐释和研究它带来挑战。学界应当充分尊重民众文化的特性和规则,而不是方枘圆凿,削足适履,让教科书规范民俗现象;还有,从《亚鲁王》中充盈着的英雄主义气概和苗族先祖的迁徙征战历程中,我们能够发现在今天仍然具有很高社会伦理和审美价值的因子,它们对今天的社会文化建设,已然具有难以估量的作用和意义。所以,《亚鲁王》的出版首先要归功于那些在民间长期传唱的众多史诗演述人"东郎",特别是麻山地区的苗族民众。没有他们对本民族传统的坚守,我们今天就没有机会目睹这宗叙事遗产,并用文字誊写出来,刊布于世人面前。

记者:相比"三大史诗",《亚鲁王》有什么样的特点?

朝戈金:《亚鲁王》是在葬礼上口头演述的,意在通过引述他们的英雄祖先亚鲁王的坎坷经历和历史足迹,指引亡灵一步步回到先祖的故地。史诗演述是整个仪式活动的一个组成部分。我们知道,葬礼中还往往有"砍马"等活动,隐喻当年亚鲁王率众征战和迁徙的艰难和步步血泪。这就是说,史诗演述既是仪式化的,又是嵌入仪式的——是整个仪式活动规范着史诗演述活动。还有,因为《亚鲁王》具有类似"指路经"的社会功能,这也就同时决定了它的主要功用不是为了娱乐民众,而是唱给亡者听的,因而,它堪称苗民生死转换的一个不可或缺的转捩点。进一步说,《亚鲁王》绝不是一个可有可无的艺术消费品,而是与这些民众的宇宙观、生活观紧密联系在一起的、不可或缺的人生重要内容。这是《亚鲁王》的一个特点。

史诗的习得有禁忌——只有每年的正月和七月才能学习唱诵,其他时间不能习诵。史诗从学习到在仪式上正式演述,都不借助于文字,而是全凭口耳相延。可以说《亚鲁王》是典型的口头史诗,它的传承和演述过程,一定需要大量使用程式化手段。这是它的第二个特点。

从全诗的结构上看,史诗的结构和故事线索像一棵大树,根须茁壮,枝叶繁茂。史诗的开头部分,是创世和族源叙事,这部分构成了树根和树干。这也是不同异文的《亚鲁王》所共享的,其同一性程度很高。再往后,不同的姓氏和家支有彼此不同的迁徙路径和历史轨辙,那么在枝叶上就自然形成了彼此的差异,构成演述文本的异文众多的现象。以树形构造来隐喻苗族民众的同根和分叉,同时勾勒不同支系之间的历史关联,这是该诗的第三个特点。

从内容上看,《亚鲁王》具有创世史诗、迁徙史诗和英雄史诗的三方面内容,"创世纪"部分用大量篇幅讲述宇宙起源、日月星辰形成等内容,后面又生动叙述亚鲁王如何为避免兄弟征战而率众远走他乡的艰辛历程。如果说中国史诗在北方游牧带分布的主要是英雄史诗,在南方高原农业和山地农业地区主要分布着创世史诗和迁徙史诗的话,像《亚鲁王》这样将三个主要类型的内容熔铸于一个叙事传统之中的例子,还不多见。也是由于这种混溶的内容,令这个叙事传统同时具有神话、传说、故事等特征。所以,如果我们称《亚鲁王》是"超级故事",是符合实际情况的。这是该诗的第四个特点。

与其他流传更广的史诗传统相比较,《亚鲁王》的传播地域相对集中和狭小,边界比较清晰。我们可以说,亚鲁王是属于那种带有明显地方性的传统,那么,相较于我们今天所知大多数史诗都是"民族的"史诗而言,《亚鲁王》则更具有稀有样板的意义。得益于地理环境的特殊性,麻山的苗族民众较好地保存了该史诗地域的和亚族群的属性,这是该诗的第五个特点。

就语言而言,《亚鲁王》的叙事语言古奥难解,一些语词的含义,就连演述者自己也不清楚。这为我们更好地解读和理解它,设置了障碍,不过也为研究其起源和历史发展,研究古老的语言现象,提供了极为宝贵的语言学资料。这是它的第六个特点。

通过这几个特点,我想大家就可看出它的重要意义所在。

记者:社科院民族文学研究所在史诗与口头传统的研究方面很有成果,这几年召开了多次国际性的会议,也在国际学界多次介绍中国史诗的资料学成果和理论思考成果。提到史诗,大部分人印象中就是"三大史诗",能否介绍一下中国史诗研究整体情况?

朝戈金:中国的史诗学建设这些年来逐步引起国际学界的注意,主要有两个方面的原因:首先,中国的史诗蕴藏极为丰富,世所罕见。东北的满—通古斯语族所代表的渔猎文化圈中,有数量可观的英雄史诗。从贝加尔湖到天山两麓,是北方游牧带,这里生活着的蒙古语族和突厥语族人们,世世代代创作了数量庞大的英雄史诗。青藏高原的史诗,主要流布在藏区的牧区,这里的英雄史诗传统,在篇幅上、传承方式的复杂性上、与民众精神生活的联系上,都令人称奇。从川、滇高原延伸到云贵高原,在广袤的高原农业地区,我们见到诸多西南少数民族所创作和传承的大量创世史诗和迁徙史诗。这样一来,在中国境内,史诗传统涵盖了阿尔泰语系、汉藏语系、南岛语系等分属几个语系的上百种语言的史诗叙事传统。类型多样、语言多样、属性多样,是中国史诗的整体面貌。这令西方学者相当羡慕。我本人就不止一次听到出自西方著名学者之口的感慨之言。

其次,在这么丰厚的材料基础上,我们试图进一步丰富和发展国际史诗理论,进而建构史诗学的中国学派。这种努力,已经得到国际学界的一些肯定。例如,我们通过大量活生生的材料,对如何理解史诗的亚类、如何界定史诗、如何阐释史诗社会功能、如何理解史诗文本的多样化属性方面,都有不同于西方史诗学界一般见地的观点和某些新的维度。在史诗田野作业方面,在史诗文本制作方面,有些新观点已经得到较为广泛的认可。此外,中国史诗学学者队伍在如何介入史诗的抢救、保护、立档、传承、研究、振兴等联合国教科文组织倡导的非遗工作流程中,发挥了直接的、正面的、积极的作用。也就是说,中国的史诗学者,是努力将专业知识和技能服务于老百姓口头传统的保护工作的。

记者:为什么口头传统研究近年来成为国内外学术界研究的重点领域之一?中西方在口头传统研究方面,有什么不同特点?

朝戈金:简单说,人类文明进步的过程,是许多要素合力作用的结果。其中,信息传递技术的发展进步起到至关重要的作用。今天国际社会和学界越来越意识到,人类知识的传承主要通过口头和书面两种方式进行。在过去的很多个世纪里,知识界偏重文字作用而轻视口传,现在发现这太片面,需要大力纠正,于是特别强调要保护、抢救和研究人类的口头传统。

至于中外在口头传统研究方面的不同,是个很大的话题。如果从研究对象和范围上说,中国的口头传统研究,目标直指民间口头艺术诸门类,如故事讲述、史诗演述等。美国的当代国情和社会发展,已经让他们的研究,从传统口头艺术诸门类转向其他领域,例如拒绝诗歌刊印而坚守口头吟诵的当代"色拉姆"(slam poetry)诗歌运动,黑人聚居区的民间布道现象,"布鲁斯"现场创编音乐流派,都是他们的研究热点。也就是说,口头传统的研究,大多转向了都市的口头创编活动上来。其次,中国的研究,在材料梳理和刊印方面,成果突出,而在理论建设方面,稍嫌薄弱。反观美国,理论流派迭出,近年来,以"讲述民族志"为标志的三大理论——"口头程式理论""民族志诗学"和"演述理论"相继面世,影响相当深广。中国的口头传统研究,也从美国同行的理论中获益良多。

记者:在当下的文化背景和社会背景中,史诗研究的意义是什么?

朝戈金:大略说来,今天的史诗研究有这么几重意义:一则,史诗研究是人文学术研究的一个重要部门,在西方的学术传统中,对史诗的讨论从古希腊的柏拉图和亚里士多德时代就开始了。在东方,印度古典诗学成果中,很早就有对"大诗"——也就是史诗的讨论,因为他们很早就产生了卷帙浩繁的伟大史诗,像《罗摩衍那》和《摩诃婆罗多》等。中国的史诗学研究,历史虽然短,但发展势头较好,呈现出勃勃生机。史诗是人类精神和艺术创造中最为重要的形式之一,无怪乎在许多国家里,史诗研究都在人文学术研究格局中占据重要位置。再则,史诗研究对理解特定文化的作用巨大。在许多族群中,史诗是知识的集大成者,是特定民族精神文化的百科全书,它的文化史意义极为突出。三则,史诗的社会意义巨大。在许多国度中,史诗是民族认同的重要资源,是高扬民族主义、抵御外侮的利器。今天的芬兰人普遍认为,他们历史上最为重要的人物中就有史诗《卡勒瓦拉》的创编者伦洛特,是他和西贝柳斯"让芬兰国旗出现在世界地图上"。当然,因为史诗的社会功能极为多样,研究它的意义远不止于此。

记者:互联网时代,史诗和口头传统的保护面临什么样的机会和挑战?史诗和口头传统未来的研究和发展方向会是什么样的?

朝戈金:当今世界,信息交流技术获得了飞速发展,形成了新的模式,这确实在一定意义上深刻影响到了传统文化的存续和发展。不过,我倒是觉得互联网和电子技术为口头传统的传播和存储,也提供了新的契机。不能一味认定新技术就是旧传统的掘墓人。例如,只有在新的音、视频技术条件下,我们才能够可以不必亲临现场,而较为全面地、反复地观摩一则现场的演述活动。在传统意义上的"现场",则反而没有这样的便利。还有,也是通过音、视频技术,我们才能较为整体性地、多视角地把握景颇族"目脑纵歌"这样大型的史诗表演,才能较为清晰地观察到大型集体舞蹈的移动轨迹是如何反射着景颇民众的宇宙观和其他重要观念的。另外,电子技术为口头传统的记录、存储、管理和传播提供了难以想象的便利,为研究提供了绝佳的资料处理手段。

我甚至梦想,或许有那么一天,我们的青年学者,在历史文化课的课堂上或是旅途中,利用便捷的移动终端,在线观看《荷马史诗》的语义网式呈现,或是《亚鲁王》的片段,以对人类文明在不同时代、不同社会条件下,如何建构内部认同、如何教育后代、如何传递伦理规范、如何传授地方性知识、如何锤炼语言艺术表达技巧等,有直观、切近的了解。

　　人类社会从无文字社会整体上进入文字社会,信息交流技术的规则就有了很大变化,但是这并不意味着口头传统会死亡。语言能力作为人类最为奇妙的能力,经过长久的进化,今天仍然是多数人最为依赖的手段。在学术界,对于口头传统的研究,虽开始未久,但已显示出宽广的前景,有学者在热烈探讨互联网与口语交流在规则和深层理念上的契合问题,在探讨如何从口头传统的古老常新的技术中,推测人类未来信息交流的新方向和新规则。这不能不令人深思。

刘亮程:我的文字充满了新疆的气息

明 江

刘亮程最新的散文集《在新疆》(春风文艺出版社2012年1月出版)依然沿袭了《一个人的村庄》的风格,这位种过地、放过羊的土生土长的新疆作家,笔下的故乡感动着每个读过他文字的人,其多篇散文选入全国中学及大学语文课本。去年,他的小说《凿空》入选《亚洲周刊》评选的2010年十大小说。从诗歌到散文再到小说,新疆始终在刘亮程的关注和讲述中,他所有的文字都与他所生存过的土地有关。

刘亮程说自己的长相"既像维吾尔人,又像哈萨克人和蒙古人",自己的目光是"一种新疆人的目光,中亚人的目光,也是汉史中时常描述的'窥中原'的目光"。作为新疆作协副主席的刘亮程,如今正在从事有关新疆文化整理发掘的工作,在与他的对话中,可以感觉到,新疆那片土地的文化、历史,深深融入了他的血液。

记者:您的最新散文结集叫《在新疆》,可以说,新疆对内地的读者来说,是一个遥远而神秘的地方,这里有不同的民族和民族文化,新疆对您来说,是一个什么样的地方?

刘亮程:《在新疆》是《一个人的村庄》后的散文结集。我以前很少谈新疆。新疆是我的家乡,对我而言,她就像空气一样,像阳光和雨水一样,你怎么去谈她?那种对家乡的情感,远非"爱"可以表达,它更丰富、更复杂,百感交集,悲欣交集。《一个人的村庄》写的是我家乡的小村庄,从文学意义上说,这个小村庄也许更大。从自己童年的小村庄,写到整个新疆,家乡随着年龄增长在变大、扩张,但再大不会大过新疆。当我书写家乡新疆时,我知道她也是其他人的家乡,是许多不同语言、不同民族的人的共同家乡。当我用汉语书写自己对新疆的情感时,我知道维吾尔语、哈萨克语、蒙古语等诸多民族的语言也在表达对同一块土地的感受。这正是新疆的丰富与博大。

记者:很多人生活在自己的家乡,但可能反而忽视了自己生活的家乡,也不关心它的文化存在,为什么您对新疆有这么深厚的感情,这么关注新疆的文化意象?

刘亮程:我在新疆出生、长大。写《一个人的村庄》时我没有提及新疆,我认为文学是超越地域、民族和文化的。但写《在新疆》时,我有了一个新疆人的感觉,新疆给我的东西太多:长相、口音、眼光、走路架势和语言方式等等。我在区文联工作那会儿,经常有人推开办公室门,用维吾尔语或哈萨克语向我打听某个人或某件事,我大概能听明白,但只能用汉语回答,他们听我说汉语,就笑了,他们把我当成本民族的人了。的确,我长得既像维吾尔人,又像哈萨克人和蒙古人,还有点像回族人。我不知道自己为啥长成这样了,是风吹的还是太阳晒的?或者是这里的饮食、空气、气味让我变成了这样?这个地方在不知不觉中让我的文字和生命都充满了她的气息。

新疆还给了我一个看中国的视角——是站在西北角上看自己的国家和民族。我看到的中国,或许比一个内地人眼中的更大、更丰富。因为我知道除了长江、黄河,我们还有塔里木河、伊犁河、额尔齐斯河;在泰山、庐山之外,还有昆仑山、天山、阿尔泰山;除了《诗经》、唐宋诗词,我们还有英雄史诗《江格尔》《玛纳斯》和十二木卡姆诗歌;等等。这些伟大河山、千古文字,一样在养育我们中华民族的精神和文化。人们常说,不到新疆不知道中国之大,这不仅仅是到新疆看到了地域上的中国之大,更重要的是这片广袤地域的厚重文化丰富和壮大了中华民族的文化精神。

十七届六中全会提出了"建设中华民族共有精神家园",我觉得非常重要。我理解的"中华民族共有精神家园",应该是由中华各民族优秀的文化精神共同参与、塑造的精神家园,这就需要我们了解各民族优秀的文化。新疆是一个多民族大家庭,各民族优秀的文化汇聚成大新疆文化。中华民族共有精神家园中,不能没有边疆文化精神。只有充分理解了中华各民族的文化精神,我们才能建立起一个"中华民族共有精神家园"。而事实上我们对边疆的文化重视还不够。

比如我们的中学语文教材中,一直没有收入三大史诗的章节,也没有收入木卡姆诗歌,这是一个缺憾。这几年我们工作室在做江格尔文化,有幸深入了解了蒙古族英雄史诗《江格尔》,我和团队的同人,都被这部伟大史诗深深吸引和感动,她就产生在我们生活的土地上,多少年来我们忙着阅读和追捧来自遥远地方的世界文学,却忽视了身边的这部伟大著作。我们正在改编出版少儿版《江格尔故事》,十万行的江格尔史诗中,有数不尽的适合孩子阅读的美妙故事,她是我们中华民族共有的精神财富。

记者:您的书中专门有一章描写古龟兹地区,非常有趣,您当初是因为什么对这个地区感兴趣的?

刘亮程:《在新疆》的第二辑《半路上的库车》和第四辑《月光》都在写龟兹—库车这个地方。我的长篇小说《凿空》也是以龟兹为背景展开的。我从2001年开始关注龟兹—库车地区。起初是受一家出版社委托,写一部有关新疆老城的书,我选择了库车。当时库车人口四十万,有四万头毛驴。库车大巴扎在龟兹河床上,河水从一旁的渠道引走,整个宽阔的大河滩成了天然的大巴扎。每当巴扎日,有上万辆驴车聚集在那个大河滩上,非常壮观。

当时我对库车老城的兴趣,就是这里的四万头毛驴和家家都有的驴车,它们造就了一个完整的手工业产业。因为驴需要钉驴掌,驴车上有铁件,所以铁匠铺一年到头铁活不断。驴车需要皮具,养活了一些做驴拥子、做套具的皮匠。还有打制驴车的木匠,等等。这个手工业链条就靠这几万头毛驴在维系。

驴和驴车在内地早就不见了,在北疆农村也少见了。其实毛驴早在两千年前的鸠摩罗什时代,就是遍布龟兹的代步工具。驴车也是那个时代就有了。驴车是我们老祖先坐的车,历经几千年依然鲜活地存在着,这真是一个奇迹。

我知道好多游客去库车,可能是奔着苏巴什故城去的,奔着克孜尔千佛洞、库木吐拉佛窟去的。但是,他们一到老城,看到满街的驴车和手工业作坊,都会停下脚步,仿佛一下回到了几个世纪以前,都想坐坐驴车,这是我们花多少钱都做不出来的景观,却要费很大劲把它破坏掉。这太可惜了。两千多年都过去了,我们仅仅用二三十年的时间,就让很多古老的事物从我们身边消失掉,总觉得是一种遗憾吧。我们都在讲保护文化,保护文物,驴和驴车就是一种活态文化和文物。驴车文化完全可以申遗。不要等到一种文化成死文化了,进博物馆了,我们才去保护它。我们应该保护活态文化,已经被我们祖先延续了几千年,作为一种生活形态传承下来的文化,更有价值。

记者:您的书里写村庄、旧城、沙漠、佛窟、月亮,写树、牛、马、驴、狗、老鼠,更写了铁匠、放牧人、画师、商人、居民等各式各样的人,甚至有一章专门写了不同的小偷,充满了生活的气息,是什么触动了您的写作?

刘亮程:我喜欢气息这个词。作家写羊,文字中就要有羊的气息。写草木,就要有草木气息。我写的是新疆,文字必然弥漫新疆气息。有气息的文字是活的。我崇尚万物有灵,作家得自己有灵,方能跟万物的灵交流。这便是灵气。我喜欢那些不会改变的旧事物。就像"锄禾日当午",过去千年了,这首诗歌里的锄头、禾苗、太阳、正午、汗滴、土、辛苦、盘中餐等等,一件都没有消失,原样地保留在诗歌中的大地上。我喜欢慢事物。所谓慢,是我们对待事物或事物对待我们的一种态度:彼此珍惜与挽留。我希望我的文字是慢的、仔细的,是停下来细观慢察的。我喜欢那些停下来不动的句子,事物被文字捕捉到。

记者:从诗歌到散文、到小说,您创作中有什么不同的体会?

刘亮程:写小说时我感觉自己是一个诗人。诗意是我感受世界的一种方式。无论是散文或小说,我呈现的世界诗意弥漫。那是我愿意写的。

记者:能不能介绍一两本您最近喜爱读的书?

刘亮程:我正在读有关古代于阗国与喀喇汗王朝的所有书籍,从出土文书、史料,到相关书籍。我一直盯着公元 1000 年那个点在看,那是于阗佛国灭亡的时间,是西域宗教改变的转折点。我不研究历史,而是在浩瀚文史中寻找人们曾经生活的细节。细节就像细胞,可以复活那些过去的生命,可以听到那时候人们的心跳。给死亡的生活一缕气息和温度,这是文学能够做到的。年前重读了《突厥语大词典》,这部书让我看懂公元 1000 年前后的西域新疆。还读了《巴布尔回忆录》,这是印度莫卧儿王朝的缔造者巴布尔记录的历史,一个人的活历史,近百万字可以让人津津有味读下去。现在是过去生活的另一种延续。理解历史,也是在理解今天。

记者:可以看出,您对新疆的地方文化研究很深,您怎么看待新疆的大文化格局?

刘亮程:新疆的地理分布是三山夹两盆,昆仑山、天山、阿尔泰山,之间夹塔里木盆地和准噶尔盆地。其大文化格局亦如此,可以概括为三山文化和两盆文化。由南往北,依次为昆仑山文化、天山文化、阿尔泰山文化,以及塔里木盆地文化、准噶尔盆地文化。

昆仑文化是最早的融合型文化,它对今天新疆的多民族文化发展仍有启示意义。阿尔泰山是养育诸多古代游牧民族的祖山。两千多年来,内地中央政权一直在跟阿尔泰的游牧民族交往,经过漫长的战争与和平,阿尔泰山及阿尔泰语系的诸多民族都融入中华民族大家庭,成为中华民族的重要成员。阿尔泰山是我们中华民族的祖山之一。目前阿勒泰地区的主要民族有哈萨克族、汉族、蒙古族图瓦人等。在新疆的三山文化中,天山文化尤为特殊,现代考古证明,早在丝绸之路之前,就有一条从西亚通往内地的天山道,也就是天山走廊,它直接连接着河西走廊。这条道路也是后来丝绸之路北部支线的最早雏形。几千年来,天山南北坡承载过很多闻名于世的佛窟佛寺、道观、清真寺。

新疆的两盆文化中,多年来我们对塔里木盆地文化宣传得比较充分,一直把南疆塔里木文化作为新疆的文化代表。那些沉淀在各绿洲板块的古代文化和传承到现在的民俗文化,都使塔里木绿洲文化成为新疆最有特色的文化之一。塔里木盆地的主要民族有维吾尔族、汉族、蒙古族等。

天山北坡的准噶尔盆地,是中华农耕文化落地生根、发育成熟的地区,这个狭长的绿洲带,起自哈密,从奇台、吉木萨尔、玛纳斯,到沙湾乌苏。目前这一地区主要居住着汉族、回族、哈萨克族、维吾尔族等农业人口。自汉唐以来,中华农耕文化源源不断进入这一地区,留下大量的农耕遗迹。在玛纳斯河下游,20 世纪 50 年代曾发现被当地人称为唐朝渠的灌溉遗迹,清代的渠道遗迹就更多了,许多村庄的名字都跟渠道有关。我小时候生活的村子叫太平渠村,村边的清代渠道太平渠遗迹至今还在,还有皇渠村、惠民渠村,都是农耕历史的见证。

以"三山两盆"划分新疆的文化板块,是我的一己之见。现在新疆各地都在发展自己的地方特色文化。但对新疆文化的总体内涵把握,则需要我们认真思考。

新疆是一个多民族、多文化、多宗教混合的地区,要让各民族的文化、各种形态的文化都有一个公平、公正的展示自己的平台。在发展地方文化的过程中,国家意识、中华民族文化意识如何体现,是需要认真对待的。

记者：正如您谈到的，新疆地域辽阔，各种丰富多彩的历史文化在这里同时存在，您怎么看待新疆的文化交融状态？

刘亮程：新疆是东西方古代文明的交汇地，这些文明或文化曾经对古代新疆产生过什么影响，给现在新疆留下了什么，这是需要我们思考的。

在古代世界文明中，中华文明是较早到达西域新疆的。自张骞出使西域，随着汉代对西域的统治，中华儒文化进入西域，对西域文化产生了深远影响。这种影响自汉代、唐代，一直到清代新疆建省，以及民国、中华人民共和国，源远流长。我们从维吾尔族经典著作《福乐智慧》中，可以看到儒家文化的深刻影响。

印度佛教文化在魏晋时期或更早进入西域，克孜尔千佛洞的早期壁画，都是魏晋时期的。佛教文化前后影响新疆一千多年。自10世纪以后，佛教文化逐渐被另一种更加强势的伊斯兰文化所取代。其间还有萨满教、道教、景教、天主教等，都对新疆产生过影响。

中原儒文化是以一种世俗文化进入新疆的。新疆作为中国不可分割的一部分，一直隶属中央政权的管辖和受儒文化的影响。儒文化讲和谐、中庸。儒文化一直在西域的各种文化中起着积极的调和作用。在新疆这样一个多民族、多宗教、多文化地区，只有儒文化可以充分调和多民族关系。我们今天的边疆文化建设，仍需要从儒文化中汲取智慧。

现在新疆的社会生活，仍然是这些古代文明影响的结局。那些古老的文化，一直在影响着我们现在的生活。

记者：您一直在从事挖掘、整理新疆地方文化的工作，这是一种什么模式？

刘亮程：我们成立的文化工作室做地方文化的大概模式是，先组织作家、学者，把一个地方的历史、文化、民俗等整体性挖掘、梳理，也就是做成一本文化书，把一个地方真实的历史文化，还原给当地，让民众了解自己的历史文化。然后，在挖掘、呈现过程中，提炼出有独特价值的文化品牌和理念，做文化塑造。其实这些工作在内地大部分地区早就完成了。新疆好多地方的历史文化及民间故事，基本上还是以原生态的形式存在于民间，没有完整地记录整理过。

记者：那么在您看来，对少数民族地区游牧文化的保护如何实现？

刘亮程：我说一件很有意思的事，就是我们发现和命名了一条古老宏大的游牧大道——塔玛牧道。

这是我们在给托里县做地方文化时，由一位作家发现和命名的。塔玛牧道，是指从塔城的塔尔巴哈台山到托里的玛依勒山之间长达三百多公里的游牧转场道路。塔尔巴哈台山是天然的夏季牧场，那里冬天雪厚风大，不适合牛羊过冬。所以一到冬天，塔尔巴哈台山的牛羊就要向托里的玛依勒山去转场,玛依勒山区冬天雪小风小,是有名的冬窝子。这样自然的地理状况,成就了一条几千年不变的转场牧道。

我们知道,在西方游牧这种生产生活方式早在一百年前就进博物馆了。即使在今天的哈萨克斯坦大草原,也看不到大规模的转场了。在新疆因为县、乡、村的划分,好多原有的牧场被分割,牧道自然隔绝了。但是在塔城盆地,还存有一条完整的被四个县市共用的转场牧道。通过牧道所经地岩画和古墓葬推断,塔玛牧道的固定转场历史有三千五百年之久。塔玛牧道有可能是世界游牧文明的一个重要起源地。每到春秋转场季节,可以看到连绵不绝的牛羊群,走在这条千年大牧道上,一条挨一条的深深羊道,绵延三百多公里,每个转场季节有一百五十万头牲畜走过这条牧道。这是游牧文明最后的奇观了。这种景观在世界上任何一个地方都找不到了。

农耕民族是居国,筑城修墙。长城是农耕文明最大的文物遗存。长城的作用就是一个国家的院墙,用以护卫城邦家园。那么,作为和农耕文明历史一样悠久的游牧文明,它的文化遗存是什么？游牧民族是行国,在大地上游牧,不筑城,毡房驮在马背上,四季转场,随水草而居。游牧文明的文化遗存便是牧道。游牧是其生产生活方式,牧道是其最重要的文化遗存。

塔玛牧道就是这样一条保存完整的游牧大道,那些羊肠小道,有些地方有半米多深,有些地方甚至有一米深。一条挨一条,密密麻麻,每一条羊道都有三千五百多年的历史。这么巨大的一个文物,扔在草原上、荒山中,我们多少年对它视而不见,不把它当文物。我们对塔玛牧道的挖掘和命名,一个最重要的价值,就是第一次把羊道当文物对待。

随着各地牧民定居政策的实施,游牧作为牧民的一种生活和生产方式,迟早会从大地上消失。但是,游牧作为一种文化,需要我们去保护。尤其像塔玛牧道这样一条承载着数千年游牧文化,现在依然在使用的古老牧道,我们没理由让它消失。塔玛牧道的文物价值和旅游价值,都有待我们进一步发掘。

记者:这本散文集出版以后,还有什么样的创作打算？

刘亮程:我正在写一个有关新疆10世纪前后历史题材的故事,那是新疆历史上非常重要的宗教转换时期。我们只有理解历史,才能理解今天。

文学艺术是心灵沟通术。优秀的文学不会站在某个民族立场上言说,而是站在人的立场说话。文学能让不同种族、宗教的人们,在一滴水、一棵草、一粒土中找到共同的感情。在对同一缕阳光的热爱中达成理解与共识。在无须翻译的花香鸟语中,敞开我们坦诚的心灵。这是我所有的文字所追求的。

马原:这20年,我没有一刻不想回来

李晓晨

20世纪80年代,那个叫马原的汉人开始写小说。《冈底斯的诱惑》《拉萨河的女神》《西海的无帆船》《虚构》《上下都很平坦》等对当时的文学界产生了深远影响。先锋小说风生水起,小说开始了新的实验探索,用马原的话说,"那一时期,中国文学进入了黄金十年"。20世纪90年代初,马原的创作戛然而止,作为小说家的他自此远离了公众视野。

这一别,就是20年。

2012年5月,马原回来了,带着他的新作《牛鬼蛇神》。谈起这漫长的休止,马原自比是一个手艺人,突然有天就丢失了写小说的手艺,"它丢得突如其来,正如得到它时那么突如其来。"此时,他由衷地感激一种神奇的力量让他重新掌握了写小说的手艺,他说:"这20年,我没有一刻不想回来,不是所有人都能在一生里两度成为小说家。"

记者:《牛鬼蛇神》出版以来受到了特别多的关注,为什么在停笔20年后又开始写小说?

马原:我是个职业小说家,这一辈子做过很多事,比如做房地产、当导演、当老师之类,但我最在乎的还是写小说,这是我最得心应手的事,我不希望就这样把小说扔了。尽管这些年没能写出一部小说,但其实这20年我没有一刻不想回来。但写作是艰难的,有时你会遇到瓶颈、障碍,无法向前迈步,我尝试过许多次都失败了。这次能回来是莫大的幸运,我居然一而再,再而三地跨过了写作障碍,居然走过来了。

写小说曾是我安身立命的手艺,我在把它丢了20年后又捡回来了,我觉得特别幸运,这种开心不可名状。对手艺人来说,恢复了手艺就意味着生计重新有了保障,生命得以有效延续。不写小说时,"小说家马原"是个空荡荡的名号,今天我又恢复到"小说家马原"这重身份上来,这是最重要的。

记者:既然"小说家"是你最看重的身份,当年为什么说不写就不写了?

马原:我写小说从量的减少到最终停下,有几年的过渡。1988年创作状态还行,到1990年已大不如前了,写最后一篇小说大概是在1991年。从1989年开始,公众忽然对小说不关心了,这和之前的文学氛围相差很大。20世纪80年代是特别适合文学的年代,有太多人在读小说,那时我们去大学讲课真觉得自己是英雄,觉得自己的劳动得到了充分尊重。但之后,人们确实忽然对小说不关心了,我不愿为不专注的读者写作。

优秀的小说家在写的时候一定是全力以赴的,发现你的读者对小说漠不关心是件让人沮丧的事——文学已经边缘化了。

再就是我前面说的写作遇到了瓶颈。我对写作要求很严,有天突然发现写不出好小说来了就决定不写了。其实很多人迈不过这道坎儿,比如海明威、茨威格、三毛。至于原因没法解释,好像有天某尊神突然把我的主神经抽掉了,在我根本不知道发生了什么的时候就写不出来了,写小说的能力丢得那么突如其来,正如它来得那么突如其来。是我的知识、想象力、逻辑、正常的思维不在了吗?我的手在,眼睛也在,可就是写不出来,没有办法。

记者:2001年你公开说"小说已死",当时王蒙说"是马原的小说死了",你为什么这么说?

马原:我说"小说已死"时已在大学当老师了,开始认真看小说的处境。2001年电脑普及,传统纸媒向屏显过渡,纸本阅读式微,而小说刚好是由纸媒承载的。在这种情形下,我提出"小说已死"是说"传统意义的小说已经死了",即小说作为公共艺术的历史已经结束,它们走进了一个新的境遇——博物馆艺术,就像话剧、诗歌一样,在极小范围内传播,或者在特定场合使用。

网络当道,却并没有诞生新的叙事文本,你能说微博这种叙事文本是"新小说"吗?能说痞子蔡的聊天室记录体小说、郭敬明的作品是真正主流的小说吗?他们可能有自己的方法论,但也没有形成新的小说(传统意义上的小说)。我坚持把经典意义的小说和流行的叙事文本分开,它们是不同的。而且我坚信,经典长篇小说特别不适合在屏幕上阅读和创作,在屏显上看长篇完全是酷刑,连读都不适合,更何况写?网络新媒体势必带来新的叙述,但这种叙述尚未诞生。今天一本纯文学作品能卖出5万本就是畅销书了。小说没死吗?小说没进博物馆吗?所以我现在基本还是保留这样的观点,作为经典意义的、大众的、公共的小说已经死了,它已经变身为博物馆艺术的小说。

记者:积累这么多年后写出的这部《牛鬼蛇神》究竟要表达什么?试图传递给读者什么?

马原:小说叫《牛鬼蛇神》是因为两个主要人物一个属牛、一个属蛇,属牛的敬鬼,属蛇的敬神,他们都有原型,刚好又有"牛鬼蛇神"这个词,这都是巧合。小说实际上就是两个男人的故事,"文革"的11天大串联经历是中国式的哈克贝利·费恩历险记,两个小孩子到各地游走,他们最初的入世经验自那次相识开始,从此走上了各自的人生之路。

小说中有许多关于人类及与人类相伴的神秘力量的故事,这是我对人与自然、人与神秘力量的关系的思考,对生命传承的秩序、神秘生命的认知。生命中许多神迹和神奇让我景仰,我深深敬佩造物的伟力。我希望每个人都能回到事实、常识层面去讨论问题。

我希望读者及这个社会能恢复自我检视的能力,过度的城市化、资源的滥开滥采对地球造成了严重的戕害。一切都以钱为标尺,娱乐化阅读成为潮流。谁才是这个时代最有智慧、最值得尊重的人?除了膜拜财富,我们是不是能拨出一些空间给财富以外的另一种智慧?当然小说家能做的有限,写书首先是自我净化,生存在这样的环境中,妥协是难免的,但也要有自己的立场、态度,我的写作实际上就表明了我的态度。

记者:现在整个文学环境发生了翻天覆地的变化,和20年前写西藏题材的小说相比,写《牛鬼蛇神》时你的小说观有没有什么变化?

马原:从这部小说开始,我的写作进入了一个新回合。这个回合中,读者看到的小说一定是包涵着生死命题的,我开始关心生命、人类的弱点,希望把这些弱点写出来,让读者通过我的小说看到这些弱点,多一点自我反省。

《牛鬼蛇神》回到了哲学中关于人类的三问,我们是谁?从哪里来?到哪里去?我要探讨生命究竟从哪里来。人类对地球做出了巨大改变,但人类可曾创造过一个微小的生命?生命之谜是无解的,到今天任何科学都无法清晰阐述。这就是我所关注的:我们从哪里来?生命从哪里来?

不管我承不承认,这部小说都是一部哲学小说,其中有那么多对科学的讨论和质疑,它已经完全有别于我20世纪80年代的写作了。上一个回合的写作我完全把哲学赶出了小说,不要归纳,摒弃意义,但这一次我在每一卷的第0章都专门探讨哲学问题,那两万多字让整部小说读来都像在讨论哲学命题。

记者:有人觉得这种安排有些过于刻意,好像就是一个故事和一篇论文,为什么会拿出那么大的篇幅来讨论哲学问题?

马原:以前我一直提倡把哲学和思考赶出小说,现在却主动探讨,这与我生了一场大病有关,严格来说我现在也是个病人。疾病让我面对的不是痊愈,而是生和死,这时候不要说小说家,每个普通人在直面死亡时都是哲学家,他们考虑的问题一定是生死这类哲学问题。一个病人同时是哲学家,一个哲学家的叙述不可能没有哲学命题、哲学问题。因为他关心的是生和死,这种关心渐渐由个人扩展到所有人,对生与死的关心就变成了一种关怀,这关怀背后一定有种强大的力量,我把它称为大爱,那时候你突然觉得特别爱人类,关心人类。

记者:你在小说叙事上的探索影响了许多人,这部小说在艺术形式上有没有新的探索、发现?

马原:小说是一种方法论,所有的故事都被写过了,再讲只能是通过不同的方法赋予故事不同的内涵,这部小说在形式上有没有新的探索要留给读者、评论家去发现。当年吴亮提出"马原的叙述圈套"影响很大,但其实我的小说不只是关注形式。有个朋友说当时把我的小说定位为"形式主义",他觉得很不忿。其实,我小说里探讨了许多宏大的、形而上的主题,但确实可能比较小众。世界一直以它本来的样子存在,只是人们的关注点不同而已。

记者:对于这部小说能听到各种评价。比如格非、韩少功等说这是部难得的好小说,但也有人批评马原的归来没能带来新鲜的东西,故事远离了当下和人群,那些纯粹的论述打乱了叙事节奏等。你怎么回应这些评价?

马原:至今我听到的最高褒奖是认为我今天的小说和当年是"无缝对接",这就是说我现在写的和30岁时基本没差别,许多话都是老朋友、老读者说的,他们有些爱屋及乌,我把它们当作鼓励,常提醒自己要自知。读者的期待是否落空是件见仁见智的事情。实际上任何一次阅读都有建立期待、拆除期待的过程,有些评论文章因为没读过,所以我没法直接回应。

关于脱离当下与人群。我的小说一直都是写当代的,还真没写过古代或是年代不详的故事。我写的全是眼下,我和我周围的人的故事,只是每个人对世界的切入点不同,我不关心今天的西藏有了易拉罐,八角街改了名,我写的是亘古以来的西藏。这个世界永远都是见仁见智的,每个人从中看到不同的东西。小说家应该有两种,一种小说家的功能正逐渐被电视剧编剧取代,还有一部分小说家则关心世界中那些不直观的、绝对的、形而上的部分,这些小说家不必跟生活近距离接触。

关于从第三章到第0章的结构安排。有读者不喜欢第0章的论述,那是我为了归零刻意为之,这样读者可以少走弯路,对汉人来说"零"就是没有,我在暗示读者到此可以跳过去不读。我总不能在小说里标上"此处可以不读"吧,那也太跳脱了。关于论述打乱叙事。这是我的小说一以贯之的方法,我就是喜欢布莱希特的间离方法,写着写着就突然跳出来说"我写着玩儿呢,你别当真"。我不喜欢斯坦尼斯拉夫斯基,不喜欢把读者拉进来,让他们身临其境,跟人物同呼吸共命运。其他小说是用直接间离法,这部小说是间接间离法。但因为听到了质疑,我和出版方商量能不能再出一个版本,把每卷的第0章拿掉,给那些不希望在我小说里看到哲学思考的读者一本干净的、纯粹的小说。

雷达：天真又较真的批评家

刘 颋

采访雷达,是在报社附近的咖啡厅里。刚入座,他便迫不及待地与我们分享自己最近读到的几本好书。眼前的他卸去了文学家的尖锐犀利,似一个充满智慧而又文雅耐心的老者,将自己的人生记忆与文学感悟向我们娓娓道来。与书本、媒体上常常出现的那个一本正经、逻辑缜密的批判者不同,年过甲子的雷达其实更像一个天真的孩子,他既有孩童式的天真,也有孩童式的较真——而这,也许就是他数十载笔耕不辍的原因之一吧。早听闻雷达爱好不少,喜欢打乒乓、打游戏、收藏、游泳等等,曾和高洪波下象棋下了整整一夜,从傍晚7点一直到第二天早上东方发白……

这个下午,我们从3点一直聊到8点才尽兴而归,其间我们聊文学、聊创作、聊评论,也聊网络、聊游戏,不管是什么话题,雷达似乎都有很多话要说。

"一刹那决定命运"

1965年大学毕业后,雷达先后在中国摄影学会、《中国摄影》杂志、新华社摄影部、《文艺报》、中国作协创研部等单位工作过。回忆起往日的岁月,雷达对许多细节记忆犹新。不过,他坦言,在众多的工作单位中,《文艺报》是他文学创作的起步,更培养了他日后的文学思想。

记者：您是资深的文学评论家,当一名评论家是您一开始的志向吗？

雷达：我1965年大学毕业,分配到中国文联。当时文联最难分配工作的是摄影学会,很多人借口说眼睛高度近视、不懂摄影,或说自己是研究《诗经》《楚辞》的,躲了过去。我来后,人事干部很高兴,说："组织上决定让你去摄影学会。"那时"一切服从组织分配",不服从是不行的。我来自西北,刚到北京几小时,一个腼腆的傻小子,不敢说话,稍作抵抗就缴械了,让我去我就去吧。我的命运两分钟就定了。

当天晚上我住在文联地下室,一个水暖工帮我支了个木头床,我就这样度过了第一个北京之夜。第二天,摄影学会管人事的老齐把我从王府井大街的文联大楼带到附近的无量大人胡同的摄影学会,那年我22岁。

我的工作一开始就是搞摄影展览,挂镜框、送片子、取片子、搬运什么的。混得好一点之后,他们让我去了《中国摄影》杂志,看看读者来稿什么的。我在这里待到"文革"爆发。1969年冬,我随文联各协会一起下到了"五七"干校。从沙城的黑土洼再到静海的团泊洼,劳动了3年多,然后调到新华社摄影部,具体工作实际上还是《中国摄影》杂志的那一套,只是归新华社领导,上班地点变了。

我爱人当时是东郊农村的赤脚医生,婚后我们一直住在乡下她家。人们都说我有"房产",不需要房子,直到1988年作协才分给我房子,之前一直住在麦子店附近。我岳父是那一带沼泽地的菜农、渔民,我当时骑着自行车去《文艺报》上班。唐达成刚来北京的时候,无着无落,就是我介绍他在东郊租房子暂住的,一个月才十几块钱,我们每天一起骑着车上下班。

我从1973到1978年在新华社工作。当时摄影家协会的同事经常笑话我,说我的照相机镜头都长霉了,胶卷都过期了,也不出去照相。我当时说摄影最多算是个选择的艺术,没有太大虚构的空间,所以摄影学会的人把我当成另类。

1978年《文艺报》复刊,我就想调到《文艺报》。我在大学期间,曾经在地方报纸上发表过一些文章,但自己手头没有了,就给我在老家的朋友写信,让他到当地的图书馆去找,找我发表在报上的一些散文随笔。那时候不能复印,我朋友就干脆把报纸偷偷撕下来寄给了我。我就把这些资料作为附件,写了一份请求调动的信给《文艺报》。当时谢永旺是总编室主任,阎纲是资深编辑,作协领导是张光年和冯牧等人。据吴桂凤多年后说,当时光年看了我的东西,评价说"水平中上,可以调入"。一个礼拜就下调令了,这次又是一刹那决定命运。

俗话说,再好的千里马,得叫一声才行,你不叫怎么能有人知道呢?我的调令下来后,摄影学会一改之前对我的冷淡,坚持不让我走。我说不走不行,摄影我也不懂,后来他们拗不过我,就放我了。

记者:您走上文学评论道路的起点和历程是怎样的?

雷达:我来到《文艺报》后写的第一篇文章是关于王蒙的,叫《春光唱彻方无憾——访王蒙》,是篇既像评论又像专访的文章,这也是我写的第一篇评论文章。那时候王蒙还在新疆,偶回京,没有完全平反,但已是呼之欲出了。我是借他从新疆回北京的机会采访的,在他的妹妹王洒的家里找到了他。

1978年前后是平反高潮,其实具体平反都是我们自己发起的,能想起什么作品就平反什么。《文艺报》联手《文学评论》连续开了两次大会,就是为文艺界的大量作品平反,那就是著名的新侨饭店会议和和平宾馆会议。

当时《文艺报》在文坛上的影响很大,能在《文艺报》发表东西那是很了不得的事情。我大学时的一位老师,"文革"时不慎参加过写作班子,后来重病缠身,精神几近崩溃。有一天他颤颤巍巍地专门到报社找我,问我能不能约他在《文艺报》上发一篇文章。我问他您都看过些什么,他说什么都没看了,没几年他就去世了。我一直觉得很愧疚,最终也没有帮他发表一篇文章。

我当时在文学评论组,负责人是刘锡诚。我刚来的时候负责看读者来稿,其中有一篇是比较周立波和柳青的,叫作《挺拔的白杨和秀丽的楠竹》,作者宋遂良,复旦大学毕业,在山东济宁一中当老师。他来信说之前多次给《文艺报》投稿,有一次都要发表了,但他们单位的政工干预,最后没有发表。他说这是自己最后一次投稿了,如果编辑们还是觉得不行就洗手不干了。这封信深深打动了我,我就推荐给了阎纲、刘锡诚。阎纲在稿签上写道:谈风格难,要把风格谈好更难,这篇文章谈得不错。于是文章就这样通过了。宋遂良一跃成了山东的文化名人和一线评论家,在文坛活跃了很多年。

我后来持续在《文艺报》写评论,1982年出版了自己的第一本评论集,是湖南文艺出版社出版的《小说艺术探胜》,序言是请孔罗荪写的。当时我还给王蒙寄了一本。我记得有一次去中影公司看参考片,离得很远就看到王蒙冲我挥手,我赶紧跑过去,他说:"你的书我收到了,写得很好。咱们过去都不敢想,谁敢想出书啊,发表一篇文章就不得了了。你看现在,连你这么年轻的都能出书了。"

我在中国作协的工作时间最长,文学思想有不少来自于《文艺报》。《文艺报》的思想体系是混合的,它与马列文论关系密切,与《讲话》关系密切,与解放区文艺也有重要联系,它直接导演了"十七年文学",又对新时期文学起到了重要作用。它的主要人物,周扬、茅盾、张光年都是重要的思想代表,当然也包括冯雪峰、丁玲、邵荃麟、冯牧、侯金镜。国统区的文艺家也来过一些,比如萧乾、孔罗荪,但不占主要位置。事实上,《文艺报》的思想体系,就是当代中国文学在很长一个历史阶段的思想体系。它曾经是中国当代文学的灵魂刊物。

在评论的路途上

雷达原名雷达学,雷达是他步入文坛后的笔名。很多年来,他的确就是中国当代文学前沿的雷达,搜索扫描着当代文学的新变、新趋势,发现着当代文学的新人、新现象。如今我们都已熟悉作为评论家的雷达嗅觉敏锐,时常语出惊人,不过,当我们得知当年关于"伤痕文学""新写实""现实主义冲击波"等现象的讨论,他都曾在第一时间参与其中,甚至引领风潮时,还是不由得感慨,这个文坛的"雷达",有着一双超凡的鹰眼。

记者:之前您所说的早期写评论的方法是从阅读出发,去发现问题,然后尽可能地自己回答问题,形成文章的说服力。现在很少有人这么做了。

雷达:这个方法其实很好,但是需要阅读量。我写过一篇《静默的厚土与骚动的海水》,就是从阅读引出的,比较了西北作家和东南沿海作家的风格差异。做评论是很辛苦的,我看书比较慢,看的工夫不亚于写的工夫。现在的许多作品都缺乏经典背景。我十分喜欢19世纪的文学,尤其是长篇小说,隔段时间重温一下,真有灵魂被净化的清新之感。我个人还是认为现实主义的文学更有强大的生命力,当然是发展了的、与现代主义激荡的现实主义。我们需要好好继承和转化从巴尔扎克到卡夫卡、从陀思妥耶夫斯基到别尔嘉耶夫的文学和思想遗产。

记者:为什么说现在缺乏经典背景?

雷达:说到底,现在的作者读经典作品太少了,没时间,顾不上,大家只关心最新的、最时尚的,而且能有收成的东西,意识不到文学精神自有它伟大的传统,于是出现了与外国文学传统、中国古典文学传统的某种"断裂"。

记者:您这些年在文学圈摸爬滚打,最得意的事有哪些?

雷达:不是得意不得意,而是印象深刻的事儿。当时在平反高潮的时候,文艺界在平反老作品的同时,还推出一大批伤痕文学的新作品,包括《班主任》《伤痕》《神圣的使命》《顶凌下种》等等。当时《文艺报》在和平宾馆开了个会,把报道任务交给了阎纲和我,阎纲让我先写,我把自己关在家里写了两天,写了九千字,阎纲看改后,给它命名叫《短篇小说的新气象、新突破》。此报道影响甚大,到现在也是高校中文系谈文学史必须看的文章。

我是1985年前后离开《文艺报》的。当时《文艺报》从杂志改成报纸了。之后现代派来了,社里派我和吉敬东(晓蓉)报道。我们一起整理发言,做了很多卡片,分成了几个问题,分两次集中在《文艺报》上报道了关于现代派的观念、争论及借鉴问题,推动了关于现代派讨论的热潮。

记者:那个年代您的文章非常多,而且影响大,当时您怎么有那么多精力和热情写东西?

雷达:那时候文学思潮与社会思潮联系得很紧密,每一部新作出来我都很激动,有很多作品都是我第一个写评论的。比如何士光的《乡场上》,陈世旭的《小镇上的将军》,张弦的《被爱情遗忘的角落》,铁凝的《没有纽扣的红衬衫》,韩少功的《飞过蓝天》《风吹唢呐声》,古华的《芙蓉镇》《爬满青藤的木屋》,叶文玲的《心香》,邓友梅的《那五》,张炜的《秋天的愤怒》,莫言的《红高粱》,都是我第一个评的。近年还有董立勃的《白豆》。伤痕文学时期我有一篇评论叫《人民的心声》,发表在刚复刊的《延河》上,最早评论了莫伸的《人民的心声》和刘心武的《班主任》。这只是临时想到的,要精确统计,得回家查资料。

记者:那您当时应该有很大的阅读量吧?

雷达:是的,有点不知疲倦。当时很亢奋,文学也很亢奋,被压抑了太久,一下子爆发出来了。那时候评论部每个人都要读大量作品,每周四的下午评论组内部讨论文学形势。

记者:请您谈谈在中国作协创作研究部和《中国作家》工作期间的情况。

雷达:我从《文艺报》调到中国作协创研部,后来又在《中国作家》做副主编。这期间有些经历不妨回顾一下。

1987年我在《文学评论》发表了《民族灵魂的发现与重铸——十年文学论纲》,提出了"对民族灵魂的发现与重铸"才是新时期文学的主潮,编者按称为"一家之言"。我认为我的这个归纳也许更贴近创作实践,更有战略眼光,现在我还这么认为。

还有一个是关于"新写实"的。早在王干他们召开"新写实"会议的前一年,我在1988年3月26日的《文艺报》上发表了《探究生存本相,展示原色魄力——近期小说的审美意识剧变》,其中谈到了从主观向客观的过渡、正视"恶"、视点下沉等观点,我当时把它叫作"新现实主义",认为它是现实主义的回归,却又不是一般意义上的回归。这篇文章发表后,《人民日报》的李辉给我打电话,说:"你的这篇文章是第一个指出近期文学审美意识转变的,之前没有人这么说过。"现在高校的教材,大多认为"新写实"是从"新写实小说大联展"这个会议才开始的,不是哪个人发现的云云,只有洪子诚的《中国当代文学史》中承认,这个概念最早提出与《文艺报》的一篇文章有关,在注解里标出了我的文章的题目。我觉得它很重要,从天空回到了地面,从主观回到了客观,更加尊重描写对象了。不再是一般意义的回归,而是受到了存在主义、先锋文学的洗礼,并非简单的一种零度的叙事风格,而且还开始正视恶的历史作用,等等。

另外,1996年8月,我在《文学报》上发表了《现实主义冲击波及其局限》,最早提出了"现实主义冲击波"这个概念,并指出其局限性。

还有一个是"新世纪文学",我在《文艺争鸣》连续发表了三篇文章,把中国文学分成了五四启蒙文学、30年代以来到1966年的阶级斗争文学、80年代的计划经济文学,再到90年代至今市场经济基础上的新世纪文学等几个阶段。我认为新世纪文学与前面完全不同,主张提出"新世纪文学"这个新的概念。还有就是关于文学原创力的匮乏、焦虑以及拯救问题,革命历史小说中的"灵性激活历史"现象,也就是作家主体如何唤醒历史的问题。这些都是我比较早提出独立看法的问题。

关于批评家的主体性

当问起有关文学批评的意见时,雷达闭口不谈任何"主义",与一些理论先行的评论模式相比,雷达更看重批评家的主体性。他认为,只有真正热爱生活、发自内心为文学痴狂的人,才能真正理解文学,也只有这样的文学批评,才能让人变得更美好,让世界变得更美好。

记者:可不可以谈谈您的批评观?

雷达:我想,批评首先是一种文化存在,是文化的一个重要组成部分。文学批评通过对作品、现象、思潮和文学史的文化内涵的阐释,揭示其意义、价值和趋向,引导人们的审美精神走向。文学批评是社会文化生活中的一种重要的积极的建构性力量,批评不仅能促进文学艺术的繁荣,而且完全可以脱开文艺的范围,有助于全社会健康的精神生态的形成。文艺创作中的价值观与文艺理论批评中的价值观,还有现实生活中人们的价值行为之间,实际上构成了一种互动的关系。人们往往通过批评,发现杰出作品的价值,指出某种潜在的精神危机,从而在潜移默化中提高我们民族的文明程度。一个健全的、充满活力的社会总是以宽广的胸怀包容批评,并且努力培育健康有力的批评精神。批评只有对人们关注的事物产生影响和发生作用时,人们才会尊重批评。批评的价值也正是在这样的发现和尊重中显现出来的。

记者:作为批评界的前辈,您对现在的批评家有什么建议吗?

雷达:我觉得批评家也好,作家也好,重要的是要热爱生活、热爱人,做一个真诚的人。要真正地热爱文学,而不要因为其他的因素影响自己对于文学的感情。文学应该是人的灵魂、情感、理想、渴望的乐章,而现在文学的目的不太纯粹了,有的人对为什么从事文学都很茫然。我觉得还是应该回到根本上去,我们为什么热爱文学、从事文学?我觉得是为了人,为了让人变得更美好,让世界变得更美好,为了美好的理想永远留驻在我们心间。不管是评论还是创作,这是共同的目的。我很欣赏那些为文学痴迷、为文学发狂的人,我觉得他们很可爱。

记者:有自己主体性的批评家是值得尊敬的。

雷达:是的。人是一种不但能感觉自身的存在,还能够反思自身存在的存在,那就必须在物化世界之上,构建一个意义的世界、精神的世界、主体性的世界。现在批评的问题在于很难构建起这个世界。现在思想价值多元、审美意识多元,对同一现象有不同评价是正常的。但是,何为真善美?何为假恶丑?何为本民族的优秀文化传统和先进文化?这应该有个基本的标准,尽管这个标准也是随时代发展而变动的。有了它,才不至于美丑莫辨、善恶不分、是非不明、混沌一片。

记者:可否谈谈当今文学批评存在的主要问题?您有什么建议?

雷达:现在好像一提文学批评就像出了多么大的乱子,一团糟似的,其实不是这样,文学批评取得了很大的成绩,文学批评与文学创作的情况是一样的,并非创作无比繁荣,批评无比萎缩。从总体上看来,文学批评基本还是思维活跃、成果丰硕的,人才也源源不断,学术空间和理论视野也在不断地扩大着。所以,不加分析地把批评现状描绘得一片黯然,并不符合实际。当然,这并不意味着文学批评不存在相当突出的问题。

记者:最突出的问题有哪些?

雷达:首先在于精神价值判断力的缺失和审美判断力的软弱。大多数文章停留在梳理、归纳、复述现象表面上,对时代审美走向提不出切中要害的问题,更谈不上富有独创性的研究。当前批评存在着与批评对象脱节的现象。其次是精神资源不足,致使批评标准出现迷乱,其根本问题在于没有能够足以解析当前文学现象的思想能力和审美判断力。而这两种能力,与批评理论资源和精神资源的厚薄是有直接关系的。批评的失血、贫乏、缺乏判断力,根子还在于它不能与各种丰厚的思想资源保持联系,没有整合和创造性的转化能力。面对当今陌生而复杂的文化和文学现状,如果还是按照原有的标尺、方法、语汇去评价,就会变得束手无策、捉襟见肘了。第三,在高校教学和研究中有一个重大问题是选题的重复率太高、雷同性太强,一些当红作家的资源有限,他们及其作品都已经被过度阐释了,从这个角度来说,当代文学的研究已经过剩了。我认为,应该转而研究大量新的现象、类型和问题,研究最鲜活的东西,包括网络文学。

记者:您怎么看待人情评论、圈子评论等等现象?

雷达:人情批评、圈子批评、媚评、酷评、空头批评、好话主义,它们与真正的文学精神无缘,批评掺杂了太多的功利目的,读者早就厌弃了,它们正污染着文学的清白形象。究其原因,不外乎是批评家的私心所致。健康有力的文学批评就要祛除这种私心的干扰,站在公正的立场上说话,直接面对作品,斩断作品与它后面种种非文学因素的利益联系。这样的文学批评才能理直气壮、明辨是非,才能无羁绊地深入作品的内部,探究它的奥秘和内在的文学价值。鲁迅曾经很痛心地说过,文学上的"捧"和"骂"都是别有用心的。这真不知扼杀了多少文学人才,至少使中国文学和中国作家多走了不少弯路。

记者:恕我冒昧,交谈中总觉得您的个性很像孩子,既有孩子的天真,又有孩子的较真。像儿童一样不计其余,没有太多世故和圆滑,这对于搞批评的人来说是不是很重要?

雷达:我是有些固执的,我有什么就会直说。但是我转移得也比较快,很少有什么事能真正让我生气到底,过一会就忘了。有的问题在我头脑中反复出现三次以上时,我就告诉自己你不能再想这事了,就两个字:放下。现在需要放下的东西太多了。

记者:您在文学批评界纵横几十年,对于作品,您总会直言不讳地说出它的缺点和毛病,但是您好像没有跟哪个作家反目成仇过。

雷达:我掩饰不住自己的观点,想绕弯子也绕不过去,还是得罪了人,不过好像确实没有"仇人"级的。

从食客到厨师

大部分食客都只会品尝现成的美味,却从不关心它们是怎么做出来的。这样的食客永远只能是一名纯粹的顾客,无法想象他能亲自烹饪出一桌像样的美食。批评家和作家这两个身份对于雷达来说,就像是食客与厨师,同样充满诱惑——他既想细品大餐的滋味,又想亲身体验大餐的制作过程。

记者:有些人喜欢您的散文,但认为您写得太少,您自己知道吗?

雷达:知道。我生性比较懒,又容易见异思迁,所以写得少。但我同时认为,散文不是想写多就能多的,它不可能像水龙头,一拧就来。有人宣称每天都要写2000字的散文,我表示怀疑。在某种意义上,散文与诗在审美上有一致性,可遇而不可求。

记者:我们比较好奇的是,您是如何平衡批评家的理性思维和文学创作的感性思维之间的关系的?

雷达:这完全是两种思维方式。如何找到一个最恰当的话语方式,如何使语言变得有趣,如何梳理层层变化,这比"写什么"更重要。在创作过程中文学批评的原则我都忘光了。比如,过去我写过一篇散文《辨赝》,发表在《上海文学》,很多人看了发笑,其实是很真实的事儿。我在写作的过程中很认真地琢磨了那个过程。还有我以前写过一篇散文叫《王府大街64号》,是写"文革"狂飙中文联大楼的人与事,包括田汉的下跪。我写道,那个揭发田汉的人的眼神就像刀子一样,写他的整个发言和肃穆的会场气氛,完全回到了当时的场景。最后咚的一声,田汉跪下了,我觉得田汉跪下就像一座山倒下一样,把当时那个气氛都写出来了。后来我一直在回忆一个问题,那时候我自己有没有喊口号?现在确实想不起来了,喊了的可能性比较大。不过,在"文革"中,我从来没有动过别人一根手指头,别人却揭发过我。

记者:您认为什么样的散文才是好散文?

雷达:我对散文也有自设的标准,那就是看它是否来自运动着的现实,包含着多少生命的活性元素,那思维的浪花是否采撷于湍急的时间之流,是否实践了主体毛茸茸的鲜活感受。有些作家名重一时,甚至被尊为散文泰斗,其写作方式似乎是:写喝茶就搜罗关于茶的一切传说轶闻,写喝酒就陈述酒的历史和趣闻,然后加上一些自己的感受,知识可谓渊博,用语可谓典雅——不知为什么,对这种考究的文章我始终提不起兴趣,甚至怀疑它可在书斋中批量生产。对另一类矫饰、甜腻、充满夸张的热情的"抒情散文"我也兴趣不大,它们的特征是语言工巧、绮丽,但文藻背后的"情"却往往苍白无力、似曾相识,是已有审美经验的同义反复。它们没有属于自己独有的直觉和体悟,因而也无创造性可言。我真正喜爱的,是泼辣、鲜活的感受,是刚健清新的创造性生命的自然流淌,是绝不重复的电光一闪。这当然只有丰富饱满的主体才可能生发出来。

记者:在创作中,是否只有感性决定一切?

雷达:不,绝对不。任何创作都不完全是感性的,只有盲目的热情是绝对不够的,只有灵感也是不够的,真正深刻的作品,都需要理性来参与。没有理性参与的作品,往往比较肤浅。散文的魅力说到底,乃是一种人格魅力的呈现。主体的境界决定着散文的境界。蒙田曾经说过:"我要人们在这里看见我的平凡、淳朴和天然的生活,无拘束,亦无造作,因为我所描画的就是我自己。"

植根于大地的写作

韩少功　刘亮程　阎晶明

阎晶明：一个人的生活方式如何能够和他的创作真正结合起来，别人也能从中得到启示，这是今天座谈的主要议题和目的。如今写农村题材的作家仍然不少，他们或是根据自己的童年记忆、电视报纸的听闻，或是亲身走上三五天的采风等各类方式得出一些结论，写下一些作品。可我觉得这远远不够。你们二位，韩少功长期生活在乡间，刘亮程就是从乡土中走出来的作家，因此在这方面是非常具有代表性的。

刘亮程：我十分欣赏少功老师的这种生活。他很早就创建了自己的写作模式，正当事业的高峰期，悄然隐退，回乡务农，把自己还给生活了。我觉得这种方式很好。很多作家最终都没法把自己还给生活，他们被固定到某一种岗位上，选择自己不想过但又迫不得已去过的一种生活。归乡13年了，少功老师选择的这种生活方式是放下的方式。当时我听说他的这个决定时心里很羡慕，我很难做到这一点。尽管我一直没有真正地去工作过，只是一个闲人，总是游离于乡村和城市之间。但少功老师是完全放下了，谈谈你的这种放下的生活吧。

韩少功：当时就是有一种危机感。我发觉自己的写作开始有些勉强，不再是那种喷涌而出的状态。用我原来的比喻说，真正的写作就像谈恋爱，它自然而然地来，毫不费力，滔滔不绝。而职业化的写作，勉强去写，就像"三陪"，虚情假意，挤眉弄眼，非得要写成什么，好去赚它一笔。在20世纪90年代末期，这个问题已很严重，我找不到更好的办法。但我与亮程所选择的方式有些区别。我的选择是农耕式的，待在一个地方，守住一亩三分地，埋头苦刨。而他是属于游牧式的，格局和眼界较宽，从现实到远古，从汉族到少数民族，一直在不停地发散，像牧人一样不断拓展新的牧区。

南方的天很小，山很多，它不是那种大天大地。南方的乡村就好比在山洞中，人口稀少，里面定居的是几十代不变的那群人，他们身上有很多积淀下的东西，而且他们是生活在如今这个社会现实最底层的，自认为是最卑贱的"下等人"。和他们相处，比我在文人圈、知识圈里面得到的信息多得多。与同业者打交道，你读的那几本书我也读过，你所说的那几条微博我也知道，因此这种交流效率低，信息差异较小。当然，对走出圈外的交流，你也不能太功利。如果仅仅是为了写一部小说去采访他们，那样做效果也不见得很好，实际上也不如你的期望那么高。事实上，唯有长期的、潜移默化的共处才能给你滋养，回头看，不经意的收获往往是最好的收获。

阎晶明：当时的您是想改变自己的生活方式，还是从创作的角度考虑才做出这个选择？

韩少功：兼而有之吧。作家首先是人，然后才是作家。写作是生活的一部分，而不能把生活变成写作的一部分。我在城市中过了30多年，生活有点单调。我记得尼采曾说过一句话，大意是要想使你的生命变得长一点，最简单的办法就要使生命处于轻度的危险中。这就是说你要有一种轻度的压力、适度的陌生感和适度的冒险感。改革开放后，我们都是受益者。在城市中大多数人都已住上三室两厅、四室一厅，享受舒适的生活。生活环境也是全球化格局下的标准模式。沙发，全世界的沙发都这样；浴缸，全世界的浴缸也差不到哪儿去。这样一来，生活本身的差异性会流失很多。而且随着舒适度的增加，对于生活的记忆也会变少。日子突然变得很短，一眨眼又是一年了。其实不是时间太快，是我们脑子里留下的东西少了。对于作家来说，这不是一个好现象。当时的我没有更好的办法，我没有那么大的雄心壮志或是野心，要跑到世界某个特别危险的地方，非常值得一去的地方去冒险，这也不大可能。所以我想至少要在现实允许的情况下，打破生活旧的格局，比方说恢复体力劳动。我觉得长期地离开体力劳动、离开自然是十分病态的事情。对城市人来说，自然就是阳台上的几盆花。这在人类历史中并不是常态化的现象，它只是几百年间发生的一个特殊情况。长时间地待在一个同质化的圈子里，所接触者都是教授、评论家、记者一类，不是一种健康的状态。

我去的是湖南省汨罗县，是我当知青的地方。我曾在那里当了6年知青，在县城又干了4年，总共10年的时间。我在那里最有利的条件是我懂当地方言。南方不同于北方，方言五花八门，很难懂。如果你连当地人说什么都不懂，没有两三年的工夫你根本进入不了他们的圈子，他们生活中最核心的层面。一旦你过了语言这一关，他们可以和你开玩笑，相互之间不需要过分的客气，有时候我甚至还可以骂他们，管管他们的私事，真正变成他们中间的一分子。这种状态不能说给了我多少帮助，但它至少恢复了我对生活的感觉，让我增进了不少知识，加深了对其他阶层人的了解，对他们的思维意识、文化传统、审美趣味常常会有新的惊讶。在同质化的圈子里这种惊讶感很少。虽然大家在一起会斗斗嘴，开开心，但你不会惊讶。

阎晶明：您去到那里时《马桥词典》已经出版了。这本书的特点是用一种故事的语言对乡村的生活方式、方言、历史、伦理关系等方面做细节化阐释。当您再次回到乡村时，您是想试图去寻找更新的东西，还是您认为这里面仍有您认识不到的东西？

韩少功：我倒没有具体的规划和设计，只是觉得换一种生活方式，至少在两个维度都会有收获。一个是社会维度，一个是个人维度。生活方式、自然环境的改变肯定会为你的个人命运增添新的色彩，就好比一棵草，从一块水土移植到另一块水土，肯定会长得不一样。从社会维度来说，如果你是一个关心社会、关心他人生存方式的人，你会有很多新的发现，特别是对底层社会的发现。但是这两种新的体验到底会结出怎样的果子，是可遇不可求的。事实上，像我今年所写的长篇，就和方言没有什么关系，和地域文化没有什么关系。

阎晶明：您说的是您新创作的长篇小说吗？它和你目前的生活状态有什么关系？

韩少功：肯定是有关系的，但不一定是直接的关系。生活给了我很多启发，用最常用的词来说，就是给我充电、补血、提供资源。在另一些我不知觉的方面，比如说心态的调整，也可能有影响。我家出门就是山，有时候很长时间也见不到人。在这样一个情况下，你也许会疑问，这个世界需要文学吗？如果我还要写作，那么写作对我的意义又是什么？等等。你会在这些根本性的问题上质疑自己，以此来调整自己的某些观念和心态。你会觉得文坛很遥远，某些社会事件很遥远，曾经重要的一些东西突然变得不太重要，于是你有更多的时间去面对生活的另一面，比如关于天、关于地的问题也许会浮现出来。

有人说我是农民，我说那可不对，我顶多算是一个"伪农民"。劳动对我来说是享受，而非负担。劳动的过程是主动的、愉快的、不受强迫的。当然也有辛苦的时候。山区的公共服务系统比较脆弱，一场大雨就可能损毁道路，还有电力、电话、电视的线路，好几天里你如同退回到古代，生活上很麻烦。乡下虫子多呀，下雨天要排涝，晴天要抗旱等。我们想种些蔬菜，又不愿打农药，只有戴着老花镜去捉虫子。到下雨天就不能出去下地了，时间可以用来读书写作。在乡下你才理解古代文人所说的"晴耕雨读"的境界。其实，也有不少作家在乡下生活过，还有一些画家也会选择去乡下。这可能与文学和美术的个体化生产方式有关，而戏剧、舞蹈、电视等方面的生产似乎就不行了。作家们的采风、挂职也可以下乡，当然也有作用。但说实话，采风基本上是旅游，是农家乐，太皮毛化了。挂职也大多是形象工程。以前我在湖南和海南都挂过职，但戳在那个官位上，你很少能听到真话和实情，别人把你当领导，只是简单汇报，大凡都是一些数据。当然，我不是反对采风和挂职，这些也是可以的，聊胜于无吧。但以这种方式介入生活，其力度肯定会比亮程要小得多。像亮程这种工作室，就我这几天观察的来看，它既不是政府部门，也不是社会团体或商业机构，有体制的弹性，便于与社会的各个层面交往。亮程到哪里都有朋友，与民众走得很近。我觉得这是一种很不错的状态。

阎晶明：文学和生活确实是不可分割的。很多作家处于生活的夹层当中，他们对社会大众的心态、矛盾不了解，包括对自然、历史，就像您说的那样，都处于不清晰的状态，大量的信息把作家的思维切碎了。在新疆，像刘亮程这样的作家的成长过程既特殊,又有代表性。他的特殊在于现在的60后作家大多是科班出身,大学中文系毕业便成为专业作家,而他纯粹是草根作家。而且我发现,在新疆有很多像刘亮程这样的作家,虽没有取得像他这样的成就,但成长路径大抵相同。

韩少功:历史上,优秀的作家其实大部分是业余向专业过渡的模式,比如20世纪大家耳熟能详的契诃夫、海明威,以及中国的鲁迅等。现在的问题之一正好就是业余作家的消失和难产。一个是生存竞争,一个是流行文化,把人们的业余生活打劫了。优秀业余作家的脱颖而出越来越难。如今北上广这些地方,从业者忙得像机器一样,没有读书的时间。每天工作8小时,而且路途上来回奔波还得三四个小时,总共十几个小时,使他们疲于奔命,与文化的唯一勾连,差不多就是地铁或者公交车上每人手里的一部手机,看看微博什么的。想想我们的年轻时代,虽然生活很苦,但晚上借一盏煤油灯微弱的光,也依然把书读得津津有味,抄得兴致勃勃,在现在看来有点近乎奢侈。在另一方面,现在的写作生产开始呈现精英化、都市化、职业化。硕士和博士满地走,从大学出来直接进入文化的要害部门,成为职业化的生产主力,操控报纸版面和电视时段。业余作家是从工人、农民、医生经历中慢慢成长出来的,是漫长怀胎后的分娩,而现在的很多职业写手是直接克隆,是缺乏母血的速成高产,是山寨化的大跃进。有一次,一个孩子拿一个U盘,说韩老师请您看看我的作品。我以为是散文或短篇小说,打开一看竟然是7个长篇。有一个是写明朝的,有一个是写唐朝的,有一个是写火星人的。我问他怎么写那么多,他说我们同学写这么多的很多呀,不止我一个。想想也不奇怪,他们这些在电脑屏幕前长大的人,所有关于社会、历史以及人生的知识皆从电脑上来,写作便成了一种完全技术化的面壁虚构。但我们的商业体制正在鼓励这种东西,正在用这种东西训练读者,杂志一发可能就是几十万份。低体验的写作与低体验的阅读,正在互相造就和互相繁殖,形成一种机制,一种利润可观的产业。这是一个新时代带来的新现象,我们绕不过去的现实。总之,现在一些专家在抱怨民众不读书,但反过来想,文学本身是不是也有问题?为什么文学不再有那种鲜活的能量,不再有吸引民众的魅力?这个缺钙和缺血的问题,该如何去破解?

阎晶明:是不是请刘亮程说说自己的想法。

刘亮程:有记者问我在新疆写作和在其他地方写作有什么不同。我没在其他地方生活过,但我想无论在哪儿,生活提供给一个作家的资源都足够去写了,不见得非要住在新疆这么遥远的地方。但新疆确实给人提供了不一样的环境。它的干燥、辽阔、偏远、地广人稀,以及多民族的文化生活背景,又都显得它与别处不同。新疆是一个末梢地区,它离汉文化远,离其他文化更远,任何一种思想文化到达这个地方都变弱了。相反自然的势力更大。在这片土地上你更能感受到天地带给你的东西,草木风雨带给你的东西,这些反而能被一个人更真切地感受到。

　　新疆的特殊环境更容易野生出一些作家。10多年前李娟出现时,我曾用了一个词:"野生"。当时的李娟十六七岁,小女孩刚从山里出来,不敢正眼看人,拿着写在方格作业本上的稿子来《西部》编辑部投稿。我正好编散文,一看就说散文写得很好呀,同事看了也说好,又怀疑这么个小女孩怎么写出如此成熟的东西,是不是抄的。我说绝对不是抄的,她找谁抄去,中国文学中没有这种东西供她去抄。这种东西只能是野生出来的。你看看李娟的生活,她随着母亲跟随阿尔泰山区的哈萨克族人四季转场,哈萨克人转到哪儿,她们就在哪儿驻足,帐篷支在那儿,卖一些哈萨克人日常生活所用的百货。就是那样的生活,李娟度过了她的整个青春期。走过一个又一个山沟,踩着牛羊脚印,找到一个又一个哈萨克人的毡房,把东西卖给他们。她在寂寞的成长中单独地感受了一种生活,单独地想了一些事情,然后用文字单独地呈现出来。

　　看新疆作家的作品都有一种单独的感觉,仿佛作家被单独地放在地老天荒中去面对整个自然与人世,有"孤悬"的意味。《一个人的村庄》也是在这种情况下写成的。我写了一个在天地间无所事事的闲人。之所以塑造这样一个人物,是因为我的童年太忙了。我从很小就开始干活,还不具备劳动能力的时候就开始打柴,割草,喂猪,家里编织的活儿都是我干。编筐、织毛衣,还做皮匠木匠活。从我童年到青年,我们家搬过四五次。盖房子,一个房子一盖就是一个夏天,整个过程我都在劳动。忙忙碌碌,没有闲下来过。一个忙坏了的人,选择写了一个闲人,一个不干活的人,一个整天背着手在村前村后闲逛的人。《一个人的村庄》写的就是一个闲人。他从繁忙的大地上抬起头来,从千年的面朝黄土背朝天的生活中直起腰来,看天上的事,看草木的事,关心一阵风的事。

　　《一个人的村庄》里的主人公刘二,每天最大的两件事,一个就是早晨迎接太阳升起,他认为此时此刻天地间最大的事就是太阳升起来了,而不是你醒了开始做饭劳动。太阳出来这么大的事没人关心,你想太阳不出来你能干活吗?人们都是大事不关心,小事瞎忙活。于是刘二代表全村人站在村东边,微笑地迎接太阳出来。然后,太阳一升上天,他就不管了,开始背着手在村子里闲转。等到下午,他又代表全村人目送太阳落下。他认为这一天下来天地间最重要的事是落日,那么大的一件事发生了村里没人管,该吃饭的吃饭,该睡觉的睡觉。别人不管的事情,他要管。所以说《一个人的村庄》里的闲人是闲到极致了。刘二到人家门口,从来不推门,而是等风把院门刮开,他进去后风又把门关上。闲人不动手,动手非闲人。在村里刘二也是顺风走路,没风就不走动。刮西风时朝东走,西风停了等风向转换时再回来,要是风向不转就在东边待着呗,反正没事干。《一个人的村庄》写了一个彻底的闲人,他和村子里的春种秋收没有关系。无论是文学中还是现实中的农民永远都是忙忙碌碌的,从未闲过。我想一村子的忙人总该养得起一个闲人吧,我就要当这个闲人。不然人类的忙忙碌碌有何用?这本书写了一个闲到底的人,也算圆了我的闲人梦。

《一个人的村庄》是在乌鲁木齐写的,那时我在报社打工当编辑,这本书写了近10年,后来变成一个专业作家,算是真的闲下来了。几年闲着闲着,老觉得自己跟生活没有关系了。后来就开始做一些文化项目,也是不断地在下面走、看,看到一些地方文化建设一塌糊涂。乌鲁木齐市的文化广场上就造了一片帆,离海最远的城市到处都是帆。我们从几年前开始着手研究地方文化,介入地方文化建设,小有成就。我们做了"和文化论坛",希望为新疆文化治疆提供一个新思路。

新疆很干燥。对一个作家,气候有时候起作用。不知你发现没有,新疆作家身上都有一种干燥的气质。大家到新疆来,都喜欢带点干货回去。葡萄干、杏干、巴旦木。新疆文学也是干货。周涛的散文、董立勃的小说及新疆诗人的诗歌,你都可以从中感受到一种干爽。新疆的民间语言方格也是干燥的。赫拉克利特有句名言:"人的灵魂是干燥的,干燥的灵魂是好的。"我的思维和语言肯定受新疆环境的影响。不知不觉中你会说出这样的话。这些都容易形成一个作家的语言方式和看事物的视觉。我记得我写《凿空》,在库车待了好长时间,一年去好几次。我和维吾尔族人在一块聊天,彻夜喝酒。前半夜我不懂维语,后半夜我说的全是维语。第二天早晨又全忘了。那样的生活要一直延续下去,我完全可以听懂他们说话。但听懂仅仅是一个方面,仅仅懂得一个民族的语言是不够的。更多的生活是可以看懂的,或者靠鼻子也可以嗅懂,甚至我是一个瞎子的话靠听觉触觉我也能懂。生活不只有语言交流一条路径。我记得刚开始在库车游走时,我随行带着一个翻译。后来我一个人在那里走,我觉得不需要翻译了。碰到一个老大爷,我走到他身边递支烟,他对我笑笑。不用说什么话,就像坐在自己老父亲身边,他的今生今世全在我的脑海中。他布满皱纹的脸,那样的苦笑,那样看你,或者你看他的眼神,有什么啊。

韩少功:就像谈恋爱。一个眼神就行,表白是次要的方式。

刘亮程:对。在生活中走走看看,你会觉得你已经在其中生活了多少年多少代了。没有一点是你不懂的,它和你全无隔膜。另一个民族的生活,它和你父辈的生活,兄弟姐妹的生活和村里人的生活有什么区别?我写的只是人间某个角落的生活,没有民族之分。我曾说过一句大话,即使我离开人间100年再回来,我依然能懂得大地上的事情。我能看懂春种秋收、悲欢离合,看懂我们生活中的每一个细节。我听得懂风声、鸟叫。知道风从哪儿刮起,在哪儿停住。我知道村子里一年刮几场西风,东风下雨还是西风下雨。老人都知道,但很多作家不知道。我发现好多人一打开电视就看国际新闻,不看国内新闻,不看他身边的新闻。看那些远在天边和自己一点关系也没有的事,家乡那么多事他不了解。懂得家乡的知识,懂得家乡的学问是最重要的。好多作家恰好忽略了这一点,他们把家乡架空了,去体验别处的生活、别处的情感,按照别处的思维遥远地想象人们的生活。

我觉得新疆的各民族经典对我的滋养很重要。20多岁时我也不屑于看新疆的东西,光知道我国有两大史诗《江格尔》和《玛纳斯》在新疆,但不去看。那个年代我们都忙着读翻译文学,来不及看脚下的事。30岁以后我开始慢慢读新疆的东西,其他语种的东西。最近我在写一部关于11世纪左右,发生在新疆喀喇汗王朝和于阗国长达100年的宗教战争的小说。写那样一本书,对当时的历史背景的了解是很困难的,我们汉史中对那段的记载是空白的,其他的文史资料也是一些片段。怎样去了解这段历史,于是我读到了《突厥语大词典》。多年前这本书翻译过来时我就读过一遍,觉得写得非常好。所以在着手写长篇时,我认真重读,一个词一个词地看。通过这本书我看懂了那个年代。

去年我给喀什师大的维吾尔族教师讲课,我说我来到了《突厥语大辞典》的作者麻赫默德·喀什噶里的故乡,走在他曾经走过的土路上,呼吸他曾经呼吸过的空气,眼见他所描述过的这些生活,就像碰到了一个老熟人一样。我跟这个地方是息息相通的。当我读懂麻赫默德·喀什噶里时,我已经跟这个城市有了联系;我若是读不懂它,哪怕是在这里生活百年依然和它毫无瓜葛。在新疆生活这么多年,我觉得我的气息和它是连接的、相通的,我看到这个地方的现实,通过历史的学习,把我的情感和祖先衔接在一块。

在新疆来回走,写作,做文化,一晃就已是这么多年。像少功老师所说,这也是一个从内心世界走向新疆现实的过程。"一个人的村庄"是个人的乌有之乡,但随着在新疆的游走和观察,不知不觉中与一个地方的现实相遇。以前我觉得我可以游离在生活之外,做一个旁观者、一个审视者。可当我开始写《凿空》时,现实扑面而来,你躲不过去,你必须面对它的现实去说话。

阎晶明:在《一个人的村庄》里,你从一个闲人的角度去描述你的体验、你的生活。在文学上它创造了一种风格,读者在新奇的同时也深感震撼。但现在你说要把心放在更大视野之上,放眼全疆,这种思想认识无疑是更广阔了。这在你的创作上是否会产生转型?

刘亮程:讲一下长篇小说《虚土》。写它时我40多岁,正值人生的迷茫期,不知道40岁之后会怎样。我写的是个人的惶恐感和个人的虚无感、孤悬感。我写了一个5岁的孩子,在一个早晨突然睁开眼睛,看见一个村庄全部的生活,看见那些15岁的人在过着他的少年,25岁的人在过着他的青年,40岁的人在过着他的中年,60岁的人在过着他的老年,甚至出生和死亡都被别人过掉了。那部小说没有过多的故事,全是微细节。

原本我是想借《虚土》写出我们家的移民历史,在荒天野地里建造一个新的村庄。可后来我对这么写没兴趣,所以就从一个早晨开始,从一个5岁的孩子写起。移民背景也隐隐约约地穿插在故事里。《虚土》写了一个人的百年花开,他的一生在一个早晨完全盛开。这样写着,我发现早年诗歌的感觉又回来了。把从前没过完的诗瘾又续上了。《虚土》是我个人的一部长诗。

阎晶明:你提出的牧游文化,是你的文化抱负的展现吗?你想做的这个项目最后想实现什么目的呢?

刘亮程:先从游牧说起吧。我们中华民族两千多年来一直是农耕文明和游牧文明相纠结。在盛唐诗歌里,李白即是游牧精神的代表。李白出生在西域,他拥有一种与农耕文化截然不同的情怀。而那个时期的杜甫和他是不同的,杜甫则代表着农耕精神。曾经盛开过的游牧文明在逐渐往边疆退缩。但像李娟的作品,恰好表现了中国文学中少见的游牧精神。这是我们的游牧民族传承下来的一种精神,他对待生活的态度,对待生老病死的态度都不一样。李娟的文字里有一种简单的快乐。李娟书写的是她在阿勒泰地区和牧民们过的一种非常艰辛和简单的生活,一年挣不了多少钱,每天坐在商店里等待哈萨克人来买东西。一到晚上,尤其是冬天,房子四处透风,要忙着补漏洞。炉子一灭,房子就成了冰窖。那样的生活要让另一个作家去写很可能就成诉苦了,但李娟一句抱怨也没有,全是快乐。她写她妹妹的恋爱。小女孩寂寞地长到18岁,寂寞地有了一场恋爱,又像一场风一样过去,没有果实。包括李娟自己,从十几岁到三十几岁,一个人待在大山里,一个女孩的青春就这样被太阳晒着,风吹着,雨淋着,被那些骑马的人过来过去看见。没有爱情,但她充满快乐。她从少数民族的生活中获得了快乐,一种和我们不一样的对待生活的态度。

这就是游牧精神。它在游牧民族的作家中时有出现,但因为语言传播途径的问题不被我们看见。新疆有一个哈萨克族作家朱马拜·比拉勒,我读过他的长篇小说。他的文章里就有游牧精神。《天涯》杂志刊载过他的文章,我推荐过几篇。但这样的东西让内地的读者阅读是有障碍的,它和我们的生活有隔膜感,它太远。像李娟这样的作家也是用了十多年的时间才把她的文章带到了更多的读者面前。哪怕现在,你也不能说李娟的文字完全被人接受了。它的销量依然有限,只有几万本。

阎晶明:谈谈你的"牧游"是如何构想的?

刘亮程:所谓"牧游"就是把"游牧"倒过来读,有一种对游牧文明回望和挽留的意味。我们中华文明自古以来都是农耕和游牧两种文明所纠结,只是农耕文明最终成为主导,游牧退缩到边疆山区。我们提出了"牧游"的观念,把所有的牧业文化变成一种旅游资源。新疆每一个山沟、牧场都是好景区,游客都可以去,而这些地方没有变成景区,没有被拦起来收门票,却是那样吸引人,有牧民在生活,有羊群在游走,有白云,有毡房。新疆现有的景区,牧民和景区的冲突每年都有,再怎么补助,牧民始终觉得不满意,你把人家的牧场直接圈起来收费,又不充分考虑牧民利益,人家当然不愿意。而我们创始的牧游是没有门票的旅游,政府出点资把牧民培训好,让每条山沟都变成景区。

牧游的最大意义是促进族群之间的交往。通过牧游,把内地游客导入牧民家。牧游是到牧民家过日子的旅游,是走亲戚式的旅游,去深刻地体验在中国大地上还有游牧族群在生活。唯有这样,你才能知道中国不光是汉族人的,它同时也是放牧的哈萨克人和打馕的维吾尔族人,是四季游牧的蒙古族等诸多民族的。这才是完整的中国。

韩少功:原来我们认为农业很落后,牧业更落后。一般意义上的进步主义观念,就是阶梯式地把牧业农业化,再把农业工业化。其实,这种想法在思想意识形态上已遇到很大的障碍。联合国最近把食品质量和安全列为人类五大危险之一。现在我们反过来想,也许原来的农牧工协调比例其实是正确的,它有利于人类的食品安全和生存质量。世界上眼下的趋势,是农牧产品价格在不断上升,工业品价格在不断下降。人类可能需要重新认识农牧业的真正价值,包括经济价值之外的精神文化价值。

当代文学的精神裂变

格非　张柠

当代文学的"边缘化"与"扩大化"

格非：当代文学的发展受市场和当下文化环境的影响很大，我们今天的对谈，是不是可以从市场、文学和社会的基本状况切入？

张柠：好的。说到当下的文学，我们觉得很矛盾。一方面有人说"文学边缘化"，说年轻一代不关心文学；另一方面，通过一些调查数据得知，网络阅读中除了新闻最多的就是文学，创作队伍也非常庞大。文学究竟是边缘化了，还是很热门呢？或许我们在这里所说的"文学"是两个不同的概念。

一般而言，我们所说的文学是有传统的，比如文学史传统、形式史传统、"新文化"传统等。我们在这个传统之中讨论文学的演变、文学的状况、文学的趋向，讨论文学与当代精神谱系之间的关系，还有我们对文学的期待。而流行文学或许更关注故事的可读性和文字的漂亮，由此直接抵达作为一种文字消费品的功能。比如，解决某一时刻的心理困扰，读起来很舒服，使人忘掉了现实中的伤害，有人称之为"治愈系"，文学作品成"药物"了。又比如，有些流行文学读物文字很美，但这种"美"是一种远离历史场景或生活现场的文字，甚至直接就"穿越"了。由此我们可以发现，"文学"这一概念越来越宽泛了，可以说出现了一个"大文学"概念。与传统的文学概念相比，"大文学"通过文学的生产、传播、接受等不同环节之间的不同策略，使得"文学场"内部更为复杂多元。

如果我们不关注这一转变，就会导致文学生产和文学接受的脱节。有一种趋向已经很明显，许多普通读者并不关心大陆作家的作品，而是喜欢港台作家的作品。我很好奇，为什么呢？我也问过一些人，他们的回答很简单，说大陆作家的语言像翻译语言，很绕。港台作家的语言很中国。"欧化"语言曾经受到过批判，但它的确成了一种新传统，或者说一种知识传统，可是普通读者并不接受。对这样一个重要问题的敏感，并非来自批评界，而是来自普通读者，值得我们深思。

格非：我觉得你观察得很细致。这几年我没有对当代文学做过系统的了解，但是如你所说，文学发展到今天特别复杂。一方面大家都在哀叹文学的死亡、边缘化，另一方面,文学作为写作和阅读在互联网和大众生活当中的地位却越来越重要。我个人的判断是,文学的普世化、民主化,是五四以来文学的变革必然会导致的结局。

古代文学是所谓精英和士大夫做的,跟普通人没关系,从文学生产方式上来讲,基本是被供养的,或者说是做官人的闲情逸致,不索取任何商业利润,同时也没有特别大的消费性。但18世纪以后,文学被推向市场,所有问题跟着出现。严格意义上来讲,所有文学都具有消费性。文学固然不能为金钱所买到,却可以为金钱所卖出。我们现在受到消费文化和粉丝文化的巨大冲击,所以文学如今又面对一个重大转折:一方面,因为民主化,所有人都可以写作,构成一个内循环。比如,很多社区和许多小网站,里面都设有文学创作板块,你说的"治愈"或者某种情绪的发生,或者说抒发一点情感也好,很大程度上都来自这里。这是一个引人注目的趋势,文学因为网络更加便捷,民主化程度更加深入。另一方面,传统意义上文学承担的社会责任和功能,在今天必然会遭遇到尴尬的状况。我曾经有一个判断,真正好的文学、好的作家,可能重新回到业余化,回到18世纪前的老路上。也就是说,一个好的作家可能一生就写两本书,他在生活之余很负责任地写点他认为重要的东西,可能对市场、对名声、对商业报酬没那么看重,我认为这样是正常的,文学真要有这样的变化也是好事。过去没有特别通俗的群体写作,虽然也有民间创作,但规模很小,是民间口口相传,再加上文人的整理加工。在今天,中产阶级、小资情调,占据了整个社会的中心,因此,我觉得需要新的对于文学的判断,仅仅从文化研究的意义上讨论还很不够。

整体性的破灭与重建

张柠:你所说的问题很有意思,文学也许可以重新回到业余化,而不是一项专门的、属于少数人的所谓"事业"。任何人都有精神表达或者经验交流的诉求,这就是文学审美和文学消费最广泛的社会基础。

我觉得中国当代文学有个很大的问题,就是价值混乱问题导致的叙事碎片化。如你前面所说,18世纪西方文学市场化或者职业化,但它有一个东西在支撑着,就是价值观念和价值体系的统一性。当时著名作家的创作都是在报纸上连载的,很多读者包括中产阶级主妇追着看,的确很市场化,但当时资本主义上升时期的总体价值观念没有疑问,即使到19世纪的批判现实主义时期,也是如此。

中国当代作家创作的技术没有问题,问题在于没有价值上的"总体性",缺少对人和世界整体理解的确定性,价值观念极其混乱,以至于能不能对事物给出判断,这一重要的事情变得不重要了。就文学叙事而言,价值观的混乱导致叙事"总体性"的缺席,对作品中的人和世界的理解没有确定性,全是问号,也就是常说的"赞成与反对"的问题的缺席。作品仅仅靠对经验碎片的描摹和拼贴,导致接受者不知道接受什么,找不到阅读的必要性。如果读者不知道从阅读中接受什么,为什么要读你的小说,仅仅是为了阅读消费吗?那我还不如去读畅销小说。尤其是长篇小说,对叙事结构有很高的要求,如果没有价值体系的支撑,它就很容易变成一堆经验的碎片。短篇乃至中篇问题还不太大,碎片就碎片,长篇那么长的篇幅,一堆让人纠结的经验碎片,谁也受不了。

这个问题有其历史渊源,20世纪中国文学遭遇了很大的变故,就是结构长篇叙事文体总体性的消失。古典长篇叙事文学没问题,尽管也有怀疑和批判,但对家国结构的总体性没有疑问。现代文学就不一样,小说叙事中涉及个人的时候,几乎都是"否定性"的化身,都是分裂人格。高觉慧们、蒋纯祖们都离家出走了,离家出走后这些人干什么呢?流浪(街道)?革命(战场)?什么地方可以收留这些孤魂野鬼?支撑古典世界统一性的家国结构的破灭,也就是支撑着叙事的总体性的破灭。收留他们的地方应该是一个新"家"。五六十年代的叙事就是为建造这个"新家"服务(如赵树理、柳青等),遥远的理想是乌托邦,近期理想是人民公社。20世纪七八十年代,作品中的人物又开始了离家出走(如路遥),走到现在,依然是一群漂泊者、流浪者。整个文学叙事背后,旧的总体性毁坏,新的没有建立起来,这个混乱状况,导致许多读者不知道文学与精神生活、价值体系之间究竟有什么必然关系,这是文学创作中非常重要的问题。

格非:你说得非常对。除了历史的原因之外,我觉得价值观的混乱,恐怕还有一个文学制度的原因。

西方现代文学的高涨时期很快过去,福楼拜、托尔斯泰这些人出现以后,开始对整个的社会制度提出质疑,个人解放的信心开始破产,这个过程很快就结束了。到20世纪初,我们通常意义说的"纯文学",实际上是依靠两个制度的支撑:一个是大学制度,大量的纯文学是大学推动的,大学是最后的堡垒,大学、研究中心——我把它称之为专家评论制度,专家根本不管市场上流行什么,我只推出我的作品,我有大量的学生在做研究,它的话语覆盖面非常有力量。但现在的大学已经不能承担这个功能了,因为大学的影响力在显著下降,尤其是人文学科,它不能再承担这个角色了,这是我们面临的最严重的问题。我不是说大学不关注纯文学了,因为纯文学本身地位的下降,关心也没用,它在社会中占的份额太小了。

第二,从新中国成立以来,我们的价值系统经历过统一过程,但被打破后,没有建立相对稳定的、趋向性的东西。改革开放以来,诸多问题没有得到解决,大家在思想上空前混乱,我认为不仅仅是在文学领域,在社会道德,在如何做人、做事等问题上都产生了非常大的混乱。我个人认为,可能有些重大问题,从社会、国家的层面上没解决,比如道德问题、是非问题,这就导致随之而来的很多价值系统判断有问题,文学不过只是混乱的其中之一,但可能表现得更典型。

如何来面对这个状况呢?学界谈得比较多的是重建专家批评的严肃性。我认为,这不是唯一的办法,也不是最有效的。最有效的方法是必须有好的作品、好的作家来面对我们当下的复杂状况,逐步建立内在的统一性,建立新的价值取向,我觉得这才是当务之急。

文学的境界取决于作家理解社会的深度

张柠:作家必须要有巨大的勇气,面对中国现代问题的复杂性。除了一般意义的现实关怀之外,还有一种属于文学自身的建构性的东西,它是未完成的现代美育的核心。文学创作中有两个取向,一种是复古,写闲情逸趣,不管是历史故事还是日常生活,写得漂亮,能吻合一部分读者对所谓的"纯文学"的需求。另一种就是批判性,秉承了现代文化的批判精神、怀疑精神,这是现代文化一百多年来的新传统。尽管这个做法本身在当下文学体制之内会有问题,但它确实显示了部分当代作家和批评家的勇气。与此同时,另一个复杂的问题也出现了。现实批判的、非虚构的写作中,的确包含着作家的良知和勇气,以及他们的社会关怀,因此有很好的传播效果。但它也搅乱了文学创作与新闻写作的界限,使得读者以为这就是文学。这是中国古已有之的"文以载道"的当代变种和回响。文学除了现实关怀,还有一个重要功能就是培养一种不与现实同流合污的审美趣味。100年来,培育现代审美趣味的任务并未完成,甚至在倒退,倒退到一种恶俗的趣味之中去。

我们可以发现,对内容的关注是批判性的,对形式和审美的关注是古典士大夫的,这就是当代文学生产和接受中的"精神分裂症"。高等学校的文学教育中也碰到类似的问题,学生要么迷恋古典文学,要么迷恋流行文学。对于一种既有现实关怀,又有现代审美形式创造的文学,并不感兴趣。

格非:过去200年不出一个好作家很正常,我们现在10年就要求出大师,很不现实。如何面对当下文学状况,很多人都在研究,你说的状况有一点是好的,至少很多作家意识到了这个问题,意识到要把握复杂性。但复杂性不是简单的焊接,有点审美情趣,有点古典文学炼字炼句的功夫,有点批判性,有点普世价值的观察,以为一焊接,就能出好作品,这是不可能的。

我原来认为好作家恐怕要有经验层面的支撑,对社会观察、智慧、表现力,各方面都很重要。但最近我有新想法,文学能不能有新境界,实际上取决于我们对社会理解的深度,我们是怎么理解这个世界的。这是非常关键的。一个人假如没有自主的文化价值系统的引导,是不可能有大成就的。我最近在研究明代中期以后的色情文学,我发现如果没有阳明学,文学所发生的变化基本是不能想象的,那些书可以公开质疑几千年来的道统,把所有"道德"都变成相对的东西。就像张居正所说的,过去的善可以变成今天的恶。明代中期后的文学,实际上有一个思想方法的革命,最后才导致了对生活观察的革命。

这可以回应你提出的问题,为什么我们什么都有,文学内在的审美情趣却丢失了。我认为非常重要的原因在于,这不是通过焊接、组合就能完成的。现在大家已经认识到这个问题,希望把作品写得复杂些,但我认为方法上必须要对生活有洞见,有洞见才能坚持自己的价值,"异人之所同,重人之所轻,忽人之所谨"。有独断特殊的看法,也许目前不被大众所接受,但未来可能会创造出很大的文学上标志性的东西。

我们现在资讯很发达,根据以往文学经验,组合一下就能写出好作品,这只是作家对过去作品的粗浅观察,我认为一个作家还是需要巨大的勇气来说明和现实的紧张关系,这需要通过思想方法上的变革才可以做到。

文学是具有冒犯性的异己力量

张柠:我觉得,大作家能够通过直觉的力量穿透文明史,并创造一种新的形式。前不久读废名,我觉得他具备了大作家的精神格局,除了对文学形式史的敏感,他对文化史的走向和时代精神困境的处理方式,都有着非常自觉的观念。遗憾的是,他过早终结了创作。面对废名的创作,你没办法用现有的知识体系、话语逻辑来涵盖,你必须重新建立一套东西来阐释他石破天惊的创作,我觉得他具有对整个中国人的文明史和人心的高度洞察力。我建议读者耐心读一读他关于"莫须有"的两个长篇。还有张爱玲的小说,也不要老是盯着她小说中的一些爱情格言不放。她笔下的人物和主题,都是现代启蒙文学主流中的重要支脉。

说到文学阅读,现在大家都这么忙,我为什么要拿出一个礼拜时间读一个长篇小说,尤其是当代作家的长篇小说?因为你的文字好、故事精彩吗?那我不如去读《红楼梦》,读地球上任何一个大作家的作品,为什么一定要读你的?你一定要有那些经典作家不可替代的东西,或者说,你的创作要跟我们这个时代的精神困境相关。我想要从当代文学特别是长篇小说的阅读中,获得对重大精神现象问题不同程度的解决方法,而不是仅仅期待故事的精彩、语言的精美,后面这种作品,对我而言读不读都无所谓。

现在经常莫名其妙地冒出一些所谓"新"作家,生物学意义上的年轻,成了他们的文学通行证。在文学史权威和市场权力的双重压力下,他们并没有显示出应有的力量。他们只是填补了一些功成名就的作家被生活磨灭掉的锋芒,而他们作品的基本叙事功能没变,变化的是装饰性东西,不是本质,没给文学带来真正有意义的元素。我说的还不是那些纯市场化的文学,而是所谓纯文学创作中的情况。我的意思是,文学创作不是造反,仅靠胆量是不够的。

格非:你刚才说的这个东西很难得。废名是不是一个大师,文学史各有各的看法。废名是一个怪人,我们今天这个社会没有怪人,这很可怕。大家都被规训的东西弄得灰头土脸,没有异己者、他者的力量。文学是他者的东西,是跟社会异质的东西,文学需要独断的、冒犯性的东西出现。我认为,没有这样的人格,就不要指望有这样的作品出现。从这个意义上讲,当代文化的意识形态,包括流行文化,吞噬的力量巨大,恐怕我们还是要重建专家批评,构成某种最低限度的支撑和循环系统。本雅明当年写作时很少有人知道他,但他死后布莱希特立刻评价说:"这是德国纳粹首次给我们造成真正损失。"很多人不知道他为何对这个无名之辈做出那么高的评价。可以想见,当时的批评所扮演的角色和起到的作用。

我们缺乏具有公信力的文学批评的权威。哪怕只有几个这样的人,中国文学就不是现在这样。我倒不担心没有大作家,担心的是文化自身的恶性循环,比谁更肤浅、更庸俗、更孤陋,还以此为荣,这对整个文化艰难的积累是很不利的。好的东西从来是很罕见的,它需要被人发现、讨论、评价,作为一个新的因素,进入文学结构并产生影响。我觉得批评应该承担这样的功能。

张柠:批评和创作的环境都重要,它保护特别独立的一些人,好的文学创作和文学批评,肯定是不随波逐流的,也肯定是被不随波逐流的批评家发现的,整个社会文化机制里应该鼓励和保护与众不同的东西、创造性的东西。传统的意识形态制度和正在流行的意识形态制度都在鼓励重复的、流行的、程式化的东西,这种东西是迅速更新换代的、速死的东西。鼓励和发现特异的、独立的作家和批评家,特别是年轻一代,是优化文学环境的重要工作。

格非:刚才说到很多年轻人的缺点,我们也应该说说年轻人的优点。我觉得很多年轻人还是很不错的,我从他们身上学到不少东西。我接触过很多年轻人,他们批评别人的时候,比我们更直率、直接,倒是五六十年代出生的人,在今天迫切需要重新寻找自己。我们其实更多因袭了庸俗和世故,更缺乏勇气。我们不用替别人担心未来,过若干年也许有很好的作品出现。我在网络上得到很多的教益,网络上表达观点不加掩饰,哪怕错得离谱、很可笑,但也比集体沉默、掩耳无心要好得多。

中国文学现在有很大的问题,不管是批评家还是作家都要反省,大家都陷于沉默,原因有多种,比如不愿意得罪朋友。这是一个非常庞大的旋涡,把本来具有特异性的人给磨掉了,这个很危险。我经常对朋友讲,不要要求小孩如何勇敢,我们自己应当先勇敢起来。

张柠:我同意你说的,勇气和担当这种品质的缺乏,是现代公民社会建设的巨大障碍。但这与文学之间没有必然关系。我想起了索尔仁尼琴的创作,尽管我非常尊重他,但他的作品永远也达不到一流作家的水准,比如陀思妥耶夫斯基,比如帕斯捷尔纳克。真正的大勇气在于,敢于冒天下之大不韪,比如冒着被某一个"短时段"的时代宣判为死刑的危险,比如冒着被一个拉帮结伙的群体所抛弃的危险。

回到年轻一代的创作上来。今天,年轻一代整个创作势头、水准,丝毫不会比你们"先锋小说家"80年代中后期出道时水平差。你们出道时,遇到一个比较好的环境,文学还是公众兴奋的焦点。现在公众关注重心不再是文学了,而是新奇的东西,新奇的商品和文字,文学自身创作性探索和表达不受关注。我们最近在做一个推荐年轻作家的活动,叫"中国文学现场"。尽管在作者年龄上有一些限制,也就是40岁以下的,但在选择的时候,主要还是要看作品自身在形式上的探索性,看他们对当代经验的表达是否有出人意料的地方,看他们通过文学形式传递出来的精神格局是否完备。

目前,市场和出版传播,主要还是追捧那些功成名就的作家,五六十年代出生的,因为这很安全,不会有什么闪失。只有安全和稳妥才有市场。这就好比一个人一生研究文学,得出了这样的结论:莎士比亚和曹雪芹的作品太棒了!文学研究、批评,还有编辑出版,要力求避免成为名作家身上的"寄生蟹"。

保护文学与批评的独立空间

格非:我觉得文学批评或者大学体制,或者文学帮助制度,需要给文学一个起码的空间,哪怕再小,这个空间也要存在。一个人写出好的作品,需要有人发现和鼓励,作品的某种价值应该得到认同。文学是寻求认同的艰辛工作,如果不提供起码的空间,你很难想象他能坚持下去,文学需要重建良性循环,不需要提到多高、多热闹,需要建立起码的空间。

张柠:文学的良性循环的一个基本起点,就是尊重文学自身的规律。文学存在的理由,就是它那不可取代的东西。文学存在的核心理由,不是逻辑严谨、市场效果好等等,而是哲学、政治、经济、道德无法取代的部分。文学研究和批评,要关注的正是这一部分,也就是经验表达史、文学形式史,以及它在一个时代文学变迁史之中的合法性,或者叫"文学自身的道德"。

格非:我们有时会碍于情面,对明明不怎么好的作家表示赞扬,这是人之常情,可以理解。但我所要求的一流批评家,绝对不能犯这样的错误,绝对不能人云亦云,这会造成引导混乱,让读者产生疑虑。文学奖也是如此。把文学奖颁给一个不好的作品,对文学伤害很大,比没有文学奖的伤害还大。

张柠：对，这样的结果就会导致文学生态的混乱。权威的文学评价，必须建立在对文学自身的独立判断上，它是文学评价中的历史维度和现实维度高度合一的结果。还有一种评价方式，就是认为直观的阅读感觉是唯一的尺度，好作品就是让人感到震撼、流泪的。这在文学批评史中已经是一个古老的谬误了。必须要培养对既定的东西的怀疑精神。试想，如果没有那种对既定的东西的怀疑精神，怎么发现具有创新意义的作品？不能发现创造性作品的价值并予以鼓励，他们怎么进入文学总体评价体系之中？这会造成一种恶性循环，那就是重复扼杀创造，大家都在原地踏步走，这对一个民族的精神发育是非常有害的。

格非：你说得很对，伊格尔顿的文学理论实际提供了广泛的教育范本，基本是很客观的，对现代文学历史讲述清晰。但对于中国历史的内在变化，中国现代文学是怎么产生的，没有人写过这方面的权威的普及型读物。柄谷行人写过日本文学的起源，实际上帮助了日本人了解这个问题：日本现代文学是怎么产生的？中国缺乏一本这样的书——中国传统文学怎么过渡到现在的文学，跟殖民主义有什么关系？跟资本主义文化观念之间是什么关系？跟民族解放、救亡运动之间有什么关系？经历了近代启蒙运动、五四运动、社会主义运动之后，应该怎么从总体上去描述这一过程？我们好像盲人摸象，抓住一块就开始大做文章，缺乏必要的理论包容性。中国文学混乱跟思想混乱是连在一起的。

张柠：思想混乱，形式也混乱，对形式的评价也混乱。比如有首经典诗歌《雨巷》，所有人都说好，好在哪里？缺乏有效的解释。你在雨巷中遇见一位姑娘的第一感受是什么？如果按照新文学传统中对"人的文学"的要求，我们应该注视她，描写她的表情、眼神、睫毛、嘴唇、身姿、衣裙，让她在诗歌的词语之中生动地活着。但是戴望舒一上来就将姑娘变成了一棵草或者一朵花——丁香。还有许多诗人和读者，只有将活人变成植物——花草，动物——小蜜蜂和小蝴蝶，矿物——美玉和钻石，这些农耕文明中所熟悉的东西，这样才能被接受，这是新文学评价和传播中的一个巨大的障碍。不是说这种"比兴"技巧不可以运用，而是说我们需要新的发现和新的技巧。我觉得现在的文学接受，包括大学的文学教育，都有很大的盲目性，认为经典是好的，不再深究，不讲究意象体系和词语的现代转性和精神变化。

格非：所以我觉得当代批评和理论建构，都出现了非常大的问题，作家也有问题。造成目前这个状况，你刚才所举的例子，徐志摩、戴望舒的诗，有传统意境当然可以理解，也有一定的现代趣味。但你把这些诗放在当时社会、思想、文学运动的层面来看，它的价值就变得很清晰。

张柠：文学批评方法的问题很大，不能客观地向接受者陈述它"是什么"这个基本问题。首先要告诉学生"是什么"。比如,要向他们呈现《三里湾》里的人伦关系是怎么变化的,家庭之中的亲情、爱情、友情,这些最基本的东西是如何在叙事中发生变化的,为了什么目的发生变化——也就是小说叙事的动力学问题。至于价值判断,可以交给学生自己去处理。对当下作品的分析也应该如此,首先,通过形式史分析呈现它的符号系统是什么,而不是简单凭感觉下结论。我觉得文学批评、教育应该往后退一步,不要太急于介入总体判断,应该呈现出它的结构性的东西。

格非:20年前,我就认为做一个好的批评家比做一个好的作家要难得多。作家可以有偏见,他无所谓。你刚才说的废名,就是一个很有偏见的人,但他还是个好作家。批评家不能光凭感情说话,你首先要有大量的阅读量,对文学史很精通,还要有包容性,有见解,有理性,各种东西都需要。你要有新的概念来命名新的东西,各方面修养都很重要,做文学史怎么能不了解艺术史?我觉得做好的批评家特别难,需要各方面才能,当然也要很准确。

张柠:我们从80年代走来,内心有一股"弑父"的冲动,也是超越性的冲动。现在年轻人有两个瓶颈:一个是没有"弑父"冲动,他跟"父亲"是合谋关系;另外就是学术体制对他的影响非常大,读硕士、博士就要写带注释的论文。我们刚出道时写文章,尽量写自己的艺术感受,尽管有点狂妄,但创新的意识有了,注释总是好办的事情。现在没有创造性的意识,他们写的是新八股,千篇一律,上来就从古希腊、从先秦说起,搞批评这种反应速度太慢了。另外就是他们不追踪。我们出道时一上来就追踪,《收获》《人民文学》,一本本追着看,先做作品论,然后是作家论,然后才是思潮论、文化研究等。现在他们上来就是做大文章,就是思潮论,大而无当。

格非:思潮这个东西很容易,又很过瘾。理论这把刀很快,很容易学,也很好用。但真正重要的,比如文化修养和扎实的文史基础,现在的评论者相对较差。我们今天的大学体制,尤其是文学的培养体制的确存在很大问题。客观地说,学生的压力也很大。我经常不知道学生做论文干吗,产生很大疑惑。对规范、格式和注释的严格要求也许是必要的,但假如学生将所有的精力都用来对付学位论文,这就使得他们的知识面很有限。坦率地说,有些人连起码的文学常识都不具备。但有时候你看互联网上,有些文章甚至跟帖让人吃惊,很多文章做得很深。有些讨论专题,比如做欧洲电影、做戈达尔新浪潮,或者做艺术史和音乐史研究的,专业水平倒是挺高。这些人不管学院制度,不管规范性,反而有许多很好的见解。

张柠:但总的来说,我对当代文学创作充满期待,文学技术已经很纯熟,新的价值探索也有很好的势头。我们在这里谈的都是大问题,这些大问题解决起来有困难,但只要我们有了这样的自觉和意识,很多问题就会在历史演进之中得到解决。

格非：对，没有一个人有资格来否定整个时代。最困难的时候，往往也是变革发生的时候。也许不如意，但不可能一无是处，肯定会有新的东西在酝酿、出现。我们所能做的，是建立一个空间，能让文学正常呼吸，有一个良性循环，能够一代人接一代人地提供自己的文学智慧。

"三人行，必有我舅"
——刘震云畅谈小说之道

刘 颋

刘震云的小说从不缺少读者，不缺少关注度。长篇新作《我不是潘金莲》刚出版发行没多久，已经第二次印刷。从《一地鸡毛》到"故乡系列"，再到《一句顶一万句》《我不是潘金莲》，刘震云的创作经历了什么样的变化？带着种种问题，记者采访了刘震云。

交谈中，刘震云始终坦诚而谦逊，就小说如何表现社会生活，作家如何保持想象力和创造力，以及读者和舆论对自己创作的评价等问题进行了深入而细致的阐述。同时，他还对当下文学中的种种现象和问题表示了自己的担忧。

在隐形关系中逼近真实

记者：在小说《我不是潘金莲》里面，"我不是潘金莲"既是李雪莲的一种道德诉求，也隐含着对现实社会的道德价值判断的基本呈现。"潘金莲"在此意味着什么？代表着什么？小说中的"潘金莲"这个符号和您对潘金莲的认识中间是有差距的，形成了价值判断上的矛盾，这个矛盾是您有意制造出来的，还是为了凸显这个文本的荒诞感，或者还有其他什么原因？

刘震云：在《我不是潘金莲》里面没有有意地突出什么。但是书出来之后，确实有很多人问，作者是否有意这么做。这部小说是不是非要叫"我不是潘金莲"？能不能叫"我是李雪莲"？我曾经起过别的名字，叫"严肃"，因为这个小说里的每一步运作都是非常严肃的。不管是李雪莲还是各地的官员，都是在非常认真地对待这个事情。我也很严肃，这里面唯一不严肃的是正文里面的史为民，他用不严肃对付严肃，结果把严肃击得粉碎。所以我想叫"严肃""很严肃"，但出版社出于商业考虑，还是觉着《我不是潘金莲》好，不管是大陆出版社还是台湾出版社都有这样的意见。另外，也有人觉得，小说里边其他人物的一些名字是不是也是有意起的？比如说王公道、董宪法、史为民、储清廉……其实我并不是有意这么做。名字跟行业有关系，从事手工业的人，如果正处在民国时代，他肯定会叫王麻子。人物命名上我并没有有意怎么做，但是这些名字都汇聚到一块儿就出来另外一种荒诞的效果。我起名字的时候是很严肃的，但出来的效果是荒诞的。

另外你说到"潘金莲"，我也不是有意表现李雪莲的道德观、道德底线、人伦观，真论起来她还不如潘金莲更超前、更后现代。现在的"潘金莲"一定不是宋朝的那个潘金莲了,现在成了另外一个东西,意味着不良妇女、道德败坏,她成为一个符号了,所以,李雪莲的指向不是宋朝的潘金莲,而是道德败坏的"潘金莲"。宋朝的潘金莲在生活中未必是那样的,但施耐庵把她塑造成那样的形象了。这个形象的最大特点就是在性格上的反叛。父系社会中男人就是妻妾成群,女人就该从一而终。为了防止你跑得快,就要把脚包得特别小,这是男性社会的标准。所以说潘金莲的反叛是彻底的,她不惜上断头台。李雪莲跟潘金莲有一个共同特点,就是反叛。一个反叛的是社会准则、命运,另一个反叛的是一种说法、一句话。李雪莲反叛的这句话就是潘金莲用生命争过来的那句话。但是,李雪莲反叛的是潘金莲的反叛,这是个直接的悖反。

记者:《我不是潘金莲》是一个智慧的文本,李雪莲的一些行动,包括老史的行动,都是我们在媒体里每天可以接收到的信息,都是真实的。小说可以说是由每一个非常真实的细胞构成的一个荒诞无比的文本。这种荒诞感又促使读者不得不质疑面对的种种真实。在小说创作的过程中,有没有考虑过真实和荒诞之间的关系,或者说,您是怎么把握这种关系的?

刘震云:首先讲真实和荒诞的问题。你说的对,这里面所有的情节和细节,在窗外都有,情节和细节本身就很荒诞。为什么荒诞呢?因为它是以一种严肃的状态、表情在运作,作家的想象力就是把这些情节和细节组成一个波澜壮阔、震撼人心的长篇故事,作家结构出来的这个虚构故事应该比生活更接近真实和本质。这是作家的任务。更重要的是,小说中的认识一定跟生活中的认识是不一样的,甚至是完全相反的,这是小说存在的价值。有一种说法,写作是为了读者,为了读者的期待。其实期待是不存在的,因为读者期待的是你下一部作品是对上一部作品的延续。比如写过《一地鸡毛》,那你接着能不能写《一地鸭毛》?再接着写《一地鹅毛》?写过《一句顶一万句》,接着写《一句顶一亿句》《一句顶十亿句》,读者很欢迎这样。但是,作者的创作一定要在读者的预料之外,又在情理之中。

记者:《我不是潘金莲》的无形力量是什么?是如何呈现的?

刘震云:在《我不是潘金莲》中,史为民才是真正的主角,这就是无形的力量。表面看起来,小说是写李雪莲告状的事,接着又是史为民告状的事,从头到尾就是告状的事。事实不是这样的。里面真正要写的是史为民跟李雪莲和其他人的关系。史为民成了卖肉的,他跟李雪莲就见过一面,而且他俩对话没有超过十句,这是这部作品的结构所在。但是,李雪莲的作为最后无形中导致史为民由一个人变成了另外一个人,这个过程是无形的。他怎么由一个县长变成一个卖肉的呢?这个过程就是史为民的人生。另外,李雪莲因为告状,跟法院的法官首先发生了联系,接着跟专委发生了联系,接着跟院长发生了联系,如果跟他们三个人的关系停止在哪一步都不会跟史为民有关系,这也是无形的……真正的人物结构在作品里面是无形地在延伸,而不是表面说他俩是夫妻关系,比如李雪莲跟秦玉河是夫妻关系,这个关系并不重要,但李雪莲因为要告秦玉河而和一系列的人发展了联系,各种联系之间暗含着无形的力量,抓住这个无形的力量才是小说最重要的事情。

《我不是潘金莲》最初正文不是这样的,原来正文的主人公还是李雪莲,当然那个看起来也很好,但我总觉着不对,应该有一个更无形的、更有力量的、更能逼近真正生活的本质和真实的东西,想来想去,有一天史为民对我说:"还找嘛呢?不就是我吗?我成了一个卖肉的了。"原来李雪莲是个卖肉的,最后他成卖肉的了。春节的时候,有个微博说买车票买不着,怎么办呀?一个人很聪明,说上访,很快就被送回去了。这就是真实,生活中你把他搬过来放这,无形的力量就出来了。

我不承认世界上有智慧,无非是他存在着积累,存在着琐碎,存在着缓慢。积累、琐碎和缓慢,最后就出来涓涓细流。那种智慧的汹涌澎湃的瀑布我没见过,谁都不比谁聪明,无非是积累再积累,你一直在坚持做这件事,那一定就比别人做得好,就这么简单。我曾经说过,我有三个舅舅,一个告诉我说你这个人也不笨、也不傻、也不聪明,那你就做一件事;另一个舅舅告诉我,你就做事做得慢一点;第三个舅舅说,什么事想做就提前做。做一件事慢一点,再提前好多年做,那这事在你心中酝酿好多年,和你临时来做,肯定是不一样的。当代中国不缺故事,但是,作家写的一定不能只是故事,读者如果要看故事,那看窗外的生活就够了。一定是故事背后的第二层、第三层意思。不是说我的小说绕吗?其实读者看的就是这个绕。问题是中国的作家太直白了,太不绕了。有时候说绕的人吧,可能是找一个方式来夸我一下,把不绕说成了绕。

写作就是跟小说里的人物聊天

记者:您的小说致力于给读者呈现生活中的隐形关系,那么,在您的创作中,读者处在一个什么样的位置?

刘震云:我在创作作品的时候,我就是读者。我曾经说过,我最大的变化就是《一句顶一万句》,过去写作品的时候,觉着自己是个作者,因为我的见识比你好,我的见识更深一步,其实,作者的见识是永远无止境的。无形的见识一定更接近根本,小说为什么要逼近真实和根本呢?根本是个大道理。孔子就说过:"朝闻道,夕死可矣。"这个"道"一定是那个大道,能延伸几百年几千年的大道。它一定是特别根本的,人类的、人性的、情感的、生活的各个方面综合出来的大道。作者永远是有偏颇的,永远是主观的,而主观的东西是最站不住的。所以,你得把主观还原成客观。你不是诉说者,你是一个倾听人。你的写作不是要变得复杂和绕,而是要变得特别简单。写作就是聊天,就是跟小说中的人物聊天。比如说,这段时间我想跟李雪莲聊聊,想跟史为民聊聊,想跟王公道、董宪法、荀正义、储清廉这些人聊一聊。在聊的过程中,人物自己一定能说出你没有认识到的东西。而且,这个时候你已经把你的认识化解了,化解成对整个生活的认识。这个认识是一种无形的认识,没有具体化的认识,而这种无形的认识是从人物关系的缝隙里透露出来的。他的认识跟所有的认识是不一样的。这是一个混合的东西,这种混合出来的真实跟生活里的任何真实都是不一样的。这个不一样确实更接近真实,同时也更感人。老史在正文里边为什么必须要赶回去,他是回去打圈麻将。朋友得了脑瘤了,不知是良性还是恶性,可能是最后一场麻将了,那好,既然是世界上最后一场麻将,那就是比什么都重要的最后一刻。我们看其实没什么大事,但对老史来说就是最重要的大事,他必须回去,于是用了李雪莲的办法,李雪莲是要一直走向大会堂,他是反方向走的,走回到一个特别好的朋友身边。这个麻将就不是生活中的麻将了,这种无形的情感和关系就变得特别感人。

记者:小说最后一章颇见功力。您刚才说到小说就是表现一种关系,一般来说,西方社会更重个体的人,而中国更注重人和人之间的关系。在读您的小说的时候,比如《一句顶一万句》,感觉您并不注重塑造一个很典型的人物,而是更在意刻画出一个层面的人的生存状态,或者说一个层面上的生态关系。而《一句顶一万句》之所以感动很多读者,认为它是可以留给下一个世纪的作品,是因为它很真实地把我们这个社会的结构、形态、关系,甚至是空气般流动的方式、气味都以文学的方式表现出来了。它告诉大家,我们的中国、我们的社会、我们的生活,尤其是小人物的生活,就是这么一个形态的。您刚才也说了,您的写作就是要注重这种隐形的关系,表现这种隐形的关系,是因为您身后有一个很大的蓄水池,您这个蓄水池里的水都是从哪来的?

刘震云:我觉得这个说得特别对,也说到了文学的一个特别本质的东西。文学是写人的,写人的什么?他的感情,一颦一笑,包括正文里所写的尘土或者是脂粉,就是说,他是怎么哭出来的、怎么笑出来的,我觉得这个非常重要。我同意你刚说的,中国传统注重关系,为什么讲人物关系?因为缺少西方社会的重要人物——神。在西方社会,一个人有事可以跑去教堂忏悔,完了接着坑人,但中国没有这个。所以我觉着,独特的表达渠道是非常重要的。《红楼梦》就是曹雪芹要表达中国人独特的情感流淌方式,包括什么叫干净,什么叫肮脏。曹雪芹觉得世界上最干净的,一个是水,还有一个是石头,石头常年给草一点水,草就活了,草呢,没有别的回报,于是下辈子用眼泪来还,眼泪也是水。但是,最后最干净的石头哪去了呢?是被世界上两个"最脏"的人拿走了,一个是和尚,一个是道士。而水做的女孩一辈子在吃药。这两个水做的女孩子,一个是林黛玉,一个是薛宝钗,要是真跟她们谈恋爱,你没法跟她们接吻,她俩肯定都是一嘴的中药味,因为两人每天吃中药(笑),是不是一口中药味?这是曹雪芹写的。

《红楼梦》背后的哲学观对小说的影响很大,由水和石之间无形的关系决定了小说。所以说作家身后这个蓄水池是很厉害的。有人看完《我不是潘金莲》后给我发一个短信说"无言以对",他一定不是认为刘震云在揭露社会的黑暗,如果要是这样的话,这个作品一定特别肤浅,这个作家也一定特别肤浅。我的聪明是知道我笨,我按着我这三个舅舅的道路走,另外,孔子说过一句话,"三人行必有我师"。我说"三人行必有我舅"。水从哪来,从我舅那儿来。还有外国"舅舅",比如说,康德、尼采、叔本华、亚里士多德、黑格尔、笛卡尔、胡塞尔、维特根斯坦……我觉着都特别伟大。每个哲学家看问题的方式都不一样,我曾经说过,说到绕的问题,还是我们这个民族的问题。这个国家什么都不缺,就缺思想、缺认识、缺"舅舅"。缺"舅舅"的民族,是后边没有蓄水池的民族。表面缺水没什么,思想蓄水池缺水,这个民族确实举步维艰。举步维艰的最大表现是什么呢?就是不知道往哪去。生活中这种人也特别多。

一个作者背后的蓄水池到底有多深是最重要的,这个蓄水池中有对生活的认识、对哲学的认识、对民族的认识、对宗教的认识、对世界的认识等等。作品呈现了他背后的蓄水池。我曾经说过,一个作家真正的功力不在有形的小说,而是后面无形的东西,这是一个层面。另一个层面,具体到一个作品里面,作家真正的功力包括呈现出的力量,不管是荒诞还是别的什么,它不在你的文字表面。功夫在诗外。这就是结构的力量,这个结构力量特别考验作家的胸怀,这个胸怀就是你能看多长、看多宽,你对生活的认识、对人性的认识、对文学的认识以及对自己的认识。

结构考验作家的能力

记者:《温故1942》是"我"要探寻那个被历史遗忘的真相,《一句顶一万句》是为了寻找那个有用的一句话,《我不是潘金莲》以滔滔数万言为了让人相信一句话"我不是潘金莲"。在您的小说中,不约而同都会有一种拧巴的姿态。当然也可以理解,这个拧巴是为了去伪存真,而且,您刚才也说到,一个作家只有和我们的社会现实生活拧巴了,才能出好作品。当前有一种质疑的声音,认为当代作家缺乏表现现实和生活的能力。您心目中的好小说是什么样的?如果说对作家而言重要的不是表现生活,而是小说中的结构能力,那么,作家的结构能力是什么?如何获得?

刘震云:一个一个说吧。首先说拧巴这事,我觉着我不拧巴。谁拧巴呢?生活。我没有生产拧巴,我只是生活中拧巴的搬运工,我把拧巴搬到作品里了。但在搬的过程中,需要有巨大的创造性和想象力,这是一个作者应该干的活。就好像你是泥瓦工,砌墙就要砌得非常直;你是个设计师,就要像贝聿铭那样,设计出特别独特,超出大家想象的东西。生活是拧巴的,所以我把自己比喻成搬运工,在搬运的时候,我没有拧巴,没有把这些东西变形。我要表现的是无形的东西。好多人都说我是中国最绕的人、中国最幽默的人,我不觉得我幽默,我老实,搬运工是特别需要老实的,在中间不偷东西,也不落下东西。但是,你把好几个八爪鱼放到一块,他们之间会编织出一种新的藤的形象,就像舒婷的《致橡树》,就是拧巴的另一种树,这种树成了一种风貌。这种风貌当然是作者创造的。

记者:您说的这个搬运事实上不是一个简单的搬运,不是说把这个箱子搬运过来随便放就可以的。对作家而言,放应该比搬更重要。

刘震云:搬运很简单,但搬运放哪儿不简单。放哪儿是非常重要的。我觉着,在各行各业中,往哪儿放都是非常非常重要的。北斗七星也是放的问题。摆放考验作家的能力,我看一部作品,一看他摆放的位置,马上就知道他行还是不行。

好的小说,首先,他摆放能力好;其次,对背后的蓄水池的认识好,更接近本质。于是出来一种特别好的结构,这种好的结构本身就有一种气势和力量,另外,作品中的认识一定是跟大家不一样的。但是,这并不是脱离了事物的本质跑到奇形怪状和大漠荒野里去了。不是的,还是在人群里,在人群中他的认识更大,因为这个不一样更符合本质和人性,会带给我们更多的感动。感动有很多种,一种是情感的感动,另一种是认识的感动,后边的感动要比前边更厉害。贾宝玉怎么被癞头和尚和跛足道士给弄走了?就这么一块玉,拿哪去了呢?就好像史为民为什么要打麻将。我觉着认识的蓄水池是特别重要的。想象力的蓄水池是摆放,认识的蓄水池是摆放结构里边的具体内容。我觉着,把一个故事情节写得很生动,人物写得栩栩如生,讲一个动人的故事,这是初级作家干的事,北大中文系上过一年都没问题。当时我上大学的时候,我们班50多人都在写东西,都写得挺好。没有问题,故事一个比一个编得热乎,一个比一个编得圆满,但这确实不是一个作家所要达到的好小说的标准。

一个好的作家,首先必须是个哲学家,如果这个人仅仅是个编故事的人,我觉着他一定不是一个好的作家。第二,好的作家比哲学家的要求要高,哲学家是直接把有形的东西说出来,说得越明白越好,因为哲学家针对一种社会现象,针对一种社会制度,针对一个民族,针对一个发展的历史,必须要讲明白。作家是管哪一块呢?是管哲学上说不明白的那些事。比如人的情感、人性、结构,哲学家就说不明白。史为民跟李雪莲的关系,这样一个哲学命题放到维特根斯坦面前,他一定能够写出来8本著作。这些说不清的东西,作家要说清楚的。作家就是要表现人和人之间的关系缝隙透出来的一丝冷风、一丝暖意、一丝生活的味道,是味道而不是道理。味道被读书的人咂摸到了,这个苦辣酸甜就是人生给予的。这个苦辣酸甜哲学家不必论述,也没法论述。

记者:大家一直在说您的小说幽默,但是您始终不认为自己幽默,更不是为了幽默而去幽默。为什么您的小说会给人一种幽默的感觉?

刘震云:对幽默的理解可以有几种。一个是我的语言不幽默呀,是什么就是什么,比如,就是李雪莲头一回见王公道,王公道长什么样,她长什么样。语言的幽默是个特别浅的层次,说相声没问题,演小品没问题。但是,如果在文学作品中局限在语言幽默是挺讨人厌的。我觉得真正的幽默是第二层,就是事和事之间。比如《我不是潘金莲》第一章第一节,李雪莲去找王公道,说了半天,攀上了关系。第二章第一节是说王公道去找李雪莲,一样用这个,最后大表姐我们是亲戚。好多人看到乐得肚子疼。这种细节在生活中很正常,但是有着结构的对照,就显得幽默了。但是事和事之间的幽默,也并不是幽默最好的一个层面。真正的幽默是后边的认识,包括你刚才说的,《我不是潘金莲》怎么表面这么庄严,背后那么荒诞呢。这就是认识的东西,我觉得这种荒诞感不是靠一个人说出来的。真正的幽默是没说出来的东西。有时我受到最大的赞赏是什么,不是夸,是骂人。有好多人见面跟我讲,原来睡觉的时候爱看小说是因为看两页我就睡着了,催眠了,但看你刘震云的小说,看上一页就睡不着了,说"这孙子"。

生活本身是幽默的,换一个词说,我们生活在一个喜剧的时代。生活里不乏幽默,就看这幽默你是怎么摆放的,和摆放背后的认识。

记者:柏格森认为幽默是智慧的最高形态,但是在中国文学传统里,幽默文学一直不是占主导地位的文学传统。虽然我们的生活中随处可见小幽默,但在文学叙事上,让幽默成为一种手法甚至风格还是不多的。

刘震云:你把一个不占主导的东西让他占主导了,这就是作家要干的事。别人没有钻过这个胡同。我不是钻过64道胡同吗?我突然发现,我把它搬到这来了。不是我要有意幽默,是大家有意为之,大家发现了这一点,说我的小说够荒诞,够幽默,够刘震云。他们都说看我的小说跟看别人的小说不同,看两句就知道这是谁的东西。如果我要是做剪子的话,我一定是王麻子;做豆腐乳,我一定是王致和。一定有另外一种味道,这种味道绝不是全靠腌豆腐和打剪子说出来的。

退向赤诚之心

记者:在读您的作品时感觉,作家刘震云是一个逐渐后退的身影,比如说,最开始的《一地鸡毛》《塔铺》《新兵连》《温故1942》,我都能看到作家刘震云在那。但是到了后来,比如《手机》《一句顶一万句》,到《我不是潘金莲》,作家刘震云已经明显地退到后边去了,我们看到的是小说人物在前面的活动、说话,给读者留下了非常大的阅读空间。

刘震云:这个说得特别对,这就是由一个作者成长为一个伟大作家的道路上的一个脚印。过去你会看到刘震云带着一帮人在往前走,现在我们看到这支队伍,会发现就像《一句顶一万句》里很多人在走着,杀猪的、剃头的、卖豆腐的……里边可能会有一个人,正在这个队伍里东张西望跟人聊天呢,这个人就是我,这就是作家最好的状态了。既尊重小说人物,也尊重读者,也就是说要相互尊重。在尊重的过程中就会产生温暖,产生情感。当你在写东西的时候说我要当一个作家,我要一部写得比一部牛,我觉着这就特别肤浅和自私。绞尽脑汁想我要怎么怎么着,而且要看外国人喜欢什么,扮演这样一个角色,不是作家应该干的事。对作家来说重要的是作品里的这些人物,是李雪莲们、王公道们。说文学要走向世界是对的,但我觉着还有一个世界,就是我的乡村,瓦工啊,垒鸡窝的啊,他们需要说话,他们没地方说话,那我就请他们到我的作品里说话。

所以,我在写作中逐渐退到少年写作和童年写作,越来越退到这种返璞归真、赤诚之心的地步,而不是走向很深的城府。我生活中特别讨厌这种城府很深的人。至于吗?就这么点事,你老跟我这绕来绕去,一跟我绕的人肯定是要占我便宜的人。别绕了,你说你要干吗吧?

记者:生活中你特别讨厌绕,但是小说被别人说成特别绕。这两个"绕"应该是不一样的。

刘震云:其实我不绕,就是把能绕的搬过来了。所以往后退,但往哪方向退很重要。退到最后是一个童年的我在看着排山倒海的人往前走。而且有个人在拉着你,舅舅在拉着你往前走,干吗去,去看飞机,这不挺好吗?我将来就要退到这来。我越往后退,眼前越开阔,老往前走贴着墙,哪成啊?往后退,眼前就像草原一样、大海一样,无比宽广。前边走的全是你的亲人,挺好的。不是有好多作家写不出东西来了吗?我有无穷的东西都在等着我去写,比如,我特别想写"鸡毛飞过三十年",我觉着当小林到老林的时候那些人一直在往前走,走过30年,中国社会发生了这种剧烈的甚至剧痛的变化。过去是专制、权力结构,现在是金钱、光怪陆离的生活,官二代、富二代,老林是在这些人之下。中国为什么经济发展速度快?是千百万人每天像蚂蚁一样工作,蚂蚁里边不是有义工吗?小林就是其中的一个。昨天我去理发了,理发师叫周新,因为老理发都熟了,我打个电话,晚上有时间我去理个发,我问他几点下班,他说8点,我说我尽快赶过去,晚上还要下雨。他说没事,来吧,我等你。这就很温暖。他是内蒙古通辽人,在北京奋斗了10年,拿钱买了一所房子,40多平方米,特别满足。他身上的重压就是中国30年剧烈变化的体现。我愿意跟这种人在一起,我前边走的人基本上都是这种人,我跟他们在一起挺愉快的。

好多作家开始评论社会现象,这主要不是作家的事,是政论员的事。作家开始做这事,那我觉着他确实需要往后退。有往前走的,有往后退的,都特别正常。

记者:现在的小说作者中有一类对自己特别自信,相信自己能凭空虚构一个世界出来,还有一类就像您说的,不去虚构,而是去搬。生活中很多的事通过自己的结构写出来了,然后让读者去体会、咂摸。因为你后退了,你有足够的视野观察生活、结构生活、摆放生活。而且您的小说里边都是非常纯粹的中国生活,人情、世情、民情、国情都在里边,这个特点从您的创作开始一直延续到现在。向后退是您作为作家个人的一种变化,在您的小说创作中,有没有什么是始终没有变的?

刘震云:没有变的就是自己身后蓄水池的丰富和壮大,原来是3个,现在能不能是4个或5个。这是我永远没有变的。变的是每一部作品肯定都不是读者的期待,而是争取去创造另一个期待。另外,纯粹这个概念,虽然你写的是一个特别纯粹的民族的生活,但这个纯粹一定要背后的蓄水池里的水不纯粹才行。对世界上很多作家、哲学家,你都要知道、要了解。我在上北大的时候,吴组缃、孙玉石先生跟我讲鲁迅跟赵树理的区别,赵树理的小说写得比鲁迅生动,但是他是以一个村庄的视角来看这个世界的,所以就出现了小二黑、小芹、二诸葛、李有才、三仙姑这样的人物,的确生动。鲁迅的小说没有赵树理生动,但是他是从世界的视角来看这个村庄,身后蓄水池的水决定了他们的深度和厚度。我在写杨百顺的时候,写李雪莲的时候,就不仅仅是跟李有才和阿Q在一起,也可能跟安娜·卡列琳娜或者帕慕克、或者马尔克斯在一起。你必须了解旁人的生活,才能写出自己的纯粹。

记者:一般来说,好的作品是可以给后代留下我们这个时代文明的真实记录的,比如出入延津追寻的过程就是一种民族记忆。您的作品中,除了《手机》《我叫刘跃进》跨到了城市生活,很多作品的视角还是乡村或城乡接合部的。

刘震云:我觉着,是都市生活还是乡村生活并不重要,另外,我也没有用乡村的生活或者说城市的生活来看城市生活和乡村生活,无非是一种见识的眼光。比如我说过,我两个舅舅都是农村人,一个赶马车,一个木匠,他们说的道理只适合于农村吗?其实也适合城市、适合文学、适合政治家。这是对无形生活的认识。

莫言的小说故乡
——莫言访谈录
刘　颋

与莫言对话,是对自己的一次挑战。大凡熟悉莫言小说的人,莫不在他汪洋恣肆的语言之海中漂浮,并时有晕眩之感。而莫言的叙述,总让人忘不了什么是小说的"纯粹"。按约定的时间找到莫言的家,除了一张醒目的世界地图之外,就是已经摆在桌上的莫言准备好送我的高密东北乡的剪纸和泥塑老虎。于是,访谈就在这种意外的欢喜和绵绵透出的质朴乡土之气中开始了。

胡编乱造是一种考验

问:您的创作一直都把视线定格在农村。其中当然也有城市题材,但只是极小的部分。可以说,一直关注农村、表现农村,您是中国作家中为数不多的一个。而您的农村题材的写作,又和一般的作家有很大的区别。能否请您谈谈您的这种写作选择?

答:我觉得这好像是一种命定。我想一个作家能写什么能怎样写,大概在他20岁以前就基本决定了。刚开始写作时,一般都是写熟悉的生活。我最熟悉的生活,当然是农村。我21岁时才当兵离开家乡,当了三四年兵后开始学习写作,对部队生活也了解了一些,但刻骨铭心的记忆肯定还要回到当兵以前。我在当兵以前唯一的一次出远门是去青岛。1973年的春天,我送哥哥和侄子去青岛坐船,那次去青岛是我当时生活中的一次重大事件,也是我们村子里的一件大事。我们村有很多人一辈子都没有到过县城。我开始写作时,虽然"四人帮"已经被粉碎了,但极"左"思想的影响还是很厉害,很多有名刊物的编辑给我们讲课也说要抓重大题材,要有政治敏锐性。当时我就天天看报纸,听说刘少奇要平反了,我就写了一篇《老贫农怀念刘主席》的小说,等消息公开了,我的小说就到了编辑手里了。事实证明这样的小说是不行的。当兵头4年其实我也没有离开过农村,新兵训练没有结束,我就被总参下属一个部队抽调去了。到驻地后,心凉了半截。一个破败的小院子,两三排平房,一边堆着陈年的煤堆,旁边就是露天厕所,半个篮球场,绳上挂着军队家属晾的孩子的尿布,满院子跑的是鸡,前面是老百姓的庄稼地,左边是老百姓晾粉丝的地方,就是后来的龙口粉丝,后面就是制造粉丝的作坊,臭气熏天,根本没有苍蝇和蚊子,估计它们都被熏跑了,右边是老百姓的牛棚,里面拴着人民公社的牛或马。我就在这样的环境中待了4年。这个地方比我的家乡还破烂。过了寻找重大题材的阶段后,我考到了解放军艺术学院,接受了各种各样的文学思潮的冲击,冲掉了原来脑子里带有很浓政治色彩的文学观念。这时候我意识到最重要的是借各种外力来冲破我们原有的文学观念,通过这个过程发现自我、找到自我,找到自我也就找到了文学。这时候写的《大风》《石磨》,就开启了我的少年记忆和农村记忆。这种状态以《透明的红萝卜》作为标志,它发表以后,我再也不愁没东西可写了。《透明的红萝卜》得到肯定以后,我有了一种强大的自信:我什么都可能缺乏,比如才华等,但就是不会缺乏素材。20多年的农村生活,就像电影、连环画一样,一部接一部地纷至沓来。它都可以写成小说,都可以用语言描述出来。这也就是我的城市题材写得比较少的原因。因为农村题材还没有写完,不断有东西出现。当然客观地说,如果我不当兵离开农村,而且也在农村走上了文学道路,我写的肯定也是农村生活,但那样情况下写出的农村生活跟现在写的农村生活肯定是不一样的。因为我进入了城市,接受了城市的文明,受到了职业化的文学教育,这对我回顾自己的童年、发现自己的童年非常有作用。没有职业化,以前那些东西都不可能成形。用了这种文明催化剂后,它一下子该凝固的凝固了,该变色的变色了,一切都明朗了。也就是说尽管我写的是农村题材,但城市是对我起作用的。没有城市也就没有现在这样的农村题材的小说。当然后来我的一些小说中也不纯然写农村,像《酒国》那个长篇。

故乡是一条永远流动的河

问:您离开农村已经很长时间了,就算我们常说的童年记忆,也会有用完的时候。像很多从农村出来的作家,他们写了几部之后,可能就没有什么好写的了,转向了别的题材。而且您现在生活在北京,难道北京的生活经验就没有冲击您的农村记忆吗?

答:我是1976年当兵的,尽管当兵头几年还是在农村的环境里,但按照习惯的说法,当兵就是参加革命,只要是吃国库粮就算参加革命了,那我参加革命已经28年了。1982年从河北山沟里调到延庆,1984年考到军艺,延庆是北京的地盘,所以说我到北京已经有20多年了。为什么我的小说中始终没有出现北京呢?因为我觉得我的农村题材还没有写完,还经常冒出一些让我激动的觉得有意义的东西想写。另外,有些作家的个人经历一两本书写完后就没有可写的了,或转向写别的东西了,我觉得我大概能知道其中的原因。比如20世纪50年代的一些老作家,他们写的是亲身的经历,比如剿匪,当武工队员,小说中很多是照搬了生活,无非是进行了点文学加工而已。但为什么这些小说出来后那么感人?因为生活中确实包含了很多超出人想象的东西,比如《林海雪原》。东北森林里的剿匪本来就很传奇、很惊险,如实记录下来就会很好看,所以他们第一部作品一般是很轰动的。尤其是50年代,小说比较少,每一部小说的出版都是一件大事。但写完这些后就没什么东西可写了,再写就是编造了。我看过曲波后来写的《山呼海啸》《桥隆飙》,还看过那个写过《野火春风斗古城》的李英儒在"文革"后写的一部长篇,编造的痕迹较重,跟他们的成名作无法相比。小说家要不要编造?当然要。不编造不是小说家,胡编乱造甚至不是一个贬义词。但怎样编得真实,有说服力,这就是对一个作家的考验。这个能力就是用自己的情感来同化生活的能力。为什么我们这代作家可以持续不断地写?就是因为我们掌握了一种同化生活的能力。同化就是可以把听来的、看来的别人的生活当作自己的生活来写,可以把从某个角度生发想象出来的东西当作真实来写。这种用自己的情感经历同化别人生活的能力,说穿了也就是一种想象力。当编辑的大概都有这样的经历:有的作者说我写的都是真的,是真的发生过的事,是我家里的事,但你一看还是觉得虚假。有的人就是编,但读来却感觉逼真,仿佛写的就是自己身边的事。这就是作家的能力。要达到这个程度,第一就是要有一种煞有介事的具有说服力的语言,当这种具有说服力的语言确立以后,读者马上就会建立起一种对你的信任。比如马尔克斯的《百年孤独》,那肯定是瞎编的,吹得无边无沿,但他就是确定了一种腔调,吸引了你,文本和读者建立了一种信任,达成了默契。有些明明是真的事情,但写出来别人感觉假,那就是语言不过关。再有就是没有深入人物的内心,描写的是事情的过程,这就是你并没有准确地把握到人物的性格。鲁迅也说过,你要写刽子手未必真要去杀人,这就是要求作家应该有想象力。这种想象力就是当你写刽子手时你就应该把自己想象成刽子手,深入刽子手的内心里。也就是说,当你写一个人物时,这个人物应该在你的头脑里活灵活现,像相处多年一样。《檀香刑》就是这样写的。我现在生活在城市里,每天都有无数的信息。你看我现在好像闲着,其实头脑里一直在忙碌着,哪一个信息有文学价值,头脑里马上就会有一根神经兴奋起来,就像电脑里程序的待命状态一样,发现小说素材,马上就会反应。城市的生活好像是封闭的、静止的,但记忆中的故乡是一条河流,在不断地流动着,当然,最根本的还是过去。

我的小说语言来自故乡民间

问:您曾经说过,"故乡和人是有血脉关系的,尤其对小说家。故乡释放了无穷的自由,但对我是一种束缚。""不管将来有多少故事,有什么经历,也还是要把它放回到故乡的情景之中,这样你的故事才能活,哪怕你的故乡是一个马店,但这个道理也是会通用的。"这就涉及另外一个问题,故乡和童年记忆在一个作家身上的烙印如此深、表现如此强烈的,您是突出的一个。无论是故乡还是童年记忆,在一般作家身上随着时间的推移会淡化,但在您身上,我的感觉是,随着您离开故乡越远,年头越长,它们没有淡化,而是在不断地强化,不断地被突出。从"小黑孩"开始,一直有一条线联系着,从来没断过,虽然他们中间有不同、有变化。除了您前面说的原因,还有没有别的原因?为什么所有的东西都放回到故乡里去了?

答:故乡对作家是一种限制。这个限制首先指的是经历上的,当然这种限制我们后来可以突破。比如我离开故乡20多年了,经历会慢慢用完。但当我把这种情感经历变成一种情感经验,就一下和后来的生活接通了。我把在农村训练出来的思想方法、感情方式,用来处理后来听到的别人的故事,用我的童年记忆处理器,一下就把故乡生活这个封闭的记忆和现代生活打通了。(记:也就是说,现在您的故乡是开放的。)对。它是开放的,是一个无边的概念。所谓故乡的限制,我觉得更是一种语言的限制。一个作家的语言有后天训练的因素,但他语言的内核、语言的精气神,恐怕还是更早时候的影响决定的。我觉得我的语言就是继承了民间的,和民间艺术家的口头传说是一脉相承的。第一,这种语言是夸张的、流畅的、滔滔不绝的。第二,这种语言是生动的、有乡土气息的。在农村我们经常看见一个大字不识的人,当你听他讲话时你会觉得他的学问大得无边无沿。他绘声绘色的描述非常打动人,语言本身有着巨大的魅力。炮人炮孩子,尽管你知道他是瞎说八道,但你听得津津有味,因为你会把它当故事听,这是一种听觉的盛宴。我想我的语言最根本的来源就在这。第三,我想,这种语言是中华民族传奇文学的源头,或者是一种文学表达的方式。传奇文学主要是靠口口相传的,越往前推,识字的人越少,当然现在大家都认字了。口头的故事本来就是经过加工的,每一个讲述故事的人肯定要添油加醋,所以200年前的一件普通事,经过口口相传,到现在肯定了不得了。所以说,第一从语言上,第二从经历上,故乡对人是有制约的。尽管后来我看了很多西方翻译过来的著作,也看了很多我国古典的和当代的文学作品,但为什么我的语言没变成和余华的一样,为什么我的语言和苏童、叶兆言的不一样,虽然我们后来的基础都差不多? 我和余华是鲁院同学,听的东西都是一个老师讲的,看的书也差不多,但我们的语言风格差别是十分鲜明的。王安忆作品中的上海乡下、苏童的苏州,我觉得都是故乡因素的制约在起作用。这一方面是好事,另一方面也是坏事,是无可奈何的存在事实。这样更多的作家才有存在的价值。当然大家都试图突破,试图变化自己,但深水的鱼到了浅水就难以存活,这是一个道理。我们现在能做的是千方百计把这种限制变得有弹性一点,努力地增长它,往里面填充新的材料。我必须把故乡记忆、故乡经历的闸门打开,必须把它从死水变成流动的河流,必须要学习学习再学习,任何新鲜的东西都要努力地去接受,天南海北发生的事都要过滤接受。这样说,我小说里的故乡高密东北乡就完全不是一个地理概念了,真实的高密东北乡和它已经完全不是一回事,它是一种文学的、情感的反映。而且我小时候的高密东北乡和记忆里的也不是一回事,比如我现在回老家,就发现哪还有高密东北乡啊,完全不是一回事。但母本还是过去的那点东西,比如说河流、街道,而且还有很多传说中的,并不是现实生活中存在的。清朝的事我不可能知道,凭的是邻居乡亲在茶余饭后或田间地头休息时说的话和典故,那些都变成了我的东西,而且可能长时间保存,突然在某一天被激活。台湾一个作家写的《旱魃》,我看到第三页的时候就猜到了他的结尾,觉得那就是我的故事,我在十二三岁时听过的。

问:您的作品一直没有离开农村的土地,但您和很多作家写农村的方法是不一样的。我们注意到,您的作品如果连贯起来其实就是农村的心灵史,不知道您是否有意在这方面创作一部完整的,比如表现百年农村心灵史的作品?

答:你说的是《静静的顿河》一样的作品吧。其实我们国家在20世纪60年代是有人可能完成这样的作品的,但时代限制了他们的才华。从新中国成立到现在,50多年,这50多年的乡村生活,其实并没有得到深刻的表现,如果能把这50多年写出来,肯定是了不起的。这50多年发生了多少悲喜剧、荒诞剧啊,写出来,很可能成为经典。但我也有些疑问,当今这个时代,这样的书还有人看吗?

问:现在的读者并不拒绝经典,而且目前也没有经典可以期待。

答:读者对经典不要有太大的期望,每个时代,能产生几部经典就行了。即便发动全国的作家来制造经典,即便设上几亿的文学基金,给作家们提供优裕的创作条件,也无济于事。经典恰恰是在油灯下、窑洞里写出来的,经典是淡化了经典意识之后写出来的。经典都是作家孤独心灵的产物,轰轰烈烈,标语口号,披红戴花,敲锣打鼓,那是大炼钢铁,不是写作。

有电灯的地方没有童话

问:关于您的作品,我的一个阅读记忆,好像您的小说中所有的动植物都是活的,都是有生命的。《檀香刑》《四十一炮》《生死疲劳》……小说中每一个物件都是活的。在您的作品中,看到的是您对每一个生命、每一个个体的灵性的表达和尊重。

答:台湾的出版社刚给我寄来了他们翻译的《马尔克斯传》,开篇第一句话就是"万物都有生命,问题是怎样唤起它们的灵性"。我在写作过程中,并没有刻意要表达他们的灵性,那为什么在我的作品中有些动植物仿佛能够通灵呢?我想这还是和我的童年有关系。我11岁辍学,辍学后有过三五年特别孤独的时候。那时候还是生产队,11岁的孩子连半劳力也算不上,只能放一放牛、割一割草,做一些辅助性的劳动。我的主要工作就是放牛,一天挣三个工分。牵了牛到荒地去,早上去晚上回,中午自己带点干粮,整整一天,太阳冒红就走,直到日落西山才回。一个认得点字的孩子,对外界有点认知能力,也听过一些神话传说故事,也有美好的幻想,这时候无法跟人交流,只能跟牛,跟天上的鸟,地上的草、蚂蚱等动植物交流。牛是非常懂事的,能够看懂我的心灵。这样一直到15岁,成了半劳力,可以参加生产队的集体劳动了。这三五年真的是太孤独了,想说话又没有说话的对象,有时候在田野里大喊大叫,更多的时候是躺在草地上,看天上缓缓飘过的白云,看天上鸣叫的小鸟,胡思乱想。我对鸟也很了解,像云雀。它在天上叫,我就能准确地在地上找到它的巢。我曾经把麻雀的幼鸟放到云雀的窝里,看着云雀把它养大了。我就猜测云雀母亲看到自己养大的这个怪物后的心情。1984年我写了一个中篇《球状闪电》,其中很多动植物就都有心理活动。听到的故事对我也有影响。农村是泛神论,万物都可以成精,比如一棵大树,百年之后就是老树精了,我们村头就有这样一棵树。还有蛇。我对蛇的恐惧到了无以复加的地步,而且有种心灵感应。村里的一个老坟头上面长了茂密的小树,我感觉里面有蛇,喊一声,果然就有一条小蛇游了出来。小时候为什么我是不受家长喜欢的孩子呢?就是因为我的胆子太小,想象力太丰富。割草的时候胆大的孩子很快就割满一箩筐草回家了,我总是很长时间还割不满。有草的地方我就害怕有蛇、有刺猬,但又盼望着草里有小鸟,发现有小鸟就爱不释手,怎么还能割草?发现蛇就不断地摸乱头发,因为传说只要头发的根数被蛇数清,人的魂就会被蛇摄去。然后就召唤孩子们来打。只要发现一条蛇,一个上午就过去了,哪里还能割满草筐?小时候我每时每刻都感到怕,至于究竟怕什么,也说不清楚。孤独的童年生活和听了太多这样的故事,导致了我不怎么和人交流。这和城市孩子不一样。所以我想,是不是科技越发达的地方,这种人和自然的交流就越退化?

问:但这种人和自然的交流对文学创作来说是非常重要的。

答:所以我认为,要训练一个作家的话,小时候应该把他放到一个没有电的地方。晚上太明亮了,童话就没有了,想象力也就萎缩了。有一年和王安忆一起去瑞典,我就知道了丹麦产生安徒生是和那时候他们特别落后有关系。因为他们靠近北极,有一个漫长的冬天,白天只有三四个小时,晚上一家人围坐火炉,这不产生童话产生什么?如果到了北京、上海,灯火通明,每一个角落都照得纤尘毕现,童话就消失了。所以有电灯以后就没有童话了。

问:我看过一个材料,说王安忆最喜欢的作家就是您。

答:这是《北京晨报》前几年登的。我想那是王安忆答问时随口说的,马上被问话者捕捉了,变成了一个标题,显然缺乏深思熟虑。

问:可我感觉王安忆说话是很慎重的,她不会随意说,也不会说违心的话。

答:我觉得她这么说,是因为我和她在创作上反差比较大,离得比较远。如果一个人发现别人的东西写得和自己很相似,他是不会喜欢的。我写农村,她写上海,她当然也写过农村,她是写苏北的。但是我觉得她是用城市的眼光写的,当然写得也非常地道,但还是不一样,视角不一样。

问:我感觉您和她之间还是有共通之处。就是作品中对心灵、对世界、对每一个生命体都非常关注,是一种内心的真诚的关注。

答:我想这是任何作家都不能忽视的一个问题,就是对人物内心的关注。我记得文学界20世纪80年代有个讨论,就是文学要向内转,作家应该从人物的内心出发写作。

问:作家要具备一种能力,能深入人物的内心深处去。

答:或者说在某一瞬间自己的内心完全和人物的内心同化,这和戏剧演员在舞台上的移情还不一样。《檀香刑》中刽子手浸泡檀香木时的心理,完全是一种想象,我相信历史上没有过,杀一个人哪用得着那么费事?

问:那是一种近乎宗教般的情结和举动。

答:它要求写作的时候要自信。而且某个时候,我就是他,我就是这么想的,我认为我应该得到这种荣耀(被太后赏赐)。那么细节紧接着就来了,既然我是把刽子手这个职业看得无比荣耀的,那我就是在替皇帝做事,我就是国家法律物化的表现,国家法律最后就体现在我身上。既然如此神圣、如此庄严,那檀香刑每一个步骤、每一个刑具的制作都是非常庄严的事情。

问:您给他找到了庄严的依据。

答:对,为了发扬刽子手行当的职业精神。也是一种表演,受刑执刑都是戏。

小说的第一因素是好看

问:《檀香刑》是想象力的大爆发,您的文学创造力也是受到人们承认的。但当代文学的想象力似乎成了一个问题。还有就是现在的作品中表现出的讲故事的能力。但似乎现在的一些作家不屑于讲故事。想象力、讲故事的能力在文学创作中究竟有什么样的位置?

答:讲故事的能力就是想象力。有的人可以讲一个活灵活现的故事,就因为他有想象力。当然想象力比讲故事的能力要宽阔一点。语言方面,调动词汇方面,都是需要想象力的。小说的结构,也需要想象力。语言方面,确定叙述的调门就好像电脑里确定了一套程序,它会自动搜索需要的语言。比如,写一个省委书记,肯定有一套他的词汇;讲一个老农民,他也有他的一套词汇。但归根到底是需要想象力的。有些比喻,像《围城》里的,婚姻比作鸟笼,像这种精彩的比喻都是需要想象力的。如果对一个文本进行分析,可以看出,比喻的多少,可以显示出这个作家想象力的强弱。当比喻用得多而贴切、有创意时,这个作家的想象力就是比较强大的。当一个作家在他的作品中没有用什么比喻或用的是一些烂透了的比喻,起码就是他的想象力和创造力不够。再有一个是故事的编撰,编得合情合理又出乎意料,这就是一种想象的能力。现在不少作家编故事的能力都很强,写电视电影剧本时,主要是编撰故事。但有时就是差那么一点点,结果就完全不一样。

问:说到讲故事,现在很多作家似乎不屑于讲故事。

答:有一种观点是,最好的小说是不讲故事或淡化故事的。这种淡化故事的倾向在20世纪80年代中期就开始了,它主要受西方的影响。一些人认为传统的讲故事的小说已经耳熟能详了,要进行小说革命,要全面革命。不仅要革掉语言,而且要改变小说最基本的要素。有人就淡化故事,但淡化故事并不等于没有故事,没有故事的短篇可以,像马尔克斯的《伊丽莎白在马孔多时的观雨独白》,就写一个女人看着窗外的暴雨胡思乱想。但如果是长篇或是中篇小说,没有故事,那怎么读?而且在现在,它拿什么去吸引读者?我一直强调小说的第一因素是小说应该好看,小说要让读者读得下去。什么样的小说好看?小说应该有一个很好的精彩的故事。因为所谓思想、人物性格的塑造、时代精神的开掘,所有的微言大义,都是通过故事表现出来的。而且做评论文章,单纯从结构和文体,也是没有多少话好讲的。所以我认为还是应该有故事,而且应该有精彩的故事。尤其是在长篇小说里,更应该有让人看了难以忘记的故事,这样才有可能产生让人难以忘记的可以进入文学画廊的典型人物,那些美丽的语言才有可能附丽。皮之不存,毛将焉附?这样故事淡化的短篇存在,像孙甘露的一些小说,《信使之函》等,但后来的第三、第四、第五篇还有人读吗?我觉得作为一种实验是可以存在的,如果所有的长篇所有的小说都这样了,那将是小说的末日。

问:您刚才说电视剧都在讲故事。但我的感觉是在滥讲故事,讲烂故事,模式化了。一方面现在的电视剧不好看,很多导演也把目光投向了作家;另一方面,小说家现在的写作也有小说剧本化的问题。您是比较早触电的作家,不知道您关注过这些问题没有?

答:这是个老问题了。一是电视剧好看的不多,这也不能勉强,因为电视就是一种商业性的操作。很多导演在拍电视剧时不把它当艺术作品来拍,有很多时候是一种捞钱的手段,因此不要指望所有的电视剧好看。但每年还是有那么几部值得看的。为什么不好看?同类题材克隆得太多。还有就是现有的限制制约了电视剧的精彩。比如现在一些现实题材的,没办法深入。还有一些影视化的小说,作家创作时就希望自己的作品受到导演的注意,这完全是一种功利行为。这样做是无可厚非的。但我的经验是不能这样做。如果一开始就考虑我的小说要改编成影视剧,那小说肯定就变了。我觉得写小说就是写小说,绝对不要去考虑影视。而且,真正的好导演,他不需要你向他靠拢,他会向你靠拢。这个我有亲身经历。写《红高粱》时,谁想到要改编电影啊?而且那时候我觉得我离电影非常遥远,但张艺谋看了后很激动。后来大概是1990年时,张艺谋找到我,说想要我写一个农村题材的场面宏大的有意义的故事。我给他写了一个。他说,你千万不要想张艺谋改编电影的事,你就按你的小说写。但事实上做不到。我写的时候,加强了故事性,加强了悬念,注意到哪个细节可能在电影里会有用,写出来的这个中篇《白棉花》,我认为是我的中篇里不成功的,简直就是把有意思的东西给糟蹋了。张艺谋看了,他认为也很难拍。他看了以后没被我打动。为什么我千方百计想向他靠拢的时候打动不了他,而在我根本不知道他的时候他反而被我的小说吸引来了呢?所以我认为,不要向什么靠拢,好的小说自然会吸引好的导演。千方百计的靠拢也许反而背离了影视。或者说,如果真的想搞影视,就不要经过小说这个环节,从一开始就按影视剧本来构思。还有,好的影视作品,都是有很强的文学性的,尤其体现在它们的台词上。给我留下印象的像《大明宫词》,虽然它的台词过于优美了,像话剧,但毫无疑问它充分考虑了台词的文学性,而这也恰恰是它的特点。《走向共和》台词也很精到,人物的台词让人觉得塑造出来的人物形象让人信服。

语言就是一种说服力

问:您的小说语言,有评论家用"汁液横流"来评价,而您在《四十一炮》后记中也说是"语言的浊流冲决了堤坝",可以想象,什么样的语言的洪流才能冲决一座堤坝,小溪流是不可能冲决一座堤坝的。您自己认为,《四十一炮》的语言有点转,转到了有点优雅上,但我还是感觉到了您语言上一以贯之的"狠",而且您的语言还被称为"动物语言",这个动物,一是指没有羁绊和规范的野性,二是动物性。您一直强调小说是语言的艺术,这些来自读者和评论界的概括,您怎么理解?

答:我觉得语言就是一种说服力。对语言进步技术化的、量化的分析是很困难的,有一些可以量化,比如常用的词汇;但作家的语感是无法量化的,语感是有独特性的,我们读鲁迅、读沈从文,差别是很明显的。我相信让鲁迅和沈从文讲同一个故事,两篇小说都会是好小说。在这个意义上,故事不重要了。他们的语言本身就已经变成了艺术,成了小说,故事情节是附在语言之上的。80年代中期一批年轻作家要消灭故事,可能就从这来的。所以它也是有道理的。

真正写到那种泥沙俱下的时候,是一种下意识。所有的词语都不是想出来的,是它们自己涌出来的。再有就是你对笔下写的东西的认知深度。至于为什么会进入这种状态,我觉得作家自己是很难进行条分缕析的。有时候过了十年八年后再读原来的作品,还会纳闷:这词从哪来的?我怎么现在想不出来?我的语言的形成,主要还是和童年有关系,和原野乡村文化有关系。当然后来的学习丰富了我的语言。

问:对您的创作,陈思和认为,是革命性和破坏性相结合。

答:我的确没有想到过要革谁的命。但这种感受、这种情绪是有的。现在回忆80年代在军艺学习时,就是感觉到不服气。我就觉得你们写的东西不是我心目中最好的东西,为此当然得罪了很多人,说了很多刻薄的话。好小说是什么样的,你让我说,我真说不出来,但我就是觉得当时文坛走红的得到了很高声誉的作品不好,我觉得这不是我要写的小说。当然只能用作品来说话。我觉得作家的气是很重要的。当你处在胸怀大志急于表现又表现不出来的时候,那时候可能就把你的很多潜能都调动起来了。一旦稳定下来有评论家这样那样指点后,我的创作反而进入了比较难的时候。现在我就进入了一种创作要特别小心的时候。

问:这个小心是什么意思?

答:这个小心就是千方百计地减少对自己的重复,但是这是非常困难的。比如说《四十一炮》,我尽量想写得语言和《檀香刑》不一样,但读者可能还是感受到一以贯之。可能语言内核的东西还没有变。故事变化很容易,比如我可以写一个《师傅越来越幽默》这样的作品,但它为什么会有不像的感觉呢?就是因为语言没有说服力。这个不像就产生于我写这个人物时没有像写其他人物一样,我在某一时刻可以变成他。因为我毕竟对这么一个老工人的心态不是特别熟悉。当然我也接触过这样一些老工人。他放在县城里我还是很熟悉的,但放在大城市里就不熟悉了。《师傅越来越幽默》的故事如果放在县城、放在乡镇可能就好一些。我有自信啊,我一有自信我的语言就有说服力。当然《师傅越来越幽默》你看了也挑不出什么毛病,但可以感受到它缺少说服力。

问:您自己认为,《檀香刑》是您创作的一个分野,此前多少还是受魔幻现实主义影响,此后完全转到了本土的乡土文化。但就像您刚才说的,我感觉您的创作从始至终是有口气贯串下来的。对民间传说、民间文化的继承一直没有变,只是在表现方式、结构或叙述方式上发生了一些变化。内核是一以贯之的。

答:我觉得是这样的。地方小戏是民间文化中对我产生影响的很重要的艺术样式。这些东西在我过去的小说里肯定已经发生作用,《透明的红萝卜》《檀香刑》里都有,后者用小说的方式来写乡村的戏剧,这个时候作家的主观意图就比较明确了。这也很难说好还是不好。

小说家应该有强烈的批判精神

问:韩少功的丙崽,阿来的土司二儿子,您的炮孩子和肉神,都是有种通灵色彩的形象。如果用正常人的标准来衡量,他们都是非正常的。但恰恰是这样的形象,往往使作品内涵更丰富。为什么塑造这样形象的作品往往更吸引人或更容易成功?

答:这确实是世界文学中的一个普遍现象。回想一下,这样的主人公是太多太多了。格拉斯的《铁皮鼓》、伦兹的《德语课》、拉什迪的《午夜的孩子》、欧·本茨《饥饿的道路》,这种傻孩子或超常孩子,为什么会有说服力呢?我想,这样的小说反映的都是打破了平庸的非正常的奇特生活,通过这样的孩子的眼睛来看是不是更准确一点?再有,我的小说为什么要确定罗小通的炮腔炮调?就是考虑到这种生活的说服力。我怕读者难以相信这种生活的说服力,所以我就先框定这是一个炮孩子的炮言炮语。他在讲述的时候就是一种创造,不要用现实的条框来框定。这是可以从创作心理学上来研究的一个课题。很多国内外的著作都有这种超常的小孩在里面,一群傻瓜。傻孩子现在太多了。也可能傻作家太多了,很多题材雷同。我刚给《小说选刊》原创版写那个《火烧花篮阁》的结尾:接下来的故事,无论他怎样努力地想不落俗套,都会变成对时下流行小说的拙劣模仿。

时下一些作者挖空心思搞一个创新,回头一看,又落入另一个圈套了。怎么办?只能尽量做到不重复自己,也不重复别人,但实际上你以为没有,其实还是在重复。

问:《四十一炮》的后记中您有一句话,说"我不谈思想"。在您和大江健三郎的对话中,也有一句话,"作为一个农民的儿子,我有一颗农民的良心,不管农民采取了什么方式,我和农民的观点是一致的。"谈到《天堂蒜薹之歌》时您说,"我是从乡村出发的,我也坚持写乡村,这看起来离中国当今的现实比较远,如何把我在乡村小说中描写的感受延续到新的题材中来,这是我思考的问题。因为我写的是小说,而不是大批判的文章。""经过了一段创作以后,我发现作家是不能脱离社会的。一个作家可以千方百计地逃避现实对你的影响,但现实会过来找你。"前面谈到的这些作品,看上去好像离现实有一段距离,但是否从这样的角度反而更利于切入我们生活的本质?表现生活的力度更大更直接一些?就像您离开高密东北乡后,因为距离反而获得了更好的表达?

答:作家写的时候未必会考虑这个问题,但现实的影响还是有的。我读《爸爸爸》,这个小说对"文革"的批判意图是非常明确的。《尘埃落定》中,可以看到阿来的藏族人立场。《四十一炮》,我尽量地把这个故事变成童话或寓言,但罗小通讲到90年代的农村时,我对农村的看法也是掩盖不了的。我没有批判老兰,没有骂老兰,但实际上我对他的态度是明显的。作家应该尽量往后藏,不谈思想不代表没有思想,我对老兰这样的人物肯定是持一种批判的态度的。但是不是这个小说就完全把他掩盖住了呢？我并不知道。当然有些作家可以在作品里直接表达爱憎、表达思想。我的意思是，我不代替人物说话。既然是罗小通这个炮孩子在讲话，那么所有的思想都是罗小通的，现实生活中，我对老兰这种人物深恶痛绝，但罗小通对他很赞赏；我对父亲这样的人物有同情，但罗小通是瞧不起的。这也是文学作品的批评方法的问题。究竟怎样看待作家和小说人物之间的关系？究竟怎样把作家的思想和作品中人物的思想区分开来？当然，作家的思想最终也制约他对小说素材的选择，也制约了他作品水平的高低，但完全把作家思想和小说人物的思想画等号，这种批评方法非常陈旧。

问：在这个作品中，无论罗小通最后怎样，读者是能读到一种非常尖锐的批判的。

答：写作时，我在里面也表达了很多的讽喻。起码我觉得是对现在社会人的变态的、夸大的欲望的一种批判，罗小通在吃肉上表现出的病态和夸大，以及肉神庙、肉神节，就是人的非正常欲望的表现。和尚的性史，就是对现在泛性的讽刺。写《酒国》时，这个主题也是非常鲜明的：对酒文化的反讽和批判。但我没必要自己跳出来骂，这就是我说的不谈思想的意思。作家的思想没有直接表现而读者能感受到，这是一种最好的境界。

问：现在有一些作家，不谈批评，不谈思想，这个不谈和您说的不一样。您觉得，小说家要不要有批判精神？小说应不应该有批判精神？

答：小说家应该有强烈的批判精神。实际上每个人都在批判，作家不能简单跳出来，像骂大街的，但这种批判精神应该是支撑小说的时代精神。你选择了作家这个职业，你就选择了一个反叛者的行当，扮演了一个反叛的批判的角色。任何一个时代的好作家都是扮演了一个批评者的角色。像铁凝、王安忆、张平等，他们的作品中都有着批判的精神，但表现方式却大不相同。

问：这也正是读者喜欢他们的作品的原因。

您现在在山大文学院带研究生。原来是作家纷纷到学院去充电，现在是作家纷纷到学院去讲课、任教，对此您有什么体会？

答：我觉得我是不称职的。作家有两种，一种是学者型；还有一种，像台湾说的，叫素人作家。我更多的还应该是素人作家，靠灵性、直觉、感性和生活写作，不是靠理论、知识写作。当然，有一种作家是完全可以到大学里去当博导的，像叶兆言、格非，他们都是读书破万卷的，又家学渊博，而且他们掌握了做学问的全套方法。我觉得我是滥竽充数。再有一种，像王蒙、梁晓声，他们也可以当教授。他们经验很丰富，理论能力很强，口才也好。

问：您不觉得作家介入当代文学的教学，对这个学科的发展、对文学的发展来说是有利的吗？

答：总体上说，我觉得这个现象是好现象，但乱套了也不好。如果每个大学里掺杂这么一两个作家，起码可以消灭学生对作家行当的神秘感。

2013 年

电视剧《全家福》：用记忆酿出的美酒
——访原著作者、作家叶广芩
高小立

正在央视一套热播的48集电视剧《全家福》，透过北京一个四合院60年的变迁，展现了北京人的精神与生活。电视剧播出已过半，追看的观众越来越多，作品浓郁的京腔京味成为最大的看点。

该剧改编自作家叶广芩的小说，正宗的京味应该归功于作品的原创作者。1968年到山西插队的叶广芩虽然扎根在了大西北，每次回北京已变成了走亲戚，但北京一直是她的文学根基。一段叶广芩在第五届全国少数民族文学创作会议上的发言足以说明这一点："我时常地怀念故乡北京，那些个困苦、简陋、热闹、温情，让人留恋，也让人一言难以道清。我老想借文学作品将老辈的信念传达给今人，企图从片段细节中追溯历史、品味人情、琢磨生活、感念今天……那些尘封已久的人和事，那些被我信手拈来的素材，已经变成了醇美的酒，是能够被广大读者认可、理解和喜爱的，这是性情的共同，是文学的美丽，当然更是文化的魅力。"从这段话，或许也能找到读者或观众对《全家福》喜欢的理由。在《全家福》热播之际，听听原创者的心里话是情理之中的事。叶广芩正在参加陕西省的"两会"，百忙中接受了记者的采访。

记者：由文学作品改编影视剧，已是当下文艺创作的普遍现象。而您的小说《全家福》先是被北京人艺改编成同名话剧并成为该院的经典剧目保留下来，时隔数年之后，又被改编成电视剧，成功搬上荧屏，这在文学作品中是不多见的，足以看出您这部作品的魅力。您认为作品中的哪些东西吸引改编者和观众，并被他们喜爱？

叶广芩：现在的48集电视剧《全家福》是根据我1999年创作的22集电视剧和北京十月出版社出版的同名小说加工的，北京人艺的话剧是根据小说创作的。从电视剧—小说—话剧又回到电视剧，经历了十几年，《全家福》无论以什么艺术形式呈现，之所以能引起大家的关注和喜爱，还是因为那些共同的经历，我们一步一步走过的路，我们曾经使用过的日常语言，我们曾经谙熟的家长里短，在岁月中，它们不断被重复、被刷新、被司空见惯。今天通过文艺作品将人们心中的封存倾倒出来，才发现记忆已经变成了酒。

记者：由华策影视和中央电视台电视剧制作中心联合出品的电视剧《全家福》开播后，好评如潮，收视率节节攀升，尤其是剧中纯正的老北京味吸引了观众，我想这离不开您原著中地道的老北京语言风格和具有生活质感的描写。当年北京人艺慧眼将其搬上话剧舞台，也是因小说中的北京味道和文学精神符合人艺演剧风格吧？

叶广芩：《全家福》的背景是北京，从新中国成立到改革开放，贯穿了60多年的北京，从语言风格到对事物的认知，展现着时代的和地域的特色。北京人的爱家爱国、友善大度、礼数教养、幽默诙谐，是化在骨子里的。无论时光怎么变，无论我们走多远，不变的只有这精神。

谈到话剧《全家福》，我感念颇深。我虽然已经离开北京，但是，对来自北京人艺的邀请我不能拒绝，因为那是和家联结在一起的神圣，家没了，人艺还在。

在改编剧本的过程中，人艺的同志们给了我不少关照，让我自由地写，打破一切拘束和条条框框。人艺食堂的饭我是吃了不少，烙馅饼、涮锅子、炸酱面……故乡的饭食有家的味道。京腔京韵的温馨沁到了心里最柔软的地方，我知道，从今往后，我的心里在北京有了一个具体的家，它不是拆成瓦砾的四合院，不是凋谢零落的手足，它是蒸蒸日上、繁花似锦的北京人艺。话剧《全家福》演出了100场。那天，我被请到了舞台上，跟导演任鸣和演员冯远征等一起谢幕。

人情重怀土，飞鸟思故乡。家乡的情节凸现出来。

记者：的确，您是北京人，但您于20世纪60年代就离开北京去了陕西，小说中的老北京味道应该是您记忆中永远抹不去、已渗入骨髓的家的味道，才会有今天话剧、电视剧中纯正的京味展现。当然从话剧到电视剧，也离不开改编者对老北京文化的守候，那您对被某些人冠为"痞"的另类京味是怎么看的？

叶广芩：什么是"痞"的另类京味，我不知道，京味小说的涵盖是宽广的，在这座华美生动的城市里，容纳了各样的生活态度、语言习惯，也是这些"各类"组成了北京的博大精深。我喜欢各种题材、各种语言风格的京味小说，为我的同行们鼓掌叫好。我们都是北京的孩子，我们想怎么说话就怎么说话，当然，我们说的都是北京话，我们之间没有障碍。

记者：剧中光是听纯正的京腔就特过瘾，这些天，很多观众被剧中的京味方言所感染，每天跟着人物台词学老北京话，像"崴泥""捎带手儿""捅娄子"之类的京味语言，原汁原味。可以说，您的京味作品对传承京派文化做出了不可低估的贡献。

叶广芩：别说"贡献"这样的大词。任何语言都是发展的，过去的就是过去了。旧时的"愣头青"和今日的"二×青年"、"崴泥"和"悲催"有着异曲同工之妙。《全家福》不过是撩拨起了不少老北京人的往日情怀。是的，我们曾经说过的话，今天已经不这样表达了,"犯嗲"和"卖萌"之间没有关联却又一脉相承。

记者:您以娟秀细腻的笔触,刻画了一群性格鲜明、栩栩如生的人物形象,如生性耿直、以"平如水,直如线"为人生准则的古建队长王满堂,电视剧里的王满堂人物塑造同样秉承了这一准则,主演"平"与"直"的性格和做人原则,也是全剧的风格定位——平凡、平时、平常,但人物平凡不平庸,日子平常不平静,生活平实不乏曲折。这是我对该剧的一个突出感受。能代表北京的小工业者很多,为什么选择古建行业?

叶广芩:《全家福》抒写了北京建筑工人的心路历程和生活,北京百姓的价值观念,北京社会的风土人情、社会的变迁、生命的演绎和对事业的执着。我和中央台影视中心的同志们当初在酝酿这部电视剧的时候,觉得最能突出北京几十年变化的就是建筑行业,最值得表现的就是建筑工人,最有特点的就是古建队,为此我们开了几个古建工人的座谈会,那些老工人给我们谈了不少营造社,谈了不少老辈故事,"平如水,直如线"就是他们告诉我的,这是建筑行业的原则,也是他们的处世原则,师傅就是这么教的,不可改变。为写《全家福》,我到故宫古建队深入生活,古建队的人告诉我,每一座殿宇都有自己的灵魂,都凝聚着建造者的心劲儿,它们是有生命的,永远活着的。面对着红墙黄瓦,我生出一种敬重、一种感动,对中国传统文化的敬重,对古建工人的敬重,我要把我的感动传给大家,让大家了解中国古建工人。

记者:该剧60年的时间跨度并没有绕开各个历史时期的历史事件,比如公私合营、反右、大炼钢铁、十年动乱等都在剧中有所表现,但又没有把这些运动以惯常的恩怨情仇来加以放大表现,重点则放在了老百姓如何互相取暖,积极、达观地过好每一天的日子上,还原了当时百姓的真实心态,还原了历史,该剧感人的地方正是这点。

叶广芩:我们的日子是由许多平常生活组成的,看电视大家喜欢跌宕起伏、悲欢离合,但是过日子谁也不希望自己大起大落、险象环生,其实生活就是由一个个值得记忆的细节组成的。一天,我路过朝阳门外东岳庙琉璃牌坊,望着站立于现代高楼大厦间的古旧牌坊,突然感到了对以往生活细节逝去的无奈和文化失落的不安,于是写了些反映北京人的小说,那些个困苦、坚韧,那些个热闹、人情,让人留恋,也让人一言难以道清。内中饱含了北京人的苦辣酸甜,也饱含了北京生活的点点滴滴。《全家福》是其中的一部。

记者:这部电视剧播得这么好,您是否有亲自执笔做编剧创作一部京味电视剧的冲动?特别期待您再有新的京味作品问世。

叶广芩:再写京味电视剧得看缘分吧。我和观众们一起品味生活这陈年佳酿,悠远绵长,回味无穷。过去的岁月里暗含着今天的必然,在今天的现实中又能窥出逝去岁月的痕迹,我感到了过去和今天的衔接,感到了我们对文化的理解和对艺术的尊重。

借《全家福》来回顾一段岁月,目的是将北京的老相册拿来与观众共同翻阅,与大家从片段细节中追溯历史、品味人情、琢磨生活、感念今天。

感谢生活,无论是好是坏;感谢生命,无论是短是长;感谢观众和读者,无论是远是近;感谢写作,无论是高是低。

埋藏在人性深处的文学之光
——作家迟子建访谈

徐 健

记者:从1983年开始写作至今,整整30年,经历了不同的文学思潮,面对各种文学观念、美学追求,您有没有主动调整过自己的写作方向?您心中的文学理想是什么?

迟子建:从《北极村童话》到《世界上所有的夜晚》《额尔古纳河右岸》,再到《晚安玫瑰》,我这30年创作中的变化,读者都是看得出来的。但我所有的变都是渐变,也就是自然而然的变,而不是刻意求新的突变。我的写作始终走在自己的路上。我属于那种从山里流出来的小溪,没有汇入大的江河,带着流经土地、山川、草木的气息写作,我已很知足。只要我认准的路,很少会被什么文学潮流左右。这跟我的个性也有关,因为生长在大兴安岭,每年有半年在冷风中,性格比较坚强。

我对文学的理解是这样的,文学是特别世俗、特别朴素,又特别天籁的东西。我生活的土地给予了我创作的一切。在这片领地里,我还没有开拓得更好,所以我认定我在这条路上还能走下去,还有发展的空间。因为到目前为止,我储存的一些故事还没有动用。

我觉得好作家是不分都市与乡村的,关键是看你的心灵是否向生活敞开。有的作家仅靠新闻资料去写作,这种貌似深刻的写作,不管文笔多么洗练,其内心的贫血和慌张还是可以感觉到的。因为他们已经被悬挂起来,写出的东西不可能不干涩。而我不管身居都市还是乡村,都愿意融入生活之中。

生命是有限的,但只要你拥有强大的内心世界,这个内心世界能给予你温暖和爱,你就会对生活中出现的哪怕是很微弱的一丝光,都很感恩。所以,哪怕我的个人生活中遭遇到不幸,我仍然能对生活怀有敬畏之心。

记者:在小说创作中,您有没有在故事讲述的形式上不断尝试新的东西?对于那些单纯注重形式感的作品,您又是如何看待的?

迟子建:其实,我总是在为每一部作品量身打造最适合、最恰当的形式。像《白雪乌鸦》就找到进入那场鼠疫的点,用了片段叙述的形式。《伪满洲国》涉及的是14年历史,我用的是编年体,这个体例的好处是可以锤炼内容,比较容易把故事展开。其实作家都在寻找故事的最佳表达方式,就像一条河在不断向前流动中,自然形成河道的风貌。题材还是重要的,一些形式感特别强的作品,很容易走向空洞。酿出美酒再造瓶子是对的,而造好了瓶子生硬地去勾兑一种酒,却是寡淡无味的。

记者:您笔下的人物、风情、故事大都源自脚踩的这片黑土地,故乡成为您作品取之不尽、用之不竭的题材资源。那么,您最想在故乡的叙事中传达什么?是我们具象化的生活空间,还是理想化的精神家园?

迟子建:对我来说,故乡的含义两者兼有。有现实的故乡,作家的写作就有了支撑,心里就不慌。故乡是可以安放灵魂的地方。如果没有从小在故乡中见到的风景,没有那里的风雪的捶打,就没有我和我的写作世界。

记者:2013年伊始,您的中短篇小说集《黄鸡白酒》由湖南文艺出版社出版,其中的中篇小说《黄鸡白酒》以哈尔滨为背景,讲述了一位年近90岁的老人春婆婆的故事,并为我们展现了一幅真实生动的市井人生画。对此,有评论称这部作品在"为市井人物作传"。您为什么会对这样的人物情有独钟呢?

迟子建:我喜欢市井人物,他们在我眼里是文学天空的星星,每一颗都有闪光点,就看作家有没有一双善于发现的眼睛!《黄鸡白酒》中的一些街名,比如玉门街,在哈尔滨是真实存在的,我在那一带曾生活了七八年。在我眼里,每个市井人物都像一面多棱镜,折射着我们这个时代,更折射着他们不同的生活侧面。这里有生之艰辛和不平,也有苦中的快乐和诗意。弘一法师临终手书"悲欣交集",我想市井人物的情感世界,用这四字来形容,再合适不过了。与之相比,在大人物身上,就很难找到人性的闪光点。虽说他们也有我们未知的痛苦,也有惊心动魄的内心生活,但我与他们的生活相距甚远,难以靠近。我的笔触还是伸向泥泞的街巷,伸向寒舍,伸向与我们生活息息相关的普通人,才更畅快和滋润。这些烟火气十足的场所,散发着熟悉的柴米油盐气息,是文学的重镇,因为它们让我看到了生活的真相。若想了解一个时代,最好的办法就是走进小人物。在他们身上,你能感受到苦辣酸甜,看到希望,也看到苍凉。因为他们活在现实的矛盾当中,在尘埃里,可感可触。

我特别不喜欢长时间扎在知识分子堆里,那样会感觉很累。我喜欢市井生活,比如我很喜欢逛夜市,夜市就是一个生活的大舞台,也是文学的舞台。在那里能见到豪爽大方的商贩,也看得见斤斤计较的。他们在做小生意时,有的互相调侃,那语言风趣智慧,有滋有味,这些生活中的故事常常进入我的作品。比如《黄鸡白酒》中"分户供暖"交暖气费的情节,就源自我的亲身经历。供暖的个别霸王条款,使一些人白白缴纳供暖费。那时我是省政协委员,在做过相关调查后,写了个提案,政协也落实到相关主管单位,但他们说了一堆理由后,我的建议没有被采纳。所以我拿起笔来,用文学来表达。文学可以深入人的心灵世界,可以为苍凉世事中的种种不公留下注脚。写作《黄鸡白酒》时,在玉门街一带经常出现一位老太太的身影,她自然而然成了小说的主人公。她平素捡些易拉罐、纸盒之类可以卖钱的废品。她生活落魄,但神态怡然自得,见了谁都打招呼。而黄鸡白酒那样的小酒馆,我见得太多了,所以把春婆婆放在那里,我写起来异常亲切。有的作家认为虚构能解决文学的一切问题,但我还是认为,生活永远是作家重要的写作资源,虽说不是唯一资源。所以,我写到结尾,春婆婆看到那只被宰的公鸡还没有死透,鸡还在蹬腿的那一刹那,她的心和那只将死的鸡一样,是颤抖的。我写到这里时,心也是颤抖的,生活就是这样。很多现实生活的不公,都压在了这个老人身上,让她在晚年应该感受温暖和幸福的时刻,依然承受着人世的寒冷和凄凉。春婆婆的晚年会是我们的晚年吗?

公鸡在这里也有隐喻的成分。春婆婆的爱情是从一种朦胧状态开始的,因为未婚夫没有及时赶到,而婚礼不能延迟,她是抱着一只公鸡成亲的。但是在她生命的历程中,爱情由朦胧变得清晰,直至刻骨铭心。人们一般理解的爱情要么是卿卿我我,要么是生离死别,但是我理解的爱情却是朴素的。如春婆婆,对一个男人能终身忆想,因为这个男人给了她温暖,给了她爱,这种东西留在她心底,像火焰一样,寂静地燃烧。所以虽然她爱的人离去了,她心底有那样一团火焰,便能每天坐酒馆喝喝酒,与街坊邻里聊聊天。这种乐观的生活态度,源自一个女人曾获得过丰盈的爱,这种爱是能抵御生命的寒流的。

记者:很多人从《黄鸡白酒》这本书中读出了温暖,包括您刚刚在《人民文学》第三期上发表的《晚安玫瑰》,感受到了您对人生的表达日趋沉稳,思考渐趋深入,这是否意味着您对文学的理解发生了变化?

迟子建:一个人的皱纹,不会是一夜之间爬上眉梢的,这都是岁月累积的。一个人的写作也是这样,其变化也是随着写作的深入,自然有了苍凉感。《黄鸡白酒》中的五部作品,故事可能是悲凉的,读者能读出暖来,那是作家的个人情怀在起作用。作家带着对世俗生活的爱去描写人物,再悲剧的人物也获得了生机,呈现出了你所说的暖的气象。春婆婆对自己经历的苦痛并无太深的怨艾,是女性身上天然的悲悯情怀使她能够宽恕周围对她不公的人,与之达成和解。回望那些流传下来的民间神话与传说,为什么故事基本是暖的?我想那是因为很多讲故事的人都是女性,她们身上有着母性的慈祥,在传承和复述故事的过程中,用一种天然的爱,不知不觉地把悲剧故事给消泯了。我是个特别热爱生活的人,总带着感恩的心去看待身边的人和事,哪怕别人吹给我的是寒风,哪怕世界给予我的是漫天霜雪。想想吧,所有的人都会化作尘埃,没什么是不可宽恕的。我们不过是宇宙的一粒尘埃,大自然才是万古长青的。所以我也钟情于描写大自然。读者能够从我的小说中感受到暖,我还是很欣慰的。

《晚安玫瑰》是我的近作,写它差不多花掉三个月的时间,是我写的篇幅最长,也是注入思考最多的中篇,也是我个人比较偏爱的一部作品。小说塑造的吉莲娜,也圆了我的一个梦,我把哈尔滨的另一段历史讲完了,那就是流亡到哈尔滨的犹太人的故事。《晚安玫瑰》中的每一个人,都在欲望中挣扎,通过神灵或自我救赎,走上精神的皈依之路。在这里,我们可以看到时代的风云变幻对个人命运的影响。迄今为止,我写了3部关于哈尔滨的中篇:《起舞》《黄鸡白酒》和《晚安玫瑰》,从中也可以看到这些年来,我一方面仍然在开掘故乡的土地,同时也将笔触转向城市,转向当下的生活。前一段曾有记者问我对爱情的看法,我说不是所有的爱情都能开花的,也不是所有开花的爱情都会结果的。《晚安玫瑰》中的吉莲娜和赵小娥的爱情故事,从不同方面证明了这一点。

记者:不管是春婆婆、吉莲娜,还是《额尔古纳河右岸》中最后一位酋长的女人,她们都是年龄非常大的女性,为什么把她们作为作品的主人公?

迟子建:这里我不免怀着一点私心,就是希望自己也能活到那般年纪,而且到了白发苍苍时,依然可以拿笔讲故事。一个历经沧桑的女性,必然有着丰富的情感,而年老的女性通常是故事的讲述者。《黄鸡白酒》中的春婆婆的爱,更多体现在生活层面,却是踏实的、亲切的、历久弥新的;吉莲娜的爱更多体现在精神层面,这种爱一样是地久天长的。现在这个社会太现实了,一切都讲求物质,无论是爱情还是婚姻,都变得特别世俗化。年轻人不知不觉间成了房奴车奴,沦为物质的奴隶。当然,他们大多时也是被迫的,是时代强迫的,有着沉痛的现实遭遇的。不管怎样,人还是要有精神信仰的。因为做精神的奴隶,人是在为自己活着;而做物质的奴隶,很大程度是为别人活着。

记者:批评家往往喜欢将作家归为都市写作或者乡村写作,您是如何给自己定位的,是否倾向于某一领域?

迟子建:批评家的划分方式过于简单了,这与阶级划分有什么区别呢?好作家既可写乡村,也可写都市。像王安忆,既有《长恨歌》,也有《小鲍庄》。其实,都市小说并不都是高档商场、咖啡店、高架桥这些很概念的场所,这是浮在表层的东西;乡村也是一样,田园风光中一样有罪恶。人类的情感是共通的,人性又是复杂的。而我理解的故乡有两层含义:一个是现实的故乡,一个是精神的故乡,这两个故乡对我同样重要。我的笔在故乡和都市之间游走,没有隔阂感。

从20世纪90年代中期,我就在长篇小说《晨钟响彻黄昏》中开始关注我生活的城市,只不过没有引起注意。从《起舞》开始,我对哈尔滨这座城市渐渐有了感情,一直到《黄鸡白酒》《晚安玫瑰》,我开始慢慢捕捉到了这座城市的脉动。

当你拨开都市五光十色的外衣,你会发现几百万人口生活着的都市,真正光鲜的人没有多少,更多的是像春婆婆这样的布衣百姓,过着简朴的小日子,演绎着生活的悲欢离合。光鲜的人物往往不是活在四季中,他们通常只活在春天里;而小人物却活在四季中,既有春光的照拂,也承受生活的寒露。

都市化进程有时也很可怕,我们往往把一些不该现代化掉的东西也现代化了,比如我在《黄鸡白酒》中写到的木窗。其实在莫斯科的郊外,这种小木窗还普遍存在,而且很适合东北的民居,但是现在一律变成了冰冷的铝合金门窗,就像我在小说中描写的一样。现代化带来了社会的进步、生活的便利,但是步伐太快了,太盲从了,容易把好的东西也给消灭掉。作家应该警惕这种变化。对当代作家来讲,我们所经历的时代是前所未有的,人性也从来没有这么复杂过。我说过,小时候我觉得满世界都是神灵,现在我却在人间看到了形形色色的鬼。我仍在努力用我的笔,向着人性深处开掘,因为我相信文学之光埋藏在那里。

王安忆:我是一个比较严格的写实主义者

徐 健

　　记者:从1979年创作小说《谁是未来的中队长》至今,您的创作贯穿了新时期以来文学发展的各个阶段。与20世纪八九十年代相比,您如何看待当前文学的发展现状和态势?

　　王安忆:我时常与一些人聊起中国当代文学,发现他们对当代文学的反应是非常平淡的。但我认为,当前的文学生态还是可以的。20世纪80年代,文学创作曾一度繁荣,如今虽然没有那时的景象,也没有太大的后退。文学的发展是有周期的。我们看到作家们都在认真地写作,在这样的境况下,文学成为被数落的对象是很不正常的。曾记得在世界杯足球赛场上,葡萄牙足球队员臂戴黑纱,默哀3分钟后才开始踢球。他们默哀的人就是刚刚去世的用葡萄牙语写作的诺贝尔文学奖获得者萨拉马戈。在任何一个国家,文学都应该受到尊敬,文学决定了所有艺术的表述。

　　记者:在不断更迭的文学思潮中,我们发现,您的创作与这些思潮之间总是保持着若即若离的关系,既尝试新的风格,又坚持自己的东西。那么,您是如何给自己的创作定位的?

　　王安忆:作家很难完全离开文学思潮的影响。20世纪80年代,我就写过很多实验性的东西,很难读。年轻的时候总是喜欢去挑战自己、为难别人、反叛传统,比如《流水三十章》就在尝试小说写作的新模式。20世纪90年代以后,我开始慢慢平静下来,回到小说本身。我对小说的理解更加明确,小说就是要讲故事。就像莫言说的那样,小说家都是讲故事的人。讲故事离不开情节、细节、人这几个要素。

　　记者:在您的许多作品中,上海不断成为被书写、被关注的对象,您怎样描述自己跟上海的关系?

　　王安忆:让我为上海这个城市画像很难。我曾经说过,我跟上海是一种比较"紧张的关系"。我不喜欢这个地方,但是我居住在这里,又不可能写别的地方,这里是我唯一的选择。但是让我离开这里,我的生活又不习惯。我相信每个人都有过这样的感受。你的所有经验都在这个地方,很难用爱和不爱去解释这种关系。我们就在上海的变化当中,被它推着走,可能很难客观地去看它,一定是充满了各种主观性。这也可以看作我对上海的感受。

　　记者:作家写作的对象大都是已经发生过的事情。对您而言,小说中的上海也基本上停留在过去的时光、人物身上。对此,有人会将您的小说贴上怀旧的标签。您认同这种说法吗?

王安忆:小说写的一定是已经发生过的事情。从这个角度看,我们每个人的写作都是在追忆似水年华。但是我绝对不是怀旧,小说中的故事都是当下的生活。我是当下感特别强的人。在我的写作里,只有《天香》和《长恨歌》里的第一卷是我没有经历过的事情,其余的生活都是当下我经历过的。我很难去想象自己没有经历过的东西。把怀旧的标签贴在我身上,可能是一种社会风尚使然。我过去一直写上海,但是没有多少人注意。直到20世纪90年代写《长恨歌》时,上海渐渐变成一种象征,一个风花雪月、黄金的民国年代的标签,然后,一些人忽然发现,我的《长恨歌》带有这种影子,然后就把我的作品向怀旧靠拢。有时候,作者恰恰是被别人规定的。

记者:刚才您提到《天香》,这篇小说对上海的叙事已经转向历史,试图在历史叙事中观照现实。那么,是什么吸引你走进这段历史,又在其中发现了什么?

王安忆:对我来说,上海就是一个材料,不能说我的视角就是上海,我是在讲述一个故事。这个故事发生在什么地方,从某种程度上说,也是一种局限性,肯定跟我生活的环境有关系。我不可能写一个别的城市发生的故事。对故事而言,最重要的是它吸引你的是什么,这个吸引你的东西里面什么是最主要的,然后它会生发出来。

《天香》之所以吸引我,最让我产生写作欲望的就是其中的绣艺。绣艺是大户人家的技艺,但是最后这户人家的女人用它来维持生计。如果从女性主义角度来看,这是非常可贵的。一个女性既要养活自己,又要养活男人,还要把这门技艺传承下来、传播开来,这就叫创造。一个女人在什么样的情况下才能有如此的创造力?这需要天赐机缘。有了这么一个想表达的东西后,我就需要考虑一些条件了。故事应该发生在什么条件下?我是很注重"本事"的人。《天香》的"本事"就发生在晚明。那可不可以把故事移到唐代或者清代呢?在经过一些调查、案头工作后,我发现它必须放在晚明不可。因为晚明时期手工业兴起,《天工开物》出版;还必须放在上海,因为这里有市场、有市民阶层,这样她们的手艺才能得到交换。这就迫使你对晚明社会进行一番描述,写小说的乐趣就在于此。

记者:这种写作的乐趣具体是什么呢?

王安忆:主要是想象力的乐趣。但这种想象力又不是海阔天空的,而是有逻辑的。比如,《天香》中的原型顾绣留下的资料很少。我就揣测这门技艺可能从民间而来,是由这家人的一个妾带来的。于是,我开始设想这个人是哪里人,什么时候把技艺带来,她的男人的正房是什么性格。写作中,我个人有一种情绪倾向,就是不想把这一家的男人写得太坏。他们虽然家道衰落了,人很不争气,不去好好做官、读书,但恰恰是这些性格吸引了我。我蛮喜欢边缘的性格。这些不爱做官的人到底有一种什么样的兴趣、人格,这就要为那个妾进入他们家做一些铺垫。

我写什么东西都喜欢推远了来说,所以很多读者会感到我小说的开头特别慢,特别后发,看了四五万字,还不知道我要干什么。在我看来,前面的基础做不好,就会觉得后面不可靠。所以,在《天香》中,我从正房太太说起,她的性格如何,跟丈夫的关系如何,又是在什么状态下接受这个妾的。我不想把这个妾写成三千宠爱于一身,刺绣本来就有寂寞的感觉。

记者:《天香》以绣艺写了一个家族的历史。您是否在尝试一种新的家族叙事方式?从您以往与家族叙事有关的作品看,您似乎对史诗性的宏大叙事刻意保持着距离。

王安忆:《天香》中的家族叙事也要遵从以人物为中心的叙事逻辑。为了传播绣艺,女性付出了劳动,并在传播中成长,其中,核心问题之一就是这个家庭为什么会沦落到要由女人来养活。小说中的绣艺肯定要在贵族人家里,否则无法升华,只能是民间的缝缝补补。要把它上升为艺术,必须放在大家庭里面。小说叙事中的因果关系是非常复杂的,你们看到的果,在我看来恰恰是因。

宏大的史诗性的叙事,与我还是有距离的。在我的小说里,最主要的还是个体。我从来没有野心去表现某一个历史阶段、某一个社会变迁。有人说《长恨歌》是写上海的历史,我却认为它写的是人。《天香》中,我也是在以物体现人。小说中的人物和人物性格是最重要的。当我写作中遇到困难的时候,就是找不到人物性格的时候,一旦找到这个性格,一切就顺利起来。

记者:对于寻找人物的性格,您有没有自己独特的方式?

王安忆:就是去想象这个人。在生活中我们会看到很多人,但要去找有价值的性格。我不喜欢性格平淡的人。小说中的人物肯定不止一个,对我来说,任何人物的出现都是很谨慎的。这个人他出来干什么,能干多少事情,要有发展脉络。如果仅仅出来晃一下就下去,这就不需要了,小说是不需要跑龙套的。每个出场人都是有使命的,从他出场我就在给他寻找性格了。写作很具体,重在操作。我喜欢从边缘人的身上寻找个性。

记者:您刚刚出版了中短篇小说集《众声喧哗》,其中的中篇小说《众声喧哗》讲述了欧伯伯、保安"囡囡"、六叶三个市井小人物的日常生活。从他们的生活状态看,并没有"众声喧哗"的意味,但为什么把这个词作为题目,这同您对这个时代的感受有关吗?

王安忆:有时候给小说起题目有点"王顾左右而言他"的意味。小说中写到的三个人,都有言语上的问题,如欧伯伯说话断断续续,年轻保安"囡囡"说话有些吃力,六叶又特别会说,但是说的都是假话。三个人凑在一起制造出了声音的气场,但是他们的意义都是不明的,或者说,表达的意义是另外一个层面,同正常人传达的语意体系完全不同。我就想让他们在一起形成一种声音或者语言的体系。这当然是一种隐喻的说法。其实,就是要指向城市中的某一个空间或者某一类人群。在具体的写作中,我想得非常简单,就是要写一群有性格的人。现在看来,这里面的人物都是非常有性格的,他们在一起组成的关系很奇特。读者完全可以结合自己的经验解释它。

记者:您小说中的人物大都集中在市井里弄,这些人物构成了您创作的主体。为什么会对市井人物如此偏爱,他们身上吸引您的东西是什么?

王安忆:在我看来,市井人物有个性,他们身上有美学价值。我写小说,最关心的是人的个体性格。主流的很多人物都是被时代、社会塑造的,缺乏性格和自己的个性,都是一种集体的状态。这和我的世界观有关系。写小说的人都是很主观的。你很难把我跟别人去比较,甚至建立关系。每个人对世界的看法和认识都是不一样的。写市井人物,这是我个人的兴趣。这些人生活在社会的边缘,反而回避了主流的塑造,回避了一些集体性的、意识形态化的东西,变得非常有性格,这些性格都是独一无二的。吸引作家创作的一定是这些独到的东西。此外,这也跟我创作的材料有关系,我就生活在上海市井生活中,很难摆脱这种生活经验。一个作家如果刻意去寻找材料,往往什么都得不到。你的生活本身就会跟各种事情发生关系,这是最基本的材料来源。

记者:一年来,您以非虚构的命名相继编选出版了散文集《空间在时间中流淌》《男人和女人,女人和城市》,为什么会选择非虚构的命名方式?您又是如何看待小说与虚构之间的关系的?

王安忆:在我的写作中,散文都是非虚构的,都带有纪实性,非虚构正是由此而来。我对写作是很认真的,对文字从来不敢怠慢,但我不是对散文文体有研究的人。选入散文集中的文章都是我这么多年来慢慢积累起来的。虽然数量不少,但我不是散文家。我给自己的定位仍为小说家。

小说写作,首先是虚构,但用的材料又是非常现实的,这里面的关系非常微妙,可以看作一种二律背反。虚构中的逻辑一定是现实的逻辑。就像《众声喧哗》中的纽扣店,有没有见过这个纽扣店不重要,问题是生活中存在不存在这样的小店。我是一个比较严格的写实主义者,更关注生活中可能发生的事情,所以一般很少去描述一些现实生活中不可能发生的事情。但我最后完成的东西一定是我创造它、我决定它存在的,这就是我所认为的虚构。此外,当我们去选择叙述的细节时,肯定去选择那些最有资源的细节。生活中有大量的细节,包括吃饭、睡觉、说闲话等。小说就是"闲话",是日常生活。但又不是真实的日常生活,我们要挑选有价值的东西进入小说叙述中。

记者：您现在在复旦大学讲授写作课，您认为现在年轻人的写作中主要存在哪些问题？

王安忆：每个学生的问题就是所有人的问题。年轻人创作中最容易出现的问题是"写什么"。他们对自己真正的生活经验、有价值的东西往往是忽略的。现在年轻人的生活充满了暗示，文字的东西又特别多。他们看很多网上、媒体的东西，看别人所谓成功的小说，到最后都不知道自己要写什么了。写出来的东西也差不多，像校园里的爱情，读起来都寡淡如水。这并不是说我们之间存在代沟，而是文学的才能问题。写作的东西要有意义、价值，这种价值不是道德评判性的，跟时代的暗示有关，像口头语、书面语、各个媒体上的暗示。很多年轻人写的东西都洋洋洒洒，但是文字上很难找到清晰的表白。当年，我们生活过的那个时代特别强调个性，但是现在出来的作品却是彼此相像。此外，我很怀疑时下很多写作的孩子对文学究竟有多深的感情。如果一个作家对文字没有兴趣的话，又怎么能写好？今天我们听到的都是华丽的，看到的都是绚烂的，但都是表面的东西，内在的文字却表达不出来了。各种感官的东西一泛滥，人就会变得麻木、迟钝。我认为，适当的匮乏还是必要的，很难看到一个孩子为了一个句子而激动的事情了。读书也一样，他们往往不相信自己看到的东西，总感觉所看东西的背后有很多玄机，然后就像推理一样去寻找，把看到的东西隐喻化、象征化。

记者：您理想中的小说与读者之间的关系是什么？

王安忆：我希望，读者能从作品的阅读中自己寻找答案。现在不少读者喜欢去看作者的各种创作谈。当年我们看列夫·托尔斯泰的《战争与和平》，从来不去看作者为什么要这么写。现在的读者愿意去看作者写作背后的故事，这可能是媒体造成的。我始终坚信，最重要的是文本，文本是作者最想给你的东西，不要找答案，要相信你看到的东西。

王蒙:《这边风景》就是我的"中段"

刘颋 行超

1974年,身在新疆、正经历个人生活低谷的王蒙在妻子的鼓励下开始创作描写新疆生活的长篇小说《这边风景》。1978年,小说基本完成。此后,由于政治形势的突变,这部长达70万字的小说被迫尘封。

2012年,40年前的手稿被重新发现,重读旧作,王蒙感慨万千。2013年4月,花城出版社正式出版了长篇小说《这边风景》。40年后的王蒙如何评价自己写作盛年时的作品?在今昔对比中,年近耄耋的王蒙又有怎样的人生感悟?让我们听王老慢慢道来——

四十年时空穿越

记者:《这边风景》的出版过程非常坎坷,40年前的旧作到今天才最终得以面世。这在客观上就造成了一种"陌生化"的效果。40年之间,时代变了,人心变了,人们的阅读经验、阅读方式、阅读期待,甚至是话语方式都在改变。40年之后的您重新读自己年轻时的作品,有什么不一样的感受?

王蒙:40年是一个非常长的时间,人的一生有两个40年就了不得了。不管是我自己还是整个社会,40年前都是高度政治化的,任何一本书出来,首先要看它政治上的标志和政治上的态度,《这边风景》正是陷入了这样的尴尬之中。我是在"文革"当中写这本书的,虽然它本身并没有写到"文革",但是它的话语必然受到"文革"的标签、命题、说话习惯等的影响。书写完了,"文革"也已经结束,当时书中那些原来摩拳擦掌地想跟上的东西反而令人感到不安,所以我自己觉得这本书已经没救了,就差一把火把它烧了。可是,现在读起来,我看到更多的是这里边的生活和人,这里边的各种细节,各种人的性格和历史的风雨,这才是真正的文学内容,这跟过去是一个很大的不同。

其次,那时候我对新疆,尤其是对少数民族生活了解得非常细致。如今我已经离开新疆30多年了,所以当我看到书中对少数民族的描写,还是觉得有一种新鲜感。有些细节我自己都忘了,反而要找人再去问。比如,我在书中提到有一个人的名字叫坎其阿洪,"坎其"表示他是家里最小的儿子。我现在看的时候完全不能确信有没有这种说法,于是就找人问,别人告诉我确实是这样的。可以说这既是一个记忆,也显示出了遗忘和沧桑。

另外,《这边风景》在写作手法上跟我后来的作品有极大不同。这本书我是用比较老实的现实主义写法写的,对生活的观察很细致,这跟年龄有很大的关系。三十八九岁应该算是一个人写作的盛年。我记得我在当《人民文学》主编的时候发表过一篇莫言的小说《爆炸》,我看这部小说的时候就感慨,以前自己从来不认为自己老,但是看了《爆炸》就觉得自己老了,莫言小说中的那种感觉我已经写不了了。可现在回过头来看《这边风景》,我又觉得那个时候自己还没有老。

还有一种感觉,就像是穿过时光隧道又回到了当时那个时代。那时候的生活方式跟现在有很大的不同,我看了非常感慨。我在书的后记中也提到,林斤澜曾经有一个打趣,他说,好比我们这些人到饭馆里吃鱼,鱼头给你做出来了,鱼尾也做出来了。中段呢?饭馆人说,我们这儿的鱼没中段。鱼怎么可能没中段呢?然后他叹息说,可惜我们这些人都没有中段了。我们这代人年轻时候写了一些东西,后来政治运动越搞越紧,这些作品就无奈消失了。可以说,《这边风景》就是我的"中段"。

记者:您在"小说人语"中多次提到,自己在重读旧作时"热泪盈眶",是什么让您热泪盈眶?

王蒙:《这边风景》中最使我感到激动的就是对爱弥拉克孜的描写。她是个残疾人,她爸爸是一个比较保守的老农,生活处境相当艰难。因为她缺一只手,给她说媒的,不是找个瞎子,就是找个哑巴,但实际上,她的心气特别高,所以她非常坚定地说自己这一辈子都不结婚了。在这种情况下,她收到了一封求爱信,她当即的反应是大哭。这充分说明了她在爱情生活上的不幸,她早已经剥夺了自己爱的权利、婚姻的权利,因为她没法低头,没法委身于一个人。我看到这段觉得特别感动。

另外还有,爱弥拉克孜去还泰外库手电筒的时候对泰外库说,您这屋里这么大的烟,您不该放这么多柴火。泰外库一下就受到震动了,觉得整个屋子都是爱弥拉克孜的身影。这些地方我现在说起来都特别有感情,每次看到都有体会。这其中包括一种对少数民族的内心深处的爱,也有对他们女性的一种尊重,因为,这恰恰不是一个男女平权的地区,这里歧视妇女的事情太多了。

记者:《这边风景》写的是一个政治荒谬的时代,那个时代的生存逻辑其实并非正常的逻辑。这便涉及一个悖论:如果完全遵循那个时代的真实,则必然有损小说本身的逻辑性和艺术性;如果按照小说创作的逻辑来布局,则会与当时的真实情况有一定出入。比如,小说中所有人物的命运突转均来自毛主席的一纸公文,也就是"二十三条"的出现,在正常的小说逻辑中,这显然是一个刻意为之的偶然事件,但在现实中,这又是事实。您是否考虑过这一问题?

王蒙:这是一个很有意思的说法。我在"文革"尚未结束的时候开始写这部作品,当时并没有足够的认识和勇气来挑战"文革",我并不是把它作为一部反叛、"点火"的书来写的。在这个"左"了又"左"、荒谬得不能再荒谬的时代中,我抓住了一个机遇,就是毛主席用"二十三条"来批评此前在社教运动中的"形'左'实右"。我于是找到了一个可以合法地批评极"左"、控诉极"左"的机会。这已经算是挖空心思了,否则我只能歌颂极"左",那既是生活的逻辑不允许的,也是我的真情实感不允许的。

20 世纪 80 年代初,邓小平接受意大利女记者法拉奇的采访。法拉奇问他,您三起三落的秘密是什么?您是如何经历过三次极大的打击后又恢复过来,继续做党的领导人的?我当时想,邓小平会怎么回答呢?他不可能给意大利记者讲马列主义、共产主义信仰,讲共产党员是什么特殊材料制成的。邓小平最后就回答了两个字,"忍耐"。伟大如邓小平,遇到这种时候也没有别的辙,只能是忍耐。所以我在《这边风景》中用汉语和维吾尔语不停地说着忍耐——契达,一个堂堂男子汉,必须咬得住牙,忍耐得了。

另外,我在小说中歌颂了毛泽东。人民公社虽然最后解散了,但是确实表达了毛泽东为新中国找一条路的愿望。所以,小说中有一些对"二十三条"或者对毛泽东的歌颂,并不是我的伪装或姿态。更多的是表达了我们这代人在毛泽东的领导下,又碰又撞,艰难前进的特殊心态。你现在看这书也还能看得出来,就是这些干部也很辛苦,老百姓也很辛苦。帽子扣得特别大,但是他就是发展不了生产,就是冤枉了很多好人,甚至使很多坏人有可乘之机,所以这就看你怎么读这本书了。

记者:《这边风景》还有一个独特之处就是每一章后面的"小说人语",像您刚才说的,有一种穿越时空隧道,在现在和过去之间穿梭的感觉。"小说人语"的出现使作者还兼具读者和评论者的角色,我们依次看到了作者的创作、作者的感慨和作者的评点。为什么会采用这种方式来完成这部作品?是否担心因此影响读者阅读的流畅性?

王蒙:这本书出来,对于读者来说是新作,对我来说却是旧作,我不想对这部旧作做过多的改动,第一我没有这个能力,第二会使那个时代的很多时代特色都消失了。但是另一方面,作为新作,2012 年我对它重新做了整理归纳和某些小改动,我需要有一个 21 世纪的态度和立场,需要给读者一个交代,所以出版社的广告词就是:"79 岁的王蒙对 39 岁王蒙的点评。"一般情况下,小说不这样写,但中国有这传统。《史记》有"太史公曰",《聊斋志异》有"异史氏",所以我觉得中国人能接受这种形式。也可以不写"小说人语",最后写一篇很长的概述,我觉得那不是好的办法,好像自己给自己做结论似的,更倒胃口。"小说人语"比较灵动,借这机会说说其他的也可以。比如"打馕"那章,我借机写了我当时的房东大姐,既是亲切的,又是自由的,它是可即、可离、可放、可收的。

生活是无法摧毁的

记者：书中描写的少数民族地区的环境、生活，对于内地读者来说有一定的距离感，这就让小说产生了一种"陌生化"的效果。您当时在创作的时候是如何做到这一点的？

王蒙：在写这本书的时候，我可以说是做到了破釜沉舟。在伊犁的6年时间，我住在维吾尔族农民的家里，完全跟他们打成一片，我很快掌握了维吾尔语，跟当地人民的接触不仅是学习的接触、工作的接触，更是生活的、全面的接触，所以我对那里的了解非常细致。小说中的对话我是先用维吾尔语构思好了，再把它翻译成汉语的，所以有的句子与汉语是不一样的。比如汉语说"有没有办法"，维吾尔语说的是"有多少办法""有几多办法"。还碰到一个问题，咱们国家语委正式规定，第二人称尊称没有复数形式，可以说"您"，但不能说"您们"，但是维吾尔语有复数形式，"你们"和"您们"的发音区别非常明确。

小说中的故事和语言都是贴近少数民族生活现实的，比如库图库扎尔和四只鸟的故事，如果看过《一千零一夜》就知道这种写法的文化渊源。还有，当我要跟别人说一句比较重要的话的时候，新疆人会说，"我耳朵在您那里"，意思是"我认真听着呢"；"幸福的鸟儿栖息在我的额头上"，表示的是走运了；等等。这些说法都不是我编造出来的，而是长期、深入地跟他们打成一片的结果。

记者：您生长在北京，新疆生活对您的思维、语言产生了很大的影响。这部作品实际上就是内地和新疆的两种文化、两种习惯、两种传统合力的结果，在这个协调作战的过程中，您是如何处理、协调这两种文化的？

王蒙：《这边风景》写作激情的主要来源是对一种跟你不完全相同的文化的兴趣，这既是一种好奇，也是一种欣赏。汉语中有一个词叫作"党同伐异"，我能理解"党同"，却不赞成"伐异"。《这边风景》对少数民族的描写表现了我对一种新的经验的重视和欣赏，虽然里边我也写到一些少数民族人的保守、自私、狡猾，但总体来说，我表达的是对不同民族、不同文化的欣赏、好奇和爱。

记者：小说创作于一个特殊的时代，我们虽然没有经历，但是可以想象当时巨大的政治高压。但是我在读这本小说的时候，更多感受到的却是您对生活的热情，对山川、人民的热爱。您当时是如何在那种政治高压下保持昂扬向上的情怀的？

王蒙：我想更多是源于自己的一种非常光明的底色。我从少年时代开始就追求革命，欢呼新中国的成立，以后不管碰到多少曲折，那种昂扬、光明的底色都还是有的。另外，我通过整理这个旧作感觉到，生活是不可摧毁的，文学是不可摧毁的。不管上边讲多少大话、空话、过头的话，但生活还是要继续下去。20世纪60年代的新疆粮食是相对比较宽裕的，1965年有半年伊宁市买馕都不用粮票，这在全国都是绝无仅有的。那时候酒很难找到，但是大家也没少喝酒，肉也一直在吃。小说中我写了很多细节，新疆人怎么种花、怎么养花、怎么养猫、怎么养狗，还有南疆和北疆如何揿面，做面剂子有什么不同，等等。不管是"左"了、右了，人还是人呢，老百姓还是老百姓呀，吃喝拉撒睡、柴米油盐酱醋茶，这些从本质上来说都是不可摧毁的，该做饭还得做饭，该搞卫生还得搞卫生，该念经还得念经，该恋爱还得恋爱，该结婚还得结婚。同时，文学也是不可摧毁的，虽然在创作中不得不考虑当时的政治背景，甚至作品里也搬进了一些政治口号，但是当你进入细节的时候会发现，其中的人的动作、表情、谈吐，都是文学层面的。

有时候极"左"只是一个标签，实际上，任何时代都有热心的人，也有自私自利的人，这和政治无关，是人性的表现。小说中的尼牙孜，用当时的话说是破坏人民公社、不好好走社会主义道路、不照顾集体利益，现在就是不遵纪守法、不注重公平竞争的原则。标签可以换，但人在任何时代都存在。

记者：《这边风景》可以说是用细节和人物形象支撑起来的。像您所说，生活本身是无法摧毁的，这部作品可以说是一部写生活的力作，从某种程度上说有俄罗斯文学传统的痕迹。在把握这样一部体量庞大的小说时，您的小说学是什么？

王蒙：小说创作的时间是20世纪60年代到70年代，那时候我的阅读经验主要是现实主义的作品。当时我所倾慕和崇拜的是托尔斯泰、屠格涅夫、契诃夫、巴尔扎克这样的现实主义文学大家，阅读他们的作品让我很激动。在写作手法上注重对细节、人物形象的描绘和刻画是那个时候文学的一个特点。80年代以后，这种特点逐渐淡化了，写作方式开始变得自由。在这种自由的环境下，我可以更多地抒发个人的倾诉、议论，敢"抡"起来了。写《这边风景》的时候我还不敢"抡"。

从文艺的政策上说，当然，80年代以后的政策是好的，70年代的文艺政策很多都是活活要人命的。可是，具体的文学作品并不是直接用政策引导出来的，它是作者自己写出来的。因此，一个人的写作态度，是无限的自由好，还是在自由当中有所约束、有所收敛好？这是另外一个问题，跟人的精神状态和具体的年龄、经历、见闻也有关系。你现在让我再写《这边风景》这样的作品，我反倒失去了那种亲切、融合的感觉。

记者：读完这部小说我有一个疑惑，小说中描写的边疆地区的汉族与少数民族之间和谐共融在当时确实是真实的吗？少数民族人民是真的像小说中写的那样真心地迎接解放的吗？

王蒙：当然。你知道，共产党始终是站在弱势群体这一边的，实行民族区域自治，少数民族当然是欢迎的。新中国成立前,维吾尔、哈萨克这些民族我完全都不知道。当时只承认"五族共和",就是汉、满、蒙、回、藏,伊斯兰也是回族,现在逐渐细分成了维吾尔族、哈萨克族、塔吉克族、柯尔克孜族等等。另外,那时候说民族问题说到底是阶级问题,什么意思呢?不同的民族自个儿斗自个儿的财主,互相别斗,就斗本民族的大阔佬就行了,这个很管用。汉族的斗地主,维吾尔族的斗巴依、伯克。汉族和维吾尔族还能在一块联欢、吃肉,那多好啊。

记者:小说里写到了维吾尔族人跟汉族人的冲突,在这个过程中少数民族显得相当理智,甚至比我们现在都要理智很多。

王蒙:我已经写得够尖锐了,汉族人包廷贵养猪,这猪还到处乱跑,特不地道,弄得维吾尔族人非常反感,再加上阶级敌人的挑拨,演变成了一次小小的闹事。其实我是在提醒大家,要尊重彼此的生活习惯和信仰。

时代人物的"满汉全席"

记者:小说中描写了大量性格各异的人物。其中的正面人物,由于受时代的影响,有一点"高大全"的影子,比如伊力哈穆、里希提,都属于那个时代的理想人物。相反,一些反面人物或者说身上有弱点的人物却相对来说更完整、更复杂。您完整地交代了这些反面人物的成长环境、经历,让读者觉得他的"坏"是有原因的,因此并不可恨。我们现在生活在一个价值多元的社会,很难有完美的、理想的人物了,如果您现在再构思作品的人物,会怎样描写像伊力哈穆这样的正面人物?

王蒙:伊力哈穆这个人物身上是可以看得出受到当时的"三突出""高大全"这类文学思潮的影响。让我略感欣慰的是,我在构思这个人物的过程中把他性格的养成与少数民族的一些风俗习惯以及他个人的童年经历结合了起来。比如伊力哈穆小时候曾经碰碎了库图库扎尔的酥糖。如果我现在再写这样的人物,应该会更多地写他内心的困惑,比如,我也许会写他对现实的无奈,写他遭遇的生活的困难、家事的困难,等等。

记者:伊力哈穆这个形象在开始是有些距离的,但是到最后,当伊力哈穆被章洋逼着站起来,然后还到县上找赛里木的时候,这个形象逐渐立起来了,也感人了。"小说人语"中有句话是"当面对尼牙孜们却不得不掂量伊力哈穆们的真实性和纯洁性的时刻",这是悲剧的。正面人物特别难写,但是伊力哈穆最后立住了,除了赋予他一种您说的忍耐的品质之外,还有什么别的原因?

王蒙:伊力哈穆的身上其实有许多真实的东西,比如他很喜欢伊犁家乡,这在伊犁太普遍了。就像现在上海人走到哪都觉得上海最好一样,伊犁人都认为伊犁条件好。另外,他希望把公社搞好,希望把集体生产搞上去,他认为在共产党的领导下生活应该天天向上,这都是真实的。他的缺陷是形象相对扁平,这里其实应该多少有点困惑、障碍等等。你说后来写他站起来的时候比原来给人的感觉好一点,就是这里表现了他的困境,他并不是一个势如破竹地从胜利走向胜利的样板戏里李玉和似的英雄人物。从纯文学的角度来说,伊力哈穆写得绝对没有库图库扎尔热闹,库图库扎尔一会儿这样,一会儿那样,他和党委书记在一块是一种情形,在会议上发言又是另一种情形。穆萨队长和他老婆马玉琴也很有意思,穆萨好好的突然脑子一热,一下子就蹦起来了,出尽了各种洋相。伊力哈穆就缺少这种个性化的东西。

记者:像您说的,好人有所不为,有所不言,坏人是满汉全席,所以坏人精彩,好人难写。好人难写似乎是文学创作中一个至今难以破解的难题。

王蒙:是的。写坏人是少禁忌的,贪婪可以写,下作可以写,阴谋可以写,狡猾可以写,善变可以写,狠毒可以写,可描写好人却有很多禁忌。

在文学史上也有一些比较成功的好人的形象,但几乎都是带有悲剧色彩的。比如《悲惨世界》中的冉阿让,这显然是一个理想主义的人物,他从因为偷面包而入狱,最后变成一个圣人,一个耶稣式的完美的人。但是这些形象都是悲剧性的,我没办法给伊力哈穆一个悲剧的结局。

记者:小说中的女性形象也很突出。比如雪林姑丽,她的性格从开始的懦弱逐渐成长为敢于反抗、敢于斗争。您在小说第四十五章中对这个人物进行了特别的描写,作者从第三人称全知视角中跳出来,对雪林姑丽这个人物做了主观评价和议论,您似乎对这个人物特别偏爱?

王蒙:是这样的。雪林姑丽这个名字我很喜欢,在小说中还多次考证了名字的来由。另外,我还通过这个人物写了南疆,尤其是喀什地区的风土人情。小说中还有一个女性,虽然没有雪林姑丽那么抢眼,但也倾注了我的深情,就是乌尔汗。小说中写到,经历了种种生活的挫折后,伊力哈穆问乌尔汗,你现在还跳舞吗? 乌尔汗听了非常震惊,好像从远处云层里打过来一束光,传来了她年轻时流行的歌曲。这是一个我很喜欢的主题,一个女孩子,年轻时那么热情、那么美丽、那么昂扬向上,结婚之后,短短几年间就被各种琐碎的家务和岁月摧毁了,你再跟她说年轻时的事,好像是在说另一个人似的。

还有一位女性叫狄丽娜尔,在小说中嫁给了一位俄罗斯青年。小说中有一个细节是我的亲身经历,有一次我骑着自行车从伊宁往伊犁走,结果一个特漂亮的、十四五岁的大丫头突然坐到了我车上,说:"大队长,把我带到伊犁去!"你说逗不逗? 我呼哧呼哧、满身大汗地把她带到了,她突然跳下车就走了。我都不知道她是谁,也没看清她长什么样,但是我满心欢喜。人和人之间如果有一种善良的、友好的关系就会有很多美好的体会。不要认为政策高压对人会有那么大的影响,下放后我和农民在一起过得还挺好的呢。那时候虽然有很多政策,整天贯彻,但是新疆是另一种文化。比如每年打麦子的时候,当地人绝不给牲口戴上拢嘴,汉族人看着就特不习惯。有时候,马一口把好多麦穗都咬进去了,其实根本消化不了,拉出来的全是麦粒,确实是浪费。可是维吾尔族农民说:"这是真主给它的机会,一年就能吃饱这么两三个星期,我们为什么要管它呢?"上级检查的时候,他们赶紧把铁拢嘴给马戴上,上级刚一走就拿下来了。还有,当时社教要在大队中建立文化室,要检查了,大队书记给我五十块钱,让我到伊宁市买点书报。我买回来一堆书报,把木匠房打扫干净、布置好,找几个回乡知识青年坐那儿看报,领导看见了,说这个地方搞得很好。领导走了没三分钟,我们就把这些东西往仓库里一收,还是原来的木匠房。

记者:您刚才提到,爱弥拉克孜的故事多次让您"热泪盈眶",这个人物有原型吗?

王蒙:这个故事是我编的,但是这样的人我确实见过。请你们注意,我的小说《淡灰色的眼珠》中也有位一只手的姑娘。那篇小说讲的是另外一个故事,一只手的姑娘爱莉曼爱上了马尔克木匠,但是马尔克木匠只爱一个得了重病的女子,那女子临死时还留下遗嘱,说希望你赶快跟爱莉曼结婚,马尔克木匠却绝不跟她结婚。于是,爱莉曼一生气就嫁给了一个老裁缝、老色鬼。可见,一只手的姑娘在那个年代给我留下了很深刻的印象。

记者:小说中还有一个人物很有意思,就是章洋。这个人物有点类似《悲惨世界》中的沙威,他们本身就是时代悲剧的牺牲品,而他们的偏执也在客观上促进了时代悲剧的进一步发生,使更多人成了牺牲品。章洋晚年的情节是您近期加入的,他的死前遗言耐人寻味,似乎带有某种讽刺意味?

王蒙:这两个人物确实有相似性。章洋一直不认为他自己有错,他始终认为自己是最积极、最进步的。在那个特殊的年代,在特殊的政策背景下,这样的人屡见不鲜。我接触过很多这样的人,他们张口闭口积极进步,喜欢搞秘密的扎根串连,小说中章洋多次组织"小突袭",所谓"小突袭"就是不管好人坏人先揍一顿再说,有枣三杆子,没枣三杆子,那真是活活要人命。他们的思想和语言脱离了实际,也是那个时代的特色。

从刻骨铭心到痛心疾首

记者:如您所说,无论政策如何,太阳照常升起,生活照样继续。这部小说最让人感动的地方是它让人感受到生活的力量和文学的力量。另外,小说打动我的还有一点,就是其中呈现出的最真诚的赞美和最真诚的批评。这部小说留给我们史料价值也罢,填补您的"鱼的中段"也罢,都还是其次,更重要的是它所呈现的一种真诚,这种真诚在今天看来特别可贵,也特别稀少,您自己怎么看待这部小说呈现出来的真诚?

王蒙:《这边风景》真实地表达了我个人处在逆境、国家处在乱局的现实。然而,虽然是在逆境和乱局之中,但它仍然表达了我对人生的肯定,我对新中国的肯定,我对少数民族人民,尤其是对少数民族农民的肯定。我时时刻刻地在用一种正面的东西鼓励着自己、燃烧着自己。当然,每个人的情况不一样,谁都用不着拿自己当标准来衡量别人。但是,就像我刚才所说,我有光明的底色,即使在逆境和乱局之中我仍然充满阳光,仍然要求自己充满阳光,我仍然有一种对边疆、对土地、对日常生活的爱。

同时,我也看到了种种敌对的势力、种种下三烂的人物、种种愚蠢和无知、种种章洋式的夸张和伤害别人的冲动,这些东西我写起来是很沉重的。在苏联的解冻文学中有一个说法,斯大林时期对人的诽谤被鼓励,谁能诽谤别人谁就能飞黄腾达。我们的政治运动也有这个特点,它千差万错、阴差阳错,最终也成了对诽谤的鼓励。我在写这部分内容的时候其实是非常沉痛的。比如我写到章洋在"突袭"中几次命令伊力哈穆站起来,口气凶恶。伊力哈穆开始还想扛一下,没有站起来,最后,他终于扛不住站起来了,写到这里时我是很愤慨的。

杨义曾经跟我说,他在读我的作品时感受最深的是四个字——"刻骨铭心",他认为我的小说对新中国的人生经验包括政治经验的描写让人有一种刻骨铭心的感觉。当我自己40年后再看《这边风景》,尤其看到最后伊力哈穆被迫站起来的时候,我就不仅仅是刻骨铭心了,从刻骨铭心走向了痛心疾首。所以你说我写得很欢乐、很光明、很愉快,但正是在这种欢乐、光明、愉快当中,其实还有这么四个字——"痛心疾首"。

记者:您在创作这部小说的时候可能是有意识地给自己设定了一个相对可信的、可靠的政治背景,给自己找准了对"形'左'实右"批判的时机。但这个小说最终我们看到的批判并不在于以上这些对政策的批判,它让我们看到的是对某些亘古未变的人性弱点的批判,这是穿透时代的。

王蒙:我还有一个看法,那个时代执行了什么政策,这个由党史来研究,我写这部小说的时候,尤其是写"小说人语"的时候,是对那个时代有批判、有怀念的。我们曾经这样设想过,虽然我们设想的并没有完全成功,但是在局部的、某一部分中却分明可以看到美好的情趣。比如说集体生活,它当然有可爱之处,就像很多参加工作不久的人怀念学生时代一样,尽管学生时代可能宿舍不好、校医室不好,这都没有关系,他还是会怀念集体生活。小说中提到了工作队文化,这工作队文化让共产党真正深入了全中国。从秦始皇起一直到中华民国,没有一个政权能够把工作队派到每个农民家里去,没有哪个政权能够整天组织农民学政治、贯彻文件、选队长。秦始皇做不到,汉高祖做不到,唐太宗做不到,宋太祖做不到,努尔哈赤做不到,孙中山做不到,蒋介石做不到,所以,确实我对那个时代也有一种怀念。这种怀念虽然不意味着我对当时政策的认同,但是,当时总体的政策很难一下子全否定,因为它是一个摸索的过程。

如果用现在的语言来说,"中国梦"那个时候已经在,大家希望中国富强,希望中国"大跃进",希望中国变成社会主义强国。毛泽东曾经以一个诗人的心情介绍一个合作社的成功经验,说吃饺子的时候全村的饺子都是一个味儿。毛泽东为此兴奋得不得了。我们可以从政策上总结很多痛心疾首的教训,但是就像长大后怀念儿童时期一样,你的教育好不好,你的营养够不够,父母是不是经常对你体罚,这些都不重要,你不可能因为这些就不怀念童年,这里包含着一种非常复杂的怀念的感情。

记者:"三红一创""青山保林"等新时期之前的作品更多是依赖于作家个人经验的写作,这个经验既有自己的革命经验、斗争经验,也有对政策的理解的经验。《这边风景》的独特之处在于,它是让生活说话,让自己内心的感觉说话,让文学的规律说话,小说的生活底子很厚,文学的感觉很饱满,人性的表现也很丰富、很有层次,可以说是那几年新疆生活经历馈赠您的一个礼物。

王蒙:确实是这样的。当时出版社拿到书稿时问我,是不是就像《艳阳天》似的?我认为不是,书中写到的那些生活、那些角度、那些痛心疾首的问题,《艳阳天》里没有,《金光大道》里没有,《山乡巨变》里也没有。《山乡巨变》是尽量给农业合作化过程唱赞歌,周立波对湖南的山山水水、细妹子太有感情了,而且他也是一个非常有文采的人,所以《山乡巨变》还是好读的小说。周立波很不容易,他先用东北的语言写了《暴风骤雨》,跟之后的《山乡巨变》比起来,就像是两个人写的,《山乡巨变》中的语言是轻飘飘的。

还有一个问题,毛泽东《在延安文艺座谈会上的讲话》,拥护、感动的人都非常多,我并不以拥护、热爱《讲话》著称,我也不想做这方面的表现,但是,在实际行动上能够做到真正践行《讲话》的没有多少人能超过我。毛主席号召和新的时代、新的群众相结合,希望作家们来一个思想改造。谁真的做到改造了?谁真的做到跟农民打成一片,而且是和边疆地区、民族情况最复杂地区的农民彻底打成一片?我做到了。

我不想借这本书来证明《讲话》是多么正确,也不想证明《讲话》还有一些令人遗憾之处,我只是讲述自己生活的回忆。回忆是中性的,没有好也没有坏。我一个北京的"左"翼学生,而且是地下党员学生,还当过多年的干部,然后突然一下子到新疆去了,跟少数民族百姓生活在一块了,作为生活的遭遇这很好玩呀。这个是我的不可多得的经验,也是别人没有的经历,这是咱老王的一绝。这个样本我现在找不到,也做不到了。实话实说,我现在身体也不行了。现在你把我再送到那儿,送到我劳动过的公社,叫我务农三年,肯定就不行了。

关于当代文学史的答问
——文学史家洪子诚访谈
李云雷

李云雷：我们曾多次问起您最喜欢哪位作家、哪些作品，您总是语焉不详，很不愿意回答这个问题。在面对这一问题时您是否存在内心困惑，觉得不是三言两语能够说清的？

洪子诚：我确实经常遇到这样的提问，因为文学研究是我的职业。不过，每一次我都含糊其辞，避免给出确定的答案。我有一篇文章，是写日本学者丸山升的，里面就说到，1993年我在东京大学和他第一次见面，他就问"洪先生喜欢当代哪位作家"。当时我没有一点思想准备，支支吾吾没有回答。造成这个情况可能有几方面原因，第一是性格上的，对自己的审美能力缺乏信心，常常不敢也不愿做出明确判断。这对从事文学批评、文学史研究的人来说，肯定不是优点。另外一点是，对文学史上作家、作品位置的评定，和个人的兴趣喜好并不总是完全一致。我明白一些作家在当代文学史上应该有比较高的地位，但是我并不喜欢。所以，我几年前在首师大演讲说到"讲真话"，我说这个问题其实很复杂，说我在自己编写的文学史中，讲的也不全是"真话"。更重要的一点是，从文学史，也从自己的阅读经验看，评价的高低和喜欢的问题常常变动，包括对不同作家，也包括对同一个作家的不同作品。

李云雷：您说的是个人经验与审美趣味的"历史化"问题。您是不是自觉从历史中来确认当下"自我"的审美立场？我认为在这里隐藏着您独特的思想方法。在我看来，相对于文学，您似乎更注重历史，历史及其变化对您的文学观念有着较大的影响。我想这既来自于您的个人经验，也与您从事的当代文学史研究这一学科相关。

洪子诚：正如你说的，20世纪80年代后期以来，我和许多文学研究者都逐步认识到，不应当以一种一元的、本质化的观念去看待文学，认识到文学是一种"生产"，具有构造的性质。这不仅仅来自于理论，从50年代开始，我就经常看到作家、作品、流派在历史过程中的升降沉浮，而且我自己对许多事情的看法，也常常发生意想不到的改变。这让我明白，价值、审美标准的问题，和特定的历史情境相关。倒也不是重视历史还是更重视文学的问题，而是要把文学放到历史中去观察。不过，历史学总归具有阐释性的品格，历史撰述者肯定有自身的意图、倾向，文学史因为兼具历史和文学这两个不是总能协调的因素，所以，也意识到不能将这种历史化推向极端。事实上我们都不可能有绝对的静观而不做任何的审判。

李云雷：在《我的阅读史》中，您对个人阅读经验的梳理、反思，具有多重意义。您不仅将自我及其美学趣味相对化，而且在幽暗的历史森林中寻找昔日的足迹，试图在时代的巨大断裂中建立起自我的内在统一性。由此书中呈现的便不是一个坚固的自我，而是它的形成并变化着的过程。在我看来，这里的自我不是孤立的、封闭的个体，而是在历史中诞生并试图将历史对象化的主体。正是在这样的意义上，个人的经验便获得了非同寻常的意义。经验在这里就不仅是自我与历史发生具体联系的方式，也是自我据以反观历史与切入当下的基点？

洪子诚：写《我的阅读史》这些文字的时候，是有你说的这些意图，但不是很明确，模模糊糊的。当初如果有你这样的清晰认识，或许我会写得好一点。写的过程中，读到米兰·昆德拉的一段话，说20世纪和19世纪不同，这是个变化迅速、激烈的世纪，在这样的时间里，"历史的加速前进深深改变了个体的存在"，"历史奔跑，逃离人类，导致生命的连续性与一致性四分五裂"。这是我们这代人普遍性的感受和焦虑。因而，重建这种被断裂的联系和一致性，成为我们写作动力的一部分，也包括我写的当代文学史。我想，发生在文学领域里的"虚构家谱"、寻根、人文精神寻思……多多少少都有这样的倾向。可是，阅读史在写了若干篇之后，虽然有朋友希望我继续写，我却自觉停了下来。主要是意识到再写下去，在这种"重建"中，有可能发生"过去的出现尽在不真实之中"的情景——这是我不大愿意的。

李云雷：那么，在您看来，自我及经验的变动不居，在保持思想活力的同时，是否也具有其局限性？另一方面，在面对"历史"与"文学"等宏大的词语时，自我的有效性是否也有其边界？这其实也涉及一个有意思的问题，就是您"个人写作"的文学史，如何成了"中国当代"文学史？在个人与历史之间，有着怎样复杂而微妙的关联？

洪子诚：文学史和阅读史这两类文字在性质上有所不同。文学史在发现、总结自身经验的时候，更需要关注、克服个人经验的局限，而阅读史的那些文字，就是要立足自己的感受、经验。不过，它们也不是截然不同的，同样都要程度不同地处理你所说的自我的成效和局限的矛盾。这里面没有现成的答案，需要每一个写作者的探索，甚至挣扎。我在那篇写黄子平的文章里说到，回到历史情境之路有许多的难题："既要有个人经验的积极介入，但也要与对象保持一定距离，对自我的立场、经验有警惕性的反思。离开个体经验和自我意识的加入，论述可能会成为无生命之物……成为悬空之物，但过度的投入、取代，对象也可能在'自我'之中迷失，'历史'成为主体的自我映照。"有一位阐释学家这样说，这种关系大概就像参加一种游戏，置身其间的游戏者，不将自己从自我中解脱出来，放弃已经形成的"前理解"，允许对象追问所设定的立场和标准，这种游戏就无法进行。

没有疑问,那种"真理在握"的宏大历史叙述,它的重要性是"小历史"——既指立足于个人经验,也指主要讲述非重大事件的历史碎片——不能比拟的。但是,在人们对"大历史"的信任程度下降的今天,众多呈现个体经验的"小历史"的价值也不容忽视。这可以挑战历史叙述集体模式的遮蔽,而让当事人有"发出自己声音"的可能。

李云雷:您写契诃夫的《"怀疑"的智慧与文体》,我认为是《我的阅读史》中最有分量也最有情感色彩的一篇。这篇文章融合了您对时间的敏感、对艺术的微妙感受以及对个人经验的执着。特别让我注意的是里面用楷体字插入的抒情性散文部分。在您的著作中,这类抒情性的部分很罕见(另一个例子是《1956:百花时代》的前言与后记),在理性、思辨的整体框架中,为整篇文章带来了润泽与温暖的因素,仿佛活跃的音符,让我们看到了作者的真性情——那些无法化约的经验与情感。这一写法和您以前的文章大不相同。这是您有意的尝试,还是为了表达复杂感受而不得不做的选择?

洪子诚:大学快毕业和刚参加工作那些年,我写过一些散文。许多不成功,也有几篇在当时报纸上刊载。在60年代,因为生活、性格、阅读的种种原因,逐渐形成一种推崇节制、简洁,嫌厌滥情、夸张的美学观。有的时候,这种取向在我这里表现得有些极端,不愿明确表达自己的感情,也拒绝使用抒情性的文字、句式。有的学生说我的书、文章枯涩,读起来昏昏欲睡,确实!因为《我的阅读史》确定了侧重个人的方式和角度,就有意识添加一点水分、一点情感,收缩那种"正确评价"的紧张感,将它降低到个别的感受和认知的范围。这种方式和处理的对象、写作的目的有关系,但也是岁数一大把之后的一点改变。不过,说到写契诃夫的那一篇,虽然有你和一些朋友的肯定,但是我想我不会再那样写了。几次重读,都有一点不舒服的感觉,有点羞愧:其中有些话、一些写法,属于我尽力想避免的部分。不过,如果我以后还写文章,包括学术性的,会注意采取一种更平易、随意的语言方式,尽量避免堆砌概念,减少注释,少用引号……

李云雷:《回顾一次写作》收录了您和谢冕、孙绍振、孙玉石、刘登翰、殷晋培等老师在1958年编写《新诗发展概况》的经历,还有你们现在的回忆与反思。在回忆部分和研讨会的发言中,我注意到您和谢冕、孙绍振等老师的不同。您对1950—1970年与1980年以来的文学有一种双重反思,力图在两种对立的美学原则中艰难地确立一种立场。那么,您如何看待20世纪50年代与80年代两个时期不同的"新的美学原则",在今天,是否有可能在对它们的反思、继承中,发展出另外的"新的美学原则"?或者说,在剧烈变化的当代历史与文学史中,将来能否形成一种相对稳定的美学评价体系?

洪子诚:我发起编写对1958年集体回顾、反思的书,就是想提供我们在返回历史时,态度、分析、经验提取上的差异。所以我拟定问题之后,采用互相不沟通、各自作答的方式。现在看来,差异是有的,但是不如我原先估计的那么大。我觉得谢冕老师对

50年代的那些事件、那个时期的文学,有更多的同情和肯定,这也反映在他编选的《中国百年诗歌总系》的50年代那一卷中。孙玉石老师的批判、否定要尖锐得多,对自己当年的行为也有更严厉的自责。我和他们的观点总体是一致的,但是有点暧昧,有点含混,也就是你说的"双重反思"。对此,现在我更多看作是自身思想欠缺穿透力的表现。但里面也确实有我的一个基本看法,即并不将50年代崛起的"美学原则"和80年代崛起的"美学原则",看作是对立、正向反对的东西。20世纪50年代的"新的美学原则",采取与启蒙的新文学断裂的姿态出现;而20世纪80年代的人道主义、新启蒙美学,又宣称与"人民文艺"决裂。这种断裂的对立性,是特定历史情境下的产物,可能有它合理的方面。不过,从历史过程看,它们严重地互相伤害(特别是20世纪50、60年代对新文学的伤害),其结果是严重伤害自身。

你是知道的,我是个没有能力和胆量做出前瞻性预告的人,这个弱点表现在我所有的文章和书里。在文学世界,我们当然不愿意它总是分裂成各种碎片,期待"形成一种相对稳定的美学评价体系"。不过,这不应该是新的"一体化",可行的路子,只能是不同的主张互相倾听、批评、对话,以达到对某种共识的接近。

李云雷:我在最近的一篇文章中,谈到了您的"一体化"与"多元化"。我说:"洪子诚教授的描述与概括是富于创见的,他令人信服地解释了'十七年文学'、'文革'文学与'新时期文学'之间的内在关系。但是在这里,也存在一个问题,那就是他对'多元化'持一种乐观而较少分析的态度。事实上,当他遇到金庸小说等通俗文学作品时,并不能像更年轻的一代学者那么顺畅地接受。在这里,可以看到洪子诚教授所能接受的'多元化'的限度——即'新文学'的边界。对于超出'新文学'边界的通俗小说与类型文学,他是难以接受的。"我受您的启发,将新时期的"多元化"细分为三种:左翼文学内部的"多元化"、新文学内部的"多元化"以及超出新文学界限的"多元化"。在这个基础上,我认为五四文学与80年代末的文学具有一种内在的一致性,而新时期文学不仅是左翼文学瓦解的过程,也是"新文学"瓦解的过程。不知您对这个看法有什么意见?

洪子诚:你的看法和对我的批评很好,对我很有启发。你认为我是在"新文学"的范围内来谈"一体"和"多元",这个概括很对。自从我的当代文学史出来后,对"一体"和"多元"就有许多讨论和批评。我对"多元化"的确有理想化的态度,赋予它太多的积极意义,而没有能指出它的限度和问题,也没有深入认识到20世纪90年代以来,特定的政治/文学制度和市场经济形成另一种"一体化"强大制约性力量的事实。不过,我其实并没有排斥通俗小说,包括金庸的作品。在当代文学史中,我用了一节讨论通俗小说在当代的命运。编写文学史的时候,也想过如何处理金庸的问题。只不过我限定的范围是"大陆",所以没有列入。事实上,严家炎在20世纪80年代初就提出应该将通俗小说纳入"新文学",也得到学界的普遍认同。

你说"新时期文学不仅是左翼文学瓦解的过程,也是'新文学'瓦解的过程"——这个观点我很同意。我最近在台湾交大上课,也说"当代文学"结束于20世纪80、90年代之交。我们的看法,自然影响不了教育部有关学科界限的划定,但是作为一种文学史观,作为一种文学史论述,也不必要以官方的学科体制规范作为准绳。他们让"当代"这样无限期延伸,有不便明说的考虑和苦衷。

李云雷:关于左翼文学研究,您在季亚娅的访谈中有这样一段话:"台湾的左翼文学界、思想界有陈映真这样的作家,是比较幸运的。你只要读读陈映真的作品就可以明白这一点。因此,当吕正惠、陈光兴、赵刚等教授拿陈映真来表达他们的左翼文化理念的时候,让人感触到一种厚实感和可信性。你说的那种自我反思、自我批判很重要,没有这样的工作,总是简单地拿浩然、拿《创业史》来支撑全部论述,那是不能解决问题的。"陈映真确实是台湾左翼文化界的幸运,但是我觉得浩然与《创业史》也具有很高价值。陈映真的魅力在于其批判性,但是当代大陆试图建构一种具有"建设性"的左翼文学,这应该是左翼文学内在逻辑的展开,也是一种更复杂的文学现象,其成败得失也值得总结。您在这方面做了不少开创性的研究,但在情感上似乎并不能接受?

洪子诚:你提的这个问题,是我观察当代文学的一个没有解开的结,现在也还不具备充分的条件来回答你的质疑,我会继续思考这个问题。如果说到为什么会形成这样的认识,初步的心理是,我可能十分重视左翼文学的批判性,多少认为这是它的生命。这种批判性在当代的弱化和被压制、删除,我认为是个严重的问题。另外,从左翼文学——主要指叙事和代言的文类——坚持的现实主义品格上说,我信仰的是马克思、恩格斯的那种拒绝席勒观念化的美学主张,以及卢卡奇的有关整体性的论述。我自己认为,在当代,赵树理是比柳青更值得重视和探讨的作家,虽然他20世纪50年代以后的创作呈现弱化的趋势。

李云雷:关于路遥的评价问题,包括您的文学史在内的多部当代文学史,都没有提到他和他的《平凡的世界》,或者评价不高。但路遥的小说当今却受到很多青年人与普通读者的欢迎。不知道您在写作文学史的时候,对路遥有一个什么样的判断,您如何看待这一现象?

洪子诚:我在不同的学校演讲,总有同学提出这样的问题。除了为什么没有写路遥之外,还有为什么不写王朔,为什么没有写王小波。为什么?我也有点纳闷。记得80年代我上课的时候,曾经用很多时间分析路遥的《人生》。20世纪90年代写文学史,确实对他没有特别的关注,也翻过《平凡的世界》,感觉是《人生》的延伸,那时我也不知道他的小说在读者中的广泛影响。这也许就是我的一个疏忽?当代人写当代史,缺失、偏颇、疏漏应该是一种常态。我们常常举的例子,就是唐朝人选的唐诗选本经不起时间的检验。认识到这种"过渡"的性质,可以减轻压力。如果在这个问题上要为自己辩护的话,那就是:不要说我这样的庸常之辈,即使才华横溢、咄咄逼人的别林斯基,在独具慧眼地正确论述普希金、果戈理等的价值的同时,他也有不少看走眼的地方。

李云雷:请问您如何看待这几年的打工文学与底层文学?在2007年深圳召开的"打工文学论坛"上,您指出:"打工文学的那种批判的力量才是它最宝贵的东西。如果在主流的关注过程当中,这种力量慢慢地消失,慢慢地被驯化,这个问题就需要我们更多的注意了。"我赞同您的这一看法,但打工文学或底层文学,是否有足够的力量与可能去建构一种美学原则,以之对抗现实与文学的既定秩序?如果有这样的可能性,应该从哪些方面做一些建设性的工作?

洪子诚:按我的理解,打工文学和底层文学有相同的地方,也有不同之处。强调作家表现底层的生活状况,揭示存在的问题,这是五四以来新文学传统的组成部分;当然,无论是观念、角度、方法,现在都会出现新的因素。至于打工文学或底层写作,应该是强调处于底层者自己发声,讲述自身的生活和思想情感,这种写作倒是作家难以代替的。但这里有一个悖论,对这种开始带有自发性质的写作,文学界如果不管不问,它将自生自灭,无法引起人们的重视。但是,当文学界加以关注、评论,写作者逐渐成为作家、诗人,就已经被组织进既有的文学秩序和体制之中。20世纪五六十年代工农作家的道路,还有"文革"期间的工农写作都说明了这一点。"文革"时上海批判、挽救"蜕变"的工人作家胡万春,其实并不是胡万春自己的问题。

李云雷:现在新诗似乎很少受到一般研究者与评论家的注意,但您的态度似乎有所不同,不但持续进行研究,而且对20世纪90年代以来的新诗一直有很高的评价。您主编了《在北大课堂读诗》一书,又主编、参与主编北大出版社出版的"新诗研究丛书"和《新诗评论》,不知您如何评价现在的新诗,如何看待新诗受到一般人冷落的现状?

洪子诚:我对诗的尊重,主要来自自己的感受。我从诗中得到许多安慰和鼓舞,加深我对生活、对人内心的认识,增强我对人类美好方面的信心。

前年,在一次对我的提问中,也谈到这个问题。我说,在我们生活的时代,诗歌必定是冷落的。不过,"在现在,诗歌是一种边缘性写作,有可能保持比较多的'纯粹性'。尽管90年代以来诗歌受到严厉批评,也确实存在许多问题,但我还是觉得这二三十年中有不少很好的作品。我们的环境太不重视诗歌、诗人了。"对文学负有一定责任的人,不能停留在诗歌受到冷落的描述上。这些年我两次到台湾的大学任教,每次半年。和大陆一样,严肃文学(姑且使用这个概念)在那里也被边缘化,但是文学界还是继续保持尊重诗歌、诗人的传统。今年3月,台湾大学举办了相当规模的周梦蝶诗歌国际研讨会。几年前,当商禽先生辞世的时候,他们举办了追思纪念活动,出版了他的全集,这是大陆这边难以比拟的。大陆诗人蔡其矫同年去世,竟然悄无声息。去年,台湾拍摄了"在岛屿写作"的"大师电影系列",第一辑六位作家中,竟有四位是诗人:周梦蝶、余光中、杨牧、郑愁予。另外两位是小说家林海音、王文兴。

李云雷:不知您现在在做哪方面的研究?我们都很喜欢您《我的阅读史》中的文章,希望您能延续这样的写作,也希望您能多保重身体,不断为文学界奉献出更多好文章。

洪子诚:岁数大了,精力也越来越不济,新的研究已经谈不上。特别是当代文学,原本就是属于你们这样年富力强的年轻人的!如果身体允许,会写一点不需要搜集太多资料的文章。目前正和年轻朋友编一本新诗选,也会整理我在台湾讲学的讲稿。

康洪雷：一次特殊的"推拿"体验

高小立

在8月14日北京今夏最难耐的桑拿天里，记者匆匆赶到北京梅地亚电视剧《推拿》的央视首播现场，按照事先和康洪雷的约定，在发布会之前对他进行一个采访。本想在梅地亚的咖啡厅点上两杯冰咖啡安静地做一次对话，但众多媒体对康导的前呼后拥，根本不允许康洪雷单独行动。康导第二天还要赶往家乡呼和浩特，记者只好在嘈杂的演职员休息室里做个简单的采访了，其间虽免不了有发现康导后闯进来的媒体同行，但百忙中的康洪雷挺够朋友的，在众多媒体的等候中，接受了《文艺报》的独家采访。

作为朋友，记者其实和康导很少见面，多是在新闻发布会或一些研讨会上碰到，而和康导的相识就是在几年前电视剧导演协会举办的一个论坛上。回想当时，记者对现场就座的大腕儿导演全然不顾，单单只对康洪雷的导演艺术大加赞赏了一番，之后更加关注了他的作品，经常互发短信保持着联系。这次的采访，自然是因为《推拿》的播出。两年前得知《推拿》进入剧本创作阶段，就一直期待着。当看到有些导演手忙脚乱地不知道拍什么时，看到出品人为收视率抓狂时，看到荧屏上的"雷剧""神剧"不断时，就想到了康洪雷，新作怎么还没播啊？这倒不是要说明康洪雷多么特立独行，多么不可或缺，其实康导每次都拿出不跟风的有艺术个性的作品，从艺术创作的本体来讲，这才应该是正常的艺术创作。现在令人费解的是，一些紧跟风潮的模式化创作越来越正常了，反而显得康洪雷有点另类。

好剧本要有让人信服的故事和人物

康洪雷从《激情燃烧的岁月》开始，就不断地听到一些善意的忠告，确实是善意，因为多是出自朋友之口：《激情燃烧的岁月》里，都是黄棉袄、黄棉裤，谁看啊？《士兵突击》里，连个女的都没有，有人看吗？包括这部《推拿》，所有知道这件事的人都劝他，一群盲人，有什么可拍的？可康洪雷都拍了，都播出了，前两部大获成功，获了多少奖不用说，剧中人物能流传，许三多能成为当代偶像，再说什么都显得多余了。

现在很多年轻导演不知道拍什么，基本上是跟着市场、跟着投资人走，相比这些导演，旁人不看好的题材，康洪雷每次都不听劝，坚信自己的判断。记者就此也多次问过康导，一部《激情燃烧的岁月》成功了，可能是个偶然，那《青衣》《士兵突击》的连续成功,一定有什么秘诀或规律性的东西。本想给他戴个艺术追求、艺术坚守的高帽,但知道康导不太喜欢这类的词,他也不承认规律之说。康导常说,有心栽花花不开,无心插柳柳成荫。在追问下,他最终道出的"不能心机太重,唯有单纯是制胜的法宝,只有单纯才有奇迹的可能",可能会受用于当下的创作者。康洪雷其实不拒绝任何题材,但他首先得相信剧中的故事和人物。有了名气后,很多投资人拿着剧本来找他,如果是他不相信的故事和人物,一般都婉言谢绝,他说连创作者都不相信的东西,能试图让观众相信吗?这不符合基本的逻辑。

说到康洪雷作品中的人物,历数他执导的电视剧,有个共同特点就是都改编自文学作品。他之所以从小说中选素材,恰恰看中的是小说中的人物,每次都是被小说中的人物所打动,他的理念是,有了这么丰富的人物,不愁编不出好故事。说起这点,康洪雷和别的导演又不同了,康洪雷最怕别人说他与众不同,事实证明的确不一样。人家都是先看故事,故事热闹、命运坎坷、情节曲折,才认为达到了拍电视剧的要求。康洪雷偏不,他首先要的是人物。康洪雷和别人有很多不一样的想法,他说现在的电视剧集数太多不说,每集 45 分钟太长了,这对观众的身体健康不利,他主张每部 20 集、每集 30 分钟为好。谁都知道现在电视剧越拍越长的原因,康洪雷不主张拍长篇,他说过一句话:"钱在我这儿不好使,勾不起我的欲望。"

绝不以关怀者、同情者的姿态写盲人

《推拿》是作家毕飞宇获得茅盾文学奖的原创小说,有人猜测康洪雷是在小说获得茅盾文学奖后决定拍的,其实康洪雷在 2007 年小说出版的第一时间就拿到了书,看完后他毫不犹豫地决定拍摄,这次依然是被小说中的人物打动了。原小说中除了简单、细碎的故事情节,主要是对人物细腻的刻画和大量对心灵深处的描写,这样的小说,很难改成电视剧。康洪雷也确信把小说《推拿》改编成电影、话剧,尤其改编舞剧,是再合适不过的题材了,唯独改成电视剧太难。电视剧要有故事,有人间烟火,需要百转千回的情节,这部小说恰恰不具备这些。面对改编难题,康洪雷把能想到的所有不可能和担心都化为他这次一定要做成的动力和能量,哪怕倾其所有。这就是康洪雷的不一样,认准的事,非做成不可。

改编的挑战果然接踵而来,他先找了几个年轻编剧,结果都没通过,最终还是请来了老搭档陈枰。他们两人合作过五次,默契不用说了,但这次编剧的艰难前所未有,陈枰花两万元办了盲人推拿中心的卡,整整体验了一年。采访那天,坐在康导身旁的陈枰调侃了一句:别人没做成的事,我做成了,才显得我很牛。现在听来似乎轻松的一句话,背后是陈枰近两年的艰苦创作。在原著中的人物几乎都保留的基础上,根据剧情的需要,电视剧中衍生出了一个重要人物,就是走进濮存昕饰演的沙复明心里的女主角,也有在小说中一笔带过的人物在电视剧中成了贯穿始终的人物。整个拍摄的时间是三个月,后期制作整整用了一年,这在康洪雷拍电视剧的历史上是第一次。对他来说,这是一次超乎经验之外的拍摄,面对的是一个既熟悉又极其陌生的盲人群体。用康洪雷的话说,他这次把后期制作人员折磨得够呛。

其实,康洪雷对这次的创作表现得特别兴奋,在发布会现场播放的片场集锦中,他就像个大男孩儿,手舞足蹈,喜笑颜开,一个重要原因是这次请到了真正的大腕儿——濮存昕。康洪雷从20世纪90年代做副导演时就有请濮存昕出演的愿望,濮存昕排练话剧的任务非常繁重,已多年不接拍电视剧了,这次之所以能加盟,而且接受这样一个极具挑战性的角色,康洪雷强调是小说的魅力、剧作的魅力打动了濮存昕,唯独没提自己的魅力。其实康导的魅力不说也在那儿了,现在能加盟康导的戏,没两把刷子可不行,看看《推拿》的演员便知,濮存昕、张国强、刘威葳、李菁菁、高亚麟,都是实力派演员。

毕飞宇、陈坪、康洪雷、濮存昕,都是各自艺术领域的尖子,在这次的合作中,都有不可替代的创作作用和个性体现,但从小说到编剧、导演、主演,他们对该剧达成的共同认知是——平等与尊重,绝不以关怀者、同情者的姿态去描写残疾人,也不会把盲人写得过于坚强和自尊,剧中的一句台词很有力量:"只有人类的尊严,从来就不该有盲人的尊严。"康洪雷说:"我们完全从平等的角度,展现客观存在的这个群体的生活、工作、喜怒哀乐和他们的黑暗世界,这种平等的接触、平等的对待所给予他们的尊重,远远大于他们以弱者的身份在一些晚会上所得到的那点慰藉。在这个社会里,没有人是特殊的。拍摄期间,虽然也会有意无意地流露出同情,但很快就收回,把他们当成我们身边的兄弟姐妹一样,我们相信上天关上一扇门,一定会打开一扇窗,但没有一个盲人会告诉我们这扇窗里是什么,我们就是试图用这部电视剧告诉观众那扇窗里的故事。"

拍《推拿》的感受就是很"舒服"

除了被人物打动之外,"推拿"一词也是让康洪雷无法绕开的一个理由。"推拿"虽是一个医学名词,却有着深刻的哲学意味和处事方式,他特别喜欢"推""拿"互为统一、相得益彰的哲学内涵。电视剧中多次出现"拿回来,先要推出去"的解读,一针见血地道明了做人、做事的共性。康导说中国传统文化无处不在,生活中比比皆是,关键要善用。他的这个感悟对各行各业都是有启发的。

《推拿》刚播出,还不能下结论,但从对康导作品的一贯认可上,《推拿》定会给酷热的电视荧屏吹来凉爽的秋风,好好让观众舒服舒服。康洪雷说他拍这部剧的感受就是很"舒服",又认识了不同的生命样式,更加尊重各自的生命,这种认知会延伸到更多的群体,比如对自闭症、精神疾病、艾滋病群体的平等与尊重。

自拍完《推拿》后,康洪雷下意识地会在盲道上行走,他感觉在盲道行走能集中精力思考问题,脚与地面的触感让人"安全、踏实",盲道一直指示着你不迷茫。由此他也恳请人们千万不要占用盲道,盲道被占了,盲人就像孩子离开母亲一样无助和焦虑。采访结束回来的路上,记者也特意走了段盲道,真的会让自己聚精会神起来,脚下似乎也有力量了。但走着走着,迎面一辆机动车挡住了前面的盲道,平时可能会一躲了之,此时马上想到,如果我是盲人怎么办?是啊,社会的文明恰恰体现在这些点点滴滴的细节上,而不是现代化的摩天大楼,更不是名车豪宅。

电视剧《推拿》的宣传词是:看得见和看不见,中间只隔了一层拥抱。但愿看了《推拿》后,能让我们给盲人更多的"拥抱",这里的"拥抱"绝不是同情和怜悯,而是社会良好的文明环境,是人与人之间的尊重与平等,对中国五百万盲人来讲,应该让我们从盲道永远畅通无阻这个起码的"拥抱"做起。

就在记者写此文时,一位编剧发来一条短信,谈了两句看《推拿》的感受,得知记者正在写康洪雷时回复到:应该为这样的导演歌唱,不仅仅是工作需要。

少数民族文学研究的瓶颈与突破
——与民族文学青年学者刘大先、李晓峰、陈珏一席谈

明 江

"作为中国研究的少数民族文学研究""中国形象的多样表述""重绘现代中国时间图像"……这些颇为新颖的有关民族文学的研究语汇,出现在中国社会科学院民族文学研究所副研究员刘大先新近出版的《现代中国与少数民族文学》一书中。作为国家社会科学基金重大委托项目"中国少数民族语言与文化研究"的成果,该书提出了"作为中国研究的少数民族文学研究"的观念,在某种意义上具有跨学科的意义和价值。针对书中的一些新观点和思路,一些评论家也提出了不同的看法。本报记者日前邀请该书作者及另外两位从事相关研究的学者——大连民族学院教授李晓峰、杭州师范大学老师陈珏,围绕现代中国与少数民族文学的关系,就少数民族文学的学术史、当下研究现状、前沿话题以及未来理论趋势等问题展开了讨论。

记者:"作为中国研究的少数民族文学研究"是这本书的核心观念,但是毋庸讳言,少数民族文学在整个文学学科中处于较弱势的地位。有学者说过,只有文学,哪有什么特别的少数民族文学?对于这个问题,你们作为身处其中的研究者有何看法?

刘大先:这涉及对于所谓"文学性"的认识,这种观念其实是把文学非历史化了。现代中国的大学文科教育与民族国家的建构之间有着千丝万缕的联系,文学教育作为特定知识生产和传播的渠道是服务于现代民族或国家的创立和发展的。就文学教育本身而言,传承文学知识的内容主要包括文学史、文学理论和文学批评。这些文学知识的生产因为起源的特殊性,在经历了对国内外政治、社会、文化的具体现实而进行的一系列摸索之后,在中国传统的道统、学统、政统与向欧美及日本仿拟的现代文学传统之间的博弈之中,逐渐形成了以国族(中华民族)叙事为主导的知识体系。这套知识体系更多地将中国传统思想与知识规划进通约的世界性文学话语之中,并且进而统一了文学的解释权。

在目前的教育格局上,少数民族文学是一个二级学科,集中于边疆与民族院校的文学教育体系之中。就像你所说的那位学者的观点:文学就是文学,哪有什么少数民族不少数民族之分?但如果按照这个逻辑,也就不存在国别文学了。既然现实的文学图景总是应对实际的社会文化区隔,那么少数民族文学作为既成的文化现象,也就应当具有其合理性。

我希望厘析出少数民族文学研究的发生学根源。从当下文学现场来看,少数民

文学在 21 世纪以来蓬勃发展的趋势是任何人也无法回避的现象,如何对这些现象做出有学理性的解释,生产出具有中国本土气象的文学理论与文学知识,是摆在我们面前的重大课题。

李晓峰:是的,中国的少数民族文学,是一个具有中国特色的现代性问题,作为现代性共有的症候,它同样也是一个未完成的方案。然而,其"中国"的特性,是在 19 世纪以来的世界现代性与中国近三百年这一长时段的历史现代性的互动与对话中所自我定位的。因此,中国的少数民族文学,绝不是一个只能在少数民族文学的范畴中谈论的话题,或者可以说,只有在中国现代性的思想史视域中,才有可能观察到少数民族文学的本质。从这个意义上来说,《现代中国与少数民族文学》是近年来少数民族文学研究的一个重要收获。这既表现在作者将少数民族文学作为中国的现代性问题提出,而最终又超越现代性理论自身的局囿所获得的新知识视野,更表现在作者从思想史和学术史的交叉点上对少数民族文学历史、现状和未来诸多理论与实践问题的反思和建构。

陈珏:我理解,这种锋芒所指的绝不只是少数民族文学学科,而是指向整个文学学科。作为差异性表述的少数民族文学,必须放入"现代中国"的复杂语境中进行考察。刘大先谈到,现代中国是一个全新的政治、文化概念。现代中国是转型的结果和必然进行的过程,内部包含多元混合的族群、文化、经济模式和复杂多样的社会、政治因素。可以说,现代中国是一种动态变化中的、具有统摄意味的政治文化事实、思维认识范式、精神情感态度等多种维度结合的观念。作者在这里追求的是一种作为中国研究的少数民族文学研究,以达到重建一种有关中国文化记忆的叙述。少数民族文学研究中较少有具有全局观念的理论之作,这有可能是缘于我们的不自信,当然更有可能的原因是少数民族文学内部具有多元复杂的成分,难以用某种单一视角或思维来进行规约。而将其放入中国近现代政治与文化转型的脉络中进行考察,则还原了少数民族文学历史的复杂内涵。

记者:结合整个民族文学的学术史来看,现在强调将少数民族文学研究纳入现代中国的范畴中进行考量,有何必要性?有什么样的意义呢?

刘大先:少数民族文学学科自 20 世纪 50 年代初步确立,到如今已经有了 60 多年的学术积淀,从最初的族别文学史对于民族文学遗产和概况的整理描述,到出现具体而微的地域性族群文学研究和作家个案批评,少数民族文学研究虽然一直处于文学研究的边缘位置,但也逐渐获得了自己独特的批评视角和研究路径。进入 21 世纪以来,在党和政府的关怀下,少数民族文学对于整个文学生态中的重要性得到进一步重视,少数民族文学事业取得了前所未有的繁荣局面,与创作和翻译齐头并进的少数民族文学的批评与理论建设也开拓了新的格局。但是我们无法否认的是少数民族文学研究很大程度上一直停留在"自说自话"的阶段,这倒未必是研究者本人的知识积累与理论素养的问题,而是长久以来形成的思维惯性和认知框架的局限,即过于将少数民族文学静态化、文本化和孤立化,而对其与整个社会关系网络的互动作用缺少自觉的关注,这就造成了研究的瓶颈。而随着文学现场的不断更新,是时候出现具有学术史深度、全球性广度和前沿性高度的著作了。我虽不能至,但心向往之。所以我希望跳出既有的少数民族文学封闭性的研究框架,进行跨学科的理论尝试。

李晓峰:我们的很多少数民族文学研究的从业者的问题恰恰就是没有将少数民族文学研究作为"中国问题"而与现代中国相关联。而即便是将中国文学与现代中国相关联,也仅仅是在被抽象化了的中华民族的层面上。现代中国作为一个现代性的问题的另一面,即现代中国的国家性究竟是什么?体现在哪些方面?还有哪些被遮蔽的特性未被我们关注?关于少数民族文学主体的流动性,刘大先在过去的文章中用"你中有我,我中有你"的语句来进行表述,将这其中所包蕴的那些复杂的、叠加的、多维的特征综合起来,与主流文学一起,统摄、整合于中国文学乃至现代中国的框架之中。

陈珏:这里我倒是可以提供鄂温克族作家乌热尔图的个案供参考。我曾经对他前后期的作品做过话语分析,我发现在20世纪80年代他刚刚踏入文坛的时候,书写了很多有关民族团结方面的主题,在90年代之后,我们可以清晰地发现作家个体意识的树立。乌热尔图30多年来的创作走向显示了一种认祖归宗式的民族文化认同,很具有代表性。这种动态的变化必须放入整个中国社会各方面的大转型之中才可能给予它一个明确的定位。刘大先在宏观层面上的理论思考,实际上对我本人的具体研究也有启示。

记者:因为是理论建构,所以我注意到你对于各种理论的广泛吸收,那么是否存在个案分析过于简略的问题?少数民族文学研究是否需要某种特定的视角,过于普泛化的理论会不会遮蔽少数民族文学的独特性?

刘大先:这个担忧的确可能存在,事实上暨南大学的姚新勇教授在给我写的书评中就批评我"在不知不觉中,由出发于少数民族文学基地的言说者而变为主流话语的部分的代言人"。应该说你们的质疑都是非常有意义的,我在论述中确实不会针对某个具体作家、作品着墨太多,尽管我始终坚持史论结合,但是因为我的目的是在梳理学术思想史的基础上,试图勾勒出少数民族文学研究的一些核心命题,所以对于各种理论采取的是拿来主义的策略。这种拿来主义式的理论运用,其实未必全然是按照该理论"本色当行"地挪用,而是经过了阐释性的转化乃至误读,加以六经注我式的整合。这些核心命题呈现在论述中就分别是时间、空间、身份、语言与翻译、宗教与情感等问题。这些问题每一个都可以构成一篇博士论文的篇幅,客观上确实无法就某些具体作家、作品谈得太多,更主要的还是涉及现当代文学研究方法与文学理论研究方法的差异。我做的更多的是一种理念类型的抽象,而不是具体的文学研究。这种抽象所要解决的是如何立体地审视一个关键性命题,它触及的是认识角度和思维方式的转变。

少数民族文学的独特性和普遍性在我的表述中就成为同一性和差异性之间的博弈,我们当然要注意到少数民族文学作为一种差异表述所具有的独特美学价值、情感表达、文化内涵乃至政治诉求,但是这一切必须历史化,就是要将之放入特定的时空之中。少数民族从来就是中国内部的多元组成部分,我曾经提到:我们讲述少数民族的故事,就是在讲述一个中国故事。在这个层面上,刻意突出少数民族文学的差异性就不是学理性的阐释,而可能包含了更为复杂的因素。尤其需要强调的一点是:少数民族文学固然自古以来就有着丰富的传统、材料、实践与文本,但是只有到了现代中国,它才成为一种特定学科的研究对象,它是社会主义中国时期才产生的当代文学。

如果不避粗简,我们可以说,少数民族文学与汉族文学一样,在很多的层面上具有同一性,体现着中国特色的文化平权。这和美国、加拿大那样多族群国家中的少数族裔文学不太一样。后者更多有着后殖民主义及文化多元主义的色彩,中国少数民族文学固然包含着文化多样性的题中应有之义,但在其最初的理念中,少数民族从来就不是"少数的",人民性是第一属性。所以,普遍性、共通性始终是少数民族和汉族的共同基础,在这个基础之上才有文化、习俗、心理、文体类型、审美趣味、风格样式的区别。

李晓峰:我倒是认为,知识考古学、后殖民主义、新历史主义、文本政治学、民族志诗学……这些理论对于作者而言,仅仅是一个窗口,它们从不同的角度打开了少数民族文学与现代中国关系的窗口——刘大先牢牢地站在窗口外面向里进行环视,而并没有跨过窗口走进一个个不同的空间。我倒觉得,这反而成就了他的方法论:在多种有效的理论资源的批判性利用的基础上,形成了对特定对象的有效的多向度的观察。从这点来看,他的这一方法论是非常有意义的。

当有学者不分对象、语境而用后殖民主义的"族裔"取代"民族"或"少数民族"的时候,刘大先仍然在小心谨慎地使用和辨析着族裔、族群、民族、少数民族这些概念,并特别强调当代中国民族概念的政治性。同样,对福柯的知识考古学,他也是取其考古之理路而考"中国"与"少数民族文学"之古。作者当然还有自己的一些局限,但能够娴熟地驾驭如此之多的西方现代理论,来呈现少数民族文学与现代中国关结点上的"中国经验",是非常有价值的。

陈珏:我们在具体做研究时往往会或多或少面临"史"与"论"之间的协调问题,比如采用话语分析的方法对鄂温克族文学进行分析,这可能更多属于语言学的角度,当然会产生特定的洞见,但往往会囿于新批评所说的内部研究,所以我在研究中也特别注意与鄂温克族的历史、社会形态、生产生活方式结合起来,以弥补陷于文本可能产生的盲目。我觉得,从事少数民族文学的优势就体现在这里,即它一方面与主流文学别无二致,共同经受着全球化、商业化、城市化所带来的变迁;另一方面它又有着自己的地域性、族群性的文化传统,这种传统如何在当下发生作用,这中间的张力就有很大的学术生长空间。

记者:在少数民族文学现场,你们关注的前沿话题有哪些?我们如何去把握未来少数民族文学批评与理论建设的趋势?

刘大先:这几年我也比较多地关注当代少数民族文学发展的态势,并试图从中提炼出一些话题。我个人认为,少数民族文学的阐释与接受,特别是其中的阶级、性别、身体经验、媒体传播等因素,就是下一步需要讨论的话题。但当前最大的问题,无疑是少数民族文学的教育问题,我们不能总是将少数民族文学局限在民族院校和地方一些专门院校和研究机构中。作为一种国家文学的知识,它应该成为文科教育中重要的组成部分。就当前教学观念与教学现状而言,亟待解决的问题是让少数民族文学走出民族院校之外,在综合性高校推进多民族文学及文化教学,这是实现中华民族多元一体格局、建设和谐社会的必由之路。

区域少数民族文学研究、各民族文学的关系、少数民族文学在域外的传播与变异等等,也是不可忽略的关键问题。这需要具体深入地进行个案探讨了,不能仅仅局限于理论层面。不久前我选编的一本以"比较视野下的民族文学研究"为中心的论文集,就是以跨学科、跨民族、跨方法的视角,选取近年来相关的少数民族文学比较研究的前沿性论文。

就创作实绩来看,母语文学、第二语言写作是中国少数民族文学放在世界文学范围来看都非常突出的现象。它可能为中国文学增添新的因素,就好像纳博科夫、拉什迪、哈金这些非英语母语作家的写作为英语文学增添了新鲜的元素一样。少数民族的女性写作、人口较少民族作家的崛起、少数民族作家的网络写作等等,都是近年来的研究中方兴未艾的领域,这方面的研究尚有待进一步加强。尤其是关于新媒体与多民族文学在理论上的拓进可以被称为少数民族文学的"多媒体转向"。这些现象实际上改变了既有的文学性内涵,也为重新发掘少数民族文学具有开拓性的世界观和认识论提供了契机。

李晓峰:现在,少数民族文学无论是创作、研究还是学科建设,都处在一个承上启下的关键时期。从少数民族文学学科的角度,已经到了需要总结、反思的时候。例如,少数民族文学学科的"国家学术"性质问题,如果不从这一角度来认识少数民族文学学科建设,那么少数民族文学的独特性就会变成边缘性,其独立性也会变成封闭性。再如,少数民族文学学科的跨学科问题,如何打破学科间的壁垒,对少数民族文学进行综合的整体研究,是少数民族文学学科需要解决的重要问题。再如,文学观和文学史观的问题,这是一个最基本的也是最核心的问题,多民族文学史观针对少数民族文学在中国文学史中的缺失问题而提出,但绝不是为了写一部多民族文学史,它是在统一的多民族国家的立场上强调对中国文学发展历史应该具有一种多民族共同创造的观念,强调在承认汉族文学作为主体文学的基础上,对各民族文学历史、传统、样态、语言的关注和尊重。这自然就涉及一个现实性的问题,即少数民族文学从来就不仅仅是少数民族的,用刘大先的话说,是一个现代中国的。因此,少数民族文学与中国的民族问题、政治问题、文化问题、经济问题、生态环境甚至国家安全等诸多现实问题密切相关。这些都需要我们进行研究。

2014年

中国神话学的文化意义
——访中国神话学会会长、《神话学文库》主编叶舒宪

明 江

当哈利·波特逃离寄人篱下的灰色现实,前往梦想的魔法学校时,为什么传达神意的信使是猫头鹰?莫言描写计划生育的那部小说,为什么取名为《蛙》呢?神话学专家的答案是:猫头鹰也好,青蛙、蟾蜍也好,早在一万年以前的大传统时代就是人类用图像编码方式表达的神灵象征。

在中国社会科学院比较文学研究中心主任、中国神话学会会长叶舒宪主编的《神话学文库》第一辑中,作者们提到并回答了很多类似的问题。

作为一种古老的文化基因和思维编码,神话的符号价值无疑是一种重要的文化资本。不久前上演的影片《西游记之大闹天宫》有着古老的神话原型,国外影视作品《哈利·波特》《纳尼亚传奇》《星球大战》《达·芬奇密码》《黑客帝国》《阿凡达》《尼古拉的遗嘱》的热映以及网游、玄幻、仙侠等网络作品的畅销,让越来越多的人意识到神话的巨大文化价值。近期备受关注的月球车"玉兔号",其名称更是取材于古老神话,引人浮想联翩。有专家学者表示,神话研究对于民族文学研究的推进,除了理论上、方法论上的指导意义,更多的是提示我们关注民间的、活态的文化传统和信仰系统。

作为国家"十二五"重点图书出版规划项目和国家出版基金项目,《神话学文库》第一辑包括《神话——原型批评》《文化符号学——大小传统新视野》等八部译著和九部专著,共十七本书。这套文库由上海交通大学文学人类学中心与中国社会科学院比较文学研究中心、中国神话学会合作完成,是用神话概念重新贯通、整合文史哲、心理学、宗教、道德、法律等人文领域的重要研究成果,是我国目前最具有规模性的神话学研究成果的集结。

有专家说,如今的好莱坞大片中半数以上取材于神话,而中国的神话在当代仍然是"养在深闺人未识"。我们应该如何利用自己的神话遗产呢?为此,本报记者采访了《神话学文库》主编叶舒宪。

记者:正如您在序言中所言,当代最新的航天科技成就在用诸如"嫦娥""玉兔""阿波罗"等古老的神话语汇来命名,《西游记》《指环王》《纳尼亚传奇》等神话色彩颇

浓的作品更是影视界的热门主题。可以看出,今天这个科技发达的时代也是回归神话的时代。在您看来,神话对当代文化的影响力表现在哪些方面?

叶舒宪:很多人以为,神话只关乎文学想象,如今越来越多的人意识到神话资源可以成为经济转型的文化资本、创意经济的符号引擎。因为神话概念远远大于文学和艺术。神话既然是文化整体的根,一定会给特定文化传统的想象和词汇提供原型。当今社会是符号化的社会,一流企业出售的是符号(品牌),二三流企业出售的是产品。要想从"中国制造"的现代性经济跨越到"中国创造"的后现代符号经济,民族、国家的神话资源将成为最大的文化资源。这或许就是神话对当代文化的重要影响力和吸引力。

在文艺创作方面,抢注神话符号的现象,仅仅是时代转型的一个缩影。就国内情况而言,跟风牟利者多,而精研神话者少。这正是《神话学文库》所要弥补的"文化基础设施"。

记者:您曾提到,中国是一个"本来没有神话概念的神话传统大国",怎么理解?

叶舒宪:1902年之前,汉语中一般不用"神话"这个词。这是留学日本的知识人引进中国的,几乎和"科学""民主"这些现代外来词一样。所以一开始,学者们讨论和争议的问题是"中国神话"的说法是否成立,即中国有没有神话?从茅盾到袁珂,以西方神话为参照,用了几十年证明中国有神话。当今的研究者提出超越"中国神话"的文学本位研究范式,倡导"神话中国"的文化整合研究新范式。首先要问:中国目前五十六个民族中,有哪一个民族没有神话?然后问:既然中国和世界的每一个民族都有神话,为什么古汉语中没有"神话"这个概念呢?答案是:古希腊哲学家要走出神话世界,建立理性权威,所以提出"神话"这个概念,作为逻辑的对立面,要大家不再相信神话是真的。中国和世界上大多数国家历史上没有出现类似西方的"哲学突破",自古以来就生活在神话式的思维和感知之中,所以没有类似西方"神话"的概念。"中国"指天下中央之国,"九州"和"神州"等,一听都是神话想象的名称。更不用说嫦娥、玉兔、西王母、东王公了。走进徐州、南阳、临沂、成都、榆林的任何一座汉画像博物馆或艺术馆,就仿佛置身于两千年前汉人的神话世界。更不用说商周青铜器上的饕餮纹鸟兽纹和甲骨文占卜通神的世界了,离开了神话,就离开了中华文明的源流和主脉。像孔圣人梦想凤鸟、老子化胡、玄天上帝、太平天国这样充斥历史书的名目,哪一个不是出于神话的建构?神话不是中国文学中较早的一个子类,而是伴随中国文化全程的。就此而言,我们说中国是"没有神话概念的神话传统大国"。

记者:中国神话学的发展情况如何?

叶舒宪:就我个人的理解而言,一百一十年的中国神话学史,大体上可分为两段:第一段叫"求证中国神话",包括整个20世纪。求证的结果是,"中国神话"概念分解为四大研究层面:汉文典籍神话、汉族口传神话、少数民族典籍神话(如纳西族《东巴经》)和少数民族口传神话。四方面的资源基本调研清楚了,堪称浩如烟海。以中国民间文艺家协会与汉王公司合作完成的"中国口头文学遗产数字化工程"为例,近九亿字的内容,至少有三亿字和神话有关。在云计算时代的海量信息面前,神话学史必然进入第二阶段,即"解读中国神话"阶段。特别是进入21世纪,形成了跨学科和多学科的神话研究潮流,包括考古、历史、艺术史和宗教学等方面的学者加入。学者们不再去求证中国有没有神话或什么才算神话,而是力求说明中国人为什么生活在神话传统之中,并解读文献叙事之外的神话表现形态,如文物和图像叙事(汉画像石、纸马、年画、剪纸、玉器、铜器等)。进一步地,从理论上梳理神话中国的原型编码和派生的再编码,从神话编码的意义上重新认识中国文化。

记者:少数民族神话在整个中国神话中的状况如何?少数民族的神话传承情况如何?

叶舒宪:受到文化人类学的影响,国内文学研究界兴起文学人类学一派,强调从多元的和多民族互动的视角审视中国文学和文化。让局限于民族院校小范围内的少数民族神话,特别是少数民族口传神话的内容,真正普及整个文科教学和研究,打破过去那种以汉文书面文学替代中国文学的传统观念。以新编的《文学人类学教程》(2010年)为例,讲到文学的发生和文学的治疗功能,蒙古族、藏族、纳西族、鄂伦春族、羌族、珞巴族、哈萨克族、柯尔克孜族及台湾布农族等数十个民族的神话,都发挥着示例作用。2011年在荷兰出版的英文书《中国的创世和起源神话》(*China's Creation and Origin Myths*),更是首次将中国学者研究的多民族创世神话的丰富多彩的内容呈现给西方学界。就传承情况而言,非物质文化遗产保护热潮的兴起,给少数民族神话带来了前所未有的保护和研究的契机。这方面的研究论文数量正在迅速增长。不过现代化的社会潮流对许多边缘民族的口传神话传统也有釜底抽薪般的威胁。

记者:您认为,了解神话对当代作家、艺术家有什么样的意义?

叶舒宪:作家的想象力如果不想局限在当下的生活世界,那么大量学习和理解世界多民族的神话遗产,将是一项基础性的培育工作。对中国当代作家影响很大的作家之一加西亚·马尔克斯,要问他的创作秘诀,首先就是深入研究南美洲的本土神话。不光是了解一些有趣的神奇故事,而是了解原住民的神话世界观,了解其神话式的思考方式和感觉方式。没有这个功夫,《百年孤独》的想象世界是不容易进入的。

以最近的台湾金马奖获奖影片——魏德圣导演的《赛德克·巴莱》为例,我们就能更清楚地了解神话对当代作家、艺术家有什么样的意义。魏德圣作为汉族导演,要用强势大片为媒介,为殖民时代濒于灭绝的一个台湾山地边缘族群赛德克人树碑立传。

他花十年工夫去做民族学实地调研,选用原住民演员,服装道具、衣食住行等方面皆尊重原貌,最可贵的是通过赛德克人特有的神话世界观来表现历史事件,让想象中的彩虹桥链接现实与梦想中的祖灵世界,并用赛德克语演唱的主题歌反复强化。影片最大的魅力就是带领观众重新回到赛德克人的神话世界。用人类学的话说,就是"从原住民的观点看"(from the native's point of view)。

记者:当代神话研究对于民族文学研究的推进作用,主要表现在哪些方面?

叶舒宪:以国别为单位研究文学,无疑是该国书面文学占据绝对主流地位。以民族或族群为单位研究文学,则无文字民族占了大多数,其口头传统都源于神话讲述。所以说,研究神话成为研究民族文学的基础和根本。书面文学是固定的,缺乏语境的;口传神话往往和族群社会的重要仪式相关。最近新发掘出的贵州麻山苗族口传神话史诗《亚鲁王》,第一卷的篇幅就相当于荷马的《伊利亚特》。更可贵的是能够在丧仪上讲唱《亚鲁王》的苗族东郎还大有人在,研究他们比研究荷马要方便和直观。文学人类学研究者希望未来的中国文学史景观是全景的和立体的,这必然要求对多民族神话遗产进行整合。

记者:在您看来,《神话学文库》第一辑最大的价值是什么?第二辑将侧重什么?

叶舒宪:《神话学文库》以重树神话观念为主旨。第一辑十七部书只是开头,有条件会继续做下去,能够有五十至一百部书,学科基础就相对牢靠一些。编撰文库的设想,来自中国社会科学院重大项目A类"中华文明探源的神话学研究"。其初衷是让神话学知识应用到国家最重要的学术攻关难题,发挥神话学在重新打通文史哲、宗教、民俗、考古等学科领域的催化和综合创新作用。为了说明文明探源研究的神话学范式,除著作外,计划有一批作为参考示范的译著。目前还有十多部译著因为版权问题,留待收入第二辑。如《通过神话而思考》《萨满的声音》《女神的语言》《欧洲思想的起源》《古希腊献祭仪式与神话的人类学》等。第二辑侧重点的确定还要听取专家组的意见,突出中国少数民族神话研究的分量。

记者:中西神话研究有没有什么显著的区别?

叶舒宪:最大的区别是中外学者队伍的专业背景和知识结构不同。在中国大学中教神话学课程的只有民间文学老师,所以除了中文系就无人开此课。在西方,最热衷神话学知识的是创意产业方面,特别是好莱坞和迪士尼。其次是心理学、人类学和宗教学,再其次是历史学、哲学、政治学,最后才是语言、文学、艺术方面。中西在神话学方面的差距巨大,国外研究的新趋势体现在文库中列入的译著选题上,即神话研究的大文化视野,而非纯文学视野。

记者:我们的网络文学似乎有更多神怪一类的东西,比如玄幻小说,它与神话有什么异同和关联?

叶舒宪:神话作为人类想象力的源头,滋养后世一切虚构性写作。玄幻小说家大都明白此中的奥妙,二者关系犹如大树的根脉与旁支。有学者将科幻文学和玄幻文学都视为当代的新神话形态。

记者:我们知道,近年来也有作家在重写中国神话,比如阿来重写格萨尔王,还有一些作家重新演绎孟姜女、嫦娥奔月等。这种重写反映了当代人对神话什么样的期待?

叶舒宪:就"重述神话"国际项目而言,中国作家是被神话复兴的世界前沿潮流和出版商的商业操作裹挟进来的,起初恐怕也不大明白为什么神话又火起来了。不过能够读懂《指环王》《哈利·波特》《达·芬奇密码》之丰富神话典故的人,一定会悟出一些神话写作的窍门吧,那就是像这些作品的作者那样,自己先成为精通神话学知识的行家。

记者:如果要将神话资源转化为文化资本,您认为最核心的工作是什么?在当代中国,神话正在如何传承?

叶舒宪:神话资源转化为文化资本,最核心的工作是重新学会我们祖先时代就生活于其中的神话思维和神话感知;在再创造的过程中,有效解决如何适应当今符号消费的现实需求的问题。在当代中国,神话的传承分为两大阵线:一是学院派的教学与研究,二是大众文化消费的改编利用。前一方面力求接近早已逝去的神话之真实,后一方面则乱象丛生、鱼龙混杂。

记者:如您在书中所言,神话是文学和文化的源头,也是人类群体的梦。不深入研究神话及其编码符号,就无法弄清一个民族亘古以来的核心梦想。今天,"中国梦"的提出,让人们对梦有了更多觉知。您认为神话研究的是一个怎么样的"中国梦"?

叶舒宪:人类是宇宙生命史上唯一有梦想的生物。梦想和神话的关系本来就是难分难舍的。启蒙主义以来,伴随着理性和科学技术的绝对权威的形成,对梦想的轻视乃至蔑视蔚然成风。唯有20世纪的精神分析学派和超现实主义文艺正面打出"梦"的大旗。像达利的独特绘画风格形成,大体是以梦幻为主题的。从乔伊斯的《尤利西斯》到罗琳的《哈利·波特》,则是将个人梦幻与民族群体的神话传统结合为一体。当今"中国梦"的提出背景,在于经济全球化时代的民族复兴和文化再崛起,为此,需要首先认识华夏文明是如何兴起的,不然的话就谈不上"复兴"和"再崛起"。而研究华夏文明的起源,第一个需要面对的就是神话传说时代。因此可以说,神话研究能够给"中国梦"找到起始点和发生的原型。2013年6月我们在陕西榆林举办的"中国玉石之路与玉兵文化研讨会",就是以"探寻'中国梦'的缘起,重现失落的远古文明"为宗旨的。

在"理性主义"时代,我们总是认为,神话和梦想都是虚构的、想象的东西,然而考古发掘证明了许多古老神话都有真实的成分。德国人谢里曼坚信荷马写的特洛伊大战是真的,就独自去土耳其发掘,结果真的找到了特洛伊城,开启西方考古学的黄金时代。中国神话中充满了对玉石的崇拜和神话想象,诸如女娲炼石补天,昆仑玉山瑶池西王母,乃至天界主神玉皇大帝,就连咱们北京的西山都叫玉泉山,河叫昆玉河,人叫"圭璋""玲玉""琼瑶"……全都是玉。研究中国神话必须对此打破砂锅璺到底:玉石神话和梦想是在何时产生的,又是怎样产生的?为什么直到今天老百姓还坚信玉器能够辟邪护身?考古工作者在陕西榆林地区神木县发掘出一座四千三百年前修建的石头城,有许多玉器穿插在石砖缝隙中。且不说在史前河套一带修城池的人属于什么民族,我们确信这是有关夏王朝修造"瑶台""玉门"一类神话建筑的现实原型,而建城池所需要的大量玉石资源,却不是当地能够供应的,很可能来自河西走廊地区。这就涉及早于丝绸之路数千年的"玉石之路"。把神话和考古相结合,关于华夏文明由来的真相正在逐步揭开,这就是期待中的"中国梦"缘起之谜吧。

欧阳江河：诗歌应对时代做更复杂的观照

黄尚恩

曾经有一段时间，欧阳江河在诗坛销声匿迹。他说："1997年，我出国回来后发现，中国变化巨大，已经很难再用出国前的眼光来审视周围的世界了。我内心的写作已经无法与这样一个世界达到统一了，所以，我就干脆停止写作。"在10年的时间里，他做演出策划、写书法，偶尔也写一些批评文章。从2009年长诗《泰姬陵之泪》问世开始，那个滔滔不绝的诗人欧阳江河又回来了。2012年，他创作出长诗《凤凰》，其中对现实的预言和安慰，受到了批评家和读者的关注。近日，在接受本报记者采访时，欧阳江河谈道："诗歌写作应该更具有一种宽广性，更具有一种深度。通过诗歌，诗人要对置身其中的这个时代做更复杂的观照。"

用"诗艺"抵达"诗意"

记者：长诗《凤凰》是怎么写出来的？您想在其中表达什么？

欧阳江河：《凤凰》这首诗有一个具体的对应物，就是我的朋友徐冰做的一个装置艺术作品。他用北京一座大厦的建筑废料——安全帽、工具刀、搅拌器等，做成了一只五吨重的鸟。这给我很大的启发。我试图将异质的材料放在一起，整合与重塑当代图景，反思人类的生存境遇。诗中写到了资本、革命、劳动、艺术等元素，以及各种元素相互映射带来的光怪陆离的景象和吊诡的内在联系。

凤凰是一个古已有之的命名，但是这个命名很奇怪，它不是对一个实体、真实生命的命名，而是对一个想象物、虚构物的命名，它与龙等形象一起建构了封建帝王的统治美学。到了近现代，凤凰又有了更丰富的含义，比如郭沫若笔下的《凤凰涅槃》，有"革命""重生"之意。在诗作中，我对这些线索都有所思考。另外，我还在这首诗里放了一个关于飞翔的玄学。这个"飞翔玄学"，不是针对凤凰意象发明出来的，它是诗歌独立的一个线索，不需要任何实体、任何形象，是关于写作、关于思想的飞翔。这又与凤凰意象产生了互相映射的关系。

记者：很多读者认可《凤凰》，是因为它较好地反映了当下的现实。您认为，诗歌应该如何既深入反映现实，又保留自身的诗意？

欧阳江河：当代诗歌，包括整个当代文学，怎么样既保持文学本身相对的独立性，同时又能切入现实、反映现实，具有一种广阔性和纪实性，这是一个永久的困惑。但我认为这两者本身并不矛盾。诗歌写作,它所处理、所对应的对象,我们一般认为只是个人心灵、个人感受、触景生情的东西,或者是词语自身的可能性,通过文学写作获得所谓的诗意。这样狭隘的理解,我认为是把诗歌看小了。

诗歌写作其实可以更具有一种宽广性,更具有一种深度。我们可以从现实中将大量不可能入诗的现象和元素纳入诗歌中来,作为材料、对象、课题加以书写。诗歌不是回避这些东西的产物,而是拥抱这些东西的产物。所有非诗意的东西,诗歌可以对抗它们、融化它们,或者与它们形成互文。我们不是通过避开这些非诗歌的东西来获得所谓的"绝对诗意",而是把它们纳入,呈现一种"相对诗意"。最后,诗意不仅要有,而且要足够强烈。

因此,诗歌写作要与通常的媒体写作区别开来:媒体写作有点像纸币,起到传递价值的作用,它的文字本身没有太大的价值;而诗歌写作有点像黄金,除了传递价值,它本身就有价值。因此,诗歌写作不仅要反映现实,表达我们对现实的看法,同时它自身要构成一个独立的、黄金一样的价值。

记者:将非诗意的材料纳入诗歌写作,最后又呈现出诗意,这需要诗人具备很巧妙的诗艺。这是您一直强调诗艺的原因吗?

欧阳江河:诗人的诗艺有点像厨师的厨艺。一个好的厨师,他可以处理各种各样的材料,无论是熊掌、燕窝,还是蚂蚁、野菜,在他手下都可以变成美味佳肴。同样,一个好的诗人,不一定非得写那些本身具有诗意的东西或使用那些诗意的语言。实际上,随着文明的转型,古代诗歌中的很多词语与现实已经对应不上,而且它们本身都太具有诗意了,太像诗了,太优美了。有些词往那里一放,给人的感觉就是一种故有的词语。这种东西反而不好写,反而是我们当代成熟诗人要回避的。在写作中,我们要让那些非诗的、丑恶的、肮脏的东西经过诗艺的处理各归其位,变成一种既有准确性又有广阔性、既有个人性又有公共性、既原汁原味地反映现实又对诗歌之美有所贡献的作品。它是好几种东西的混合,但是最后却可以唤起我们对现实的独特发现。一个重要的诗人,一定要从诗歌的角度对这个时代有独特贡献,让读你诗歌的人有独特的领悟。要实现这一点,诗艺非常重要。一直有人批评我太过于追求诗艺,那是因为他们把诗艺做了狭窄化的理解。实际上,诗艺就是诗人综合处理复杂对象的能力,在这方面我觉得我追求得还不够,还得加把劲。

从反抒情到反消费

记者:在多次接受采访中,您都谈到了一种反消费的美学诉求。实际上,诗歌在这个时代已经很难被消费了,您为何一直强调这一点?

欧阳江河:诗歌这种文体似乎对消费文化具有天然的免疫能力。电影、小说、美术等艺术门类,都或多或少地受到市场、资本的影响。而诗歌写作一般不与金钱直接挂钩,很少能有人通过写诗卖钱或者转换成什么。但是在诗歌写作中,也出现这样一种现象:有些诗歌的语言很"甜",经常被到处引用为格言、广告语,也在被消费。这类诗歌中也有很好的作品,但不是我喜欢的诗歌品质。我表达对现实的看法时,一定是把好多东西综合在一起,它的来源一定非常庞杂。我不让你轻轻松松地阅读、喜欢我的诗歌,反而给你设置各种各样的阅读障碍、理解障碍。这是一种反消费的行为,一种美学立场和美学姿态,同时它也构成了我的趣味。

我将这种美学诉求有意地放大,与我对当下艺术的观察、思考有关。我们知道,当代艺术最早对现实采取批判的态度,较广泛地触及现实生活中的丑陋一面,但是,最后又把这些处理变成了文化消费,形成了一个惯性的东西、一种风格化的景观,以此来迎合资本市场。所以它的痛感就消失了,尖锐性就消失了。也就是说,它本来伸出的是一只豹爪,却因为消费化和风格化,留下的只是一道猫伤。怎么避免文学对现实的反映变成中产阶级的东西,是作家和艺术家们需要考虑的问题。我们不是反消费,人人都必须消费,但我们必须反对这种"消费政治",让艺术回归自由之境。

记者:因为这种美学诉求,您的诗歌作品中很少找到优美的抒情诗,但1988年的组诗《最后的幻象》是一个例外。最近您写的《暗想薇依》等作品,抒发的情感也很强烈,但与《最后的幻象》又有很大的区别。

欧阳江河:很多诗人是通过青春写作、抒情诗走上诗坛的,但我不是。我早期的作品,《悬棺》处理"我"与古代文化之间的关系,《汉英之间》处理两种语言之间的关系,都不是青春抒情的。1988年,我忽然想到,我怎么没青春写作就中年写作了,于是就有了组诗《最后的幻象》。这是目前为止我最集中地写青春抒情的一组诗,它使用了非常美的语言,挺多人现在还喜欢这组诗。我个人不大喜欢,这是我的"另类之作"。近些年,我写了一些《暗想薇依》之类的作品,确实如你所说,它抒发的感情是比较浓烈的。对所要表达的种种情绪,我不但不加以克制,反而尽可能地推入极境,达到了快要断裂的程度。按照传统抒情诗的观念,它要么表达一种直线向上的情绪,要么对所抒发的情感加以节制。特别是到了当下,大家对滥情的东西已经比较反感,情感的节制成为很多诗人写作的路径。在《暗想薇依》中,我的抒情方式也许与这两者都不相同,我要不断推进情感,但不是以直线的方式,它没有连续性,更多的是像随想曲或宣叙调,亦说亦唱,既抒情又反抒情。所以,这类诗歌是对传统抒情诗的一种背叛,用抒情诗来命名它可能也不准确。

"文字文本"之外的"声音文本"

记者：注重声音修辞是您诗歌中非常重要的特点。写作这么多年，"声音"在您的诗作中有什么样的变化？

欧阳江河：从20世纪80年代写《悬棺》起，到90年代写《傍晚穿过广场》《关于市场经济的虚构笔记》，可以算是我创作的第一阶段。那时候我在成都，写诗的时候也带有四川话的那种"滔滔不绝"，大声说话、宣告性质是当时诗歌的主要声音。后来出国了，在国外待了大概5年，陷入了一种陌生的语言环境，没人听得懂你说的话。因此，在诗歌中，声音就变小了，像一个人对另一个人说话，而且"另一个人"往往就是我自己。所以，我对声音，特别是"韵"做了特别的消声处理。韵是中国古诗中特别重要的声音艺术，我却把它变成了图像，比如按照古代象棋著名残局的棋子位置来押韵，或者把韵脚排成精确的三角形、平行四边形等。这种处理与我的生命处境密切相关，我被从熟悉的语言环境中拔出来，成了语言的流亡者。对于这一阶段的诗歌，我自己有一个概括："我是我不是的那个人"在"我不在的地方"写出来的诗歌，充满了异己、他者的东西。在这些诗歌里，我获得了一种朴素的真实性，意识到了什么才是真实意义上的个人，而不是社会学、政治学意义上的个人。

2008年以后，我重新开始诗歌写作。在《凤凰》这首诗中，我继续进行消声处理，就像枪里安装了消声器。它的声音不强烈，但是画面感和建筑感很强。你听这首诗，不如读这首诗感觉好。但是最近的一些作品，声音却压过了文字，它更多的是声音文本。

记者：声音文本具体的含义是什么？在写作中怎样实现？

欧阳江河：我认为，诗歌至少有两个文本，一个是文字文本，另一个是声音文本。但声音文本不是我们通常所说的音乐性，因为音乐性很多时候只是外在形式上的，太简单了。我所说的声音文本超过了音乐性，它把反音乐的东西也包括进来。刚才谈到的宣叙调，它既有歌唱性，又有说话、雄辩的感觉，这才是我说的声音文本。在这种文本中，声音给你造成的文本影响力、传递出来的力量，大于你在读文字时得到的感受。以宋词为例，周邦彦、姜夔等人的作品，是声音文本在先。由于古音律和人类发声器官的变化，声音文本就失传了，我们现在看到的只是一个次文本，是对声音文本的文字记录。所以，这个声音文本最优雅的部分已经失传了。

但是，当下的诗歌创作没法像宋词一样，声音搭配文字，我们只能通过文字去实现声音文本。我觉得古代的一些诗作已经实现了这一点，比如苏轼的《江城子·密州出猎》，"老夫聊发少年狂，左牵黄，右擎苍"一句中，"左牵黄，右擎苍"更多的是一种声音文本，它当然有具体所指，但是最有魅力的还是文字传递出来的那种声音感觉，非常具有感染力。词不是物,不是肉体,不是声音本身,但是它可以激发出来这些东西。因此,在诗歌写作中,文字的排列本身不是最终的抵达地,在它后面还要传递出一种鲜活的、生命的状态。诗歌就是要表达出这种活生生的状态,这种活色生香的东西。它可能是非常粗糙的、原生态的、不易读懂的,却能够深深地感染听者。

"词"比"物"更持久

记者:您在20世纪90年代提倡"中年写作"的概念,近期又多次谈及萨义德所说的"晚期风格"。这两者分别有什么针对性?

欧阳江河:"中年写作"是针对"青春写作"而言的,它不仅与诗人年龄的增长有关,还涉及其人生、命运、工作性质的改变,进而影响写作时的心情。"中年写作"与罗兰·巴特所说的"写作的秋天状态"极其相似。现在回过头来看,提倡"中年写作"是为了告别青春,是想表明诗歌不仅仅是青年人的艺术,不仅仅是那些清纯、小资的东西。这是一种写作立场。而萨义德的"晚期风格",我借用它来表达这样一个观念:倡导一种乖戾的、不讨喜的、不被消费的艺术。"中年写作"是一种工作态度,"晚期风格"是一种作品风格,两者都反对"青春写作"的神话。"青春写作""中年写作"和"晚期风格"并非是一个简单的按照时间而递进的关系。在"中年写作"中照样会出现"晚期风格",而在某个具体诗人的晚期作品中,却会出现"青春写作"的特点。简单地说,提倡"中年写作"是为了告别青春;提倡"晚期风格"是为了反对消费,写出具有综合性、思想性的诗歌。

记者:您为何执着于在诗歌中探讨"词"与"物"的关系?

欧阳江河:"词"与"物"的关系,确实是我在诗歌中一直思考的母题之一。《手枪》中的"手枪",运用拆字法,"一件是手,一件是枪",手枪的物质性质影响了我的构词法。在《玻璃工厂》中,词语与实物相互给予、相互影响,透明的玻璃让语言也变得具有透明性。还有《凤凰》,词语本身就具有建筑感、材料感,而这本身也是实物的特点。这其实回应了当代诗学中非常重要的一个命题:词到底是不是物,能不能转化为物?我有一首诗叫作《八大山人画鱼》,里面讲了这样一个故事:八大山人想吃鱼,但住在山上没有鱼,于是就画了一条。渔夫看了觉得他画得不像,到河里抓了一条真鱼。八大山人重新根据真鱼又画了一幅比较像的。渔夫看了说,还是不像,可能更不像了。也就是说,它像了鱼本身,但是它没有像词语、绘画意义上的鱼。最后,八大山人不在了,渔夫不在了,但这幅画保留了下来,存在博物馆里。词语、画作比实物本身更持久。"词"与"物"的关系,确实非常吊诡,也非常有意思。

"我和当代作家相伴成长"
——关于电影与文学的对谈

张 莉

1987年,张艺谋改编自莫言同名小说的电影导演处女作《红高粱》获得西柏林电影节金熊奖,这是张艺谋电影生涯的重要起点,也开启了他与中国当代作家相伴成长的序幕。在其后近30年的岁月里,这位导演拍摄了《菊豆》《大红灯笼高高挂》《秋菊打官司》《摇啊摇,摇到外婆桥》《有话好好说》《我的父亲母亲》《金陵十三钗》等逾十部享誉海内外的电影。这些优秀电影的成功无一例外受益于与中国当代作家莫言、刘恒、苏童、陈源斌、余华、李晓、毕飞宇、鲍十、严歌苓、邹静之、肖克凡、周晓枫、李冯、王斌等人的合作。2014年,他的最新电影《归来》改编自作家严歌苓的热销小说《陆犯焉识》。近30年来,张艺谋是与中国当代文学保持密切关系的导演之一——新时期以来的中国当代文学为张艺谋电影提供了最丰富的给养,张艺谋的经典电影见证了中国当代文学的发展。

2014年4月25日,作为批评家,我受邀与他就《归来》进行深度对话。当然,在对谈最后,我也就自己另外所关心的——他作为导演如何选择小说、如何进行剧本改编、如何进行集体创作等话题与他进行了交流。

"《红高粱》有浓郁的视觉性"

张莉:作为文学中人,我很关心你与中国文学的关系。莫言获诺贝尔文学奖的时候,媒体上把他和你、姜文还有巩俐的那张合影又翻出来,这让人意识到,你拍的《红高粱》《大红灯笼高高挂》《菊豆》《秋菊打官司》《摇啊摇,摇到外婆桥》以及《归来》这些优秀电影,都与中国文学有关。你成功的电影都是和中国最优秀小说家的合作,比如莫言、余华、苏童、刘恒、毕飞宇等人,以及严歌苓。并不夸张地说,中国电影导演里,你是唯一一个与中国文学共同成长的电影导演,所以也就是为什么大学课堂上讲当代文学史,老师们都会提到张艺谋电影的缘故。

张艺谋:你说得对,我和当代作家相伴成长。那多半是别人推荐,比如《红高粱》。《红高粱》我印象很深,当年还没有文学策划,就是一个朋友,电影家协会的罗雪莹,他给我推荐说最近有一个叫莫言的作家写的《红高粱》很好。当时我正在拍《老井》,他就让我看。当时我看过莫言的《透明的红萝卜》,也知道大家都很欣赏这位年轻作家,就是这样,是别人推荐。

张莉:《红高粱》是两个新锐艺术家的合作,成就了一段佳话。莫言的同学回忆说,张艺谋拎着个鞋就去了军艺宿舍,在楼道里大叫莫言、莫言。莫言在一个对话里也说,他跟你见面,感觉你很像他们村的小队长。

张艺谋:当时我坐的是北京的电车,我穿着凉鞋。我是从陕西直接到北京的,不习惯北京的电车,我的脚被夹了,而且夹破了。可我不知道,下了车走着走着突然脚底下打滑,低头一看,塑料凉鞋里面全是血,我就把鞋脱了,拎着鞋,在自来水管下冲了冲,拎着到了楼道。到了楼道我问别人莫言住在几号,他们说你进了楼道大声喊莫言,他就出来了。进了楼道我就喊,喊了几声他就从厕所旁边那个门出来了,他看到了我。你想,我那时候刚刚因为《老井》体验完生活,那是最像农民的时候。

张莉:可不可以这样理解,因为《红高粱》小说里有大量的红色,与你喜欢的红色意象不谋而合,所以你想去实践,去把小说拍摄成电影?

张艺谋:第一个,《红高粱》这部小说很有视觉性,另一个是色彩浓郁。而我是摄影师,第一感觉就本能地瞧上这个了。另外里面写土匪啊,北方那些东西,我本身又很喜欢。你不知道,我当年很喜欢悲壮。"悲壮"这个词在嘴边挂了十几年,穿衣服都是这样。我那几个朋友都知道,当时说起穿衣服会说这衣服不够悲壮。我所谓悲壮的衣服,就是各种口袋挂着,像作战服,就是野外作战服那类的衣服,它让我感觉很悲壮,当年就是那样的审美。

"我就是不想重复自己"

张莉:《大红灯笼高高挂》《菊豆》这两部电影拍摄时,苏童和刘恒应该很红的,一个是先锋派,一个是新写实主义。可你为什么会想到拍《秋菊打官司》,《万家诉讼》当时不太显眼吧?

张艺谋:陈源斌和《万家诉讼》没那么红,当时红的是刘震云。我当时要拍的是刘震云的《一地鸡毛》,演员都选得差不多了,也定了景了,准备在重庆拍,要山城的那个起伏和雾中味道。我们都到重庆选景了,有一天,在重庆的招待所,我突然跟主创人员说,我觉得这个电影拍不好。他们问为什么,我说《一地鸡毛》这个主题我还没有想好,是不是大学毕业以后不能接受生活琐事,是不是要天生我才必有用,这些东西我捋不清楚。《一地鸡毛》没有说服我,是不是大学毕业后一生的目标就是要成为有抱负的人,而柴米油盐的生活就是庸俗的?我没想通。在没想通的情况下,这《一地鸡毛》就不能成为"一地鸡毛"啊。

张莉:这是个大问题,它决定电影的基调和价值走向。

张艺谋:那怎么办呢?就换个题材。就这样,根据我当年的经验,我说咱们今天不选景了,咱们全体上街买文学杂志,《小说月报》《小说选刊》什么的,全都买,买来以后赶紧看。就这么临时抱佛脚,买了厚厚的一摞杂志,让大家都回屋看。我自己也看,结果看到了《万家诉讼》。当时有病乱投医,标准也很宽泛,看这个差不多吧?都说行行行,就拍这个吧。问陈源斌是哪儿的,不认识,那就赶紧打听。最后说是合肥的,赶紧打电话。我印象很深,我跟美术编辑在邮电所排队,往合肥打长途,排队的时候跟前边一个人差点打起来。那时我的脸不像现在这么有公众感,因为那个人插队,我们发生了矛盾。然后就打通了电话,赶快问,你的小说卖没卖,他说没有呢,刚发表。我说你给我们留着吧,我是谁谁谁,毛遂自荐。就这么着,然后,说那找个高手改吧,就请刘恒改,他是现实主义创作第一高手嘛。

张莉:我知道你跟刘恒合作了很多次,比如《菊豆》《金陵十三钗》,但完全没想到他还改编过《秋菊打官司》。

张艺谋:刘恒为《秋菊打官司》写了两个月呢,喝了两个月的鸭子汤。他很有意思的,他要求所有人吃完烤鸭,一定要把鸭架给他拿回来,晚上写到一两点时,在炉子上煮鸭架汤。每天晚上12点、1点我都去问问写得怎么样。《秋菊打官司》写得挺有意思的,挺生活的。秋菊跟带她上拖拉机的那个人还有点暧昧,写得很风趣。都写得差不多了,有一天,我突然问:"你说咱这个电影拍出来会不会有点像《喜盈门》?"这个问题一出来我就没把握了。如果拍成《喜盈门》,或者只是比它更乡土一点怎么办啊?那如果不拍成那样的,又应该怎么拍?有人说按纪录片拍。

张莉:这个主意有颠覆意义,形式变化,电影的立意和风格也将随之改变。

张艺谋:那个场景我印象很深,大家兴致勃勃说了一上午纪录片的形式之后,刘恒坐在对面床上一句话没说,最后,他说了一句:"艺谋,那我这剧本就白写了。"因为如果要像纪录片那样拍就没剧本了,只有大纲,拍哪儿算哪儿。记得当时刘恒还说:"我怎么写秋菊这个人物都和巩俐联系不起来。"他一想到巩俐要演,就感觉这电影要砸。所有人都觉得这回非砸不可,可我就坚持。当然这是特别典型的临时抱佛脚的故事,但这也说明了我一直想求新求变。

张莉:不过,这种刻意寻找改变有时候也会使你拍出特别不靠谱的电影来。

张艺谋:是,可我就是不想重复自己,我宁可失败。

张莉:当年《摇啊摇,摇到外婆桥》也是在寻求改变,其实回过头看这电影也是很有意思的。

张艺谋:对,《摇啊摇,摇到外婆桥》当年合作的也是挺好的作家,毕飞宇编剧。

张莉:他的长篇《推拿》由娄烨导演,听说一些重要角色都由盲人扮演。

张艺谋:娄烨是一个被低估的导演,我觉得第六代导演中,娄烨很有个性,很不错。

我相信,《推拿》由盲人演一定会很生动。

张莉:《菊豆》有一段特别感人的"出殡",我看的时候很震撼。

张艺谋:《菊豆》是这样,当年我在抓题材,顾长卫给我推荐,说刘恒的《伏羲伏羲》写得很好,是一个农村的故事。当时我刚拍完《红高粱》,我一听又是农村,又是作坊,不太想弄。到后来他们就催我,问小说你看没看啊,我说那我看一下,一看就喜欢了。完了就讨论要不要拍。当时我千方百计想拍个城里的,想拍一个跟《红高粱》完全相反的。但看完小说后架不住诱惑,就去拍了。

张莉:后来城市电影你还是拍了,《有话好好说》,是姜文、李保田主演,我记得当时反响一般,今天看起来也不错,我有个朋友特别喜欢。

张艺谋:我认为《有话好好说》是被低估了。

"《归来》要通过家庭折射时代"

张莉:小说《陆犯焉识》哪一点打动了你,让你有拍摄《归来》的冲动?

张艺谋:我读小说,带着未来要怎样拍的角度去看。当时就感到,劳改那一部分,拍轻了没意思,拍深了恐怕也拍不了;又觉得他们年轻时候新婚那段是一个独立的东西。看到最后,我觉得自己比较喜欢陆焉识回家来,就是他回家来那一大堆事儿,他怎么与家人隔阂,他要怎么融会,我特别喜欢这一段。我当时想的是,我要通过一个家庭来折射那个时代。

张莉:陆焉识被放回来后,其实已经不可能再重建他作为人的完整生活。在困难面前,这个被打倒多次的读书人并不哭泣,也不放弃,更不乞怜。我想到《芙蓉镇》,"秦癫子"也是一个右派,被打倒的知识分子,谢晋导演也要表现这个人物的乐观,比如扫街的动作,他有"耍"的一面。可陆焉识不一样,他内敛,有内在,更关注自我生活的重建。

张艺谋:《芙蓉镇》里,我自己认为"秦癫子"扫地耍的那两下子,是导演找了一个外化的东西,非常好,但这还是一种戏剧编排。而我们这个更接近常态。你知道,日常生活中,大部分人是不喜形于色的。你看,从大痛苦大苦难过来的人,他再说当年的时候,是很不动声色的。这种人你去观察,你坐旁边听,你看他的眼神,会发现他的不动声色里边透着某种东西,那是很震撼的。我从生活中受到启发,我也希望能不动声色地表达苦难。

张莉:你刚才说外化,我想到《归来》里有个放雨衣的细节,邓指导员他们到冯婉瑜家里去,随手把雨衣挂在衣架上,而闫妮演的那个主任马上把雨衣取下来,这是有生活常识的细节。

张艺谋：那是演员在现场的发挥。我没有专门设定，在分析人物的时候，我跟闫妮说，这两场戏里，其实你这个李主任还挺瞧不上他们的，你对于冯婉瑜是有同情心的。演员知道了这个，说，导演，我明白了。这场戏是闫妮自己发挥的。

张莉：这是神来之笔，非常好，其中含有人际交往的复杂性。另外，邓指导员那些人物，也都是富有人情味儿的。这个电影其实尽可能对每个人设身处地，就是说在故事里他们各有苦衷，电影对那个时代每个人的处境和行为都有同情的理解。

张艺谋：说到邓指导员这组人物，原来要复杂得多，我们现在都把他们简化了。邓指导员这个人物很棒，我们写了他的很多戏，最后他来城市治病，他得了肺癌，陆焉识给他联络了医院。把他叫来说给他治病，又想让他帮忙把冯婉瑜唤醒，让他故意当着冯婉瑜的面扭着陆焉识，揪着头发把他推走，想让她认出来。后来邓指导员肺癌发作，在医院去世，去世之前跟丹丹还有对话，那个也很棒，但是这个线太长了。剧本里写了，没拍。因为篇幅的问题，再加上很多人也不看好这场戏，就没拍。但我知道，如果现场操作起来它一下子就变得真实，一定要看实现度。这个线没拍我一直耿耿于怀，当然，拍电影总会有很多遗憾。

张莉：电影中，比如一沓字纸，比如读信，其实都有寓言性。尤其最后一个镜头，两个人站在那里，面对关着的门，镜头打在夫妻俩的脸上，是电影中最令人难忘的镜头。

张艺谋：你说得很准确，我自己是想过门这个意象的，所以我拍了很多他们家的门，开门关门。现在我剪得只剩下三分之一到四分之一了，原来还要多。一个是他们家的门，另一个是火车站这个门，我是想用这关门、开门去传达两个寓意，我觉得人和人就是这种开门和关门的关系。

"我一直关注当代作家"

张莉：你刚才一直说大家在一起讨论，这是你的工作模式吗？我的直觉是，你有特别强大的主体性，一方面你喜欢和很多人讨论，一方面你自己其实也特别有主意。不管你跟多少人讨论，听多少人的建议，但最终你的作品还是有很强烈的张艺谋的东西。

张艺谋：对，我轻易不言放弃。我自己坚持的东西我从来不会放弃。比如我坚持这个电影里一定要有回家。就是用小说里面逃回来的那个开一个头，我们当时说了，两次回家，一次逃回来，一次放回来。逃回来的那个过程写长了，后来接着修改，一开始的创作初衷基本不能动摇。

张莉：你喜欢讨论，可能是靠大家的讨论来激发自己的创作力，这是你的工作习惯或者生活方式。

张艺谋：我喜欢讨论。这么多年中国确实没有那么好的编剧一直来陪伴我，让我省心。我一边抱怨着让我省不了心,一边把自己下放,下放到自己先当编剧,自己好几年弄一个本子,有时候不成就不成了。可三十年的创作过来,我觉得人的脑子就像一句民谣说的:"刀儿不磨要生锈。"人的脑子老磨其实会越磨越快。就说讨论吧,现在我谈很多东西,谈着谈着,如果突然碰上你刚才说的某一句话,很多过去的东西就会浮现出来,然后我会一下子抓住这个东西。一万个人在这谈想法,只有一个人的声音会突然之间在我这里突出出来,我会发现,并且抓住。他们很惊讶我有这样的能力,其实这是很多年锻炼的结果。就是从讨论中取我所需,从一个点开始,然后发酵、放大,把它突出出来。

张莉:坦率地说,中国电影市场火爆,但艺术品质是在下降,很多电影根本没有品质,没有追求。我最近一次去电影院大概还是看《巴黎圣母院》,很好。

张艺谋:《巴黎圣母院》非常好。其实除了电影,我也希望能有好的评论来影响和带动文化市场。现在反而有另一种现象,比如那些有真知灼见的文章里头的好观点和好看法,娱乐媒体视而不见,可八卦里的那些吸引眼球的话,他们会赶快拿过来,反复用。不仅是自己不作为,还拿过来反作为,把这些好的观点完全忽略掉。艺术电影就是比较稀缺,电影娱乐化是全球化倾向。既然这是全球化的,我们就要想办法。我们也不能不管,我是我,你是你,好,最后我们都进养老院了,一帮老同志"世风日下"一说就完了?不行。我有分蛋糕的冲动,但是,要想办法改变蛋糕的滋味。

张莉:其实也不能排斥电影的娱乐功能,这是电影本身必不可少的属性。电影当然不能总是苦情,我们去电影院也不是为了掉眼泪的,关键是即使是商业电影,对生活的理解也不能太浅表,不能把观众当傻子,当猴耍,要有内涵。

张艺谋:所以要改变蛋糕的滋味,增加内涵。我很佩服一些导演,比如斯皮尔伯格,他就能上能下。什么东西都拍,他还拍很多儿童片呢,我还没拍过。他们不会画地为牢,实际上这导致了多元化,导致了互相有融会、有影响,这个很重要。咱就说奥斯卡,美国人总爱拍那种爆米花的大电影去影响世界,但它每次评奖也专门给那些偏冷怪的电影,而且还全场起立,奥斯卡每年都会让这些稀缺的电影得奖。美国领着大家走娱乐化道路,评奖的时候却给艺术片。这是在做姿态,但也做成了一种多元化的姿态,这么做挺有意义的。

张莉:回过头看,你最满意的作品是哪个?我猜你会说是现在这个《归来》。

张艺谋:会说《归来》,因为这是坚定信心,要稳准狠才可以做到的电影。当然,这电影也没有那么完美,但这种类型是值得实践的。也许这部电影的收成没有我别的电影那么好,可能也不会得那么大的奖,不会变成众星捧月,在功利上达到的现实效果也没那么大,但对我来说是一次重要的蜕变。

张莉:当代作家中,你最近有特别关注的吗?

张艺谋:我对当代作家一直很关注,昨天我还问晓枫谁能帮我们写下一个东西,作家中一有高手我们就特别关注。我们总想第一时间联络对方。总之,还是希望有好的作家、好的作品来支持我们的电影。

在看见和看不见中间的那个世界

娄烨　张莉

11月18日下午4点,在北五环边上的娄烨工作室里,我一个人观看了由长篇小说《推拿》改编的同名电影,之后和导演娄烨进行了三个多小时的对话。四天之后,11月22日晚,在台北举行的金马奖颁奖典礼上,娄烨收获了他的"推拿之夜"。以下即为当天对谈的部分内容。

"这是一部声音优先的电影"

张莉:我觉得改编长篇小说《推拿》很有难度,要以视觉的方式去拍看不见的世界,你面临很大的难题。而且,小说没有男女主角,每个人物的着墨也是平均的,这些都是挑战。

娄烨:那些难题,对我来说太刺激了。最初,我完全不知道怎么拍这部电影,但读过小说之后喜欢的程度已经超过之前我阅读的所有小说,我没有任何解决方案,但就是想拍。你说得对,这部小说没有男女主角,它是群戏。电影很难在两小时里处理群戏,这是常识。但必须处理,因为它建立在群戏基础上,很难改成男女主角完全对应的结构。虽然在改编的过程中也有妥协,但最后还是尽量找一个群戏的感觉。小说作品给人呈现的是不规则的、貌似很感性的结构。这是很难回溯的,就是说追回线索很难,如果毕飞宇不告诉我,没人会知道。他告诉我他怎样结构小说,这个结构在阅读的时候是非常通畅的,也特别能打动人,但实际上阅读时你是完全找不到他结构的来源的,隐藏得非常好。

张莉:拍这个电影之前,你会想到以前那些关于盲人的电影吗?

娄烨:从我的观影范畴来说,我的记忆里没有这方面特别好的解决方案。我看过一些盲人电影,但那些解决方案是我完全不满意的,但我也不知道怎么解决。所以我的感觉首先就是特别感兴趣,虽然我不知道要怎么做,但这个机会已经让我很兴奋了。

张莉:你用了很多方法带领观众走进盲人世界。画外音是很重要的特点。比如一开始画外音说导演是谁,原作是谁,这是普通人的声音。这个处理就是告诉观众要进入盲态了。一方面要照顾盲人观众,另一方面则是循序渐进调动观众感官的过程。这是你一开始就想到的方案吗?

娄烨:首先这是一部声音优先的电影,画外音也是我们工作室的女孩子配的,不是职业演员。这些都是后来想到的,我做这个片子,尝试用我所理解的毕飞宇的方式,或者说是中国传统方式,比如水墨的方式,"画了再说"。这从电影制作来说特别奢侈,比如大量素材的工作,剪辑时间特别长,尤其在剪辑阶段,就是我画了第一笔再去考虑第二笔,我试着这么结构这部影片。当然也不是完全这样,但我希望那种连成一线的东西。中间也经过比如完全按小说的章节体,分段,最后拿掉,我希望保留一种叙事的感性,一种叙事的错误,这是和整体美学有关的,我希望语言和结构也是盲态的,我从毕飞宇小说中读到了这个。我欣慰的是我到最后差不多找到了,完成了,虚焦点、模糊影像,这在电影的正常范畴内它是一个错误,但在表现盲人的电影里它不是。

张莉:你拍电影《推拿》的过程,也是对自我能力和理解力的一种拓展。

娄烨:对。我们开会讨论的时候,思路已经很清楚了,大家完全达成共识,这是另一个美学系统,这个系统从形象到盲态,到服装,到所有的用具,都是在另一个系统里的,特别美。这种美不是原来那个所谓的美学系统可以容忍的。慢慢地我也认识到,这个概念的打开是可以复制的,也完全可以复制到意识形态层面,其实,毕飞宇的态度也是建立在这个基础上的。那个系统那么完善、那么完美,你以正常人视角看,它就是弱势群体、边缘、非主流,可如果你进入其中,就会认识到它是一种美的存在。小说《推拿》已经找到这样一种方式,但电影需要直面,技术上就稍微困难一点。

"黑暗能阻止所有有眼睛的人,绝对阻止不了盲人"

张莉:我看电影《推拿》,觉得它更注重日常生活,并不是那么戏剧化。原著小说在试图用盲人的视角去看世界,尽一切可能做到平等和尊重,电影也在做这个事情。我们知道也有其他关于盲人的电影,但其他盲人电影是有戏剧感的,有传奇化人物的特点,但在《推拿》这个电影里,这些不存在。

娄烨:我觉得原小说是有戏剧性的,这主要来自毕飞宇本身的叙述。他说的是平淡的日常生活,但他的语言非常厉害,包含了戏剧性、幽默等所有元素。这实际上也是电影面对的一个难题,如果换一个人来写《推拿》,那可能就没有你说的那种属于《推拿》的魅力了。

张莉:这是小说的魅力,也是改编的难度,就是说你没有办法把他的语言还原。

娄烨:对,我没法用视听来准确还原他的态度,我必须和他一样,才能承袭下来他的态度,这个你可以隐约感觉到。

张莉:电影中,小孔对高唯说:"这个世界上,眼睛是有分工的,一部分眼睛负责看到光,一部分眼睛负责看到黑。"这也是小说的主题。毕飞宇在谈话中,也不断提到这个,电影把它移植进来很好。

娄烨：黑暗能阻止所有有眼睛的人，绝对阻止不了盲人，你可以理解这个话是带有象征意义的。毕飞宇的文字上有很多通感的东西，你会发现朱自清的《荷塘月色》在这里比比皆是，但也不是，他要把情调的东西删了，直接就是荷塘，直接就是荷叶。因为毕飞宇是今天的作者，他不可能和今天没有关系，他的小说写法就是延续过去和传统的一个做法，用这样的做法，呈现今天和当下。我也希望有这样的一种对应，我要讲述的是今天的和当下的，而不是几十年前的。

张莉：电影和小说的共同特点，就是有一种抵达本质的能力，能拨开云山雾罩。要在这个层面上理解《推拿》。当有人说这是一个温暖的小说、一个温暖的电影时，这是一个文艺腔的表达，这是先入为主的表达，是需要商榷的表达。小说和电影的不凡是完全没有那种伪饰，它看到生活的残酷，同时也能看到精神上的东西，看到黑暗，也看到光明，看到暖，也看到冷，这是艺术家应该有的对生活的理解。

娄烨：正是这个原因，使我没法用一个广播电台的播音员来读这个对白。这也是一种态度，一种对生活的理解。

张莉：小说中有泰来对金嫣说她"像红烧肉一样好看"这个话，小说发表时，所有读者都会觉得这句话有神奇的吸引力，它能准确地表达情人间的爱。可是，这句话在电影里给人的震惊感没那么强，这是小说和电影的不同。电影的冲击力恐怕还在于那种身体感受。这是两种艺术形式的不同。

娄烨：电影实际比文字更感性，更直观，我个人认为，一部作品起作用的首先不是它的思维逻辑，它的语言首先是作用于肉体的。只有你的语言，不管是文字语言还是视听语言，必须先到达肉体层面，然后才能作用于精神层面，跨过去是要出问题的。比如，我首先读小说，它是文字，没问题，这就是一个生理感觉。它一下子告诉你这些事是什么样的，这种劲儿，实际上是一种生理感受，就像现在我随时能想起小说里的那些段落，那是文字带来的肉体感受、文字传达的生理感受，那种传达是特别厉害的。但视听是另一种，比如"我的血想哭"，实际上就是电影里小马自杀出血的部分，但我不能说"我的血想哭"。还比如王大夫之后有警察来的段落，询问他，他回答，那场戏我们也都拍了，但放到影片里我怎么觉得都不行，用语言的表达力量不够。

张莉：你说视觉呈现出鲜血，我想到小马的自杀、王大夫的自残以及沙复明的吐血，都给我非常大的视觉感。他们是看不见的，只有我们能看见。他们自己感受不到严重性，那种反差非常奇怪。还有电影最后，一群看不见的人从饭馆里跑到街道上，去打车。他们看不到，打车变得很困难，我相信那个镜头会让很多观众内心感伤。

娄烨：原小说中沙复明一进门就吐得乱七八糟的，但他自己不知道。从小说来说，那是一个最实际的状况。那天正好是南京的大雪天，那是一个困境。

张莉:从最初发表到现在,我发现人们对《推拿》的理解,也包括毕飞宇自己,有一个不断深入的过程,他自己也在不断思考。在最初,他强调平等和尊严,其实对限度的理解早已经在小说中了,但当时他是不谈的,后来在茅盾文学奖获奖词里,他提到了。小说刚出版时,我们也能感受到它的隐喻性和象征性,但毕飞宇拒绝使用象征或隐喻的说法,他说他不想利用他的写作对象。

娄烨:我非常理解,他当时是不能谈的。这是一部关于障碍的小说,这样的话在写作最初是不允许出现在他的头脑里的。也就是说,所谓象征主义是不允许象征的,隐喻是不允许用隐喻的,就是这样一种互为的关系。他的拒绝我也完全认可,而且我认为他这样做特别优秀。这是很重要的,一个专门为象征或隐喻工作的作品是没什么价值的。

"《推拿》不仅仅是关于盲人的一部小说"

张莉:沙复明读的那些诗,是小说里特别迷人的一部分。推拿房是狭窄的,但因为对美的遐想和冥想而开阔了,但我们也感受到他的障碍。电影里也表达了那种盲人世界的障碍、受限,但用了另外一种方式,摸都红的脸,"我想知道什么是美"。那个场景跟电影的语言是最贴的。沙复明最后朗诵诗的片段特别有意思。那是谁的诗?我觉得很多意象很熟悉,应该也不是好诗,但在那个场景里非常恰切。

娄烨:电影里沙复明念诗,更靠向一种幽默、戏谑的方式。那诗可能出自三毛和一个歌词,混在一块儿的,是一个混杂的文本,又在网络上被改编了。因为要符合沙复明嘛,沙复明要是直接朗诵一个"艾略特"那就麻烦了。

张莉:沙复明相亲那个场景,小说里不是这样。但我觉得改编得挺有意思,那种生活的质感出来了,那种啼笑皆非、哭笑不得的东西很有意思。他是那种伪文青。毕飞宇小说中的幽默感在这个人物身上很好地呈现了出来,这个人很古怪,但又很好笑。

娄烨:他是典型的伪文青,带有一种向往主流的意思。这使电影里的沙复明成为双重的人,他向往所谓正常人的世界,向往有钱人的生活。影片中沙复明必须承担毕飞宇小说中幽默的因素。读小说时,我有这种感受,就是很多人物写到真实还原的状况时你反而认为那个不是人物本身了,它会有一个辐射性,沙复明这样的人物在现实生活中是很多的。够又够不上,你瞎凑什么呢?其实就是够不上主流,也够不上那个社会阶层,但他又想扮演。因为他认为主流价值观就是这样,被认可就是这样。一旦小说介入人物内部,它就会有一种扩张性,原小说有这样一种力量。这种力量让你认为《推拿》是一部社会小说也可以,这是小说特别有意思的一个部分。

张莉:在展现人物生活和命运时,电影镜头其实是讲究的,什么时候你的视角是受限的,什么时候是全知的,导演都要考虑到。就像小说一样,《推拿》中,要写盲人世界时,作家也要闭一下眼,而不能全知全觉。电影中小马和都红聊天,没想到远处的沙复明碰到了风铃,他们才发现原来他也在场。当然那个场景观众之前也没看到,也是因为那个风铃才发现的,吓了一跳。

娄烨:对,观众跟他们是一样的,你不知道有一个人在听,你跟人物当时的状况是一样的。电影处理的时候,是要分场景的。我们看到小马的表掉在地上,我们超越了他的感知,这是全知,但有时候又要从人物角度出发。影片困难的地方在于,你什么时候跟他们一样感知,什么时候你作为一个有眼睛的人,看到一些他们看不到的。这和传统电影的制作理念实际上也是吻合的,有时候你是主观来叙述事情的,有时候你又高于主观,知道会发生什么事情。

"直白的写意"

张莉:最初看电影的时候,以为你要拍成纪录片,最后发现不是,但又觉得前面的部分是必需的。一开始要有生活的质感,让观众确信所有一切都是真的,要用纪录的方式,然后慢慢进入。整个电影看起来也没有戏剧性,仿佛是反戏剧性的,但它其实是戏剧。这些都是你要追求的东西吧?

娄烨:这实际上就是我阅读原小说的感受。它有很大的戏剧性,也有很多纪实的,关于盲人生活,比如王大夫一进门一定会先拉一下那个床,看看那个床是不是被固定上的,这是细枝末节,我们真的把那个床钉上了。细枝末节有非常写实的部分,也有非常写意的部分,是直白的写意,以一个真实人物说出来的写意的话,这在阅读中居然成立,这是一个特别大的惊喜,但你挑出来用在电影里是不可能成立的。你在阅读那个段落的时候会觉得特别感动,这就是毕飞宇语言的力量,他的语言随时可以离开写实层面,这个实际上是很不容易做的,也很难在电影里对应,必须找到另一个系统。如果说"我的血想哭"是小说中对白的写意,那么手拉手实际上是行为的写意。

张莉:我发现你刚才讲电影时,会很自然讲到那些传统的东西,你是想把这样的东西融进去。

娄烨:这个文本整个创作过程靠近中国传统,就是根上的传统,这是我的感觉。它不是太在乎逻辑性的结构,它是从一个局部到另一个局部,从一个桌子到另一个桌子,从一个人到另一个人,这种方式你可以说是一种盲的方式,"摸象"的方式,但具体的象是什么样他有兴趣。这实际上反而充实了很多东西,恰恰在这些细节运行的过程中你得到的细节更多,想象更本质。这是小说给我们带来的。

"《推拿》是先锋的,也是实验的"

张莉:我认为《推拿》是你拍摄生涯中水到渠成或者命中注定的一个电影。你先前对电影的各种尝试非常成熟地用在这里,你的思考,你对身体的理解,你对摄影技术的运用,你对人类限度的理解,全部都放在这里,而且是如此贴合。我听到你要拍这个电影时我觉得真的很厉害,娄烨居然要选择这样一个很中国、很写实、很当下的题材,跟你之前那种很先锋、很实验的创作不太一样。看了电影又觉得,这个电影还是"娄烨"的。

娄烨:对,这个电影对于我来说就是很先锋的。我读到《推拿》的时候特别吃惊,小说居然都写到这份上了,它非常先锋,非常实验。所以要感谢毕飞宇,我遇到了这个小说。

张莉:这部小说的主题有一种普遍性,这有利于二度创作。去年我去台湾访问,九歌出版社的总编告诉我,《推拿》比《平原》《玉米》更受欢迎。一般小说卖一千册就很不错了,《推拿》在台湾已经卖出了五千册,是非常了不起的数字。我们问为什么?她说是小说的魅力,因为小说对人的理解,对人的限度的理解,这些话题是没有地域、没有语言、没有语境障碍的。

娄烨:对人的理解、平等这些,是人类共同关注的,但我觉得整体上这部片子或这部小说的语言更适合中国语境或亚洲语境。这就是我认为为什么有些语言是不可以翻译的。有些语言系统在一些区域你是很难使用的。比如好莱坞的语境并不适合中国的状况,比如新浪潮的语境也不一定适应中国的状况。恰恰相反,日本社会派电影和小说,反而更适合中国的语境。

张莉:看电影的时候,我觉得你的这些镜头使用和之前的"第五代"导演特别不一样。我们能明显感觉到他们对灯光的使用,是很唯美的、抽空的,但在你的电影里是相反的,它是很芜杂的。你的镜头里包含的东西特别多,甚至是矛盾的东西,包括你说过的错误的东西。这是你对世界的看法吗?

娄烨:从电影史来说,法国新浪潮之后,已经没有所谓错误的语言了。整个世界电影史特别短,它已经犯了所有的错。新浪潮后它把所有的错融到新的语言里,所谓焦点不实,机器晃动,手持摄影机的不稳定性,所有这些在之前都被认为是错误的,在之后又成为一种通常的语言。从这方面说,电影语言是快速发展的语言,它快速容纳了很多综合因素,它在不断地反自身。这个演进过程非常快。它的语言的不稳定性越来越扩散,你很难用固定的美学,比如光线处理,这是非常困难的。如果和技术性、现实的关系发生耦合,就更难断定了。西方电影的光线是特别好的,比如巴黎、柏林会有这些调子,但在印度就很难实现。如果你要用这样的光线做一部印度电影,那就可笑了。

张莉:光线其实也受限于它的时代吧,与它的使用者的审美趣味相关,它是电影美学的一部分。

娄烨:美学是多元的,比如伦勃朗光,那时候就是很反动的光线了,现在就是一个特别传统的光线。但它的理由很简单,当时它就那么一点照明。就像中国画都比较小,因为它当时就那么点照明,可能所有的美学都起源于很直接的技术诉求。这其实和盲人推拿中心的状况是一样的。正因为他们看不见,于是通道中间不能放东西,比如放两盆花,好看,但不行,没事怎么能放花呢?所以那里也是没有什么绿植的,因为这在这个系统里不重要,于是我们没有绿植,只有乌龟,那也是给高维他们看的。

张莉:镜头的使用是不是跟一个人对生活的认识有关系?它表达创作者对生活的理解。

娄烨:对,比如我认为女孩没事不用化妆,这部片子里盲人更不可能化妆,更不可能有很复杂的发型,一切都要从这个出发。比如,我觉得盲态也很美,比那些整过容的表情要好看得多,这些在镜头里会有表达。镜头怎么记录,机器怎么来拍,每个导演都不一样,这跟一个人的审美有关。

2015 年

冯骥才：守护传统文化之根
刘秀娟

从 1994 年呼吁抢救自己的家园天津老城，到目前正在进行的中国传统村落立档调查，整整 20 年里，在传统文化抢救、保护和传承上，冯骥才一直在发出自己响亮的声音。路越走越远，事情越做越多，思考越深越急迫。

说出这个时代的疼痛

在 2015 年的北京图书订货会上，冯骥才的 6 部新作《俄罗斯双城记》《中国传统村落立档田野调查手册》《中国传统村落立档调查范本》《鬼斧神工——中国历代雕塑藏品集》《心居清品》《泰山挑山工纪事》集中与读者见面，让人惊讶于这位年逾七旬的作家不竭的创造力和行走大地、守护文明的情怀。其中，《中国传统村落立档田野调查手册》《中国传统村落立档调查范本》是他最近两年全身心地投入中国传统村落立档调查的阶段性成果。

"我们民族最悠远最绵长的根，是在村落里；农耕文明的根基是在我们的大地里。然而，在城镇化这条高速车道上，每一天、每一刻都有传统村落被碾落成尘。"冯骥才急迫的心情可想而知，"单是'文革'对文化的冲击，足以使我们的文化成为空架子。我们是从'文革'直接进入改革开放的，把这个架子忽然放到一个阔大的天地里，迎头撞来的是全球化和商业文化，进入了一个消费的时代。民间文化和广大农村一样，都被严重边缘化了。我当时看到了这点，就出来喊了，像大战风车的堂吉诃德一样，是没人理的，到了地方跟人家讲这事儿的重要性，人家也是应付我一下，并不认真对待。刚开始做是非常难的。"

但是冯骥才并不畏难，他不放过任何可以发声的机会。终于，2012 年 4 月，住房和城乡建设部、文化部、国家文物局、财政部联合启动了中国传统村落的调查与认定。2013 年 6 月，中国传统村落保护与发展研究中心在天津大学冯骥才艺术研究院成立。今年 2 月初，中共中央、国务院正式印发了《关于加大改革创新力度加快农业现代化建设的若干意见》，其中指出："要完善传统村落名录和开展传统民居调查，落实传统村落和民居保护规划。"据中国传统村落网资料显示,截至目前,先后有三批累计2555个村落被列入"中国传统村落名录",成为我国极为重要的、活态的历史财富。冯骥才对记者说:"习近平总书记在云南考察时强调,农村要留得住绿水青山,系得住乡愁。乡愁的概念就是对乡村的牵挂,失去了村庄我们牵挂什么呢?它实际上是从人的感情、记忆、传统等更深的、根性的层面来讲村落的意义。"

然而,具体推动这项工作是极难的。"它是一个生产生活的社区,不是固态的对象,是活态的生活社区、生产单位。作为农村最基层的单位,有管辖它的政府,有生活在里面的百姓,要处理好各种生产、生活的关系,以及人的关系。"冯骥才说,不仅如此,现在政府掌握的"申报材料",并非真实的情况,"我们的专家实地去看的时候,发现有些村子实际上没什么东西了,情况很糟糕,而有些真正有价值的也许没有报上来。"冯骥才觉得,传统村落的情况非常复杂,要摸清家底儿并非易事。如果说之前的很多工作是在保护传统文化的花朵和果实,现在似乎是在守护传统文化之根。

"有时候站在后世的角度想,他们会不会落入文化的茫然?文化会不会被我们这代人毁掉?这么快的时间里,我们把600座城市按照一个模子造出来,这是我们文化的悲剧、文化的无知。真的是有大的痛彻,有大的愤慨。为了眼前这一点点利益,我们无度地毁坏江山,毁灭千姿万态的文化。"冯骥才说,"我要在最实际的问题上发声,要影响人,只有思想才能影响人。这20年来,最重要的是,我们把重视传统文化的这种思想传递出去了,而且被大家认可。在一个时代变迁的时候,我们紧密地跟时代联系起来,感觉到时代是在什么地方疼痛,把它的痛点说出来,并且思考怎么医治它。"

不懂得、不热爱、不敬畏,谈何保护

早在2000年的一次民俗学论坛上,冯骥才面对高校学子们的高谈阔论就唱过一次反调:"你们就像医生一样,你们的病人都快死了,你们还在谈理论。你们的首要任务是把你们的书桌搬到田野里去!"

在冯骥才看来,挖掘和保护传统文化既是责任和情怀,又是技术和学术问题,制度不健全、人才匮乏是目前非常突出的问题。这些年来,冯骥才既动嘴又动腿,在不断高声呼吁的同时,和一批热心的学者、学生和志愿者一起,到民间去抢救我们大地上那些处于险境的文化。

2014年,冯骥才编著的《中国木版年画代表作》连续斩获"美国印制大奖"班尼金奖、"香港印制大奖"全场冠军以及"全国书籍设计艺术展览最佳作品奖"等,让中国民间艺术再次为世界所瞩目。然而,这绚丽的花朵是开在地毯式的搜索和研究之上的——在将近20年的时间里,冯骥才一直致力于木版年画的保护和抢救。目前,中国木版年画正在向联合国教科文组织申报"世界非物质文化遗产"。

十几年的时间里,冯骥才和他的同行们为木版年画做了完整的档案,多学科的学者和在校学生参与其中。"历史学的、社会学的、民俗学的、美学的,联合起来,跨学科研究,"他说,"一个年画产地,它的历史、风俗、生产、艺术源流、代表作品、作品分类、工艺材料、工具材料、制作流程及相关的画诀、口诀、民间故事、传说……都要了解。同时,注重整理传承人口述史,它对'非遗'保护至关重要,因为'非遗'的一大部分遗产是动态地保留在传承人的记忆里面,只有口述的方式才能把那些不确定的、无形的东西变成确定的、文字的东西,可以流传下去的东西。"

做了如此充足的准备,冯骥才觉得木版年画申遗"应该没有问题",让他着急的是皮影和唐卡艺术。"皮影是最古老的电影,跟我们的地方戏也有结合,各地方还不一样,再不抢救,估计再过十年就没有了,但是现在没有专家跟进。而唐卡,实在是太伟大了,太精美了,无论如何要把唐卡保护下来。我们先做了一次档案,但是做得不好,继续做,大概3年能做完。还有口头文学和蓝印花布,口头文学我们已经整理出了9亿字,正在研究编制总目,这是过去没有的。蓝印花布对百姓生活非常重要,光图案就超过一万种。所以我觉得中华民族的文化创造太伟大了,应该很好地整理,科学有序地研究并向社会介绍。"

"现在的问题是这些项目缺少热爱它们、研究它们的专家。"冯骥才说,"比如列入国家'非遗'名录的项目,我个人估计85%以上是没有人去研究的。这跟日本和韩国不一样。他们的每一项文化遗产,都有专门的人在研究,每一件东西都要做研究、建档案,甚至要出版专门的杂志。我们最大的问题是愿意为文化去担当的人极其有限,看着热闹,资金投入也很大,但是这些钱去哪儿了?很多时候是成了门面,跟艺人、跟文化没有关系。"

让冯骥才感到不满的是,很多时候,我们还在为"谁的责任,谁的利益"而争论不休:"如果你不懂得、不热爱、不敬畏文化,谈何保护文化?你对它有感情以后,它的事儿就是你的事儿,就跟自己家里的事儿一样。"

从国家到个人,都要有保护传统的文化自觉

"世界上没有这样大规模保护传统村落的,我们是第一个。"从事文化遗产保护这么多年,冯骥才深切感觉到,最近这些年,国家对传统文化的保护力度越来越大。

"我看到《福建日报》、新华社连续刊发的习近平总书记保护文物纪事,尤其是看到保护福州三坊七巷的时间,我大吃一惊,那是20世纪90年代初,正是我在天津呼吁保护老城'叫天天不应,叫地地不灵'的时候。如果那时候认识习近平同志就好了。"冯骥

才说,"在当时那样的背景,能站到这样的高度去看待问题,很难得。即便是文化界的人,也没有把这些问题讲得这么清晰。所以我觉得从国家领导人这个层面,对文化的认识越来越清晰,越来越坚决,这个非常重要。"

"在经济上,我们有了30年持续的繁荣,崛起了。但是繁荣到现在,我们要思考,中国人富到哪儿去?什么是社会的终极?终极的'美好'应该是什么样子?我们讲中华民族的伟大复兴,复兴什么呢?"这是冯骥才经常思考的问题,"我认为是复兴文明。人类的终极享受还是文明。传统文明是我们的根基,没有这个根基很难建立起现代文明。要有根基,就要保护文化遗产。"重访俄罗斯时,冯骥才曾写下这样的思考:"我们的灵魂在哪里安顿,这是我们要思考的。在现实中,能够安顿的地方是理想化的文明。"

得知一处村落得到300万的拨款,冯骥才嘱咐说:"看到消息十分高兴,但是钱别乱花,要用到实处。"一位热心于村落保护的基层工作人员对他说:"您放心,我们一直在盯着呢。但是,中央应该尽快制定标准和立法监督,现在还没有立法,村落的资产不好界定,社会资本也在悄悄介入,下一步的规范保护也有很多问题。"

冯骥才一直和这些基层工作人员保持联系,随时沟通情况。从他们那里,冯骥才可以得到最真实的情况,而不是空谈。"习总书记的讲话非常重要,但是这些精神怎么贯彻落实?怎么能在现实当中起到作用?国家给了这么大的财政支持,但是具体怎么去保护?"冯骥才觉得,政府的执行部门是一个很大的问题,很多决策到执行部门被消化掉了,"比如我曾在'两会'上说过,'非遗法'都公布3年了,我没有看见一例关于'非遗'的案例,又一年过去了,我依旧没看到类似的案例。我们的'非遗'现在被大量破坏。比如传统村落,实际上是在官员的手里,在专家的手里,最后容易被政绩化、科研项目化,跟老百姓的保护是两码事。应该是老百姓自觉起来保护传统村落。我特别希望自己的想法能被老百姓接受,这是最重要的。"

在冯骥才看来,普通百姓真正有这样的文化自觉了,传统文化才真正能回到我们的日常生活中来。冯骥才有两个一直耿耿于怀的愿望,一是给孩子们编一套节日读本,"咱们的节日为什么和孩子疏远了呢?不能怨孩子,孩子从小没有节日记忆。节日跟感情、跟生活的希望是联系在一起的。"另外是编写一本传统村落保护的"村长读本","我自己买,每人送一本,有没有这个东西还是不一样的。"

在国家和百姓之间,冯骥才觉得至关重要的是知识分子。"对知识分子而言,光有文化自觉还不够,应该有文化先觉。"他希望作家同行们能在继承和发扬传统文化上尽更大的努力。冯骥才当年呼吁保护天津老城的声音能得到重视,和他的作家身份分不开,"老百姓是信任作家的,我们应该珍惜自己的身份。老百姓看过你的作品,了解你,愿意听你说话,你的影响能够发挥更好的作用。"此外,作家对文化的认识会比一般人深刻,因为文化是跟人联系在一起的,作家有对人的敏感,有对生活习俗的细致观察,更知道怎么去保护它,怎么去发扬它,而且表达能力比一般人强,能调动大众的感情,这是作家的优势。

很多读者觉得冯骥才是从文学上"出走了",但是他自己说:"我从未离开文学,正是20世纪80年代那种纯粹的文学精神影响着我,支撑着我。出于这样一种精神,当看到我们的文化在一个转型期面临危机的时候,才会有这样急迫的感情,才会有这样的情怀。也因为写过《神鞭》《三寸金莲》等文化小说,了解民间文化和民俗生活,关注各种身怀绝技的艺人,和传统文化的关系才如此亲密。"

张炜:做脚踏大地的写作者

李晓晨

"在现实生活中深深地沉浸,是获得和保持想象力的唯一途径。我不认为自己的想象力是一个优长,我同样恐惧于它的萎缩。我在写淳于和楷明这样的人物时,不敢超越生活提供的真实。这就是我的朴实和局限所在。"这是张炜出版他的长篇小说年编时,收录在《能不忆蜀葵》末尾的一段话。在这里,他谈论了自己对小说中的两个人物的构思与设想,并对读者可能的不满足做出解释——不敢超越生活提供的真实。在张炜看来,生活本身提供的生动性,远远超越了人的想象力。对生活本身的入迷程度,从根本上决定着一个人的想象能力。

类似的语言,我似乎不止一次听他说起过,每次寥寥几句也不会深入,但他似乎一直很坚持这一点。在他的长篇小说里,在他的散文、随笔里,甚至在被视作儿童文学的《半岛哈里哈气》里,这一点都非常鲜明。他不是一个喜欢安顿在屋里的人,当然写作的时候除外。他将行走和游历看得很重要,按照他的说法,作家在形成一定的写作模式后,最好不停地走向山川大地,做一个脚踏大地的写作者。

记者:你笔下的乡村充满着野性的生命力和奇特的幻想,《古船》《九月寓言》是这样,《丑行或浪漫》《海客谈瀛洲》等似乎也是如此。我喜欢乡村里那种自发自在的状态。你笔下的乡土和你所经历的乡村有多大程度的重叠和融合,后者对于你的生命、写作意味着什么?

张炜:有些写作离现在已经很久了,但某些具体感受直到现在回忆起来都十分清晰。每次写作,都希望有一次更重要、更深入、更集中、更酣畅的表达。一部重要的书需要这样的状态:沉浸、感动、冲决,却又需要尽可能地沉着,不要变得呼吸短促。我们那一代作家深得民间文学之惠。作家一直被浸泡、感染、培植,于这中间生长,却不一定十分清楚自己优越的处境。民间文学或多或少构成了作家文学气质的基础和母体。这里说的民间文学不一定是作为成品出现的,也不一定就是口耳相传的完整的范本。它完全可以是碎片、只言片语,甚至可以是一种被孕育的地方流韵和风气。

作家在接受正规文学教育的时候,会暂时将自小熏染的部分忘记一些,但因为种子早就植在了心里,所以萌发的日子最后总是要来到。这在大多数时候可能是不自觉的,可能不知不觉间,他的情趣、风味、气质,都带上了地域的色彩。当他在作品中直接援引一点地方传说和故事的时候,就会觉得勇气倍增,仿佛有了艺术的最大根据似的。

这是因为,他的内心里其实还是知道:在无法统计的人数和时间中形成的艺术,其实是谁也战胜不了的,是最强大的。

记者:从乡村走出来的一部分作家现在在艺术上已经达到相当成熟、稳定的状态,他们在写乡土中国时驾轻就熟,就像陈年老酒,但一触及城市似乎就有些捉襟见肘。我曾简单地想了想,觉得可能是缺乏完整、深刻的城市生活经验,难以深刻地呈现和阐释其中的因果、逻辑、情感。你怎么看这个问题?

张炜:我们在城市里谈论文学,长时间离开了更广大的自然和土地,离开了万物蓬勃生长的环境,对文学的理解也会变得浮浅。对于创作个体来说,我们要牢牢记得的一点就是:一定不能离开泥土,不能离开大自然,不能离开与世间万物无声的交流。要亲近它们,我们也许会付出一些代价;但如果远离它们,我们会付出更大的代价。

有人走过了很多的村庄、城市,做过田野调查,考察了一个地区的生活,搜集了一些民间传说,尽可能详细地了解那里的经济情况、教育情况。也许我们未来的全部希望,就是怎样深入诸多问题的反思,包括对广大贫寒的乡村和急剧发展的现代都市之间的关系的反思。我们不得不正视现代生存伦理的研究和社会正义的讨论。

除了社会层面的深入观察,再就是对土地山川的感知。这也许是更重要的。以前总觉得对一个地区十分熟悉,来来往往也走过不少次,后来才知道自己对这个地区其实所知甚少。乘车而过,或者是几次徒步跋涉还远远不够,那只是取一些皮毛,就像旅行者的轻松超脱会影响我们的认识一样,是难以深入的。

记者:这与现在我们一直说的作家要深入生活、扎根人民基本上是一个道理吧。关于这一点也存在很多声音,比如有的说作家一直在生活中,不需要深入生活;也有人说,作家缺少的是有发现的生活;还有人觉得在家里也能持续创作。谈谈你的认识好吗?

张炜:我总觉得,在行走中,在城市和乡野内部的生活是极其重要的,它将影响和援助以后的写作——可以不直接写它的内容,但作为个人的生活和知识的基础构成,它会给予支持。这种行走与见闻,会将专业的、职业的习气冲刷掉一些。专业化好的方面不用说了,但有一个最大的弱点,就是文字的鲜活性会一点点丧失,现场感会减弱。有时候读这样的作品,文字规矩、讲究,技术层面似乎不错,但就是没有生气。一直这样写下去就有问题。所以好作家有时候是要警惕职业习气对自己的侵蚀的。

有的作家喜欢到处跑、折腾自己,不能简单地将其看成性格的原因。作家更爱写作,他处心积虑地要写出好作品——如果他知道了职业生涯对自己的损害,就会不停地走向山川大地。他要把固定的思路和习惯,连同疲惫一起冲刷干净,然后重新出发。经历了几十年的写作之后,作品会"回生"。长期不做案头工作,在外面跑久了,有一些字和词都忘记了,也就是有了职业上的生疏感。但是一旦投入工作,会很有冲劲,很有力量。

记者:我记得你曾经说过,一个人在生活当中,在底层的时候,对整个社会生活具有强大的反抗力和不满足感,在那个时候写出来的东西非常感人。那个阶段在你的创作中大概指的是哪个阶段?那种感人的力量根本在哪儿?

张炜:发表作品尚且困难的时期,物质也不丰裕,作家会心弦绷紧。他更多的是一个不平者,他的艺术、他的声音会有力量。许多作家的情感之根在农村,乡村的凋敝和消亡让人痛心。城市化是好的,或许难以避免,但做得好并不容易。如果简单地搞下去,那就不免让人担忧。我们的传统文化,很多东西的根就是扎在村落里的,它是一个基础,是最后的储存地和创造源。这些散落在田野上的村落没有了,连神话传说也一块儿弄没了,一些习俗和传统也要丢掉了,各种各样生长的可能性就都不存在了。一个人脚踏大地,他有一个院落,他在田野里活动,这和在柏油路水泥地、在楼房格子里面生存活动是大不一样的。人的感知力和创造力都不一样了,各种各样的想象力都不一样。

记者:你花了20多年时间创作《你在高原》,走遍山川大地,是什么原因促使你去写这样一部"大书"?今天再回过头去看,有没有什么遗憾?

张炜:小说有一些局部文字极不好调度——或者味道出不来,或者没有讲清楚,或者是讲清楚了,味道也出来了,但文字又芜杂了,不够讲究……它要满足各种条件,服从个人很高的文学标准。即便一切似乎都弄好了,但也只是一个局部——你或者会发现这样的改动会影响到书的其他部分,因为它要辐射到很多方面,这又有了一个与全书衔接的问题,还要再次对榫。所以有时候虽然只是千把字,却要改动几十遍,全书付出的劳动太大了。

如果是一部"大河小说",就必须写得很开,空间感要强。《古船》《九月寓言》等,那些书虽然不是严格地遵照专业的均衡和规范去处理的,但也差不多。比如说从专业角度讲,那些长篇肯定没有过多的逸出和荡开,比较均衡,结构上严谨,个别大胆之笔也要做得非常讲究。

一个专业作者写了三四十年,应该有些经验之类。即使很放松地写,也会按照文体规范、规律去运作。这是功力,同时也是障碍。写完这长长的十部书,应该是突破职业障碍的时候了。在这种漫长的叙述中,从结构上看,有些地方似乎是不拘小节,但它要打引号——真实的情形是精于计算,细节经过了严密的考虑,要写出一种"业余味儿",这实际上是很重要的。

贺敬之:延安精神铸就"中流砥柱"

李云雷

1938年,14岁的贺敬之从家乡流亡出来,于1940年到达延安。2015年,在纪念中国人民抗日战争暨世界反法西斯战争胜利70周年之际,91岁的贺敬之,这位《白毛女》《南泥湾》《雷锋之歌》《回延安》等经典作品的作者,接受记者采访,谈起抗战时期的经历,他仍然记忆犹新。

从台儿庄走出的少年

贺敬之的家乡在山东枣庄,他是一个贫苦的农家子弟。1935年,11岁的贺敬之由亲友资助到离家20里路的一家私立完小插班,读书。在此期间来了两位新老师,对他做了民族意识的启蒙。在此之前,他听家里人讲过日本鬼子占了东三省,但是并不了解详情,这两位老师在课堂上选的教材和讲解的内容,都是从"九一八"事变讲起,一直讲到1935年日本鬼子继续侵占我们的关内,签订塘沽协定,搞华北五省自治,这激发了贺敬之的民族意识。现在贺敬之还记得当时老师选用的教材中有林觉民的《与妻书》,还可以背诵"意映卿卿如晤",还有法国作家都德的《最后一课》。老师还给他们阅读鲁迅、巴金等人的作品,在私底下给贺敬之与另外几个同学,讲红军北上抗日、西安事变。那时候贺敬之虽然年幼,但都能听到心里头去。这两位老师,后来没有再联系,贺敬之也不知道他们是不是共产党员,但受他们的启蒙,他对日本侵略者充满仇恨,对国民党的不抵抗政策很不满,对共产党、红军则心向往之。

1938年,台儿庄战役在贺敬之的家乡打响。在此之前,贺敬之在兖州乡村师范读一年级,后来,学校迁往南方,他因为年龄太小,没有带他一起走,他回到了乡村老家。

贺敬之家所在的村子离台儿庄只有八公里,他和村里的青少年一起爬到村东的山上,看到北面震天的炮火、硝烟与滚动的坦克车,还亲眼看到了日军的残暴、逃难民众的悲惨,以及当时国民党爱国军人抗战的高昂士气。台儿庄镇中心惨烈的争夺战,使不到14周岁的贺敬之受到极大震动,战前和战役中村里多次驻过开赴前线的川军和桂军,他们迎敌而上的急促步伐使他感动。早先小学老师曾说过的八路军抗日故事,以及后来学会唱的歌颂淞沪抗战"八百壮士"的歌曲"中国不会亡——你看那英雄谢团长(谢晋元)",使他思绪交集,恍惚间似乎望见两支军队并肩前进……

台儿庄大捷之后,贺敬之与四个同学一路辗转,追寻已内迁的学校。那时另一个乡的同学得知山东的流亡学校迁往河南,就来找他,告诉这个信息,问他愿不愿意一起去追学校,贺敬之征求父亲、母亲、奶奶的意见,"他们舍不得我,又觉得走还是一个好事,所以我走前一天,我父亲和母亲一夜都没睡着,在我的小棉袄里面缝上20块还是10块法币,还给我带了一幅地图,这样就跟他们一起走了。"他们先到了徐州,从红十字会在徐州设的难民收容所领了一布袋的花卷,这种花卷是玉米面和高粱面混在一起的,是黄黑相间的。他们冒着日本的飞机轰炸到了郑州,又爬上了南去的难民火车。在火车上,他们同学中间有一个人还遭到抢劫,被推下火车,差点摔死。

经过这些曲折,他们到了武汉,寻找难民收容所没有找到,后来就找了一个小店住下。这个小店是两层,中间是用木板搭起来的,从下面可以看到上层,他们在下面住了一晚。上面一夜折腾,那是国民党的军官在嫖妓,他们对国民党的印象被大大破坏了。后来他们坐着汉水的船到湖北的西北部寻找学校,这时候学校改名叫国立湖北中学,校总部在郧阳,他们所在的分校在均县,现在已经在丹江口水底下了。在路上,他们在一个小店里,还差一点让店主送进监狱,他举报他们是从前线下来的逃兵,因为看他们穿的衣服有点近似军装,其实那是他们在学校里面军训的时候穿的,后来才搞清楚,虚惊一场。到了均县以后,他们被分在不同的班,实际上那时他们也没有正规地上课,主要是搞一些救亡宣传活动,唱歌、演戏,有时候到街头去讲演。

在均县,贺敬之看到了进步书籍,比如艾思奇的《大众哲学》,苏联出版的《政治经济学》,还有苏联小说《铁流》等,他也开始熟悉中国作家的作品,已经知道了艾青、臧克家、田间,而且他居然也能看到介绍延安、介绍红军的书籍,当然是半公开的,有《红军长征记》等。有一本《活跃的肤施》让贺敬之印象很深,肤施就是延安的古称,其中讲到延安很活跃,有很多青年人投奔延安去了,延安是一个歌唱的城,等等,也知道了黄克功案件。这个时候,贺敬之还见到了诗人臧克家,那时李宗仁第五战区有一个文化公众团,臧克家是团长,他带了几个作家到均县,就到了他们学校,在那里做过几次讲演。贺敬之挤不到前面去,臧克家的山东诸城方言他也听不懂,只听到他激昂慷慨的声音,看到他的手在那里一扬一扬的。而且臧克家还在他们校门口贴了一个小字报,贺敬之现在还记得比较清楚,"在异乡我听见亲切的乡音,我在这里遇见了一群年轻人",等等。

在"保卫大武汉"失败之后,学校又迁往四川,总校在绵阳,在那里改称国立第六中学,第一分校在绵阳北边的梓潼。他们跟随学校一路走,一路寻找着救国之道。贺敬之看到山河破碎、满目疮痍,也看到了国民党军队消极抗战的一些弊端,比如,他亲眼看到过国民党军队抓壮丁,用绳子捆成一串串送走,这让他对抗战的前途充满忧虑。

到延安去

在一路随迁的学校中,贺敬之参加了抗日救亡的宣传,他与同学们一起演唱救亡歌曲。他说那个时候抗战歌曲真是深入人心,不仅小孩唱,大人也唱。说到这里,贺敬之讲起进北京之后,他与夫人柯岩有一次去看望老作家张天翼,那一个晚上没说别的,就一起唱救亡歌曲,比如《义勇军进行曲》《松花江上》《黄河大合唱》等,唱了一个晚上。他说,那时在川北,唱这些歌曲很能引起同感。"我的家,在东北松花江上",歌中唱的是"松花江上",而他的家在运河边上,激起的是一样的心情,唱的是抗战的决心,是思想深处的情绪、感情的表现。那时贺敬之还参加抗日演剧,对学校与社会上的腐败现象进行批判。那时贺敬之年龄较小,他在剧中便被安排饰演一个孩子,没有台词,只是哭,表现日军所到之处对百姓的骚扰与侵害。贺敬之说,演小孩子很好演,"光哭就行了",但宣传效果很好。在梓潼,贺敬之还作为发起人和四个同学共同创办了墙报《武丁》,以李白诗歌中的"地崩山摧壮士死"的五壮士自比,彰显了为抗日救国粉身碎骨的意志和追求壮烈的情怀。

贺敬之还在国民党《中央日报》上发表过抗日的短篇小说《失地上的烽烟》,表现日军的残暴以及村民参加游击队的故事。小说中的张大妈相信人性本善,当别人告诉她丈夫被日军杀害时,她还不相信日本鬼子会这么坏,也阻止儿子田青参加游击队。但是日本鬼子在光天化日之下奸杀了她的女儿,刺伤了她,杀害了她的邻居乡亲,村里的汉子们开始奋力抗争,拿起锄头与日军搏斗,激战中,田青带领游击队归来了,消灭了日本鬼子。张大妈终于觉悟了,田青带领村里更多的好汉参加了游击队。这篇小说写于1939年7月,从中我们可以看出少年贺敬之的爱国情怀。

贺敬之的思想在1939年发生了变化,这个时候他从报纸上看到,也从一些同学那里听说,发生了平江惨案与确山惨案,八路军和新四军的办事处被国民党特务捣毁,而且杀了人。这也让他想起了蒋介石在西安事变时答应国共第二次合作,结果他把张学良带到南京后马上送到军事法庭审判,判了终身监禁,他感到蒋介石没有政治道德。同时,学校里突然空气紧张,"三青团"建立了,监视拘捕同学,在高年级班里头还发生了流血事件,进步的同学被人用刀子捅了。后来他才知道这时国民党的五中全会已经正式决定要"限共",要大搞摩擦,用主要力量对付共产党。在这种形势下,学校的训育主任主持成立了"三青团",他是贺敬之的老乡,他找贺敬之谈话,说你这个小孩,我想问问你,咱们国家现在分两边,一边人多,一边人少,一边吃饭有大锅,米多菜多,一边人少,只有一个小锅,你究竟要到哪边去?然后警告他说,你不要跟着那些人胡闹!

在这种情况下,贺敬之与另外三位同学毅然踏上了北上延安的道路。一起同去延安的李方立也是写诗的,他经常看贺敬之办的壁报,与贺敬之的读书会也有来往。这时候他在成都,跟贺敬之通信,谈到"咱们该走了,到那边去"。贺敬之说:"走啊,你们三个快来呀。"他们四个很快聚齐,一起在一个秘密的小旅馆里住下。胡风主编的一期《七月》杂志上有延安鲁艺的招生简章,贺敬之他们看了如获至宝,决定第二天就秘密离开梓潼,踏上徒步跋涉奔向延安的征途。他们一直走了一个多月,沿着川陕公路,穿过偏僻的小道,一路遇到不少艰难险阻,甚至还迷了路,最后到达西安。当时西安的形势很紧张,第一次"反共"高潮已经来了。他们到了西安八路军办事处驻地七贤庄,一进办事处的门,抬头一看,有毛主席的画像,而且墙上贴着标语:"坚持抗战,反对妥协;坚持团结,反对分裂;坚持进步,反对倒退。"他们感到一步进入了另一个天地,四个人激动得不约而同地大声唱起了《黄河大合唱》。正如后来贺敬之在一首诗中所写的:"死生一决投八路,阴阳两分七贤庄。"

住在西安八路军办事处期间,日本飞机经常来轰炸,不时要躲防空洞。就在那个时候,他们恰好碰到《黄河大合唱》的曲作者冼星海,党组织决定派他到苏联去,他从延安到西安来,再经西安八路军办事处到重庆八路军办事处办手续。这时的冼星海已是一代青年的偶像,能亲眼见到他,他们都很兴奋,他们跟他一块跑防空洞,听他讲音乐,冼星海还教他们唱他创作的两首歌,还讲他那首广为流传的《救国军歌》是怎么写出来的。"枪口对外,齐步前进……",这是塞克作的词。冼星海说,当时在上海,游行队伍就要出发了,就等着他,他拿到词以后,不到半小时就写出来了,写出来游行队伍就唱,从此就唱开了。

贺敬之后来才知道,这个时候没有让他们直接去延安,还有一个原因是要核实他们的关系,要等到成都来的一个党员同志到西安八路军办事处来证明。在这期间,有一天突然来了两个青年,跟他们住在同一个房间,一个是广西的,一个是江苏的。过了一段时间,办事处的同志告诉这两个青年,不能接待他们,请他们离开。两个青年就痛哭起来了,其中那个广西青年还激动地拿起一块破砖头,砸了自己的脑袋,流着血表示是真心要到延安,要参加革命。当时贺敬之心里很同情他们,又没有办法。当时西安的形势特别紧张,后来这两个青年只好走了。到"文革"后,他们两个人给贺敬之来了一封信,说他们从西安离开以后就到了新四军在南方的一个办事处,参加了新四军。这就说明那个时期,有那么多的青年都要到延安去,延安对于青年人是这样有吸引力。

不久,贺敬之他们的关系到了,他们就乘军车到延安去,进了延安的边界,再往前走就看到了宝塔山。贺敬之说他当时激动的心情,可以将他15年后所写的《回延安》改一个字来形容:"几回回梦里到延安,双手搂定宝塔山!"

《南泥湾》与《白毛女》

　　1941年6月22日,在苏德战争爆发的这一天,贺敬之参加入党仪式,加入了中国共产党,这是令贺敬之永远铭记的一天。抗日战争对贺敬之而言极为重要,正是在抗战时期,他到了延安,成了一个革命者、一个共产党员。在去延安之前,贺敬之只是一个仇恨日本帝国主义的少年,他关心国家的命运,想要打垮日本鬼子,但是并不能找到抗日救亡的道路,正是抗战时期的残酷现实教育了他,让他走上了革命之路。在延安,贺敬之初步形成了自己的世界观、价值观与人生观,从一个爱国者成了一个革命者,成了"中国革命文艺发展新阶段的一个小兵"。

　　在延安,贺敬之进入鲁艺,与丁毅执笔创作了《白毛女》,也创作了《南泥湾》等经典歌曲的歌词。贺敬之的诗风与文风在延安发生了很大的变化,在到达延安之前,他的诗歌表现出的是知识分子式的忧郁和憧憬,比如在去延安的路上所写的《跃进》组诗:"黑色的森林,漫天的大雾;猎人跃进在深处。猎枪像愤怒的大蛇,吐着爆炸的火舌。而我们四个喘息着,摸索向远方……"这首诗意象奇崛,外部世界的险恶与"我们四个"构成了鲜明的对比,但"我们四个"仍摸索着向远方,显示了一代青年的探索,诗风也充满了知识分子的气息。而到达延安之后,贺敬之的作品则更加质朴、明朗,充满了青年的朝气以及融入民众的欣喜,比如我们耳熟能详的歌曲《南泥湾》:"花篮的花儿香,听我来唱一唱,唱一呀唱。来到了南泥湾,南泥湾好地方,好地呀方。好地方来好风光,好地方来好风光,到处是庄稼,遍地是牛羊。"贺敬之的歌词简洁质朴,充满了欢快的氛围、积极的情绪,这首歌虽然是抗战时期为359旅开垦南泥湾而创作的,却超越了具体时空,成为传唱至今的经典。

　　在延安,贺敬之还主动请求到前线去,但没有被批准。那时,欧阳山尊在贺龙120师政治部,他给毛主席写信,希望延安的文艺工作者到前线去。毛主席也给他回了信。欧阳山尊这时候到延安来,通过《八路军进行曲》的词作者公木找到了贺敬之,由欧阳山尊联系好,他们一起到朱德总司令那里提出请求。那时八路军后方总部在离清凉山不远的柳林,朱德总司令亲自接见了他们,听他们讲述志向,但是没有同意,他鼓励他们:"你们的思想是很好的,是应该表扬的,但是延安后方也需要人。"那个时候正是第一次"反共"高潮,胡宗南、阎锡山要进攻延安,朱老总说,你们去前线,现在不合适,等等再说吧。

　　今年是新歌剧《白毛女》首演70周年,贺敬之是《白毛女》剧本的主要执笔者。白毛女的故事在中国家喻户晓,在世界上也有广泛的影响。《白毛女》最初流传在民间,只是一个"白毛仙姑"的传说,延安鲁艺集体将之改编为新歌剧,由马可、张鲁等作曲。

1945年4月23日，中国共产党第七次代表大会在延安开幕，歌剧《白毛女》在会议期间上演，反响极为热烈。演出结束之后，创作组根据党中央领导同志的意见，以及来自群众的大量意见，对剧本进行了修改。从此《白毛女》成为一个经典剧目，伴随着解放战争的步伐，从延安演到了张家口、哈尔滨、北京，演遍了全中国。贺敬之谈到，当时延安鲁艺的这个创作集体很团结，氛围很热烈，同志们之间充满了温暖、友爱。比如在创作《白毛女》期间，丁毅除参与剧本的部分执笔外，主要负责油印剧本，工作很繁忙，但他还抽空给贺敬之做了一条裤子。从这个细节我们也可以看出创作集体之间的互相关心与帮助。

歌剧《白毛女》可以说是人民文艺的一座高峰，至今依然散发出历久弥新的艺术魅力。一部作品何以有如此长久的生命力？何以有如此深远的影响力？其成功经验及生命力、影响力的根源，值得我们认真研究。歌剧《白毛女》的成功，来自"白毛仙姑"故事的传奇性，更来自鲁艺创作集体的艺术提炼与成功改编，贺敬之等创作者赋予了这一故事以新的主题与新的艺术形式，使之焕发出了新的生命力，才创造出《白毛女》这一经典之作。从早期诗歌创作到《白毛女》《南泥湾》，我们也可以看到贺敬之融入人民大众的过程，他的作品不再表现小我的情绪，而与民族、与时代融合在一起，成为一个时代的最强音。

日本投降那一天，延安全城狂欢，贺敬之和同学们喝了一夜酒，吃一位朝鲜族同志赠送的熟牛肉，但他一直没有喝醉。多年之后，他在《长白山天池短歌》中写道："半生常饮未深醉，纵有千喜与万悲。为筹环球大同宴，来倾天池试醉归。"在诗中，我们可以看到贺敬之的豪情、诗情与激情，这让人想到杜甫的"白日放歌须纵酒，青春做伴好还乡"。千载而下，中国诗人对民族、国家的忧患与热忱沉淀在心中，发而为诗篇。抗战胜利，是中国人民艰苦奋斗终于实现的梦想，也是所有中国人终生难忘的。

历史不容虚无

1942年5月召开的延安文艺座谈会，贺敬之当时只是一名不满18岁的小学员，还没有资格参加。但在延安文艺座谈会期间，他几乎每天都能听到参加会议的何其芳、周立波老师及时传达会议精神，并随之满腔热情地投入对讲话精神的学习和实践活动。这期间有一段他日后经常谈起的记忆，就是座谈会结束一周之后，毛主席亲自到鲁艺来演讲。演讲地点在篮球场上，全院的师生和工作人员都集合在这里，贺敬之因为年龄小、个子小，排在第一排，离毛主席最近，对他的声音、相貌记得很清楚。毛主席用不难听懂的湖南话、幽默通俗的语言和丰富生动的表情讲出的深刻内容和他灰军装上的补丁，都使贺敬之至今记忆犹新。毛主席所讲的内容有二：一是以柳宗元的著名散文《黔之驴》为喻,告诫知识分子不要看不起工农群众,外来干部不要看不起本地干部;二是提出了"小鲁艺与大鲁艺"这个人民文艺美学的重要命题,指出在鲁艺学校学习虽然是必要的,但这毕竟是个"小鲁艺",还必须到"大鲁艺"去,"大鲁艺"就是广大人民群众和广阔的社会生活。

1945年日本投降后,实践毛主席《讲话》和演讲精神的鲁艺大批师生,走向了新的"大鲁艺"。就在此时,贺敬之参加了以艾青为团长的华北文工团,东渡黄河,走向了广大的华北解放区……

70年后,在纪念抗日战争和世界反法西斯战争胜利之时,再次回顾往事,贺敬之说,最使他心潮难平和深思不已的不是平凡的个人经历,而是身心所系的伟大时代,那个时代的当时、后来和未来。

抗日战争的胜利,是亿万中国人民和无数革命先烈用鲜血和生命写在中国历史和中共党史上的光辉篇章,是党成熟壮大、确立毛泽东思想的指导地位,创造性地把马克思主义和中国革命实践结合起来,取得辉煌成就的重要历史阶段。在这个阶段,是党最早举起抗日大旗,提出并通过艰苦斗争实施了正确的抗战总战略,包括军事战略和政治战略,以及一系列正确的方针政策:抗日民族统一战线,全民抗战和人民战争,对国民党顽固派的斗争和团结,抗日根据地的民主建设和国统区民主运动,以及党自身的组织建设和思想建设——这一系列成就的历史事实,雄辩地证明了中国共产党是抗日战争中流砥柱这一毋庸置疑的历史结论。

贺敬之认为,我们弘扬抗战精神,要弘扬包括国民党进步力量在内的全民族的爱国主义精神,要弘扬中国共产党和中国人民抗日和为新民主主义国家奋斗的革命精神。以毛泽东思想为灵魂的延安精神是抗战精神的核心内容。可以说,是延安精神铸就了抗战的中流砥柱。

不仅如此,随后解放战争的伟大胜利,新中国建立后各个历史阶段新的巨大成就,都是与不断丰富发展的毛泽东思想的指导作用分不开的。邓小平同志和党中央始终肯定包括"坚持马列主义、毛泽东思想"在内的四项基本原则是立国之本,是实行改革开放、构建中国特色社会主义的前提和基础。贺敬之从青少年到耄耋之年,漫长岁月中的亲历亲见,所闻、所学与所思,使他对历史发展的这一正道坚信不疑。

多年来"去革命化"的历史虚无主义思潮涌起,近年来更变本加厉,例如有人竟公然在正式书刊上发文彻底否定毛泽东领导的延安整风和毛泽东《在延安文艺座谈会上的讲话》,对这场推动历史前进的伟大的马克思主义教育运动和开创人民文艺新时代的伟大纲领彻底否定,旨在从根本上改写五四以后中国历史的正道。但是,真实的历史是不容任性篡改的。不管出自何种动机的妄言和谬说,在真理面前终归是难以立足于世的。

当然,历史前进的道路上还会有可以预测和难以预测的曲折,忠诚的革命战士和有觉悟的人民群众,是在任何情况下都不会改变理想信念的。正如在"苏东"巨变、世界共运陷入低潮之时,身处顽疾威胁之下的贺敬之在其诗作中所表达的:"一滴敢报江海信,百折再看高潮来!"

《三体》与中国科幻的世界旅程

刘慈欣 吴岩

8月23日,第73届雨果奖在美国揭晓。中国作家刘慈欣凭借科幻小说《三体》第一部英文版获最佳长篇故事奖,这是亚洲人首次获得雨果奖,也是中国科幻走出国门的重要一步。

刘慈欣此次获奖不仅让世界看到了中国科幻文学的存在与发展现状,更强有力地鼓舞了国内科幻文学作家的创作,也让更多中国读者了解了科幻文学这个相对小众的文学门类。但同时,我们真的了解科幻文学吗?科幻的定义到底是什么?中国科幻文学与欧美国家相比,还存在哪些缺陷和不足?为此,我们特邀科幻文学研究者、作家吴岩与刘慈欣展开对话,希望能就相关问题解答读者的疑惑。

获奖:机遇还是必然?

吴岩:中国不止你一个人在写,还有许多科幻作家在创作,但却没有获奖,你的努力跟别人的努力差异在哪里呢?

刘慈欣:首先,机遇、运气的成分很大。具体是什么机遇、什么运气我说不好,可能有多种因素组合在一起形成一个良性循环,这是《三体》到今天取得成功的一个很重要的因素。当然和它的内容可能也很有关系。今天中国作家已经进化到美国当代科幻作家的档次,符合了中国读者的期望。至于美国读者为什么能接受《三体》,我认为其实美国科幻近年来多少失去了一些活力,不如以前。

吴岩:这本书走向世界,当然有机遇成分,但更多的还是必然性。我想问问,它和中国当前的发展状况有关吗?有理论说,科幻发展跟帝国主义之间具有一定的关系,中国正在走向帝国主义甚至扩张吗?

刘慈欣:获奖确实可能与中国的国力强盛有关系。科幻是国力的晴雨表,科幻在英国出现并且崛起的过程,正好是大英帝国崛起的时代;它在美国崛起的过程,正好是美国国力急剧上升的时代。中国能获得美国科幻界的承认很可能跟中国的国力崛起有关。至于扩张,由于中国本身的民族个性没有明显的帝国主义愿望,只是开始崛起,没有扩张那么夸张吧?中国无论如何不是一个帝国主义国家,更不是一个扩张的帝国主义国家。不能把《三体》当成中国输出世界的先兆,那是不准确的。

吴岩:那么,科幻是不是有普适性?它被世界接受跟这种普适性有没有关系?

刘慈欣：我认为科幻有普适性，因为科幻是很小的一种文学题材，在这种题材中，人类是作为整体出现的。科幻中所面对的危机也好，道德观也好，价值体系也好，肯定是面对整个人类的。主流文学描写的人是分民族、分国家的，因此，很可能主流文学所探讨的价值也就是一部分人的价值。但是人类在科幻中确实就是作为一个整体、一个文学形象出现的。地球在宇宙中就是一个很完整的点，科幻所探讨的价值当然是针对这个整体的。

吴岩：但各民族还是有些差异的，我听说这次 TOR 出版公司的编辑让你修改了许多涉及女性主人公的情节，要让作品达到美国的"政治上正确"，这是真的吗？

刘慈欣：这个报道有些夸张。美国编辑提出了上千条意见，关于性别的不到 10 条。我们也按照对方的意见修改了。这个很正常，不同的文化环境有不同的反应，但是这个反应是很轻微的。更多的修改是技术性的。

反思：价值与独特性

吴岩：让一切回归当初吧。从中国科幻的历史思考你的存在，是件很有意思的事情。我记得在 20 世纪 80 年代，一批中国科幻作家勇敢地崛起，去倡导全新的理念：科幻要真正走出科普的迷宫，要成为反映社会的先锋。那批作家立刻取得了广泛的认可。这个思潮持续了大概 20 年，然后，你出现了，用强大的力量把这个思潮拉回到原点。你是逆历史潮流而动的人，但你却成功了。这是为什么？

刘慈欣：是的。我认为科幻的核心价值肯定就是科幻最传统的理念，我不好准确地概括，核心就是基于科学的想象。但是，我也不认为科幻创作太单一是一件好事，我认为社会科幻也好，科普科幻也好，应该有各种各样风格独特的作品存在。社会科幻和科普科幻之间并不矛盾，作家要保持自己的风格。但作为出版界，应该意识到"核心科幻"的存在，意识到保留这种科幻的价值，否则文类就失去了存在的依据。

吴岩：科幻的思维形式、想象形式是什么？它的作用是怎么样的？

刘慈欣：科幻分为狭义的科幻和广义的科幻，狭义的科幻指的就是科幻文学，但是广义的科幻是它的思维方式。中国根本就没有这些思维方式，即便从西方文化来看，这种思维方式也很少见。这个思维方式的特点是介于科学和文学之间的、在已经实证的科学理论基础上进行的思维。但是它没有科学那么严格，没有受到那么多定量、方程式、实验结果的束缚；它具有文学的发散的自由，甚至是意识流、下意识的，但是它又不像文学那样完全以个人的感觉为基础，比文学要更严谨一些。

人们以前一说起科幻来，就谈到科幻和科学的关系，不管是口头上还是潜意识中都认为，科学是一种束缚，科幻是戴着镣铐跳舞，因为它要遵从科学原理，不像奇幻、魔幻等那么有想象力。其实我觉得恰恰相反,科学它不是个束缚。举个例子:上帝在七天之内创造世界,这可以看作是一个宗教奇想。但科学创造世界的能力是多么大?按照现在的暴涨宇宙学说,宇宙从一个粒子扩展到一个 150 亿光年的尺度需要多长时间?10 的负 43 次方秒,这个能力上帝能有吗?这比他的能力超出多得很了。而且你像科学中最新描述的多宇宙图景,有无限多的宇宙,而且每做出一个决定,宇宙就分裂为二,这种能力和图景远超过奇幻所能想到的。让一个奇幻的脑子想象一种无所不能,这种大尺度、这种状态的无所不能,脑子根本想象不出。所以说,科学提供的可能性远比奇幻、魔幻要大得多。

我认为,科幻思考的对象以及它的自由度比普通文学的思维要大得多,特别是现代科学引入之后,这种现象更加明显。通常,人们把爱因斯坦的广义相对论以前的科学算作古典科学,而广义相对论以后的科学都算现代科学。但科幻对古典科学和现代科学的划分与此不同。我认为那些基于常识的、不违背常识的科学是古典科学,而违背常识的科学属于现代科学。现代科学的最前沿和常识已经全无关系,它展现的是一个完全脱离常识的世界。现在的科幻作品,就是要基于这种状态进行撰写。当然,如果既有常识的世界,也有远离常识的世界,你的自由度就大多了。科幻思维基于科学但并不基于现实,基于科学使它有了更广阔的空间。科学帮助科幻思维摆脱了文学思维狭窄的束缚,把它从文学思维中解放出来。空间和时间在科幻思维下被压缩折叠,你见过纯文学或奇幻文学中有折叠的世界吗?

科幻思维:真实与猜想,排列性和非线性

吴岩:《西游记》里有啊,把某个人收到葫芦里面。葫芦的世界,是不是折叠的世界?

刘慈欣:是。但是《西游记》里的葫芦能收多大的东西?很小吧?奇幻里的超能力,超不过月球轨道。它能够收的无非就是一个人,把花果山上的瓜果装到一个袋子里,最多把一座山装进去,它能想到把整个宇宙装进来吗?在今天的物理世界中,宇宙出生之前就是一个粒子,很小。而一个巨大的星系塌缩成一个黑洞,变得比粒子还小。在科幻作品中,大星系塌缩为黑洞,粒子爆炸成宇宙,这种壮丽和视觉冲击力远大于孙悟空的能力。

吴岩:太上老君要把世界炼成一个金丹,难道不就是这个意思?只不过没你写得这么壮丽而已。

刘慈欣:关键是他潜意识中的时空尺度。太上老君心目中的世界有多大?人们常说佛教的世界是无比广阔的,这一点我可以承认,但是它比现代科学的世界广阔吗?

差得还很远。科学家提出过所谓的"卡比丘空间",在每一个"卡比丘空间"中都有一套自己的自然规律或物理规律。而卡比丘空间的数目有多少?据说多到 10 的 500 次方个。要知道,全宇宙的粒子的数量只是 10 的 80 次方。不但如此,这个观点提出者认为,在每一套物理规律里面还可以有无数的宇宙。

当然,我也不得不承认,佛教世界的设定接近了这个最终的尺度。除了这个例外,其他的,不管宗教也好,文学也好,奇幻也好,它们的世界狭窄得很,和科学提供的时间尺度来比,它们就是一个果壳。果壳里的宇宙,很小。有这个意识已经很好,但太上老君或佛教展现出的世界,其震撼性远不如科学的想象。

吴岩:无限多个宇宙,其中必有怪异的生命存在。

刘慈欣:李淼教授的博士生李建龙翻译过一本书,叫《隐藏的现实》,我给这本书写了序。书中介绍了各种各样的平行宇宙,其中有一种宇宙最符合我们的直觉,这就是百纳布宇宙。传统文学和奇幻文学的创作者应该都能接受这种宇宙设想。这个设想是说,如果宇宙无限大,那么粒子的组合方式是无限多的,只要物理规律允许的总会发生和存在,这样,在无限大的宇宙中,每一个存在都可以是无数多,这么看,肯定在某个地方有和我们一模一样的两个人也在谈话。

吴岩:看起来就是一种科学猜想。

刘慈欣:科学猜想很像科幻,两者之间没有绝对的区别,因为科学猜想本来就是一种科幻的思维方式,但科幻更加超越。在《三体》第一部的后半段有十一维空间的描述,在这里科幻怎样超越了科学?它把这十一维空间一层一层地展开了,展到低维时体积变大,也变宏观了,这写法就有赖于科幻思维。《银河系漫游指南》中的飞船一会儿变成玫瑰花,一会儿变成鲸鱼,这不叫超越,只是一种纯文学手法。《银河系漫游指南》中飞船的极低概率引擎,概率可能只是一亿分之一,但故事就提取出这部分来写,这就是科幻思维了。

吴岩:除了猜想性,还有什么科幻的独特思维方式?

刘慈欣:排列性。用科学思维推理出来的结果只有一种,推论出来的未来只是一个,但是科幻是把各种可能性排列出来,包括最不可能的可能,这也是一种独特性吧?因为各种可能性之间互不排斥,就连彻底相反的可能性在科幻里面也可以并存。在这个作品里宇宙是这样,在那个作品里宇宙是那样,都是可以的。但这在科学中不允许,是这个就是这个。

当然,不同的人可以有不同的猜想,但是猜想中最后总有一个是被承认的。而在科幻中,所有光明的未来我都可以接受,黑暗的未来我也可以接受,至于最后哪个未来是真实的,和我没关系。这就是排列思维,至于排列出来的种种可能性哪个是真实的并无太大关系。但对科学来说,哪个是真实的是很重要的。

吴岩:对科幻来说哪个都是真实的?

刘慈欣:也不能说哪个都是真实的,应该说都是可以接受的。

吴岩:还有什么?

刘慈欣:非线性思维或突变思维。科幻认为世界的改变不是一种平滑的改变,它是一种很陡峭的曲线。线性就是直线外推,$X = Y$;非线性就是$X = Y^2$,开始看到它挺平滑,突然一下就陡上去了,甚至到最后变得接近于垂直。这种垂直的意思是什么呢?在很小的单位时间里变化是无限的。这就是所谓的"奇点",它是非线性迅速陡峭的过程。我们现在科技的飞速发展还只是非线性的前面这一段,它还没有到那个拐角呢,所谓的这个"拐角""奇点"还没出现。《时间回旋》所表现的那种变化就是极端非线性变化:地球突然被一个时间膜包起来了,地球内部时间的流逝速度比外界要慢上百万倍,这样一种变化你用线性思维显然是预测不到的。当前人工智能的变化也是非线性变化,科幻作家就是靠这种突变来讲故事。

吴岩:我在管理学和科幻课上,曾用到一本格林写的《未来学方法》。书中提到二三十种预测未来的方法,有的方法就来源于科幻,比如,情景规划或者叫辛纳瑞欧(scenario),其实就是说故事,就是写"未来脚本",看某个小事件发生后对社会的影响怎样涟漪般扩大,这些大概就是非线性的发展?

刘慈欣:你说的类似"蝴蝶效应"。一个很小的变化可以通过各种渠道在各个方向急剧放大。非线性思维是引进一种大变化,把局势突然彻底扭转,但是你说的这个属于某种小事件被急剧放大,科幻中不乏这种例子。

展望:国际化和未来

吴岩:还是离开科幻本身的特性回到宏观吧。中国科幻发展的过程覆盖了西方科学进入中国的过程,那么,科学进入中国这件事的现状如何?还应该继续怎样做?

刘慈欣:科学进入中国开启了中国的现代进程。中国之所以成为今天的中国,是跟科学进入中国密切相关的。我认为,中国社会应该继续把科学作为一种提升国力的最基本的东西,这同时也应该重视科技所产生的负面效应。但是,不应该因为当前的负面效应而阻碍科技的发展。我认为,当前中国的科学最重要的就是发展,最大的危险就是停止发展。其次才是它带来的负面效应。

吴岩:这次获奖,对国际国内科幻文学界的意义是什么?

刘慈欣:这次获奖第一次让美国科幻文学界知道了中国科幻文学的存在。同时,对中国科幻向美国输出有推动作用。对国内科幻文学的推动可能有限,雨果奖在国内本来就影响不大,国内科幻文学的现状也很难因为一个国际奖项而改观,它仍然与主流文学有一定距离。但是这次获奖确实会让科幻文学引起主流文学的注意,这是肯定的。不过,这种注意力终究还是有限的。科幻文学永远不会是主流,国外现在也不是主流。

对话饶曙光：加快推进电影市场体系结构性调整

高小立　饶曙光

今天当我们听到"电影"这一伴随中国观众整整110年且早已习以为常的文化名词时，人们的第一反应仍然千差万别，但对于当下的中国电影导演来说，其第一反应一定是票房。电影界在面对中国电影票房不断创造的奇迹时没有兴奋，反而人人感到危机四伏，从编剧到导演、到制片人，都有种不安的感觉，电影人把创作心思都用在了怎么才能有票房上。

越是繁荣发展的事物，越会伴随问题的出现，唯票房本身是中国电影在快速发展中存在的突出问题。如果沿着唯票房的思维创作下去，中国电影有可能完全走向商业化，少有人再去创作具有艺术情怀的电影；完全走向单一化，只给一个年龄层拍电影；完全走向模式化，比如最近电影的魔兽奇观化叙事的一窝蜂倾向。

被称为文艺片"一面旗帜"的导演贾樟柯，感慨今年有艺术追求的《推拿》《闯入者》都是好电影，但票房都不理想。所以贾樟柯带着他的《山河故人》开启了19个城市的路演。他坚持一路跟下来，理由是因为已经9年没有见到观众了。贾樟柯的这番话，听着有点凄凉，也有点委屈的味道。我听得出他不是对自己，他是对中国艺术电影整体命运的一种担忧、一种坚持，甚至是一种无奈的挣扎。借着和商业类型片格格不入的《山河故人》《一个勺子》《喜马拉雅山天梯》等影片的公映之时，围绕推进电影市场体系结构性调整的话题进行一个深度探讨，是需要做一篇文章的时候了。

在决定做这篇对话时，我首先想到了请中国影协秘书长饶曙光。除了经常拜读他在各大媒体上发表的电影评论、理论文章之外，在沟通最便捷的微信上，几乎每天都能读到他对中国电影很有见地的观点，我在点赞的同时，和他交流最多的就是尽快建立差异化影院的话题。

高小立：中国每年生产六七百部电影，电影市场已成为全球第二大市场，每年都有票房破纪录的影片，但每年也有很多电影只能"一日游"，甚至一些电影根本进不了院线。写下六七百部的数字，的确让人有些纳闷儿，我们在院线看到的电影离这个数字差得太远了，如果问起观众，能回答出来的电影恐怕也就是创下票房奇迹数得过来的几部商业片，这是否意味着能进入院线的基本是商业电影，大量的电影不能和观众见面呢？

饶曙光：我从事电影工作已经超过30年了。说老实话，过去根本就没有想过有朝一日中国电影市场能够超越美国。中国电影市场成为全球第二大电影市场,不仅是中国电影界的一件大事,而且也是整个中国文化界的一件大事,是当下中国一个非常突出的文化现象。中国电影市场的空间和容量不断被拓展,超越北美电影市场成为全球第一大电影市场,比以前绝大多数人的预测都要早。但是,我依然坚持中国电影,尤其是中国电影市场还处于初级阶段。事实上,这个初级阶段存在的各种问题和矛盾不断凸显和暴露,同时,由于新的结构性变化如互联网对电影的影响等等,又引起和激发了新的问题和矛盾,并且呈现出相互叠加、相互交织、相互制约的格局。

有一个问题需要我们深入和反复思考:为什么中国电影如此高速发展,却面临着越来越强大、越来越激烈的批评乃至指责?一言以蔽之,就是结构不合理。特别是电影市场层面,同质化、单一化、过度迎合观众的娱乐性需求、过度追求票房指标和经济效益。高票房的电影在内容选择上注重话题性、社交性、互动性,在呈现方式上注重快节奏、强刺激、情绪化,与传统的审美方式、审美心态也都有很大的距离。明白了这一点,也就不难理解为什么吴宇森、陈凯歌、冯小刚等大导演作品的市场表现不尽如人意,像《破风》那样在类型上有重大拓展的电影票房也不理想。

所有生产的影片都必须或者都有可能公开上映,严格意义上说是计划经济体制的产物。即使是电影传播体系相对完善的美国,也不可能每一部生产的影片都有机会公映。现在我们每年生产650部左右的影片,能够公开上映的影片有一半左右。而且,随着银幕数的不断增长,公开上映的影片数量也在不断增多,呈现出一个比较好的态势。我们人均观影很长一个时期差不多停留在人均0.5次/年、0.6次/年,或许今年可以达到人均每年一次。如果问起观众,他们能回答出来的电影恐怕也就是创下票房奇迹的数得过来的几部商业片。从这个意义上说,我们人均观影与发达国家美国、韩国、法国相比处于比较低的水平。不过,有些不能公开上映的影片也有回收乃至盈利渠道。但不管怎么说,生产出来的影片不能公开上映无论是对于投资还是资源都是一个很大的损失和浪费。

高小立:如果能一一打开这六七百部电影,从电影类型上看,可能商业电影占比比较大,但整体上一定是题材丰富、类型多样的电影创作风貌。因工作关系,我只看了大量的纪录电影、少数民族题材电影、儿童电影,在六七百部电影中,质量肯定参差不齐,但不乏值得看的好电影。

饶曙光:我个人看了大量的纪录电影、少数民族题材电影、儿童电影、戏曲电影以及农村题材电影。以少数民族电影为例,近年出现了品质相当不错的影片,如《西藏天空》《诺日吉玛》《德吉德》《家在水草丰茂的地方》《我的旗》《遥远的锡林郭勒》《伊犁河》《漫翰调》等等。我前几天给《光明日报》写了一篇文章就认为,当前的少数民族电影已形成较为系统的创作,可以说进入了一个新的"黄金时代",并呈现出新发展、新格局的态势。不过,估计很多人没有机会看到,以至于金鸡百花电影节"金鸡奖"最佳女主角给了《诺日吉玛》的女主演巴德玛,引起一片哗然。

我多年来一直呼吁推进全面差异化市场体系建设,希望所有的人都来关注、关爱在市场层面处于相对弱势状态的电影,如纪录电影、儿童电影、少数民族电影、戏曲电影、农村题材电影,使得中国电影市场更加合理,生态更加优化,发展也更加平衡,更加具有包容性和可持续性。如果我们每个人都能够以实际行动对处于相对弱势的电影付出一点爱,情形就一定会有所改观。电影的每个环节重要的不是批评别人,而是从我做起,从现在做起。

高小立:特别想探讨的一个问题就是,究竟是院线不排商业片之外的类型题材,还是观众不看商业片之外的类型题材,这似乎是鸡生蛋还是蛋生鸡的问题。我个人认为,从观众审美取向的差别来判断,观众需要观赏差异化风格的电影,问题在于院线武断地不给观众提供观赏的平台,或者给你排一两天就下线。比如我刚得知《推拿》《闯入者》的公映消息就已下线了,近日叮咛自己千万别忘了去看《山河故人》,一看仅有的一场排片在晚上 11 点。我顺便问了第二天的排片,VIP 厅中午 12 点、下午 5 点,都是饭食时间,一场普通厅是晚上 9 点 30 分,看一场艺术电影要么"废寝",要么"忘食"。我第二天现场去买票,结果只剩第一排的票了,但我挺高兴,证明我们有文艺片的观众。包括《一个勺子》,我观看那天一场下午 5 点 15 分,一场晚上 11 点。我选了 5 点这场,观众满员。

饶曙光:贾樟柯导演的新作《山河故人》上映时,我正在四川省北部的巴中、南江、广元、剑阁等地调研区县基层电影情况。10 月 30 号晚上到了大巴山深处的普安镇,发现唯一的一家电影院也在同步上映《山河故人》。尽管观看影片的只有三个人,但还是让我惊喜不已,毕竟区县的观众也能够与北京、上海观众同时看到新上映的影片。相对于 2006 年的《三峡好人》,《山河故人》迄今为止已经获得了 3000 多万元的票房,创下了贾樟柯电影票房的最高纪录。只要有人精耕细作,只要在北上广深、省会城市、计划单列市等大中城市努力寻求并且有效对接自己的观众群体,像《山河故人》这样高品质的偏小众的文艺片达到 5000 万票房应该不会只是一个梦。据我的观察,偏小众的文艺片的潜在观众数量还是不少的,至少在北上广深、省会城市、计划单列市等大中城市是如此。关键环节还是在于有效对接和互动。

王小帅导演的《闯入者》票房惨败最直接、最显性的原因是影片排片非常低,人们也很容易把矛头对准负责排片的影院经理。但客观地说,在现行的影院商业经营体制以及放映规则下,换上任何人去做影院经理都可能甚至是都必须那样做,否则就会因为经营不力或者末位淘汰而失去工作和饭碗。

　　再推论下去,影院之所以排片如此低,是因为影院经理判断观众不愿意进电影院观看。事实上,当下中国电影观众,尤其是年轻观众看电影追求的是放松和娱乐,而不愿意进电影院去思考。但是,我们也同样不能简单地把影片票房惨败的原因归结为观众。电影理论批评有责任提醒观众、引导观众,尤其是年轻观众不能将自己的欣赏水平永远停留在单纯娱乐的层次上,要努力提升到审美层次。

　　高小立:今年的纪录电影也在突围,据说有很多观众绕着北京城找放映纪录片《喜马拉雅天梯》的影院。

　　饶曙光:《喜马拉雅天梯》的出现,或许可以改变人们对当下纪录电影创作的看法和认识。令人欣喜的是,影片票房已经超过了1000万。我认为,如果该片的票房能够达到3000万,《山河故人》能够达到5000万,中国电影市场结构就走向了相对合理、相对优化。应该说,随着中国电影市场银幕数超过3万块,并且仍然以相当高的速度持续性增长,这个估量一点也不过分。我转岗到中国电影家协会工作后,一直想推动成立中国电影家协会纪录电影工作委员会,目的是为纪录电影发展和质量提升搭建平台,积聚和整合队伍,引起电影业界、管理部门及其他社会各界更加关注、关爱纪录电影。如是,经过几年的努力,纪录电影创作和生产或许就会出现新的气象、新的格局。以我关注和呼吁支持少数民族电影创作和生产的经验看,也许就是一件水到渠成或者说渠成水到的事情。偏小众的文艺片的春天将会到来,而且一定会到来。黄金年代,我们更应该关心"好人",关心"故人",关心"勺子",关心"喜马拉雅天梯"。

　　高小立:我承认作为商家经营的电影院线一定以盈利为目的。但我又在想,作为做电影的商家,可不可以有点艺术情怀,一个院线十多个影厅,就拿出一个影厅,专门放映艺术电影、儿童电影或经典电影。况且现在的院线都很挣钱的,拿出一个厅回报一下观众,就当作慈善事业了。观众在于培养,从长远看,艺术电影院、儿童电影院未必赔钱,一定是盈利的。其实我们有大量文艺片的观众,今年北京国际电影节展映了多个国家的电影,多数是艺术片,还是老片子,据说观众对今年北京国际电影节的最大抱怨就是一票难求。这些观众可能不在创造电影《捉妖记》票房奇迹的行列中,他们创造的可能是中国电影的另一种奇迹,中国电影不能人为地让他们成为"非观众"。另外进口艺术片可否增加,有更多的片源支持艺术影院。这可能是国家对于电影政策方面的问题。

　　饶曙光:商业片与文艺片的截然划分、非此即彼及其二元对立模式对中国电影产业造成了不小的消极影响。从这个意义上说,二元对立模式必须被打破,否则中国电影市场难以获得更加良性的发展。这将是一个极其艰难、反复曲折的过程,不可能一蹴而就,我们必须有打持久战的心理准备以及方法论准备。

众所周知,中小成本电影因为票房压力、经济压力相对较小,艺术表达和呈现的空间相对自由,艺术想象的空间可以得到有效发挥,所以具有相对较高的艺术品质和艺术感染力。过去我们对中小成本电影的支持更多停留在创作层面、舆论层面,而关键在于市场层面给予应有的支持和保障。现有的主流商业院线体系经营模式、盈利模式是大一统的、同质化的,缺乏差异化经营手段、经营策略以及相应的政策支持、政策保障,所以中小成本电影很难进入主流商业院线。即使是勉强进入,也往往成为"一日游""一场游",成为市场的某种点缀。

高小立:中国正在加速进入老龄化社会,庞大的中老年观众当年是伴着电影长大的,他们的骨子里是有电影情结的,但广场舞成了他们现在的主要娱乐项目。在北京,一般出门十几分钟就有一条院线,看场电影非常方便,中老年人仍不进电影院的理由就是没有他们可看的电影,当然还有嫌票价过高的。其实我认为票价不是主要原因,去年我80岁的老父亲主动要我带他去电影院看了《归来》《黄金时代》,令我感受颇多。欧洲一些国家,包括日本的电影院里,老年观众占了相当的比例。

饶曙光:现在80后、90后观众贡献了电影票房的85%,一个纠结的问题应运而生:一方面,貌似唯有为80后、90后观众群体打造的电影才能获得票房成功,才能获得良好的经济效益和投资回报;另一方面,理智也告诉我们,中国电影如果只是为80后、90后观众群体打造电影,其后果肯定也是很严重的。当前,电影院、银幕数量经过多年超高速度的扩张和发展,上座率已经低于国际水平,空置现象应该引起我们的警惕。"向管理要效益""以差异化经营实现差异化发展"应该成为电影院新的努力目标。

未雨绸缪,或许我们可以利用这个结构性变化的时机,着力从电影院层面推进差异化电影市场体系建设。比如上午时间绝大多数影厅处于闲置状态,我们可否采取半公益放映方式进行放映,让更多的中老年观众进电影院看电影,让中老年观众群体获益?再进一步,我们现在绝大多数都是多厅影院,是不是可以考虑拿出一个厅进行差异化放映、差异化经营?总之,如何有效对接和满足不同群体尤其是更大观众群体的欣赏和消费需求,让更多的人群共享中国电影改革繁荣发展的成果,将会考验全体中国电影人的智慧及其应变能力。

高小立:在国外都有艺术影院,一部电影可能连续放几个月不下线,想看艺术电影的观众不用看预告,抬腿就可以走进艺术影院满足一下自己的观影需要。国内建艺术影院的呼声已很多年了,近年也有消息称有的院线设立了专门的艺术影院,但没过多久又恢复放映商业电影了。人们常说一句话:时间能说明问题。做艺术影院没有足够的坚持,是很难做成功的,第一,你要让观众知道有这样的影院需要时间;第二,培养更多的观众喜欢上艺术电影需要时间。在中国推不动的原因可能是多方面的。

饶曙光：我大概在2011年就写文章提出了电影市场体系差异化建设的问题。其实，早在2009年，国务院颁布的《关于促进电影产业发展的若干意见》就提出要推动特色化、差异化影院。笔者多年来也一直不遗余力地大声疾呼推进艺术院线，认为这是中国电影从电影大国走向电影强国的关键性环节和步骤。现在我们的银幕数有3万，可以说是万事俱备，只欠东风。换句话说，现在不仅是推进电影市场体系结构性调整的有利时机，同时也是时不我待。再不出手，也许不仅会失去有利时机，甚至有可能悔之晚矣。

在中国，建设艺术院线，需要有更多的想象力，需要有更多的创意，需要有更多的智慧和方法论。中国艺术院线、艺术影院建设既不能照搬好莱坞模式，也很难简单复制和克隆法国艺术电影的模式。我们需要"拿来主义"，我们更需要本土化改造以及现代化转换。因为按照法国艺术院线、艺术影院的经营模式，除了政府补贴、税费减免等优惠政策之外，还需要足够的片源。在目前情况和条件下，数量可观的片源是无法得到有效解决的。或许，这就是呼吁了多年难以有效推进和实施的根本症结所在。笔者并不愿意使用艺术院线、艺术影院概念，而是使用特色化、差异化院线、影院概念。毫无疑问，当下中国电影的当务之急就是要推动特色化、差异化院线、影院的建设，尽快实现并且逐步完善差异化电影市场体系，为多类型、多品种、多样化的电影提供有效的市场出口和出路。

高小立：11月6日，上海出台的《关于促进上海电影发展的若干政策》中第八条：支持新建多厅数字化影院；第九条：支持优秀国产艺术电影的放映、展映和活动，明确了政府对建差异化影厅和放映艺术电影的扶持。但我认为不能长期指望政府的扶持，关键是营造出一个多元的、健康的观影文化氛围。真正的电影市场是观众说了算，不是院线经理主观意志下的市场。

饶曙光：我们在差异化电影市场体系建设和推进中，能否通过顶层设计，通过制度化安排、政策性保障鼓励电影发行和影院探索差异化经营办法，并且实现自身的盈利模式，有效保护、保障所有参与者的投资热情和利益？笔者相信，只要我们综合采取市场、经济以及行政等多种手段，就能有效推进差异化电影市场体系建设。具体说就是要在顶层设计的基础上通过政府推动、公司经营、社会参与、全民互动，全方位推进差异化电影市场体系建设，就像当年全面推动电影产业化改革一样，包括建立在高科技基础上的多样化电影传播体系，建立在人民的、历史的、艺术的、美学的基础上的包容性电影评价体系。

正如你所说，我们不能长期指望政府的扶持，主要是要营造出一个多元的、健康的观影文化氛围。但关键在于,如何让普通的观众心甘情愿地走进电影院去看电影。因此,必须不遗余力地推进电影文化体系建设,包括制度性的国民影视教育,逐渐改变普通观众单纯追求轻松、娱乐的观赏心态。这个工作绝对是一个长期的过程,就像足球一样必须从娃娃抓起,必须有前瞻性思维和战略性思维。

中国电影从电影大国走向电影强国不仅要依赖有情怀的艺术家,依赖能够欣赏不同类型电影的新的观众群体,尤其是高端观众群体。中国电影的未来,在很大程度上也取决于中国电影与中国电影观众。

高小立:分众是电影产业发展的必然,如果电影市场一直这样只迎合80后、90后的观众群,中国电影市场只能越走越偏,有电影人就在担心现在中国电影市场已经做成青少年"专卖店"了。我一直说,全家五口人分别看一部不同类型的电影和一个人看五部同类型电影,所带来的电影影响力是不一样的。就像一位法国导演说的,人数不说明问题,一亿个观众看同一部电影,虽然人数庞大,但还是一个大脑。

饶曙光:如果一直这样只迎合80后、90后的观众群,中国电影市场只能越走越偏,这个问题值得反复说。毫无疑问,出现这种情形与当下中国电影市场观众的结构性调整和变化有关,具体说就是80后、90后观众贡献了票房的80%以上,而且还有不断上升的态势。00后观众群体也在崛起,很快就会成为中国电影、中国电影市场观影的主力人群、主流人群。而在他们的眼中,80后已经是"老人"了。中国电影尤其是创作层面如何适应观众群体的新变化,又如何有效满足更大观众群体、不同观众群体多样化的文化需求,挑战绝对是前所未有的。

当务之急是要抓住中国电影市场空间充分打开、市场基础不断夯实的有利时机,加强顶层设计,采取政府推动、市场运作、社会参与的方式全面深化差异化、特色化、多样化市场体系建设,全面推进电影文化体系建设,有效提升观众的观赏水平,培养足够多的高素质、能够欣赏不同类型电影的观众群体。只有这样,中国电影的生态才能逐步走向良性和优化,差异化、多样化、特色化的电影才能够在市场层面获得应有的发展空间和机会,中国电影的整体发展、综合效应才能是可持续和健康的。

高小立:票房不等于观影效果。我们现在评判一部电影的观影效果时,标准就是票房,只要谈电影就要说票房。但在国外统计的是总的观影人数,比如一部电影免费在社区放映,或免费在学校放映,这都是观影统计的一部分。其实,每年有很多中国电影是免费为基层百姓放映的,农村放映就是其中的一大块,这都应该是观影效果。为了鼓励中国电影的多类型可持续发展,应该合理实现电影题材类型与放映的对接,比如大量的爱国主义题材电影,可以加大在学校的低票价,甚至免费放映。

饶曙光:2014年由电影所带动的整体电影产业规模超过687亿元,直接和间接消费约436亿元,间接提供不少于50万个就业岗位,对国民经济贡献日益提升。对于位于世界前列的好莱坞电影来说,电影票房只占其收入的1/4,大部分收入都来自其版权经济与衍生产业,比如相关的图书、音乐等衍生品。在网络整合性作用的助力下,中国电影或许可以突破单一的盈利模式,围绕内容IP开发图书、游戏、网剧、音乐等相关文娱产业,通过网络院线、视频点播实现多窗口销售,继而拓展到电商平台和线下实体,最终形成一整套以品牌内容IP为核心的娱乐产业链,从单纯的票房经济上升为以版权经济为核心的"大电影产业"。

在现代社会中,电影作为一种高科技、工业化、大众化、故事化艺术,无论对于民族传统文化的传承,还是对于民族文化的现代化融合及其创新,都具有决定性、方向性的意义和价值,绝不是单纯的票房指标所能涵盖的。同时,电影对于国民经济转型及其增长的推动、贡献,也远远超越了票房乃至单纯经济效应的边界。而在大国博弈、现代文明竞争乃至构建新的世界秩序过程中,电影能发挥的软力量也是别的任何东西所无法替代的。至于在学校层面,通过制度性设计、制度性安排而放映大量的爱国主义题材电影,是保证国家文化安全、国家长治久安所必须的。

作家要不断向生活学习
——访作家刘庆邦

王 觅

在刘庆邦的写作中,一半是煤矿题材,一半是乡土题材。比如他今年推出的长篇小说《黄泥地》,有评论家称其"是用光秃秃的笔在黄泥地上辛勤雕刻"。虽然时代不断改变,可他对现实主义创作的那份执着却从未更改。

记者:您多年来坚持现实主义写作。这么多年过去了,您认为自己的作品中有哪些变与不变的东西?

刘庆邦:可能因为我生性比较固执,做事"一根筋",不够灵活。我认为人只有一生,我这一生在创作上无须更多的主义,能把现实主义的路子走到底就算不错了。我对现实主义创作的理解比较宽阔。只要不是写人的前世,也不是写人的来世,只要是写了人的今生今世,就是现实主义。前世和来世,都是源于一种想象。不管往前想象,还是往后想象,想象的基础还是今生。我的想象离不开脚下的土地,离不开我的经历。加上我的小说本来就是写实的、及物的,是严格按照日常生活逻辑推动的,怎么能脱离现实生活和自己的人生经验呢?

风在变,云在变,社会千变万化,但总有一些东西是不变的,这就是人类永恒的审美对象,比如太阳和月亮。阳光给人光明,给人能量。月光给人慰藉,让人遐想。世界就是这样,变中有不变,不变中有变。文学创作主要是表达情感的,情感之美是核心之美。写作手法可以变,表现形式可以变,载体可以变,但情感作为文学作品的根本支撑,这一点不会改变。衡量一篇作品优劣的标准,还是要看作品里所包含的情感是否真诚、饱满,让人感动。

创新当然好,创新的呼声也很高,几乎成了一种强制性的标准。然而情感不分新旧,好作品里动人的情感力量会让我们常读常新。文学从来不是集体的事业,是心灵化的个体劳动。文学不是时代的闪光,是个体心灵的闪光。文学是时代的产物,却不是时尚的产物。对于这一点,我们应当有清醒的认识。

记者:煤矿和乡土几乎构成了您写作的全部内容。您曾说:"煤矿的现实就是中国的现实。"对此应如何理解?

刘庆邦:我写农村生活和矿区生活的小说比较多,原因很简单,我熟悉农民生活和矿工生活,或者说我曾经是一个农民,也曾经是一个矿工。1967年初中毕业后,我就回村当农民去了。我不想当农民,也不是一个好农民,但那几年,命运的泥巴吸住了我的腿,我怎么挣扎都无济于事。我在烈日下锄地、割麦、打场。我淋着连绵的春雨,到地里栽红薯。在大雪飘飘的冬季,我拉着架子车往地里运肥。我还脱过坯,打过墙,挖过河,堆过麦秸垛。庄稼活儿我差不多都干过,说起来都不离谱。煤矿的生活也是一样。1970年,我被招到煤矿当上了一名矿工,前后在矿区生活了9个年头。我在井下掘过巷道,采过煤,还当过运料工,开过刮板运输机。不管是农村生活,还是煤矿生活,对我来说都不是他者的生活,都是我自己亲身经历的生活。这些生活在我记忆的血管里流淌,只要拿起笔来,我脑子里活跃的就是乡村父老和矿工兄弟的形象。

我比较关注社会转型期农民工的生存状态,也写过一些农民在城里的遭遇,比如长篇小说《红煤》、中篇小说《到城里去》等。我还关注农民变成矿工的问题,它集中体现了农民进城打工和城镇人口不断增加的现实。我之所以强调煤矿的现实就是中国深刻的现实,是不想被行业所限,只是把煤矿作为人物活动的背景和舞台,以表现广阔的社会现实。我还愿意把我所写的一系列煤矿题材小说看成是"在深处的小说",不只是在地层深处,更是在人的心灵深处。我用掘进巷道的办法,向人情、人性和人的心灵深处掘进。文学毕竟是从内心世界开始,向外部世界辐射,从认识个人开始,认识整个世界。个人的命运在千百万人中间,千百万人的命运集中体现在个人身上。如果要给自己的写作找一个目标的话,那就是怀抱人道主义理想,投入自己的生命,以真诚的态度写人,写人的丰富情感,直抵复杂的人性深处,建设属于自己的心灵世界。

记者:您曾有过多年的矿区生活经历,每天都需要深入矿井,之后又从事过煤炭地质系统的宣传报道等工作。这些经历对您的文学创作有怎样的影响?

刘庆邦:在矿区生活时,我最向往的职业是当一名记者。调到煤炭部当记者之后,我热情很高,一有时间就积极到全国各地的煤矿采访。如果说我的矿区生活是一个点,当上记者之后,生活的面积大幅度扩大,由点变成了面。全国各地的煤矿,除了西藏的煤矿,大部分煤矿我都去过。当了20多年记者,对文学创作很有好处。一是打开了眼界,拓宽了胸怀。人的心有多大,世界就有多大;眼界到哪里,境界才能扩展到哪里。二是立足点发生了变化。当记者使我站到了一个比较高的立足点上,不知不觉就要面对全国的读者,和全国的读者对话,甚至和世界的读者对话。三是在采访中得到了不少小说写作的素材。一篇新闻稿子写完了,觉得自己想表达的感情没有很好表达,想写的细节不能充分展开,有一些想法也不便在新闻里说,于是便写成了小说。

当记者期间,我曾多次参与报道矿难,情感和心灵受到了强烈冲击。1996年5月21日,平顶山煤业十矿发生了瓦斯爆炸事故,84名矿工在事故中丧生。事故发生的第二天,我就赶到平顶山采访。说是采访,其实我主要是看、是听,是用我的心去体会。那些去世矿工家属都处在极度的悲痛之中,我不忍心向他们提问什么。那几天,我天天跟那些家属在一起,我的心始终处在震荡之中。我咬着牙,一再对自己说不要哭,可眼泪还是一次又一次涌流出来。我无力为他们做什么,只能用纪实文学的形式,较为具体、详尽地把事故给他们造成的痛苦记下来。我要让全社会的人都知道,一个矿工的死亡所造成的精神痛苦是广泛的,而不是孤立的;是深刻的,而不是肤浅的;是久远的,而不是短暂的。这篇作品在全国煤矿系统引起持续性的反响,至今不少煤矿还把它作为对矿工进行安全教育的教材。

记者:有人认为,"作家不用深入生活也能写出好作品""作家平日就一直处于生活之中,无须再刻意深入",您对此怎么看?

刘庆邦:我不认同这样的观点。要取暖,就得挖煤;要酿酒,就得种粮食;要持续写作,就必须不断向生活学习。这是最基本的常识。就好比梦是对生命的虚构,没有生命就没有梦;树影是对树的虚构,没有树,虚构就无从谈起。人的想象不可能凭空,都离不开生活这个根本的基础。的确,什么样的生活都可以成为我们的创作素材,但是,我们每个人的生命和经历有限,你写少量的东西还可以,短时间写作还可以,要做到持续写作,不断拿出新作品,仅靠自己的生活,写作资源就会枯竭,甚至会出现纸上谈兵、闭门造车的情况。还有一个审美对象的问题。作家可以自怜、自恋,可以把自己和自己周边的人作为审美对象,但久而久之,那样的东西是不是有些单调呢?胸襟是不是有些狭窄呢?作品的格局会不会有些小呢?分量会不会有些轻呢?文学还有一个重要功能,是关注和表现民众的疾苦。如果把自己封闭在小圈子里,不关注、不了解普通民众的疾苦,谈何表现呢?

深入生活对我来说是一件自然的事,也是一种纪律。不是别人要我深入生活,而是我自己要深入生活,到农村去,到煤矿去。农村的点比较固定,那就是我的老家,我到煤矿深入生活的点则多一些。这些深入生活的实践都给了我丰厚的回报。

2016 年

曹文轩:站在水边的人无法不干净
行　超

4月4日,在意大利博洛尼亚国际童书展上,曹文轩荣获2016年国际安徒生奖。评委会认为"曹文轩的作品书写了关于悲伤和痛苦的童年生活,树立了孩子们面对艰难生活挑战的榜样,能够赢得广泛儿童读者的喜爱"。本报记者在第一时间就文学创作有关问题采访了曹文轩。

记忆力比想象力更重要

记者:首先恭喜您获得了2016年国际安徒生奖,实现了华人在该奖项上零的突破。不少人认为,与欧美作家和作品相比,中国作家普遍缺乏想象力,您此次获奖,是对这一观点的有力回应,也使中国儿童文学进入国际视野。您如何评价中国儿童文学的发展现状?我们与世界一流的儿童文学作品的差距在哪里?

曹文轩:安徒生奖在国际奖项中是比较纯粹的文学奖,它将文学性和艺术性看成是高于一切的品质。我之所以能够获得这一奖项,可能与我从创作开始所抱定的文学观有关。我一直认为,能够带领作品前行、可以穿越时空的,不是别的,只能是文学性和艺术性。多年以来,无论是长篇、短篇,我都将它们当作艺术品来经营。这一选择切合了安徒生奖的评奖原则。

与世界儿童文学相比,我们确实存在着想象力不足甚至苍白的历史时期。但这一事实在近20年间已经被打破,中国的儿童文学现在并不缺想象力。我以为,现在的中国儿童文学面临着新的问题,就是在漫无节制地强调想象力的意义的同时,忽略了一个更重要的品质,这就是记忆力。对于作家来讲,特别是对于一个愿意进行经典化写作的作家来说,记忆力可能是比想象力更宝贵的品质。对历史和当下的记忆,才是更为重要的。在谈论经典作家时,我们何曾使用过想象力的概念?我们在意的,是他们强烈的现实主义精神和高超的现实主义手法。我们面对着一个铁的事实,现实所具有的无法预料的变化和奇妙是想象力,哪怕是最强的想象力都无法达到的。我想,把安徒生奖授予我,一个很重要的原因就是评委在成千上万的所谓富有想象力的作品包围中,看到了久违的文学品质——强烈的现实主义精神。

中国儿童文学现在已处在一个非常高的水准上,可以说已经在国际水平线上了,不再是原来那种教化式的、文学功能性很差的局面。至于有一些滥竽充数的作品,只是市场发展的必经过程。

记者:《草房子》从1997年面世至今,已重印了300次,既畅销又长销,有英文、韩文、德文、日文等多种文字的译本,获得国内外很多奖项,也有影视剧改编。《草房子》不仅收获了学界和读者的一致认可,更创造了纯文学的市场奇迹,您认为,是什么原因成就了《草房子》的成功?

曹文轩:我想成就《草房子》的不是别的什么,只是因为它是一部文学作品,只能是这个原因。我庆幸我从从事文学创作的第一天开始,就将文学性和艺术性作为我作品所追求的品质。从我对经典作品的阅读中,形成的朴素的文学观就是只有文学性和艺术性可以成为文学作品生命的保证。《草房子》以它300次重印和看似无法停止的脚步,佐证了我当初的选择和对文学功能的理解。

记者:从1983年出版第一部长篇小说《没有角的牛》以来,您就显示出持久而旺盛的创作力,同时,您的作品似乎很少受到市场和读者的左右,不跟风,不速成,始终坚持自己一以贯之的写作理念和节奏。如果将个人创作划分几个阶段的话,您怎么划分?

曹文轩:我很难对我的创作进行阶段性划分,因为这是一个模糊的前进过程,中间没有明显的切线。我的每一部作品都来自内心,来自长久的思考,并在动手之前酝酿了很长时间。所以,我的写作总是显得很困难。

如果说有区别,我想大概是有"忽上忽下"的区别,所谓的"上"就是往深和高处写,这部分作品是供少年阅读的;所谓的"下",就是往浅和低处写,这部分作品是供低幼和儿童阅读的。多年以来,我就是在这样一个忽上忽下的过程中进行创作的。但无论是"上"还是"下",基本纬度没有什么变化。这些纬度只为一个目标:为人类提供良好的人性基础。这些纬度大致有:道义、审美、悲悯情怀。

文学之美永远保持光泽

记者:您的创作有明显的个人风格,从语言到结构、思想意义,处处体现出古典主义的纯净、庄重、悲悯、感伤,这与您个人的文学观念有关系吗?

曹文轩:我确实倾向于古典的美学趣味,这可能与我成长的环境有关。我生长在水乡,推开门就是水面、河流,走三里地要过五座桥。我的童年是在水边和水上度过的。我作品中所谓的干净和纯净是水启示的结果,文字的纯粹自然也是水的结果。通常肮脏的意象是无法来到我的笔下的,因为我内心拒绝产生它们的冲动。一个站在水边的人无法不干净,因为想让自己干净太容易了。

我曾提出,文学具有悲悯情怀是先验性的,也就是说文学之所以为文学,就因为它有悲悯情怀,它是文学从娘胎里带来的,也是不可丢失的。实际上,社会在进入现代状态后,人际关系松懈,人的感情日益荒漠化,这个社会比以往任何时候都更需要悲悯情怀。当然,做"感动"文章,并不是煽情,并不是让宝贵文字沦为矫揉造作的感伤。这种"感动"是千古不变的道义的力量、情感的力量、智慧的力量和美的力量。这些力量会冲决时代的、阶层的、集团的、城市与乡村的藩篱,文字只有拥有这些力量,才有存在的理由,也才可能熠熠生辉、光彩照人。

记者:您的小说非常重视对语言的锤炼,有一种蕴藉的冲淡、平和、简洁之美。您心目中好的儿童文学作品是怎样的?

曹文轩:我希望用极致的语言来描写和叙述,同时在文字背后流淌着诗意——不是充满激情的诗意,而是悠然而富有情调的诗意。

很多人强调儿童文学的特性,而我一直强调文学的一般性。我在十几二十年的时间里都在研究哲学,发现许多问题从理性上是解释不清的,对很多问题的认识要凭直觉。直觉特别重要,对儿童文学写作也是如此。我的写作选择了儿童视角,它所带来的是特定的美学效果,让我看这个世界的时候很不一样。我比较向往诗性,儿童文学、儿童视角能帮我实现、达到我向往的目标,满足我的美学趣味。我发现当我站在儿童视角,投入那个语境之中,整个故事的走向就全部改变,而这些故事一旦用成人文学的视角考虑,其中的同情、悲悯等就会全部改变。

记者:您曾经说过:"美的力量绝不亚于思想的力量,再深刻的思想都可能变为常识,只有一个东西是永不衰老的,那就是美。"在您的作品中,爱与美常常可以战胜历史和现实的种种问题,最终达到和解,这在《火印》中表达得尤为明显。在您心中,美的力量最主要体现在哪里?在文学创作中,您是一个唯美主义者吗?

曹文轩:现代文学——更准确地说,现代主义文学——是一种放逐美的文学。在现代主义看来,美是一种累赘,是一种人工赋予文学的东西,是思想苍白的产物。因此现代文学毅然决然地与美分割开,并加以唾弃。而我一直以为这是对文学性、艺术性的放弃,是违背文学本性的。人类选择文学就是因为发现文学具有其他艺术形态无法给予的特有的审美能力。

我们往往在意文学中的意义,事情发展到今天,思想成为唯一的诉求和唯一的追求。"恋思癖"其实严重地伤害了文学,看似深刻的文学反而变得简单、浅薄了。在托尔斯泰、鲁迅及其他所有经典作家那里,思想、审美、悲悯情怀等纬度是融合在一起的,是立体的。正是因为多维度的构成才使这些作品辉煌至今,荣耀至今。

我相信这个说法：一个再深刻的思想都会时过境迁，衰减为常识。而美却随着时间的奔流永远保持它的光泽、它的新鲜、它的蓬勃的生命。

苦难是无法拒绝的

记者：正如安徒生奖的颁奖词所说："曹文轩的作品读起来很美，书写了关于悲伤和痛苦的童年生活，树立了孩子们面对艰难生活挑战的榜样，能够赢得广泛的儿童读者的喜爱。"《草房子》里的杜小康、桑桑，《青铜葵花》中不会说话的男孩青铜以及"丁丁当当"系列中头脑有残疾的孩子等，都经历过不同的人生苦难，您怎么看待苦难在儿童成长中的意义？看待苦难教育呢？

曹文轩：非常感谢国际安徒生奖委员会的各位委员对我作品的理解和准确的评价。苦难主题确实是我作品的基本主题之一，这个主题不是凭空强加于我的文字的，而是我在感知人性、存在、世界之后的切身体验，是我的一个判断。我相信这个判断是准确的。我并不拒绝苦难，实际上苦难是无法拒绝的。与其逃避它、仇恨它，不如接受它，在面对它的时候永远保持优雅风度，抱有感恩之心。我愿意向读者传输这样一种对苦难的解读和态度。

几乎所有人都认为，儿童文学是让儿童快乐的一种文学。我一开始就不赞成这种看法。快乐并不是一个人的最佳品质。并且，一味快乐会使一个人滑向轻浮与轻飘，失去应有的庄严与深刻。傻乎乎地乐，不知人生苦难地咧嘴大笑，是不可能获得人生质量的。一部文学史，85%都是悲剧性的，儿童文学也不例外。《海的女儿》《卖火柴的小女孩》《夏洛的网》《小王子》等经典名著，都给人带来忧伤和痛苦。当我们在说忧伤时，并不是让孩子绝望、颓废，而是一种对生命的体验和认识，生活本来就不是很容易的事情，这是成长必须经历的阵痛。

记者：您个人创作的30年，也是中国社会发展变化最剧烈的时期。时过境迁，您在写作手法和创作心态上产生了哪些改变？

曹文轩：时代的变化会在潜移默化中影响一个作家的写作。避免和拒绝实际上都是不可能的，但我可能选择了不一样的文学路线。我认为，一个作家更要关注的不是正在变化中的部分，而是恒久不变的部分。因为这部分才是文学的生命之所在、根本之所在。具体地说，这个恒久不变的部分就是人类生存的基本状态。这个状态从前存在着，现在存在着，将来也一定会存在着。如果想让作品活得更长久一些，自然要将文字交付于这一部分。

不管时代发生多么大、多么了不起的变化，也不管商业浪潮有多大的摧枯拉朽的力量，反正我写长篇也好，写一本千把字的绘本也罢，都必须将它当作艺术品来经营。

至于说写作手法,一直是在变化过程中。但我将文学的手法分为大法和技法,技法是次要的,而大法才是主要的。

作家要与时代保持必要的距离

记者:《草房子》后,您从一个大学教师、儿童文学作家变成了家喻户晓的"畅销作家",这其中的身份冲突对您和您的创作造成了什么影响吗?

曹文轩:准确地说我不是畅销书作家,我是一个长销书作家,我更愿意做后者。其实,一个长销书作家才是真正的畅销书作家。钱锺书的《围城》每年都以几十万册的数字在印刷,而《红楼梦》若干年过去了,还在不停地印刷。试问,有哪一部畅销书达到过它们累计起来的印刷数字?

记者:当下,每天都有儿童文学作品出版、面世,真正好的原创作品却并不多见。少年儿童面对浩繁的出版物,该怎样选择?

曹文轩:今天是一个图书泛滥的时代,满坑满谷的图书层层地包围着我们,可在我看来,这是一个阅读质量下降——严重下降的时代。在如此境况中,我以为作家、批评家有向阅读大众辨析图书质量的责任。

阅读像做人一样,做人需要智慧,读书也一样需要智慧。在读书方面,许多人是蠢人,他们以为读就是一切。殊不知,读书是有选择的,一定是有选择的。若不然,这么多的学者和批评家去谈论书的高下优劣还有什么意义呢?他们的存在是因为人类看到了一个无法改变的事实:生命的长度是有限的,而图书是汪洋大海般的。我们不可能阅读所有的图书,这样就需要那些学者和批评家,那些专门读书的人为我们甄别图书的高下和优劣,然后告知大众,什么样的书为一流之书,什么样书为二流、三流之书,什么样的书是垃圾和烂货。

今天的图书市场是一个充满商业意味的市场,看似五光十色,实则弥漫着令人心醉的铜臭味,它使无数的作家迷途失径。在如此情景中,一个有出息的作家必须与这个时代保持必要的距离,必须以坚定的意志拒绝商业化的腐蚀,坚持原创,并且是有境界、有品位的原创。

记者:在这个崇尚信息传播的时代中,沉下心来阅读本就不容易,更何况是对于好奇心勃发的孩子们,您认为,怎样的儿童文学作品才是真正适合小读者阅读的?

曹文轩:阅读是对一种生活方式、人生方式的认同。阅读与不阅读,区别出两种截然不同的生活方式或人生方式。这中间是一道屏障、一道鸿沟,两边是完全不一样的气象。但是,我们目前面临着很多蛊惑人心的书、低俗快乐的书,有些甚至被美化成经典,迷惑、戕害着孩子。缺乏判断力的大众,成为坏书的牺牲品,变成面目可憎的人,严重败坏了精神境界。在这样的情况下,读什么书比读书更重要。读恶俗的书,反而会破坏孩子天然的语感,并影响和遏制孩子今后的写作。还不如看看太阳,看看月亮,也许会让我们更有思想、更有智慧。

不要以为小孩子喜欢看的书就是好书,孩子的审美能力是不可靠、不成熟的,我们肩负着教育和引导的责任,要引导孩子"应该读什么书"。我曾经提出过,要"读打精神底子的书,读具有高贵血统的书,读具有文脉的书,读辈分高的书"。

记者:《火印》之后,您有什么新的写作计划吗?

曹文轩:2015年我在完成《火印》之后,又于下半年创作了另外一部长篇《蜻蜓眼》。这是我珍藏了几十年的一个故事,现在已经到了放它来到这个世界的时候了。它可能是我个人文学史上一部重要的作品。另外,我在给中国少年儿童新闻出版总社继续创作"萌萌鸟"系列和"丁丁当当"系列,这两个系列是我心目中很重要的系列。

(颜显森、孟令媛对本文亦有贡献。)

附录

人物志
——印象曹文轩

高洪波

这几日,手机被"曹文轩"三个字刷屏,便努力回想与曹文轩的初次见面,不知为什么竟然想不起来了。记忆鲜明的一次应在20世纪80年代初,《文艺报》主办中篇小说评奖读书班,那时分为初评和终评。初评评委大多由年轻的批评家和编辑充当,曹文轩、高红十、胡永年、黄国柱、张西南等都干过这份工作,记得当时中国作协在颐和园佛香阁下有座宅院,古色古香,便成为举办评奖、读书班的最佳场所。

我当时是《文艺报》比较年轻的编辑,常常因事住在这幢古宅,我说的"因事"有点矫情,其实是因为这宅子太古老太宁静,副主编唐因觉得瘆得慌,我便借机陪住了几日。

忽一日飘起了大雪,昆明湖冻得很瓷实,我在早饭后便约上曹文轩、高红十和胡永年,踏雪走过昆明湖。湖面一望无际地白,一览无余地平,雪在脚下吱吱作响,我们快乐地边聊边走。此时一个游人都没有,偌大的颐和园仿佛只有我们几个童心未泯的年轻人,真是一个毕生难忘的场景。

后来,后来就不一样了。

曹文轩开始创作儿童文学,他为中国80年代初期的儿童文学园地迅速提供了《弓》《古堡》和《第十一根红布条》等一批个性鲜明的短篇佳作,然后参加各种不同规格和类型的创作研讨会,旗帜鲜明地提出自己的文学主张,在文学前辈面前他显得倔强和认真,把北京大学的校风与学风无保留地展示在儿童文学同行面前;在文学同辈面前他却宽容和谅解,尽情展示自己的学养和修养。所以,曹文轩很快成为各种会议的中心和主角,杰出的表达能力、缜密的逻辑思维,加上良好的学术训练,当然还有英俊的仪表和近乎羞涩的微笑,"曹文轩旋风"就呼啦啦地刮了起来。

记得在庐山"新潮儿童文学"丛书编委会上,文轩虽然仍是会议的主角,可我无意中发现他与《文艺报》副主编唐因有相似的性格弱点:怕黑夜里的孤寂。这也许是不少才华卓异人物的通病:敏感。

文轩向我们抱怨,说夜里总梦见一个戴白帽子的老太婆无声地立在自己床头,很吓人,他坚决申请搬到夏有志的房间去。

事后我观察了一下,这是一家解放军疗养院改造的宾馆,每个人床头旁都立着一个半人高的氧气瓶,半夜里望上去,氧气瓶上罩着的护士帽的确瘆人。后来我专门写了一篇有趣的散文《庐山"鬼"趣》来讲述这段经历,不过这已经是30年前的往事了。

"庐山'鬼'趣"之后,由文学讲习所七期和八期共同组建的北京大学首届作家班开学,曹文轩成为班主任,从此开始了我们之间亦师亦友的岁月,一直到今天。

文轩发自内心地喜欢北大,推崇北大,他为我们讲述"思维论",每次阶梯教室都挤满了人,当然第一、二排的必定是些风姿绰约的女同学——"曹粉",这让作家班某些自命不凡的男同学心生嫉妒,可曹老师的课的确讲得好,不服还真不行!还有就是班主任的责任心,无与伦比的充盈和澎湃,文轩关心这些比自己年纪大得多的同学,从学业、论文直到生活琐事,无例外地投入。从这个意义上说,文轩是一个当之无愧的好老师、称职的班主任。

在儿童文学创作上,文轩有坚定的艺术主张,有一个评论家总结文轩的创作印象是"一束浪漫主义者的心灵之光",深得他首肯。他自己也明确地表示过一个观点:"儿童文学作家是未来民族性格的塑造者。"此外文轩注意对语言的试验,在不少作品中显示出这种发自一个优秀作家心灵深处的艺术自觉,在一次演讲中他说过这样的话:"我蔑视那种浮躁的、轻飘的、质量低下的愉悦。文学,尤其是儿童文学,正丢弃安徒生的传统格调,片面地、无休止地去追求那种毫无美感的、想象拙劣的愉悦。就我所看到的许多童话和卡通片,给了我这样一个让我厌烦和恼火的感觉。他们把天真好奇的孩子吸引过去,挠人以痒,使孩子们发出一阵阵空洞的、毫无高雅气息的傻笑。它们对孩子的文化教养、对孩子的性格塑造,毫无意义。"

文轩说这话时是在1992年,可仔细琢磨一下,对今天的荧屏仍有强烈的现实针对性!这就是一个在创作与理论上能双管齐下的优秀作家深刻的洞察力,说前瞻性思维也成。

这些年来我出席过无数次与文轩相关的颁奖会、研讨会、新书发布会,我对他的"三优加一"型的总结也渐渐广为人知。何谓"三优加一"型?第一,文轩具备优雅的写作姿态,他从不草率地对待自己的创作素材和小读者;第二,文轩具备优美的语言风格,他对中国儿童文学中语言的考究乃至挑剔尽人皆知;第三,文轩具有忧郁的审美情怀,他固执地追求忧郁美给予读者的灵魂提升,在《草房子》《红瓦》和《青铜葵花》几部代表作中尤为突出。何为"加一"?幽默感。在文轩的《我的儿子皮卡》系列小说中,让我欣赏到从前不曾表达的内在幽默;在"丁丁当当"系列中,这种幽默感更具人文情怀,因为他所描写的主人公是智障儿童,悲天悯人的大爱,借助内在的、不露声色的幽默传导给每一个读者,童心与纯真在文轩笔下,便具有了耀目的光芒。

去年12月受文轩之约赴南京出席《草房子》300次印刷庆典,同时《青铜葵花》英文译本面世,我即兴为文轩写了一首小诗道:"奇葩一束迁英伦,字字当铸钟鼎文。江南才子拈诗笔,饱蘸爱心写童真。"文轩在庆祝会上表达了对故乡出版界的浓浓情谊和感恩心态,他把江苏少儿社戏称为"老东家",言外之意自己是"文学长工"。说"长工"不如说"劳模"更贴切,他真是儿童文学界著作等身、勤奋耕耘的劳动模范。

今年3月底在文轩即将奔赴博洛尼亚前,北师大首届"原创图画书2015年度排行榜"举行发布会,他由二十一世纪出版社出版的他的图画书《夏天》,从入围的600多本图画书中脱颖而出,且排名第一,我为文轩颁发了证书。在即席发言中,文轩讲述了一个柠檬黄蝴蝶寻找花海的故事,奇幻中色彩迷离,诗意里充满阳光,这应是他下一本图画书的成熟构思。

追求花海的柠檬黄蝴蝶扑入水中后消失了,一种鱼却出现了,这鱼有个美丽的名字:柠檬黄。

此时的曹文轩,距离荣获国际安徒生奖还有5天。他即将到意大利亚平宁半岛,去我们熟悉的会展名城博洛尼亚出席国际童书盛会,百道网的一个记者小心翼翼地向我提问道:"你怎样看待曹文轩先生这次角逐国际安徒生奖?"

我回答道:"我一直认为曹文轩获奖没有悬念,这是我们应该有的文化自信。文轩获奖是国际安徒生奖的光荣,落选则证明评委的艺术眼光有问题,起码是这个奖项的一大遗憾。"

也许我的回答太过肯定和敏感,那位记者采取了回避的方式,没有披露这段话。

曹文轩是独一无二的。我的判断不仅仅是出于几十年的友谊,更多的是对他作品和人品的了解,对中国儿童文学几十年创作成果的研究,所以一个甲子的国际文学奖项首次给予曹文轩这样一位中国作家,的确应得上两个中国成语:一个是"实至名归",一个叫"水到渠成"。

为我的班主任浮一大白!

张抗抗:在阅读中被塑造和修复
顾 超

近年来,党和国家对营造良好学习风气、提升国民素质高度重视,采取了一系列积极举措倡导全民阅读,建设书香社会。中国作协副主席、作家张抗抗对全民阅读有着自己深入而独到的思考,曾在不同场合多次予以阐述。在今年"世界读书日"前夕,笔者就阅读和写作的有关话题采访了张抗抗。

顾超:在您读过的书里,哪位作家对您影响最大?

张抗抗:书本上的人对我的影响,是分阶段的。一生中不可能始终只有一个人在指引着你,这就像接力棒一样,一棒一棒交接过去。少年时代我读儿童文学和童话,童话的意境能为童年的心灵植下真善美的种子。我主张什么年龄的孩子读什么书,不是很赞成跨年龄段的阅读。如果让一个孩子10岁的时候就开始读卡夫卡,他可能一生都会消沉抑郁。这是一个人生的自然成长阶段,当然少数早慧的天才儿童例外。我第一次读《红楼梦》是在"文革"中,那时候十七八岁,不谙世事,读得很勉强,我觉得这小说太烦琐了,穿个衣服写一大篇,吃什么东西写好几页,搞得我一点兴趣都没有,因为当时的心境与《红楼梦》的意境相距太远。直到我30岁的时候,在中国作协第五期文学讲习所(现在的鲁迅文学院)学习时,才第二遍读《红楼梦》,那时候才开始看出《红楼梦》所描写的社会关系和人物心理的奥妙之处。所以说什么年龄段读什么样的书,这是人生的自然规律,阅读应该和人生心智的成长同步。

我上中学时,课堂的语文教学里面有少量的古典文学。我所在的学校("文革"前)是杭州一中,现在叫杭州高级中学,是一所百年老校。鲁迅在那儿教过书,很多浙江文化名人都是从这个学校出来的,校史馆里的院士简介有一面墙之多,所以我有幸受到一点点传统文化的熏陶。"文革"开始后"破四旧",一边是红卫兵明目张胆地烧书,一边是那些爱书的人在暗中捡书,反差非常之大——也有的人直接把抄的书抄到自己家里去了。那个时候除了课堂的语文教学外,我已经开始接触苏俄文学,去东北下乡时,我还带着自己喜爱的《青年近卫军》。那种革命英雄主义对我世界观的形成也许有一定影响,我成长过程中的早期教育始终是比较明朗和阳光的。尽管那是一个压抑沉闷的时代,但是依然还有书本里那种人性精神和理想主义的光芒。下乡以后,在那种寂寞的环境中,唯有书籍可以给我温暖及抚慰。然而,当时只有知青偷偷带去的"封资修"书籍在私下里流传交换,只能有什么读什么。我写过一篇文章讲我读书的经历,叫

《阅读的暗流》,讲当年怎么在回家探亲的时候,想方设法寻找那些不允许公开阅读的书。大致的轨迹,就是从俄罗斯文学逐渐进入了法国文学,是雨果、巴尔扎克那个年代的古典法国文学。然后是霍桑、杰克·伦敦、马克·吐温那个时代的美国文学,与英国、德国文学交错阅读。"文革"那十年,很难说哪一本书对我影响特别大,因为那时候的书很难反复阅读,都是即来即走,读过就要归还,甚至是阅后即焚。但我觉得这段时间的阅读特别重要,《巴黎圣母院》《九三年》都是令我长久震撼的书,心里由此生出很多疑问,当时自己意识不到它们究竟撬动了我心灵的哪个暗角,但是积累到了一定的时候,这些曾经潜在的疑问都会重新"反刍"上来。

"文革"结束以后,书籍逐渐解禁,传统的、经典的世界文学令人眼花缭乱。很快,先锋文学和现代主义文学潮流开始进来,一直持续了整个80年代。那时候我对现代派文学很有兴趣,从法国的加缪、萨特,到乔伊斯、卡夫卡,一直到马尔克斯、略萨等拉美文学都读过,阅读范围很广。到90年代以后,读书进入常态,好书越来越多,包括中国当代作家的新作品,所以开始有了选择。

顾超:那您在写作的早期有没有模仿过哪位文学前辈?

张抗抗:模仿是没有的,我从未刻意模仿过哪位作家。但我觉得自己至今都难以摆脱屠格涅夫对我语言风格的影响。早期的阅读对一个作家的"侵蚀性"是最强的,作品结构、行文句式会不自觉地受到早期阅读的影响。比如说,一个作家最初接触了某一类文学,可能会始终不自觉地陷在那种语境里,变成了自己终身无法去除的胎记和烙印。对于我而言,接受西方人文主义的思想发展脉络比较早,而中国古典文化的底子相对较为薄弱,这种状况或许是好坏参半。好的一面,较少受到中国传统文化中那些糟粕的影响,比如愚忠、权谋、欺诈、算计……当然,古典文化中好的东西更多。少年时代我最喜欢的是《西游记》第一卷,给了我很大的想象空间,孙悟空的叛逆精神非常吸引我。但可惜的是,中国传统文化中很多优秀而杰出的文学著作,我都没能系统地学习。比如《山海经》《诗经》,那么好的东西,都只是零敲碎打地读了一部分。这是一部分"老三届"在文化结构上的短板,我一直努力在为自己补课,以求得到局部的缺陷修复。

顾超:写作对您而言,是为了追求或实现某种个人或社会的价值吗?

张抗抗:文学作品的价值观,直接渗透在文学的表现方式之中(叙述语言、故事情节、人物塑造),文学是不可能离开价值观而独立存在的。我还在上小学的时候,我母亲就让我读《金蔷薇》,帕乌斯托夫斯基对自然万物与艺术的热爱,其中充满了对真善美的追求,足够我们享用一生。写作确实是一种个人价值的实现,但"个人价值实现"与"功利性追求"还是有很大区别的。有一些作家,尤其是乡村背景的作家,他们直言不讳地说,写作就是为了挣稿费吃上饺子,改变自己的命运。他们不想把自己说得多么清高,一点儿也不装。但是无论他们的写作出发点怎样,在他们的作品中,必定是有价值判断的。为什么他们能够写出乡村真实苦难的历史,而不是肤浅地歌颂现实?也就是说,这些作家并不是以功利性追求为自己文学创作的动力,他们中很多人的价值观仍然是对社会有责任心,所以他们可以成为具有深刻批判性和思想性的优秀作家。我希望作家的个人价值,能够通过作品的社会价值及文学价值而得以体现。

顾超:一个人刚从贫穷的乡村到城市里,首先要满足自己生存的欲望,然后是人的理性,再往后逐渐就是自我实现的需求或者想要受到承认的、实现人生价值的需求。这种需求已经脱离了人的物质欲望了,实际上它具有了理想的色彩与品质。能不能这么理解?

张抗抗:是的,写作者的追求应该是不断上升的。一开始可能只是生存的基本需求,但后来在文学的精神世界里,我们会被文学塑造或改造,由个人欲望逐渐上升到精神,由感性进入理性。我们要学会用理性的方式去生活、去思考。

对于我来讲,在学习写作之初,个人价值实现是一种基本动力。在北大荒连队的时候,生活很单调,每天重复机械的农田劳作,我觉得自己在虚度年华。只有在阅读中能够得到慰藉,在写作中得到快乐,这种快乐能够让自己克服艰辛与劳累。我会在心里觉得:"哎,我没有浪费时间。""我今天又有一点新收获。""我在成长,我很充实。"……这种快感支撑我度过了那个非常艰难的时期。

20世纪70年代,我开始尝试写作的时候,没有任何美好的"前景"在等待我。其一,"文革"期间所有的作家都被打倒了,作家这个称呼也被取消了,代之以"革命文艺工作者",而成为"革命文艺工作者"何等遥远;其二,"文革"中连稿费都被取消了,不可能以写作改善生活;其三,想通过写作改变身份回城工作,户籍指标、名额哪里来?完全不可能。排除了这些直接的功利目的的话,写作对我来说真的就是一种纯精神的需求。当我逐渐发现自己能够写作,报纸上开始发表我的短文,文字尽管很幼稚,内容也不可能摆脱那个时代的影响,但我证明了自己的能力,证明了自己的存在价值,我的生活就有了方向和目标。这就是我写作的价值主导。后来的几十年,我的写作始终在追求自己心目中的理想色彩与品质。

麦家:真正有才华的作家,每次出发都走一条新路
王　杨

　　出版于 2002 年的《解密》是麦家的首部长篇小说。该书 2014 年被收入"企鹅经典"文库,由企鹅兰登出版集团和美国 FSG 出版公司联袂出版;同年,由 PLANETA 出版社出版的西班牙语版,首印达到 3 万册。《经济学人》周刊评论《解密》称:"我们从这部小说中可以看到加夫列尔·加西亚·马尔克斯的魔幻现实主义,也能像读到彼得·凯里的小说那样被完全带入一个全新世界的神秘主义。"

　　今年 3 月,德国莱比锡读书节和丹麦霍森斯作家节都向中国作家麦家发出了邀请,麦家携《解密》德文版和丹麦文版与欧洲读者见面,再度引发关注。日前,本报记者就文学走出去等相关问题对麦家进行了专访。

　　记者:《解密》2014 年被企鹅兰登出版集团和美国 FSG 出版集团联合出版,之后迅速受到国外媒体的关注,还被《经济学人》周刊评为"2014 年全球十大小说"。据我了解,《解密》已经被翻译成 30 多个语种。对于走向世界的中国文学来说,这是一个不俗的成绩。《解密》为什么会这样受欢迎?

　　麦家:坦率地说,没有什么成绩,只是有点意外之喜而已。也许我不得不指出,中国文学在海外的影响还是不大尽如人意的,当然,莫言、曹文轩、刘慈欣等作家近年来在世界上摘得了一些大奖,这也确实在一定程度上表明了中国文学受到世界关注,但还没成为一种普遍的现象,尤其是和外国文学在中国的热度相比,中国文学在世界上的影响力还是很有限的。在这种大背景下,《解密》这些年在海外受关注的程度确实有点出乎我的意料。首先,它被翻译的语种已经多达 33 种;其次,《解密》的出版商大多是当地的国际知名大出版社,他们在推广《解密》方面下足了功夫,所以也在当地造成了一定的影响,这也是这本书能够在海外迅速被翻译成那么多种文字的一个重要原因。但这既不代表我的东西写得好,也不说明中国文学就此在世界上有了什么转机。我个人认为,现在中国某一个作家或某一部小说在海外"走红"都有一定的偶然性,这种偶然性到必然性之间还有很大的距离。好在现在我们已经出发了。

　　记者:除了小说本身,您认为还有哪些因素是不容忽视的?

　　麦家:中国经济在世界上迅速崛起,有点倒逼世界对中国文学的关注,加上斯诺登事件的爆发,《解密》享受了生逢其时的好处。

　　记者:据我了解,您的书在国外曾被误读,后来读过书的人又做出不同的评价。您

觉得中国作家走出去的过程中,被误读是常态吗?该如何面对?

麦家:一本书不论是在国外还是在国内,都不可避免要被误读,或者被捧读。中国小说和西方小说,在写法上还是有比较大的区别,那么误读大于捧读也在所难免。我们也不必为此改变什么,因为迎合任何人的写作都不是出路。作家写作唯一的出路就是迎合自己,把自己最独特、最迷人的一面展示出来。

记者:中国文学"走出去"已经"走"了不少年头,近年来,越来越多的中国作家获得国际文学界和外国读者的肯定。您认为中国文学"走出去"现在到了一个怎样的阶段?接下来还需要从哪些方面发力?

麦家:我既没有统计过,也不是个预言家。但我相信,莫言他们的成功,已经给中国文学完成了破冰之旅。今后随着中国国际地位的与日俱增,中国文学会受到世界越来越多的关注。

记者:有人评价您的《解密》让人看到不一样的中国作家,是一种世界性的写作。您也曾说中国文学走出去需要在题材上有所取舍,为外国读者所接受。您所理解的世界性的写作是怎样的?

麦家:我们经常听到一种说法,越是民族的东西就越是世界的,但我想中国传统不是好莱坞,可以通行世界。但我们和世界有个共同的传统,那就是:人性是一致的。

记者:《解密》是您的第一部小说,创作了11年。为什么会写了这么长时间,在11年的写作过程中都发生了什么?

麦家:它曾17次被退稿。

记者:莱比锡书展上有西方评论家称您为东方的丹·布朗。您怎样看待这种评价,怎样看待文学类型和类型文学?

麦家:我的今生不是丹·布朗,我的来世肯定也不是丹·布朗。丹·布朗的小说我不会写,也不想写。中国文学10年前几乎是没有类型的,现在正在被类型化,这对传统的纯文学是个挑战,但对读者是个机遇。

记者:您说过自己只想写新颖别致的小说,那您理想中新颖别致的小说是什么样的?

麦家:文学不是数学,没有公式,老掉牙的故事照样可以写得别出心裁。我一度致力于发现新颖别致的写作题材,这其实是缺乏文学才华的某种象征。一个真正有才华的作家,他的每次出发,走的都是一条新路。

记者:《暗算》《解密》等都写了谍战,情节引人入胜,但并不只有谍战、悬疑等类型化的元素,在形式和结构上也有不同尝试,也写出了在特殊环境下天才是如何被销蚀的以及人性的不同侧面。您怎样看待小说的故事性和作家要做的思想探索之间的关系?

麦家:把《解密》和《暗算》说成谍战故事,是小看我了。我不要别人高看我,也不希望被小看。我确实在小说中注重恢复故事的魅力,因为我们的小说一度远离了故事,以有故事为耻,这是好高骛远,误入歧途。但把小说仅仅看作故事,是弱智。我每天都可以听到故事,但可以写成小说的故事,一年也遇不到一个。一般的故事只有脚步声,小说里的故事要有心跳声。

肖复兴:儿童文学是成人世界最醒目的对应物

王 杨

童年注定作家写作的质地与寿命

记者:您已年近古稀,是什么样的契机或原因促使您创作了这部《红脸儿》?

肖复兴:说实在的,本来没有打算写这样一个小说。退休以后,闲云野鹤,懒散得很,只写一点散文断章。前年,我的好朋友赵丽宏出版了他的儿童长篇小说《童年河》,写他自己的童年经历,我觉得写得不错,读后很感动。赵丽宏对我说你也应该写一个,于是,这两年中,他一直督促我抓紧时间写这样一个关于自己童年的小说。可以说,这个小说是在他的督促和鼓励下写成的。《红脸儿》这个小说里有我童年的感情,也有与他多年的友情。

记者:您曾在30年前写作了《早恋》,真实反映了中学生之间懵懂的感情,是"对青春独具感情的怀念";现在又写了《红脸儿》,写少年之间的友情及家庭关系、亲情,同样饱含深情。与30年前相比,您有什么新的感触吗?

肖复兴:谢谢你还记得《早恋》,那是整整30年前写的了。写《早恋》时,人们还称我为"青年作家",如今我已经成为地道的老年作家,照冯小刚演的电影,属于"老炮儿"一类了。

拿《红脸儿》与写《早恋》时相比,这恐怕是我最大的感触了。人生很短,青春也好,童年也好,都是一瞬间的事情,之所以能够被人们定格而反复书写,在于这两个阶段对于人生的重要意义与价值。这意义与价值,不仅在于美好,更在于一个人在这样的两个重要阶段,都如蝉蜕皮一样有过独有的痛苦与无可追回的失去。

记者:小说是从您童年一段真实经历生发出来的,您在写作中怎样平衡童年经验的真实性和小说的艺术性表达?

肖复兴:我一直认为一个人的童年经历注定一个作家写作的质地与寿命。童年是写作的出发地,也是写作的矿藏和酵母。我最初对文学的基本认知来自儿童文学,中学时读任大霖的《童年时代的朋友》、萧平的《三月雪》、田涛的《在外祖父家里》、萧红的《呼兰河传》、刘真的《长长的流水》,他们写的都是自己的童年。他们处理自己的童年经验与文学创作之间的关系,给我很多启发。他们并没有将自己的童年写成回忆录式的流水账,而是将其重新梳理和认知,有节制、有构思、有艺术想象地再创造,写出的是一个崭新的儿童世界。对于写作最重要的是童年经验中那种属于自己的情感与细节,比如任大霖的《渡口》中,等哥哥回来的弟弟在榆树上睡着了,田涛的《在外祖父家里》中,忧愁的外祖父不停地擦萝卜片,一直到擦完一堆萝卜,头也不抬……至今也没有忘记。

可以说,他们是我最初文学的启蒙,也是我今天写作的老师。我写不了和自己经历、体验毫无关联的天马行空的东西,自己的生活与生命经验,如果是土的话,那么,一切艺术性的表达,则是生长在这片土里的树木长出的叶、开出的花。如果土地需要施肥的话,思想的介入也就是对童年经验的重新认知,便是增加土力的肥料。

好的儿童文学是成长文学

记者:"只有当我们长大成人的时候,我们才开始懂得童年的全部魅力。"您笔下的孩子们的童年,有无忧无虑的欢乐时光,也有令人印象深刻,甚至影响人一生的沉重记忆,还有些迷茫和怅惘。童年到底有什么样的魅力,让人在成年后反复琢磨,不断书写?

肖复兴:好的儿童文学从来都是成长文学。一个孩子的成长,离不开小环境、亚环境和大环境。小环境指的是家庭,亚环境指的是学校,大环境则是社会和时代。我不喜欢那种小打小闹、杯水风波的儿童文学,因为那样脱离孩子成长的实际。好的儿童文学,从来不会脱离社会和时代,让其只成为甜蜜蜜的棒棒糖,这样会有点"倚小卖小"。契诃夫的《万卡》,没有剥离俄国农奴时代,瓦尔特·本雅明的《驼背少年》,尽显1900年柏林那个阴郁的时代。

但是,这个社会与时代,只是小说存在的背景,不是让小说陷入其中,让成人世界过分侵入童年世界(这样容易使儿童文学成人化),而是无形之中渗入孩子的内心,影响孩子的性格成长,由此带来心理和性情的迷茫和怅惘,乃至痛苦和沉重,打下一生都抹不去的底色。这一切,在童年独有的弱小却纯真的对比和映衬下,在孩子不存渣滓的眼中和心中的折射与过滤下,才会彰显儿童文学的独特魅力。我一直认为,儿童文学是对应、对比,甚至是对抗成人世界的一块小却醒目的路标。斧头虽小,可以砍断大树。

记者:小说中"我"是故事的参与者,故事进行的时候,"我"是一名小学生,但在很多事件的叙述过程中,"我"的所思所想又带有回望童年的意味,或者说有一定程度的成人视角。采用这种叙事方式是出于什么样的考虑,是为了让小读者更容易接受吗?

肖复兴:你说得很对,尽管第一人称会带来一定的叙事局限,但我坚持小说第一人称的写法,为的就是让"我"能够如布莱希特的"间离法"一样跳进跳出。如你所说,既是故事的参与者,又带有回望童年的意味,有一定程度的成人视角。

之所以选取了这样的叙事方式,最开始觉得这样写会显得亲切。后来读门罗的小说,尤其是读她的《儿戏》《脸》《纯属虚构》,写的都是童年生活,但她选取的叙事策略,就是你说的回望式的,不纯粹是故事里的小孩单纯就事说事。比如她这样说:"现在我的印象是,只要是醒着,我们就在一起玩。大概是从我五岁开始,一直到八岁半结束。"她完全可以把"现在我的印象是"这句删掉,但她有意这样讲述她的故事,我觉得便不仅是为了叙述的亲切,更为了以今天的心情和视角表达对于童年的一种感情和认知,让叙述将过去与现在如水一样回环起来。同时,也可以避免一味地扮饰孩子,因为作者毕竟不是孩子了,成人视角的回望和孩子本色的表达相互交织,让自己表达起来更为舒服自然,让读者读来更为可信,易于接受。

记者:《红脸儿》中的孩子都是复杂的个体,比如九子给人起外号,专拣人痛点戳,挺招人恨,但在打枣时挨家挨户分枣、"我"母亲去世时陪伴"我"这些事上又很懂事很仗义。您通过细节表现了这些行为和性格特点,但并没有过多地加以评判,似乎您很注重表达孩子的复杂和矛盾,但又不愿意进行说教?

肖复兴:孩子和大人一样,也是多面体,不可能那么单一。我对于儿童文学中将孩子写得性格过于单一,从来都是不以为然的,因为这和我们生活中的孩子是相背离的。

单一不是单纯,孩子的多面性的呈现,往往和他的家庭出身和他的生活经历以及性格相关联,多面性的表现便常常是不由自主、情不自禁的,这恰恰是孩子才有的单纯。九子的父亲是火车司机,家里一共9个孩子,没有那么多的精力照看他,他属于没有笼头的野马驹子,自然身上就有一般家教严格的孩子少有的野性,也有他独有的江湖义气。这样的孩子,在我的童年大院里,在以后我当老师教过的学生中有很多,都是很不错的孩子。其实,在小说中,大华、玉萍、"我",谁的身上没有这样或那样的毛病呢?有毛病的,才叫作孩子,或者叫作可爱的孩子。

我不大喜欢过去儿童文学中常出现的好学生、坏学生或差学生的形象区分,这种区分,带有我们大人的价值判断与审美标准。我们总希望把孩子弄成笔管条直,我们总喜欢听话的乖仔。

记者:大华的身世之谜贯穿小说始终,最终谜底揭开,遭遇了人生中的大变故;"我"经历了母亲去世,逐渐接受了新妈妈的过程;玉萍选择回到亲生父亲身边,养父母相继病故……为什么选择从不同角度写这种特殊的、并非血缘所能限制和解释的亲情?

肖复兴:确实,这部小说里大华、玉萍和"我"的身世尽管不尽相同,但是,大华和他的小姑、大姑夫徐先生,玉萍和她的炸油条的牛家大叔和大嫂,"我"和"我"的继母,确实都是没有血缘关系的,这是我有意的安排。有血缘关系的亲情,无疑是非常值得珍惜的;没有血缘关系的亲情,或许更能让人感慨和感动。这是我一方面的考虑,另一方面,这部小说写的是北京解放之初的事情,那正是一个时代结束、一个时代开启的时候,动荡的生活中,人生才会有这样多的阴差阳错和悲欢离合。对于那个时代的书写,以往更多在政治的跌宕方面,其实还有许多人情与人性的方面,隐藏在历史变迁的皱褶中。而这方面对于孩子的影响比政治更为密切而贴身透心。这些本来属于大人的压力,时代同时也额外地给予了孩子,对于孩子来说,无疑是一种历练,对于小说而言,无疑是搅动水流激荡的另一个隐性角色。在这个角色的拨弄和牵引下,孩子们的心经历了磨砺,孩子们之间的友情才显得那样令人感动。毕竟顺风顺水中行船和风浪颠簸中行船,滋味是不一样的,让人回味的地方也不一样。孩子之间的这种友情,从来都是成人世界最醒目的对应物,尤其是如今成人世界最缺乏的。我以为成人思想再深刻,也没有孩子之间纯真的友情更深刻。和成人文学的写作逻辑与策略不尽相同,在儿童文学的写作中,从来都是最单纯的最深刻。

记者:"我们孩子的心思像是一碗透明的清水,即便有杂质,也是一眼就能够看得见的;而大人们的心思,却像是我们大院雨后墙上的蜗牛,不紧不慢地爬着,不知什么时候才会探出头来。"您觉得这是孩子成长过程中必须要经历的转变吗?

肖复兴:一个孩子的成长过程,必须要经历这样的转变。这样的转变,是孩子向童年世界告别、向成人世界靠拢的过程。这个过程,我们成人会认为是一个人的成熟,但在孩子的眼里,可能会认为是无可奈何。当然,这个转变过程,在孩子的眼睛里和在我们成人的眼睛里,所呈现的情景是不一样的。门罗说:"如果你还是个孩子,每一年你都会变成一个不同的人,通常会是在秋天,当你丢掉暑假的困惑和懒散回到学校,升了一级的时候。在此之后,你就不会知道哪年哪月在变化了。在很长的一段时间里,过去会从你身边溜走。"这是孩子眼睛里的变化。罗曼·罗兰说:"孩子的世界是一个每时每刻都在变化着的星云。"这是成人眼睛里的变化。从透明的水到难得探出头的蜗牛,在孩子和成人的眼里是两种截然不同的世界。这就是为什么那么多的成年人,如今依旧对自己的童年充满回望的感情与想象,因为童年世界给予了我们如今世界难以给予的最宝贵的东西,孩子之间的友情是其一。

苏联作家巴乌斯托夫斯基讲过,只有当我们成为大人的时候,我们才开始懂得童年的全部魅力。应该说,这是儿童文学存在的意义与价值。

真正的诗意是情感的外化

记者:您的小说的语言充满了京腔京韵,通俗又富有诗意,在写作儿童文学的时候,您对语言有什么样的自我要求?

肖复兴:给孩子读的文字,对于语言,我要求自己首先做到朴素和节制,然后能够做到生动,如果还能让孩子在读的时候有一点联想和想象,就是相当不容易的事情了。我不喜欢花里胡哨的语言,也不喜欢忘乎所以的一味描写和抒情,以及对时下孩子流行语言毫无节制的挪用。

说实在的,在写这本小说的时候,我从来没有想到过语言的诗意。真正的诗意,不是故意用些漂亮的词句贴上去的花蝴蝶,而是真切而细腻的感情与心情的外化。这应该是我的努力方向。

记者:小说中对于老北京风俗的描写令人印象深刻,节日民俗、建筑、老字号、街道和生活场景都带有深厚的历史感,也能感受到您对童年时老北京文化的怀念,老北京文化对您成长有什么影响吗?

肖复兴:我自幼生活在北京,在北京一个叫粤东会馆的大院里,我曾经生活了21年,然后去了北大荒。那是北京城一座有着百年历史的老会馆,它的历史与传说伴随我整个童年和青春期。12年前,为写作《蓝调城南》一书,我跑遍了城南的角角落落,重回了我们的老院,接触了好多老北京人,重寻老北京的民风民俗,钩沉其地理肌理与历史脉络,收获颇多,引我感慨和思索良多。这些年来,前辈袁鹰先生只要见面就督促我、鼓励我以老北京城南为背景写小说,我一直觉得自己学养不够、积累不够而底气不足,《红脸儿》权且蹚蹚路子,算是向袁鹰先生交的第一份作业吧。

老北京是一部大书,其历史与文化的积淀世界少有。有终其一生为一座城市写作的作家,如索尔贝娄写芝加哥,雨果写巴黎。在这点上,我很惭愧,欠缺太多,需要补的课太多,但我会努力。

葛亮：我喜欢历史中的意外

行 超

葛亮的身上，有着太多耀眼的标签：祖父葛康俞，太舅公陈独秀，叔父邓稼先，出生、成长在南京，成名在台湾，现居香港……这一切，让我们对这位年轻的写作者产生了期待和好奇。

然而，真正翻开葛亮的小说，却完全是另外一种气息。他作品中的从容、淡定，他对文字的考究、对人性幽微的洞察，他面对历史叙事时的勇气和野心，无不令人触动。

今天，让我们忘记那些身份，单纯地面对写作者葛亮。

城市：每一次相遇都是久别重逢

记者：您的小说有一个明显特点，就是对地域有着特别的关注。比如，《朱雀》叙述的是南京城及生活在这里的几代人的沧海桑田、风云变迁，《七声》是包括南京和香港两地的人物故事，《浣熊》写的则是您现在生活的香港。为什么一直专注于描写与地域有关的故事？

葛亮：一方水土养一方人，在我看来，空间是表述时间的容器。考察空间，对我而言，是获得历史体认感的捷径。加西亚·坎克里尼在《混合文化》中说过一句话，我很喜欢："一个富有历史内涵的城市，其街区的建筑物是源于不同历史阶段的空间交叉连接，它们是作为意义族群在默默地相互对话。"这说的是建筑，而构成城市的物理兼具人文意义的基石显然不止于此。所以，我在对城市进行描述的时候，很喜欢做一些"格物"的工作。

去年完成《浣熊》。较之前作，更为关注香港本土民间社会的现实，特别是一些即将凋零的部分，比如传统的节庆与风物。为此，在撰写过程中，我做了很多的资料收集和访谈，应该说是一本"落在实处"的小说。

记者：在全球化的今天，所有的城市逐渐变得越来越相似，一个地方独有的地域特色越来越不明显，在文学中，对这种地域特点的表达更是微妙、暧昧、难以把握的。您是如何寻找、发现并且用文学的方式呈现各个地方的地域特点的？

葛亮：我在《浣熊》书前写了一段话："这城市的繁华，转过身去，仍然有许多的故事，是在华服包裹之下的一些曲折和黯淡。当然也有许多的和暖，隐约其间，等待你去触摸。任凭中环、尖沙咀如何'忽然'，这里还是渐行渐远的悠长天光。山下的辅道上电车盘桓,仍然也听得见一些市声。"我所关注的地域空间,实际是对于某种成见的颠覆。大概算是这本书的着眼所在。

柴静的《看见》里面有一句话令我印象深刻,她说:"在世界上没有一劳永逸的答案,也没有一个完美的世界图式,一次诉讼解决的问题,不是无知,就是因为智力上的懒惰。"可能大部分的人,初来这座城市会有某一种明信片式的成见。面对维港海景,天际线之下,清晰可见 IFC 与中银大厦的轮廓,这是被具象化的"中环价值"。但其实在这样繁盛的图景背后,还有许多来自民间的十分砥实的东西。我想我对一座城市的认识,特别是对空间的呈现,就是在克服这种懒惰所带来的惯常感。南京也是一样,我在《朱雀》中设置了许廷迈这个外来者的角色,就是希望这座六朝古都在陌生化的审视下,焕发出一种新鲜的、引而不发的锋芒。

记者:在以"小说香港"为题旨的小说集《浣熊》中,我注意到,您在叙述中加入了一些香港的地名和台风等具有地方特点的元素,另外,在人物语言上,也加入了香港人日常使用的粤语。拨开这些繁复的地域符号,这座城市的灵魂究竟是什么? 或者更具体地说,它与您曾经熟悉的南京,真正的区别在哪里?

葛亮:这其实是一个挺不容易回答的问题,很难一言以蔽之,用最简洁的词语去概括它。我还记得西西老师的那本小说——《我城》,从某种意义上来说,如果你深入这个城市的底里,在你写它的过程中,必须要有一个界定,就是这座城市已经成为一座"我城"。

如果一定要去定义它的灵魂,我想这座城市有一个关键词是"相遇",也是这本小说的关键词。大家可以看到,这本小说主要的篇目都是围绕"相遇"的主题,包括《浣熊》,包括后面的《猴子》《龙舟》《街童》。《猴子》是写一个从动植物园里逃出来的红颊黑猿,它进入不同人群的生活中,它和这些人不期而遇,这些遭遇可以是某种侵入,但同时恰恰因为它的存在、它突然的侵入,一些人生命中麻木的状态被打破,本相哗然而出。这个过程是苦痛的。比方说《龙舟》,是写一个随家族移民的年轻男子和香港离岛之间的相遇。我们知道岛是很孤独的意象,移民的意义本身也带着一种孤寂感,可以讲是某种气性的重叠,这两者的相遇同样也是有意义的。

香港是充满相遇的城市,套用《一代宗师》中的一句台词,或许每一次相遇都是久别重逢,这个可以讲是一种宿命。香港在 20 世纪 30 年代扮演的就是东方的卡萨布兰卡的角色。很多人到了香港,是把它作为人生过往的驿站,很快就离开了。但是这个过程也造成了不同人群的会集。所以你如果界定香港的文化身份,实际上是挺困难的一件事情,因为常处变动不居的状态。我们知道,20 世纪 40 年代,也就是抗战期间,有很多曾在中国现代文学史上赫赫有名的作家,比方说茅盾、戴望舒,又比如说萧红,他们曾经都和这座城市相遇,当然相遇次数最多的或许是张爱玲,她跟香港相遇了三次,与这城市的渊源深刻而特别。

这次当我集中在一本书里写香港,写相遇,我想从某种意义上来说,我自己是希望站在一个抛却先验的立场来写、来表达这座城市,而不是带着文化的俯视或者带着既有的观照感的角度去表达它,书写它。

城中人:安静而变动的宿命

记者:如您所说,在中国文学的发展脉络中,张爱玲笔下的城市、世俗、城中人几乎是一个不可逾越的标杆,之后许多描写城市的当代作家都或多或少地受到过张爱玲的影响。在个人经历上,您与张爱玲一样,都是从都市文学传统深厚的中国南方迁移到更开放、更多元化的香港,您是从南京到香港,张爱玲是从上海到香港。您认为,张爱玲笔下的香港与您笔下的香港有什么异同?在写作中,您是否受到过张爱玲或其他作家的影响?

葛亮:很有意思,张爱玲有一本写香港的小说叫作《传奇》。她在这本书里这样界定:我写《传奇》,这是一本"给上海人写的香港的故事"。这实际上投射出她作为一个过客的心态。而这种心态,实际上也隐隐然表明她自己文化身份的某种优越感。张爱玲曾经无数次将香港和上海比较,在比较中间往往暗含了她自己某一种关于文化认同感的砥砺。她写了很多香港的故事,但是她说香港始终没有上海"有涵养"。

我写香港是比较谨慎的,我不太喜欢某种成见式的东西。所以,我会让这座城市自己去发言。换言之,就是我表达的香港,是一个复合体。它的各种可能性,是多元的,传统与现代的交接和碰撞,各种元素相遇的过程,我将它们写出来。这里面并不包括我的判断,也不存在以南京的眼光去代入。写城市,很难规避张爱玲的影响,但她有比较狭隘的地方。在写作的心态上,我更接受沈从文。不是说他对城市的态度,而是对于人性的立场和行文的方式。

记者:不管是《朱雀》《七声》,还是《浣熊》,您的作品在描写城市时,往往侧重于呈现生活于其中的人的命运与遭遇。在这些人物身上,我常常能读出一种漂泊感,一种永远在寻找的焦虑,一种生活在别处的无奈,最典型的例证便是《朱雀》的主人公,来自苏格兰的华裔年轻人许廷迈。这种漂泊感是否与您的个人经历有关?抑或是身份模糊的现代人的通病?

葛亮:其实在我个人看来,这并非一定是某种漂泊感,我更倾向定义为某种可能性。我喜欢一种既安静又变动不居的感觉,这或许需要依赖空间的转换来实现。其实我的经历也并不复杂,我是个比较随遇而安的人,在不同的空间中生活不太会有挣扎的感觉。空间的转换对我的写作有意义,最重要的就是它提供的距离感。如果不是在香港,我可能不会去写南京。因为太近,太享受身在其中的感觉,也是我之前所说的惯常感,这是不利于去表达这座城市的。在香港,反而有了某种躬身返照的机会。

关于身份认同感,我也觉得并非一定要有一个确凿的答案才能够清晰地自处。麦克卢汉一早就向我们建构了"地球村"的模型,从某种意义上来说,强烈的身份认同必然是某种心理不安全感的表现。比如香港人在1997年前后突然有了这种必要,更多的是来自前途未明的焦虑感。我觉得当代人,特别是年轻人,焦虑的重心已经不在于这方面了。

记者:从最初为您赢得声誉的《谜鸦》开始,您的小说就呈现出一种宿命论的味道。即使在讨论历史问题所带来的伤痛时,您也倾向于将其归结于命运(《37楼的爱情遗事》)。在《朱雀》中,毓芝、楚楚、程囡母女三人的故事,在南京这个历史悠久、伤痕累累的城市中轮回般地上演着。宿命、轮回是传统中国文化的思维和逻辑,这恰好暗合了您对中国古典文化的钟爱。不过,这种思维方式会带来一个问题,就是对影响人物命运的社会、历史原因的搁置,您如何看待这个问题?

葛亮:佛教里讲究"四谛八苦",其中之一是"求不得苦",这是我所强调的命运感。这是一种逻辑,任何人都无法摆脱这种逻辑。这种逻辑如果简化为因果报应,就相对狭隘了。但"求不得"本身,却可能在时代的迭转中嵌合为对个人命运的强化。我喜欢这种个人被历史裹挟的感觉,所谓"时势造英雄",可能是某种个人命运的诉求恰恰迎合了时代的需要。"大风起于青萍之末",是许多个人命运最后的合力。从这种意义而言,个人与历史其实是一个层面上的不同面向,是全集与子集的关系。其实我更喜欢历史中的某些意外,旁逸斜出,这恰恰又是依赖于若干个人而实现的。

记者:在您的小说中,有一部分作品关注的是生活在都市的边缘人,比如《德律风》《阿霞》《于叔叔传》等,我们暂且把它们称为底层叙事。近年来,底层叙事的作品层出不穷,但其实写好并不容易,一不小心就会变成充满怨气的社会问题报告。您认为,在面对坚硬甚至有些残酷的现实时,作家该如何一方面真诚地表达现实,另一方面又能保持文本的独立性和文学性?

葛亮:我不太喜好做评判,宁愿自己作为作者是隐身的,还是让事实去说话吧。在我看来小说呈现的意义是其最有价值的地方。我关注的是一些人群身上的可能性,他们被置于某种位置,继而被激发出人生的可能性。我做的,就是将这种可能性描述出来。叙述不见得是具有戏剧性的。但是发生的过程,却有一种循序渐进的、潜移默化的动人处。这种动人,单纯依赖对主题的强调是无法实现的。在笔触方面,我倾向于节制,并不仅指在情感的取向上,而是需要保持叙事的平稳。以结构方式将文字造就为某种日常性元素的集合。一个前辈对我说,最动人心魄的始终是人之常情。这句话对我影响很深。

从大开大阖到平稳细腻

记者:与内地的大多数青年作家相比,您有着更为完整的教育背景和知识谱系,毕业后也一直在大学任教,属于典型的"学院派"。您的小说中对文字本身的打磨、考究也颇有学院派的风格,但在小说内容上,您却十分关注民间。在与苏童老师的对话中我发现,您对江南的"世俗作风"有深刻的感悟。这一点很有意思。通常做研究久了,人会变得呆板无趣,喜欢掉书袋,而您却始终对"毛茸茸"的现实保持着热情,您是如何在这二者之间找到平衡点的?

葛亮:是,我和苏童老师谈过这个话题。我欣赏南方文化里的"经世致用"。南方文化带有一点世俗的审美,轻盈的,同时也务实的作风。

就像文字,我喜欢沈复和李渔,就是因为他们把生活当作生活,而不至于升华到生命。他们的学问,也是情趣与情绪,是带有温度的。所以,我很钟爱笔记小说,里面那种掌故感,十分的民间与细腻。这可能和我在南京长大有关。李商隐说"三百年间同晓梦,钟山何处有龙蟠",这个城市出了很多皇帝、王朝,几乎个个都是小朝廷。不成气候,但还是更迭绵延下去。不宏大,但是带有一种非常可触摸的悲剧性,让人十分亲近,这可能就是你说的"毛茸茸"吧。这也是我喜欢的历史的演绎方式,不规矩,时常断裂。每道裂痕,都是一个故事。

记者:几年前您曾与张悦然做过一个关于"叙述的立场"的对话,其中一个明显的信息是,您对故事很感兴趣,基于此,在写作中您始终在寻找一种适合自己的讲故事的方式。而张悦然却对故事有一种敬畏,或者说是不信任,她更注重叙述方法和叙述过程本身。您二人的观点其实代表的正是目前小说写作中两种主要的倾向。您怎么看这两种写作方式?

葛亮:中国小说的源头是俗文学,讲故事是其中涵盖的功能之一。近年的西方文学对于"讲故事"的意义强调自有阐释。柯雷顿(Jay Clayton)认为,它是"文化记忆及文化存活的策略"。而我的选择,原因十分简单。我是对逻辑感比较迷恋的人,把故事讲好能够满足我这种对逻辑系统组织的喜好。并且,讲故事也是释放细节的过程,特别是掌故类的文字,必须依赖故事才能有所依归。这个其实都是我个人叙述的需要。事实上,张悦然近期的小说,故事讲得相当不错。随着彼此写作阅历的积累,我们在小说观念上殊途同归。

记者:您曾说过,您的早期作品比较注重"戏剧性"和"实验性的写作手法",从《七声》开始,您转而追求一种"真实可触的、朴素的表达",为什么会发生这样的转变?

葛亮:是我在审美上的改变吧。开阖幅度太大的东西,缺乏某种我所希望的庄严感与平静感。小说毕竟不是戏剧,它在细节的处理上需要的逻辑链条更为细腻。这都是与日常相关的。更年轻的时候,喜欢比较锋利的东西。不是不好,而是现在觉得沉淀后的、平稳的东西更符合现在的表达需要。

认知历史使作家的内心更强大

记者:小说《朱雀》所描写的故事横跨三个世代,近百年时间。作为历史后来者的您,小说中大部分的时代背景和历史背景是您不曾经历过甚至完全陌生的。与同辈作家相比,您对历史和史料有着更为浓厚的兴趣。您认为,经历相对简单的年轻一代作家,应该如何建构自己的历史观?

葛亮:就历史观念而言,上一辈作家有一种与时代休戚相关的热情,这是与生俱来的写作优势。身为一些重大事件的在场者,体验是切肤的,冷暖自知。"历史"对我们这一代人,是个具有考验意味的词语。具体到中国的现代史区间,你必须依赖于间接经验去建构。而这些建构还需要获得历史见证者的检验与认可。我曾经与一位前辈作家谈及这个话题,达成一个共识,历史对于他们,是"重现"(representation),而对我们这代,更近似"想象"(imagination)。与他们相比,我们似乎面临的是一个"小时代"。即便如此,我仍然认为历史这个话题,不应该逃避。

我们这代人,在经验和视野上都需要一些时间,而同时我们也有时代的赋予,在当下拥有了更广阔的写作空间。可以相对自由地发言,也是一件幸运的事。比如《朱雀》这部小说,我试图通过南京,通过这座气质鲜明的城市的变迁,去建构一种古典与现代的联络。其中有传承,有碰撞和异变,也有宿命。我的历史观念中,有宿命的成分,而家族感似乎与之相关。这种认知的确有个人化的一面。

我觉得,对于历史的个性化的认知与态度,是一个作家使内心强大的途径。当然,即使是年轻的一代,对历史的书写也并非无本之木。我对历史资料的关注,更多并非是出于重建历史确凿性的考量,这只是其中的一个方面。更重要的是,我需要运用这些史料引领我进入我需要的历史情境。这个情境应该是丰满且细节化的。

记者:批评界有一种观点,50后、60后的小说构建的是一个"历史共同体";80后则以反叛的姿态摆脱历史的束缚,转而营造一个"情感共同体"。在这中间的70后显得有些尴尬,模糊的历史记忆使他们难以形成"历史共同体",同时他们又不像80后那样没有历史负担。作为一位70后作家,您认为应该如何在这种困境中找到属于自己的书写方向?

葛亮:其实对于以 10 年为代际界限进行作家的群体划分,我个人是有保留的。这并不是很科学,有一些僵硬。作家的派别与分类,以风格、以共同的写作诉求、以文化结构与背景划分都相对容易理解,比如"文学研究会""创造社""新感觉派""布鲁斯伯里集团"皆是如此。

如果一定要按代际划分,我觉得"独一代"这个说法,我个人比较容易接受。独生子女的生活境遇被国家政策所规约,的确对一代人构成了难以磨灭的影响,这是有据可循的。70 后、80 后的划分则机械了。以我本人而言,就有不同的批评者以各自的论述需要将我划入不同的代际阵营。当然,这对我个人的写作影响不大,只是一个标签。我的写作意义在于我的写作行为本身,而不在于我需要为哪个代际去写作,困境并不存在。将因果关系调整一下,如果出生在 20 世纪 70 年代的作家各自都出色,百川归海,这个代际的脱颖而出也就不成问题了。

记者:《朱雀》显示了您结构一个时空跨度巨大的长篇小说的能力和勇气,之后却没有再见到您的长篇小说作品,近期是否有计划再写长篇小说?可以透露一下您的下一步写作计划吗?

葛亮:事实上我一直在写一个新的长篇,今年是第 6 年,预计明年可完稿。我的长篇写作周期都比较长,其间有不少案头工作需要做。《朱雀》前后也写了 5 年多。新长篇仍然以民国为背景,但时代场景会更为广阔一些,涉及不同的人物群落,如军阀、知识阶层、商界、梨园等等。这部小说有相当的空间与时间跨度,对我而言是一种挑战,需要投入更多的心力,写起来也很尽兴。

2017 年

优秀的剧作家一定是对文学无限崇尚的人
——访全国政协委员、编剧高满堂

徐 健

"每写一部戏,我都要去一线深入采访。作品要上去,作家要下去。"每次谈及自己的创作经验,高满堂总是向记者反复强调深入生活的重要性,在他看来,这是一部作品能否走进观众心灵、能否走进时代深处的关键。曾创作过《闯关东》《北风那个吹》《钢铁年代》《大河儿女》《温州一家人》《老农民》《最后一张签证》等优秀作品的高满堂有"平民作家""金牌编剧"的美誉。身为编剧,他始终保持着"不跟风"的创作姿态,坚守现实主义阵地,描写普通百姓的心灵世界和精神风貌;身为全国政协委员,他的关注焦点从来没有离开过电视剧,不管是呼吁保护原创、激励原创,还是痛斥电视剧产业乱象,倡导现实题材回归,都体现了高满堂作为剧作家的良知。今年全国两会间隙,针对当下电视剧创作高片酬、大 IP、网剧热等话题,高满堂向本报记者表达了他的思考。

记者:今年两会上,您和陈道明、宋丹丹等委员都在发言、采访中提到了"小鲜肉"的话题,一下子成了媒体关注的焦点。当下的中国电视剧投资、制作盲目推崇"小鲜肉""小鲜花",所带来的诸如高片酬、低演技、缺乏敬业精神等负面效应,其实损害的远不止是行业本身,更多的将是一个时代的审美趣味和文化走向。

高满堂:现在拍摄一部 1 亿成本的电视剧,要请到这些当红"小鲜肉",片酬基本在七八千万,只有两三千万留给导演、编剧、团队、后期制作,这不是什么新鲜事。因为没有钱做后续,造成了我们作品中巨大的垃圾出现,这已经变成了新常态。现在的关键问题,不仅仅在于这些"小鲜肉"拿了多少钱,而是会造成这个行业的恶性竞争,你出的价格高,我比你还要高,相互竞价之风蔓延。在这种情况下,投资方不会做赔钱的买卖,他肯定能把电视剧卖出去,但对观众产生的效果却是负面的、没有营养的。这是电视剧创作中一种极度的浪费。"小鲜肉"是千百万粉丝的榜样,作为演员,这些孩子首先要做出表率,那就是对艺术的敬畏、对职业的尊重。青春是有限的,但"小鲜肉"如此挥霍青春,我们觉得心疼。当然,这些"小鲜肉"的一举一动同样在影响着粉丝们,他们对艺术的不敬畏、不敬业也会给粉丝们带来误导,让他们失去判断力:再烂的片子,只要是他们心爱的"小鲜肉"演出的,就追着看;即使你的演技差、制作糙、装腔作势,也有人爱看。如此下去,"小鲜肉"的表率作用、感染力量就变成负面的。

记者:近年来,电视剧创作、制作迷恋大IP,一些根据热门网络小说改编的电视剧霸占荧屏、网络,鬼怪神仙侠剧、青春偶像剧、古装偶像剧备受市场追捧。面对电视剧领域这种过度追捧热门IP的现象,您是如何看待的?这股一窝蜂的跟风态势会不会持续下去?

高满堂:前不久我在上海的快餐店吃面时,发现周围几乎所有年轻人都在一边吃饭,一边用手机看一部由某小鲜肉主演的玄幻剧。我就想这类剧给孩子们带来了什么呢?它们产生的效果都是暂时的、"即食性"的,瞬间能吃饱,但是毫无营养,带来艺术上的"肥胖症"。据我所知,目前一个20万字左右的IP,它的版权能卖到2000万了,还有一种是作者一天写1000字,20天就2万字,在大家还没有判断出作品好坏的时候,它就卖完了。大家都在抢,都在"发烧",这种现象很不正常。不过现在又出现了一个变化,就是大量的IP剧开始积压了,卖不动了;同时,这种一窝蜂的现象也让电视台、网站很疲惫,但是又很无奈。IP还能坚持多久我也在观望,这是某一个阶段市场情况下必然出现的一种现象,但是它肯定不是长久的现象。在这一点上,我们需要做一个冷静观察者。

记者:当前的网络文学抄袭乱象频出,甚至导致被称为"小说生成器"的自动写作软件在行业中大行其道。全国政协委员王兴东今年的提案就建议加大文学原创权保护,清除复制抄袭"毒瘤"。其实,电视剧领域的抄袭现象也是比较严重的,对原创的损害非常大。

高满堂:当下的电视剧剧本写作也存在抄袭的"软件化"现象,无论是青偶剧、古偶剧还是家庭生活剧,都有套路。我参加过一个剧本讨论会,听完之后总结说,七个故事最后就一个故事,你中有我,我中有你。看一些同行的剧本,基本上一模一样。故事都丧失了叙事的艺术个性,同质化现象严重。我们的影视还是在复制、抄袭当中,缺乏创新。但就是这样的剧,仍有强大的收视率。我最大的担心就是长此以往,我们年轻观众的审美变成低龄化、幼儿化、无知化了。大家都在做一个游戏,即使做得很累很疲惫,也还是要做下去,因为在这个行业你投入就要有产出。在这个游戏当中,不断会有人掉队。在这样的情况下,现实主义创作、现实题材就面临着巨大的挑战和困扰,生存的空间越来越狭窄。当一个民族失去现实主义,大家都在一些虚无缥缈的鬼怪仙侠、玄幻里,那是很可怕的。

记者:面对这样的创作现状,您认为现实题材应该如何突围?

高满堂:过去我们一提到现实主义就是严肃的、深刻的,这个也并不完全正确,其实现实主义秉承的就是两个字"真实"。传统的现实主义,需要与时俱进,不能抱残守缺,一成不变,需要在表现方法上更贴近一些热点。怨天尤人没有用,这个车一直在奔跑,你跑不动就上不了这台车,但是不能为了上车就把衣服都脱了,不能这样的。

记者:经历了 2014 年"网络剧元年"至 2016 年的"升级换代",如今的中国网络剧,一方面,现象级网络剧频现,点击量动辄上 10 亿,传播力日益增强;另一方面,一些掺杂色情、暴力、耽美等情节的作品频繁引发受众吐槽,遭遇下架整改,仅 2016 年就有 150 多部内容存在违规的网络剧、网络电影受到处理。您认为当前网络剧存在哪些问题?是否也会去尝试写网络剧?

高满堂:网络剧是一种消费,但如果监管不力,部分网络剧也是一种毒药。不能孩子们要看什么就给他们提供什么,这里面有多少是在打政策底线擦边球的作品?有多少是没有思想、艺术内涵的作品?它们的无序增长,一方面会使年轻观众失去审美的判断力,另一方面会带来负能量的增长,助长逃避内涵、躲避崇高之风。目前,网络剧的门槛就四个字"胡说八道",那些编剧从不考虑前因后果,不考虑人生的逻辑、生活的逻辑、情感的逻辑。我们这一代编剧根本写不过网络剧的编剧,我们是讲究逻辑的、讲究生活的,我们也下不去这个手。虽然目前对于网络剧也有一些监管,但是力度不够。在电视剧和网剧上,我们的审查标准应该是一致的、严肃的。

记者:从 1983 年成为专业编剧至今,您在电视剧剧本创作上坚守了 34 年,写出了 900 余部(集)的作品,但很少有人知道,您是从小说创作起步的。早在 20 世纪 70 年代末您就开始了小说创作,当时一些作品还被《小说月报》《小说选刊》转载。小说的写作对您之后电视剧的创作有没有影响?您是如何看待文学与电视剧的关系的?

高满堂:肯定有影响。优秀的剧作家一定是对文学无限崇尚的人。他知道,一切的艺术来自于文学,文学是一切艺术的创作之母。剧作家对文学的尊重、敬畏,转化成他们的视觉表达,这是创作的必由之路。我们这一代人中有很多是从作家转换成剧作家的,比如朱苏进、邹静之、刘恒、海岩等,都是很优秀的小说家,从事影视创作后,文学的力量依然在滋养着他们。如果一个编剧没有文学的营养,直接进入视觉的表达,可能他的艺术手法越来越鲜活,技术手段越来越先进,但我对他的可持续性是保持怀疑的,其作品的内容、思想性可能跟不上。现在很多年轻的编剧在技巧性上无可挑剔,存在的问题都是故事的内容表达,这也是同质化现象出现的内在原因之一。在我看来,当一部作品缺乏思想力量和人性深度时,它就只能变成消费品而已。我们这个时代,在影视上消费的太多了,但是黄钟大吕、震撼人心的作品太少了。繁荣、热闹有余,品质好、质量高的作品大家越来越看不到了。

记者:习近平总书记在中国文联十大、中国作协九大开幕式的讲话中,讲到"典型人物所达到的高度,就是文艺作品的高度,也是时代的艺术高度。只有创作出典型人物,文艺作品才能有吸引力、感染力、生命力"。在塑造电视剧典型人物方面,您有什么经验和思考吗?

高满堂:我曾经说过,中国的电视剧从来不缺乏大制作,但是缺乏人物形象,大家都在疯狂开情节的列车,但是人物还在始发站,这是中国电视剧最大的问题。我们一年生产这么多电视剧,别说故事记不住,人物能够留下的就更少了。中国的电视剧曾经给我们留下了《渴望》中的刘慧芳、宋大成,《编辑部的故事》中的李冬宝、葛玲,《士兵突击》中的许三多等诸多经典形象,但这几年使观众印象深刻的典型人物形象不多了。这种典型的人物形象可以放到陈列柜里,可以放到影视画廊里面。造成典型人物缺失现象的原因很多,其一,现实主义、现实题材创作的匮乏;其二,典型人物形象的塑造需要剧作家起码在心中酝酿十年八年,但现在快写、快拍、快播的制作流程,根本不允许一个剧作家去精心酝酿。我写电视剧,要构思故事,但首先想到的还是人物,像《闯关东》中的朱开山、文他娘等形象,我酝酿了几十年,因为我写的是我的父亲、母亲,把他们的形象转化成了朱开山、文他娘的形象,这些形象充满了生活的依据,也充满了内心的真情。

记者:您的新作品《老中医》即将开拍。为什么会选择中医题材?该剧的创作有没有一些新的突破?

高满堂:中医无处不在、无所不包,写中医一直是我的一个愿望。3年前,我去了常州孟河镇深入生活,这里是中医的发源地之一,300年孟河医派,传承至今。之后的一年,屠呦呦获得了诺贝尔医学奖,这又给了我创作的动力。在写作中,我特别注重从中医身上提炼优秀文化传统和传承的关系。《老中医》讲述的是1925至1945年期间的七个传奇的医案故事,但对现代生活中的诸多问题都有所影射。年代剧切记不要陷入孤芳自赏的圈子,一定要和观众热切地交流,打通和现代观众的血脉。所以,这个故事虽然发生在民国,但医患关系及骗钱的江湖术士、大神大仙等都有一定的现实意义。我希望一方面把中医请下神坛,还于民间,为观众理出一条线索,中医从哪里来、到哪里去,写出一个真实的中医;另一方面也希望观众看完《老中医》,对中医有基本的了解,甚至都会诊诊脉,给自己看看病,以此为中医正本清源,展现医者仁心。

开阔文化视野　推进批评创新
——文学理论家张炯访谈
丛子钰

前不久,记者前去拜访文学理论家张炯。这位年逾八旬的学者,追忆了往昔的峥嵘岁月,谈及了对当前文学创作和批评的看法。他说,我们的文学迎来了百花齐放、百家争鸣的盛况,对各种创新思潮要常怀包容之心。现实主义文学还是主潮,不必对它有太多忧虑。文学批评要有新的成绩,需要新一代批评家继续打好基础、拓宽视野,与作家的创新实践共同进步。

从文学青年到批评家

回忆起与文学评论的渊源,张炯最先想到的是他1948年发表在地下刊物《骆驼》上的一篇文章,评论当时苏联作家安特莱耶夫的小说《表》。《骆驼》杂志由编辑自己刻蜡版,自己印刷发行,正在读中学的张炯也是杂志的编辑之一。那时,他已经是一名地下党员,参与组织学生运动。后来组织上派他到农村开展武装斗争,于是他作为政委,领着一支仅有174人的游击队在福建宁德地区的白云山一带打仗,他的笔名"白云飞"就与这段革命经历有关。

1955年,张炯考入北京大学,真正开始了自己的文学生涯。在大学期间,张炯先后创作了《千树万树梨花开》《重逢》《蓝豹子》等文学作品,其中《千树万树梨花开》发表在1956年创刊的学生杂志《红楼》第一期头版,在校园中颇为轰动,他也因此被该刊吸收做了编辑。

对于张炯来说,虽然他考中文系的初衷是将来当一名作家,可命运不断地引导他走上编辑和批评者的道路。

1958年,用马克思主义的观点去撰写一部《中国文学史》,成了同学们的心愿。张炯回忆:"我们年级一共70名同学,暑假时留在学校写文学史。我当时刚好是三个班的班联会主席,所以被选为文学史的副主编,主编是支部书记费振刚。后来这部红皮的两卷本文学史由人民文学出版社出版,总计80万字。第二年,社会上反映这本书在运用马克思主义观点时有简单化的倾向,于是大家商量再重新写一本,还邀请系主任杨晦先生和游国恩、林庚、吴组缃、冯钟芸、陈贻焮等先生参与审稿和把关,这一次是四卷本,共120万字,也是人民文学出版社出版,出版后被教育部列为大学文科教材。"

毕业时,张炯没有忘记当初的愿望,仍然立志做一名作家,所以在填写志愿时,第一志愿是"服从分配,到祖国最需要的地方去",第二志愿则是到报社当记者或者到作协当编辑,相信这样会有机会继续搞创作。结果,中科院文学所的所长何其芳看中了他参与编写《中国文学史》的经历,把他挑来分到美学家蔡仪的身边搞文学理论研究,参编《文学概论》。这本书由周扬提出并指导,另一部由他提出编写的《文学原理》则交给了上海的叶以群。

在文学所的前三年时间,张炯的主要精力都投入《文学概论》的编写工作中。到"文革"开始之前,他的批评文章,除了最早发表在《骆驼》上的那一篇之外,第二篇评论文章于1958年刊载在《电影艺术》上,是在一次座谈会上关于《青春之歌》的发言。第三篇发表于1960年,《文学评论》编辑部召开座谈会评论话剧《甲午海战》,编辑张晓翠认为张炯的发言不错,就让他改写成《评〈甲午海战〉兼论历史剧》一文刊发。后来,他被调到《红旗》杂志的文化组当了两年编辑,一直到1979年初才回到文学所。

"从1979年开始,我的主业就是编辑工作,文学研究和评论工作只能兼着做。我在《文学评论》当过编辑,也当过副主编、主编,前后大概有10年。我还主编过《作品与争鸣》,它的创刊是我组织张罗的,前后也大概10年,还策划过丛书'当代文学研究资料'80多本。再就是《中国大百科全书》出了三版,第一版我是当代部分的主编,后来第二版、第三版是做中国文学卷的副主编。我当时还兼任少数民族研究所的所长,要熟悉少数民族文学的情况。一直到1999年退居二线,这以后差不多20年的时间,我才有比较多的时间从事评论工作。"持之以恒,成就硕果累累。张炯先后出版了数十种专著,还主编了《当代文学史》《中国文学发展史》《中华文学发展通史》等丛书。

谈起做文学批评和文学研究的经历,张炯提起了多位对他影响至深的前辈。何其芳时任文学所所长,张炯评论《甲午海战》的文章就是由他签发的。这篇文章本来有一万字的篇幅,张炯看到清样时却已经删到了七八千字,他当时不大高兴,就去找编辑张晓翠。她告诉张炯,这是何其芳先生删改的,可以找他本人理论。

张炯回忆说:"我那时年少气盛,便贸然去了他家。他当时住在西裱褙胡同的小院里,进门后才知道何其芳先生正在发烧,躺在床上。见到我来,他立即起来,叫我到书桌前,谈谈对文章删节部分的意见,然后拿出原稿,逐条给我讲他删改的理由。"当时,何其芳对他说,搞文学评论要有比较的眼光,不能仅仅就一篇作品谈一篇作品,就像看乒乓球比赛,要想知道谁打得最好,应该先看过很多世界级的比赛再来评判。这些话对张炯的触动很深。

在文学所的3年里,张炯一直是蔡仪的学术秘书,亲眼见证了蔡仪在做研究时严谨的学风。有一次学习《毛泽东选集》要写心得,党支部书记要他把写好的稿子拿去向蔡仪请教。没想到第二天拿到稿子时,3000字的稿子旁边竟然提出了18条意见,有的涉及语句逻辑,有的涉及内容欠周密,这种认真、严谨的态度使张炯十分感动。

在他刚到文学所工作的时候,经常在周一的上班时间见到一位中年人,西装革履,戴黑框眼镜,背着一个帆布背包,里面总是鼓鼓囊囊地装满了东西。这个人每次都是直奔图书馆,后来张炯才知道这位就是钱锺书先生。

"那时候他40多岁。有一次,我有个问题去请教他,他没有立即回答我,而是领我进了他的房间,书架上放着一摞笔记本,他翻开一本笔记,找到一页指给我看,告诉我这个问题可以在某本书的某一页查到。我后来去图书馆一查,果然不差。我这才知道,人们总说钱先生博闻强记,读书过目不忘,可能是跟他常常复习这些笔记有关。他告诉我,从8岁起,他父亲钱基博先生就要求他每天至少要读8小时书。在五七干校后期,他还每天带着一个小马扎坐在床前读外文书。那时也没什么书可以读,他就读西德共产党出版的《红旗》周刊,从不间断。"

这些前辈的治学态度和作风对他从事理论研究和文学批评工作产生了很大的影响。

不必为现实主义忧虑

对于当前的各种文学思潮,张炯认为,首先要承认并且正视它们的存在。"我记得黑格尔有句名言,一切现实存在的都是合理的,也就是说一切既已存在的事物都有它存在的客观必然性,我对文艺思潮的变化也是如此看待的。"

他谈到,现实主义、浪漫主义作为两种思潮虽然是由近代西方提出来的,但是实际在文艺创作中的历史由来已久。现代主义和后现代主义是20世纪出现的。现代主义发生在第一次世界大战前后,出现了各种不同的倾向。它们的共同之处就是都不满足于现实主义,想要有创新,所以出现了那么多流派。后现代主义是第二次世界大战前后产生的,西方有人把它归于后工业社会的产物,因为这个时代的人非常孤独,人和人之间缺乏交流。因为缺乏对整体的认识和感受,人们被彻底异化了。"当然后现代主义至今还没有系统的、公认的理论,有的理论家从中概括出几条,第一条说它消解了严肃文学和大众文学的界限;第二条说它对现实的反映采取了客观真实主义,作家不持立场;第三条说它对文学采取游戏的态度,比如搞拼贴结构;第四条说它是反本质主义的,重视对现实的感觉,追求平面化,削平深度,只有现象,没有本质。"

他认为,文学思潮的发展变化是有历史必然性的,不是以哪个人的意志为转移的。我们的作家容易受到某一文学思潮的影响也是因为产生了共鸣。现代主义在五四时期就传入我国,鲁迅就受到了现代主义的影响,《狂人日记》就是意识流小说影响下的产物,《故事新编》则受到了荒诞派的影响。鲁迅当然是现实主义的作家,只是在局部的作品中用这种现代派的手法来写。20世纪80年代初,王蒙连续发表了6篇意识流小说,后来评论家说他的作品是"东方意识流",就是说虽然是意识流,还比较容易读明白。而刘心武《无尽的长廊》的形式也是荒诞的。这些尝试并不妨碍他们成为现实主义的作家。

对于现实主义写作的要求,张炯认为要从三个方面来看待。第一个层面是政策层面,要百花齐放、百家争鸣。第二个层面是文学批评的层面,具体作品应该具体分析,不能一概而论。很多小说不是现实主义的,但它也反映了现实,在思想倾向上也没什么不好,在艺术上的探索就应该得到我们的肯定。第三个层面是从哲学的层面,主张现实生活是文学创作的源泉,文学创作应该反映生活、反映时代、反映人民的生活,反对不可知论,也反对反本质主义。"从理论的层面上看,我们不能完全同意现代主义和后现代主义的理论,但我们可以坚持百花齐放、百家争鸣,你可以讲你的理论,我们也可以坚持我们的马克思主义理论。过去主张现实主义,用现实主义来反对现代主义,好像现实主义就是唯一正确的,这种观念值得商榷。"

张炯说,艺术是人的一种创造物,必然是主客观的统一。新历史主义提出,历史的本体和历史文本是有区别的。历史文本反映历史本体,但并不等于就是历史本体,因为它受到主体的限制。艺术虽然反映现实,但即使是现实主义作品,它反映的也不等于就是生活的全部真实。如果我们承认艺术是人的创造物,承认人的能动性在艺术中的重要作用,那我们对现代主义和后现代主义在艺术上开辟一些新的技巧就不应该反对。我们所反对的是不良的思想倾向,比如散布颓废和悲观主义,但不能把思想倾向和艺术创造混为一谈。

讲到这里,张炯的眼中呈现出自信的光芒,他继续谈道:"现实主义作为一种潮流和一种方法,它始终是居于主流的地位。因为作家创作总是要从自己的生活出发,他不可能幻想出跟他的生活完全没有关系的东西,即使幻想也是要在现实生活中找到根据,所以历代的创作总是现实主义作品居多,不必忧虑现实主义没人继承。"

不过,现实主义还是有程度上的差别。恩格斯曾说:"现实主义的意思是,除细节的真实外,还要真实地再现典型环境中的典型人物。"对于当前的现实主义创作,张炯说:"现在大量的作品你不能说那就不是现实主义,但是成功地创造出典型环境中典型人物的作品比较少。"

文学批评何为

文学批评如何创新、创造的问题,是张炯一直在思考的问题。他认为,文学批评要结合中国当前的创作和批评实践。习近平总书记关于文艺的系列重要讲话,是对于新时期以来,特别是新世纪以来文艺实践的总结,它体现了马克思主义跟中国实践的结合,是一个里程碑。同时,我们要尊重中国古代文论的优秀传统,有些成体系的,像《文心雕龙》,也有些不成体系,像一些诗话、词话,其中有很多精辟的观点。对它们的继承既要跟中国的文艺实践结合,还得进一步地整理和批判,吸收到我们的文艺实践中。

张炯认为,文学批评学术性比较强,批评水平同批评家的思想高度、艺术鉴赏高度、学术视野的宽度密切相关。他说:"20世纪60年代初,周扬先生曾经找我们几个年轻同志谈话,说他们这代人读书不如鲁迅、郭沫若多。因为要搞革命,没时间读书。'你们这一代现在有时间读书要多读书,这样才能从你们中间产生大的学者。'可惜谈话之后我们就下农村,只能通过广闻博见来提高自己的水平。所以,新一代的批评家要想在文学批评上有所创新,必须坚持不懈地拓展视野。"

"我们的民族有着旺盛的文化创造力,我们民族的文化自信就建立在对文化传统的认识上。对于文学创作和文学评论,怎么样坚持文化自信,值得不断思索。"张炯提到,曾经有一段时间,我们对国内的文学创作成就不自信,对文学走出去的自信心也不是太足。但是,只要作家们用本民族的语言去描写本民族的生活,创造本民族的风格,真正创作出真善美的作品,那么世界各国的读者就会承认你。越是民族的,越是世界的。一味学西方的东西,人家会觉得自己就有,不觉得新鲜。他尊重的恰好是属于你本民族的东西,因为它们可以丰富世界文学。这一点中国作家完全可以做到。莫言笔下的高密、贾平凹笔下的商州、王安忆笔下的上海、张炜笔下的山东、李佩甫笔下的河南,都很有特色,他们的作品都可以翻译到国外去。所以中国作家应该感到自信,中国文学已经走向世界,还会继续走向世界。"

对于新媒体批评、非虚构写作、网络文学等相对比较新的文学现象,张炯借用刘勰的话说:"时运交移,质文代变。"文学的内容和形式都是随着时代而变化的。但是,文学属于审美意识形态,它的本质没有变,是为了满足人民的审美需要才创造出来的。通过作品,人们能够更好地认识现实生活,能够提高自己的思想境界,能够从中得到审美的愉悦。对于这些新的文学现象,要用同样的尺度去衡量,具体作品具体分析。比如,有些作品很难说是虚构或是非虚构,像《三国演义》就是七实三虚,关键不在于它是虚构还是非虚构,而在于它是不是文学。网络文学的数量非常庞大,良莠不齐,但其中也产生了一些优秀的作品,这也需要我们新一代的批评家去仔细甄别。

继承传统　回归本心
——访诗人郑敏
丛子钰

前些日子,前去拜访老诗人郑敏。她年近百岁了,但思维仍非常活跃。在采访中,她一旦找到可以展开语言的空隙,就将其丰富的思考和感悟娓娓道来,不时还抛出一些令人深思的问题。郑敏说,她已经不在文学场中很多年了。但从她的谈话中,时时刻刻都能够感受到,她一直在关注着诗歌领域的状况,也敢于提出自己鲜明的主张。

诗歌陪伴的青春

郑敏1920年在北京东城区的闷葫芦罐胡同呱呱坠地,本名王敏。生父王子沉在辛亥革命后曾留学法国、比利时。两岁时,她得过一场严重的脑膜炎,病好后,被过继给父亲留学时的结拜兄弟郑礼明,从此王敏改姓郑。郑敏的文学天赋与家学有关。祖父在家乡福建闽侯是颇有名气的词人。母亲喜欢用闽调吟咏古诗,对女儿有潜移默化的影响。郑敏很小的时候,就开始在羞涩和内省之中培养起同情心和想象力。

郑敏创作的第一首诗《晚会》记录在她的一个小纸本上,那一年她21岁,正在西南联大哲学系就读。大三的一次德语课后,她拿着诗去找老师冯至指教。第二天,冯至把稿子还给她,说:"这里面有诗,可以写下去,但这是一条充满坎坷的道路。"1942年,冯至的《十四行集》出版,她阅读并深受影响。她的《晚会》等数首诗之后在昆明发行的报纸上发表。次年,郑敏从西南联大毕业,在冯至的推荐下,她的《诗九首》发表在《明日文艺》上,其中《无题》之二后来改名为《金黄的稻束》,成了"九叶诗人"郑敏的代表作。

那时候,郑敏和穆旦、杜运燮等人也只是在学校里有过一面之缘。1948年,署名"默弓"的陈敬容在《诗创造》上发表了《真诚的声音——略论郑敏、穆旦、杜运燮》,里面这样写道:"(郑敏的诗)能叫人看出一个丰盈的生命里所积蓄的智慧,人间极平常的现象,到她的笔下就翻出了明暗,呈露了底蕴。"袁可嘉则在《诗的新生代》一文中说:"她诗中的力不是通常意义上重量级拳击手所代表的力,却来自沉潜、明澈的流水般的柔和,使人心折。"从此,郑敏和穆旦、杜运燮一起被誉为"西南联大诗人中的三星"。

不久之后,郑敏收到美国布朗大学的入学通知书。1948年冬,她越洋赴美,攻读英语文学硕士学位。在美国,她半工半读,十分辛苦。这期间,她的第一本诗集在上海由文化生活出版社出版了,主编是巴金。这带给她很大的惊喜。

1951年,郑敏到伊利诺伊州立大学申请博士预科,在此结识了她的先生童诗白,他也是毕业于西南联大的留学生,二人在这一年的冬天于伊利诺伊州立大学的会堂举行了简单的婚礼。婚后,郑敏随丈夫移居纽约,在朱丽叶音乐学院自费学习声乐。1955年,夫妇二人从旧金山乘船回到祖国,郑敏进入中国社会科学院外国文学研究所工作。

新诗创作如何借鉴传统

在很长的一段时间里,郑敏除了做研究,始终处于漫长的沉默之中。1979年的一天,唐祈写信给她,约她与在世的几位40年代的诗友到曹辛之家中见面,商讨出版诗歌合集的事情。这次见面之后,郑敏十分激动,觉得仿佛又回到了诗的王国,在汽车里写下《诗啊,我又找到了你!》。

之后,除了在北京师范大学教授英美文学以外,郑敏重新被唤醒了创作的热情,写出了大量的诗歌作品。1981年,《九叶集——四十年代九人诗选》由江苏人民出版社出版,"九叶诗派"重新回到人们的视野。

1980年2月,一些当时写着朦胧诗的青年诗人拜访郑敏。这批年轻人读到了"九叶诗派"的诗歌时大吃一惊,说:"我们想做的事,40年代的诗人已经做了。"郑敏回忆说,当时人们所说的"朦胧诗"其实也不怎么朦胧。的确,朦胧诗体现的一些精神追求,从诗歌理论和艺术技巧看并没有超过上半世纪,"基本上是再一次播种、再一次收获"。

关于诗歌与朦胧的关系,她认为,弦外之音,言外之意,"欲辩已忘言",就是诗的生命,是诗的艺术审美,如绵延远山,消失在云雾中。但是,汉语新诗除了要找到诗的表达方式,还要找回汉语的表达方式。如何将文化传统与新诗结合起来,成为我们的重要任务。她说:"其实所有的创新都是从保守中走出来的,保守是土壤,没有土壤,何来青苗?故此'新保守'就是给传统以新的阐释,以使土壤获得新的营养,以便培植出新的文化青苗。"

郑敏希望中国的诗人能在多方面用功,除了要向传统诗歌在形象性、音乐性和境界上的优点学习,让诗歌的语言和结构更凝练,还要注意摆正态度,忌不假思索地将对解构主义和后现代思潮的误解拿到诗歌创作之中。她认为,后现代主义对传统价值的批判也不是盲目的亵渎和改造。当代一些诗人只顾宣泄自我,照猫画虎地引用西方理论,实际上既没有尊重中国自身的传统,也忽视了西方的传统。所以,当务之急,就是要恢复对诗歌的尊重、对传统的尊重。

回归诗歌创作的本真性

在郑敏看来,中国诗坛常常陷入理论空谈的恶况,作品多而浮,看似繁荣,实则单调。她说,20世纪90年代以来,我们的新诗离诗本身的历史任务很远。我们听到很多喧嚣声,然而那似乎只与流派的声誉、地位、排行榜有关。至于生命的价值、伦理观、人类的道路和未来的命运,诗人却很少有时间、有心思去过问。

郑敏认为,这一方面来自于非诗的观念的干扰和冲击,另一方面也是受到市场诱惑的结果。所以,拯救诗歌的对策在于:一是要重新整理几千年的诗歌遗产,使传统成为现代创作和研究的重要资源;二是诗人要回归真实的自我,避免陷入狭隘的流派之争,只顾求新而疏远了诗本身。

郑敏觉得,一个诗人、作家当然要沉下心来搞创作,但也应当关心社会大众对自己作品的态度。作家写出了作品应该拿给人家看,并虚心接受批评,这样才能提高自己,但现在很多人却不愿意这样。他们写完一部作品,自己觉得很成功,其实读者可能觉得莫名其妙。好的文学作品应该能够唤醒读者,使读者有猛然的觉悟。作者也应该有这样的意识,既当作者又当读者,在脑子里预先想象,假如我是读者,会怎么看待这些文字。也就是说,诗人、作家应当有对自己的文字负责的创作态度。

郑敏谈到,诗人在创作中要保持"无功利的本真性"。把握诗歌的本真性,需要诗人摆脱追名逐利的心态,既要对自我的精神感受负责,也要对客观世界的现实负责。只有在这种本真性中,诗人才能用艺术的幻象来实现艺术规范和创作自由的辩证统一。诗歌创作要有悟性,受到僵化的教条主义压制的诗歌常常用训诲和警告来指挥文学创作,所以新一代的诗人才选择逃向个人的感觉。但也因此可能走向另一个极端,那就是将艺术"作为区区小我的宣泄","他的浮躁与浅薄使他听不见诗灵通过语言对他的召唤和叮咛"。

郑敏很关注诗歌教育和艺术教育的问题。她觉得,我们应该培养年轻人对无功利的艺术的兴趣。"其实很多人对于无功利的艺术都很有兴趣,可是没有条件,因为要交很多学费,只好把艺术当作奢侈品。"她建议教育者们能够在培养新的文学幼苗时,让他们更多地去自由的感受,摆脱实用目的性对艺术情感的束缚。

2018 年

乐黛云：建立属于我们的文化自信
张　芬

乐黛云先生是中国著名学者。她是贵州人，生于1931年，1952年毕业于北京大学。乐先生少年时期天资聪颖，性格开朗热情，对思想和文化发展极其敏感。青壮年时，乐黛云师承现代文学研究者王瑶，研究过鲁迅、茅盾等一大批现代文学家，并以比较文化的视野研究西方思潮在现代中国的传播和影响。例如她的论文《尼采与现代文学》及她组织编译的《国外鲁迅研究论集》，都在学界引起很大的反响。20世纪80年代以来，她致力于比较文学研究，先后任中国比较文学学会会长、北京大学比较文学与比较文化研究所所长、国际比较文学学会副主席。经由她的努力，中国比较文学学科开始发展壮大，西方汉学研究大批涌入，对我们重新对象化审视自身具有重要的革新意义。

犹记得2000年前后，还在小城市的我，初次阅读《跨文化对话》辑刊后的新鲜感和兴奋感。2017年，沐着北大斑斓的秋色，我去拜访了乐黛云先生。那天清晨，她早早地在阳台等候。伴随着灿烂而自然的笑容，我们开始了一次短暂而畅快淋漓的漫谈。

我们的漫谈先从我们共同的研究对象鲁迅说起。乐黛云说她很敬佩鲁迅，因为他很坚韧。在对谈中，她还一直强调，近代以来的很多人都值得重新研究。她认为严复、鲁迅、胡适等人乃至五四新文化运动和学衡派都需要重新审视和评估。她说，鲁迅较早时期的一些文言的思想论文就曾经对中国民众的主体精神提出过一些独到的见解。《文化偏至论》中说无法在"千万无赖之尤"中建立新制度，因而要唤醒民众的内在自觉。《摩罗诗力说》提出以"摩罗诗力"增强国民内心的思想力量，也是很有价值的。只有真正地将民智开启，我们才能有效地采取适合中国国情的各项制度。鲁迅的《破恶声论》就是反对人云亦云：不要跟着人家说，而要有自己的独立见解。

乐黛云致力于中国比较文化、比较文学发展研究数年，在这方面积累了丰富的经验。她说："我们是从多文化、跨文化的角度来进行学术研究的，但是我们一直也是以中国为主体的。我们讲'比较文学'，讲'多元文化'，也必须以中国为出发点，为根基。"她还说,其实我们中国在古代就在学术研究方面注意到使用比较方法,只是并没有作为独立学科出现。她认为,这些为我们开拓与发展比较文学学科提供了很好的基础。但同时,她觉得目前比较文学学科内部,许多研究者还偏于西学修养,缺少中国文化根基,她担心将来中国比较文学学科的发展因此出现跑偏的现象。

乐黛云虽然强调"以中国为主体",但她并不认为应该提倡"中国中心论",她认为这是近代以来就已经破除的落后观念。她说,现在是一个全球化时代,习近平总书记号召建立一个新的"人类命运共同体",我们也应该在思想文化上提倡多元,发挥中国传统文化中的优势部分,"关心和谐及这种和谐与万物的关联",把人和自然视为密切相关的"生命共同体"。她说,面对西方,应该以我们为主体,吸收西方新的知识,加以革新,创造出新的思想来。这就是我们的宗旨。

在谈到现在年轻人的焦虑和发展问题时,乐黛云说,一代人有一代人的使命。现在年轻人面临的问题不比过去少,年轻人的压力也很大。她告诫年轻人不要浮躁,要找到自己的方向,不为环境所左右。她说:"我觉得最重要的是自己要有自己的想法,自己这辈子要怎么过,要干什么,你要想清楚。"像在文化方面一样,在个人发展方面,她也反对人云亦云、随大流、攀比。而作为知识分子群体,她说,你可以闭门做学问,这是一种方式,但更应该关心国家未来发展,在时代转折面前保持自己的独立性。在真理面前,要坚持己见,不为外界环境所动。她说:"冲在前面不难,比较难的是:大家那么想,而你这么想。这个最难坚持。"谈到现在的基础教育,乐黛云表示出自己的忧虑。她说,现在的孩子学习压力大,都忙考试去了。没有人教他们如何自信,也没有人教他们如何树立自己的主体性。长久下去,我们的国民素质会出问题。所以,她觉得现在的小孩子,要培养他们乐观、自信、不盲从的内在品质。

乐黛云对中国传统文化有着很深的感情。提及近几年从中央到地方提倡中国传统文化发展,她表示很支持。但同时,她又有自己的担忧。她说,传统是很多方面的,不光是背书,还有数学、自然、生物、生态方面。她还说:"中国古人非常聪明,特别有成就,我们的传统文化知识是很广阔的!"

闲谈中,我还问她:"您最近在忙什么?还读书吗?"她大声笑起来,说:"那是一个知识分子每天要做的事情啊。"然后,她告诉我除了读书、写作外,她正在组织整理汤一介先生的纪念文集。闲暇时间,她还弹弹古琴。她的客厅简朴而整洁,桌上安放着一幅汤先生的照片。我想起汤一介先生在自己的书中谈到两人性格时,说她是道家,而自己是儒家。我想起这个,就问乐黛云先生这是为什么。她沉默了一下,笑着说:"大概是因为我比较率性、天真,而老汤比较拘谨、内向的缘故。"我又问,你们之间在学问上也是互相启发的吧? 乐黛云谦虚地说:"很多时候是他指正我,并没有太多我可以指正他的地方,很少。"

因为乐黛云先生之前不小心受伤,那天是坐在轮椅中接受我的采访的,她的助手刘女士特在此之前嘱咐我,在一个小时之内结束访谈。所以,很快我就和乐先生告别了。离开她家后,我走在北大静谧的校园中,意犹未尽,不胜感慨。

普通人的视角才是创作者最需要关注的
——访全国政协委员、剧作家王丽萍

徐 健

8年前,在电视剧《媳妇的美好时代》热播后的第一时间,剧作家王丽萍接受了本报记者的独家专访。当谈到现实题材创作的经验时,她告诉记者:"把家长里短写出岁月的味道,写出崇高、高尚、尊严,是一个编剧的责任和使命感。""写出人性的真善美,是编剧的立场,也是我们矢志不渝的责任。"这之后,王丽萍创作力不减,陆续推出了《双城生活》《我家的春秋冬夏》《生活启示录》《大好时光》《国民大生活》等多部深受观众好评的原创现实题材作品,并形成了独特的"王丽萍现象"和"王丽萍风格"。8年来,那份讴歌真善美的心灵依旧,那种扎根生活的坚守犹存,她仍然在自己熟悉的那口生活的深井里,默默地记录着时代,描绘着人生,书写着感动,传递着小人物的温暖与美好。今年全国两会上,成为新一届全国政协委员的王丽萍再次接受了本报记者的独家专访。在经过近一个小时的头脑风暴后,王丽萍坦言:"这是我接受过的最累的一次专访。"

中国电视剧始终与时代同行

记者:回顾改革开放40年来中国电视剧的创作足迹,您认为发生了哪些重要的变化? 有哪些电视剧给您留下了深刻印象?

王丽萍:从1958年《一口菜饼子》开始到现在,特别是改革开放以来,无论是数量、质量,还是题材内容、表现形式、制作、播出以及对外影响,中国电视剧都取得了飞速的发展,而且已经成为我们百姓人家日常最主要的娱乐。这60年的成就是令人欣喜的,也是催人奋进的,前辈和同行创作出了非常多的优秀作品,比如《渴望》《孽债》《金婚》《亮剑》《士兵突击》《人间正道是沧桑》《人民的名义》等,都给我留下了深刻的印象。这些不同时代、不同题材、不同特征的作品,有一点是共通的,它们构成了中国社会不断向前发展的艺术画卷。从《渴望》到去年播出的《鸡毛飞上天》,可以从电视剧的表现内容看到我们国家生活的变化和新的矛盾与现实。由此不难看出,中国电视剧创作始终是与时代同行的,紧紧追随着时代前进的脚步,这也是中国电视剧对这个时代的贡献所在。我相信今后还会有更多优秀的电视剧涌现出来。

记者:改革开放40年来,现实题材一直是电视剧创作的重镇。前不久,中国视协发布了重点现实题材电视剧剧本的征集活动,目的就是要加大现实题材创作的扶持力度。无独有偶,业内更是把2018年看作是"现实主义回归年"。结合您的创作,您是如何理解现实题材的,又是如何看待"现实主义回归"的?

王丽萍:举办重点现实题材电视剧剧本的征集活动,对广大编剧来说,无疑是一个利好的消息。这反映了相关部门、领导对现实题材创作的高度重视,同时也给了所有编剧一个平等的机会。不管你是一个初出茅庐的编剧新人,还是一个有着丰富创作经历和作品积累的成熟编剧,还是依然笔耕不辍、坚守在创作一线的资深编剧,你都可以把作品提交上来,接受检验。在我看来,不管是扶持、奖励,还是倡导"现实主义回归",现实题材创作最大的意义在于记录当下中国的历史,记录新时代。如果你能用你的笔墨、影像、画面真实表现、刻画新时代里的社会生活、精神追求、人生命运,相信好的作品是能流传下去的。编剧就是一个当下生活的书写者,应该具有从纷繁复杂的现象中抽离出本质、本真的能力,具有透视生活、分析生活、提炼生活的能力,这正是写好现实题材的基础。而真情实感的表达,对生活的敬畏,对写作的敬意,都会体现在作品的字里行间。

记者:您在进行现实题材创作时,更多希望跟观众分享哪些内容?

王丽萍:现实生活中,包括我们身边存在着很多动人的故事。这些年来,有朋友说我是"以温暖现实主义的方式讲述动人的故事,表现美好的人生、励志的人生、奋斗的人生,特别是小人物的中国梦"。其实我每一次的写作,都是战战兢兢的,写作其实是孤独而艰苦的过程。在创作中,我一直相信,正能量的作品一定会给大家带来积极、健康、乐观的影响,尤其是中国电视剧的观赏通常是一家老小围坐在一起,合家欢式的收看方式居多,这就更需要为他们提供有意义、有价值、有内涵的东西,这是电视剧创作者的责任所在。每一个创作者都有自己的短板与长项,对我而言,我比较偏爱喜剧的呈现,虽然轻喜剧的表现形式非常难。这就需要你谦虚的学习与长期坚持不懈的写作,如果你坚持下来了,就做到自己挑战自己了。除了认认真真写作的本分以外,持之以恒、不放弃、不埋怨的努力也是我们对这一行真诚的热爱态度。

扎扎实实写百姓的故事

记者:目前,现实题材电视剧的创作难度在哪里?

王丽萍:就我的创作经历而言,这些年的写作我也遇到了很多创作的瓶颈。2000年前后,我的创作瓶颈主要就是"茫然",我不知道去写什么,但是又特别渴望去表达。那段时间,我觉得自己很像热锅上的蚂蚁,彷徨、焦虑、不知所措,那会儿心里很想表达,但就是找不到视角。在经历了四年多痛苦的状态后,我决定不跟制作方签合同,自己沉下心来,想明白了再写,一定要有感而发,或者感同身受。2004年以后,我陆陆续续写出了《错爱一生》《保姆》《媳妇的美好时代》《双城生活》等,在我熟悉的生活领域里去寻找我亲切的生活,写我周围的生活,而且,不要在乎别人的评价。那个时候,有人说,不就写点婆婆妈妈的事儿吗?能有大出息吗?我觉得,普通人的视角才是创作者最需要关注的,平凡百姓的生活、小人物的励志精神、百折不挠的奋斗、家长里短的温暖、左邻右舍的帮衬,这些故事热乎乎的,非常温暖。我用真诚的感情去抒写去表达,等在荧屏上播放以后,观众的反响才让我跨越了这个创作瓶颈。所以我一直这样理解,"以人民为中心的创作"就是扎扎实实写百姓的故事,写人间的真善美。

在我看来,瓶颈对创作者来说不是坏事,至少对我而言,让我有一个思考与冷静的过程。目前对我来讲,也面临一个瓶颈,那就是在写作《国民大生活》的时候,我意识到我在重复自己了,这非常可怕。我想,是不是我写不出来了?我在炒冷饭了?我缺少敏感了?在完成这部作品的时候,我跟导演夏晓昀和两位年轻编剧鲁琦、张洋也谈到过这个问题,我们认真总结了这部作品的失误所在,分析了哪些问题是应该避免的。实际上,戏剧冲突的重复、戏剧性转折的雷同或者人物编造的痕迹过重,这些创作的难点,不止发生在我的身上,同样是很多编剧也会遇到的难点。尤其是对于现实题材而言,当写到重大情节转折的时候,要么是车祸,要么是关键人物去世,很多戏都形成了套路。我认为,成熟的编剧首先要正视自己的问题,不逃避,不遮盖,其次要冷静下来想一想如何去克服,怎么战胜这些问题。这次全国政协会议闭幕,我们回上海的时候,我在候机室跟姚明聊天,我说你如何看待当下电视剧里的体育元素或者是体育题材?姚明的回答让我非常意外,他说:"你写的媳妇,可能很多媳妇都会感同身受;那如果是一部体育题材,又如何让每一个观众有感同身受的情感呢?"我觉得他太智慧了,的确我们在创作中,找寻让观众情感共鸣的视角、故事、人物,不仅陪伴在编剧漫长创作的始终,也是一个编剧的功课。所以,每一个瓶颈,也许是一次机会,让你放下一些,重新出发。一个好的编剧,应该有从头再来的勇气。

记者:您是如何在创作实践中去克服和战胜这些问题的?

王丽萍:国家主席习近平在2018年的新年贺词中提到"幸福都是奋斗出来的"。对正处在成长中的编剧来说,奋斗精神同样是不可缺失的。编剧一定不要被内心的障碍和害怕吓倒。此外,勤奋、刻苦也是编剧必须具备的素质。从20世纪80年代,我写小说、散文、报告文学,到现在写电视剧,一直没有停下手中的笔,真的是因为热爱。我们同行高满堂老师、王宛平老师等,都是一直在创作一线坚守着。刻苦勤奋是一切创作的基础,你在作品中真情实感投入多少,剧本中就会体现多少。在创作中去克服困难,除了你的毅力外,应该多交朋友,多学习,多请教,多开阔自己的世界。几年前我去体检,医生看着我的手说,你的手写坏了,小手指已经不能正常与五指合拢。我看着自己的手,笑了:这样也很不错哦,至少跟别人不一样啊。"

保持对事物的好奇心与充沛热情

记者:优秀的、经典的电视剧之所以能够常驻观众的记忆,除了作品本身的生活质感、时代质感以及与大众的情感共鸣外,离不开剧中人物形象的塑造。改革开放以来,电视剧艺术长廊里留下了许许多多的典型形象,形成了电视文化独特的人文风景。在塑造人物、塑造典型形象方面,您有什么经验跟我们分享?

王丽萍:我这里首先跟大家分享我特别喜欢的编剧王宛平老师写的《金婚》中的人物形象。剧中,小学数学老师文丽几十年来的成长脉络、性格转换的过程非常清晰,很多细节给人留下了深刻的印象。比如有一场戏,她的丈夫佟志跟别的女人在喝咖啡的时候,文丽正在给她的婆婆洗脚。这个细节让我记忆犹新,她写出了一个女人的内心力量和善良。我在写《媳妇的美好时代》时,有一场戏里,婆婆曹心梅生病了,有点中风的感觉,毛豆豆不知道怎么照顾她,就给她端了一杯牛奶。此时,曹心梅斜着眼盯着毛豆豆说:"你是不是特恨我。"听到这句话后,毛豆豆就不停地在那里哭。曹心梅又接着说:"多大的委屈让你哭成这样。"这段对话展示的就是非常微妙的婆媳关系,既透露着一点委屈,又是亲人之间坦诚相待的一种方式。至今很多观众对这个情节记忆深刻。《双城生活》里,有一场戏写得非常痛苦。按习惯吧,北京人是中午结婚,如果晚上结婚就是二婚了,恰恰上海人是晚上结婚的,那么在剧情里,我如何让剧中的两家人都满意呢?这段戏我写了一周都没有憋出来。我当时跟导演安建商量,怎么去解决这个问题。安建跟我说,你将心比心吧,如果你是剧中的家长那你怎么办?最后我就盯着闹钟做文章,男女主角是在上海结婚的,在婚礼上,男主角徐嘉惠有一段表白:"现在,请各位来宾,我们把时间调到12点……此时此刻,我宣布,现在是北京时间中午12点,我跟郝京妮在这里举行婚礼。"一个时间解决了两地婚礼习惯的不同(据说看了电视剧的朋友,还有人仿效这个情节),毕竟生活里,南北差异的习惯我们要尊重,但是戏剧的表现形式也需要出效果。这些创作都是来自生活。我觉得,作为一个编剧,写出让人感动的细节、人物,思考、敏感以及保持对事物的好奇心、充沛热情是非常重要的。

记者:如今,中国电视剧"走出去"的步伐日益加快,"中国故事"正在被越来越多国家的观众认可、接受,但是需要做的功课还有不少。结合您的作品"走出去"的经历,您认为,中国电视剧走向海外,还需哪些努力?

王丽萍:中国电视剧"走出去"的模式有很多种:一种是国家新闻出版广电总局把广播影视"走出去"作为工程,将中国电视剧送到各个国家的主流频道去播出,让不同国家的观众了解中国文化;另一种是制作单位、公司自己翻译,在国外电视台播出;还有其他的模式……有一点特别有趣,在我的"走出去"的作品中,家庭生活剧、都市情感剧居多,国外观众反馈是很喜欢,他们也有家长里短、邻里关系,也会遇到工作的烦恼、情感的冲突,认为我们的作品很容易跟他们的情感产生共鸣。现在,《媳妇的美好时代》已经在欧洲、美洲、非洲、亚洲等一些国家反反复复播放,2014 年,我编剧的电视剧《我家的春秋冬夏》作为"海派电视剧"在纽约美国中文电视台展映,配上了中英文字幕,受到当地观众欢迎。2017 年,我编剧的《大好时光》在日本长崎电视台播出,该剧原本 38 集,为了方便日本的播出方式,特地精简为 11 集,中文配音、日文字幕,播出后引起了当地观众的极大关注。因为播出时段是下午,很多上班族无法准时观看,甚至用录像机录好下班后追剧。同一年,我编剧的《生活启示录》在蒙古国家电视台播出,打败了同期的俄剧、韩剧,以及蒙古当地剧目,连续 20 日夺得全国收视冠军。这部作品还被译制成阿拉伯语,并由阿语频道推广至突尼斯国家电视台、约旦国家电视台、黎巴嫩国家电视台、埃及国家电视台一台、摩洛哥国家广播公司等 7 个国家的 8 家电视台。在我看来,电视剧"走出去"首先要解决好翻译的问题;其次,要加大宣传和推广的力度,传播的渠道需要进一步拓展;第三,"走出去"应不仅局限于电视剧作品的输出,也包括和其他国家在各方面进行深度合作。

记者:随着网络播出平台影响力的增强,网络正成为越来越多年轻观众观看电视剧的首要选择。电视剧从传统的电视台播出到现在台网联动甚至网络独播的趋势,一定程度上改变着电视剧的产业格局。对于当下网络剧的发展,您是如何看待的?

王丽萍:去年,我在韩国参加第 12 届亚洲电视剧研讨会的时候,中国的一部网络剧《无证之罪》也受邀参加。当时大会上有一个环节是请大家互动,我主动要求发言,我告诉现场的 300 多位来自亚洲不同国家的编剧与制作人,我说这部剧在中国业内反响很大,无论从制作和剧作来说,都可以代表当下中国网剧的水准。网络剧的发展经历了一个从简单化到精品化的过程,很多青年电视剧工作者通过网络剧逐渐被这个行业所接纳、认可。网络时代面对的观众更多是年轻人,特别是 90 后、00 后成为网络剧忠实的粉丝。这就催促着网络剧的创作者一定要拿出负责任的作品,注重网络剧的文化品格,提高创作的艺术水准。网络剧也要按照戏剧规律创作,追求逻辑性、故事性以及真实情感,多弘扬真善美,传递正能量。

写作是一个漫长的、寂寞的过程

记者:电视剧里原创是难度最大的。20 多年来,您始终坚守原创并形成了自己的风格。您认为,目前电视剧原创的难度在哪里? 创作题材上还有哪些值得开掘的空间?

王丽萍:原创作品需要大量的创作素材和生活积累,以及对社会、人性的深入了解,只有这样才能从中提炼出来所要表达的东西。每次原创我觉得困难最大的是,当我遇到自己不熟悉的领域时,写出来的东西就比较假。好在我有丰富的个人生活经历,我当过14年兵,当过5年报社记者、编辑,在合肥电台做过5年晚间热线主持人,兼职的,1999年到上海成为职业编剧后,也一直在与各种职业的人成为朋友,这些都是编剧必需的积累,否则真的会枯竭的。原创难,我也希望原创的领域更开阔一点,题材更多样化一点。表现在:第一,这些年儿童剧的原创作品很少。儿童剧对孩子的成长会带来非常大的影响,20世纪80年代,尹力导演的电视剧《好爸爸坏爸爸》就让我至今难忘。第二,科幻题材的原创电视剧较为缺乏。这里的科幻剧不是古装的玄幻、穿越剧,而是面对当下的书写,这就需要创作者熟悉科学进展,要跟科学家交朋友,要有天马行空的想象力。第三,优秀农村题材原创剧特别稀缺。党的十九大做出实施乡村振兴战略的重大决策部署,前不久,《中共中央国务院关于实施乡村振兴战略的意见》发布,农村、农民工作变得越来越重要,我们的电视剧原创作品应该及时反映新时代农村的新风貌。第四,表现基层干部、基层工作者的电视剧作品也有进一步开拓的空间,特别是居委会干部、街道干部等有很多的生活细节、故事值得挖掘。

记者:能谈一谈最近的创作计划吗?有没有尝试新题材的计划?

王丽萍:有一部是我与学生鲁琦从去年开始创作的电视剧《理想》,灵感来源于去年年初,我参加第七届十佳上海优秀社区民警的评选,我当评委,一位女警察的故事让我激动不已。很快,我跟鲁琦一起找到了女警察谈心。当然,我们不是写这个真实的女警察,我和鲁琦在讨论的时候,我们觉得要反映一下90后女孩子的成长历程,写一些英雄主义的故事,这个社会需要英雄主义。目前我们正在创作中。还有一个题材,我也焐在心里很久了,那就是写邻居的,而且又有年代的跨度,反映的是30多年邻里关系的变迁,名字叫《我们的邻居》,由我独立创作。我会慢慢写,不急,故事人物要做扎实了,做明白了,目前先把《理想》的剧本磨好了,再回头慢慢写《我们的邻居》。写作是一个漫长的、寂寞的过程,真的不要急躁,不要图数量,不要匆匆忙忙上马,想不明白、逻辑不顺会影响后面所有的创作。编剧是基础,我们要做到落字无悔,所以,要老老实实写字、认认真真写作。

在文艺批评道路上不断跋涉
——访批评家李希凡
丛子钰

把全部身心都投入文学批评事业中的人,在任何一个时代都不算多,而最困难的事莫过于一生坚持做好一件事。李希凡无疑是这种笨拙而可敬的精神的继承者,他从一个平凡的文学青年成长为一位成熟的文学批评家,其间经历了数十年的波折,不断地进行批评和自我批评。日前,记者对李希凡先生进行采访,他谈论了自己的批评生涯和批评经验,也对当下的批评现状提出了自己的看法。

一步步走向批评道路

李希凡第一篇文学批评文章是《高尔基与童话》,发表在1949年秋季的《大众日报》。之后他又写了篇文章,谈典型人物的创造。这是一个学习报告。那时候,他的老师、文艺评论家吕荧正好讲关于文学典型的问题,于是让学生们多看一些资料,写一篇报告,算作这个学期内容的总结。李希凡是课代表,所以自己首先得完成作业,就写了这么一篇报告递交给老师。老师看了之后很高兴,认为他对典型问题的理解已经相当到位了,愿意把文章推荐给《文史哲》。于是,李希凡的这篇文章在该刊第二期上发表,在学生中引起不小的轰动。

从那以后,李希凡就决定要走文艺评论的道路。这时候,他已经进行《鲁迅全集》第二遍的阅读,很喜欢鲁迅的写作风格和深刻见解,每一次读都有一些新的体会。他还通读了俄罗斯几位重要作家的几乎全部翻译作品。后来因为当外国文学课代表,他又读了拜伦、巴尔扎克等英、法作家的作品。李希凡说,当时很多作品根本看不大懂,比如《约翰·克利斯朵夫》,很勉强地读下来。在这些作家中,印象最深刻的还是巴尔扎克。

书越看越多,李希凡也就有了很多看法,有时候要发表点意见。当时《文艺报》的通讯组组长约他暑期结束后从青岛回来见一面,还发展他当了通讯员,后来他就在《文艺报》上发表评论文章。在学校写作课上,李希凡也经常发表观点。当时写作老师是历史学家黄云眉,他常常语重心长地对学生们说:"别小看自己,以后在你们同学中间可能就会产生大批评家。"

李希凡的批评实践,与其对哲学的阅读和思考密切相关。他在1947到1949年间第一次大量阅读哲学作品。那时他借住在姐姐家里,他的姐夫赵纪彬是研究先秦诸子的专家,曾写过《中国哲学思想》等书。姐夫因为两次蹲监狱留下了后遗症,双手颤抖,无法写字,李希凡就在他身边帮着做记录,但因为不大了解孔子、墨子等人的学说,工作起来很费劲。幸好家里有《辞源》和《辞海》,李希凡就借助这些资料来读先秦诸子,特别是《论语》,他读得烂熟,渐渐地就能有所理解,不再因为不懂而记录得那么辛苦。此外,他还读了《哲学词典》等书,里面对马克思主义的很多重要概念进行了详细解释。

评论和编辑两不误

后来,李希凡到济南,进入华东大学,毕业后继续去中国人民大学读哲学系。他内心觉得有些苦恼了,因为虽然他接触了哲学,但是抽象思维不够好,读哲学著作总是觉得太枯燥。这时候,一位山东大学学兄给他来信,打听其学习情况,并鼓励他业余写作。于是,李希凡写了3篇关于《水浒传》社会评价问题的文章。之前北京大学的张政烺教授对《水浒传》评价不高,所以,李希凡写了关于《水浒传》的文章,提出了不一样的看法,并再次投给了《文史哲》。张政烺教授是杨向奎主编的好朋友,他没有因此而回避,两人都同意把文章发表出来。

紧接着,在学校放春假期间,李希凡跟蓝翎在中山公园读到了一篇关于曹雪芹生卒年的文章。李希凡觉得,《红楼梦》是多么伟大的现实主义作品啊!学者们怎么总是在这些问题上钻牛角尖呢?于是,就写了第一篇关于《红楼梦》的批评文章,在文学界引起了很大争端。

这篇文章很快造成了全国性的讨论,两位青年学者也因此被借调到《人民日报》写批评文章,在那里完成了第一本书《红楼梦评论集》的写作。李希凡说:"现在看来有点粗糙。就文章内涵来说,也还是粗浅了一些。"但因为这个机缘,后来李希凡到《人民日报》评论组工作,写了很多文艺评论。后来结集为《管见集》《论人和现实》等书,李希凡说:"里面的错误不少,我在文集里做了反思。"

后来,李希凡到中国艺术研究院工作,主编《中华艺术通史》一书。这套书做了14年,共800多万字,还有一部200多万字的简史。李希凡说:"我一辈子基本上就是写评论过来的,做文艺编辑工作我还行,做行政工作,我不擅长。只能带领大家一起编《中华艺术通史》,因为我对先秦还比较熟悉,也喜欢明清小说。既然在行政工作方面我没有领导能力,编纂这么一部艺术史也算是我对艺术研究院的贡献吧。"

批评家要保持专注精神

在李希凡看来,批评家还是应当专注于批评事业,根据自己的生活体验来审视作品里所表现的社会生活。他以自己从事批评的经历为例说:"我自己不懂得怎样恭维别人,不管你是多大的作家,我觉得作品有缺点就会提出来。"比如,一些红色经典中所塑造的农村女性形象,有些地方写得不大像农村妇女,反而有点城市知识女性的韵味。后来他就和作家们就此争论了一番。还有关于《林海雪原》的评价问题,面对一些读者的批判性观点,他也真实地提出自己的看法。

  李希凡还谈到如何看待批评家与作家之间关系的问题。他认为,批评家要有独立的见解,不应该强调批评家非得有创作实践才能对作品的质量发言。任何文学艺术作品只要出版就是社会存在,社会存在有自己的规律,违反了规律,他人就可以提出批评。

  "作家常常看不起评论家,这是有问题的,但反过来批评家有时也会犯错误。"李希凡说,他在改革开放初期就犯过这样的错误,对新兴作家的有些作品看不惯。对于同一部作品,不同的批评家会有不同的介入视角,从而产生不同的评价。只要言之有理,都可以相互讨论。即使无法说服对方或者说服自己,也可以在讨论的过程中获得新的认知。

田沁鑫:创造属于中国国家舞台艺术形象的作品

徐 健

2017年,适逢中国话剧诞生110周年。这一年,田沁鑫再次执导了16年前的作品《狂飙》;她执导的《北京法源寺》《四世同堂》《聆听弘一》《长征》等多部话剧、歌剧轮番上演,深受观众的追捧;她参与编剧、导演,并与韩红跨界合作打造的音乐剧《阿尔兹记忆的爱情》,用音乐和爱唤起人们对阿尔兹海默症群体的关注;她担任了乌镇戏剧节艺术总监,开始思考中国故事的世界表达;也是在这一年5月,她因急性胰腺炎在重症监护室躺了40多天,大病初愈后的她自言"把生死看大了,把名利看小了"……作为当代剧坛为数不多的女性导演,这些年田沁鑫几乎是在忙碌中度过的,她推出的每一部作品不仅牵动着市场,也成为文化界、戏剧界以及媒体的话题热点。关于田沁鑫的访谈和研究已经很多,但依旧有很多关于创作的疑问等待着她的回答。初春的一个傍晚,结束了一天的忙碌,放松下来的田沁鑫与记者开启了一段关于戏剧的艺术旅程。

无论深入生活,还是探寻历史,那份痴心和执着至今未改

记者:我们先从您的创作起点《断腕》说起吧。很多导演在谈到自己执导的处女作时,都会觉得那时的作品很稚嫩,您如何看待21年前的这次探路尝试?

田沁鑫:《断腕》一共有五个演员,演绎了一个江山传位与权力更迭的历史剧,具有探索精神。剧情讲述的是辽太祖耶律阿保机猝死征战途中,皇后述律平独立执掌江山,面对群臣叛乱,罢黜自己的儿子耶律倍,并切断手腕陪葬皇帝灵柩,令叛臣集体殉葬,结束叛乱。儿子耶律倍就此亡命后唐,客死他乡。晚年,述律平孙子耶律阮为夺取皇位,攻打奶奶,却战败。述律平从耶律阮身上看到了丈夫阿保机的秉性,为情让位,成就辽国天下,她自己则被软禁。述律平70岁,皇帝耶律阮给她祝寿,她寿终正寝。该剧是以述律平为主人公来演绎的女性故事。当时的媒体曾评价该剧是"都市荒原上的一朵伤花怒放""全剧五位演员,却看到了一种恢宏的态势"。这部剧是我的戏剧处女作,当时我能调动的只有五位演员,整部作品没有文武百官,却有"政治格局",道论江山,人物要信念坚定,语言扎实,行动果断,文武百官的场面用与不用,并没那么重要。我找到现代舞演员,尝试东方肢体语言的戏剧探索。这部作品的创新性和探索性体现在把现代舞的动作性与中国戏曲的节奏感、造型意识相结合。在音乐创作上,我和作曲运用了蒙古族的现代长调,很适合表现剧中野风吹起、广袤无边的感觉。所以,当时这段音乐在北京的剧场中响起后，观众能感觉到一种强烈的都市出走的气质，辽阔而野蛮。此外，在写作时，我着重想象阿保机这样的帝王如何说话，应该是简洁、凝练，有高度、有要点。剧中每个人物的语言都不是很多。这个剧本只有14页纸，是我写的剧本里面文字最少的。

记者：这部作品中您追求的是什么？您现在的创作中还延续着吗？

田沁鑫：我在《断腕》中追求一种情怀和格局。《辽史》记载，阿保机身亡后，群臣叛乱，述律平没有调动军队，而是在朝堂上以几句话平息叛乱。这个女人的气度，触动我写戏。她先问叛臣夫人："我现在是寡居状态，你们同情我吗？"夫人们说："同情。"她说："从今天开始，你们和我一起寡居。"接着又问叛臣，"受皇帝深恩厚德，可曾思念他？"叛臣说："思念。"她说："那我给你们办一个旷世葬礼，集体殉葬。"使我震撼的是述律平的语言逻辑，先发落女眷，再处置叛臣。当大臣们质疑她为什么自己不去殉葬的时候，述律平说："我会为阿保机的江山而活着，但是我要有个物件陪伴灵柩。"阿保机生前夸赞过她的手，她就抽刀断腕，用她的手陪伴阿保机，以示忠心。她的做法突兀果断，具有震慑力。《辽史》记载，述律平是回鹘人的后代，情感与责任共存在述律平身上，从述律平的举动可以看出她对阿保机的感情，她是一个为情而坐江山、为情而让江山的典型历史人物。我想通过戏剧传递这些担当背后的情感。在以后的写作、排练过程中，我是喜欢结构事件和精炼语言的。述律平对我的影响还有就是果断和行动力。每一次创作，我会把自己腾空，全身心投入剧中环境、事件和人物身上。创作需要勇气和胆量，要把自己置身进一段历史、一种环境、一些人物中去。无论深入生活，还是探寻历史，那份痴心和执着至今未改。

我有一种使命感、责任感，就是对中国文化和艺术的尊重，注重中国传达、中国声音、中国表情，讲好中国故事

记者：您的成长环境对您的话剧创作、导演有没有影响？中戏毕业后，您选择去深圳做了与戏剧并没有太大关系的职业，但很快您就选择了回归，是什么让您难以割舍戏剧的？

田沁鑫：我妈妈是画家，画工笔花鸟的，我看到我妈妈永远在画画，非常细致。妈妈有很多俄罗斯画派的画册，我小时候翻阅最多的是列宾的油画。现在我作品中的审美性是受中国画的影响，戏剧性多少受到俄罗斯画派中人物造型、关系的影响。我爸爸是军人，看我长大的奶奶是铁路工程师的夫人，个头高，很漂亮，很会讲故事。奶奶家里有很多书，很多明清的小说就是在那时候读的。至今记忆深刻的是，小时候北海、故宫不对外开放时，我妈能带我进去。晚上，伴着月光婆娑的树影，踏着一地的小毛

桃,妈拉着我穿行在北海边的小路上,宁静而惬意;而在响晴白日、阳光直晒的故宫里,我可以随便跑,觉得视野特别开阔,建筑特别高大。可以说,从小跟故宫和北海的缘分,让我在后来创作《北京法源寺》时觉得一点都不陌生。我妈妈还带我去北京画院,认识画家和看他们的画作。当20世纪90年代西方各种文艺思潮进入国内的时候,我也读尼采、萨特,对现当代的艺术趋势很关注。我是在这样的文化背景和艺术熏陶下长大的。在中戏读书的时候,我的学习成绩并不理想,不懂如何当导演。毕业后,我选择去深圳一家广告公司工作。我喜欢现代传媒,做得最成功的是康佳90分钟的演示碟。在深圳的那段时间,我看懂了曹禺的《雷雨》。由于远离文艺,反而明白了自己是痴情戏剧的。应该说,是我自己的内心又把我召唤了回来,那种感觉真的非常神奇,我有了一种使命感、责任感,就是对中国文化和艺术的尊重,注重中国传达、中国声音、中国表情,讲好中国故事。

记者:您对中国故事是怎样理解的?西方戏剧思潮对您的影响又体现在哪些方面?

田沁鑫:在中戏读书的时候,我看到牟森、孟京辉等人的实验和先锋戏剧,觉得非常有意思。牟森的风格很像美院的作品,是行为艺术与戏剧的结合;孟京辉的《思凡》在结构上特别新颖,把中西的故事结合在一起,有比较文学的气质内容,以此在形式上开放和突破束缚。我那时很年轻,喜欢也能够理解他们的实践。当我可以做戏的时候,我想的却是怎样"讲一个结实的中国故事"。我对中国的口传亲授、师承关系感兴趣,对象形文字感到亲切,对中国传统文化和艺术喜爱,这些都是中国作为一个东方大国的文化精神。艺术是有灵性的,对中国艺术有热爱,才能对中国文化有认知,对文化有认知后,才能自觉和自信。随着国家的进步和对外交流的开放,做《断腕》的时候,我加入了西方肢体戏剧的成分,在德国现代舞蹈家皮娜·鲍什的吸引下进行了一些实验。1997年,我看了她的《穆勒咖啡馆》《春之祭》,对肢体语言很感兴趣。我还很喜欢法国戏剧理论家安托南·阿尔托的《残酷戏剧》,觉得可以研究西方关于肢体表达和形象魅力的戏剧解释,研究后觉得跟中国传统戏曲很像,这种有鉴别的吸收和学习很有必要。在我看来,西方艺术呈现背后的技术支持,非常值得学习。我想,应该用这些技术帮助我们讲述自己的故事。

我不喜欢那种野蛮生长阶段不择手段的嘴脸气息、生存方式,无法逃避的时候,只能将我的文化理想寄托在戏剧上

记者:1999年,您改编、导演的话剧《生死场》赢得了当时国家级戏剧领域的各项大奖,29岁就取得了让很多导演、编剧羡慕的成就,评论界也给予了这部作品相当高的评

价。这之后,您有没有感受到创作的压力?您如何看待《生死场》在您创作中的地位和影响?

田沁鑫:我当时没有感到任何压力。萧红是我在20世纪80年代就喜欢的作家,每次读到《生死场》,我就有一种心跳的感觉,非常想做一部关于生老病死的戏,这其中的故事有意思。契诃夫的剧本触及了人生的终极问题,比如死亡、生存的意义,而萧红在24岁的时候就想到了这些问题,所以我就想把这部戏做出来。《生死场》是我进入戏剧行业、进入国家级剧院后,第一个规模比较大的、讲述中国故事、传递中国精神的戏剧。排练过程中,我想尝试一种新的舞台形式,这种形式不是传统意义上现实主义的舞台格局,舞美场景写实那种,而是在空的空间,所有的内容均靠演员的肢体动作和舞台调度完成。最终,这种尝试成功了。

记者:进入中央实验话剧院(后与中国青艺合并为中国国家话剧院)后,您创作了《狂飙》《赵氏孤儿》《红玫瑰与白玫瑰》《青蛇》《四世同堂》等一系列作品,几乎每部作品都会引发评论界的热议。比如2003年上演的《赵氏孤儿》与林兆华版的《赵氏孤儿》形成了年度演出事件,您强调了孤儿的两难选择与困惑,这对道德和伦理传统都是极富挑战意味的。如果今天让您再次面对《赵氏孤儿》,您又会让孤儿做出怎样的选择?

田沁鑫:我是本性善良、同情弱者的人。小时候,在我住的楼群旁边有个小平房,一位卖冰棍的独臂奶奶住在那里,她每次推冰棍车进院子的时候都要过一个门槛,很难推过去,我看到总会去帮忙。有一次,那个奶奶想去拿地上的一个纸筒,她只有一只手,又要扶冰棍车,我就过去帮助了她。这样的情况在我的生活中有很多。我骨子里就是这样的人,很简单,又很容易被感动。但是当我工作之后,发现人与人之间是存在竞争的,人欺负人的事情时有发生。还有就是面向社会的时候,除了竞争,还要有生存的勇气。我就想,有的人盲目地长大,逐渐忘记了小时候的天性和帮助弱小的心,使得功利心和弱肉强食的心变得更强烈了。所以,在"生而为人之道"和"在世为人之勇"出现冲突的时候,出门闯荡的我就是"孤儿"了。就像《赵氏孤儿》剧中的孤儿一样,程婴父亲教他"生而为人之道",屠岸贾父亲教他"在世为人之勇",当两位"父亲"先后死去的时候,他在一片茫然中,决定上路。这条路是一条什么路,他不知道,也无从选择,只能走下去。我做这个戏的时候,给自己找了一个很戏剧性的说法,就是"告别青春"。现在看来,也不怎么准确,因为"青春"始终在心里。《赵氏孤儿》体现了我对市场大潮侵袭带来的文化裂变的思考,我不喜欢那种野蛮生长阶段不择手段的嘴脸气息、生存方式,无法逃避的时候,只能将我的文化理想寄托在戏剧上。在我的作品中,苦难是以不同面目出现的,但始终存在。

记者:从您最近的《北京法源寺》《聆听弘一》《狂飙》等作品,我们发现,您在叙述方式、表现方式上更多倾向于众声喧哗,言语的比重大于故事情节,历史与现实相互穿插。这是否可以看作是您创作的转向呢?

田沁鑫:正如您所说,我这三个戏都是叙述体的。李敖先生的小说《北京法源寺》严格意义上讲是一部政论小说,《狂飙》是艺术家个人传记题材,《聆听弘一》是众说纷纭构建的作品。我始终在探索话剧可能的呈现方式。《北京法源寺》中的海量台词、大段独白、繁复的结构产生了戏剧的可看性,时空结构虽是碎片化的,但故事性没有弱化。剧中没有显在的人与人之间的冲突,慈禧与康有为没有见过面,光绪和康有为也只见过一面,但不影响这些人物在同一个舞台上发声。观众会感觉人物之间似乎都认识,但实际上却并不相识,甚至个人之间的矛盾也没有。他们之间的冲突是超越肉身之外的强大的思想冲突,甚至是国家发展方向、执政方针的撞击。面对这样的冲突和撞击,选择众声喧哗的方式,让不同的声音汇聚起来。《北京法源寺》里的人物是清末的名士知识分子康有为、梁启超、谭嗣同等,是晚清朝廷最核心的政治家慈禧、光绪、李鸿章、荣禄等,他们在李世民命名的悯忠寺、雍正皇帝亲自更名的法源寺内发声,而且都以高调的、相对集中的语言形式表态,这种剧场的冲击力和思想的震撼力是其他作品无法比拟的。

我的作品追求干净的气质,希望合作的演员们拿出灵魂、真实的一面,不装、不做作地投入角色

记者:进入新世纪以来,特别是近10年,话剧商业化的步伐加快,市场、资本对话剧创作的牵制作用凸显。过去是自己喜欢做什么就去做什么,现在就要考虑投资方的需要,甚至根据某个命题、任务去定制一部作品。对于这种现象,您是如何思考和实践的?

田沁鑫:在市场化进程的推波助澜下,全国兴起了盖大剧场的热潮。装修好了的房子需要有内容加以填充,这就增加了剧院的演出需求。同时,时下的文化投资也逐渐增多,很多投资商十分热衷把资金投入演出上。如此一来,剧场和我们创作者的关系就变成了倒计时。原来那种悠闲的创作状态陡然发生了变化。当然对于定制作品也要一事一议,就像戏剧的"一戏一格"一样。这里面也有违背艺术规律的情况。我们这一代赶上了中国快速发展40年创造奇迹的经历,很多时候是还没有来得及思考,就先行动前行。这期间,有些人一方面要赚钱,另一方面不愿意对不起自己的作品,二者很难兼得,所以就感觉又忙又累,甚至越累越忙。我也是在这样的状态下坚持着。习近平总书记提出要"不忘初心",这个说法可以清正人心!作为艺术工作者,清净身心,诚意创作,不忘艺术初心是必要和必需的。坚持"以人民为中心的创作导向",创作"思想精深、艺术精湛、制作精良"的优秀戏剧艺术作品,这些都是我们在创作中应该时刻谨记的。

记者:一部舞台作品的成功离不开演员的表演。您的作品也磨炼和推出了包括辛柏青、秦海璐在内的诸多优秀中青年演员。您认为导演应该赋予演员什么东西?您对演员的表演又会提出怎样的要求?

田沁鑫:我的作品追求干净的气质,这种干净体现在艺术风格和演员身上。我不喜欢有杂念、世俗气的演员,我希望合作的演员们拿出灵魂、真实的一面,不装、不做作地投入角色。像老一辈优秀表演艺术家赵丹、金山、石挥等,他们塑造角色的时候都非常纯粹、纯净,表演都在生活之中、家长里短之间。演员在演戏的时候,有时难免会带上一些生活的世俗气,这些我会在排练中把它们打掉,让演员尽可能纯粹地呈现在舞台上。同我合作的演员都很可爱,同我的关系也融洽。能遇到好演员是我的福气,我懂得感恩。

我希望我的戏剧,有扎实的文学底蕴、现代的结构方式,形式显露东方审美,演出气质流畅,似行云流水,自由不拘。

记者:如今外国戏剧大量登上中国舞台,形成了一股外国戏剧引进潮。您是如何看待这种现象的?去年您担任了乌镇戏剧节的艺术总监,如果让您去选择引进中国的剧目,您会偏重于哪些内容和风格的作品?

田沁鑫:面对外国作品的时候,我觉得我们需要有鉴别的吸收和健康的消化过程,不用生活在西方强大的技术阴影下。我们的戏剧需要文化自信和勇气,需要成熟的人格。去年,我作为第五届乌镇戏剧节艺术总监,在为期11天的时间里做了100场演出,开幕戏邀请的是俄罗斯瓦赫坦戈夫剧院排演的《叶甫盖尼·奥涅金》,舞台虽然非常简洁、凝练,但是当肖斯塔科维奇的音乐响起的时候,那种像列宾油画一般的舞台美术,展现出俄罗斯深广的东欧民族气质,一样的造型意识与高颜值演员真挚、真诚的表演,呈现的是俄罗斯的国家气象。为了检查字幕,这部作品的录像我看了几遍,看时会走神地想到中国戏剧。中国完全有可能创造出具备国家气象、国家舞台艺术形象的优秀戏剧作品。但目前还有待提高创造力,其中很重要的是中国艺术家对自己民族的文化认知和艺术自信的逐步完善,以及艺术人格的成熟。市场化环境下,关注自己看似独立,但这不是真正人格精神成熟的独立精神,依旧是"我怎么照顾好我自己"的所谓的"自我精神"。我们把自立当成了成熟,在思想上没有给自己一个更高的操守标准、情操准则、道德规划,做戏更多是为了实现自我,目的、价值不是遵循艺术原则,传递艺术精神。这就是《叶甫盖尼·奥涅金》给我的震撼所在。还有一点,在国际艺术节看外国戏剧,大多是立足于各国本土讲述的每个国家的故事,反映了各国的历史文化和时代特色,没有刻意迎合其他国家,没有盲目追捧技术,而是把自己国家的故事讲清楚,建构起属于各自国家的艺术形象,然后让不同国家的观众产生共鸣。看国外作品也是激励我们反思,我们更需要多多创造属于中国国家舞台艺术形象的作品。

记者:您是一位名副其实的"文学导演",因为您的大部分作品都是根据文学经典名著改编的。文学对您的创作带来了哪些影响?

田沁鑫:我爱看书,读书可以使人明心见性,提高对社会和人生的鉴赏力、观察力,同时陶冶情操。我小时候除了阅读明清小说,还喜欢科幻文学。我读书时,把图书馆的科幻书都借遍了。我现在的戏剧结构有数理结构基础,这种热爱可以延伸到看电影上,斯皮尔伯格的《头号玩家》,吕克·贝松《第五元素》,电影《罗拉快跑》《黑色追缉令》等,都是非线性结构。我的戏剧处女作《断腕》到之后的《生死场》《红玫瑰与白玫瑰》都是非线性结构,只有《四世同堂》是传统三幕式话剧,《北京法源寺》中的结构层次明显,1921年法源寺的方丈和1898年死在菜市口、停灵法源寺的谭嗣同,可以共同作为见证人。时空交错,观众没有提出质疑。这种浪漫主义结构是中国古典小说《西游记》、宋活本《白娘子永镇雷峰塔》、明朝昆曲剧本《牡丹亭》等作品给我的启示。创作者要有洞悉历史的能力,这是古典文学和科幻文学对我戏剧结构的影响。我编剧的台词,有节奏和韵律,得益于上戏校时看过的大量戏曲剧本,像《群英会》《搜孤救孤》、全本《四郎探母》、翁偶虹的《锁麟囊》。我爱看武侠戏剧本《恶虎村》《十三妹》《四杰村》等,都是出自历朝历代的知识分子之手,这些剧作家影响了我剧本语言的风格和气质。我对人生的感悟来自于传记。外国小说也看,包括传记题材,看的第一本是美国舞蹈家伊莎多拉·邓肯自传,陆续看了一些讲个人奋斗的传记文学作品,从传记中看到了不同人生,感受到人性的丰富。除文学之外,我对中国象棋、围棋也感兴趣,围棋讲究气韵相通,堵住气门就是死局。所以我希望我的戏剧有扎实的文学底蕴、现代的结构方式,形式上显露东方审美,演出气质流畅,似行云流水,自由不拘。

红楼一觉梦中人

白先勇　陈志明

2017年3月,广西师范大学出版社推出白先勇新作《白先勇细说红楼梦》,在海内外引起关注。今年3月,白先勇又在上海发表《红楼梦与我们的文艺复兴》主题演讲,并与刘梦溪、宁宗一等就"百年红楼"展开学术对话。本文是陈志明对白先勇的独家专访,谈了《红楼梦》、昆曲之美、文学心路、神话与文学的关系等话题。

陈志明:您的《白先勇细说红楼梦》2017年在大陆首发,迅速引起关注。请问您是从什么时候开始接触中国古典文学、阅读《红楼梦》的?

白先勇:我第一次接触到《红楼梦》的人物是六七岁。在重庆有一种"美丽牌"香烟,每包都有一张公仔图,有贾宝玉、林黛玉、薛宝钗等。我的堂姐喜欢收集这些《红楼梦》人物,并且讲《红楼梦》故事给我听。

直到我十一二岁才真正看到《红楼梦》这本书,是母亲收藏的一套绣像《红楼梦》。我似懂非懂地翻阅了一遍,没想到从此跟《红楼梦》结上一辈子的缘。这本书我也教了大半辈子。虽然我在大学主修西洋文学,但对中国古典文学一向是爱好的。

陈志明:您的父亲白崇禧是军人,您却喜欢和热爱文学。请谈谈您的文学心路。

白先勇:我父亲是军人,但他的古文根底不错。他特别注重我们的教育,尤其是中文,一定要我们打好根基,暑假还请老师来教我们《古文观止》里面的文章,而且还要背书。我个人从小就爱文学。我小时生病,患了4年多的肺病,抗战时,肺病是致命的传染病,因此被隔离。我离群独居了4年,等于失去了童年,因而在孤独中变得十分敏感,时常爱幻想,听家人讲古、阅读小说引导我走上了文学之路。

陈志明:您曾经说过,要借助写作,"把人类心灵中无言的痛楚转化为文字"。您自己也有着一份"无言的痛楚"吗?您怎么看这份"无言的痛楚"?

白先勇:我曾经回答过"为什么写作"这样的问题,答案是:"我写作因为我希望把人类心灵中无言的痛楚转化为文字。"我写的是"人类"心灵中无言的痛楚,而不是我一己之痛,那太狭窄了。但我跟我创造的人物的内心痛楚一定是有同感的,要不然我写不出来。

陈志明:您熟读《红楼梦》,认为它是"天下第一书",这里面除了《红楼梦》本身的文学魅力外,还有没有其他情结,比如您的自况等?

白先勇:我青少年时经过抗战、内战,经过家国社会的大流离、大颠倒。我出身大家族,也经历了家族的起伏支离,对于《红楼梦》描写贾府的兴衰,人世的枯荣无常,自然感触特别深。尤其对贾宝玉这个人物的意义,的确有我个人的看法。

陈志明:您认为后四十回仍系曹雪芹所作,但很多人并不这么认为。请谈谈您眼中的《红楼梦》后四十回。

白先勇:《红楼梦》前八十回与后四十回之争是百年来红学界永远得不到定论的议题。主要因为现在我们还找不到曹雪芹的原稿,所以大家的理论都是一种臆测,等到哪天曹雪芹的原稿真的出现了,这个谜才能揭开。我对后四十回的看法有两方面:

第一,我相信后四十回还是曹雪芹的原稿,而非高鹗的续作,高鹗只是个修补者。理由如下:乾隆五十六年(1791年)程甲本程伟元、高鹗的序以及次年程乙本程、高二人的引言说得清楚明白,后四十回原稿是程伟元从收藏家获得二十多卷,其余十多卷是从鼓担上寻得,重金购买。因原稿"漶漫殆不可收拾",程伟元乃邀高鹗"细加厘剔,截长补短,抄成全部",对于原文特别申明"未敢臆改"。到现在也未有铁证断定程伟元、高鹗二人说谎,后四十回是高鹗伪托。何况程高本问世离曹雪芹死去并不久,当时红迷甚多,如果高鹗敢伪托,早已群起攻之了。铁证未出现以前,我们还是姑且相信程伟元、高鹗二人说的是真话吧。其实不少红学家如林语堂、高阳等人早已认为后四十回不是高鹗续作,根本就是曹雪芹原稿。

世界上好像还没有一本经典小说是由两位或两位以上的作者合写而成的。何况《红楼梦》前八十回早已千头万绪,漫天撒网,后四十回如果换了一个作者,如何能将前面长长短短的线索衔接起来而不露裂痕,尤其人物语调口气的统一就是一个大难题,前八十回的贾母与后四十回的贾母绝对是同一个人。后四十回是写贾府的衰败,最后被抄家,可以感受得到,作者对于贾府以及其中人物的命运充满悲悯哀怜,《红楼梦》是曹雪芹自传性的小说,高鹗跟曹雪芹的身世有天壤之别,很难有个人真挚的情感注入其中。

《红楼梦》第五回的判诗对人物的命运结果,后四十回大致都能符合。许多伏笔,如宝玉赠给黛玉的定情手帕、蒋玉菡与宝玉交换的红绿汗巾,后四十回都用到了,而且用得非常有效、恰当。前八十回与后四十回是一脉相承、前后贯通的。如果后四十回真的矛盾重重,情节不通,这两百多年来,一百二十回程高本哪可能感动世世代代的读者?

第二,很多人对后四十回的艺术成就有微词,张爱玲甚至说曹雪芹的红楼梦只写到八十回是其终生遗憾之一,她看到第八十一回就感到"天昏地暗"。我完全不是这样的看法,我觉得《红楼梦》的悲剧力量全在后四十回,黛玉之死、宝玉出家是全书两个最要紧的关键,是撑起红楼梦这座大厦的梁柱,这两段情节只要有一段写差了,红楼这座大厦便会应声倒地,可是后四十回这两段关键情节偏偏写得最精彩,尤其是宝玉出家,可以说是中国抒情文学中一座无法超越的高峰,最后"落了个白茫茫大地真干净"。前八十回当然写得好,但写得再好也是替后四十回铺路的,没有后四十回,《红楼梦》不可能成为完整经典。很多人尝试续《红楼梦》,但没有一个能成气候,可见程高本的后四十回是无可取代的。

陈志明:您曾经说过,《牡丹亭》和《红楼梦》是影响您一生的两本书,《白先勇细说红楼梦》出版以后,"总算都为它们做了些事,了却这辈子的心愿了"。从今而后,您还有哪些写作规划?

白先勇:《牡丹亭》与《红楼梦》是我最喜爱也是影响我最深的两本中国古典文学,我算是替这两本经典做了一些事,替《牡丹亭》青春还魂,替《红楼梦》下了一个新注解。下一步我还有许多文债没有还,我父亲的传记只写了两本,它应该是三部曲。

陈志明:有人称您推广《红楼梦》和昆曲是"一个人的文艺复兴",您怎么看这个"一个人的文艺复兴"?

白先勇:"一个人的文艺复兴"是夸大的说法。我一直有一个愿望:希望21世纪中国会发生一场欧洲式的"文艺复兴"。19、20世纪中国因为国力及文化衰落,在世界文化领域中失去了发言权,都由西方强势文化领导发言。21世纪中国强盛起来了,正是建设我们文化的好机会。我们整个民族都需要文化的救赎。"文艺复兴"当然是一条漫长崎岖的路,但如果全民族都有这个心,中国的"文艺复兴"就有希望。首先当然是要从传统文化中去寻找灵感启发,这些年我之所以拼命推动昆曲及推广《红楼梦》,就是因为像《牡丹亭》《红楼梦》这样的作品都是文化标杆,我们需要这些文化标杆来引导我们踏上"文艺复兴"之路。

陈志明:在新著《白先勇细说红楼梦》中,您一再强调《红楼梦》的神话架构以及它的象征性。从文学史的角度观察,其实自魏晋志怪以降、隋唐传奇、宋元平话、明清神魔小说等,都有向读者传递丰富的神话信息。现代作家、当代作家的作品中也不乏对神话的解读与变形。您能不能从文学史的角度,讲一下神话与文学的关系。

白先勇:西方心理学家荣格认为,神话是一个民族心理下意识的投射。文学里运用神话,往往包容了整个民族性,因此视野特别阔大。《红楼梦》一开始便用了女娲炼石补天的神话,女娲炼了三万六千五百零一块石头,用了三万六千五百块,就一块没有用,这块灵石后来便变成宝玉下凡去了。其实,女娲赋予这块灵石的使命更大,灵石(宝玉)下到凡尘孽海里是去补情天的,《红楼梦》又名《情僧录》,情僧(宝玉)须用"情"来普度众生。从中国人、中国文学的传统来说,"情"是宇宙的原动力。灵石在青埂峰(情根峰)下生了情根,"情根一点是无生债",从此宝玉在大观园里便有还不完的情债。《红楼梦》里的神话、寓言把小说从写实架构提升到抽象象征的境界。

陈志明:《白先勇细说红楼梦》出版后,也有一些不同意见。安徽女作家闫红发表文章《白先勇误读了〈红楼梦〉,也看错了尤三姐》,认为"相对于程乙本的黑白分明,庚辰本里讲述的尤三姐的一生,更让人一言难尽"。并说:"《红楼梦》是一部很容易在阅读中融入个人体验的书,白先勇或是别的人,也许能在程乙本里读出更多妙处,这个不予置评,但只是随口下判断,斩钉截铁地说哪个版本更好,对于这样一部书,似乎不相宜。"您怎么看这些不同意见?

白先勇:《白先勇细说红楼梦》这本书有我许多个人的看法,跟有些人对《红楼梦》的意见有所抵触,争论一定是有的。文学问题有争论是好的,何况《红楼梦》的内容如此复杂,自然有各种不同的看法。《细说》这本书是由我在台大教《红楼梦》导读教了三个学期100个钟头的讲稿编辑而成。教书期间我用了两个版本,一个是以庚辰本为底稿,另外一个是以程乙本为底稿的《红楼梦》。我有机会把两个版本从头到尾、从第一回到第一百二十回都仔细对照过一次,我完全是从小说艺术、美学观点来比较这两个版本,我发觉以庚辰本为底稿的版本也隐藏了不少问题,我都一一指了出来。其中我认为最严重的是庚辰本把尤三姐这个人物扭曲了,把她写成了一个水性杨花的女人,早跟姐夫贾珍有染,因此关于她的后来几个章节就说不通了。程乙本把二尤姐妹做了一个对比,这也是曹雪芹塑造人物常用的手法,二姐柔顺,三姐刚烈,贾珍虽然对她垂涎,但因三姐脾气不好惹,所以不敢冒犯。可是庚辰本写到第六十五回,贾琏娶尤二姐金屋藏娇,一日贾珍也来引逗二尤姐妹,尤二姐与尤老娘故意避开,让贾珍狎昵三姐,刚烈如三姐竟让姐夫"百般轻薄""挨肩搽脸",连小丫头都看不过,躲了出去。此处三姐不仅顺从而且逢迎,可是到了下一段,当贾琏敬酒撮合三姐与贾珍,三姐却突然间大怒痛斥贾琏、贾珍,这是《红楼梦》写得最精彩的片段之一。但如果三姐如庚辰本所写是个水性妇人,早与姐夫有染,此处她便完全没有立场呵斥贾珍、贾琏对她不敬了,这么精彩的一段就变得不合情理了。尤三姐一心要嫁柳湘莲,柳湘莲怀疑三姐乃"淫奔之流",三姐当场用鸳鸯剑自刎以示贞洁。如果三姐早已失身于贾珍,柳湘莲怀疑她并没有错,三姐更没有理由自刎以示贞洁了。那么尤三姐的爱情悲剧便不合逻辑。这是我对闫红女士的答复。

陈志明:您指出,《红楼梦》中的贾宝玉是释迦牟尼式的人物,为什么会想到"释迦牟尼"?您只讲了《红楼梦》有着神话架构,却没有讲《红楼梦》为什么要采用这种神话架构,希望您能从"神话与文学的关系"这个角度对此进行分析。

白先勇:《红楼梦》有很强烈的儒、释、道三家哲学思想的暗流在主导小说的发展,儒家思想主要表现在写实层面,而道家跟佛家思想则构成了《红楼梦》神话寓言的世界。《红楼梦》在某方面来说是一则佛教神话:顽石历劫的故事。宝玉出家很像佛陀前传,悉达多太子四门出游,勘破生、老、病、死,剃发离家成佛,宝玉的一生也类似悉达多太子:享尽荣华富贵美色,最后看破红尘,归彼大荒。王国维评李后主词"乃以血书者",俨然似释迦、基督担负了人类的罪恶、痛苦。我觉得这句评语用在贾宝玉身上更合适。宝玉穿了大红猩猩毡斗篷,光头赤足,向父亲贾政合十四拜,随着一僧一道在雪地上飘然而去。我认为宝玉出家是背负了世上所有"情伤"的十字架而去,所以《红楼梦》又叫《情僧录》。情僧指的就是宝玉,情是他的宗教信仰。

"孩子的心,更需要清泉般的滋润和抚慰"
——访剧作家冯俐

徐 健

一朵白云远悬,两三簇荷花半开,七八株翠竹挺立……恬淡的乡村景象中,一鸟一蚌一鱼,一对靠打鱼为生的夫妻,用充满童趣与灵动的表演,将人们耳熟能详的"鹬蚌相争,渔翁得利"的故事进行了全新的演绎。这是中国儿艺正在上演的儿童剧《鹬·蚌·鱼》,而重新激活这个故事智慧与哲思的,就是剧作家冯俐。从《木又寸》对独角戏的大胆尝试,《山羊不吃天堂草》对少年成长叙事的开掘,到《鹬·蚌·鱼》对肢体、传统戏曲元素的娴熟运用,冯俐在儿童剧创作上走了一条"与众不同"的艺术探索之路。她"始终像个孩子一样热爱尝试新鲜事物",喜欢把对当代社会的思考、发生的问题寄托于故事之中,并予以情感与审美的观照,拓展了当代儿童剧创作的艺术疆域。六一儿童节来临之际,围绕儿童剧相关创作话题,本报记者邀请冯俐讲述了她和儿童剧的故事。

可以同时打动孩子、家长和专家,才是儿童剧优秀的标准

记者:《鹬·蚌·鱼》不同于您之前主持创作的《中国故事之成语魔方》系列作品。同样是讲述中国故事、传播传统文化,该剧的主题立意更加现代,表现方式更加丰富,艺术风格更加独特。最初为什么会选择对成语故事进行重新解读?积累了哪些创作的经验?

冯俐:《鹬·蚌·鱼》得益于这些年我主持创作系列组合短剧《成语魔方》过程中的思考和经验。同样是以"讲述中国故事,传播传统文化"为出发点,但这部戏,应该说在形象化巧思和演出形式感上,全方位地走得更远了一些。《成语魔方》缘起于我到儿艺上任时,时任文化部副部长董伟跟我谈话时提出的要求:把中国人耳熟能详的成语、谚语、传说等,转化为好的儿童剧作品传递给孩子们。我决定从成语入手。第一次召集创作会之前,我先为这个系列做出定位:它是二十分钟左右的短剧,但绝不是简单图解的"看图说话"或"课本剧",而是具有唯一性的艺术品——要紧扣成语主旨、本意,更要最大限度地发挥艺术想象,鼓励调动多种样式的舞台艺术手段。四年推出的四部《成语魔方》呈现样式很丰富。十三个成语短剧中,有偏正剧的、偏喜剧的、偏歌舞剧的,重语言、重肢体的,放大戏曲元素的、借助人偶的……四年来,通过与多位年轻编导的共同努力,我也积累了更多将优秀传统文化进行创造性转化的感悟和思路:成语的智慧、精髓不能丢,但要从反讽中发展出正解;要有童心、童趣,让孩子们看懂、喜欢;要给智慧和思想插上艺术和情感的翅膀;要让孩子兴趣盎然,让家长共情动心,让学者看到艺术价值和思想意蕴。可以同时打动孩子、家长和专家,才是优秀儿童剧的标准。

《鹬·蚌·鱼》取材于"鹬蚌相争,渔翁得利"。剧中增加了鱼和渔妻两个"人物",利用复式结构,先创作出"鹬蚌相争,渔翁得利"的有趣又有逻辑的戏剧过程,再推进到"渔翁夫妇相争"的反向戏剧发展,落点放在了对"和谐相处"的形象化呼唤上。这个作品的创作初衷,是中国儿艺面对低幼观众和国际交流作品的短缺,想以没有语言的方式,强化更加形象的视听手段,让小小观众和不懂汉语的外国观众接受无障碍。灵感是在音乐的想象中萌芽的:中国民乐打击乐中的变化多端,可以表现不同节奏、情境的争斗;富有个性的民族乐器如琵琶、唢呐,可以鲜明表现鹬鸟、渔夫这些不同的形象和他们的情绪。这个成语本身是讲争斗会带来两败俱伤,实际就是呼唤和平共处。中国优秀传统文化能流传至今,其中蕴含的价值观是相对永恒的。现在全世界都在呼唤和谐,消除纷争,有这个主题做支撑,任何国家的大小观众都会对它认同的。

记者:近些年,您的儿童剧创作给我们最大的感觉是"不走寻常路",一直在变换方式进行儿童剧的中国表达,比如2015年推出的《木又寸》,不仅在中国儿艺的原创剧目史上首次尝试独角戏,也是第一次对观剧的儿童进行了年龄段的划分。这部作品透露出的对于生命的哲学追问、对于成长的忧伤式解读,都对以往的儿童剧创作构成了一次挑战。

冯俐:《木又寸》的主人公是一棵森林里的小银杏树,因为美丽被移植到了城市。她告别了山鹰和树哥哥,一路经历着柳树大姐、杨树兄弟、小男孩、老奶奶、知了、流浪猫等生命过客的悲欢离合,经历着拆迁、修路、挖湖、造山带来的迁徙。在驿动的生命旅途中,努力适应着变化,始终渴望着温暖,守护着尊严,直到再次与树哥哥相遇。这部作品是带领孩子探索生命历程、饱尝喜怒哀乐的心灵旅行。虽然,它作为独角戏的艺术风格独特、戏剧假定性极强,但剧场里的大人和孩子,甚至三四岁的小小孩,都被深深吸引,并被唤起了大大的同情心。观剧过程中,孩子和家长如此安静却又不是出于紧张,如此动情却不是因为伤心……都是因为这棵小银杏树让他们想到了自己——无论是大人还是孩子,都跟这棵小银杏树一样:经历过身不由己的被动和无奈,遭受过别人有意无意的伤害,都惧怕过陌生和孤单,都忍受过卑微和弱小,都渴望过被理解和被尊重,都体会过离别之痛和相思之苦,都感受过不得不随波逐流的黯然和被重新点燃希望的狂喜。散场时,每一个人都仿佛经历了一次沉静而知心的交谈,仍在若有所思,如同阅读好的文学作品之后的掩卷沉思。沉思中,那被现实揉搓成一团的心,像得了雨露的树叶一样,轻轻地舒展开了。

帮助孩子认识自己、认识他人、认识世界，
也帮助孩子学习如何对待自己、对待他人、对待世界，这就是我的儿童剧创作观

记者：当下的儿童剧演出市场活跃，但是演出剧目的质量参差不齐。剧目质量的高低很大程度上源自从业者创作观念、演出诉求的差异。您的儿童剧创作观是什么？除了讲道理、教知识、寓教于乐外，您认为儿童剧最应该向孩子传达的东西是什么？

冯俐：我始终像个孩子一样热爱尝试新鲜事物，始终是个没有忘记自己的童年和少年，因而始终能够亲近孩子的成年人。孩子天生拥有巨大的好奇心和浓厚的求知欲，但孩子不喜欢被小看，不喜欢被对付，不喜欢被说教。他们喜欢被凝视关注，喜欢平等交谈。他们对自己、对世界有无数疑问和困惑，渴望成年人能耐心陪伴着一起寻求答案。儿童剧最重要的功能，是帮助孩子认识自己、认识他人、认识世界，也帮助孩子学习如何对待自己、对待他人、对待世界。这就是我的儿童剧创作观。

孩子成长需要"糖果"——那些给孩子带来欢乐和趣味的艺术作品；孩子成长需要"预防针"和"果味钙片"——那些寓教于乐、注重知识性和教育性的所有品德、文化、传统，包括革命传统的教育都在其中的艺术作品。但孩子成长还需要健康丰富的"食物"和滋润心灵的"甘泉"——那些可以一点一滴培育他们健康人格，可以令其心灵充盈、柔软、宽阔的强调审美和情感的艺术作品。我总会非常心疼今天这些吃了太多"糖果"和"补药"的孩子。懂很多道理、掌握很多信息的他们，心里同时也藏着许多属于他们的沉重和忧伤，即使还没到拒绝幼稚的年纪，但也都像《木又寸》中的小银杏树一样，对世界充满信任又充满困惑，容易受伤却又不会诉说，渴望被了解、被理解而不容易得到，天真无邪又总是无助。孩子的心更需要清泉般的滋润和抚慰。儿童戏剧除了给孩子们讲道理、教知识，更应该学会蹲下身来，以艺术的方式平心静气地跟孩子交谈，谈他们想要谈论的一切。

记者：儿童文学作家曹文轩曾经说过："中国儿童文学现在已处在一个非常高的水准上，可以说已经在国际水平线上了。"但在儿童剧中，一些优秀的儿童文学作品与舞台似乎存在天然的鸿沟，这不能不说是儿童剧创作的一种缺憾。2017年，您改编了曹文轩的同名儿童文学作品《山羊不吃天堂草》，并冠以"成长戏剧"之名。在您看来，戏剧与文学的关系是什么？你在改编中又是如何兼顾文学品质与戏剧审美的？

冯俐：这部戏的创作，就是中国儿童戏剧向中国儿童文学的致敬。戏剧与文学属不同艺术体裁，拥有各自不同的艺术特质。比如说：小说是叙述的艺术，而戏剧是动作的艺术，等等。二者的精神实质却是相同的，都是人学。其关注的核心都是人。《山羊不吃天堂草》是一部具有扎实社会背景、深刻思想性和独特寓言性的小说作品。但一

部作品在自己的文体中实现得越完美,转换成另外的文体时就越困难。在导演、演员和主创们的共同努力下,同名戏剧作品得到了原著作者曹文轩老师的认同,也得到了戏剧专家们的认同。好的改编不仅需要凝练,更需要提炼,需要重新结构。剧本将小说中娓娓道来的顺序描写,天翻地覆地重新编织成两条戏剧线索。一条是具有悬念的情节线,倒叙式的回溯。从少年明子"涉嫌诈骗"被带到派出所开始,在各种人的不断追问中,在"现在进行时"的外部框架里,故事沿着明子独自思索的心理线推进,不断跳回到"过去进行时",展现明子进城打工,一路上,人生观、价值观不断建立、颠覆、变化跌宕的心理历程。另一条线是把原小说最后才托出的"山羊不吃天堂草"的故事,化作明子巨大的内心疑问,在序幕中,就以诗意的舞台形象提出,构成形而上意味的叩问,随明子一起探寻着"山羊为什么不吃天堂草"的答案。将一个人生问题的思索过程,形象化地贯穿全剧,保持小说的文学品质,创造戏剧的独特艺术魅力和审美价值,从一度剧本到二度呈现,令舞台上升华出"无边无际的悲悯"——曹文轩透过他创造的文学"看到了艺术"。

现实题材儿童剧的创作,难点不在教,而在化——将思想化为打动孩子的艺术形象

记者:从一定角度看,《木又寸》《山羊不吃天堂草》都可以看作是现实题材的儿童剧作品。而在不同题材、样式的儿童剧中,现实题材的创作难度往往是最大的。您认为,现实题材儿童剧创作的难度何在?如何进行突破?

冯俐:孩子永远需要童话、寓言,需要丰富的想象和鲜明的艺术形象。而现实题材的书写,往往容易陷入具体的生活再现,陷入概念化的形象塑造和只教不化的主题宣讲,让孩子们不喜欢。孩子不喜欢的儿童剧是不及格的儿童剧。现实题材儿童剧的创作,难点不在教,而在化——将思想化为打动孩子的艺术形象。《木又寸》以童话的方式反映了孩子所能理解的现实生活。它的主人公是树,表现的却是人。该剧的创作实践给了我非常重要的启示和突破口,即儿童剧的现实题材可以有丰富的儿童化的写法。以童话的、寓言的,甚至神话、魔幻故事的手段,来表现现实生活,这应该是儿童剧创作理念上的一种突破。

那么,如果故事本身就是现实生活里来的呢?那就要向人物的心灵最深处挖掘。《山羊不吃天堂草》里,一群饥饿的山羊,面对一片肥美茂盛的天堂草,却不肯低下头食用,若干天后竟一只只倔强而高贵地死去……山羊为什么宁可饿死也不吃天堂草?少年明子带着心中巨大的疑问,迫于生活的压力,带着父亲"自己去长大成人"的殷殷期盼,带着养家的责任,跟随师傅和师兄进城打工谋生。在他们似乎难以走进的世界,单纯倔强的明子遇见了许多不同的人和事……在生活的艰辛中,他不时地感受到温暖,也不时地被逼到了人性抉择的悬崖边。他在乡土文明的坚守与现实生活的压力中不断挣扎,在不断的追问和选择中逐渐领悟到"山羊不吃天堂草"的人格隐喻,艰难而执着地成长着。虽然明子生活在当下大多孩子并不熟悉的社会底层,但心灵是不分阶层的。从明子身上,他们——包括成人——会看到自己,认识到成长的艰难,甚至认识到人性的复杂。青少年观众会在不断的共情同感中,深深地感受到在长大成人的道路上,自己并不孤独。

记者:随着中外戏剧交流的日渐活跃,国外的儿童剧作品纷纷登上国内舞台,尤其是连续八届的中国儿童戏剧节,让国内的孩子们看到了不少优秀的外国儿童剧演出。您认为,在儿童剧的创作观念、内容开掘、表现形式等方面,国外同行的实践有哪些是值得我们学习和借鉴的?中国儿童剧"走出去"还需要解决哪些问题?

冯俐:值得我们向各国优秀儿童剧借鉴的,简单说,一是在创作观念上可以更加开阔,针对不同年龄,儿童剧也可以是简单的、浪漫的、非完整的。二是创作方法上可以更丰富,传统的从剧本入手之外,也可以从音乐、舞美、各式各样的表演技艺入手。三是主题可以更广泛,关于死亡、关于黑暗、关于恐惧、关于孤独、关于战争、关于病痛、关于难民……所有少年儿童关注的话题都值得去慎重涉猎。四是要更加强调作品的个性,发现、鼓励绝活式的、唯一性的表达。五是在小体量作品中,少依赖声光电,多去尝试单纯表达:将一两种舞台元素,比如色彩、声音、材料、特殊技艺、高科技艺术手段等用到极致。在儿童剧"走出去"方面,中国儿艺已经开了好头,做了非常好的示范,但路还长。我们常说"越是民族的,越是世界的",其核心含义,应该是指对人类共性话题的具有民族个性的表达。把握住"共性话题"和"个性表达",中国的儿童剧会越走越远,越飞越高。

刘以鬯：让香港现代主义开花结果
——访香港文学研究学者赵稀方

王 杨

香港著名作家、编辑家刘以鬯于6月8日下午2点25分在香港逝世，享年99岁。刘以鬯，原名刘同绎，1918年12月7日生于上海，祖籍浙江宁波镇海，1948年底定居香港。刘以鬯自20世纪30年代起投身严肃文学创作，创作涵盖小说、散文、诗歌、评论等门类。代表作有小说《酒徒》《对倒》《寺内》《打错了》《岛与半岛》《他有一把锋利的小刀》《模型·邮票·陶瓷》，评论《端木蕻良论》《看树看林》等。他在创作中完好继承了五四新文学传统，率先引介西方现代主义文学思潮，为香港文坛哺育了一大批作家，被称为"香港现代主义文学之父"。刘以鬯先生逝世后，记者就刘以鬯的文学创作特色及成就等话题，采访了中国社会科学院文学所二级研究员、香港文学研究专家赵稀方。

记者：刘以鬯先生在百岁时离开了我们。刘先生的一生可以说是参与了中国文学近百年的发展历程。在您看来，刘以鬯先生文学生涯中最重要的贡献有哪些？

赵稀方：刘以鬯的重要贡献，简要来说，可以分几个方面：

一是现代主义的倡导和实践。香港最早的现代主义思潮，开始于1956年马朗创办的《文艺新潮》，刘以鬯在其后期有作品发表。1960年，刘以鬯主编《香港时报》副刊《浅水湾》，重新聚集现代主义人马，并将香港现代主义推向高峰。他本人也致力于现代主义实践，于1963年创作出《酒徒》这一华语文学经典，使得香港现代主义开花结果。

二是以文学为本体，扶植年轻一代。20世纪五六十年代以来，香港文坛"左"右鲜明对立，刘以鬯在政治之外倡导现代主义。70年代前后，随着战后出生的新一代香港人长大成人，香港文坛发生了历史轮替，刘以鬯却继续为年轻人所追捧。新一代香港本土作家多数倾向现代主义，是在刘以鬯等人的引导下成长起来的。

三是主编报刊，经营香港文学。自1941年大学毕业在《国民公报》和《扫荡报》做编辑，一直到2000年前后卸任《香港文学》主编，刘以鬯担任报刊编辑约60年时间。其中较为有名的是1960年《香港时报·浅水湾》和1985年的《香港文学》，前者推动了五六十年代香港现代主义运动，后者整合了香港文学的不同流派。

记者：20世纪40年代，刘先生在上海就开始创作、编辑报纸副刊，还创办了怀正文化社，出版现代文学著作，与施蛰存、徐訏、戴望舒、姚雪垠等有诸多交往，您认为这对刘先生之后的文学创作有怎样的影响？

赵稀方：说刘以鬯是香港作家，其实只说对了一半，他资格很老，早期其实是现代文学作家。很少有人知道，中学时代刘以鬯就在上海参加了无名文艺社和狂流文艺会，并在《人生画报》1936 年 5 月 2 卷 6 期上发表了第一篇小说《流亡的安娜·芙洛斯基》。中学毕业后，七七事变爆发，刘以鬯入圣约翰大学，又在《文汇报》副刊《文笔》发表了多篇小说。大学毕业后，他就开始在多家报刊任编辑工作，并发表作品。他还于 1945 年创办了怀正出版社，出版戴望舒译波德莱尔《恶之花掇英》、施蛰存《待旦录》、李健吾《好事近》等著作。后来他与姚雪垠计划创办《小说杂志》，因战争而中止，他带着一部分稿件如孙伏园的《鲁迅先生的小说》、戴望舒译《英国小说中的旅行》等来到香港。1951 年，他在编辑香港《星岛周报》时，把这些文章发表了出来。

刘以鬯是从内地走出来的。他的纯文学和现代主义的文学趣味，都来自于中国现代作家。刘以鬯与后来香港作家不同的地方在于，他有深厚的中国现代文学情节，他很喜欢评论 20 世纪三四十年代的中国作家，自己的创作也是对于 20 世纪上半叶现代主义的继承和发展。

记者：刘先生的《酒徒》《对倒》等作品写了知识分子的苦闷和生存，特别是香港这个国际性城市中人的现代性经验，这是否可以看作香港文学的一种独特性表达，其独特性在哪里？

赵稀方：刘以鬯的现代主义是很独特的，这来自于香港文化格局的独特性。由于殖民性、商业性等各种因素，香港既不具有深厚的中国文化传统，同时又没有建立起现代西方都市特有的那种人文传统，由此成为一个失去了文化根基的、纯粹实利化的城市。在香港，一切以金钱为中心，因此所谓文化只能是金钱支配下的畸形儿。这里的报刊完全按照"生意眼"选择作品，对于他们来说，"小说与电影并无区别，动作多，就是好小说，至于气氛、结构、悬疑、人物刻画等等都不重要"。真正的文学与艺术，成了"票房毒药"，因此在香港是最不值钱的东西。在此种情形下，最畅销的文化作品是武打、黄色小说与动作片、粤语片。《酒徒》中的"酒徒"是一个职业作家，他 14 岁就开始从事严肃文学创作，有着较高的中外文学素养，他编过纯文艺副刊，办过颇具规模的出版社，出版五四以来的优秀文学作品。来到香港后，为生活所逼，他不得不放弃了二三十年的努力，开始为报刊写武打、色情小说。他无法不受自己良知的指责，但不如此又无以为生，只好沉溺于酒中，用酒精来麻醉自己。

如果说西方现代主义多反映理性社会中人的精神分裂，香港的现代主义则较少人性的形而上体验，这里最为急迫的现实是商业性对于文化的侵蚀，是金钱对于人性的扭曲。《酒徒》(1962 年)全面反映了 60 年代香港的文化沉沦状况，揭示了商业化的香港都市对于人的心灵的压抑与扭曲,并发展出了一套现代主义的叙事模式。

记者:《酒徒》究竟有何艺术特色?

赵稀方:《酒徒》被称为中国当代第一部意识流小说,刘以鬯并没有首肯这一说法,他只是说《酒徒》中运用了意识流手法。的确,刘以鬯对于西方意识流手法做了中国式的改造。意识流小说虽能深刻展示人的内心的无意识心理,但那种错乱无序的形而上意识并不符合要求情节好看的中国读者的阅读期待。刘以鬯最喜欢的作家是乔伊斯,但他最喜欢的作品却不是《尤利西斯》,而是福克纳的《喧哗与骚动》,其原因就在于《喧哗与骚动》相对来说情节性强一些。《酒徒》的构思很巧妙,主人公是一个常常酩酊大醉的酒徒,书中贯穿着"醉"与"醒"两重结构。"醒"时主人公是理性的,书中的情节由此而得到交代;"醉"时主人公是失常的,他内心的意识流动合情合理。如此,读者既明白了情节,又感受到了人物内心流泻的深度。

刘以鬯一直致力于"以诗的语言去写小说",其跳跃的、意象性的诗歌语言产生了独特的效果。《酒徒》的诗化语言主要表现为:一、语句的分行、排比,段落的复沓;二、指陈性的叙述变为意象性的暗示。普通小说的散文体线性语言已被分行的、长短不一的、意象性的语句所代替,这给读者以突兀、跳跃,又含蓄、朦胧的感觉,正切合了心理流动的特征。刘以鬯《酒徒》的诗化语言或许受到了西方意识流小说的启发,但他已将其化为己用了,《酒徒》中的意象与韵律无不显出作者不同于西方的东方诗国气韵。

记者:刘先生的现代主义写作方式或者说流派后来在香港的发展情况怎样?是延续了还是发生了一些变化?

赵稀方:就刘以鬯本人来说,他在《酒徒》中坚持不懈地进行实验小说写作。他对传统小说结构的变革主要有两种类型:意识流与反小说。《酒徒》之后,刘以鬯主要将意识流运用于"故事新编"上。鲁迅以来,"故事新编"在中国现代文学中历有传统,但刘以鬯的《寺内》等小说的隐性心理流动却别出机杼。"反小说"指对于传统小说结构的拆毁,《对倒》吸收福克纳《野棕榈》中的音乐对位法,分别用不同章节写两个人的故事,效果十分独特,无怪乎后来引起王家卫的兴趣。

就传承来说,香港五六十年代现代主义后来主要为新一代本土作家所继承。从70年代中期开始,新一代港人浮出历史地表,出现了《四季》《大拇指》《罗盘》等报刊,至《素叶文学》而达到高峰。也斯、西西等新一代港人,自觉继承发展了刘以鬯第一代现代主义的传统,吸收"新小说""魔幻现实主义"等最新西方现代后现代文学思潮,将香港现代主义发展到了新的高度。

记者:刘以鬯后期以主编《香港文学》闻名,这个刊物在文学史上有何贡献?

赵稀方:刘以鬯在香港主编刊物最成功的一次,是1985年主编的《香港文学》。80

年代香港文坛面临着危机,特别到1984年,随着《诗风》《当代文艺》和《素叶文学》的停刊,香港文坛几乎到了弹尽粮绝的地步。在这样一种危急情形下,《香港文学》挺身而出,重振香港文坛。作为主编的刘以鬯,因为自己的特殊地位,重新集聚了香港文坛各路兵马。无论"左"与右,无论本土与南来,无论老年与青年,多数都能在《香港文学》上发表作品,由此形成了香港历史上前所未有的文学汇流。《香港文学》不但接续了香港文学的命脉,也创造了80年代以后香港文学的新的生命。

在《香港文学》的办刊过程中,一方面,刘以鬯作为南来文人,很重视衔接中国现代文学传统,仅1985年第一年,《香港文学》就刊载了"戴望舒逝世三十五周年纪念特辑""郁达夫殉难四十周年纪念特辑"等中国现代文学纪念专辑;另一方面,刘以鬯作为香港作家,又非常重视香港文学学科建设,发表了大量的香港文学报刊史料及评论,有意识地建构香港文学史。

另外,值得注意的是,《香港文学》一直以大量的篇幅关注中国内地之外的华文文学,刊登了中国台湾、中国澳门及东南亚、北美、欧洲等地区的华文文学,在世界华文文学的体系构造中,确定香港文学的主体定位。《香港文学》由此成为世界华文文学的重要阵地,这是香港作为一个独特文化空间的价值所在,也是它对于中国文学的最大贡献。

记者:您与刘先生有过哪些交往?刘先生的为文为人有哪些特质给您印象最深?

赵稀方:我发表的第一篇香港文学研究的长文,是1996年10月发表于《香港笔荟》杂志上的《刘以鬯与现代主义》一文。刘以鬯的创作,在汉语文学中别开生面,吸引了我,也是我走上香港文学研究的动因之一。

其实我一直与刘以鬯先生并无深交,只是在学术会议等场合见面,有学术上的交流。作为学者的我,感觉比较深的是,刘以鬯先生不但是作家,同时还是一个学者,这与中国当代作家是不太一样的。

刘以鬯对于现代小说有很独特的看法。他认为"现实主义应该死去了,现代小说家必须探求人类的内在真实"。在他看来,香港的"文艺小说"尚没有达到五四时代的水准,而中国现代小说与同时代的世界西方一流小说相比,仍然是落后的。《酒徒》第五节中,荷西门在谈到中国五四以来文学成就的时候提到茅盾的《子夜》和巴金的"激流"三部曲,"我"却提出"以我个人的趣味来说,我倒是比较喜欢李劼人的《死水微澜》《暴风雨前》《大波》与端木蕻良的《科尔沁旗草原》"。至于短篇小说,"我"认为茅盾的短篇小说只是"中篇或长篇的大纲",巴金的短篇只有《将军》值得一提,老舍的情形也差不多,"照我看来,在短篇小说这一领域内,最有成就、最具中国作风与中国气派的首推沈从文","谈到Style(风格),不能不想起张爱玲、端木蕻良与芦焚(即师陀)。张爱玲出现在中国文坛,犹如黑暗中出现的光"。我们知道,内地对于沈从文、张爱玲等中国现代作家的重新评价,一直到新时期才开始,刘以鬯在写于1962年的《酒徒》中早已经对此有大量阐述,应该是很有远见的。

至于为人,我觉得他比较低调。我也听过香港文坛内部的一些人事关系,不过了解不多,并且这些都已经过去了。

何冀平：我是被人艺"惯着"长大的

徐健　姬小琴

30 年前的夏天，北京人艺话剧《天下第一楼》首演，旋即轰动北京城。30 年来，这部作品常演不衰，走出国门，演出近 600 场，成为北京人艺仅次于《茶馆》的保留剧目。作为这部戏的编剧，何冀平于首演的次年转战香港，靠着在北京人艺打下的坚实写作基底，在商业社会中重新起步，与徐克合作的《新龙门客栈》为她洞开了影视剧的新天地，《黄飞鸿》《新白娘子传奇》《楚留香》《龙门飞甲》《投名状》《明月几时有》《邪不压正》等享誉华语影视界的作品里都有她的身影。北京人艺建院 60 周年院庆，她又用一部《甲子园》汇聚起了朱琳、蓝天野、朱旭、郑榕、吕中等，呈现很难复制重现的豪华演出阵容。很多人说这是何冀平为北京人艺量身定做的一出戏，这大概也可以看成是远走他乡的女儿送给家中母亲的一份珍贵的生日礼物吧。

光鲜的背后，是鲜为人知的超常付出。就在几天前，何冀平刚刚完成了为陈凯歌与章子怡合作的短片撰稿。两周内出了 5 个构想，不同的本子写了 6 稿，为赶拍摄期，每一稿都是在几个小时内完成，最后累得要靠人参支撑写完成稿。如今她已然练就十八般武艺且样样精通，邀约不断，写作不停，在话剧、影视、音乐剧、戏曲等不同艺术形态间自如切换，于文学与市场间维持了难得的艺术平衡，出手的作品既叫好又叫座。她用一支健笔，写出了世间的大气象，也开创出了独属于自己的品牌。

创意是人世间最昂贵、最值得尊重的

徐健：小时候您在北京由外婆带大，外婆也是读书人，她对您童年的阅读产生过怎样的影响？有没有对您影响比较大的作家或剧作家？

何冀平：那时太小，家里书是有的，后来捐出去的就有 3000 多本，但专著和古典文学较多，没有什么小说，看了我也不太明白。家里没有刻意培养我，我就是喜欢，也有机会去剧场看戏，看完《天鹅湖》就给幼儿园小朋友排节目。我组织小朋友演，我演老妖。我喜欢契诃夫的小说和戏，喜欢《红楼梦》，喜欢昆曲的词。记得小时候看英国女作家弗吉尼亚·伍尔夫《一间自己的房间》，里面有这么一句："女人要想写小说，必须有钱，再加一间自己的房间。"长大了，渐渐明白了这句话的内涵。

徐健：您入职北京人艺后完成的第一部话剧是《好运大厦》，1984 年首演。能介绍一下该剧当时的演出效果吗？以今天的视角，您又是如何看待这次最初的创作的？

何冀平：当时很少有人去过香港，人们根本不了解香港，我1979年第一次到香港，回来带的是"出前一丁"，作为礼物一人一包，那时候都没吃过。吃完了他们都特别喜欢，说太好吃了。我在香港看什么都新鲜，写了很多随笔。前些天，我在整理房间的时候偶然发现了它们，还真写得不错，但当时也不懂得发表，就想到写戏了。《好运大厦》刚出构想，北京人艺就看中了。记得去人艺谈构想，第一次进首都剧场后楼，于是之、田冲、夏淳、刁光覃等人艺大牌听我谈构想，吓得我手直抖。这部戏，我写得算是中规中矩，有几个人物还可以，但整体不够深入，还是以内地人的眼光看香港，排的演的也不太像香港，我是尽了力，人艺也是尽了力，做了不少素材收集，还把我婆婆石泓请去讲香港的生活、服饰。这剧一开票，买票的人排起长队，挤塌了西单售票亭子，都以为是演唱会呢。我记得这部作品连演了80场。

徐健：进入北京人艺工作后，您当时被分配到了剧本组。那时，于是之是组长，在您之前的很多访谈里，您曾多次提及于是之先生对您创作的影响。于是之在抓剧本工作的时候，给您印象最深的是哪些？他在激励青年剧作家成长、成才的方式、方法上有没有独到之处呢？

何冀平：于是之先生最独到之处，就是两个字"尊重"。他尊重作者、尊重文字、尊重创意、尊重知识，他明白这些"用笔支撑着剧院的人"（于是之语）是用脑子用心在付出、在劳动，每一个字都是心血的流淌。他文学修养很高，什么都懂，但从不强加于人，口气总是商量的，很谦逊。如今仍有些人不重视编剧，觉得写几个字算什么，请人搬件东西都知道要付钱，为什么请人写东西就觉得不必给报酬呢？创意是人世间最昂贵、最值得尊重的。于是之懂得我们。知识分子羞于谈钱，也不太看重钱，看重的是尊重。于是之给我的尊重激励我坚持，无怨无悔，使我终生难忘。后来在香港，也曾遇到过自以为是的权威，借助权力蔑视我、踩我，逼迫我服从，我绝不屈从，我说，我是被人艺"惯着"长大的。

人虽老，只有戏，还像它30年前一样年轻

徐健：写作《天下第一楼》时您尚不足40岁，如今这部作品已经演出整整30年了。新时期以来，能够演30年的剧目屈指可数，《天下第一楼》可谓其中的佼佼者。回想当初排演该剧的时候，您的心态是什么样的？剧中卢孟实的命运沉浮是否也是您人生经历的投影？

何冀平：撰写《天下第一楼》至最后一稿时，正值《桑树坪纪事》火爆上演，我的母校制作、我的同学编剧、我崇敬的老师导演，各大家撰文盛赞，有如发现一颗新星，戏剧界一片欢腾。现代化的视角、全新的演绎方式，像一个戏剧新时代的起点，调动起全体戏

剧人的兴奋。而它是不是另一个戏剧时代的终结呢？我犹豫了。我收起已经基本完稿的三幕戏，重新下笔。这一稿以倒叙的方式结构，从卢孟实的成功、狂傲、洋洋得意写起，直到高楼万丈，日进斗金，宾客盈门，写到最后一幕，尾声是"一声婴啼"，卢孟实诞生。这一稿写完第一幕，就进行不下去了，笔拉着我往回走，只能放弃，重新继续已经成形的原稿。

全剧在排练厅连排了。我们都不怕演出，怕连排。近在咫尺，坐着曹禺院长、刁光覃副院长及所有部门大小领导、离退休权威人士，黑压压一片。我坐在最后排靠边，顾不上看戏，不时观看各人表情。戏完了，我出了一身汗。曹禺院长直接走到我面前，眼眶有些发红，他握着我的手，追问全剧结尾那副对联的原意："你年纪尚轻，哪来的如此人生感悟？"我却一时答不上来。他亲笔为该剧题了剧名，并写下长诗，至今挂在人艺的贵宾室。一位资深的专业同行，走出排练室的时候不经意地说："这种戏，最多演40场。"我睡不着觉了，半夜打电话给导演顾威，他的回答很坚定："我保你400场！"有人说《天下第一楼》是北京人艺的夕阳，但这"夕阳"十分灿烂。一时间誉满京城，几乎所有名流皆有文章。1988年6月12日首演之后没停过，一连演出150场，接着去日本、韩国、新加坡、美国、欧洲以及中国台湾，所到之处皆受热烈欢迎，尤其中国台湾和东南亚。

《天下第一楼》比我的名字响亮辉煌得多。公演第二年我离开了北京人艺，人走茶未凉，人去楼未空，30年《天下第一楼》不停演出。灯光明暗、大幕开合、掌声起落间，送走一位位前辈，迎来一代代新人。走在人艺，不时会有人经过我身边，认真地说一句："我演过《天下第一楼》。"演了300多场龙套，才演到师傅的年轻演员已经步入中年；演过500多场的9位元老已退休；老导演夏淳已经仙逝；顾威导演已经白发苍苍；我从一个走出校门初踏戏界，被于是之称为"女孩儿家"的学生，已步入老年。人虽老，只有戏，还像30年前一样年轻。一部剧，不仅凝聚着角色主人公的人生，也映印着作者的命运，带给我荣辱穷通，理解到人生的给予和索取、规律和无常，以及曹禺院长问我的感悟与苍凉。

徐健：《天下第一楼》上演之后，有专家评价其为"现实主义的回归"，您当时是如何理解"现实主义"的？有没有被观念所束缚？在您看来，一部话剧作品的艺术生命力体现在哪里？

何冀平：也许比喻不恰当，现实主义有点像电影的类型化，可以写得非常经典，也可以只是一般流水账。有种观念，觉得荒诞、先锋派、现代派好像比现实主义尊贵。我觉得不在于什么主义，要紧的是怎么写。戏剧是多方面的，最有生命力的是价值，体现在中心人物身上，内中有一点可以称为共通性的东西，能引起所有人有感受、被感染、能回味,但是不容易。那点真谛,像一个精灵,藏在你的作品中,和你捉迷藏,引诱你去寻找。找得到,要靠不舍的精神,找不到是经常的。

徐健:《天下第一楼》不仅享誉国内,而且多次走出国门。您认为这部作品能够让外国人无障碍理解,依靠的是什么?30年来,您对这个剧本的改动大不大?是否喜欢别人改动您的剧本?

何冀平:好看、好玩、五行八作、各色人等,题材吸引。会看的看门道,不会看的看热闹,下到老幼妇孺,上至知识分子,以至官居一品,都可以找到看点,真正的艺术是可以被不同语言、民族的人共享的。中国话剧要走出去,首先你讲的故事外国人要能懂,不是只有中国人才能明白的事,包括历史剧,题材要宽泛,道理要有点共通性,不要老想着戏是要教育人的,要想教育人也得先是好看。

话剧除了结构、情节,靠的是语言,台词很重要。《天下第一楼》30年,演了500多场,加上香港粤语版56场,已是600场,剧本只改动过4个字。第二幕,卢孟实的红颜知己玉雏儿,为卢孟实乡下的妻子生下儿子不快,一气之下离去,卢孟实摇头暗自感叹。每次演到这里,我都觉得有点冷场,就在他摇头的同时,加了两个字"女人……",在一边的二掌柜,深知卢孟实的内心,紧接着说了一句"男人……"。这四个字,牵动起台下观众的心,引起满场回应。剧本受到尊重,是剧作家毕生的追求。我不喜欢别人随意改动我的剧本,哪怕一个字。我说,你们读过百遍的台词,我读过上千次。有幸,《天下第一楼》自首演至今,几乎只字不改。导演不但不许改动一字,连演员口语化的"嗯、啊、的、是、吗"这些虚字都得去掉,他说,这部戏的台词是有韵律的。记得排练初期,夏淳导演对二幕二场,卢孟实和玉雏儿的男女主角一段对话不太满意,说他想改改。我虽然不愿意别人改动我成形的剧本,但一向从善如流。老导演认真地写了几天,写好之后拿给我看,我还没说话,他就说:"还是用原来的吧!"这是人艺的老艺术家给我上的一课,我永远忘不了。

我从最难写的话剧开始,底子打得实

徐健:1989年您在北京事业发展正好的时候,却做出了"离京赴港"的决定。在香港的头几年,创作出了诸多风靡一时的影视剧作品。舞台剧编剧和影视剧编剧是两种完全不同的艺术创作形态,对创作者也有着不同的要求,您是如何在这两种不同的领域之间转换的?

何冀平:我还写过音乐剧、戏曲,好像没有一个太难的转换过程,像徐克找我写《新龙门客栈》,他根本不知道我是谁,看了《天下第一楼》话剧后连夜找我,他说:"你能把一个饭馆写得这样有声有色,一定能写好一个客栈。"就这样,我开始写第一部电影,40

天完稿,没有觉得太困难,后来就开始接连不断了。《新白娘子传奇》已经开拍,因为卖得好,急需加20集,找到我,我是一天一集赶完的。《楚留香》主要演员郑少秋不满意剧本,不肯接,制作人找到我,我改了,他就接了,这种情况不少。不论写什么,根基是一样的,就像食材是一样的,只不过菜系不同,佐料不同,做法不同,但基本功是一样的。我是从最难写的话剧开始,等于画画是从素描开始,底子打得实很重要。

徐健:1997年对您来说又是一个新的事业转折点。这一年,您应邀加入香港话剧团,重归舞台剧创作,推出的第一部话剧是《德龄与慈禧》。为什么以这部剧打头阵?香港观众当时接受这样的历史剧有障碍吗?文化多元性在这部剧中是怎样体现出来的?

何冀平:写完《天下第一楼》,我就想写这部了,我不喜欢清史,但特别喜欢这一小段,充满人性的阳光。《德龄与慈禧》特别符合香港这个中西杂处的地方,当时我已在香港8年,感受两种文化有交融、有冲突,《德龄与慈禧》中展示的中西文化的那种碰撞,香港人特别接受,比起《天下第一楼》,他们说更喜欢这一部。剧中的慈禧、光绪、隆裕、李莲英等历史人物,都不是人们想象中的旧样子,我以家事写国事,不明写政治斗争,无一点冷场和说教。其中17岁的德龄,这个受西方教育长大的中国人,就像是香港人的化身。

我没想到的是,一部历史剧特别受年轻人喜欢,小学生都爱看,看到中场休息不肯去上洗手间,怕误了开场。这部戏在香港6次重演,有普通话、粤语两版,那时候很多香港人不会讲普通话,但都争看普通话版,有的看完粤语再看普通话,去感受其中的中国文化。剧本收入香港中学教材。曾在2008年代表香港参加奥运展演,受到评论家和观众的一致好评。后来我将其改编为京剧《曙色紫禁城》,由国家京剧院演出,一样很受欢迎,一个小学校长看了,马上包了3场,让学生们来看。

徐健:近些年,内地很多话剧、影视剧创作纷纷走上文学改编之路,您也操刀过几部,诸如刚刚上映的电影《邪不压正》,早些年您也曾改编过老舍先生的短篇小说《开市大吉》,以及刘鹗的《老残游记》。您怎么看这种改编?与原创剧本相比较,您觉得哪种难度更大?

何冀平:原创和改编的区别并不是很大,改编不比原创容易,编剧要下一样的功夫。倒是在改编或者原创的作品中,塑造一个新的人物,在原有的题材当中,重写已有的人物,给他一个新的角度、新的立意,这个难度是对编剧的挑战。有的改编,原著只不过是给我取材。改编对我来说有种快感,就像一篮子各种食材,任我搭配。几次改编都还是成功的,像《开市大吉》被舒乙先生赞许"五个第一",《老残游记》被我大拆大卸,基本上重写,但我没有偏离这部书的主题,获香港最佳演出等大奖。拍《邪不压正》

时和姜文导演谈了很久,改编丰富了原著中的全部人物和人物关系。

每一部作品中都有我和我的心

徐健:综观您的创作,历史题材的话剧、戏曲和影视剧作品所占比重要远远高于现实题材创作。您为什么会有如此偏向?是什么样的历史观在影响着您的创作?

何冀平:自从到香港,我的写作完全市场化,都是对方找来,有导演、明星、制作方、出资人,他们只有一个简单的想法,不干涉,不束缚,由我来完成。电影主要是和导演配合。我从来不把历史题材当作历史来写,必须是现代人的眼光,纳入现代人的轨道。写《德龄与慈禧》,历史上真实的德龄是十分奉承慈禧的,她在宫里一直都在讲奉承的话,做恭维的事,并没有更多展示她的个性和才能。但是作为戏剧作者,我必须要给她新的个性和行动,把她塑造成我心目中的人物。她与慈禧一老一小、一中一西、一古一今、一尊一卑,涉及亲情、爱情、国事、家事,用她的坦率真性情影响深宫帝王。她书中有一句话:"站在老佛爷的龙床边我就想:如果我能利用这个位置做更多一点事的话,那就太好了。"她没有做到,但在我的戏里,我做到了。作者可以依据历史,写出自己心中的人物,这就是写历史剧的快感。

写历史剧并不是写历史,剧作家的任务是在把握历史的精神而不必为历史的事实束缚。剧作家有他创作的自由,他可以推翻历史的成案,对于既成事实加以新的解释、新的阐发,而具体地把真实的古代精神翻译到现代。

徐健:作为知名的剧作家,找上门来的项目想必非常多,面对不同的项目要求,您是怎么取舍的?您曾不止一次地说过:"我不是不坚持,只是不固执。"您始终在"坚持"的是什么?

何冀平:以前取舍不多,来者不拒,好在我运气好,合作的都是大导演和"正规军",作品基本可以保证质量。现在题材对我不是太大问题,反而合作者很重要,导演、制作人能够理解我、懂我,知道我好在哪里,这很重要。如果我写得好的,有味道、有灵魂的,都给删了改了,我会很沮丧。编剧毕竟不是第一线,作品必须由导演和团队来完成。我的"坚持"指的是,内地给了我深厚的文学根基,香港给了我灵活的机敏应变,这两者的结合体成就了我的作品。而每一部作品中都有我和我的心,题材可以千变万化,但这一点是变不了的。

徐健:在编剧这条路上,您可谓经验颇丰,荣耀和艰辛遍尝,更是对这个职业始终笃定、坚守。这个职业吸引您的地方在哪里?对刚入行的年轻编剧来说,您觉得最重要的是什么?

何冀平:重要的是不要图钱、图名,为这两点所误,就会改变初衷,改变本性,写不出真情。没有真情的作品可能名噪一时,但早晚会被淘汰。我说过,我们这一行很个人,但又来不得半点个人,满脑子私欲,就算成名也是一时的,有钱也不是真富有。年轻编剧要记住,认真付出,写出一部好作品,保你一生。做人和写作,从来是一致的。

"这一代人的命运和祖国发展同步"
——访作家叶辛

王 杨

记者：前不久，您的长篇小说《巨澜》由当代中国出版社再一次推出。这部小说描绘了从乡村、县城直到省城的广阔画面，同时也展示出男女主人公景传耕和丁慧芸之间扣人心弦的爱情生活以及他们丰富、复杂、细腻的内心世界。有评论家认为，这部作品"深切地关怀人民命运"，您怎样看待这样的评价？

叶辛：当代中国出版社出版了我上、下两本的长篇小说《巨澜》，这本书共有70多万字，是第4次再版了。上一次再版，是1996年的事，从那一次起，书名改为《巨澜》。这部小说原来是三部曲的形式，包括《基石》《拔河》《新澜》，书名原为《三年五载》，由人民文学出版社出版。

和我其他的长篇小说相比，30多年来再版4次，是比较少的。同时期的其他作品，特别是广为人知的《蹉跎岁月》和《孽债》，再版的次数要多得多。但是，《巨澜》这部书从初版到再版，出版社撰写的内容提要中，都引用了单行本《基石》于1984年春初版时《文艺报》上的一句评论："小说紧扣时代的脉搏，深切地关怀人民的命运……"这句话道出了我写作这部书的初衷和主旨。

记者：小说中重点写到了联产承包责任制在乡村实行的艰难过程，反映了我国农村20世纪七八十年代的巨大变革，可以说全景式地展现了改革开放以来农村的发展变化。当初是什么样的契机促使您开始创作这样一部紧扣时代脉搏的作品的？

叶辛：35年过去了，我至今仍记得引发创作初衷的那一件小事，真的是一件小事。1979年的10月，我抱着在乡间完成的《风凛冽》和《蹉跎岁月》两部长篇小说初稿，离开我插队了整整10年7个月的三县交界的深山老沟时，在那条短短的老乡们每周都要聚集而来的场街上，我留心了一下，苞谷的市场价仍然是三角钱一斤，而大米稍微贵一点。这个价，在凭票供应粮食的年代，从1969年我们初到乡间插队时算起，足足徘徊10年了。至于猪肉，那是连影子也见不着的。山寨农村的形势好不好，看农民的口粮标准，我都是用这个尺子来衡量的。在偏远乡村待久了，我觉得没有其他的标准能替代它。

1980年10月，离开一年之后，我已经是贵州作协的一名年轻的专业作家，也是贵州省改革开放以后批准的第一个专业作家。更主要的是，长篇小说《风凛冽》和《蹉跎岁月》，继《我们这一代年轻人》之后，已经分别在《红岩》杂志和《收获》杂志上刊出。

1980年第五、六期的《收获》杂志刊登了《蹉跎岁月》,这两期杂志卖出了近百万份。我重回到了插队落户的那个公社,走到了赶场的街上。令我惊奇的景象展现在眼前,在去年同一条场街上,苞谷只卖到一角二三一斤了,而新鲜的猪肉,挂得满街都是。碰到村寨上的老乡,他们喜吟吟地晃着巴掌告诉我:看看,都是四指膘的肉啊!随便买卖。

为啥偏偏在我离去的这一年中,生活发生了那么大的变化呢?无须费神打听,乡亲们主动同我讲了,政策好了,村寨上实行了责任制,一年啊,仅仅一年,面貌大不一样了!

有感于这件小事,我始终关注着曾在其间待了10年之久的村寨上的变化,农民们的生活形态、精神面貌、人际关系。我既依据10年知青生活的积累,又时时刻刻盯着责任制在乡村推行过程中发生的种种人和事,花了4年时间,写下了长篇小说《三年五载》。

记者:您的很多作品,比如《孽债》《蹉跎岁月》等,都是书写关于当年知识青年的命运,为什么会执着地反复书写这一代人的经历和故事?

叶辛:有读者问我,为什么你的《蹉跎岁月》《孽债》《客过亭》,会被人称为整整一代知识青年命运的写照?我说,我写的不仅仅是知青一代人的婚姻爱情、悲欢离合,我写下的是整整一代知青的生存境遇,把他们的命运和祖国的命运联系在一起,把他们的命运和时代的变迁联系在一起。知青一代人是共和国的同龄人,如今他们都已年过六旬而奔七,和走过近70年历程的共和国一样,他们的人生与命运,他们的痛苦和欢乐,他们今天每一个人的具体生活形态,都是和祖国与人民的命运密切相关的。写好了他们的命运转回,折射出的是时代大潮的演变,尤其是改革开放40年来的巨变。唯在这样的大背景下来书写,才能写出知青一代人绽放出的生命本色,也才能叩动广大读者的心灵。

童道明：契诃夫成为我的研究对象，是我一生的幸运
徐健　姬小琴

不论在为学还是为人方面，童道明都属于温和派，与世无争，从不褒贬人事，但你能从他的文字和言谈中体察出他的明确态度。20世纪90年代，年过60岁的童道明从翻译、评论转向戏剧创作，写出的几个剧本在国内多个剧场上演。不同于当下诸多时尚喧哗的都市戏，童道明的戏剧多关注知识分子的内心世界以及和时代的纠葛，契诃夫、季羡林、冯至等成为他的舞台人物，他的剧作也被冠以"人文戏剧"的雅称，又因文学涵养高，可表演可诵读，给当下舞台剧带来一阵清风。2017年，80岁的童道明在外孙的提议下，开起了微信公众号"童道明札记"。秉承了契诃夫那句名言"简洁是天才的姐妹"，每周两则雷打不动的公众号文章，每篇字数最长不超过400字，内容大都与文学以及戏剧有关，这样就可以让人用不超过两分钟的时间读完，并从中得到一点知识或感悟。他用不侵扰读者太多时间的方式，努力与人世发生着温暖的联系。

始终牢记"不要放弃对于契诃夫和戏剧的兴趣"的嘱咐

徐健：18岁时，您获得了在那时看来非常宝贵的赴苏留学的机会，并在莫斯科大学度过了5年时光。这5年对您今后的研究、翻译、创作道路产生了怎样的影响？

童道明：我在莫斯科大学文学系上三年级时，报名进入了"契诃夫戏剧班"，从而得以在拉克申老师的指导下写了篇题为《论契诃夫戏剧的现实主义象征》的学年论文。这篇论文得到了老师的肯定，他在我的论文上两处写了为我"叫好"的眉批。那时我斗胆与契诃夫研究界的最大权威叶尔米洛夫进行商榷，中国学界对叶尔米洛夫不会陌生，因为他的那本译成中文的《论契诃夫的戏剧创作》拥有众多中国读者。而我的不怕与权威争鸣的勇气，后来保持了数十年。你们知道我写的最得意的文章是哪篇？是我的那篇发表在《电影艺术》1982年第10期上的《论电影的假定性》。我为什么要破门而出写这篇文章呢？因为我不同意一位电影界权威的观点。他在那时力主电影要和戏剧"离婚"，电影要丢掉戏剧的"拐杖"，"因为戏剧是假定性的，而电影是纪实性的"；而我认为，所有的视听艺术都是假定性的，戏剧有戏剧的假定性，电影有电影的假定性，因此写了这篇文章。文章发表后，得到了黄佐临老师和北京电影学院余倩教授等电影界人士的好评。"契诃夫戏剧班"结业后，我与拉克申老师话别，他嘱咐我说："童，我希望你以后不要放弃对于契诃夫和戏剧的兴趣。"这句赠言决定了我一生的安身立

命的职业。

徐健：回国后，您写的第一篇学术论文是1962年9月12日发表在《文汇报》上的《对布莱希特戏剧理论的几点启示》。那个时代，斯坦尼体系成为全国学习和实践的方向，您为什么会关注到布莱希特？这篇文章与同一年黄佐临先生发表的《漫谈"戏剧观"》一文有没有关系？

童道明：与拉克申老师话别不久，我就因病回国了。回国养病期间，我遵照老师关于"不要放弃对于契诃夫和戏剧的兴趣"的嘱咐，开始研读20世纪戏剧大师布莱希特的著作。1962年黄佐临恰好写了《漫谈"戏剧观"》，他说世上有三种戏剧观，分属斯坦尼斯拉夫斯基、布莱希特和梅兰芳。斯坦尼斯拉夫斯基和梅兰芳我们都熟悉，唯独对布莱希特感到陌生。于是上海《文汇报》就来中国社科院文学所约人写文章介绍布莱希特。我的一位莫斯科大学的学长郭家申在文学所工作，他到我家里来问我是否能写布莱希特，我说能写，便写了一篇题为《对布莱希特戏剧理论的几点认识》，发表在1962年9月12日的《文汇报》上。我认为布莱希特戏剧理论的要点是，主张将原来被戏剧排斥的叙述性因素注入戏剧的肌体里，从而拓展戏剧反映生活的可能性。我在文章里用了"记叙性戏剧"这个称谓，而没有借用黄佐临在《漫谈"戏剧观"》里用的"史诗剧"这个名称。我的这篇文章当年写得并不全面，但它毕竟是在中国书刊上发表的第一篇关于布莱希特的长文。

我常对朋友说，让我写布莱希特，是命运对我的眷顾。我只有大学三年级的学历，高教部留学生管理司说，不能给我分配工作，而是让我自己找单位，因为我没有毕业证书。写这篇文章时，我是个在家的待业青年，文章登出来后，郭家申把这篇文章送给文学所的相关领导看了，我便进了文学研究所。因此我也相信，机会是给予有准备的人的。

中国话剧的新时期是中国戏剧评论的黄金时代，也是中国戏剧导演的黄金时代

徐健：从1979年发表《斯坦尼斯拉夫斯基体系是非谈》至整个80年代，可以看作是您戏剧理论、戏剧批评最为活跃的时期。您见证和亲历了整个80年代戏剧探索革新的浪潮，也是"戏剧观"大讨论的重要参与者。再次回眸20世纪80年代，您认为，推动当时戏剧探索革新的动力是什么？如何看待"戏剧观"大讨论的历史价值？

童道明：在80年代，我主要以戏剧评论家的身份出现。作为剧评家，我做了三件事：写了一些戏剧论文，如《斯坦尼斯拉夫斯基体系是非谈》《梅耶荷德的贡献》，写了一些剧评——我的第一篇剧评是《〈绝对信号〉站住了》，还有就是参加了一场有关"戏剧观"的大讨论。在说这场旷日持久的大讨论之前，我先说一个插曲。20世纪80年代的一天,时任上海戏剧学院院长的陈恭敏出差来北京,他约我聊天,有几句对话是这样的,他:"我觉得你是戏剧评论界对佐临评价最高的人。"我:"何以见得?"他:"因为你认为他的《漫谈'戏剧观'》一文是中国戏剧革新运动的先声。"我:"难道不是这样?"他:"我也认为是这样。"

我是80年代那场"戏剧观"争论的重要参与者。这场论争的缘起,就是如何评价黄佐临的《漫谈"戏剧观"》。我的观点很明确:支持"戏剧观"的多样化,反对写实的框式舞台一统中国话剧舞台,主张用戏剧假定性的手段,推倒舞台上的"第四堵墙"。要知道,20世纪世界戏剧革新运动的一个重要标志,就是"第四堵墙"被推倒。在20世纪50年代,欧美戏剧家完成了这个戏剧革新的使命。80年代的中国戏剧家,也面临着完成这个戏剧革新使命的任务。80年代标志性的中国话剧经典,如《绝对信号》《桑树坪纪事》《WM(我们)》等,无一不是推倒了"第四堵墙"的经典之作。而"第四堵墙"的被推倒,也伴随着中国小剧场戏剧的蓬勃兴起。因为小剧场戏剧的一个重要特征,是演员与观众同处一个物理空间。然而,戏剧革新运动不是做减法,而是做加法,现在尽管推倒了"第四堵墙"的写意舞台已经司空见惯,但维持"第四堵墙"的写实舞台依然可以见到,戏剧革新从本质上说,就是拓展戏剧在舞台上表现生活的可能性。这些就是我在那场"戏剧观"讨论中所表达的观点。我还想补充一句:这场持续时间长达5年之久的"戏剧观"论争,进行得很规范,是学理式的百家争鸣。在这场论争中,我与马也先生的观点迎面相碰,但彼此不伤和气,我们后来在各种会议上相遇,还是像朋友一样的和谐。

徐健:戏剧革新离不开走在艺术探索实践前列的导演艺术家,像王贵、林兆华、胡伟民等80年代的戏剧革新者们,您都给予了非常大的支持和鼓励。您认为戏剧评论家与戏剧创作者之间的关系是什么?在80年代戏剧革新探索的热潮中,戏剧评论发挥了怎样的作用?

童道明:2017年11月30日,中国社科院外文所俄罗斯室为我的80大寿开了个研讨会,王晓鹰导演对我的年轻的同事们说:"你们也许不知道,童老师对中国戏剧艺术是有贡献的。"我知道,他是想说,我在20世纪80年代曾以自己的文章和译著,对中国新时期戏剧革新运动起过一些尽管微小但毕竟积极的作用。我记得《梅耶荷德的贡献》于1981年发表后,上海的胡伟民导演就写信给我说,他与梅耶荷德的观点"不谋而合"。在1982年开的"京沪导演会议"上,王贵导演也向我表示他对梅耶荷德的假定性戏剧理论的赞赏。我编译出版的《梅耶荷德谈话录》1986年出版后,他的假定性戏剧观在中国戏剧界引起了更大的反响。中国新时期戏剧革新运动的一个重要成果,就是一群有革新精神的导演,运用戏剧假定性推倒了框式舞台的"第四堵墙"。

80年代有两位最活跃的青年导演——上海的胡伟民和北京的林兆华,那时有"南胡北林"之称。胡伟民导演每次来京都要来看我的,余秋雨在他悼念胡伟民的文章中有这样一句:"胡伟民有不少莫逆的学者朋友,他从与陆谷孙教授的结交中了解了英语世界的文化,又从童道明先生那里深入触摸了他所喜爱的俄罗斯戏剧文化。"而林兆华则是我们几个搞戏剧评论的人的共同朋友。80年代,我们有个经常性的沙龙式的聚会,经常到场的就是我们五六个剧评人和林兆华导演,我们谈论的全都是与当前戏剧现状相关的话题。有一次沙龙聚会,《人民日报》记者易凯也来了,我们就策划为徐晓钟导演的《桑树坪纪事》开个研讨会,再在《人民日报》上做个报道。这个策划很快实现了。未来的中国戏剧史家将确认,在20世纪80年代,即中国话剧的新时期,是中国剧评家的新的理论思维和中国导演的舞台革新实践结合得空前紧密的时期,这是中国戏剧评论的黄金时代,也是中国戏剧导演的黄金时代,当然,也是中国话剧的黄金时代。

此外,还想说一说"杜林童"。一说到80年代的戏剧评论,就有人想到"杜林童"这个称谓。其实就是把在那十年间最热情地为有创新意识的话剧呐喊助威的杜清源、林克欢、童道明三个人捆到了一起,给了这个雅号。10月16日的《北京日报》载有一篇介绍林克欢的长文,里边也说到了"杜林童":"他(即林克欢)与杜清源和童道明思想相近且私交密切,便被视为'同党',因为恩格斯有本《反杜林论》,所以三个人被叫作是'杜林童'。"但到了90年代,杜清源就闭门读书,淡出了戏剧圈。2012年我出版第一本剧作集《塞纳河少女的面模》,为了想着再让"杜林童"重新出现在一个戏剧活动中,我特地将杜清源和林克欢一起请到了新书发布会场,大麦网的一位朋友让我们三人在同一本书上签了名,然后把图片晒到网上,并附上一句话:"这就是'杜林童'!"

契诃夫帮助我成了一个有自己特点的剧作家

徐健:在苏联留学期间,您就对契诃夫产生了浓厚的兴趣,此后您用一生的大部分时间投入契诃夫的翻译和研究中。为什么会对契诃夫投入如此大的热情和精力?契诃夫对您的戏剧观、文学观产生了怎样的影响?

童道明:契诃夫成为我的研究对象,是我一生的幸运。我曾说过,如果没有1959年与契诃夫的相遇,我的生命之光会黯淡许多。这里我只想说两点,一、契诃夫让我知道作家的品格不仅是个伦理概念,而且也是个美学概念。所以爱伦堡说:"如果没有契诃夫那少有的善良,他就写不出他后来写出来的作品。"契诃夫帮助我认识到做个好人对于从事文学工作的人具有特殊的意义。二、契诃夫让我知道戏剧的美妙,激发了我创作戏剧作品的热情。文学艺术家的使命,是把自己受到的感动与得到的感悟传递给别人,让别人也受到感动和有所感悟。契诃夫有两句话是被我抄录下来,当作座右铭与读者朋友们分享的。一句是:"您是个有思想、爱思考的人,在任何环境里,您都能保持内心的宁静。对于生活的自由而深入的思索和对于人间无谓纷扰的蔑视——这是两种幸福,人类最高的幸福。"(见《第六病室》)"保持内心的宁静",这是契诃夫给予我们的宝贵的精神启示。另一句是:"把自己的全部生命贡献给一项事业,从而让自己成为一个有情趣的人,也成为一个让有情趣的人喜欢的人。"(见《在故乡》)

徐健:您60岁之后开始了从评论家向剧作家身份的转换,一连写出了13个剧本,其中有不少跟契诃夫有关,像《我是海鸥》《爱恋·契诃夫》《契诃夫和米奇诺娃》《契诃夫和可尼碧尔》,这些作品都带有向契诃夫致敬的意味,但又不只是致敬,您似乎一直在努力拉近契诃夫跟当下的关系。在您看来,契诃夫对当下戏剧、当下精神状态的意义和价值何在?

童道明:俄国作家帕乌斯托夫斯基在《金蔷薇》里说:"我生活过,工作过,恋爱过,痛苦过,希望过,幻想过,有一点我深信不疑:或早或晚,或是在青壮年,或是在迟暮之年,我会开始写作。倒不是我给自己提出了这样的任务,而是因为我的本真需要这个。"我1996年写作第一个剧本——《我是海鸥》,2005年写作第二个剧本——《塞纳河少女的面模》。1996年我59岁,算是抓住了壮年的尾巴,开始了我的戏剧创作。我的第一个剧本是献给契诃夫的,第二个剧本是献给冯至的。我常对人说,我最喜欢的外国作家是契诃夫,最喜欢的中国作家是冯至,用文学艺术的方式来表达我对他们的爱,是我一生的憧憬。因此我也可以跟着《金蔷薇》的作者这样来说:我开始写剧本,也是"因为我的本真需要这个"。而且也契合鲁迅先生说的"创作植根于爱"的道理。但我真正产生致力于剧本创作的念想,是2009、2010年在蓬蒿剧场成功地上演了这两个剧本之后。我忘不了王育生和宋宝珍等戏剧评论家朋友对我的鼓励。但说到我的戏剧创作,还要强调说一句,是契诃夫帮助我成了一个有自己特点的剧作家。契诃夫的剧中人物主要是知识分子,我的剧中人物也主要是知识分子,契诃夫有意识地弱化人与人之间的戏剧冲突,我也是这样有意识地弱化人与人之间的冲突。不少朋友认为《一双眼睛两条河》是我最好的剧本,而这也许是我所有剧作中戏剧冲突最弱的一个剧本,也许因为有了这两个特征——剧中人物大多是知识分子和没有剑拔弩张的戏剧冲突,我的剧作就有了"人文戏剧"的称谓。

徐健:您曾说:"戏剧有两个家,娘家是文学,婆家是艺术。"您是如何看待文学与戏剧的关系的?今天的舞台,强调戏剧的文学性是否已经过时?

童道明:我在1993年出版的一本戏剧论著《戏剧笔记》中,发表过这样一个观点:"戏剧像女人一样有两个家,一个是娘家——文学,一个是婆家——艺术。"我是想强调一下戏剧的文学属性,因为由于"导演中心论"的出现,戏剧文本的主导地位被削弱了,而当我后来自己写剧本的时候,我就可以在我的剧本集《塞纳河少女的面模》的书勒上写着:"戏剧像个女人,她有两个家,一个是娘家——文学,一个是婆家——艺术。出本剧作集恰似戏剧回趟娘家。我有一个愿望:但愿敏锐的读者从我五个剧本的一些片段里,能见到散文、诗和戏剧的合流。"我第一个上演的剧本是《塞纳河少女的面模》,2009年9月17日首演,张子一导演把它排成了一出朗读剧,演出后王晓鹰导演对我说:"朗读剧也许是表现这个剧本的最好的形式。"因为只有朗读剧的表现形式,才能把这个剧本的文学内涵表现得更充分。现在朗读剧的演出多起来了,我很想知道,在2009年6月17日之前,中国是否有过在剧场售票演出的朗读剧。

我能从于是之身上捕捉契诃夫的面影

徐健:在戏剧界,您有很多的知己、挚友,也有不少对您的创作和精神产生过重要影响的人,其中最难以绕开的就是于是之先生。您认为,于是之先生的人格魅力和艺术魅力最主要体现在哪里?今天的戏剧人最应该从于是之先生身上传承哪些艺术和精神遗产?

童道明:关于于是之老师,我已经谈过很多,我现在就说点以前还没有公开说出来的话。他特别爱惜人才,愿意帮助有上进心的青年。郭启宏先生写过一篇题为《好人于是之》的文章,讲述老于在他创作《李白》过程中给予的帮助。何冀平每说起是之老师对她创作《天下第一楼》时的关怀,总是动情的。林兆华是个不爱开会的人,但于是之的追思会他去了,他在会上就讲了两句话,但那是掷地有声的两句话:"于是之是我的恩人,没有于是之就没有我。"他说得很激动,说完这两句就起身离开了会场。于是之也是我的恩人。我之所以能在20世纪80年代初进入戏剧圈,老于是个有力的推手。我的戏剧评论是从给《中国戏剧》——那时还是《人民戏剧》撰稿开始的。8年之后的1989年,我参加南京小剧场戏剧节,与《中国戏剧》副主编王育生同住一室,我问他:"老王,你们为什么在1980年派记者来向我约稿?"他说:"是老于,于是之有一次来编辑部说,有一个叫童道明的,你们不妨请他给你们写写稿子。"现在想来,是之老师一定是读了我1979年在《外国戏剧》上发表的《斯坦尼斯拉夫斯基体系是非谈》,对我有了印象。

有一次我问是之老师:"表演艺术家和演员这两个称号,你喜欢哪一个?"他立即回答:"演员。"所以他出第一本书,在讨论书名的时候,当我一说"演员于是之",他便立即说:"好,就是这个了。"影响所及,后来濮存昕出书,书名也叫《演员濮存昕》。

他极其谦虚,敏于发现生活和艺术中的虚假,热爱真善美,所以我觉得于是之是我认得的老师们中最像契诃夫的人。我能从于是之身上捕捉到契诃夫的面影。高尔基在回忆录里这样描写契诃夫的人格魅力:"我认为每一个人,到了安东·巴甫洛维奇身边,就会不由自主地感到,自己产生了一种愿望:希望自己变得更单纯,更真实,更像他自己。"我来到于是之身边,也会产生这样温暖的感觉。

徐健:前不久,《文艺报》刚刚发表了田本相先生的《期待话剧界涌现更多走向"化境"的表演艺术家》一文,谈及了当下话剧表演存在的问题。实际上,最近一段时间以来,有关话剧表演弱化、专业化水平降低的问题屡屡受到业内人士的关注。今年是斯坦尼斯拉夫斯基逝世80周年,中国话剧曾经在斯坦尼体系的影响和培养下涌现了一批杰出的表演艺术家,但如今,围绕斯坦尼体系的探讨和研究似乎并不多了。您是如何看待斯坦尼体系的贡献的?重提斯坦尼体系的贡献,对于今天的表演而言意义何在?

童道明:近年来,舞台表演的弱化现象似乎已成戏剧界的共识。一个明显的表现,也许是为了追求舞台效果,有时导演怂恿演员表演的"外化",所以重新重视斯坦尼斯拉夫斯基体系的体验艺术很有必要。我也同意田本相先生关于弘扬中国演剧学派的构想,赞赏他与于是之共同提出的"北京人艺演剧学派"的理论主张。焦菊隐先生提出的兼顾"深刻的体验"和"鲜明的体现"的心象说是有生命力的。还有,要提高演员的文化素质,因为一个优秀的演员一定是个有文化的演员。记得契诃夫当年赞扬莫斯科艺术剧院的演员的文学修养,说:"他们都是知识分子。"北京人艺老一辈的演员也都是知识分子。怎样才能提高文学修养呢?于是之的建议是多读书。

2019 年

梁晓声:现实主义亦应寄托对人的理想

丛子钰

> 《人世间》是我尽最后的努力对现实主义的一次致敬。我既写人在现实中是怎样的,也写人在现实中应该怎样。通过"应该怎样",体现现实主义亦应具有的温度,寄托我对人本身的理想。
>
> ——梁晓声

记者:您在改革开放后,创作了一批以北大荒知青生活为题材的作品,如《这是一片神奇的土地》《今夜有暴风雪》《雪城》《年轮》《知青》《返城年代》等,产生了广泛的影响。除了是一名勤于创作的作家,您还是一名大学教师,您觉得今天的文学教育和从前相比有哪些变化?中文系应该培养什么样的人才?

梁晓声:现在,许多大学都有汉语言文学专业,也就是以前的中文系,但长期以来能培养出作家的中文系甚少,因此从前有种说法,大学中文系不是培养作家的地方,作家也不一定能在大学的讲台上讲课。那时候大学里的中文系,主张文史哲打通,这是潘光旦提出的文科通才教育理念。包括像闻一多这样的诗人,在大学里也不是讲诗歌创作,而是讲诗歌史、诗歌欣赏。诗人都是不太能从大学培养出来的,何况作家?所以,甚至有教授说,中文系是培养学问家的,想当作家、诗人别考大学。

大学为什么不能培养出作家?这就跟唱歌、舞蹈一样,成为作家也是要有一些潜质的。我在复旦大学读书时,中文系分评论和创作两个专业。创作专业虽然只有几届,加起来差不多有百余名学生,到现在成为作家的只有几个人,其他人多是从事和文字相关的工作,主要是新闻和出版。我想,中文系培养出来的学生作为文字编辑的话,应该是相当对口的,因为他们对于文学作品的判断水准是有系统化积累的。创作是非常个人化的事,理论只能提高有创作潜质者的水平,不能给予潜质。

写作的人必须要喜欢读书,还要读得多,一个成年后还喜欢读书的人,反观其童年和少年,一定是喜欢读文学作品的。文学作品连接起了人类和书籍之间的紧密关系,甚至可以说全世界喜欢读书的人最初都是因文学而和书籍建立了亲情。但也不是所有与文学建立了联系的人之后都能成为作家,只有其中少部分,喜欢读,读得又多,后来他自己想表达了,这时候阅读会对他的创作有潜移默化的影响。

我认为,大学之谓大学,有共同的育人方向,为社会培养读书种子乃是宗旨之一。受过高等教育的人做了父母后,他们会将爱读书的基因延续给下一代。在蔡元培那个时候,他们把文学纳入美育教育和德育教育方面,通过文学欣赏来化心养德。后来的中文教学已经跟哲学、历史区别开来,成了专门的专业。这是因为文史哲三者的知识越来越多,超过了学子们的学习负载力。而今日之大学毕业生,工作压力和生活压力甚大,影响了他们成为读书种子。我在讲课时经常告诉学生们,文学评论的能力是大学中文教学的底线。如果连这个底线都失守了,那大学就白读了。大学生不是普通的读者,他们是将来要进行和评论相关的工作的专业人士。因此他对文学作品,包括其他一切艺术作品的判断不可能没有尺度。尺度建立在对经典作品的认可基础上。经典具有经过淘汰的优质性,凡是能够促进人性和社会进步,能够助人摆脱糟糕心境的作品,大抵符合经典的某种特征。中文系不仅可以培养文学评论者,甚至后来也可以由评小说到评戏剧、电影、书法、建筑、音乐……再进一步可以评整个人类的文化走向,可以评整个人类的文艺现象,就是说大学中文系培养学生的综合能力。我曾给学生上了几堂关于广告学的课程,优秀的广告语也是中文能力的体现。我是赞成中文通识教学的。文史哲的关系,即使现在也难以断然分开,只不过中文以"文"为主罢了。

另外,大学中文不是一个纯粹技术性的专业,它一定还包含着健全人格的养成。你很难设想一位教数学的老师,某一天上课突然说,同学们,今天我们讲一讲做人的问题,这是很奇怪的。但是大学中文老师在分析作品,在讲文学、讲文艺的时候,几乎离不开这个话题。而且,我一直主张大学文科的专业性其实可以淡化一些,但一定应该成为全学校最普遍的公共课。不管你学哪一个专业,一、二年级时都应选修,这对学子们今后的人生定有益处。

记者:您曾经长期担任电影制片厂的编剧工作,也创作了数百万字的电影剧本,您觉得这对您的创作有什么影响?电影语言在多大程度上影响了文学写作?

梁晓声:我上复旦大学是在1974年,1976年10月毕业。毕业时学校动员我留校任教,但我不想留校,一心盼望直接回哈尔滨,回到父母身边,尽一个儿子的责任。当时没有黑龙江的名额,最北边就是北京。我对北京没有什么特别的向往,很不情愿地到了这里。直接到文化部报到,我说我要到一个具体单位,具体单位其中就包括了电影制片厂。我喜欢看电影,就补上了以前看电影少的遗憾,到了北影。在那个思想解放的时期,我通过电影接触到了西方现代主义的一些电影流派,意识流、生活流、魔幻、心理学派等等。

看电影确实对文学创作会有一定的影响。我觉得,自己在描写场面的时候,尤其是驾驭宏大场面的时候,不次于其他的作家。而处理宏大场面时比较重要的,是兼顾有意味的细节。苏联有几部卫国战争时期的电影,在其中一部里,中青年男子都到前线作战去了,城市居民都在大撤退。晚上,下着小雨,城里有人卖掉家里带不走的东西,一个人捧着地球仪在卖,可谁会买呢?这是一个宏大背景下的细节,这个细节的信息非同寻常。第一,这个人是老师;第二,他教授地理;第三,地球仪和二战的背景,会使人产生诸多联想。我看此电影时还没有尝试写作,但这个镜头细节给我留下很深的印象。电影画面会使文学细节具有经典性,会比在小说里给人留下的印象更深、更长久。

我出身于非常贫困的工人家庭,家里没有书。当年即使想买一本小人书,也难以开口向父母要钱,一角钱或两三角钱对生活来说极其重要,够全家一天的菜钱。所以我这代的大多数人其实很少接触文学,也很少接触书。我哥哥喜欢文学,他不断往家里借书。现实生活那么愁苦,文学里的世界却能寄托你对生活和人生的很多憧憬,文学里的人物又是现实生活中你不常见到的,他们往往处在非常特殊的时代,表现出了人性特殊方面的优点或者性情。也可以说,文学中的人物是在现实生活中无法结识到的朋友。那时候只要兜里有两三分钱,就到小人书铺去看书,我家附近就有几处小人书铺。小人书铺常常是临街一间20平方米左右、极其简陋的房子,开墙打洞后就变成了孩子们的乐园。

我最初的精神故园是小人书铺,它们是我的"三味书屋",看多了自然想表达,而文学的营养就在表达中起到了作用。到五六年级的时候就看成人书,渐渐就变成了一生喜欢看书、离不开书的人。那时的小人书都是国内一流的连环画画家画的,精确地画出人物的动作和表情,还要配上相关的文字。看多了以后,在自己表达的时候,很自然地形成了场景化的构思,对人物的塑造也更视觉化。

今天80后、90后一代,有些写作者一开始可能看的就是影视作品,和从前的写作者还是有一些不同。我个人觉得现在的青年受影视的影响比较大,在文学创作上并没有多少益处。现在的电影和从前的电影很不一样。从前的经典电影是以塑造人物为主的,尤其是早期的外国电影,特别重视细节,节奏比较从容,而细节只有在从容的叙事中才能够被顾及。现在的电影太商业化,似乎要在有限的时段内将观众想看的内容都塞进去,人物往往被情节所淹没,许多电影缺少细节。文艺理论有一个观点:人物是小说的第一要义时,塑造一个或几个能给人留下深刻印象的人物或是群体,是成功与否的准则,其他一切都是为此服务的。创作前揣摩受众心理,这是文学创作之大忌。

记者:在新作《人世间》中,您延续了一直以来的创作风格,写出了普通人在大时代的挫折和考验面前,通过勤劳和艰苦的打拼,实现了个人和社会价值。近年来,文学虽然一直在反映时代,但似乎越来越多的人不再用重大历史事件作为作品的历史背景,在叙事方法上也有了很大变化,您怎么看待现实主义文学的这种变化?

梁晓声:全世界的文学都有尺度。首先是人为设置了一种尺度,然后具体的人理解不同,这个尺度就会显得不同。当这种尺度作用于创作者,有一类作者可能干脆绕行,不触碰之。还有一种则是贴行,在尺度内,尽最大的努力和信心贴近现实主义的原概念。习近平总书记在文艺工作座谈会上也强调了这一点,当我们写反映现实的作品,不可能不反映现实生活中不尽如人意的地方,不可能不批判假丑恶。作为现实主义作品,是否反映这些层面,反映到什么程度,因个人感受而异。现实主义也首先是个人感受,但现实主义要求个人感受全面一些,再全面一些,客观一些,再客观一些。

我个人不主张绕行。这种绕行会使我们的现实主义写作越来越低迷、萎缩,会让文学只是待在原地甚至倒退,而不是发展。电视剧往往时间跨度很长,里面有诸多的人物,却忽略了一点,除了那些主要的人物之外,还有时代本身的特征。如果一名创作者声称所创作的是现实主义作品,笔下却没有呈现年代特征,使年代无特征,那算什么现实主义?只不过是异化了的现实题材。现实主义最起码要关注某个年代最重要的特征是什么,任何时代都具有具体的特征,只有把这些特征写到位了,现实主义概念才成立。在我这儿,时代本身也是人物——无姓名之直觉,或曰这种"主角"就叫时代。

我是爱现实主义的,对这种那种思潮流派也看得多了,比较之后我还是喜欢现实主义。尽管它很难,我也还要去做。能做到什么程度,我就最大限度地做到。《人世间》也是我尽最后的努力对现实主义的一次致敬。只有靠信念来支撑着,我们的创作才是有意义的。所以就有了《人世间》那种很执拗的写法,绝不绕过去,也绝不躲过去。我也确实属于屡败屡战的那种人,我就不丧气,因为我喜欢现实主义,我认为现实主义应该坚持反映现实的责任。

我个人觉得,在作家是时代的书记员这一点上,我做得还不太够。因为所谓社会的福祉和公平,也包括最广大的平民需要享受到文学对他们的关注和带给他们的温度。铁凝同志说:"文学应该有能力温暖这个世界。"我觉得这是文学最主要的功能之一。我也喜欢这句话,说出了我的理解——所以我既写人在现实中是怎样的,也写人在现实中应该怎样。通过"应该怎样",体现现实主义亦应具有的温度,寄托我对人本身的理想。

徐怀中：小说应该是生机盎然的
丛子钰

2018年，年届九旬的军旅作家徐怀中推出了长篇新作《牵风记》，作品首发于《人民文学》，此后由人民文学出版社出版。

《牵风记》的腹稿出现在徐怀中的脑海里是1962年，这个关于解放军第二野战军强渡黄河、千里跃进大别山的故事一部分来自于作者的亲身经历。1947年，国民党军队对延安和山东展开重点进攻，统帅部决定刘邓野战军从中央突破直插大别山区，威逼国民党军队回撤。这是解放战争中最富有华彩的一章，那时候徐怀中在第二野战军政治部文工团做美术组长，跟着野战军到了大别山。"然后把我们这些文艺团体全部分散下去做地方工作，这叫作'麻雀满天飞'。我被分到一个乡里做武工队队长，直到1948年秋天，当地的政权初步建立起来，我们这些文艺团体才被收回来。"

"我决心回到小说创作规律上来"

当年徐怀中刚满18岁，挺进大别山的经历让他从年轻人转变为一名成熟的军人。在这个念头的催动下，他很早就想写一本书，把刘邓野战军挺进大别山的过程记录下来。"1962年我请假出来，住在西山八大处，那时候作家协会给作家写作的地方是一座庙，叫秘魔崖。我在那儿住了将近一年，其间没回过家，想尽快把小说完成。"1962年，徐怀中被分配到一个反空降部队担任前线报道工作，回到北京后因为各种外界原因，这个创作计划就搁置下来。改革开放后，随着思想解放的大潮，他的写作观念也经历了解冻的过程。他说："过去的口号化、概念化的方法对我的影响很深，随着思想解放运动，我彻底清理了这些思想。稿子被搁置，我一开始觉得很可惜，毕竟费了很大力气，后来就想开了，再写的时候已经跟那时候的设想完全不同了。"

徐怀中谈到，战争结束几十年后重新叙述时，在思想上已经有了本质性的转变。他要彻底回到文学创作自身固有的规律上来，就好像一条河，干涸了，断流了，只有回到三江源头去找到活命之水。"我决心回到小说创作规律上来，跟过去那种概念化、政治化的方法划清界限。有人说，写小说当然要按照写小说的规律，但是在我们这一代人身上，这个观念就像是曲水流觞一样，只能在规定的河道里流淌，多少年才找到了出口。"1962年的《牵风记》初稿是正面反映刘邓野战军挺进大别山的战略行动，而之后的版本则改为主要表现三个人物，突出典型，其他一切都选择从略。在这部作品里，不仅整个战争成了背景,甚至连刘伯承将军的名字也被隐去,用"一号"代替。

文学作品应渗透着自然审美的意识

在徐怀中眼中,《牵风记》一共有两种含义。首先,"牵风"牵的是战略进攻之风,因为挺进大别山的战略行动是他所在的二野全体战士的骄傲,虽然后来不再正面写战略行动,而只是化作淡淡的战争背景,但他还是把这个题目留下来。二是《牵风记》还隐含着牵"国风"之风的含义。《毛诗序》开篇即写道:"《关雎》,后妃之德也,风之始也,所以风天下而正夫妇也。故用之乡人焉,用之邦国焉。风,风也,教也,风以动之,教以化之。"《牵风记》虽然写的是战争,却以齐竞和汪可逾的爱情作为主线,寓历史之风于情感变化之中。

退休后,徐怀中读了一些自然哲学的书籍,生发出关于人类社会要向何处去的思考。在他看来,科学要无止境地向前走,但是人类要想生存下去,精神境界应该是向后的,应该返回到世界的本原。"未来就在于返回。对个人而言,人类应该满足于恬淡的生活,而不是更多的物质。"徐怀中谈到,读《诗经》的时候,会感慨那时民风淳朴。他经常思考这些问题,会不自觉地带到小说里,将这种哲理性的要求自然地融到创作过程中。

体现在创作《牵风记》的过程中,就是作者在美学态度上发生了变化。一方面,这部小说是他在观念转变后回到艺术自身规律和美感的一次探索,用战争的残酷来凸显出人性的美好与浪漫,"将聚光灯投向个体,而不是群像";另一方面,在具体的创作手法上,他要求去除不必要的修饰,"我觉得审美直觉是先天的,人都有追求美、感受美的能力,对事物的每次观察都会有和谐或不和谐的感觉。文学作品中应该是渗透着审美的意识,成为一种自然的色调,是单纯的,不附加任何复杂因素的。"

在小说中,徐怀中借汪可逾之口多次谈到了对古琴"空弦音"的喜爱,这是他老年后增添的爱好,缘起则是老伴于增湘女士。在陪老伴学古琴的过程中,他也旁听了许多次课,还专门阅读了一些古琴理论的书籍。"古人说任何事物都是在改变的,只有声音不会改变。古琴保留的是几千年前的声音,汪可逾就希望能够听到最初的中国古代第一张琴的第一个音。听古琴的感觉跟我这篇小说的想法是很契合的。就像空弦音是从古琴的那头到这头,中间没有隔的,是无限远。今天很少有文字能做到像古琴那样,用一个单音就产生丰富的余韵,让读者听不完、享受不够。"在这方面,徐怀中表示仍然崇拜普希金的小说《上尉的女儿》,用短短9万字就写尽了人性之美对战争力量的超越。"我觉得多少作家几百万字的鸿篇巨制都不能望其项背,我也要求自己的作品要精粹,但是还做不到。"

《牵风记》中的那些人

除了挺进大别山的行动外，20世纪60年代中期赴越南采访的素材也被融合到了《牵风记》的创作里，比如汪可逾和曹水儿躲在地道里的情节就跟这段经历有关。当时徐怀中作为中国作家记者代表团的领队，从金边入境到越南南方民族解放阵线总部，战地采访4个多月，在美军B52飞机的地毯式轰炸下冒着生命危险完成任务。"美军的扫荡比我在抗日战争中间经历的日本人的扫荡要厉害得多，我钻到地道里，呼吸不过来，觉得简直要死了。"徐怀中当时采访过一个越南共产党员，美军和南越伪政权修了一个战略村，把老百姓集中在铁丝网和碉堡群里，想派人进去做思想工作非常困难，这个年轻党员就找了一个汽油桶埋在地下，在桶盖上铺了杂草和土做伪装，白天躲在桶里，晚上再潜入村里做群众工作。

小说中人物的命运转折就是在战争的特殊环境中发生的。《牵风记》中主要塑造了三个人、一匹马的形象，三个人分别是齐竞、汪可逾和曹水儿，马是齐竞的坐骑"滩枣"，徐怀中分别讲述了这几个形象的典型性。

"齐竞这个人不是一开始就设想得这么完整。他的形象是在写的过程中越来越鲜明起来的。齐竞毫无疑问是位值得人们赞扬的指挥员，没有这么一批军事指挥员，你很难想象人民解放军能够打败国民党的800万大军。齐竞是非常强势的，从来不担任副职，但并不是他自己争取，而是客观上形成了这样的现实。他的能力一经展示，就必然得到超级别的使用。这种精英知识分子出色的军事指挥能力，是因为他本性就具有竞争的意识，先天就有很强烈的攻略防御意识，在他灵魂深处则演化成了占有欲。人都是复杂的，他要笼罩别人，这就是他人性的另一面。

"我多年一直在军队文艺团体工作，女同志比较多。那时候参加革命的女同志都很年轻，我们挺进大别山的时候，带着一批冀鲁豫建国学院的女学生。她们什么都不懂，来了这儿晕头转向的，一路上都是我们照顾她们，过河的时候要架着过去，到了地方就累趴下了，我们还要去做饭、烧水、洗脚。有很多知识青年从大后方跑到延安来，百鸟朝凤一样。我在太行山中学读了5年，熟悉的就有3个从北平来的女同学。下了太行山，从新四军来的女同志就更多了。接触战争中间的女性多了，她们在战争中间的特定表现不需要专门的观察，就形成了自然的印象，糅合形成了汪可逾这么个角色。在小说里我写到，汪可逾这个人物的命运可能跟她的姓氏有关系，'汪'字在《辞海》里的解释是'汪然平静，寂然澄清'。有些女同志，她们的眼睛很单纯，一眼就能望到底，就像一座不设防的城市。这就是我在小说最后《银杏碑》里写的几句话：汪可逾的一生就'如同一个揉皱的纸团儿，被丢进盛满清水的玻璃杯。她用去整整十九个冬春，才在清水浸泡中渐渐展平开来,直至回复为本来的一张白纸。'我觉得人的一生本来应该是这样的。令我非常感动的是,在大别山我们有7个女同志被俘虏,回来后有各种议论,有些人开始风言风语。她们一开始只是哭,但听说让她们回到那个区里参加工作,她们居然重新高兴起来,因为再让她们去工作是组织上的信任。经历了战争的残害,她们却没有改变自己的本性。

"曹水儿这个人,读者一眼就能看出来,是个有严重缺陷的人,作为一名职业军人来说,是不够格的,在严肃的军纪面前露出了原形。但作为个体生命,他维护了自己的率真,维护了自己无拘无束的自由性格,直到子弹打穿了他的背部,他还是不改生命的姿态。这三个角色都有悲剧性的死亡,又是美学意义上的死亡。亚里士多德在《诗学》里说:'悲剧写的是比一般人好的人,喜剧写的是比一般人差的人。'即便是曹水儿这个角色,他的率真、违反军纪似乎是跟普通人没有差别,但这又是个身怀绝技的人,是名优秀的战士。"

军马"滩枣"这个角色是个很有特点的创造,在徐怀中看来,人们经常说天地人三才,其中的人应该作为广义的生命来解释,也包括动物和植物,一匹马、一只灰鸽,或是一株蒲公英,都有各自的生命。谈到这匹马的原型,他说:"我们单位有一匹老马,行军的时候负责驮我们的行李。写到战争不可能离开马,自古以来的战争就是由人和马一起参加的。成吉思汗仅仅用5万铁骑踏遍欧洲。那时候打仗看一个国家的军力就是看它有多少匹马。我对马有天然的憧憬,觉得马是高贵的。它高昂着头颅,非常英俊,所有世界上的动物,狮子也好,猎豹也好,它们快速奔跑都是为了捕猎,只有马是自由地奔跑。但是自从发明了马嚼子,它就被人类所统御。本来它在大地和荒原上自由地奔跑,人类多少年来一直依靠马的速度来控制战争。所以人类没有资格说人是万物之灵,和动物、植物相比,只是各有各的不同。"

在这"三人一马"的形象中,最重要的又非汪可逾莫属。孙犁在战争小说中对女性的描写给徐怀中留下过非常深刻的印象,尤其是那些农村中性格很泼辣的女性。他觉得,战争和女性本来是不相容的,"但是我们挺进大别山时,她们除非怀孕了,否则都参加了战争。在这一场战争中间,她们经受了比一般的男同志更严酷的考验。所以,如果你写战争,女性本身的特性就跟战争形成了反差。"

汪可逾的形象更是与周围的环境格格不入。小说从回忆一张集体照开始,驻足在照片前的人在向读者发问:为什么每次观看这张照片时,目光首先接触到的总是汪可逾的笑脸?徐怀中解释道:"这个形象最初跳到我脑海里,我觉得要沿着它往下写,这就为我的小说定了调。从这个开头,我就想到了这个悲剧的结局——汪可逾把自己的腹腔清理得干干净净,一丝不挂地离开人世。这个女孩子每见到一个人就说'你好',

可直到牺牲也没有人跟她说过一句'你好'。这些细节可能读者不会注意,只有几行,但我在描写时情绪很饱满。"他还谈道,几十年来齐竞都没能理解他深爱的这名女性,直到他晚年发现了一本没有封面的书,里面有关于"纸团儿"(汪可逾的小名)的记述,他才恍然大悟,决心用安乐死来结束自己的生命。因为在他看来,早一天结束生命才能早一天接近汪可逾。

齐竞和汪可逾的爱情令人感叹,他们因为战争走到一起,又因为战争而分开。"如果汪可逾不是为了保护古琴,她就跳上了船到延安去,她的人生也就完全不同。但是她留在了黄河的这边,认识了齐竞。"徐怀中觉得齐竞这个角色一直对自己没有清醒的省视,总认为自己是很完整的,在汪可逾面前他才认清了自己。虽然经过了战争的考验,他们各自对对方有了更深入的了解,在汪可逾被俘后,他还是克制不住内心的传统情结,想要获得对方违心的承认,这才激怒了汪可逾,她说:"齐竞!我从内心看不起你!"可能没有那次一起打草鞋的机会,他就不会问,但是他问了,"这就是命运,一瞬间他就错过了。"

围绕汪可逾的微笑,徐怀中也谈到了自己对于文学与镜头语言之间关系的看法。他说,小说应该是生机盎然的,像是一片草地般郁郁葱葱。如果写得不好,就可能是一块防雨布,虽然也是绿颜色,但是没有生机。作品里要有大量的生活细节,特别是战场上的细节,这样才能征服读者,才能让观众觉得是立体的,而不是哲理概念的演绎。这些具体丰富的细节就必然是赋予视觉的,它的视觉必然是很强烈的。"所以我写每一个视觉形象都尽可能写得很细,细到让读者产生兴趣,自然就立体化,自然就视觉化。但是改编影视的话,我觉得又很困难。很多在文字上是婉转的,可能改编后读者就没法感受到了。尽管我努力让文字在视觉上有冲击力,但是我不敢想象这就能很成功地改编成影视,影视也有影视的局限性。"

胡可:剧作家活在自己塑造的人物身上

徐　健

每次如约前来采访,胡可老师总是早早地就嘱咐保姆把家门打开,他则站在客厅中央热情迎接着记者,然后拉着记者一同走进他那间简朴而古旧的书房。这也是记者三次采访印象最深刻的地方。书房的家具、摆设都停留在 20 世纪的模样,泛黄的旧书、老式的旧台灯、笨重的写字台也显示着这里与当下时代的疏离。但就是在这样的简单、朴实中,一种气定神闲、从容不迫的气场蕴藉其中。它带领着来访者远离外界的浮躁与尘嚣,静下心来,感受来自人生和命运的跌宕与真实。

1921 年出生的胡可老师,今年已经 98 岁高龄了。早在求学时期,胡可老师就曾参加抗日救亡学生运动。抗日战争爆发后,他于 1937 年 8 月参加了北平郊区中国共产党领导的抗日游击队,同年 12 月到敌后抗日根据地晋察冀军区,由此开启了他长达 80 年的文艺宣传工作。战争年代,胡可老师先后创作了多幕儿童剧《清明节》、多幕话剧《戎冠秀》、独幕话剧《喜相逢》等。中华人民共和国成立前后,又陆续创作了《战斗里成长》《英雄的阵地》《战线南移》《槐树庄》等多部反映部队和农村生活的作品。在以往的采访中,访谈者更多关注的是胡可老师在抗战时期、解放战争时期的创作,对于新中国成立以来的创作情况鲜有介绍。今年是新中国成立 70 周年,胡可老师不仅在此次专访中回顾了他 70 年来的创作过程、经历的重大文艺事件,而且畅谈了新中国文艺发展的经验与思考,显示了老一辈文艺工作者崇高的理想信仰和使命担当。

记者: 新中国成立后,您发表演出的第一部作品是话剧《战斗里成长》,这部作品不仅被搬上了银幕,还被翻译成多国文字,并在苏联、匈牙利、罗马尼亚、日本等国上演。当时这部作品的创作背景是什么？您经历了怎样的写作过程？

胡可: "土改"以后,农民子弟踊跃参军,在这一形势下,晋察冀军区政治部要求我们写一个有助于教育新战士的戏剧。我那时是创作组的组长,立即组织大家投入创作。那时写剧本都有明确的目的性,就是要"从主题出发"写作。这个故事怎么写呢？胡朋说起了之前被派到某区做群众工作时,在一次控诉敌伪罪证的群众集会上,一个妇女发现坐在台上的八路军干部正是她失散多年的丈夫;我则想起了在部队里常有父亲和儿子同在一个连队的事,也有兄弟二人先后参军在战斗中相遇的事。就这样,战斗生活中积累起来的故事一个个涌现出来。我把这些故事说给大家听,最后编写出了一个为了报仇父子相继出走,在部队相逢不认识,最后全家团圆的故事。剧本是分幕执笔的,最后由我统一,取名为《生铁炼成钢》。初稿写出来,还没有来得及修改,就接到攻打太原的任务。我把它揣在挎包里,带到了太原战役前线。这期间,我深入部队一线,住在太原东山猫耳洞里,记录下部队每天的见闻,虽有改写剧本的想法,但是一直未能动笔。

北平和平解放,我随着军区机关进驻北平,抗敌剧社改编为华北军区政治部文艺工作团,创作组的老同志陆续走上了新的岗位,我也被调到华北军区宣传部从事专职写作。因为有太原前线的生活感受,我考虑将《生铁炼成钢》进行改写。我把原来写的前两幕压缩成第一幕的两场,在戏中增写了第二幕、第三幕,这样剧本就着重反映了部队生活,并改剧名为《战斗里成长》。剧本完成后,交给军区宣传部张致祥部长审阅,第二天他跟我说可以出版,我便把剧本交给了丁玲同志,并得以在《人民文学》发表。该剧由华北军区文工团首演,刘佳担任导演。此后,不仅国内多个文工团演出了这部戏,而且被翻译到国外,有不少国家演出了该剧。就这样,《战斗里成长》竟成了我的代表作。

记者:其实,在《战斗里成长》写作之前,您还有另一部作品提上了写作日程,那就是给自己曾经下部队体验过生活的"钢铁第一营"写一个戏。

胡可:1946年11月28日,晋察冀野战军三纵队八旅二十三团一营在保北战役中坚守易县刘家沟村,获得"钢铁第一营"的称号。我同这个营关系密切,当年我下部队体验生活就是在这个营。我对他们比较熟悉,觉得记述他们的功绩,描写他们,是我不可推卸的责任。于是,我向领导请示,重访了这支老部队。这次回去,好像是回到我的老单位探望,见到营里的官兵有一种久别重逢的感觉,见到我的每个熟人也都抢着向我讲述他们的经历和感受。半个月的时间里,大家谈到的刘家沟战斗的经过和惨烈的情景,我所熟悉的同志们的经历和感受,在我的脑海中一直积聚难忘,并思考怎样通过戏剧加以反映。只是由于忙于执行新的任务,写作计划一度被搁置。

直到完成《战斗里成长》之后,我才得以把"钢铁第一营"的材料重新进行思考。我是这样计划的,我要写出解放军的革命英雄主义精神,还要写出这场固守战中的军民关系,写出人民群众对战争的贡献。于是,我把刘家沟设计为一营住过的村庄,房东大娘的儿子是一营负伤的老兵,在村里担任民兵队长,房东女儿对通信员心存爱慕,村妇救会主任是一位军属,丈夫不久前在战斗中牺牲。整个固守战,民兵也投入战斗,妇女们负责照顾伤员。故事发生在一个农家院落,时间从早晨到傍晚的一天之内,完全符合"三一律"的要求。这个戏写出后取名《英雄的阵地》。此剧经过多次审查,多次修改。我自己觉得写这个剧本下了大功夫,虽然也演出了,但没有达到预期的效果。

记者:这之后您接着又创作了话剧《战线南移》。

胡可：《战线南移》是从朝鲜战场回来后创作的。我是1952年春去的朝鲜战场，那时战争最艰苦的岁月已经过去了，敌我双方处于阵地对峙的阶段。战争的规模虽然不大，但是地地道道的现代战争。出发前，主持军委工作的北京军区聂荣臻司令员找我们几个准备入朝的人谈话，他向我们介绍了朝鲜战场的形势和战争特点，希望我们不但要了解步兵，也要了解其他兵种；不但要了解我们的战士，也要了解我们的干部和指挥机关；不但要反映志愿军的英勇，也要反映他们如何在战争中学会和掌握现代战争的本领。我正是按照聂帅的要求去朝鲜体验生活的。我不赞成只靠访问进行写作，创作必须亲自接触、亲身体验、亲自认识。在朝鲜战场，我跟着部队开上一线，跟着他们打下无名高地，亲历了战争的全过程，看到了战争的各种场面，也学习到了现代战争的一些知识。我的创作素材是亲自体验得来的，故事的虚构也以我的真实感受为基础。回国的第二年，我写出了《战线南移》。在这个剧本里，我回答了我们为什么能战胜强敌这个问题，也歌颂了从战争实践中锻炼出来的一代军人。

记者：《槐树庄》在您的创作生涯中也是一部非常重要的作品。您能谈谈这部作品的创作背景和演出情况吗？

胡可：战争年代我长期生活在农村，参加过减租复查和土地改革，也写过农村戏。新中国成立以后，我对我国农业合作化运动十分关注，很想写一出农村戏，而苦于接触农村机会不多。直到1958年我被任命为河北省军区石家庄军分区副政委，才有了接触农村的机会。而那时正是"大跃进"年代，我国农业合作化运动已由初级社进入高级社，有的农村已成立人民公社了。1958年秋天，我接到北京军区的命令，为纪念中华人民共和国成立10周年，要我为新成立的战友话剧团写一个剧本，须于明年2月完成，以便排演。我本想过个一年半载，多少了解农村情况后再考虑创作的，但作为军人须服从命令，便立即动手。我于是考虑以土地改革和农业合作化为背景，写几个农村人物的经历，而以戎冠秀式的老党员为主人公。那时尽管对刚刚出现的人民公社还不甚了解，却觉得戏的结局应以人民公社为背景。我在军分区进行创作，构思和初稿一直得到熟悉农村情况的同志们的帮助。但对这种非军事题材和松散的构思，效果如何却心中没有数。话剧团为进行排演，时来催稿，只能写一幕交一幕，全剧完成已是1959年4月，而此剧须于八一节前接受审查，为交稿、修改、听取意见，我多次往来于北京和石家庄。幸福的是，此剧预演后被军分区首长肯定，被军内外观众认可，此后话剧多次演出，八一厂要我将此剧改编为电影剧本。电影由王苹同志导演，拍摄完正值1962年秋党的八届十中全会刚刚开过，反映农业合作化的电影《槐树庄》受到重视，我作为编剧还获得总政和军分区的奖励。

"文革"中，此剧被不断改编，已面目全非。而说明书上却一直印着"编剧胡可"，使我感到懊丧和痛苦。粉碎"四人帮"后,我把原剧本收入我的剧作选,以示区别。原剧本存在的缺陷,欢迎读者批评。

这部作品凝聚着我的喜悦和苦恼、追求和失误,就像一个罹有先天疾患的病儿,久久地拖累着我,却又舍不得丢弃。此剧牵连着不同的历史时期,经历了被表彰、被篡改利用、被"编外"的命运,为我国剧坛所仅见。

记者:1949年7月,您作为部队文艺代表,参加了第一次全国文代会,还记得当时的情形吗?

胡可:第一次文代会召开的时候,北京刚解放不久,全国各地的不少文艺家已开始会聚到北京。当时我28岁,12年前,我参加抗日游击队就是从北京出去的,这次回到北京,而且能参加文艺界的盛会,兴奋的心情难以言表。在会上,我见到了毛主席、朱老总、周总理等党的领袖,见到了我崇拜的作家郭沫若、茅盾等。当时有种看法,认为这次大会是解放区与国统区两支文艺大军的会师,既有延安和各敌后根据地的文艺工作者,也有来自重庆等大后方文艺界的代表。还有另外一个"会师",也是解放区各根据地、各野战军文艺工作者的会师。我是从晋察冀根据地走出来的,当时的晋冀鲁豫、山东解放区的文艺创作也比较活跃,特别是山东解放区,但是我们对他们的了解不多,各个根据地、解放区文艺创作之间的联系也是隔绝的。这次文代会上,大家聚到了一起,那种振奋的心情,是难以忘怀的。

文代会期间,还举行了规模较大的文艺展演,使我们看到了兄弟单位演出的戏。那时印象深刻的有,陈其通编剧的五幕话剧《炮弹是怎样造成的》、李之华编剧的独幕话剧《反"翻把"斗争》、魏风编剧的《刘胡兰》等。我是搞创作的,感觉自己落后了,受到激励,我发誓绝不提待遇、绝不提要求,发愤搞创作。

记者:今年是新中国成立70年,新中国的文艺也走过了70年。作为亲历者,您认为话剧在新中国的文艺中的作用是什么?对话剧创作的认识又经历了怎样的过程?

胡可:把文学艺术作为宣传工具,比作投枪、匕首,比作战鼓、号角,这是革命者在战争年代特殊环境下形成的一种观念。那时,话剧是作为推动革命战争的武器来看待的,而话剧也正因此而获得发展。新中国成立以后,话剧在全国范围内承担着宣传党的政策,团结教育人民的职能,并继续发展。但随着变化了的形势,新的矛盾也开始显现,这矛盾表现在整个文艺工作中,在话剧工作中表现得最为明显,那就是如何按照艺术自身的规律,更好地实现党对文艺的领导。其实,这一点在战争年代不存在或者表现得不够突出。但是新中国成立后,工具论的弊端、创作的矛盾逐渐暴露出来。那时,审查最多、要求最具体的就是话剧,话剧作者受到的约束也是最多的。党对文艺工作的领导简单地变成了出题目、提要求、审查把关,对文学艺术作为创造性精神产品的规律性问题谈得很少,这些都非常不利于话剧的繁荣发展。如何鼓励文艺工作者的创造精神,按照艺术自身规律来领导文艺工作、话剧工作,开始提到党的日程上来。

早在延安文艺座谈会上,毛主席就已经讲了文学艺术是人类的社会生活在人们"头脑中的反映的产物"的道理,而且讲了"马克思主义只能包括,而不能代替文艺创作中的现实主义"。1957年,他在《正确处理人民内部矛盾的问题》中提出了文艺要百花齐放、学术要百家争鸣的"双百"方针。这一方针是新中国成立后,根据变化了的新的矛盾对延安文艺座谈会讲话的重要补充。"双百"方针和"二为"方向放在一起,可以说互为条件、不能分割。但是这一点在实践时却走了一条曲折的路。1979年举行的第四次全国文代会上,邓小平同志代表党中央发表了祝词,重申了"双百"方针和"二为"方向,着重讲了正确理解党对文艺工作的领导问题,并指出:"文艺这种复杂的精神劳动非常需要文艺家发挥个人的创造精神。写什么和怎样写,只能由文艺家在艺术实践中去探索和逐步求得解决。在这方面不要横加干涉。"这段话使新中国成立以来长久困扰着我们的,特别是党提出"双百"方针以来长期纠结不清的党如何领导文艺工作的问题,终于有了结论。此后,我国的话剧发展进入了新的时期,出现了新的局面。

党的十八大以来,习近平总书记在文艺工作座谈会上的重要讲话和在中国文联十大、中国作协九大开幕式上的重要讲话,既是针对文艺现状而言的,也是对我国文艺工作几十年来的经验教训的回顾和总结。他在讲话中要求我们把"以人民为中心"作为创作导向,要求文艺工作者不要当"市场的奴隶",不要沾"铜臭气",强调必须尊重文学艺术自身的规律,对我国文学艺术的发展具有极强的针对性和指导意义。这两次讲话也完全符合我国话剧的发展现状。

我国的话剧,已不是当初传入我国时的模样。发展到今天,除了国家和各省市的话剧院团及军队的话剧团外,已有一大批民营剧团、业余演出队作为基础,加以同国外优秀戏剧的交流,向电影、电视剧的借鉴,向我国戏曲传统的借鉴,我国话剧一直在发展中。导演的引领是重要的,而决定作品质量的是作品的人物和语言,而这取决于一批敏锐勤奋的剧作家。《雷雨》《日出》等作品之所以常演不衰,根源于作品的质量,体现了作者对现实生活的感悟、对人物的熟知和对世界优秀话剧经验的领会,是这一切在作者头脑中深思熟虑的产物。文艺创作最应该保护和扶持的就是这种独立思考和探索精神、独创精神。正是这种独立思考和探索精神,使我们拥有了丰富的文学艺术遗产。

记者:戏剧要写人物,写典型环境中的典型性格。您认为,人物塑造对于戏剧创作而言的重要性何在?

胡可:写人物,指的是写他行动中的性格,重要的不在于写他做什么,而在于写他怎么做。每个人都以自己的方式在行动,由他的人生观、价值观、个人经历养成的思维习惯和行为方式,即性格,性格化细节、性格化语言。一部戏剧的意义在于人物的意义,在于人物性格所展示的社会内容,在于人物自身的矛盾所反映的时代的矛盾。鲜明的人物形象真实可信,使人难忘,戏剧精品莫不是所塑造的人物的成功。剧作家活在自己塑造的人物身上,人物的寿命就是剧作家的寿命。人物和他所处的环境、时代背景是不可分地联系在一起的。写戏而不熟悉故事的时代背景,是当下某些戏剧、影视作品之大病。写抗日战争期间的事,人物语言中感受不到日寇入侵后对人们生活的影响,没有带有当年时代色彩的生活细节和语汇。写解放战争期间的事,人物语言中感受不到敌我双方的差别和力量的消长,不懂得"解放战士"是什么意思,不了解一个怯懦的俘虏兵怎么就一下子成了我军的战斗英雄。

记者:近十几年,您到剧场看戏虽然不多,却一直在关注剧本的创作,留下了很多的读剧心得。在对剧本的阅读中,您反复强调剧本的文学性。您认为,文学与戏剧之间的关系是什么?

胡可:文学是文字与读者的关系,面对的是读者;戏剧是综合艺术,涉及的领域多,面对的是观众。戏剧当中只有剧本是文学,这是讨论两者关系的前提。曹禺的《雷雨》《日出》最早发表在文学杂志上,不是哪个领导让他写,也不是哪个剧团请他写,他是用戏剧的形式写的文学作品。大家看到后,认为可以演出,才有了此后的导演、演员、舞美等。曹禺的戏剧是文学作品,汤显祖、关汉卿、莎士比亚、莫里哀、契诃夫、易卜生等的戏剧都是可供广大读者阅读的文学作品。在戏剧演出中,剧本是基础。

我国的话剧就总体而言并不是一直重视文学性的。话剧在我国得到发展,重要原因是它可以用来作为宣传的工具。战争年代的话剧普及到部队官兵和广大农民,强调的是它的宣传鼓动作用,虽然也追求人物和语言,却是通过人物、语言去写问题、写政策,或者用来做宣传报道,写某个战斗、某个运动,报道事实,见事不见人。后来剧作者们逐渐认识到要写人物,要写典型环境中的典型性格,要重视性格语言。这时才接触到剧作的文学性问题。

文学性来自作家对生活的感悟,来自作家的文思,来自作家对生活原料的加工制作,来自作家的创造性劳动。而这种劳动由个人完成,别人无法代替。剧作者也是文学作者。希望戏剧界和领导戏剧创作的同志切实把剧作当作文学,使之通过人物形象给人以鼓舞、以信念、以美的享受,而不要把戏剧当成一般的宣传品,或者着眼于能否赚钱、能否获奖。

叶弥:每一个时代都闪烁着人性的光辉

李晓晨

吴郭城的巷子口都是窄小的,但里面藏着的东西很惊人,可能是一条不小的河,也可能是一座小山,或者是一个大教堂。这里住着一些有本事的人。

醉心生活艺术的柳爷爷,有一天怀抱一盆盛开的昙花,坐在火堆上离开荒唐的人世,留下满园珍宝。奶奶高大进大胆任性,抛夫弃子追随革命,却为情所困,神秘归来。父亲一直是全城女性爱慕的对象,终于孤身远走他乡。我因为出生时的一声炸雷,成为家喻户晓的"彩虹仙女"……

2009年,作家叶弥动了一个念头,她打算写一部四卷本的长篇小说《风流图卷》,但当第一个字写下去时她没想到这部小说会耗费将近10年的时间,在小说的后记里第一句话她就写道:"这部小说,写得艰难。"写作时间的长短当然不是衡量小说难度的标识,难的是作家在这段相对漫长的时间里不断梳理关于小说的一些想法,推翻,重建,再推翻,再重建,这个过程持续了很多年,最痛苦的时候她甚至觉得小说里所有的人物都消失了。设身处地想想,这对一个作家来说是一种多么可怕的暗示。几经修改,她终究还是写完了这部小说。《风流图卷》被一些评论家认为和她之前的小说相比发生了很大变化,是一部具有特殊意义的作品。叶弥在一座吴郭城里铺展开形形色色的风流人物,人生有形,却是无常,不管怎样他们都是某种意义上的生活的强者。

从最早的中篇小说《成长如蜕》,到后来获得鲁迅文学奖的短篇小说《香炉山》,再到这部《风流图卷》,叶弥始终保持着她相对稳定的写作品质,并在长时间的写作中形成了自己成体系的小说观和方法论。时间改变了很多东西,但没有改变她写作的朴素初心,就像她所谈到的:"时间让我对人生和社会有了新的认识,这也是这部小说给我带来的意义。我感觉到是它引领着我成长,成长的全部内容就是识得'命运'二字。不识这两个字,奋斗无意义。为了寻找到更好的思维方式,一切的付出都是值得的。"

什么是时代? 时代是人性的另一个代名词

记者:《风流图卷》是一部很有意思的小说,我也读了一些你之前写的小说,我喜欢这些作品的美学趣味和风格,尽管它们并不是统一的。首先我想知道的是这部长篇为什么叫这个名字,《风流图卷》里的"风流"并不是通常意义上的"风流"吧?

叶弥:对。我书名中的"风流"二字,更多的含有诗词中的"风流"意蕴,而不是口语中的"风流"指向。苏东坡有"大江东去,浪淘尽,千古风流人物",毛泽东有"数风流人物,还看今朝"。其实我们的小说里,也经常用"风流"二字形容人洒脱俊逸的衣着外貌或精神。如《红楼梦》里第三回写林黛玉:年貌虽小,其举止言谈不俗,身体面庞虽怯弱不胜,却有一段自然的风流态度。第五回对晴雯有一句评价:心比天高身为下贱,风流灵巧招人怨。《红楼梦》第七回形容秦钟:身材俊俏,举止风流,似在宝玉之上。《红楼梦》第一百〇一回描述可卿的魂魄:形容俊俏,衣履风流⋯⋯

现代口语中的"风流"有一种特定的指向,特指人们在男女关系上的多情和随意性。芸芸众生,每一件事都是有探究意义的,我似乎也听到和见到过大家嘴里所说的"风流男女",他们的精神世界是怎样的?他们如何与众不同?"风流人物"与"风流男女"到底不同在什么地方?这都是一位作家要关心的问题。我希望能写好"风流人物",也能写好"风流男女"。

记者:那么如果让你简要地概括这部小说的话,你觉得它讲述了一个什么样的故事,这是一部什么样的小说?

叶弥:这个故事讲述了一群中国人为寻求幸福而不断努力,在每一个时代里都闪烁着人性的光辉。什么是时代?时代就是人性。人性在任何时候都有共同的东西,就是追求幸福的愿望。幸福是什么?幸福包含着对物质的追求,更包含着对精神的、真理的追求。

记者:《风流图卷》写到了很多人,在我看来大致有几类,一类是积极投身于时代生活,向主流观念靠拢的,比如小说主人公孔燕妮的妈妈;一类是不管经历了什么都要在平淡艰难中寻找趣味来支撑人生的,比如孔爷爷、常宝等;还有一类人随着经历的累积观念会发生变化,自己大半辈子的信仰会随着时代的改变而改变,像孔朝山等。这几类人投射着你对这个世界和生活的一种怎样的态度和想法?

叶弥:我对生活的态度就是我对世界的态度。我在这个小说中,经常提到"正确的思维方式"。中国经历了拨乱反正的年代,随后就投入了轰轰烈烈的改革开放,时至今日,物质丰富的我们到了反思的时候了,必须问一问:禁锢人们灵魂和思想的东西真的被打破了吗?错误的思维方式得到更正了吗?这种更正并不能靠政府颁布一纸公文就能达到,而是要靠整个社会放弃对物质的片面追求转向精神和物质的双重进步才能实现。如果这些问题都没有解决,我们拿什么谈论民族崛起?我们改革开放后得到的物质富足意义何在?时代在进步,人的精神世界与以前相比也在进步,但这远远不够。幸福的意义在于物质与精神的并驾齐驱,缺一不可。

如你所概括,我在小说里描写的人物可分为三大类,一类是积极投身时代主流的,一类是不管什么时候都要追求生活趣味的,另有一类是处在改变之中的。其实这就是精神和物质的关系,两者互为依存,是不矛盾的。不管是追求精神多些,还是追求物质多些,我写的这些人物,始终都是企图在时代的潮流中,把握好自己的命运,这也是我想在小说里探讨的个人和时代的关系。我赋予了他们一个共同的特质,就是强者的特性。他们每一个人,不管是自杀还是偷生,不管是忠于爱情还是背叛爱情,不管是对物质更感兴趣还是对精神更感兴趣,都在努力表现人性的张力。

记者:就像你所说的,你想在小说里探讨个人和时代的关系,这也是在我看来这个小说尤其值得关注的一点。《风流图卷》里的时代和历史都在,却是若隐若现的,小说归根结底写的还是人性,关注的是人的欲望和生活,人之所以存在的理由,活下去的动力,等等。个体和时代在这个小说里到底是一种什么关系?你是怎样来处理个体和时代、个体与他人的关系,从而实现你所说的努力表现人性的张力的?

叶弥:什么叫时代?时代就是人性的另一个代名词。每一个时代的人性都不尽相同,但每一个时代里都有共同的东西,就是人追求幸福的愿望。怎样处理自身和世界的关系?怎样处理个体和他人的关系?动机也就是正视自我的价值,并从中得到精神的幸福。

《风流图卷》表现的是时代潮流中,个人通过追求正确的思维方式,体现出来的意志和独立性。古今中外,这种独立性都可能会冒犯特定的时代,时代的车轮总是滚滚而过,有些冒犯者虽然身败名裂,但时间会补给他们生命的价值。

《风流图卷》在处理个体与他人的关系中,是既有矛盾又有统一的,主人公孔燕妮在与他人的矛盾里了解世界,获得宽容、和解,最终得到解放。真正的解放是精神的解放,是靠自己不断进步才能得到的。

记者:就是这样,《风流图卷》里其实充满了个体之间、个体和时代之间观念的对立和冲突,比如孔燕妮和杜克之间的爱情,孔燕妮自己也很明白地说:"我懂一件事——你要的是辉煌,我要的是平静。"还有孔朝山和他妻子之间也有直接的价值观的冲突和矛盾,小说本身并没有对这些做出判断。在这个小说里我看到人生的艰难,人人都被裹挟进庞大复杂的现实之中,你在小说里是怎样处理这些关系的?

叶弥:年轻时与步入中年后,对待人生的态度会有很大的不同,这些不同理所当然地会在小说里呈现。我很小就悄悄地开始写作了,从诗词开始,当然是模仿的。曾经发生过一件事:小学三年级暑假时,我把我写的一首七律郑重地献给我妈妈,但我妈妈马上就撕掉了,因为有一个亲戚在边上说,这首诗是我抄来的,他见过。难怪他说见过,因为我这首诗大部分是模仿来的。就像小孩子弹钢琴,不模仿是没法弹的。我从此对诗词不再感兴趣。如果我妈妈当时不撕掉,也许我现在就是一位诗人了。20 世纪 80 年代初,我跟着一帮文学青年在苏州群艺馆学写作,其实也就是一块儿玩,20 岁出头的那几年写的最有价值的文字就是一个小中篇《十八九岁》,有一些对于人生最初的想法了。但是这些人生的小小感悟还无法支撑着我写出一个好中篇,没有写完,没有投稿。接着进入晚到的人生叛逆期,叛逆一切,包括蔑视文学。那些日子涉及两个词:一个是障碍,一个是自由。然后就是远嫁、生子、柴米油盐的日子。一直到 30 岁那年,过完生日,我才发现我的人生只能用文学创造价值。于是重新拿起笔,写了几个短篇,然后就写了中篇《成长如蜕》。这个中篇让我引起了文坛的关注。但是,我的问题还是没有得到解决,我的历史观、价值观摇摆不定,年轻时只想反抗什么,没有想要建立什么,我大约是属于那种特别晚熟的人。后来也时不时地写着,但内心很抗拒写作,因为写作好像不能给我带来自我的肯定。一直到 2008 年春,我搬到了一个离市区比较偏远的地方,在那里住到现在,我的历史观、价值观才有了明确的方向。这本书里有那么多的价值观冲突,也就是我个人内心长期以来的价值观冲突。所有的冲突都是有时间性的,处在改变之中,所以我们不需要判断,只需要顺应时间而改变。我想,这也是文学应当做的,文学要科学地对待现实人生,而不是草率地下结论,标语式地指手画脚。太容易下结论,是自大的毛病。

所有故事都是思想的产物,映照出人的光辉

记者:小说里也有很多很耐人寻味的形而上的哲学层面的思考和探索,比如,"中国人太看重悲哀的力量,不看重快乐的力量""人首先要学会爱自己,才会推己及人地爱别人,才会对这个世界有责任心"。给我留下深刻印象的是第一卷最后老和尚说的一句话,他说:"阿弥陀佛,孩子,你们都是无根之花呀。"这些让小说有了更深层次的力量,它关注的是更具普遍意义的人必须面对的终极命题。

叶弥:所有的作家都会考量这些问题吧,只不过我不怕方家批评地放进了小说里。好像有个约定俗成的写作方法,就是小说里尽量不要放进这些思考内容,这样显得生硬,会冲淡小说的艺术性,使小说显得不高明、不高级。但我不担心我的小说会有一副怎样的嘴脸,真诚地写小说,也许会让人原谅你小说中的一些不足之处。即使每一个人都不能原谅,那也只能走自己的路。

记者:这部小说里有个比较特别的人,是叙述者孔燕妮,她也被大家叫作"彩虹仙女",她的特别在于不管面对任何人、任何事都格外冷静理性,在说起姑姑自杀的时候,在面对父母的争斗、张风毅的单恋,等等,都是一种洞悉世事沧桑的面孔和语调。

叶弥:许多作家都会把某个主人公设定成冷静的,具有一定理性的,可能这样更容易抽丝剥茧地深入小说的内核吧。如《透明的红萝卜》《街上流行红裙子》《河岸》《长恨歌》等小说里的主人公。即使是那些谈不上冷静的主人公,如《红与黑》里的于连、

《安娜·卡列尼娜》里的安娜……他们的人生选择也是经过理性的考虑,并非一时冲动。这中间也体现了人类思考的光辉。另外,这种与生活保持距离可能也是许多作家本人的特征,因为作家是观察者,甚至是生活的旁观者。这种特征会带到小说里去,成为小说中某个人物的特征。

我在设定小说人物基调时,认为小说里的大部分人物都应该是冷静理性的,不管他们做了什么都是思考后的结果。他们是一群思考着的人。我提倡用思考主导生活,反映在小说里,那就是所有的故事都是思想的产物,必须映照出人的光辉,而不是匆忙地一个连一个地讲述表面化的故事。

这种冷静理性的基调确实比较容易深入人物的内心,但也带来一个缺点,往往带着这种性格特征的人物,不容易获得戏剧性,而戏剧性是人物出彩的关键。我们也看到一些文学艺术,为了获得人物的出彩,不惜把故事搞得光怪陆离,迷失在故事的讲述中。冷静理性的人物基调,可以最大限度地体现作家的理念,但在某个节点上,会使小说滞重而无法前行。

记者:这个叙述者的作用很特别,她使得小说的叙述多了一种新的视角,这部小说的叙事视角其实也是有所变化的。我后来发现你以前写的很多小说也会如此,叙事视角的这种改变对小说到底意味着什么?

叶弥:我经常在一些有关文学的场合里听到"叙事视角"这个词,感觉到全中国的作家都对叙事视角这件事很焦虑。事实是不是这样,我不得而知,也许大家总得为点什么而焦虑。我从来不为叙事视角而焦虑,人从娘胎里落地,眼中所见,心中所想,皆为视角。在不同的小说里,因为表达的内容不同,聚焦就有所不同。我从没有尝试过让一整篇小说完全是一个视角,也许以后应该尝试一下。在我的小说里,可能有的叙事视角切换得自如一些,有的叙事视角切换得生硬一些。我在变换人称和视角切换时,并不那么计较技术因素。这也是我应当提高的写作手段之一。

零视角据说已被现代人所不齿,但如果遵循冯·麦特尔·艾姆斯在《小说美学》中所说的那样,做一个叙说风度有趣的作家,这样的作家就不会引起读者的反感了。我还在采用零视角,这种全知全能的写作并非一无是处,首先是目前中国的读者也许是全世界生存压力最大的读者,零视角的小说也许让他们阅读时更感轻松愉快。有了阅读的愉快,才能让读者进一步了解小说的思想。另外,在展示大的小说场景时,全知全能的写作视角确实更能使小说产生丰富感。

我也经常使用内视角。在使用内视角时有时候会觉得呆板,不知不觉地就变成了零视角。在我们的实际生活中,我们的口语中,往往也会发生这样的情况,中国人尤其感性,一个民族的语言习惯和思维方式会影响作家,影响多大?是否正确?这也是我今后要考虑的问题。零视角是否缺点大于优点？还有，小说塑造典型人物是否已过时？这些问题都值得作家好好探讨。

外视角叙述中，我使用得最多的是第一人称，"我"就是主人公。但我觉得，当我使用第三人称外视角时，会让小说呈现某种沧海桑田的感觉，我特别喜欢这种感觉。我有时候出去采访某个有故事的人，他不说这个人怎么怎么了，而是用临界的虚构的暗示的手段说，别人说他怎么怎么了。在我的《风流图卷》里，视角转换用得最多的是一对僧尼：如一和明心。这种写法让我觉得回到了中国小说的话本传统。

但任何小说技法都是有失有得的，小说技法为小说的思想服务，技术高于思想是不可取的。

从不轻松到轻松，这也算是一个"开创"

记者：你在《风流图卷》的后记里说这是一部写得很艰难的小说，而且写了很长时间，这个艰难到底是指什么？

叶弥：这个艰难指很多方面，身体的、生活上的、居住环境上的……但最艰难的是，有一天，我觉得《风流图卷》写不下去了，拿出已发表在杂志上的那部分，看完，冒冷汗，却不知道如何写下去，小说里的人物一瞬间全部从我眼前消失……

记者：不久前在这部小说的研讨会上，很多评论家都评价认为《风流图卷》和你以前的小说相比发生了很大的变化，甚至可以说是一个转折，对你而言会是一部具有开创性意义的作品。你觉得他们所谈到的这个转折大概是什么。

叶弥：谢谢评论家们对我的溢美之词，同时我也表示对"转折""开创"这些词的婉拒，一方面觉得当不起，另一方面觉得它们披金戴银，显得沉重。人过中年，最快乐的事莫过轻松。在修改这部小说之前，如山的问题堆积心头，后来大致想明白，这是修改这本小说给我人生带来的最大收获，从此不惑、不惧，得到轻松。如果说有转折的话，那就是从不轻松到轻松了。对于我本人来讲，这也算是一个"开创"吧。

记者：这部小说的风格同你之前的一些小说其实也有一脉相承的关系，比如《成长如蜕》《明月寺》《天鹅绒》《小女人》《恨枇杷》等等，这些作品中有一种洞悉人事的敏锐，一种对人性的精准的体察和感悟能力。一方面叙述非常节制理性，另一方面又好像对生命充满欲望，这让小说形成了特别的美学风格。我想请你谈谈对小说的趣味和语言的看法。

叶弥：小说的语言，我喜欢简洁，哪怕直白。我不喜欢春秋笔法。因为我具有这种写作倾向，所以就有意识地微调、纠偏一下，往往在叙述中用理性和控制来中和我的直白的喜好。

小说的趣味,有些作家是慢慢形成的,有些作家是一出手就形成的。不管是什么时候形成,一定与作家的童年、少年经验有关,与作家对世界的看法有关,与作家的价值认同有关。

记者:记得你曾经写过一篇创作谈叫《小说加减法》,那你现在依然觉得写小说应该做减法吗? 这道题目该怎么做?

叶弥:这篇创作谈是十四五年前写的吧,我已忘了这里面写了些什么了。别说创作谈,好多小说我也是写了就忘了,真正让我记得住的自己写的小说不多。但是关于小说的加减法,任何时候都可以谈点什么,那时候肯定是觉得写小说应当做减法,去芜存菁的意思。但那时的我一定忽略了一个关键的东西,那就是,如果没有"菁"怎么办? 去掉芜杂后,一无所有。在我现在看来,小说乃是各种质地的东西都在里面,既有芜又有菁的小说才是好小说。当然,小说里面要有真正的"菁",这个要靠作家本人的不懈努力。当作家修为到一定的地步,小说也就有了真正的"菁"了。

小说与现实的关系:弱水三千,我只取一瓢饮

记者:从最初的中篇小说《成长如蜕》到眼下这部最新的长篇《风流图卷》,这么多年过去,你小说里的人物渐渐地从与时代和他人对抗抵达了另一种状态,就是他们开始同这个世界和他人达成了某种和解。

叶弥:和解比抗争更需要内心的力量。和解意味着从抗争中走过,意味着某种秩序的重新建立,意味着积累力量,离另一种抗争更进一步。我们永远处在抗争之中,只不过方式改变。也许我们是从各种各样的抗争中学会了与这个世界相处,学会了和解。我们一次一次地抗争,一次一次地和解,最终会发现,我们最大的敌人是自己。

记者:女作家写爱情有她的特别之处,这是女性在写作上的一个性别优势吗? 你笔下的爱情和性好像充满着很多无可奈何的现实感和露珠似的纯粹感,这好像又构成了一种矛盾。

叶弥:其实女作家写爱情并没有那么大的优势,这就是我在写作上表现出来的矛盾吧。为什么说女作家写爱情没有那么大的优势呢? 因为爱情中最基本的因素是性,而我们的文学作品,从古至今,女作家写性爱的少到可以忽略不计,都是男作家垄断了这方面的文字。仿佛女人写了性,就会显得很与众不同。其实只要作品需要,女作家也应该涉及这方面的内容。我删了一些不那么无可奈何的性描写,留下了一些表现无可奈何的性描写,让爱护我的人放下一百个心。生活中的中国女性不是这样的,尤其是劳动女性,她们很真实,很自我,也很自然,女作家的笔离她们很远,男作家的笔离她们也不近。

记者:你的很多小说有解构的意味所在,在时间的流淌中很多东西最终被消解,另一方面这些小说在写法上和中国古典文学里的世情小说有着特别类似的地方。你怎样看待我们自己的文学传统?

叶弥:我从小学三年级开始,就陆续看了一些书,因为我妈妈是一个文学爱好者,我们下放到苏北农村时,她卖掉了衣服和家具,但带了一箱子书去。这个箱子里有什么,我就读什么,没有选择的余地。箱子里的书也是没有经过选择的,有什么就藏什么。对我影响至深的是一本《普希金文集》,有诗、戏剧,那些小说如《村姑小姐》《暴风雪》《驿站长》《射击》,都是放在散文作品类。1955年时代出版社出版,罗果夫主编,戈宝权编辑,繁体字。普希金在诗歌和小说中表现出的自由思想让我十分向往。他的这些思想早就成为西方文学中的基石,影响至深,直到现在。我们认为解构主义是从西方来的,其实真正善于解构的是我们自己,我经常从四大名著里、流传的民间故事里、我们的地方戏曲中找到这些解构的手法,只不过我们的解构只是解构,没有称为主义,所以还得把人家的主义拿进来,把自己的解构忘记掉。

记者:现实题材创作现在受到了很多关注,但作家写作面临的一个很大的问题就是来自当下的信息丰富驳杂,小说似乎远没有生活复杂。也因此很多人说我们的想象和虚构的能力远远赶不上现实,你怎么看这个问题?

叶弥:小说与现实比拼的不是复杂、虚构与想象,现实生活中的复杂、想象与虚构来自古今中外、上下左右、四面八方、各式人等,就如无边无际的大海,小说只是大海中的一只小船,你如何要向大海挑战?小说与现实的关系就是:弱水三千,我只取一瓢饮。这一瓢,看准了,就是滋养我思想的圣水。除此之外,多也无益。

记者:从1994年开始写第一部中篇小说到今天,这么多年过去,你对小说或者说对文学的理解有什么变化?哪些又是你一直不曾改变的?

叶弥:不变的是初心。我牢记幼小时对于作家的崇敬,今天也会用此心要求我自己。这是不会改变的东西,也是从来不曾变化的东西。

裘小龙：在人生长长的因果链中

宋 晗

宋晗：因为"陈探长"系列在二十余国的畅销，我发现在不同场合，你已经多次回答"为什么写起小说来"这个问题，因为在国内读者心目中，"师承卞之琳""《四个四重奏》《当你老了》的译者"等这些头衔将你和诗歌紧紧联系在一起。现代小说的发展是快速的，中国古代那种诗与小说的"阶层分化"已明显被淘汰，但还是有许多人，对这种跨文本有巨大的讶异。你是怎么看待这两种文体的？

裘小龙：你的问题有意思，可以从不同的层面来回答。我1988年去美国，因种种原因，到了90年代中期才第一次回国，沧海桑田，很受震撼，想写，先写了首题为《堂吉诃德在中国》的长诗。只是，用诗来描述中国现代社会巨大而复杂的变迁，难免力有不逮，转而试着写一部小说。小说的主人公想做诗人，却阴错阳差地成了探长，同时却还试着在写诗。塑造这样一个人物的私心，多少是想在通俗的文类中夹带或"走私"诗歌，使其能有更多的受众。不过，在中国古典小说的传统里，诗确实也与小说共存。如《红楼梦》《西游记》等古典名著，或更早一些的如《会真记》等，作品的内容中都有相当一部分诗。这里不排除某些约定俗成的因素，但我觉得，小说叙事中的特定场合需要诗的不同抒情强度。我在"陈探长"小说系列中混合着两种文体一起写，也算是以英文创作继承中国古典小说的一个传统吧。

自然，诗的作用不仅仅限于此。我小说的主人公是个圆形人物，他作为警官又是诗人的双重身份，让他在办案时获得了不同的观照角度：他不但要勘查谁杀了人，同时更要审视案件背后的社会和历史背景，以及人性的种种复杂因素。这样，诗也在推理小说中加入了另类的思考。

宋晗：你是在什么情况下开始写作的？可以介绍一下自己跨文化的写作历程吗？

裘小龙：如果你说的是中文写作，我在他处也提过，那是因为卞之琳先生给我布置的第一篇作业。他首先要我写几首诗，看看我究竟有没有诗的悟性和感性，可以跟他修西方现代主义诗歌的硕士课程。诗写了后，居然得到卞先生还不错的评价，也受到其他导师如朱虹、李文俊等人的鼓励，我于是还真把作业拿到《诗刊》上去发表了。从此一发不可收拾。

至于英文写作，最早的一篇则是杨宪益先生安排我写的。1986年我作为中国作家代表团成员，在洛杉矶参加了第三届中美作家会议。杨先生当时是英文版《中国文学》

的主编,吩咐我写篇有关这次会议的报道。按规定,在《中国文学》上发文,要先由编辑部的中文编辑把关选稿,再由外文编辑翻译,可杨先生却嘱我用英文写,直接由他本人签发。好几年后,我之所以有信心开始用英文进行创作,应该说是与杨先生的期许分不开的。能这样在众多前辈的关照下一路走来,我很幸运了。

宋晗:我注意到,在《外滩公园》中,你在表达情景时常常很娴熟地引用古代诗歌,尤其是唐诗,诗集《舞蹈与舞者》中收录的不少诗歌的意境也是古典的,而且,我还了解到你做了大量古诗词英译的工作。古诗词对你的写作产生过影响吗?对于这种难度较大的翻译,你有怎样的翻译理念?国外读者对翻译成英文的中国古诗的接受如何?

裘小龙:小时候因为家庭成分的关系,我父亲不许我读"小红书"之外的任何"闲书",唯恐因此遇到麻烦。唯一的例外,我记得是一本《唐诗一百首》。那个下午,红卫兵的歌声还在街头嘹亮,父亲发现我躲在阳台的角落里偷读唐诗,但他没有斥责或把那本书没收,只是把我叫进屋,默许我继续读。到了夜里,我醒来发现他在灯下悄悄抄这本书——他自己的书在"扫四旧"中全被抄走了。也许,童年时期经历的影响怎么估计都不过分。到了70年代末,我跟卞之琳先生读西方现代主义诗歌硕士课程,那些日子正值"朦胧诗"流行,他要我去读李商隐的诗,说当代的"朦胧"与传统中的简直不可同日而语。

研究生毕业后,杨宪益先生做了很大努力,要把我留在外文出版社工作,还兴致勃勃地跟我谈过翻译中国古典诗词的计划。80年代初,在上海社科院王道乾先生的支持下,我的研究课题之一是关于中国古典诗歌对西方20世纪初意象派诗歌的影响,还翻译了一本《意象派诗选》。在人生长长的因果链中,这些都可以说是因吧。到了90年代中后期,我开始用英文创作"陈探长"系列小说。因为小说的主人公也喜欢诗,时不时引些艾略特的句子——我曾翻译过他的诗集《四个四重奏》,可我的引诗给我的美国编辑劳拉删掉了——"需付的版税太高"。只不过在小说的叙事中,我已安排了需有抒情强度的段落,删掉后读时总觉得少了什么。于是我想到中国古典诗词,我自己译,放在小说里也不用担心版税问题。关于译诗,我为自己定了两条简单的准则:一是译诗在英文中读起来必须也是诗,二是中国古典诗的译文必须让英语读者读时没有"隔"的感觉,不需要去一一加注释。当然,国外读者对这些译诗的接受度,客观的评价还是要由读者们来做的。劳拉最初也十分担心英美读者对译诗的接受度,毕竟中国古典诗词的外文译本在国内出了不少,可在欧美市场上几乎见不到,现在要把这些译诗放到犯罪小说的场景中,恐怕更难让人接受。在我的坚持下,劳拉答应先试一本。小说出版后,出乎意料,她收到了许多读者来信,说小说中的这些译诗给他们印象深刻,也帮助他们更多了解了中国文化背景。接着,其他的出版社也找上门来,要我把译诗结集出版,其中有一本还进入了美国富兰克林奖的短名单。

至于古典诗词对我自己写作的影响,你说的是对的,确实存在,放在小说中,有时甚至还提供了一种古今对照的效果。今年6月我会在意大利首发一本"陈探长"小说,其中一半篇幅就是以陈探长的名义写的一个中篇,有关唐代诗人鱼玄机的诗歌、爱情与谋杀,书末附有鱼玄机的一组诗,而这一切与陈探长自己在办的案子是平行展开的,又在相互评注。

宋晗:诗人永远在选择他的词语。你用两种语言进行创作,是否是两种思维或两种世界观的碰撞?

裘小龙:用两种语言创作,意味着两种语言思维方式及隐含的世界观的相互碰撞,但同时也可能起到互补、妥协或颠覆的作用。用后现代的理论说,因为一种语言中特定词汇的存在,该语言的使用者才会按照这些词语所指定的那样思想、行为、生活。举例来说,"孝"在英文中找不到真正对应的词,英文中的 filial piety 其实与"孝"在中国传统文化中的意义和重要性很不一样,因此"四世同堂"在欧美的社会结构中也就难以想象。反过来,我80年代初做英译中时,英文中其实很常见的一个词 privacy,也很难翻译成中文,"隐私"那时是个充满负能量的词,意指那些见不得人的秘密或形迹可疑的事,因此,家中来个异性的朋友,居民委员会会闯上门来检查,戴红袖章的纠察队晚上会晃着手电突袭树荫下的情侣。这些具体的例子或能说明,用两种语言写作并不等同于翻译,也可以从不同的角度来促进跨文化/语言的理解。

宋晗:阅读《外滩公园》时,我对"虚构批评(Fictocriticism)"这个命名产生了很大兴趣。我认为命名者是机敏的,它似乎解决了我阅读某一类批评文本时对文体产生的困惑。在自序中你写到,史蒂芬·缪克曾在邮件往来中给虚构批评做出过一个简要定义:在讲一个故事的同时,展开一个论点。你写到阅读此类批评时的愉悦,对此我深有同感。朱光潜在一篇"编辑后记"里写道:"书评成为艺术时,就是没有读过所评的文章,还可以把评当作一篇好文章读。"在我理解,虚构批评也是具有独立阅读性的批评文本。然而这让我在阅读集子中的文章时,也产生了一些疑惑。从命名和释义来讲,虚构批评(Fictocriticism)的核心词在批评(criticism),在我的阅读体会中,更接近詹姆斯·伍德的批评、艾柯《悠游小说林》等文本,其对象是外部文本,目的是批评。坦率地讲,我很喜欢你的随笔,它们具有纵向与横向的开阔视野,诗意、抒情而有可读性。但是,它们又与我理解的"虚构批评"有一定的差异。在《外滩公园》中,作者的主观表达仍占主导或说主要目的,它们更像是学者随笔。因为"虚构批评"在国内尚是一个崭新的词汇,还没有可供参考的文本,对文本属性存在歧义也许将是普遍的。

裘小龙:我这几天刚收到史蒂芬·缪克教授发来的一份电子邮件,他又出了一本新的虚构批评专著,要寄给我。其实,我曾把他的虚构批评戏称为"重量级"的,而我的则属于"轻量级"。我们之间确实有不同的地方。他更着力于后现代理论"批评",我则偏重"虚构"叙述,fiction在英文中不仅仅有凭空编造的意思,也可以指讲故事,或讲故事一样地讲真实的经历。其实,我在华盛顿大学读比较文学博士时,研究重点是西方现当代文学理论,博士论文也是用新历史主义与解构主义的方法来探讨、分析一个问题:为什么在传统中国文学的爱情作品中,几乎无例外地包孕着——或公开或隐含地否定爱情的因子。那篇博士论文的主要观点,后来放进了陈探长在办案时所写的一篇文章里,其中关于中国集体无意识和原型的探讨恰恰又对他的破案起了一定作用,有兴趣的读者在小说《红旗袍》中可读到片段。因为忙于小说的创作,对文学理论的研究只能放下了,可当年在这方面所接受的训练,下意识中又不舍得就此全都扔下。

2011年,我有一段时间在澳大利亚新南威尔士大学任特聘教授,接待我的正是史蒂芬·缪克教授。他是虚构批评领域的领军人物,这一新的批评方式很快就让我产生了兴趣,毕竟这可以让我在写小说的同时,多少重新拾起些理论批评。在此之前,新历史主义批评也往往先从一则历史轶事开始,再顺势转入理论批评。关于虚构批评,缪克则给了我一个更简明扼要的定义:"在讲一个故事的同时,展开一个论点。"于是我自己也写了一篇关于虚构批评的书评,更模仿着来了一段自己的虚构批评。《外滩公园》中有几篇文章就是在史蒂芬·缪克教授的影响下写成的。无须赘言,集子中并非每一篇文章都是刻意作为虚构批评来写的。史蒂芬·缪克本人也曾这样说过:"虚构批评自然是个很大的范畴……作家们面对的情形中所特有的问题,会出乎意料地使他们改变写作方法。"

四川文艺出版社的编辑给这本集子取了个副标题,"裘小龙虚构批评随笔集","随笔"这个词是加得很贴切的。

宋晗:你是否关注中国当代文学?作为世界文坛的有机组成,你认为其潜力在哪里?

裘小龙:我关注中国当代文学,最近几年常有机会回来,与国内的同行也有不少的交流。前两年,我在《洛杉矶时报》上为当代中国诗人王小龙写过一篇英文评论。中国当代社会种种难以置信的变化,新的与旧的文化、意识形态之间的矛盾与冲突,所有这些在今天的世界上都属罕见,也为中国作家们提供了丰富的创作资源,让他们成为世界文坛的重要组成部分。在这个全球化的年代里,我觉得中国作家还有个很大的潜力,即中文语言/文化的独特感性与表达方式。用中文写作,意味着一种对世界观照的不同框架和角度。如金宇澄的《繁花》,是用普通读者都能接受的上海方言写成的,但就在中文之内,他上海话的运用却令人印象深刻地拓展了语言的表达能力和方式。我自己这几年也尝试着双语写作,不仅仅讲中国的故事,也努力要把中国语言/文化的独特感性、风格融合到全球化的语言叙事中去。这或许是值得中国作家们去进一步尝试的事。

编 者 的 话

《文艺报》在中华人民共和国成立前夕正式创刊,作为展示中国文艺界新风采的重要窗口之一,《文艺报》记录与见证了中国当代文学的发展现场。70年来,《文艺报》展示名家名作,纵览文艺新潮,提携文学新人,鼓励文学创作与争鸣,不断转变办报思路、栏目设定,以其开阔的视野、丰富的内容,始终走在中国文学发展的最前沿。

在此次丛书选编过程中,编辑们意识到《文艺报》多年来刊发了许多优秀的对话、访谈作品,这是一个不容忽视的文艺矿藏,是读者与作家、导演、翻译家、剧作家、画家等创作者进行"面对面"交流的有效途径。本书选编了自《文艺报》创立访谈栏目以来的精彩内容,涉及文学创作、文艺理论、文学评论、少儿文艺、艺术影视、外国文艺等各个领域,访谈对象为活跃在不同社会发展阶段的知名艺术家。横向看,他们谈论的内容共同组成一个时期文艺现场的横截面;纵向看,这些访谈恰好记录了文艺思潮的流变。这是中国当代文学史上可待研究的重要史料。

在翻阅往期报纸的时候,我不止一次地感到震撼。《文艺报》以其敏锐、准确的触觉和迅速的行动力对许多著名的文学事件、文学争论、现象级作品做出了反应,这显示出每一代《文艺报》报人的眼光、专注与勤劳。虽然在互联网时代,传统媒体受到巨大挑战,但报纸内容的丰富多彩、编辑的责任与巧思、对作家群体的持续关注以及对新型传播工具的应用等等,足以让一个传统媒体获得新的生命力。多年来,《文艺报》刊发的访谈文章众多,但因本书的容量及其他客观因素所限,难免要做出取舍与删改,错漏之处还望广大读者指正。

编 者

2020年7月